JN161445

ドイツの大学と大学都市

ドイツの大学と大学都市

——月沈原(ゲッティンゲン)の精神史——

大西健夫著

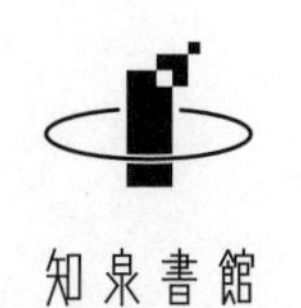

知泉書館

凡　例

1．通　貨

・18世紀，19世紀のドイツでは，北部でターラー，南西部でグルデンが用いられた。

北ドイツのターラーは，原則以下の通りであるが時期と場所で変動する。

1ターラー（Reichsthaler 金貨）は，24グロッシェン（Groschen 銀貨），1グロッシェンは12ペニヒ（Penig 銅貨）

マリエン・グロッシェン（Mariengroschen 銀貨）も用いられ，1ターラー＝36マリエングロッシェンであった。

・フランスから流入したルイーズドール（Louisedor 金貨）も流通しており，金含有量に応じて3－5ターラーと交換された。

・マルクがドイツ共通通貨となるのは，ドイツ帝国成立後の1873年に南北領邦の間で結ばれた通貨統合によってである。1ターラー＝3マルクとした。

2. 秤　量

・人々の日常生活で用いられたのはポンド（Pund），約500グラムである。100ポンドをツエントナー（Zentner）とした。1935年まで，ドイツの公式秤量であった。

・キログラムは，1889年以来パリ郊外のセーヴルに保管される基準に基づき，国際化されていった。

3. 地名・人名表記

・慣用に基づき平仮名表記を用いた。

・領邦国家の場合，プロイセン王国，ザクセン侯国などとしたが，時代によって国位が異なる。

州（Provinz）：領邦内の行政単位の場合，プロイセン州，ザクセン州などとした。

・ラント（Land）：ワイマール共和国，ドイツ連邦共和国の構成単位であるLandは，ラントとした。

4. 引用文献目録

・本文および脚注で引用した文献のみを収録した。

欧文文献，翻訳文献，日本語文献に分類した。

・欧文文献において，多数の個別論文を収録して複数巻で完結しているものは，アルファベットの最後に書名を収録した。Das akademische Deutschland と Göttingen である。

5. 索引

・ゲッティンゲン関係の人名のみを収録した。

序

大学は，人類が作り上げてきた制度（体）として，宗教に次ぐ歴史的正統性を誇ることができるかもしれない。社会の諸制度は時代と共に大きく変容するのが常であることを顧みれば，ヨーロッパ中世に起源を持つ大学が，その組織・機能・運営の基本において，現在にいたるまでその原型をほぼ変えることなく，かつ，世界的広がりをもって存続・発展してきたことは驚きに値しよう。大学の理念の中に，知識と認識の探求，そして，世代と社会層の枠を越え，また，時代と地域を越えた文化と文明との接触を通じて体系化を求める学術的営為の精神が内在しているからであり，この精神が生み出した成果を社会が尊重し，次世代の教育を託してきたからである。大学は，その歴史・精神史を正統性として発達してきた。

ボローニャとパリに始まる大学の歴史は，「人の集まり」から始まった。大学をお金の集まりとして始めたのはドイツの設置大学である。人の集まりとしての大学の組織・形態を倣いながら，設置・運営の基礎に「お金の集まり」を置く制度の始まりである。いずれの場合においても，大学は学校教育制度よりも古く，初等・中等教育を前提としての機関ではなかったし，むしろ，ドイツの場合は大学入学資格の観点から中等教育学校を整備している。

設置されたドイツの大学であるが，個々の大学に盛衰が見られる。それぞれの時点で個々の大学が持った知的生産能力に対応している。設置者は，管理者であるとともに庇護者であり，時代の要請に応えて大学を支えることができたか，そして，大学固有の生命力を活かす精神を発揮しきれたか，が問われた。1970 年代に始まる大学概念の拡大と施設拡張は，設置者であるラント政府よりも財政資金援助をした連邦中央政府によって進められた。80年代に入り学生数増が止まると，ラントの文部行政は群生した大学の組織と施設の管理に追われるようになる。ドイツの大学市場は，装置産業の様相を呈し始めるのである。

ゲッティンゲン大学は，創立から2世紀にわたりドイツの大学の最先端を走ってきた。ノーベル賞受賞者数最多を誇る大学である。ヒトラーにその精神を踏みにじられるまで，庇護者に恵まれたと言えよう。ハノーファー王国と同君連合にあったイギリス政府の梃入れがあり，創立から四半世紀にわたり大学監督に携わった大臣ミュンヒハウゼンは大学の充実と大学都市の整備に力を注いだ。ハノーファー王国がプロイセンに吸収された後は学術局長アルトホーフとフェリックス・クラインの理念が大学を支え，ワイマール共和国の時代に花開くノーベル賞の大学の基礎を作ったが，ナチスの人種政策で最も大きな被害を蒙った大学の一つである。

ドイツ語で大学都市という表現は，大学が所在する都市という意味で用いられているが，我々日本人の語感としては，都市の性格を大学が規定している都市という意味に理解したい。宗教改革以後，領邦君主が領邦教会の聖職者と司法・行政官養成を目的として設置したので，日本語の語感に添った中規模都市に大学が散在する。ゲッティンゲンもその一つである。ゲッティンゲンの地名が最初に文書記録に現れるのが953年であるが，その千年祭を記念した1953年の講演で公法学のスメントは，大学設置時において大学街とは程遠い農村都市であったゲッティンゲンが，体裁を整えて大学と一体となった都市へと成長するのに一世紀かかっており，二世紀後には，大学を愛し，誇りとするにいたった，と述べている。

ドイツ大学史の時代区分には諸説がある。通説となっている時代区分は，大学誕生の中世，ルネサンスと宗教改革，16·17世紀の領邦宗派大学，18世紀の近代大学の勃興，19世紀の科学研究大学，第二次世界大戦後の大学マスプロ化，などの区分であろう。教科書的なドイツ一般史の時代区分と一致しない。本書は，ドイツ再統一までを対象とし，ゲッティンゲン大学の視点からの時代区分を念頭に置いて5章立てとした。さらに各章を3節に分け，ドイツ史・大学史，ゲッティンゲン大学，ゲッティンゲン市を中心に据えて叙述することに努めた。ドイツ史・大学史の叙述は，ゲッティンゲン大学との関わりに限定していることをご容認いただきたい。

ドイツにおいて，ナチス期を例外とするならば，並行的関係に終始してきた政府と大学の関係が，20 世紀 70 年代に学生数急増への対策を契機として，中央政府の介入とラント文部行政の管理がドイツの大学史において比類なきまでに強まった。連邦とラント政府の文部行政の結果，装置産業化した大学市場管理は，群生した大学の平準化をもたらした。帝政期に大学人として歩み始め，2 つの世界大戦と戦間期のナチス支配を体験してきたスメントは，先の講演で，自らが体験してきた大学政策の変遷を説明するのに，ナチスの用語である同質化・画一化・中央統制 Gleichschaltung という言葉を用いている。ワイマール期のプロイセン文化相が大学の社会的役割を強調した大学政策，ナチスによる大学の政治手段化政策，そして，第二次世界大戦後，大学と社会変動は軌を一つにすべしとする大学改革政策，これらすべてを大学同質化の過程と捉えている。

中世農村都市が，1737 年創立の大学とともに歩んできた「大学街づくり」を，筆者と共に辿っていただけるなら望外の喜びである。

平成 27 年 10 月

大西　健夫

目　次

ドイツの大学と大学都市

——月沈原（ゲッティンゲン）の精神史——

第1章
大学の起源と大学の発展

1　大学の伝統

ローマ帝国崩壊後，民族大移動とイスラム勢力の圧力により停滞していたヨーロッパが，十字軍の派遣を契機に地中海商業を中心に一つの経済圏を徐々に形成してくるとともに大学が生まれた[1)]。ヨーロッパ大陸を統合する広域的価値観がキリスト教のみであった中世ヨーロッパ社会に，大学が学術的価値観を統合する機能を発揮していく。

ボローニャ大学

1088年創立とされるボローニャ大学の起源は，ローマ法学者イルネリウスに始まる。ローマ帝国崩壊後の中世ヨーロッパは，各地域・各民族が固有の言語と慣習を持ち，広域的な法秩序が存在しなかった。異なった地域間の取引・紛争解決に用いられたのがローマ法であり，イルネリウスはローマの「市民法大全」を再編し，これを教授した。イルネリウスの流れを受け継いだ教師のもとに，ローマ法を学ぶためヨーロッパ各地から学生が集まり，教師達は，部室を借りるか自宅の一室を教場とし，学生から授業料を徴して授業への出席を認めた。自然発生的な法律学校の時代であり，ローマ，パヴィアなどにも法律学校が散在してい

---

1)　以下の叙述は下記による。Prahl, H .- W . (1978), 山本訳（1988），Steiger, G. (1981), Ellwein, Th. (1992). 丹野義彦「イタリア　アカデミック・ツアー」（「書斎の窓」No.626, 2013年7・8月号）。大西健夫編著『大学と研究』（1981年）。

たが，学生が主体となって学生と教師の共同体 universitas を作ったのがボローニャである。

学生達が教育体制を組織化した。ヨーロッパ各地から集まった学生達は出身地域の近い者同士が集まり，異国での生活と学修を助け合った。地域同胞団体は同郷団 nationes と呼ばれ，多くの場合寄宿共同生活をしたので，市民はこうした若者たちを一つの財布 burse と呼ぶことが多かった。ドイツ語では，大学生のみでなく若者一般をブルシェ Bursche と呼ぶようになる。共同生活を営む学生達は，ヨーロッパ各地から集まっていたので，大きく分けた東西南北の4団体に集約し，これら同郷団に所属する学生全体を統合する組織として「学生の共同体」universitas scholarium を形成した。同郷団単位で学生総会を開催し，学生の中から学頭を代表とする大学団を選出した。学頭は，学生の授業料を取りまとめ，受講者数に応じて授業料を教員に支払い，必要に応じて新しい教師を募集した。学頭は，大学人の間で争い事があると裁判をする権利を同郷団から委託されており，武器の携帯が認められた。学頭の役割は，個別同郷団の構成員である学生の総意形成であり，大学人の間での秩序維持であったから，学校の運営や教育内容に立ち入るものではなかった。共同体運営財源は，学生の授業料が主体であり，徐々に大学を経済要因として認識してくるボローニャ市の補助金や一般寄付が加わった。特に，著名教師を招聘するにあたっては，一定額を補助として市が大学宛に支出するようになるが，都市は大学運営に関与することはなく，法的には地域権力の一つにすぎないので大学の教育内容や学位に関心を示すことはなかった。法律学校を主宰する教師達も，学生の組織に対応して「教師の共同体」universitas magistrorum et doctorum を結成するのであり，授業内容と方法，学位規程，教員資格を定めていく。教師共同体の団体規約となる。教師の収入は，受講する学生が支払う授業料であり，大学に対して生活保障として一定額の俸給を要求することはなかった。ボローニャの大学は，人の集まりとして生まれ，発展した。

ボローニャの大学は，学生が組織した学生共同体から出発している[2)]。大学が自律的団体として機能するようになると，ボローニャ市当

2） Universitas は共同体を意味するが，わが国においては university を大学と訳しているので，本書においてもこの用語を用いる。筆者の個人的見解であるが，ボローニャで

局は高度な学問を教授する組織として認定し，団体自治権を認めたので，大学内部の案件と大学関係者間の紛争は大学団が独自に裁判・管理する市法上の根拠を得た。市が大学に団体自治権を認定したのが1088年であり，これを大学創立記念日としている。国王や教会ではなく，最初に独立自由都市が大学に団体自治権を与えた例である。

学生は，最初の2週間は授業料を払わず試しに授業に出席できたので，教師を選ぶことができた。教師が授業で教える内容は，決められた教科書によって定められていた。この教科書を決められた進め方で講読し，学生はこれを書き取る。書籍は非常に高価であったので，書き写しが流通していた。手書きの写本は，書き写し間違いが多く，大学団の担当者は書籍商を査察し，写し間違いの検閲を行った。大学は，教科書を学生に確保するため書籍商を指定しており，指定を受けた書籍商は教科書を常に揃えておく義務が課せられた。ドイツの大学都市では，大学書店 Universitäts-Buchhandlung と呼ばれるようになる。

大学の中心は聖ピエトロ教会で，大学の儀式や学位試験をここで行った。この教会の鐘が大学の時を告げるのであり，大学人の日課を定めていた。鐘は，1課（午前6時），3課（午前9時），9課（午後3時），晩課（午後6時），終課（午後9時）に鳴らされた。授業は，教師が個人として教場を用意して行うのであるが，次第に市が土地や施設を提供するようになる。ボローニャ大学が大学施設として講義堂を持つのは1563年になってからである。

ボローニャの大学がヨーロッパ規模での影響力を持つ教育機関としての体裁を整えていくに伴い，1219年のローマ教皇勅令は，ボローニャ市副司教主催の学位試験に合格した者のみが教員となる権利を持つとし，さらに，1279年の教皇勅令によって，この学位試験に合格した者はローマ教皇の権威がおよぶすべての地域で教師となることができると定めた。これにより，大学が授与する学位たる博士号とそれに基づく教壇資格にヨーロッパ全域に及ぶ普遍性が与えられたのである。法律学校

---

universitas という表現が用いられたのは nationes に対比してであり，学生同郷団の共同体を意味したが，後に universal という意味が加わり学問の総体としても理解されるようになったと解釈している。後に見るように，教師の団体から出発するパリ大学では universitas と communitas の両方の言葉が用いられている。

から始まったボローニャはまた，12世紀末までに学芸学部と医学部を設立し，1360年には神学部も設置して多学部大学へと発展していく。

ボローニャの例に倣い，サレルノの医科大学など多くの大学がイタリア各地に生まれる。イタリアは都市国家の集合体であり，大学についても各都市が競っている。ガリレオが教壇に立ったパドヴァ大学は，1222年，ボローニャ大学の一部の学生と教師がパドヴァに移動して大学を新設した。大学は人の集まりであったから，学生生活が保障され，教師により高い補助金を出し，場所・施設を提供する都市へと大学関係者は移動した。都市の側から見ると，外部人口である学生と教師から構成される大学が一つの経済要因となっており，都市間で大学支援が競われた。

ヨーロッパ各地からイタリアの大学に向かう学生は，他国の領土を通行せざるをえない。学生はまた，手工業の職人が優れた親方の下で修業するため遍歴したように，専門分野で名が知られている教師の指導を受けるため大学を遍歴するのが普通であった。通行税や物品への関税などが課せられたし，旅の途上にあっては自国の国王や法律の保護に頼ることができなかった。1158年，神聖ローマ帝国皇帝フリードリヒ1世が，ボローニャの学生と教師の請願を受け入れ，ハビタ audentica habita と略称される布令を出し，学問研究の旅の途上にあるすべての教師と学生は皇帝の保護の下にあり，各地の法律から免除され，各地の裁判所で裁かれることを免れる旨を公布した。言葉と習慣の異なる異国の地を旅してボローニャに向かう学生の保護を目的とした布令であったが，当時の人々は，これにより神聖ローマ帝国が大学の存在を広域的な帝国法によって公的に認知したものとみなした[3)]。

一般に神聖ローマ帝国と呼ばれているのは，ドイツ地域の諸部族を統合したオットー1世が，教皇領国家建設に努めていたヨハネス12世の救援要請に応じて北イタリア地域を平定し，帝国皇帝として962年に教皇の手によって戴冠されたことに始まる。世俗の帝国皇帝が教皇権の保護者となるのであり，オットー1世は戴冠直後の特許状において，

---

3)　後に神学を中心とするパリ大学が生まれると，教皇ゲオルグ9世（1227-41）は，「教師たる人物に費用や困難を与えてはならない」との布告を出しており，大学人を保護した。

ローマ市民による教皇選出権と教皇による教皇領の領域支配権を従前通りとして承認した。ローマ教皇は，キリスト教世界の宗教的頂点に立つとともに，教皇領の世俗支配権を認知されたのであり，他方，帝国皇帝は，支配するドイツとイタリアにおよぶ広域的法治体制を聖俗支配者に保障する権限を持ったのである。オットー1世が戴冠した帝国は，その後「再興されたローマ帝国」，さらに，「神聖ローマ帝国」とも呼ばれるようになっていく。しかし，ドイツ国王のイタリア地域への支配権は次第に失われていくのであり，これに伴い15世紀になると「ドイツ人の神聖ローマ帝国」（ドイツ史における第一帝国）が正式名称となった。

オットー1世とその後継者は，教皇権を保護する一方，支配地域の管理を独立志向が強い部族の長や騎士に封土として与えるとともに修道院領や教会領などを設定してこれを聖職者管理に移し，間接的ながら自領を保持する政策へと移った。聖職者の任命権を確保しつつ，疑似独立組織を設定したのである。当時のヨーロッパにあって，支配者は武人であり，直接支配地や封土を転々と移動することによって貢納物を消費していった。これに対し，文人たる聖職者は，中世社会唯一の有識者階層として地域の言葉とともにラテン語を修得しており，帳簿・文書を作成できたので行政官として機能した。それゆえ，帝国ないし王国による修道院領・教会領の設定は，聖職者を管理人とする領地経営を意味しており，司教や修道院長を一族や縁者から任命して領地を間接的に管理していた。しかし，キリスト教世界の頂点はローマ教皇であり，世俗権力による聖職者の叙任を皇帝権力の乱用と受け止める機運が高まると，教皇と皇帝の対立が顕著となっていく。二つの権威，二つの合法性の衝突である。

中世ヨーロッパの歴史は，聖俗両支配権力の拮抗の歴史としての一面を持つ。ローマ教皇を頂点とする教会は，世俗権力同様に，独自の教会財産や教会領を所有し，経営した。こうした教会財産や教会領，そして，教会人は，世俗領主の法支配から免れ，独立した租税権，裁判権，警察権を古代末期からの特権として認められていた。約半世紀に渡る叙任権闘争は，1075年12月，教皇グレゴリウス7世が皇帝ハインリヒ4世に宛てた書簡に端を発する。ハインリヒ4世戴冠にあたっての約束である，ドイツ国内の教会改革――聖職売買と聖職者妻帯禁止――の厳格な実行を怠り，また，俗人による聖職叙任禁止にもかかわらずミラノ大司教，フェルモとスポレト司教を叙任したことを非難し，カソリック教会からの破門と皇帝廃位をもって威嚇するものであった。1122年のウオルムス・コンコルダートで一応の決着をみる叙任権闘争は，世俗法と教会法との理論闘争でもあり，世俗権力の叙任権を認める一方，叙任された聖職者は教会権力に従うとする二重叙任という形で終結した。この論理構成は，その後フランスやイギリスでも国王と教会の権限分割として受け継がれていくとともに，封建的身分制社会における分権的二重権威の理論構成ともなっていったのである。

ヨーロッパ中世封建社会の支配構造は家産国家体制である。所領安堵と忠誠を媒介とした封主―封臣関係は一種の契約関係であり，君主支配権は封臣に安堵した封土と陪臣に及ばないことを原則としていた。君主支配権に封臣の封土を取り込み，広域支配権の論拠を公共の福祉（利益）とするのは17世紀以降の絶対王制である。これに対して，ヴァチカンを頂点とするカソリック教会は当初から一貫して中央集権的権力構造を持ち，教会組織と所領の末端人事までも支配し，世俗領主支配から独立した裁判権を持つ教会法が適用された。二重叙任は，支配領内の教会資産の監督者に対する世俗領主の任命権と罷免権を分離させることを意味したのであり，封主―封臣関係に新しい形態を生み出した。ひとたび教会領の監督者に任命された者は，任命者が世俗領主であったとしても，教会法に服し，職務にのみ責任を負う立場となるのであった。そして，教会領監督職務として貧民救済，慈善院，教会・修道院学校，地域土木事業など公共の福祉（利益）に努めるのを当然としていた。職務権限と職務責任という概念がヨーロッパ社会に広く浸透していく。

支配権力の公共性理念を引き継ぐのが後の独立自由都市で，領主から地域租税権を買い取り，公共の福祉（利益）実現の主体となる。職業団体制度，市場令，貨幣鋳造権，都市防衛制度，都市警察制度，都市裁判制度などとともに教会と協力して学校や慈善院を整備した。特に，宗教改革後，ルターがドイツ語の聖書を読める市民を育てることを奨励したことや旧教の修道院が撤退・世俗化したことから，新教地域の都市は教区単位で都市学校を設置し，牧師に運営を委ねるようになる。19世紀に義務教育制度が導入されるが，初等教育を地方自治体の課題とする制度の基礎が作られていた。さらに，豊かな都市は，将来の大学昇格を前提に大学予備学校であるGymnasiumやCollegiumを都市の施設として設立した。

パリ大学

法支配権としては，世俗世界にあってはローマ法と慣習法，宗教生活では教会法と，支配体系・法体系の並立という中世ヨーロッパ社会固有の秩序構造を形成しており，世俗領にあってはさらに慣習（地域）法と身分法が独自に法秩序を形成していた。世俗世界の広域的法秩序を講じる法律学校が北イタリアで自然発生的に生まれ，大学へと発達したのと同様に，教会法の継受と聖職者養成を目的に教会聖職者が主体となって生まれた神学校からパリ大学が発展する。

パリには，ノートルダム聖堂やその他の修道院に属する聖職者養成学校がいくつか存在していた。教義の単調な伝授だけでなく，キリスト教神学の理論的解釈や古代哲学研究を講義する聖職者達が集まり，幾つかの神学校がセーヌ河の左岸，ノートルダム聖堂の対岸に独自の学校地域を形成しており，次第にノートルダム聖堂大司教を長とする学校の教師を中心に教師の共同体universitas docendiを形成し，授業料を運営財源とする自治団体へと脱皮していった。教師は学校毎に合議体collegiumを形成し，個々の教師の下に集まった学生と衣食住を共にし，共に学ぶ共同体を形成するのであった。この過程において，パリ市当局，国王，教会との間で大学管理権の主導権争いがみられたが，1200年のローマ教皇勅令により，学生はパリ市当局の裁判権に服する必要がなく，教皇任命の総務官の監督のもとに置かれた。学生は，４つの同郷学生団を形成していくが，パリでの学生は個人個人の教師の下に登録したので，学生団として学校運営に関わることはなかった。

初期のパリ大学では，神学と哲学ならびに学芸一般の教授が認められたが，ローマ法の教授は許されなかった。ローマ法に代わるものとして，中世ヨーロッパにおける広域法としての教会法が教授された。大学は次第に自治組織としての権利を求めるようになるのであり，４学部からなる大学学則を一括してローマ教皇が承認するのが1231年である。これによって総務官を学長とし，教師と学生の共同体universitas magistorum et scholarium が公法上認知され，パリ大学が成立した。パリ大学は，地域の司教支配から独立した自治団体となった。また，教皇を代理する総務官には大学での学修の一定水準に達した者に対し修了を認定し，聖職者資格とする権限が与えられたので，大学が発行する学位と大学管理者が認定する職業資格の併存する形態の原型となった。さらに，1233 年に教皇がトゥルーズ大学に与えた特許により，大学学位 Doiktor 取得者に対し，キリスト教世界全域における教師資格が与えられ，この特許が他の大学にも適用されるようになる。修了証書と学位発行基準も定められ，Doktor は 35 歳以上で，学位取得までの最低学修期間も市民法学位が 6 年間，教会法学位が 5 年間とされた[4)]。

総務官は，当初教皇が任命する行政官であったが，徐々に教師が兼ねるようになり，大学固有の学長としての機能を強めていった。教師の共同体から発展したので，時代の世界観が必要とする学問分野を大学に取り入れ，神学部，法学部，医学部，学芸（哲）学部の 4 学部の制度が固まっていき，授業内容と方法，学位規程，教師資格を定め，必要に応じて教師を補充した。大学の教授体系としては，神学部，法学部，医学部が専門学部であり，学芸学部（哲学部）は専門教育のための予備教育を行う役割を持った。

3 つの専門学部が扱うのは神の法，人の法，身体の法であり，聖俗世界の総体を網羅するものと理解され，大学は人智のすべて universal を教授するものとされたのである。ゲーテのファウストの独白が典型的な表現であろう。

> これまで哲学も，法律学も，医学も，むだとは知りつつ神学まで，営々辛苦，究めつくした。その結果はどうかといえば，昔と較べて少しも利口になっておらぬ。学士だの，おこがましくも博士だのと名告って……さて，とっくりわかったのが，人間，何も知ることはできぬということだとは。[5)]

4） Fisch,S.(2015),S.20. Stadt Goettingen: Fremdenverkehrsamt: 14Tage,1966 年，Nr.14.
5） 高橋義孝訳「ファウスト」1967 年，新潮文庫。

大学の展開

ヨーロッパ最古の大学の一つであるオックスフォード大学も，パリ大学を模範として教会の庇護のもとに発達した。12世紀の後半，オックスフォードに聖職者である教師が中心となって学生を集め，幾つかの学問分野にわたる学校を開いていた。学校と学生の管理について，教師および学生の共同体と市当局の間で度々衝突が起こり，1209年の学生ストライキにあたってはローマ教皇の特使が仲介者として派遣され，それ以来オックスフォード大学はリンカーン司教座の学監により直接監督されるようになる。大学学則が作られるのは1253年で，その翌年に教皇の承認を得ている。リンカーンとの距離が大きく，司教区学監の管理が及びにくかったので，大学は次第に独立運営をしていくようになった。オックスフォードの学生が集団でケンブリッジに移住し，これに教師団が加わったのがケンブリッジ大学であるので，大学組織はオックスフォードのそれを踏襲している。

ドイツ語圏の大学は，領邦君主が貴族の子弟の教育のために設置し，パリ大学の組織形態を模した。大学新設にあたり先行する大学の組織形態にならわざるを得ないのは，学生募集にあたり先行する大学と同等の権利を保証する必要があったし，同等の学位を授与するために教学内容を模さざるを得ないからである。授業料収入を原資として学生共同体や教員共同体から出発した大学と異なり，領主設置の大学は，大学運営基本資産，大学施設，教師の最低生活保障，学生の法的身分を予め与えられて発足する。ドイツ語圏最初の大学であるプラハ（1348年）やウィーン（1365年）は，オーストリア国王が大学に基本資産として封土を与え，他大学同様の自治団体権を保証し，修道院に倣った大学建築物を建造して発足している[6]。

貨幣経済力を背景に皇帝・国王支配から自立していくのがドイツの独立自由都市である。中世ヨーロッパの広域経済圏は，地中海貿易圏と北ドイツのバルト海・北海貿易圏から成り立っていた。海港都市が栄え，また，この2つの貿易圏を結ぶ通商路に沿って定期的に楽市楽座として大市が開かれるとともに商業都市・手工業都市が発達した。富を蓄積

6）ウィーン大学の法的地位と特権については，下記参照。Winkler, G. (1988), S.5ff.

した都市は，皇帝や領邦君主から都市自治権を買い取るのであり，聖界領と同じように立法権・裁判権・警察権・徴税権などを持つ独立自由都市が12世紀以降群生すると，軍事的保障を確保するために経済的利害を同じくする自由都市が都市同盟を結成する。ハンザ同盟に結集した北ドイツ諸都市は，互いに自由通商を保障しあうとともに，有事には共同で軍事行動をおこした。都市の行政・経済活動に不可欠なのが法曹人であり，また，医療衛生行政官であったので，豊かな大都市が大学を設置するようになる。

2つの貿易圏を結ぶ通商路は，アルプスを越えると南ドイツを通って北海とバルト海へ向かう。一つはライン川を下って北海に向かい，一つは南ドイツから中部ドイツを通る内陸路を経てバルト海に向かった。プラハ（1384年），ウィーン（1365年），ハイデルベルク（1385年）などの聖俗宮廷都市の大学に続き，通商路に添って発達した商業都市や港湾都市に大学が設置されるようになる。典型的な例が，ライン川左岸のケルン大学（1388年），バルト海沿岸のロストック大学（1409年），グライフスワルト大学（1456年）である。北ドイツ内陸部の経済中心地はライプツィヒであり，ここへの通商路はエアフルトからテューリンゲン地方を横断することになる。エアフルトには1392年，ライプツィヒには1409年に大学が設置されている。南ドイツの商業都市アウグスブルクやニュールンベルクの商人達の子弟は，ローマ法の本山であるイタリアの大学に進学するため，聖職者予備門である地元の修道院や教会のラテン語学校で基礎知識を学ぶのであった。

大学の学修

ヨーロッパ中世は，貴族・領邦・独立自由都市・教会領による分権支配と二重権威の時代であり，中央集権的権限を持つ統一国家，さらに，広域的なヨーロッパを一元的に統治する帝国という実態的支配は存在しないので，神聖ローマ帝国は理念的帝国概念であった。それゆえにこそ，領域を越えた広域的な秩序については神聖ローマ帝国という帝国理念に基づく身分的権威が必要とされたのであるし，神聖ローマ帝国の構成員であることによって領邦や都市が広域的秩序体制における独立的自治支配権を互いに保障し合うのであった。大学についてみると，政治・

法律秩序における自治団体権は領邦君主・独立都市・教会によって与えられたが，神聖ローマ帝国皇帝が認可する大学特許状の存在によって大学が授与する学位の帝国内での共通認証が保証された。神学については，聖職資格の広域的認定のためローマ教皇の大学特許状が必要であったし，すべての学位に到る学修がキリスト教の教えに反していないことを判定する大学内優位権を神学部が持っていた。このことは，神学部が認定した教科内容に基づいて修得した学位や職業資格は，キリスト教世界のいたる所で認定され，同一の権利を保証することを意味した。

中世の大学での学修は，共通語をラテン語とし，すべて定められた教科書に基づく講義と対話方式であった。キリスト教神学がすべての学問の母とされており，講義内容はキリスト教教義の論理的敷衍によって裏付けられていなければならなかったので，スコラ哲学の思惟方法が受け入れられ，テキスト講読 lectio，問題提起 quesutatio，議論 diputatio，解決 determinatio が大学での知識伝達の基本的手順として定式化された形で教授された。

神学部，法学部，医学部での専門授業を聴講するには，基礎知識としてラテン語とともに一般教養が必要とされたので，四学科（幾何，代数，音楽，天文）と三学（文法学，論理学，修辞学）を学芸（哲）学部で予め学ぶこととされた。四学科分類の背景には自然現象を把握し，分類するにあたっての基本的な考え方があった。例えば，代数は数の概念全体を扱い，幾何は動かない数，天文は動く数，音楽は数の比例と対比を示すものとされた。そして，テキスト理解と学位試験での面接の準備のために三学の修得が前提とされていた。

大学での授業は，継承された知識の伝受を基礎としており，新知識を生み出す実験的方法の学修は含まれていなかった。専門学部においても，継承された学説を紹介し，その時々の現状に照らし合わせての解説が内容であった。哲学部と神学部においては，アリストテレスの哲学を論理学として学修・理解することから始まり，アルベルトゥス・マグヌスやトマス・アクイナスの包括的な著作を教科書とした。法学部では，ローマ法と教会法の大全とイルネリウスやグラテイアンの学説が教材であった。医学部で用いられたのは，ギリシャのヒポクラテス，ローマのガレヌスなどの著作であり，授業ではこれらを解説した。臨床医療は経験に基づく民間に委ねられていた。

大学での教授方法が定式化され，ラテン語のテキストも共通のものが使用されたので，各学部での主要科目はヨーロッパ各地の大学でほぼ同じ内容で，かつ，進度もほぼ一致した形で授業されており，学生が他の大学に遍歴しても学修の接続に問題が生じなかった。皇帝と教皇の特許状を得た中世の大学が，共通の教科書に基づき統一的な解釈を授業内容としていたことは，ヨーロッパ中世社会にとって大学が一つの重要な機能を果たしていたことを意味する。神学における統一見解と同様であるが，法に関しても，各地の聖俗領邦君主や都市は，大学共通の法解釈に従うのであり，大学はヨーロッパにおける広域的な法秩序形成に寄与していた。

授業は，教師が把握し得る程度の数の学生の前でテキストを講読し，注釈を加えるのであり，これを学生が書き取って暗記した。印刷技術が発達してなかった時代であり，書物が非常に高価であったので，講読を書き取るかテキストを書き写すのが知識伝達の主要方法であった。学位試験直前のより専門的な授業では，少数の学生達と教員の間で質疑応答がなされる討議方式がとられた。学生は，講義に用いられた教科書の内容と文言をともに理解したと信じた時点で教師の口答試験を受ける。合格すれば，神学部認定の下に，学位が与えられる。学位売買などの弊害から，学位試験規程が明確化されるのは中世後期である。

中世ヨーロッパの大学は，明確な入学規程がなかったし，学位以外に卒業規程もなかった。大学教師を目指す学生以外は，学問的研鑽の成果としての学位よりも，大学で学び，一定の課程を修了したことを証明する修学記録で十分とした。学生は，聴講した教師に授業料を支払うことで署名を貰い，学修記録とした。学修記録は，学業修了を証明するものでないので，登用は採用者の裁量に委ねられていた。

聖職者の妻帯が許されてなかった当時のカソリック教会では，聖職者の後継者養成は貴族や富裕市民の子弟を主として対象としつつ，下層階層の優秀な男子を庇護して教育した。大学進学は，基礎的教養を前提としていたので，学校制度が存在しなかった時代においては，ラテン語等を予め学習させるための家庭教師を手配できた家庭が子弟を大学に送りだすことができたのである。貧しくとも優れた男子を教育できたのは，聖職者予備軍を養成する修道院学校などを持った地域の教会であった。優れた男子には，教会の奨学金が学費として用意され，神学部での学生生活は大学所在地の教会が支援した。大都市が経済力をつけるようになると，15 世紀にはラテン語を教える教会のラテン語学校と並んでドイツ語を教える市民学校を設置するようになるし，さらに，大学進学への予備門としてのギムナジウム Gymnasium（Collegium）を開設するようにもなり，大学進学者予備軍の裾野が広がっていく。

貴族や富裕市民の子弟が法学部に進学したのは，聖職者に委ねられてきた領地の管理・経営を自ら行うことができる学識を身に着けようとしたのである。領邦支配の文民化が進み，他方では，大都市の発達が見られるようになると，司法・行政官への需要が高まり，法学部には裁判官や弁護士志望者とともに行政官志望者が貴族や富裕市民の子弟の間から集まるようになった。中世の大学で学ぶ医学は，医療そのものより，薬や病気について書かれた古典を学び，領邦や大都市の医療衛生行政官（薬局，医療師の監督官）の資格を修得するためのものであった。臨床的医療に携わったのは親代々経験的に病人を扱い，出産を助け，薬草を熟知する人々が当たっていた。刃物を扱うことから，理髪と外科とは同じ名称の職業であった。専門学部に進学せず，学芸学部ないし哲学部に学んだ学生は，貴族や富裕商人の子弟のための家庭教師，裁判所や行政の書記，貴族や大商人の所領地の管理者などの仕事に就いた。大都市での市民学校は，国語・算数・キリスト教に基づく修身が主要内容であり，教員は大学卒業を資格としていなかった。むしろ，学校教員は，教員の手伝いをしながら教科書と教授法を修得し，徒弟制度と同じく 6 年の見習い期間後試験を受けて教員資格を獲得でき，その上で，校長の指導の下に教壇に立つことが許された。

学校教員は，一つの職業資格であり，教育内容や授業素材の理解度よりも，定められた教材の伝達技術の修得をもって資格としたので，学校では修業時代に修得した教科書を伝達した。学校は教会の監督下にあったので，宗教教育と道徳規律が中心で，ドイツ語の正字法と計算が教科内容であり，より高等の修道院学校で礼拝に用いるラテン語が断片的に教授されたにすぎない。大学はこうした学校の延長線上に成立・発達したものではない。大学入学は（副）学長の面談で，素養があると判断されれば入学が許可されたので，後に触れるように15歳での大学入学は可能であった。こうした若者は，家庭教師等のもとで一般教養とラテン語を学修してくるのであり，不十分とみなされた場合は予備門としての哲学部に先ず入学した。キリスト教の教理が支配した中世の大学においても，教科内容を固定して教授したが，その目的は現実社会での諸問題に適用する原理・原則を抽出して教授することであったので，汎用性の高い教材作成が大学教師の課題であった。社会的激動が続いた近世に入ると，変動する社会の諸問題への対応と自然科学の新知識が新たな原理・原則を求め，啓蒙主義の時代に支配的になる分析・実証が学術的営為の根幹となる。フンボルトは，大学を頂点とする学校教育制度を整備した。大学入学資格であるアビトウアを取得できる中等教育後期段階学校ギムナジウム Gymnasium を整備して大学入学資格とするとともに，大学卒を教員資格とした。大学の役割は知識伝達ではなく，分析・実証・総合を自律的に学修・研究（学術）する場であるとし，学生にそのための前提条件を身に着けさせることを意図したからである。

大学学位

大学学位の段階も，当時の通念に基づく職業身分階層に擬えて組み立てられている。手工業者を例にとれば，若年にして親方のもとで徒弟 Lehrling に入り，最低6年間の修業を経て職人試験を受ける。合格した職人 Geselle は，優れた親方 Meister を訪ね，仕事を共にしながら技術を受け継ぐのであり，各地の親方を巡ったので遍歴職人 Wandergeselle という言葉がある[7)]。一定の修業年限を経て親方試験を受けるためには親方試作品を作成しなければならない。親方マイスターの称号は，広域的に認められた資格証明であるとともに称号であり，中世社会においては身分をも現した。しかし，マイスター資格取得は，直ちに営業権を意味せず，地域の同業者組合であるギルドに加入が認められて初めて営業活動が許可されるのであり，ギルド加入の親方のみに徒弟や職人の養成が許された。

7） 歩き回る wandern という動詞から派生する言葉で，ワンダーフォゲル Wander-Vogel（渡り鳥）と同じ用法である。Meister は，後に触れる Magister を語源としており，ヨーロッパ各国語で maestro, maitre, master などが同義である。

大学は，学位を発行する。大学学位は聖職，司法・行政職，医師等への就業を保証するものではなかった。採用の判定は，登用者が独自の基準で行った。大学が授与する最高学位は，大学での教師資格であるが，採用されて初めて教壇に立つ，即ち，聴講料を支払う学生を募集することができる。初期においては，最高学位取得者は自動的に学生募集を行っていたが，教師の共同体が結成されると，教師共同体加入条件にすぎなくなる。

学位という概念と名称は，時代と共に発展した。ボローニャでは，法律学校時代からドクトール Doktor 資格が存在し，教師資格であった。docere（教える）を語源とし，教える人（教師）を意味した。教壇に立ち，教師共同体に加入することで，Doktor は身分となっていく。大学制度が整うとともに，教師団が Doktor 試験を実施し，合格者に学位として授与した。Doktor 学位所有者のなかから教師を選抜するようになり，選抜された者が教壇に立つことが許されると教師になった。神学部から出発するパリ大学では，マギステル Magister が最高学位として用いられ，Doktor 同様に，教師資格を意味していた。

教師団から出発したパリ大学では，教師資格である最高学位 Magister を頂点に幾つかの下位学位を設定した。聖職者は，幾つかの叙階を経て昇進していくので，これを模したのが中間学位である。最初のステップであるバカラレア Bakkalaureat は，学修年限は固定されてなかったものの合格者は専門学部に進学が許された。手工業者の職人試験にあたるのが，licentia（許可）を語源とするリツェンツィアート Lizentiat である。最高学位マギステル Magister 試験に志願する条件であったが，同時に，バカラレア課程の学生を教える資格であるとともに大学の専門課程を修学したことを証明する資格でもあった。パリ大学では，学修修了証明書と最終学位の発行を最終認定するのが大学総務官であり，最終学位以外は一定の修学条件を満たした学生に発行することができた。教師資格を求めない神学部学生は，聖職に就くのであり，中間学位が採用条件となる。管理者である大学総務官と教師団の両者が，それぞれ修学証明書ないし学位を発行することができたのである。19 世紀のドイツで一般化する，国家試験受験資格と教壇資格の区分の原型であった[8]。

地域や分野によって異なっていた大学学位制度は，ドイツでは，近世に入るとDoktor（神学部，哲学部にのみ一部Magisterが残る）に統一され，その他の中間学位が消滅し，教員資格を志望しない，即ち，教師団に加入しないDoktor学位取得者が生まれてくる[9]。わが国では，当初からDoktor（教師）を教員資格と切り離し，博士と訳した。皇帝と教皇が認定した大学で取得した博士学位は，神聖ローマ帝国皇帝ないしローマ教皇が認可したすべての大学で教壇に立つことができる資格であった。博士号は，中世ヨーロッパ社会において，単なる職業資格に留まらず，社会的には一代貴族に準じる身分として位置づけられた。社会での儀式では最前列に列席することができ，裁判においても特権を持つ者として扱われたのは，博士が特権自治団体である大学の教師を意味していたからである。

博士学位試験は，論題が与えられ，出題者である教師と公開の場で討論する。討論を経て，論題を十分に理解していると評価されると合格となる。博士論文Dissertationという言葉は，現在の用語としては，学位審査に提出された未発表の論文に対して用いられているが，印刷術が普及する以前の時代にあっては，博士学位所有者が執筆した刊行物を意味した。

博士学位取得は非常に大きな出費と結びついていた。規定の受験料は当然であるが，主査・副査の試験官および学部の全教師に一定額が用意された。大学講堂か大学教会で華々しく催される学位授与式の費用はもちろんのこと，式典に引き続き町の中心部を行進し，祝典会場では用務員をも含めた大学関係者全員を招待した会食を振舞わなければならないのであった。16世紀においての博士学位取得に関わる費用は，医学博士取得は医師としての年収2年分，神学博士は1年半分が基準であった。

8） Stadt Göttingen, Fremdenverkehrsamt: 14Tage, 1966, Nr.14.

9） 近世に入ると大学卒業・学位と職業資格は分離する。一定の大学学修課程修了を前提とするが，国家資格試験合格が就業資格となっていく。それゆえ，博士学位は教壇キャリアを目指す者以外にとって名誉称号的位置づけとなっていく。

教 授

中世の大学が学位を設定した主要な目的は，教師共同体という自治団体への加入資格を証明することであった。Doktor や Magister という用語自体に教師という意味が含まれていた。良く知られているように，宗教改革者ルターは，Doktor Martin Luther と自他ともに称し，俸給を得て大学で教える教師 Doktor という意味で使用している。大学先進国であるイタリア，フランス，イギリスで，大学教師を Professor と称するようになる経緯については，筆者は残念ながら寡聞にして知らない。ヨーロッパの大学史におけるドイツの特徴は，次節以降で詳細に説明するように，領邦君主がすべての大学を設置していることである。任命された大学教員は，領主の臣下であった。大学教員の法的地位や名称は，パリ大学の制度に倣って大学を立ち上げた当初は名称等も受容するが，時代とともに官職との関係で確定してくるのである。

ドイツ語圏の大学で，Professor という用語が用いられた例として 14 世紀のウィーン大学神学部が挙げられており，俸給を支給されている教師を指している[10]。この時期の大学は，聖俗領邦君主が設置するに当たり，大学に資産として封土を与えており，この封土からの収入が俸禄として教師に支給されたので，聖禄・俸禄教授と呼ばれている。

16 世紀になると，ドイツ語での Professor が大学教師団の正規構成員に対する官職名 Amtsbezeichnung として用いられてくる。大学教師以外にも Doktor 称号が与えられるようになったので大学教師職名を別途定めたから，と説明されている[11]。宗教改革以後の領邦大学では，領邦国家が，大学教師を臣下（官吏）として雇用して俸給を支給するのであり，職務として公的講義を義務とする大学正規教師の官職名を Professor として統一したのであろう。近代絶対王制の強化が進む 17 世紀になると，Professur が教授職（地位，講座）を示す公（官）的用語として使用されるようになる。一般社会においても 17 世紀になると，ドイツで Profession という言葉が使われるようになるが，語源である professio が意味するように，手工業親方などが公的に登録した自己の職業名（身分，地位）を表記する場合に用いられているのと同じ用法であろう。ギーセ

10） 別府昭郎（1998）「大学教授の誕生」，209 頁。
11） Kluge: Etymologisches Wörterbuch, 20. Aufl.1967.

ン大学中世史教授モーラオは，ドイツ大学史における教授の位置づけを4つの局面に分けて概観している。15世紀初頭までは，中世以来の伝統を受け継ぎ俸禄教授であった。領邦大学の時代にはいると18世紀までの教授は君主の臣下となるのであり，恭順で勤勉な碩学という教授像が定着する。19世紀から20世紀の教授は，恭順・勤勉であるとともに研究成果をもって内外の評価を高めることに努めるようになった。20世紀末になると，高等教育概念が広がり大学が千差万別となったように，教授も千差万別となった。そして，自己責任と自己尊重がドイツの教授により一層望まれているという認識が高まることを期待するとして，次のように述べる[12)]。「自らを尊ぶ者が，他者から尊ばれる。」

本書が主題とする1737年創立のゲッティンゲン大学では，学則等ですべてProfessorを用語としており，本書では教授として叙述していく[13)]。

員外教授Extraordinarius, Außerordentlicher Professorという用語が，ドイツで現れてくるのはやはり16世紀で，領主が俸給を支給しないが学部の正規課程授業を担当している教師である。設置者との俸給関係がないので，大学組織（教授会）への参加権を持たないが，正規課程授業を開講して学生から授業聴講料を徴収する権利を持った。正規課程授業を担当することで，一般的な私的教師と較べて大学組織（教授会）に則した地位であった。ドイツの設置大学では，18世紀の啓蒙主義時代にいたるまでは，学部の教科課程は固定的であり，教科課程に基づく科目を担当するのが正教授であった。それゆえ，学生数の増加や新しい科目の設定にあたって員外教授を任命する場合，政府から俸給が支給される員外教授が出現してくる。以下に述べる，私的教師との相違が確定するのである。

Doktorが，大学教師を示す資格であるとともに身分であったことは，既に述べた。中世の大学以来，Doktor学位取得は，教師資格であり，学生を募集することができたことは，神聖ローマ帝国皇帝大学特許状が，大学にDoktor学位発行の権利を与え，Doktorに教授の自由を保障

12）　Marow, Peter (1998)

13）　教授，員外教授，私的教師の用語使用の発展については，下記を参照されたい。別府昭郎（1998）「大学教授の誕生」，210頁以下。

したことに現れている。領主が設置するドイツの大学では，学生を対象に授業を開講し，聴講料を徴収するには，学部教授会の許可が必要となる。

学生の教育指導は，特に基礎知識の素養が一律でなかった時代において，Doktor 達の私的教育に依存せざるを得なかった。員外教授が，学部正規課程授業を補完したように，私的教師は予備門教育を受け持ったのである。学修教育と生活指導の両面を必要としたのであり，イギリスの大学で発達するチューターの役割であった。一部の例外はあるが，多くの大学は，当初は学則以外であるが，教授会として私教師の条件と役割を定めるのであった。1605 年のウィッテンベルク大学哲学部内規は，私教師の条件を定めている。Magister 学位所得半年以上，公的討論経験，大学登録済，学部・学部長への宣誓，であった。予備門学修の枠を越えて，学部課程の講義を初めて行ったのは，16 世紀末のインゴルシュタット大学であるとされている[14)]。

1648 年に終了する三十年戦争以降，ドイツの領邦国家は絶対王制への途を進むのであり，中世の大学時代から受容してきた大学学則を，大学管理を目的に厳格に定め始める。学則に私的教師を私的講師 Privatdozent として大学組織に取り入れ，採用条件・義務を定めるのである。これに伴い，私的講師は，法的身分は私的であるが，業務は大学の公務となる。結果的に，大学教授の補給源となるので，社会的には後継者育成となった。プロイセンでは，一般ラント法制定（1794 年）にあたり，教授などと同様に，私的講師にも一定の俸給を支給して公的身分に位置づけることが検討されたとされている。私的講師が，大学改革の課題の一つとなるのは第一次世界大戦後である。

近代科学の黎明

地中海貿易で富を蓄えた北イタリアの都市から，14 世紀になると，キリスト教以前の世界であるギリシャ・ローマ文化を理想とするルネサンス運動が生まれ，広くヨーロッパに影響を及ぼしていく。文芸復興とも呼ばれるように，スコラ哲学から離れた形で「世界の発見」「人間

14） Dingler, H. (1930): Privatdozententum, S.207.

の発見」がギリシャ・ローマの古典に求められ，15世紀の人文主義・ヒュ—マニズムへと発展していった。古代の学芸を復活させることを通じて，教会的権威のもとで抑圧されている「自然な人間性」を復活させようとする思潮であり，精神と肉体の調和した理想の人間像を古代ギリシャ世界に求めた。17世紀に入ると，ヒューマニズムは近代科学の合理的精神と結びつき，啓蒙思想を生み出していく。

経済発展とともに経済的にも社会的にも流動性が高まったヨーロッパ社会において，ローマ教会はあまりにも教条的であり，激動する世界に直面した人々の心に応えることができなかったばかりでなく，聖職者の腐敗と堕落が民衆を教会不信へと進ませた。司祭は，教会において市民が理解できないラテン語でミサを執り行うのであり，下級司祭はラテン語さえも理解せず，結婚式や葬式での心づけを生活の糧としていた。豊かな高位聖職者のなかには公然と内縁の妻を囲うものさえあった。教会は，信者に善行を求めるが，施しをもって善行に代えることを認めた。来世での救いを保証するものとして，教会の修繕や建設，その他の費用を賄うためしばしば贖罪符が出されていた。

1517年，ウィッテンベルク大学で教壇に立つドクトル・ルターが贖罪符の弊害を論駁する95カ条の論題をもってローマ教会を批判した。宗教改革の端緒である。ルターはカソリックから破門され，神聖ローマ帝国からは帝国追放処分を受けるが，民衆の支持を受け，中部ドイツのザクセン領主に庇護される。神と信者を仲介するのが教会・聖職者であるとするカソリックの立場から離れ，民衆一人ひとりがキリストと直接結びついているのであり，そのための場が教会であるとの考えに立ち，ドイツ語の聖書に基づき信者に語りかけるミサを行うことができるように新約聖書のドイツ語訳を完成させる。ルターに続き，メランヒトン，ツウィングリ，カルヴァン，ミュンツァーなど，ローマ教会に批判的な人々が続き，それらを支持する民衆と国王・領主達が結束するようになる。新訳聖書（福音書）にのみ信仰の基礎を置く人々であり，カソリックと対比して福音派と総称されているが，宗教儀礼の理解と位置づけ，世俗権威と教会の関係などについて解釈が対立し，ルターの解釈に忠実なルター派，ミュンツァーやカルヴァンなどカソリック教会への対抗に重点を置く改革派などに分かれて広がっていく。日本においては，旧教と新教という表現で対比されることが多い。旧教と新教のそれぞれを信奉する君主・領主達は，信仰対立を軍事対立へと発展させていく。中部ドイツにおいて新教の諸王・諸侯・独立自由都市が結集して結んだのがシュマルカルデン同盟である。新旧両宗派の対立は，領地と領民の支配権対立を伴い三十年戦争の全ヨーロッパ的な武力闘争に進む。ヨーロッパ大陸に平和が訪れるのは，1648 年のウェストファリア条約によってである。

中世末期の社会は大きく変動し，人々の世界認識はヨーロッパから新世界やアジアへと広がった。地理的発見と通商路の開発は，新しい文物の交流となり，そのことが，さらなる新しい認識を促していく。カソリック独裁を打ち破る新旧両派の並存は，聖書が描く自然と人間の世界を現実社会と対比して客観的に検証することを可能にさせた。カソリック教会の「恩寵の光」のもとでの世界・社会・人間の一元的秩序観は，すべての人間に共通する判断基準としての「理性の光」で再検証され，自然秩序の実証的・数学的解明と相俟って，人々が実生活の基礎としている言語・伝承・慣習を実態的に解明する機運が生まれる。近代科学の黎明期であり，新しい知識と技術が学問としての立場を確立していく。支配領域の拡大と支配権の一元化を目指す絶対王制において，標準語の育成と自然科学の分野での最新の知識の獲得が，領域支配権を体現するものとして位置づけられた。絶対君主にとって「知は力」となる。

新しい事実と認識の探求，即ち，研究機能は，旧弊の知識を踏襲する大学から離れ，独自の研究機関に求められようになる。国家権力の一元的統合支配を進める絶対王制の下で王宮を舞台とする宮廷文化が花開くとともに，支配階層の子弟は身分相応の時代教養の修得の場を大学の外に求めるようになるし，数学・自然科学の研究の場を大学の外に求めていく。この時期を境として，ヨーロッパ諸国で大学の位置づけが分かれた。

研究機能を大学から切り離した国々と大学の内部で研究と教育を統合しようとした国に分かれる。学術アカデミーに研究機能を集約させたのがイギリスやフランスである。騎士教育を宮廷文化と騎士アカデミーに委ねたフランスとオックスブリッジの 2 大学にジェントルマン教養教育を集約したイギリスは，大学から専門教育と研究機能を分離して学術アカデミーを充実したのに対して，ドイツ語圏では17世紀の大学衰退期を経て，18世紀に研究機能を大学に取り込む途を進んだ。

学術アカデミー

大学とは別に，知識と認識を深めることを目的として人々が集まる民間団体は古くから存在した。ルネサンス運動が盛んとなるイタリアが，先駆的な役割を果たしており，近代のアカデミーの源流は，大学同様に地中海貿易で富を蓄積した北イタリアに求められる。15世紀のイタリアの各地に有識者や学術愛好家たちの団体が存在し，ギリシャやビザンチンの例を模してアカデミーと名乗る。哲学や古典を学び，イタリア語と詩作を涵養することを目的に集まった人々の団体の例として，1490年ナポリで設立されたAcademia Pantanianaや，フィレンツェのAcademia Platonicaが挙げられる。近代以降においては，職業資格授与機関である大学と峻別する意味で，協会Society，Société, Societät, Gesellschaftという名称が用いられることが多い。そして，アカデミーの使命として，理論的・原理的研究と数学・物理学での証明研究，さらに，実践的研究の具体的成果を鉱業・農業・林業などの分野で求めた。新しい研究成果が研究者・同好者間の意見交換やサークル・刊行物によって発表されることで，さらに新たな研究への刺激となっていった。研究成果を世に訴えるという機能は，従来の大学概念に無いものであった。

絶対王制の強化とともに，アカデミーは国家事業となっていく。1630年にパリに設立されたフランス語擁立協会は，標準語としてフランス語を整備することを目的とした民間団体であり，後の王立フランス・アカデミーAcadémie française（1635）の前身である。イギリス最初のアカデミーは，やはり民間団体であったInvisible College（1660）であるが，1662年に国立とされ，王立ロンドン協会Royal Society of London for Advancement of Natural Knowledgeと名づけられた。

ドイツ最古のアカデミーは，医者バオシュ（Dr. Bausch, Johannes Laurentius）が，1652年，シュワインフルトに設立した「人類発展のための自然研究」を目的としたアカデミーで，1677年に神聖ローマ帝国皇帝レポルド1世が学術機関として団体自治権を与える特許状を下付したので，Akademia Leopoldina と名称を変更している。このアカデミーは 20 世紀まで存続し，場所はハレに移ったものの第一世界大戦終了まで（プロイセン）王立ドイツ自然科学者アカデミーとして存続した。ドイツ最初の王立アカデミーは，1711 年設立の王立ベルリン・アカデミー（プロイセン王国）で，これに，1750 年のミュンヘン・アカデミー（バイエルン王国），1751 年のゲッティンゲン・アカデミー（ハノーファー王国）が続く。ベルリン・アカデミーは，ライプニッツが[15]，プロイセン国王を説得して国王個人の資産運営で 1700 年に Societät として設立させたものであり，1711 年に国庫運営の国立アカデミ－に昇格すると初代会長に就任している。国立アカデミーへの昇格にあたり，国王フリードリヒ 1 世は，ドイツ語辞書の決定版を刊行するようにと命じた。

国立アカデミーの研究員は大学教授と同等の社会的地位を保障され，大学教授にとって授業以外の仕事場は自宅であったのに対し，アカデミー内に研究室や実験室を持った。研究が職業として位置づけられたのである。大学教授に研究室が与えられるようになるのは，大学教授を教育者であるとともに研究者であると位置づける大学像が定着する 19 世紀後半からである。

ドイツのアカデミーの特徴として，1）学術研究そのものの奨励，2）大学より広い学術分野を対象，3）数学・自然科学を重点分野，という 3 つを挙げることができる。従来の大学は，神学・法学・医学を専門分野として資格教育に限定したので，発見と実験に基づき新知識を獲得し，数学的に自然事象を解明しようとする初期啓蒙主義期の運動を担ったのがアカデミーである。それゆえ，アカデミーが研究対象とした分野は大学の職業資格教育の分野と異なるのであり，その出発点から大学組織とは全く異なる構造を持った。大学は，哲学部を予備門とし，神学部，法学部，医学部は職業資格を与える上位学部として出発した。これに対して，研究を使命とするアカデミーの組織は，哲学・歴史 Philosophisch-historisch ないし言語学・歴史 Philologisch–hisitorisch 部門，および，数学・自然科学 Mathematisch–naturwissenschaftlich ないし

15） Leibnitz, Gottfried Wilhelm, 1646-1716. 父親はライプツィヒ大学法学・道徳哲学教授で，自身もライプツィヒ大学でトマジウスの下で法学を学ぶと共に哲学と数学を学んでいる。

自然科学・数学 Naturwissenchaftlich–mathematisch 部門の2部門から構成されていた。即ち，研究機関であるアカデミーの活動分野としては哲学，言語学，歴史学，数学，自然科学がキーワードであり，大学組織と比較すると，専門資格教育のための予備門である哲学部の教員が担当する分野である。文芸復興からドイツ啓蒙主義にかけての学術認識については，後に，大学における哲学部の位置づけに関するカントの議論を紹介するなかで詳論したい。

アカデミーはまた，設置者である国王の意向を反映して，大学での専門教育分野では対象とならないが，時代の経済発展が要請する実学的な知識や技術，例えば，農学や鉱山学などの研究と実験・実習を進めた。研究成果を国民と国家の繁栄（公共の福祉・利益）を目的として施政者が実践したのであり，学生を対象としてラテン語での訓故の学に終始する大学とは全く機能を異にするのである。実証された新しい知識に基づき認識を得るとする啓蒙主義の時代において，学識者の間ではアカデミーの方が大学より優れた機関であるとの認識が定着していく。大学の研究機能に失望し，国王・君主にアカデミーを推奨した数学者であり哲学者であったライプニッツが典型的な例であり，研究成果を学術雑誌に発表し，研究者間での議論を深めていった。

こうしたアカデミーを舞台として活躍した学識者の多くは大学に籍を持たず，研究成果や知見を，ヨーロッパ共通語であるラテン語，そしてまた，自国語で発表する学術雑誌を通じて広く社会に持論を訴え，学識者が集うサロンで議論を闘わせた。学識者は，身分や国籍によって結びついていたのではなく，学問と真理の探究が唯一の繋がりであり，国境を越えた「学問の共和国」の一員であることを自負していた。1737年のゲッティンゲン大学創立に当たり，市のラテン語学校であるペダゴギウムから唯ひとり哲学教授として大学に迎えられる校長ホイマンは，1718年に刊行した「学問の共和国」において次のように語っている[16]。

《学問の共和国》はその形態からして，見えざる教会に酷似してい

16） Bots, Hans et Waquet, Françoise (1997),「学問の共和国」池端次郎他訳，19頁。

る。この教会にはいかなる君主もいかなる世俗権力もなく，きわめて広範な自由が存在し，聖書のみがそれを支配しているようにここでは理性のみが支配し，何人も他者にたいして権利をもたない。この自由こそが《学問の共和国》の魂なのである……

ドイツ語でZeitungという言葉は，日刊紙，週刊紙，雑誌にも使用される。語源的には，1300年頃のケルン地方で，低地ドイツ語・中世オランダ語で「知らせ，報告」を意味するtidingeからZidungへと変化していった。印刷術の発明によって刊行物の発行が容易になると，各地でお知らせなどが定期的に発行されるようになり，最新の話題などとともに識者の時論が掲載され，読者をとらえていく。ドイツ語圏で定期的に印刷された新聞は，印刷業者ヨハン・カロルスが1605年にシュトラスブルク市議会に刊行申請したものであるとされている[17]。理性を唯一の支配基準とみなし，国家権力の支配に優越するとする認識が，新聞や雑誌を通じて世論を形成するようになるので，これを警戒する領邦政府は印刷・発行の検閲制度で監視した。刊行は印刷を前提とするので印刷業者への出版許可を通じて検閲を行うことができることから，絶対王制期の領邦君主は，刊行物の検閲役務を国家公務員である大学教授に課すことによって管理した。

ドイツで最初の学術雑誌とされているのは，1682年にザクセン国王の認可を得て，ライプツィヒ大学倫理学教授オットー・メンケ（Mencke, Otto）が発行したActa Eduditorumである[18]。あらゆる学問分野で発表された重要な学術成果を毎月紹介し，国際的に多くの読者を集めた。例えば，ライプニッツも数編の哲学論考や数学の論文を寄せている。こうした学術雑誌に寄稿し，互いに意見を闘わせたのは大学の外にいた学識者たちであったので，学生にとっては大学の授業では扱われない時代の思潮に触れる窓口となっていた。理性を判断基準にした合理的解釈に基づき新しい発見や知見を求めたのが啓蒙主義であるが，研究成果や所見の自由な発表の場が広がったことが社会の知的運動として展開できたのである。

17）　Strassner, E. 大友訳『ドイツ新聞学事始』（1999）参照。
18）　Steiger, G. (Hg.) (1981) S.55.

騎士アカデミー

ヨーロッパ近世は，一方では国王への権力集中が進んだフランスやイギリスがあり，他方では中央権力の衰退とともに領邦君主・貴族への権力分権化のドイツやイタリアがあった。

パリは，政治的にも文化的にもヨーロッパ大陸の中心的地位を占め，貴族が交流する宮廷はヨーロッパの社交場であった。そして，ヨーロッパ各地の国王・貴族はそれぞれの宮廷を地域の社交場とするようになる。16世紀は人文主義の時代であったとともに，宗教改革を契機とした新教勢力と旧教勢力の武力衝突の時代でもあったので，国王・領邦君主・貴族は，自らの子弟を武人であるとともに文人として教育し，宮廷での社交術を身に着けさせた。貴族の子弟の教育は，文武両面において元来は家庭教師の手に委ねられており，大学を訪れるとしても資格修得よりも，身分に相応しい素養を身に着け，同じ身分の若者たちと交流することが目的となっていた。これに対して，伝統的教授法に基づく職業教育機関として発達してきた大学は旧弊の枠から抜け出ることができず，新しい地理的発見や科学的認識を大学教育に取り入れなかったし，ヨーロッパの政治社会の現実を学生に伝えることができなかった。時代の要請に応えるとともに支配階層の身分に相応しい教育機関が求められた。大学や学術アカデミーがそうであったように，騎士アカデミーも，当時のヨーロッパで最も豊かであった北イタリアの都市から自然発生的に生まれてくるのであり，それが全ヨーロッパ的に広がった。

騎士アカデミーは，1532年ナポリの馬術師フェデリコ・グルゾーが設立し，馬術のみならず騎士としての素養や宮廷社会での社交術を教授した馬術学校の理念に起源を求めることができる[19)]。この理念を発展させたのがグルゾー馬術学校で学び，軍人として勇名をはせたラ・ヌ（La Noue, F.）である。1587年刊行の「政治家軍人論」において，大学とは別の貴族子弟に特化した教育機関を設置し，馬術や剣術の修練とともに政治学，軍事学，数学，地理学，築城学，近代語などを学ぶべきであると主張した。この理念は広く全ヨーロッパ的に受け入れられ，イタリア，フランス，イギリスに騎士アカデミーが設立され，ドイツにも広く

19）出口裕子（2006）「リッターアカデミー」，152頁。

普及した。

1685 年，北ドイツの宮廷都市ウォルフェンビュッテルに騎士アカデミーが設立された。設立者は，文芸の造詣が深かったとされるブラウンシュワイク・ウォルフェンビュッテル侯アントン・ウルリヒで，宮殿内に 18 万冊を擁する図書室を整えており，21 世紀の現在までそのまま残されている。騎士アカデミーが置かれたのは小宮殿で，アカデミーホーフと呼ばれた。

ウォルフェンビュッテル騎士アカデミーの学則は，貴族の子弟のための高等教育機関の姿を端的に描き出している。第 2 条は，「このアカデミーに入学を希望する者は，少なくとも貴族の身分であることが望まれる。……（教科として）神学，法学，歴史，雄弁術，算数が配当される。言語では，ラテン語，ドイツ語，イタリア語，フランス語などが配当される。」としているように，旧弊に留まる中世以来の大学に代り貴族の子弟のために近代化した教育を提供するものであった。第 7 条が「日曜日と金曜日に，侯の宮廷を訪問することが許される。ディヴェルティメント（嬉遊曲）や舞踏に参加することが許され，名士と交流することによって益を受けることができる」と特に述べているように，グランド・ツアーの準備機能も果たしているのであった。8 条は，（馬術，フェンシングなどの）修練は，終日休みとなる金曜日以外，他の勉学と同様，毎日行う」とし，武人としての貴族であることを示している。

他のヨーロッパ諸国での騎士アカデミーの教育内容もほぼ同じであった。フランスのロレーヌ・アカデミーでも，軍事訓練，数学，外国語，宮廷慣習などが教授され，特に馬術が重視された。馬術の一環として獣医学の授業も設けられていたし，地勢学や包囲術，保塁についても学ぶことができた。さらに進むと，聖俗の社会問題，地理学，紋章学，幾何学，兵法，地雷技術，砲兵戦などについても授業があった。

宮廷人として貴族の子弟の素養修得に欠かせないものとして普及するのがグランド・ツアー Grand Tour である。貴族の子弟の修養として，16 世紀に古代文明の遺跡が残るヨーロッパ最大の文化都市ローマや地中海商業で富を蓄積した北イタリアを訪問することから始まり，次第に諸国の宮廷を回遊し，パリの宮廷文化へと収斂していく。貴族の子弟がグランド・ツアーを経て身に着けようとしたのは，宮廷社交の礼儀作法，他国の慣習・制度の修得，軍人としての馬術や剣術の修練であった[20)]。ツアーの途上，大学や騎士アカデミーに入学し，数年間学生生活を体験することもプログラムに入っていた。グランド・ツアーは，君主・貴族のものであり，富裕市民の子弟がツアーに出ても，宮廷への出入りは許されず，また，騎士アカデミーへの入学も認められなかった。

貴族の子弟がグランド・ツアーを過ごす期間や目的地は様々である。先ず，王侯・貴族のすべての子弟が旅立ったわけではない。他国への旅行は危険が伴うのであり，主として王位後継者以外が対象となっていた。1680年に2年間のツアーに出た（後にハノーファー侯国に吸収される）ブラウンシュワイク・リューネブルク侯の皇子フリードリヒ・アウグストの一行は，教育係，小姓，コック，奉公人など総勢29人であった。当然莫大な費用がかかり，一家の総資産の十分の一に及ぶ例も残されているように，貴族の子弟への先行投資，あるいは，次男以下への相続財産分けの意味もあったと思われる。4年，さらには，9年という例もあり，この間大学や騎士アカデミーに在学していることが多い。

目的地は，アルプス以北から向かうのはイタリアとフランスである。古代遺跡が残されているローマは，ローマ教皇の宮廷があり，イタリア語，建築，絵画，音楽を学び，宮廷では社交術を洗練させて広く人脈を築いた。将来の政治家，外交官にとって必須の学習であった。「他の土地では1か月かかるものが，ローマでは1日，2日で学べる」と言われた。18世紀になると，イギリスのジェントルマンの大陸旅行が主としてイタリアに向かったのは，この時代からの名残であろう。パリやヴェルサイユがツアーの目的地としてローマと並ぶのは17世紀後半からである。ハプスブルク王朝の子弟にとって，支配地のスペインやベルギーの宮廷が欠かせなかったし，30年戦争でハプスブルク家からの独立を獲得した新教国オランダは，中世の北イタリア都市を彷彿させる商業・金融の国であり，アムステルダムの証券取引所や東・西インド会社などが見学の対象となっていた。

20） 佐久間弘展「グランド・ツアー」(2006)，169頁。

自然法の受容

17世紀になると最新の学問を学べるとされたオランダの大学は，特にドイツの学生が好む留学先であった。商業で蓄えた富を基に，最新の世界情勢と学問成果を大学教育に反映させたのがオランダの大学であり，福音派神学，自然法と国際法，臨床医学，言語学などはヨーロッパ最先端の成果を学生に伝えた。小国であるにもかかわらず，Leyden (1575)，Franeker (1585)，Groeningen (1624)，Utrecht (1634)，Harderwyk (1648) の5つの大学をもっていた。オランダ最大のライデン大学の新入学者数は17世紀初頭平均して約350人であったが，三十年戦争の時期にドイツの大学での学生数が減少したのに反し，新入学者数の増大が続き1620年には約500人に膨れ上がった。

オランダは，1648年のウェストファリア条約でスイスとともに独立国家として認められた商業国家である。特に，母国スペインとの和平交渉に従事したグロティウスは[21]，覇権国スペインによる世界的な独占航行権に反対し，自由な植民地貿易を説き，自然法に基づく近代国際法の基礎を築いた。グロティウスは国際法を自然法から敷衍するのであり，法の根源を理性に付与された人間本性に依拠するものと論じ，所有権を尊重し，契約を履行することが人間社会の根底にある「自然」であるとみなした。ウェストファリア条約でヨーロッパの国際秩序に組み込まれたドイツの領邦君主は，君主は臣民との契約のもとに国土の安寧（公共の福祉・利益）を実現するとする絶対王制の論理を進めることにより統一的な君主制国家権力の確立に努めたので，支配権の根源を自然法に基づく契約国家論に求めたのである。自然法の受容は，ヨーロッパ中世封建社会の特徴である家産国家封建支配から君主制国家の公権力支配への移行を論理化するものでもあった。封建社会の上位・下位支配関係は人的な関係であり，封主と封臣の支配関係も相互の人的な私権契約と見なされており，封臣に属する封土や陪臣へ君主の支配権が及ぶことがなかった。ローマ法が，民間の商取引関係とともに主従間及び団体間支配関係の統治技術として受け入れられてきた理由である。これに対して，

21）Grotius, Hugo, 1583-1645，は，ライデンとフランスのオルレアンで学び，植民地オランダの代表の一人として和平交渉にあたったが，母国スペインからは犯罪者として追及された。1635年以降，スウェーデン国王に仕え，旅上のロストックで没している。

自然法から派生した公法理論は，支配関係から人的要素を取り除き，権力関係をもって置き換えたのであり，公権力の代弁者としての君主の支配権を客観化したのであるし，統治とは君主による人的支配ではなく公共の福祉（利益）salus publica の実現であるとした。公租公課や営業権など分権化していた封建的既得権を公権力のもとへ統合し，領土支配を確定する重商主義政策，富国強兵政策，殖産興業政策などの施策はすべて，統治・軍事・産業を領域的な一体化・統合を目指すものであり，公権力を代弁する君主による公共の福祉（利益）の実現を論理とした。プロイセンのフリードリヒ大王が，「君主は国家第一の下僕である」と言ったことは良く知られている。

ドイツで自然法の第一人者とされたプーフェンドルフは[22]，国際法は自然法と合致するのであり，国際条約は自然法と合致する限り法として有効である，と説いた。そして，神聖ローマ帝国は，その歴史的発展の経緯からして，構成する主権国家である諸領邦の連邦的統合によってのみ中央権力を持てる，としたのである。後に触れる，ゲッティンゲン大学法学部の隆盛を築いたピュッターは，領邦国家論を公法へと築き上げるのであるが，「領邦君主も基本的には，他の国家首長と同様の国家権力を有している」と論じている[23]。

三十年戦争以後ヨーロッパの大学は低迷するが，特に，宗教改革後群生したドイツの大学において著しい。大学を再生させたのは，大学での自然法の受容であり，啓蒙主義思想の実践であった。自然法に基礎を置く国際法，さらに，領邦国家論の法理を展開し，絶対君主支配の中核となる聖職者と司法・行政官養成の役割を大学が果たした。近代思想の幕を切り落としたデカルトは，「神の教えが正しいのではなく，理に叶うことが正しい」のであり，「正しいことは実証できる」とした。17 世紀末から 18 世紀末にかけての啓蒙主義はこの思想から発展しており，中

22） Pufendorf, Samuel, 1632-1694, は，牧師の息子として神学を学ぶが，法律学に転じ，イエナ大学でグロチウスとホッブスの著作に触れる。コペンハゲンのスウエーデン大使館勤務期に勃発したデンマーク＝スウエーデン戦争で 8 か月間捕虜生活を送り，この間の著作が評価されてハイデルベルク大学に招聘される。その後，再びスウエーデン勤務に戻るが，最終的にプロイセン国王に仕えて歴史編纂官として終わる。

23） 自然法については，以下を参考にした。Köbler, G. (1996),『ドイツ法史』田山監訳，1999 年。勝田・森・山内編著『概説西洋法制史』2004 年。

世以来のカソリック的世界観・社会観からの脱皮の途を開いた。ドイツにおいて新しい大学理念を実践して成功したのが，新教地域のハレ大学とゲッティンゲン大学である。

これと対照的に，低迷する大学においては，18 世紀中葉以降，領邦君主による上からの大学改革の断行が避けられなくなる。機能的・効率的大学運営を目指して大学が中世以来享受してきた団体自治権を没収し，国家が大学を直接管理する政策がとられていく。上からの改革として大学管理の強化を図るのは，主として大学運営に教会の影響が強いカソリック地域である。ドイツ語圏におけるカソリック勢力の本山ともみなされていたウィーン大学では，オーストリアのヨーゼフ 2 世により 1783 年，大学裁判所を含む団体自治権が廃され，大学設立以来付与されてきた大学固有資産が国有財産へと吸収される。特権的身分にあった大学教授も，一般官吏と同じ扱いとなった。大学の非教会化が顕著となり，教育内容の改革が進められた。ドイツ南西部のカソリック地域の領邦君主もウィーン大学の範に倣っていく[24)]。

大学の 3 類型

理性を唯一の判断基準として自然界と人間世界の秩序の解明を目指した啓蒙主義は，18 世紀後半には，個としての人間の内省的理解と自然法に基づく人権思想に進む。「自由・平等・博愛」を謳うフランス革命が生み出した市民社会の思想とこれに対抗したドイツの国民教育思想は，ドイツにおける大学の社会的位置づけを根本的に変えた。

身分制社会秩序が維持されたイギリスでは，上層階層の教育はパブリックスクールと，それに続くオックスブリッジ 2 大学に限定された。イギリスの市民社会は，職業専門教育は民間職能団体の権利と責任のもとで行うとする伝統を築きあげていくのであり，大学は古典教養教育の場として位置づけられ，自治管理の慣習が維持された[25)]。

フランス革命とそれに続くナポレオン支配のフランスは，「法の下での平等」を謳うのであり，大学の中世以来の自治特権は廃され，大学をも含めた教育は国家の専権事項としたので大学は学校と同じ教育施設

24）　別府（2014）「18 世紀」73 頁。Winkler, G. (1988), S..15.

25）　Dibelius, Wilhelm (1930): England, S.61ff。

（機関）と位置づけられた。中世のパリ大学以来の伝統である神・法・医・哲学部からなる総合・教養大学制度の原則は否定され，個別学部ないし高等専門大学（学校）制度が並列するものとして採用された。並列する両者は，共に高等教育機関とされ，その分布は19世紀を通じて国の行政区分に応じた17学区に整理されていく[26)]。

フランスとは対照的に，18世紀末，ドイツの絶対王制は完成期を向かえ，領邦単位で立法権と行政権の領邦君主への集約が進んだ。神聖ローマ帝国皇帝特許状に基づき特殊な自治団体である大学の法的地位を，一般法のなかに取り入れる作業がなされ，ドイツ特有な大学形態が形成されていく。典型的な例が，プロイセン一般ラント法における大学規定である。特許状に基づく特殊自治権を認めつつ，大学は一般の学校と同じく国家の施設（機関）であると明文化している。ドイツにおける，国家と大学の関係は，この時期に基本的な法的枠組みが出来上がったのである。

1806年の敗戦で神聖ローマ帝国は消滅し，ドイツ諸邦はナポレオンの支配下に置かれる。フランスの法制度と行政制度が，先進的なものとして採用されるのであり，フランスが直接・間接に支配したライン川左岸地域や北・中部ドイツ地域はナポレオンの弟ジェロームを国王とするウェストファリア王国に統合され，フランスの法と行政制度が直接施行された[27)]。従来の地域法・身分法が廃されたので，大学自治権の核心である大学裁判権も廃止された。短期間であるが，中央集権国家がドイツに成立したのであり，解放戦争の1814年までに多くの群小領邦大学が整理されている。

ナポレオン支配は，ドイツの大学市場が外部的圧力を借りて整理されたことを意味する。群小大学が整理される一方，総合大学として新設されたのはバイエルン王国のミュンヘン大学（1800年のランズフート大学），プロイセン王国のベルリン大学（1810年）とボン大学（1818年）に過ぎない。それ以降の（総合）大学新設は，統一国家を形成する第二帝国になってからであり，フランクフルト大学（1914年）とハンブルク大学

26）　Cartius, E. P. (1930), S,65ff。

27）　著名な例として，オーデコロンの4711が挙げられる。ケルン市の住宅を通し番号にしたのであり，製造業者の家屋番号を商品名とした。

(1919年) のみである。これ以外の高等教育機関新設は，工科大学と専門単科大学である。

19世紀後半から20世紀にかけて世界の大学理念として定着するドイツの大学制度は，総合大学制度と大学における研究と教育の統合を柱とし，ベルリン大学を創立したフンボルトの大学理念に基づくとされている。大学管理の財政と人事は国家の裁量の下に置かれる一方，研究者であり，教育者である教員に，「自由と孤独」が求められた。国家の大学政策に支えられた教員の研究能力発露が，世界的な研究成果を生み出していったのもドイツの大学である。19世紀末から第一次世界大戦までの時期は「学問の大工場」，あるいは，大学担当文部官僚の名をとって「アルトホーフ体制」と呼ばれる時代を生み出し，ノーベル賞受賞者を輩出する。他方において，高等教育機関の実務教育機能は，工科大学や専門単科大学の新設によって満たされていった。

第一次世界大戦後のワイマール共和国は，ドイツ国民を臣民から公民へと解放した。ドイツの大学は，新しく生まれた大衆化社会において，「根幹において健全」とされ，正教授中心の大学制度は揺るがなかった。しかし，大学を取り巻く社会環境が大きく変化しており，師範学校・教育大学を始めとして，高等教育機関の裾野は広がっていった。身分制時代からの特殊な社会的地位を享受する大学にターゲットを絞ったのがナチスである。大学は，ナチス化が最も早く完結した社会分野である。結果は，反ナチス，および，ユダヤ系の研究者の流出であり，19世紀以来築き上げてきたドイツの大学の研究能力が一気に消滅した。

正教授中心の伝統的大学制度は維持され，第二次世界大戦後まで大きな変化から免れた。国家の大学管理と大学内部機構の両面で変革がなされるのは，爆発的学生増を背景として勃発する1960年代中葉の学生紛争を契機としてである。大学を国民の教育基本権の一部とする政策は，学生数増を加速させ，60年代末から始まる大学施設の拡充，高等教育機関の多様化と新設へと進んだ。国庫支出の増大は，支出対象の管理強化に進まざるを得ない。大学の組織形態は大学自治に委ねてきた伝統との決別が明白となるのであり，国家による大学管理の時代に入った。施設拡充と高等教育機関新設の70代に続き，80年代のドイツの大学はほぼ一律に学部を解体し，専攻単位のグループ大学の時代に入る。21世紀の現在，大学運営のさらなる効率化が国家主導で求められている。

ドイツの大学の歴史を振り返ると，帝制から共和国への移行を境に，国家の直接介入による大学管理は，大学と国家，大学と社会という関係の根本的な区切りとなるのであり，大学の伝統の慣習的根拠，制度的根拠，法的根拠が改めて問い直されることとなる。ドイツの大学の伝統を振り返ってみたい。

2 ドイツの大学の伝統

大学の発生は，学生共同体が主導するボローニャの法律学校を嚆矢とするが，パリ大学は教師共同体が主導する総合大学の形態を確立した。いずれも，人の集まりとしての大学の出発であるが，ドイツの大学は聖俗の君主が大学資産，施設，教師を揃えて設置するお金の集まりとしての出発で，総合大学を学長（副学長）の下に教授会が管理する。

設置大学

ドイツ語圏の大学は，プラハ（1348），ウィーン（1365），ハイデルベルク（1385）と，宮廷都市ないし司教座都市に立地しているように，皇帝・教皇の特許状を基礎に聖俗領邦君主が威信を示すことを目的として大学を新設し，学則を与えた設置大学 Stiftungsuniversität である[28)]。先進地域の大学制度を模して設置しており，聖俗設置者が基本財産を寄進し，教授を官吏として採用する一方，大学内部は教授陣が運営する。これに続き，ケルン（1388），エアフルト（1392），ライプツィヒ（1409）と商業都市に大学が設置されるのは設置目的が変化するからである。

設置目的は，ハイデルベルク大学の1387年の教授構成（神学部2人，法学部1人，医学部なし，哲学部5人の計8人）から見て取れるように，大学全体が教養教育的機能を果たすことにあった。神学や法学の専門教育は，地理的にも近いイタリアやフランスの著名大学へ進学した。こ

28） 以下叙述は下記による。Eulenburg, F. (1904), Steiger, G. (1981), Prahl, H.『大学制度の社会史』(1988)。現在のドイツで Stiftungsuniversität という言葉が使われるが，外部資金（Stiftung: 寄付）調達の意味である。

れに対し，ヨーロッパの中心地から遠く，地元での法曹人と行政官の養成が必要なバルト海沿岸の商業都市ロストック（1419）やグライフスワルト（1456）の大学では，専門学部としては法学部教授数が最も多い。1419年のロストック大学では神学部2人，法学部4人，医学部2人，哲学部6人の教授総数14人であったし，1456年のグライフスワルト大学の教授数は，3，5，1，4の，計13人であった。

16世紀から17世紀にかけて教授数の多かった大学は，内陸通商路の結節点に位置するウィッテンベルク大学（1502）とライプツィヒ大学であり，神学部，法学部，医学部，哲学部の教授数は，1536年の前者で5，9，3，10の計27人，1580年の後者で4，5，4，10の計23人であった[29)]。司法・行政官を養成する法学部と大学予備門としての哲学部中心の大学であった。哲学部で学ぶ基礎知識は当時の社会が求める高度な一般教養でもあり，教会学校や都市学校の教師，貴族の子弟の家庭教師，さらには，裁判所や市役所の書記や領地経営の管理者として不可欠な知識であった。修道院学校を除くと，学校制度が未整備であった当時のドイツにあって，有識者層の養成は地域の大学の哲学部が担っていた。

宗教改革

ウィッテンベルク大学神学教授マルティン・ルターが1517年，シュロスキルヒェに「95条の論題」を貼り付けたことに始まる宗教改革以降，ドイツの大学はさらにもう一つの特徴を持つことになる。そして，大学は宗教改革を支える存在となる。ローマ教皇を頂点とするカソリック教会から独立して福音派教会が立ち上げられた。本書では，旧教・新教という表現を用いることとする。妻帯禁止の旧教では，大学神学部は聖職者補充に不可欠な存在であった。新教に転換した牧師や新たに新約聖書を中心とした福音派神学を学び始める学生のために新教神学部を持つ大学を新設する必要が生まれた。ルター自身元修道尼であったカタリーナ・フォン・ボーラと婚姻を結んでいるように，新教は妻帯を認める。大卒聖職者家系という新しい社会層が生まれてくる。

ルターは，1483年，ザクセンのアイスレーベンに生まれた。父親ハ

29） Eulenburg, F. (1904), S.318.

ンスは鉱山夫であったが成功し，息子のマルティンに学校教育を与え，1501年，エアフルト大学哲学部に入学させた。1505年にMagisterの学位を取得し，父親の希望で法学部に進学したが，思うところがあり，エアフルトの修道院に入り，1507年，司祭に叙任される。08年からエアフルト大学で神学・哲学の講義をもったが，10年から12年かけて修行を兼ねてローマで過ごした。博士学位を得て，ウィッテンベルク大学神学部教授に招聘されるのが1512年である。1517年の95条の論題に始まる宗教論争の結果1521年に帝国追放にあう。

1521年4月，ルターはウオルムスの帝国議会に召喚され，審問を受けた。教義論争で追い詰められたルターが最後に身を挺して，「聖書に書かれていないことを認めるわけにはいかない。私はここに（神と共に）立っている。それ以上のことはできない。神よ助けたまえ。」，と述べる。ローマ教会や皇帝の権威を越えて，神のみを信じるとする信仰義認sola fideの立場を確立する[30]。神と共にあると信じる自己の信念を最後の拠りどころとしたのであり，他者・社会に対し自己の信念を人間の良心とする価値観は，ドイツ人の精神生活に深く根ざすようになるのであった。そして，ルターの教義を信じる諸侯・諸都市が連盟で，1529年，皇帝カール5世宛てに「抗議書」protestatioを送ったことから，ルター派信徒はプロテスタントと呼ばれるようになる。

ザクセン侯の庇護でワルトブルクの城に隠れ，新約聖書のドイツ語訳を完成させる。ルターは，人々の日常語であるドイツ語が，ヘブライ語，ギリシャ語，ラテン語という聖書伝承に関わる聖なる3言語に劣るものとするローマ・カソリック教会の立場に対し，人々の日常言語であるドイツ語を一つの体系を持つ言語とするために新約聖書をドイツ語訳したのであり，このドイツ語版新約聖書のドイツ語が，その後標準ドイツ語の根幹となった。ドイツ語訳を進めるためにルターが籠ったテューリンゲンの古城ワルトブルクは聖地となる。

95か条の論題を掲示した1517年当時のウィッテンベルク大学の新入生数は242人で，ライプツィヒ（382人），ケルン（284人），インゴル

30）徳善義和（2012）参照

シュタット（243人）に次ぐ規模であった。宗教改革が進行し，ルター派がキリスト教の一宗派として認定されるアウグスブルク講和の1555年におけるウィッテンベルク大学新入生数は714人に膨れ上がっており，ライプツィヒ大学の290人を大きく引き離すのであったが，新教神学を学ぶ学生が中心であった事は推測できよう。

ルターの片腕となるメランヒトンは，1497年の生まれで，1514年にテュービンゲン大学でMagistger学位を取得し，ギリシャ語の教師であった。ウィッテンベルク大学ギリシャ語教授として招聘されるのが1518年で，翌年にはルターの教えに同調する。ルターの片腕として福音派神学の体系的叙述に協力すると共に，信仰の実践に主たる力を注ぎ，福音派の運動を組織化することに努めた。新約聖書の神学論を巡って，カルヴァンの改革派を受け入れるようになると次第に両者の解釈の相違が現れ，ルター没後のウィッテンベルク大学神学部はメランヒトンが主導するようになった。大学神学部はメランヒトンの改革派の影響下にある一方，地域の住民はルター派の教会を支持するという捻じれ現象を起こしていたことが，後にハレ大学新設の理由の一つとなる。

ドイツにおける新教と旧教の対立は，君主・領主間の武力対立へと発展する。全ヨーロッパに及ぶ内外の勢力が激しく衝突した1546年から47年にかけてのシュマルカルデン戦争はカソリック勢力の圧倒的勝利となるが，宗教的対立は一層激しさを増すのであった。両勢力の和議を達成したのが1555年のアウグスブルク講和である。新教徒の宗派として認定されたのはルタ－派のみであったが新旧両教徒の平和的共存原則を両勢力が承認した。但し，和議の当事者として信仰自由の主体となったのは領邦君主と帝国自由都市当局であり，「住民はその地の領主の信仰に従う」ものとされた。領邦教会である。領邦君主が，教会規程，牧師の任命と給与，聖職者の監督などを整備し，旧教の教会や修道院の資産を没収していった。一人ひとりが聖書を通じてイエス・キリストと結ばれるとするルターは，人々が聖書を読むことを学ぶ教育を重視した。「すべての都市に学校を」がルターの呼びかけであった。中世以来，市民・農民を対象とする学校は修道院のラテン語学校であり，礼拝奉仕できるように子供を教育し，典礼用のラテン語を学ばせた。宗教改革後，領邦君主や独立自由都市はカソリック教会領を没収し，その資産をもって市民学校を経営するようになる。ドイツ語，通信文・証書・契約書の書き方，算数，複式簿記を教科とするとともに，キリスト教徒としての倫理・礼儀を学ばせたのである。富裕な都市は，ギムナジウム Gymnasium やコレギウム Collegium と呼ばれる上級学校を設立し，古典語や一般教養科目を教えたので，次第に大学予備門としての役割を果たすようになっていく。後に触れるハンザ都市ゲッティンゲンのギムナジウムは，ペダゴギクム Paedagogicum と名付けられている。

領邦大学の乱立

領邦君主と領邦教会の一体化とともに，教会の牧師養成も領主の課題となり，領邦大学の設置が必要となった。ルターの95条から1694年のハレ大学設置までの間に，オーストリア，スイスを含めたドイツ語圏の大学が20以上新設されている。いずれも新旧両宗派の領邦君主が設立した小規模大学が殆どであり，ヨーロッパの版図が再編されたナポレオン戦争前後までに半数以上が消滅した。この時期に新設され，その後生き延びたドイツの大学は，マールブルク（1527），ケーニヒスブルク（1544），イエナ（1558），ギーセン（1607），キール（1665）に過ぎない。ドイツで新教神学部を最初に設立したのは1527年創立のマールブルク大学である。カソリック神学に代わり，聖書研究を中心とする新教神学の理論の確立と新教聖職者養成が求められたのである。マールブルク大学立地の決定要因となったのは，行政官僚の養成を目的とした法学部との関連でみると，ヘッセン公国の宮廷裁判所の所在地であったと説明されているが，1527年での教授数は，神学部3人，法学部と医学部がそれぞれ1人，哲学部が6人の計11人であった。しかし，ヘッセン公国が絶対王制体制を整え，司法・行政官の充実を図り始めると，1575年の教授数は，3人，4人，2人，6人の計15人となった。

領邦大学設置の例としてイエナ大学の新設をみれば，聖職者養成と司法・行政官並びに医官養成との関わりがよく見て取れる。シュマルカルデン戦争での敗戦の結果領土を縮小されたザクセン侯フリードリヒは，ウィッテンベルク大学を失ったので，それに代わるイエナ大学を設置した。1527・28年ならびに1546・47年のペスト蔓延時に一時的にウィッテンベルク大学が避難した修道院の建物に大学予備門としてのギムナジウム Gymnasium が 1548 年に設置されていたので，これを大学に昇格させた。神聖ローマ帝国皇帝の大学特許状が，1557 年 8 月 15 日付けで発行され，翌 1558 年 2 月 2 日に大学創立記念式典を催している。皇帝の大学特許状は，イエナ大学が授与する学位が帝国内で認証されることを保証した。創立時のイエナ大学は 4 学部から発足するとしていたが，実際には医学部教授の任命がなされていず，神学部 3 人，法学部 2 人，哲学部 3 人の教授 8 人で開学している[31]。絶対王制が進むと，1659 年の教授構成は神学部 4 人，法学部 4 人，医学部 3 人，哲学部 7 人の計 18 人となっていくのは，司法・行政官と医官養成の専門学部の充実が重視されるようになったからであった。

大学設置者である領主が，大学予算，大学学則，教員人事，大学施設を予め整えて発足するのが設置者大学である。18 世紀初頭のイエナ大学の大学棟全体像を示す銅版画が残されている[32]。

修道院跡の長方形の敷地に，入口通路を兼ねた庭を含めた 16 の大学施設がコンパクトに配置されている。

1. 大学教会（儀式・式典や集会に用いられる）
2 − 6. 講義棟に神学部・法学部・医学部・哲学部の 4 教室と控室
7. 大学収集品保管室（後の大学博物室）
8. 学生拘禁室（規律違反の学生を拘禁する）
9. 散歩用の庭
10 − 11. 奨学生の宿泊施設と食堂
12. 実験室
13. 図書室
14. 天文台
15. 薬草園
16. 入口を兼ねた前庭

31） Eulenburg, F. (1904), S.318.
32） Steiger, G. (Hg.) (1981), S.40.

18世紀初頭のイエナ大学大学棟
出典）Steiger, G. (Hg.) (1981), S. 40.

中世以来の修道院形式を踏襲したものであるが，学生は，同郷団単位で共同生活を送った。学生の共同生活には，経済的理由もあったが，生活管理の目的が強かった。血気盛んな若者が身分の異なる地元市民との間で起こす軋轢を避けるため学寮 Burse に集め，監督者を置くか長幼の順をもって規律を保たせたのである。絶対王制が司法・行政官養成を目的に大学設置を進めるようになると，学寮の建設・維持費の観点から教場・下宿の民間方式がとられ，大学裁判権の制度と組織を整え，教授会に学生の生活管理を委ねるようになる。

新教地域での福音派神学部に対抗して，旧教地域においても大学新設がなされた。ディリンゲン（1554 年），パーダーボルン（1614 年），バンベルク（1648 年）などである。この時期に小規模の大学が一気に増えるのは，絶対王制の基盤確立のためにも領邦君主達が競うように大学を設置したからである。17 世紀から 18 世紀にかけて，ドイツの大学は過剰状態になるのであり，神学生を中心に貧困学生を抱え，弱小大学は貧困状態に陥る。家庭教師等から予備教育を受けることができた，主として法学部に進学する聴講料を払うことができる貴族や富裕商人の子弟は限られており，神学部に進学するのは，優秀であるが下層階級出身で，修道院学校等で予備教育を受け，教会の支援で学生生活を維持する若者達であった。1618 年からの三十年戦争は，中部ドイツおよび北ドイツを主たる戦場としたので，国土は疲弊し，貴族や富裕市民層は子弟を大学に送る余力を失っていた。1648 年のウェストファリア条約で領邦君主の領邦教会支配権が確定すると，教会領や修道院を世俗化して没収し，領邦財政に組み入れ，大学を経営した。領邦君主が大学に資産を与え，経営的に独立した中世の大学と異なり，領邦君主の経常財政力に依存し，領邦政府の監督に服することになる。

教授は，政府任命の官吏であり，大学設置者である領邦君主からの俸給に対し 4 コマの公的（義務的）講義を無料で行うが，その他の時間に，自宅などを教場として有料の私的講義で学生から聴講料を徴収することは自由であり，むしろ私的講義が主たる収入源であった。授業内容と方法においても両者の差異は大きい。公的講義は無味乾燥な教科書の読み上げであり，丁寧な説明や解釈，討論の練習などは，大学の監督を離れて私的な部屋で自由に話すことが出来るとの理由で，私的講義で行うのが普通であった。

入学手数料や私講義の聴講料は学生の出身身分で異なった。身分の低い学生が集まる大学では，教授が一定額の謝礼等を確保するためには授業の回数を増やして聴講学生数を増やすのであり，さらに，謝礼金額をより低くしてより多くの学生を集めることになる。貧困学生が謳歌する大学からは，貴族や富裕市民の子弟が消えてゆき，学修レベルが低下する。ドイツ全土の大学全体としてみても，「100 人の貧乏神学生よりも 1 人の男爵」という表現が現実的になる。さらに，地理的新発見に始まるカソリック的世界観の再検討，数学と実験物理学に基づく新知識の獲得が進んだ時代であるにも関わらず，特に，カソリックが支配的な地域の大学は，固定した教材に基づく聖職者，司法・行政官，医官などの職業資格教育から脱皮できなかった。イギリスやフランスは，研究機能をアカデミーに移したので全ヨーロッパ的に大学不要論が広く唱えられたが，時代の潮流に素早く対応したオランダの大学に較べ，多くのドイツの領邦大学は停滞に陥った[33]。

ウェストファリア条約以降のドイツは，領邦大学乱立の様相を呈す

33）　ドイツの大学における貧困学生問題と貴族化については，次を参照。三成美保（1997）。Herrlitz, H.-G. u. Titze, H. (1987)

る。大学間の競合は高報酬での著名教授を集めて教育水準を高めるか，奨学金等の乱発による学生募集による貧困学生の増大を生み出すか，に絞られていく。領邦国家分立のドイツにおいて，大学の自由の一つである学生の大学間移動の自由が，大学市場の競争を激化させたのである。

南北格差

神聖ローマ帝国の領域を越えてヨーロッパ諸国も参加したウェストファリア条約は，ヨーロッパ規模での領土再編を含む国際秩序を相互保障し，信仰を巡っての抗争に終止符を打つものであった。条約が調印されたのは1648年11月であり，この平和会議に参加した王国，領邦，独立自由都市は完全な国家主権を相互保障しあい，ヨーロッパ規模での領地の再編を承認した。フランスはエルザスの大部分の領有，スウエーデンはドイツ東部地域の領有，そして，スイスとオランダを独立国家として承認した。宗教対立については，「住民はその地の領主の信仰に従う」とする原則が引き継がれ，ルター派に続きカルヴァン派も福音派の一つとして公認された。ドイツにおける神聖ローマ帝国体制は維持されたので，中世以来の権威の二重構造も維持された。聖俗諸侯94，伯103，高位聖職領主40，帝国自由都市51，その他帝国直属騎士からなる分散的・分権的国家構造の枠内での絶対王政体制の確立が進められた。これらの帝国構成単位は，帝国法での身分はすべて皇帝直属であるので，領地の大小にかかわらず対等の権利を持っていた。領域内に小領主を内包する大領主は，領邦内の司法・行政の一元化を目指し，国力の強化に努めた。独立小領主，独立騎士，自由都市などは中世以来の既得権を持っているので，大領主は各地域に等しい身分単位で等族団体Ständeを形成させることで支配構造のピラミッドを作り上げたのが絶対王制である。ドイツ中世において支配権力の分割が進んだ原因の一つは，相続による領土の分散である。土地は家族世襲と考えられていたので，婚姻による領地の合併とともに血統の序列による領地の分散が繰りかえされていた。絶対王制は，地域等族を取り込むなど様々な手段を用いて領土の分散を阻止し，支配地の拡大と支配権の集中を通じて国力の強化を図った。

ウェストファリア条約後の絶対王制強化の時代に入っても，伝統的な大学法学部は，旧態依然とした教科書講義であった。これに対して，君主を頂点とする絶対王制支配は，司法・行政の中央集権化とその支配機構を管理する官僚制度を必要としたので，地域法（固有法）を修得した司法・行政官の養成を大学法学部に求めるのであった。ウェストファリア条約はまた，領邦君主と領民の宗派の一体性を定めたので，大学神学部に求められるようになったのは，精微な神学的解釈論よりも，領邦君主を頂点とする領邦教会制度を支える聖職者養成であった。大学の新たな使命に応えたのが後に見るハレ大学やゲッティンゲン大学で，貴族の大学を標榜する法学部中心の大学として新設され，時代の要請に応えた。

領邦大学は，新教神学の大学と旧教神学の大学に分かれる。新教がドイツ中部・北部から北欧に広がり，オーストリア帝国とともに西南ドイツが旧教に留まったことから，ドイツ文化の発達に南北格差が生まれ，競争原理が働くようになった。

ドイツの大学史との関わりで見ると，書籍市場に南北問題が起こっている。宗教改革以降，ドイツの文化的・学問的発達は，その比重を中部・北部へと移していった。ラテン語学習に固執し，カソリック神学部の学部授業監督権限を存続させた西南ドイツの大学に対して，教員の授業ならびに研究の自由を広げ，啓蒙主義を進めた北ドイツの大学では研究成果，そして，出版物に大きな差が生まれたのである。啓蒙主義理念を普及させた北ドイツの出版界に対し，検閲制度を強化した西南ドイツの政治風土が書籍市場においても対置していった。特に，出版界最大の書籍見本市市場であったフランクフルトには帝国出版委員会が置かれており，出版物の検閲強化と検閲用の強制提出冊数が増え続けたことが出版社に嫌われていた[34]。

絶対王政の領邦経済政策は，輸入超過は許さない重商主義であり，書籍も商品として同じ原則で取り扱われていたので，市場の小さい小領邦の出版業者は成り立たなかった。書店経営者は，書籍市で仕入れ，持ち帰って販売したが，仕入代金は持ち込んだ書籍を書籍市で売り払って調達しなければならなかった。書籍市での取引は，遠隔地間での信用取

34）　出版界・書籍取引については，Lösel, B. (1993), S.13ff. による。

引制度が整備されていない時代であり，貨幣での買い取りか自国出版の書籍を持参しての物々交換であった。出版物の内容が限られていた時代は，書籍間の物々交換を冊数ないし頁数で換算したが，学問と研究の発達に伴い出版物の内容が多様化すると交換比率が生まれてくるようになる。書籍の取引は，年2度，聖ゲオルグ祭（4月23日）と聖ミカエル祭（8月29日）を前後してフランクフルトとライプツィヒで開催される書籍市でなされ，書店はここで仕入れた書籍を顧客に販売するのであった。新しい発見と新しい思潮を発表するようになる北ドイツの新教地域の出版物の交換比率が有利になり，フランクフルトと比べて取引規模が小さかったライプツィヒの書籍見本市へ向かう北ドイツの書店経営者が増加していった。しかも，交換比率が悪い，即ち，顧客を見つけることができない西南ドイツの出版物を抱える西南ドイツの書店・出版経営者も，最新の研究成果と思潮を発表する北ドイツの出版物を求めてライプツィヒへ向かうようになる。フランクフルト書籍見本市は衰え，1750年にはフランクフルトの書籍市の書籍カタログの発行が停止する。

出版界における南北格差は，書物の言語に端的に現れている。新刊書目録に掲載された書名の言語で分類すると，中世以来のヨーロッパにおいてはラテン語が最も普遍性の広い読者層を対象としていた。ルターが新約聖書をドイツ語訳し，庶民が自分の言葉で聖書を読めるようになることで北・中部ドイツの新教地域で読者層が広がった。新教地域の大学を中心にした自然法と啓蒙主義の普及は新知識をもたらし，ラテン語の素養のない人々の間にドイツ語著作への需要が高まった。新刊書目録での書名言語を分類すると，16世紀までは出版物の三分の二がラテン語で，三分の一弱がドイツ語であった。その他はフランス語である。ラテン語とドイツ語の出版物数が拮抗するのが17世紀80年代であり，90年代以降はドイツ語が過半数となり，ラテン語出版物の退潮にとって代わる。ドイツ語出版物の伸張は，自然法と啓蒙主義を反映して歴史書が中心であり，これに哲学，そして，数学や自然科学が続いた。ラテン語出版を維持した神学・医学も次第にドイツ語に移り，最もドイツ語化が遅れたのが法学である。法学は，後に触れるように，自然法から歴史法学へと進むがローマ法を基礎としており，歴史法学からローマ法のロマニストとドイツ固有法のゲルマニストが生まれるが，19世紀中葉まではロマニストが優勢であった。フランス語出版物が10％近くになるのは，大革命前後の一時期であり，19世紀中葉になるとドイツ語出版物が90％を越え，残りをラテン語とフランス語が分ける構図となる[35]。

七年戦争終了直後の1764年，ライプツィヒの書店経営者ライヒ（Reich, Philipp Ersumus）が，ドイツの書籍販売史に特筆すべき方針を打ち出す。書物の物々交換取引の廃止，現金取引と最終引取り制度である。これに他の書店も追随したことにより，交換比率は悪いものの物々交換取引で生き延びてきた西南ドイツの書店は生存の危機に陥る。領邦国家が対立していた時代であり，全ドイツでの統一的法秩序が無かったことから，西南ドイツで北ドイツの出版物の海賊版が横行するようになる。オリジナル出版物より廉価な海賊版は，ドイツ各地に浸透し，結果的に読者層の掘り起こしとなった。皮肉なことに，海賊版の対象となる書籍を出版していることが，出版社の格付けとさえなった。こうした形での著名出版社として挙げられたのは，Weidmanns Erben, Reich, Weygand, Dyks Wittwe, Vandenhoeckであった。ゲッティンゲン大学創立とともにオランダから移住してきたVandenhoeckが，一流出版社として名を連ねるまでになっていたのである。北ドイツの出版社と書店は，相互に海賊版の制作と販売をしないことを申し合わせるが効果がなかった。領邦君主であるザクセン王を動かして，1773年12月18日付けで，ザクセンでの海賊版取引禁止とさせたのであり，これによってドイツ南北の書籍取引が法的に不可能となった。西南ドイツ側は，1775年6月，ライプツィヒに対抗してハーナオに書籍見本市を新設するが2年間で閉鎖している。

現金取引と最終引取り制度を導入した北ドイツに対し，西南ドイツは，物々交換に代わる制度として再販制度を取り入れた。書店は，出版社に発注した書物が販売できなかった場合，返却するか次年度に持越すことができる。1788年のニュールンベルク協定によって，海賊版の自主的停止と再販制度が決定された。ドイツの出版界と書籍市場が安定するのであり，従来特定の富裕階層に限られていた書物が広く国民各階層に普及するようになった。ドイツ社会での大卒学識者層の影響力が強く

35） 上山安敏（1966），279頁。

なる18世紀から19世紀にかけて，大学教育と書籍市場が一体となっていった。

1819年のカールスバード決議に始まり，1831年の7月革命への対応として続く反体制運動弾圧と出版物の検閲強化は，出版界の整備と著作権法という副産物を産み出している。1815年のウィーン会議から生まれたドイツ同盟は，ドイツ語圏の領邦国家による条約上の機構であるが，20年に同盟直属機関と同盟国に介入する権利を持つ連邦軍を設置した同盟諸国は，1835年4月2日，不許可複製を禁じる決議をし，検閲を逃れた違法出版物の管理を同盟諸領邦政府に課した。さらに，37年11月9日，著作者と芸術家に著作権を認める決議をするのであり，これを受けて同盟諸領邦は国内法を定めることになる。プロイセンは，37年6月11日付けで著作権保護法を定め，11月29日の国王令は，同法がドイツ同盟決議に基づくものであることを布告した。6月11日の法律は，1条で不許可での複製を禁じ，2条は著作権保護年数を10年間としている。さらに，3条は，学術出版物と芸術作品に限り，著作権保護期間を20年とすることを認める。

絶対君主の大学

絶対王制の時代は，中世において自治権を獲得した自由都市の諸権利が領邦君主に回帰してゆく時期でもある。市長は政府の任命制となり，独立租税権は政府の行政官の手に移る。絶対君主が公共の福祉（利益）の担い手となるなか保健行政は市政から離れ，政府行政機構による統一的管理体制となる。市の裁判権は，政府任命の裁判官が所轄し，大学法学部の法鑑定と判決意見書を通じて法の統一が進み，控訴審制度も統一されていった。妻帯が許されるようになった新教の聖職者は，師弟を教会のラテン語学校で学ばせ，大学神学部に送り，後継者を確保した。行政官・法曹人・聖職者養成の需要は大学進学者数の増大をもたらすのであった。

領邦大学は，領邦君主が施設を整え設置者となる大学であり，教授陣を任命して俸給を保障したので，教授の身分は君主の臣下である。大学の運営は，設置者である領主（学長）に代わる副学長が大学の代表者として担った。副学長は教授の間から交替で選出し，各学部の運営は教授が構成員となる教授会が最高決定機関であった。17 世紀から 18 世紀にかけてほぼすべての大学で学部正教授数は 3 人程度で固定されていた。18 世紀を通じて各大学の学部別教授数に変動が起こるのは，絶対王制が大学を国益のための営造物としての性格を明確にしたことと啓蒙主義の時代思潮を受けて哲学部を充実したことによる。

大学の教員組織体制も確立してくる。君主が官吏として任命し，一定の固定給を保障する正教授に大学内の秩序維持と学部分野における国家機能代行の役割が課せられた。学生の規律管理であり，神学・法学・医学の分野における行政的監視機能である。学生の規律管理は，学長（副学長）が主宰する大学裁判権を通じることによって，学生の出自毎に異なる身分裁判権を学生として一括して処理する。神・法・医学の専門学部は領邦国家の統一的管理の学術的権威であり，専門分野の国家的最終判定機関として位置づけられた。

絶対君主の大学としての機能を担った教授会の構成も確定してくる。教授会構成員である正教授 Ordinarius は，国家の官吏であり，教授の称号が官職名となり，身分と固定給が保障された。教授会の維持，即ち，教授会構成員の再生産は職業集団である教授団内部の権限（大学の自治）とするので，国家の任命権・罷免権の外の制度とする。大学の自治としての学位制度の管理であり，教授会が認定する博士学位が，教壇資格の前提とされた。博士学位取得から身分保障がある正教授までの距離は長く，私講師 Privatdozent，員外教授 Extraordinarius の過程を経る経路が大学人職業集団の内部規律として確立され，管理責任は教授会が持つ。国家は，こうした予備軍のなかから適宜選抜し，官職に任用する体制が構築された。この他にも大学での教育活動に従事する者がおり，グランド・ツアーや騎士アカデミーにおいて必須であった馬術，剣術，ダンス，語学などを教えた。一部の例外を除いて原則無給で，学生の授業料に依存しており，教師 Lehrer と呼ばれた。教師たちは，一部の語学授業を除き，大学での学問教育とみなされなかったので，学部教授会の認定は必要なく，副学長の許可のみで「営業」できた。当然，大学掲示板への案内掲示は許されなかった[36)]。

36） 名称は受け継がれているが，現在とは内容が異なるのは私講師である。私講師は，博士学位に続き，教授資格 Habilitation を取得し，大学講義目録に載る授業を担当する者を

大学での授業内容に対する社会的要請も大きく変わった。地中海貿易とバルト海貿易，それを結ぶ遠隔地商業の時代から，世界経済はヨーロッパと新世界を結ぶ大西洋貿易の時代に移っていた。法学も，市民間の取引を対象とするローマ法から，海洋国家間の秩序を求める国際法を必要とした。国際法の法理論の基礎に据えたのが自然法であった。人間社会の本源的な自然的秩序を想定し，ここに法の原理を求めたのであった。

デカルトが「良識はこの世で最も公平に配分されているもの」と述べ，人間に平等なる「理性」を社会共通の判断手段として位置づけて以来，実証できる経験的証拠を集めた理論・法則が研究の主題とみなされるようになる。聖書に基づく教会法の立場を離れ，人間社会と自然の営みの秩序を人間が共有している理性に基づいて理解しようとする啓蒙主義思想は，人間社会の制度と自然現象の実証的研究を促すものであり，オランダの大学が先進的な役割を演じていた。

海洋国家として発展した新教国家オランダでは，旧教のオーストリアのハプスブルク家から独立を獲得し，海外貿易によって富みを蓄積していった。商業都市が自由な国際経済関係を求めたことは，新しい国際経済秩序を求めたことを意味していた。国際法・自然法のグロティウスを生み出したし，ライデン大学がヨーロッパの学界に啓蒙主義の新風を吹き込み，自然科学と臨床医学のメッカとなっていく。ライデン大学にはヨーロッパから学生と研究者が集まり，研究者は帰国後祖国の大学で活躍したので，ドイツの大学においても次第にこの新風が取り入れられていった。

理性は最新の知識と技術を生み出すのであり，「知は力なり」を大学を通じて実践するのが絶対王制の君主，特に，北・中部ドイツの新教地域の領邦君主であった。大学が，政策実現のための政策手段となる。ウェストファリア条約によって，領邦君主は領土・領民の支配者であるとともに領邦教会支配者でもあったので，神学部教授会を通じて教会の

指している。教授資格制度は，プロイセンの改革大学と呼ばれたボン（1834年），ベルリン（1838年），ブレスラオ（1841年）で教授資格論文，試講義，討論，公開講義を経て授与され，教授職の前提条件として学部学則が規定した（上記括弧内の年）ことから始まり，これをドイツの大学一般に受け入れられたものである。Ebel, Wilhelm (1969), S.57.

教義・祭儀を監督し，法学部の法鑑定を通じて法の統一を図り，医学部教授会を通じて保健衛生・医療を管理した。教会と法曹界に奉職する人材養成機関としての領邦内で主たる役割を担うとともに，君主の支配機構の一部に組み入れられていく過程で，領主が特に強い庇護を与えた大学に対して，国の大学 Landesuniversität という概念が生まれてくる。さらに，大学設置自体が，領邦君主による公共の福祉（利益）として位置づけられ，地域振興政策の役割を課せられたので，地域等族と地方自治体に相応の負担を共有することが求められた。教員，職員，学生，大学関連職業人，そして，奉公人・従業員は地域社会の経済要素として位置づけられたので，領邦政府の大学政策は，大学の経済効果によって測定されるようになる。最新の知識と技術を組織的に開発・伝達する方策も採られるのであり，大学においては法学部や哲学部に現在の行政学に該当する官房学やポリツァイ学の講座が設置されたし，実務教育を行う専門学校が鉱山アカデミーや農業アカデミーとして地域産業振興を目的に設置されていく。

知は力であり，力は競い合う。ヨーロッパの大学の伝統は，君主が支配する領地の限定に捉われない広域的制度として発達した。教師・学生には神聖ローマ帝国皇帝の移動の自由が与えられている。教師と学生はより良い条件を求めて大学を移動するのであり，学生は授業毎に授業料を個別に支払うことで，教員を選別した。領邦間においても，大学の経済効果，さらに，領邦間の政治的対立を巡って大学政策を競い合う。後に詳論するように，プロイセンのハレ大学を追われたウォルフは，直ちに隣国ヘッセンのマールブルク大学に採用されたし，国王にプロテストして解任されたゲッティンゲン大学の 7 教授は全員他の領邦の大学へと招聘されている。法制史家上山は以下のように述べている[37]。

> 群小の諸侯国家の乱立という権力の多元性は，必然に各諸侯国家をして有能な教授の引き抜き競争を惹起させた。ドイツの精神的自由＝大学の自由の外面的保障は，こうした権力の多元性という当時のドイツの政治権力構造に負っていたのである。

37） 上山安敏（1966）『法社会史』255 頁。

ハレ大学の創立

ドイツの大学において啓蒙主義の理念を取り入れつつ絶対王制の理念を体現した最初の大学が，1694年創立のプロイセン王国のハレ大学であり，これに続いて啓蒙主義の成果を活かすことを大学の基本理念としたのが1737年創立のハノーファー侯国のゲッティンゲン大学である。

エルベ川の支流ザーレ川沿いの交通の要衝ハレとその一帯は，地味が肥え，産業が発達していた。支配していたのはマグデブルク司教区で，宗教改革の動きが盛んになると，ルターのウィッテンベルク大学に対抗して，カソリック神学の大学を新設すべく，1531年にローマ教皇の大学特許状を得ていたが，財政上の理由で実現することができなかった。この地域がブランデンブルク・プロイセン領になるのは1680年である。ブランデンブルク・プロイセン侯は，1539年にルター派に帰依していたので，1648年のウェストファリア条約で領主の信仰に臣民が従うという原則に基づき，聖俗領邦の土地交換がなされた一環であり，マグデブルク司教区領を管理していたウエッティン家の管理者の没後支配権が移転されるものとしていた。宗教改革の時期，ウィッテンベルク大学は神学部教授トーマス（Thomas, Justus）をハレに派遣し，1541年には教会と住民を完全にルター派に転向させていたので，住民はルター派であった[38]。

新領地経営は，従来の住民の信頼を繋ぎとめるとともにさらなる経済発展の恩恵を与える必要があった。フランスではナントの勅令で，新教を信じる者は他国に移住することが認められた。こうしたフランス人はユグノーと呼ばれ，商工業に優れた人々であったので，ブランデンブルク・プロイセン侯は，ハレ地域に受け入れた。グルノーブル出身で，改革派信仰で騎士アカデミー経営に経験を持つラ・フレール（La Fleur, M.）の願いを受け入れ，1688年に騎士アカデミーをかつての司教居宅を本部として開校し，乗馬，剣術，舞踏を中心に，イタリア語やフランス語や数学を教えた。自然法のトマジウスがここに移ってくる。

ライン地方のクレーヴに居城を持つブランデンブルク・プロイセンの一族の女子が，1690年，ベルリンのプロイセン選定侯の同意を得てザ

38） ハレ大学についての叙述は，下記による。Timm, Albrecht (1960), Weissenborn, Bernhardt (1930)，別府昭郎（2014）。

クセンの貴族と結婚することになった。しかし，この一族は，ベルリンがルター派であるにも関わらずカルヴァンの改革派であったので，ルター派のザクセン侯はこの結婚に反対であった。ザクセン側の意向を受けて，ブランデンブルク・プロイセン領となったマグデブルク修道院の管理者ミュラー（Mueller, Philip）が，匿名で雑誌に論稿を投じ，異宗派間の結婚は好ましくないと主張した。これに対し，同じ新教であるから寛容であるべきだと反論したのがライプツィヒ大学のトマジウスであった。

トマジウスは，ライプニッツの師として知られるライプツィヒ大学哲学教授ヤコブを父とし，最初は哲学を学び修士学位を得るが，グロティウスやプーフェンドルフの著作に触れ，フランクフルト・オーデル大学でシュトライクを師として79年に法学博士となり，翌80年にオランダへ留学する。帰国後弁護士となるが，82年からそのかたわら私講師としてライプツィヒ大学でプーフェンドルフの自然法論を講じ，重婚は自然法上許容されていると論じて注目をあびたし，ザクセン選帝侯が擁護した「支配権力は神意による」という説に反対したことなどで大学での地位は不安定なものであった。87年に講義をドイツ語で行うことを発表し，哲学部はこれを許可しなかったが実行している。トマジウスはまた，中世カソリック教会が合法としてきた魔女裁判が法理論上矛盾すると論じ，魔女裁判廃止の契機を作ってもいる。

プロイセンでは匿名投稿者ミュラーは逮捕され，ザクセン侯はライプツィヒ大学学長に命じてトマジウスに教員資格停止処分とさせ，さらに，逮捕させようとした。トマジウスは，これを察してベルリンへ逃亡する。ブランデンブルク・プロイセン選定侯は，トマジウスを庇護し，1691年，宮廷顧問官の肩書でハレの騎士アカデミー教官に任じ，年棒500ターラーとした。騎士アカデミー唯一の法学教授として，3年間で終了する法学教育課程プログラムを作成し，法学教育に大きな効果を上げている。従前の大学法学部では，規定通り修学すると6-7年間を必要とされていた。この年の夏，侯はハレを視察しており，騎士アカデミーが地域の貴族の子弟の教育機関として根付き，高い評価を得ている様子と教授トマジウスが果たした役割を直接目にしたことが，騎士アカデミーを大学へと昇格させるのに大きく寄与した。トマジウスは，1726年に教職を退くが，大学法学部の判決委員会（判決団）Spruchkokkegium委員の仕事だけは，1728年に没するまで続けた。

フランクフルト・オーデル（1506），ケーニヒスブルクに続く，ブランデンブルク・プロイセンの第三番目の大学設置準備は，既に1690年に開始されていた。ハレが大学都市として決定された理由は幾つか挙げられている。先ず，ブランデンブルク・プロイセン領となって間もなく，住民に新しい領主の業績を示す必要があった。さらに，地域振興政策として大学の経済効果が見込まれた。教員，学生，職員，奉公人などは外部人口として新たに流入するのであり，また，書店，衣服店，飲食店など大学人と関わる職業があり，新たな職場が生まれる。既に騎士アカデミーが存在したので，教員と学生の一部をそのまま大学へ移すことができた。地域住民はルター派であるが，ウィッテンベルク大学はメランヒトンの影響でカルヴァン派である。プロイセンの大学でルター派神学を学び，聖職資格を得ようとするならば，ケーニヒスブルク大学まで赴かなければならないのであった。

設立準備の段階から政府の全権委任を受けて大学総長Kanzlerに就任したのは，ゼッケンドルフである[39]。政治学者として，1656年に「ドイツ領邦君主国家論」を著し，行政学の立場から「国の福祉と公益のためのよき秩序と法律の整備が国家の任務である」とする国家統治の原則を論じ，領邦君主を公共の福祉（利益）実現の担い手と位置づけた。1664年にはゴーター公領Herzogtum Gotha，その後ツアイツ公領Sachsen-Zeitzの宰相として政治と行政の実務に携わってきた。残念なことに，任地ハレ到着後，数週間を経ずして体調を崩し没している。しかし，新設大学の方針と教授陣招聘の基本方針はゼッケンドルフによって与えられており，新設大学の中核を実務的法学部に置き，行政官僚養成を目的とする方向性は定められていた。ゼッケンドルフの後を継いだのは，フランクフルト・オーデル大学からウィッテンベルク大学に移っていたシュトリークで，当時としては破格の年俸である1200ターラーで招聘され，1692年の着任とともに大学総長および法学部主席教授として大

39） Thomasius, Christian, 1655-1728, Seckendorf, Veit Ludwig von, 1626-1692, Stryk, Samuel, 1640-1710については，下記を参照した。Kleinheyer, Gerd (1976)，小林孝輔監訳，306，254，290頁。

学の組織・運営の一切を受け持った。

シュトリークは，自然法学者であるが，また，「パンデクテンの現代的慣用」という表現を生み出したことでも知られているように，継受されたローマ法を編纂し，現代的に援用した。継受されたローマ法は，神聖ローマ帝国の帝国裁判所では，地域の固有法と対比しつつ，普通法として適用されてきた。しかし，地域法とローマ法が融合してくるに従って，継受されたローマ法の学説集成（パンデクテン）が領邦の裁判所で活用されるようになる。絶対王制の一時期にパンデクテンを活用する現象が顕著になり，自然法を基礎にしてローマ法とドイツ法の中間の途を模索したシュトリークは，これを現代的慣用と呼んだのである。

大学設置にあたり，カソリック神学を教授する場合に必要なローマ教皇からの特許状は，既に 1531 年に拝受しているとして改めての申請をしていない。これに対して，神聖ローマ皇帝の特許状は必要であり，1693 年に拝受し，翌 94 年，領主の誕生日である 7 月 12 日をもって大学創立記念日とした。当時の慣習に基づき，学長は国王か皇太子が就き，実際の学長業務は大学教授が副学長として行うのであったが，ハレ大学では皇太子が学長に就任している。創立翌年の 1695 年の学部別教授数が，神学部 2 人，法学部 5 人，医学部 2 人，哲学部 7 人の構成であったことからもみてとれるように，法学部中心の大学として発足している。

大学予算は，元修道院領 Hillersleben を神学部固有資産とした以外は，すべて国家予算の経常費とした。絶対王制は，国家が認定する団体が固有資産，特に，不動産を持つことを認めない。固有資産を基礎として自律権を行使し，政治結社化することを嫌った。自律権を行使する公認団体を，政府の監督が及ばない「国家の中の国家」と見なした。1794 年のプロイセン一般ラント法編纂者スヴァレツは，皇太子へのご進講において個人の土地所有との相違を詳細に説明しているように，公益目的に反した団体を解散させる際の障害として位置づけている[40]。後に見るように，一般ラント法は，大学を国家施設（営造物）と位置づけ，設置者が大学に資産を与え，大学を自主運営させてきた伝統的な領邦大学の

40）　村上淳一（1985），115 頁参照。

歴史において，ハレ大学は転機となるのであった。これに続くハノーファー王国のゲッティンゲン大学もハレの範に倣って設置される

講堂や教室などの大学独自の建築物を建設しなかったので，大学の式典は市の施設である秤量館 Städt. Waage を利用した。商業都市ハレが公定の秤を置いて取引した建物で，市民が集会や結婚式の披露宴にも利用していた施設を大学が借り受けた。元司教館の一部を改装し，4 学部に各一教室を確保する独自の施設を大学が持ったのは，1735 年である。

ハレ大学の盛衰

明白なコンセプトを持って開校したハレ大学は，近隣の領邦からも学生を集め，急速に名門大学への途を進んだ。1694 年の創立年の入学者数は騎士アカデミーを引き継ぎ 375 人，95 年は 237 人，96 年は 265 人，97 年は 371 人と順当に学生数を増やしており，時代の要請を担う大学としての存在を急速に確立していく。新入生の学生数を 1697 年時点で比較してみると，ライプツィヒ大学が 546 人，イエナ大学が 485 人で早くも第三位につけている。ハレ大学と並んで，近代の大学として成功するゲッティンゲン大学は，1737 年を創立記念日としている。創立半世紀後の 1787 年時点での新入生数を比較すると，ハレ大学 437 人，ライプツィヒ大学 424 人，ゲッティンゲン大学 367 人，イエナ大学 349 人となっているように，絶対王制が司法・行政官養成機関としての方針を明確にし，適切な教員人事を行ってきた大学が伸張しているのである。

ハレ大学の成功は，大学が国家に忠実な実務的司法・行政官養成という目的を明白にし，時代の思潮である自然法学者を核として一貫して適切な教員人事を行ったことに因る。司法・行政官の教育とはプロイセン国王の官僚養成を意味していたのであり，travailler pour le roi de la Prusse（プロイセン国王のために奉仕する）が教授と学生の合言葉であった。時代の最先端の思潮を先導する研究成果を持つ教員を集め，実務優先の教育を行ったことが学生を惹きつけた。当時の領邦がそうであったように，プロイセン政府も，領内の子弟が他国の大学への進学を原則禁じた。

ハレ大学法学部は，シュトリーク，トマジウス，シモンの 3 人が正教

授であったが，いずれも自然法学者であった。19 世紀のプロイセンの大学においては，法学部教授として自然法学者が多く招聘されている。絶対王制の支配権の法源を，自然法が君主と臣民の支配契約として説明できたからである[41]。プロイセン国王は，大学創立の前年である 1693 年に法鑑定と判決委員会の権限を法学部に与えており，任命された法学部教授が委員となる判決委員会 Spruchkollegium は地域の裁判所からの裁判書類の送付を受けて裁判内容を鑑定し，判決文案を送付する権利をもった。判決鑑定を法学部教育に取り入れたことが学生の実務的能力を高め，ハレ大学法学部をプロイセンの司法・行政官養成大学としての名声を高めた。ハレ大学自然法学の伝統を受け継ぐのが，トマジウスの弟子グンドリンクである。当初修辞学教授に就くが，法学部自然法担当者に移り，「帝国法制史概論」を著すなどハレ大学国法歴史学派の主唱者となる。グンドリンクの下で学んだのが，ゲッティンゲン大学創立に関わるミュンヒハウゼンとグルーバーであり，ミュンヒハウゼンが新設する大学法学部へ 3 人の弟子が赴任することになる[42]。

当時の都市や地域は多くの場合，一人の裁判官を任用していたが，裁判所制度それ自体が確立していなかったので，判決のための法鑑定や判例比較は大学法学部に委ねられていた。ハレ大学法学部には，多い年には年間 300 件に及んだマグデブルク地方およびマンスフェルド地方の裁判案件すべてが送付され，判例比較の上で作成された判決文の提案書が送り返された。殆どの場合，法学部提案書がそのまま判決文となった。1 案件当りの謝金額が定められており，法学部および教員の収入となっていた。さらに，絶対王政君主は，行政機構とともに法制度の統一を目指すので，有力大学の法学部が意見書という形で裁判の判決文を管理したことは，プロイセンの法体系の統一に大きく寄与した。

絶対王制の統治学の先駆となるのもハレ大学である。1721 年に王領地・鉱山経営学講座担当教授としてガッサー（Gasser, Simon Peter）を

41） フランス革命以後のヨーロッパにおいての国家観は大きく変化するのであり，これに伴い，自然法という概念は，法学よりも哲学思想として取り入れられていく。Hammerstein, Notker (1998), S.19.

42） Simon, Johann Samuel, 1640-1696, Gundling, Nicolaus Hieronymus, 1671-1729, については，下記を参照した。Kleinheyer, G. (Hg.) (1976), 小林孝輔監訳，261，111 頁。

招聘し，プロイセンの大学としては初めて官房学の講座が法学部に設置されたのが1727年である。官房学 Kameralistik ないしポリツァイ学 Polizeiwissenschaft は，ドイツの大学で発達した政治学・行政学で，公共の福祉（利益）と社会秩序を実現するための国内行政全体を経営するための学問として位置づけられた。領邦絶対王制国家は，内政管理のために，立法によらないポリツァイ令として行政命令を発するのであった。プロイセンの国家経営に向けて，官学協同がハレ大学の官房学として結実していくのであり，ドイツ諸領邦に広がっていった。

医学部では，シュタール（Stahl, G. E.）が，臨床医学を進めたが，むしろ，実験化学に精力を注いでおり，ハレ大学化学の伝統の基礎を築いた。薬学のホフマン（Hoffmann, Friedrich）も化学への関心が深く，現在でも「ホフマンの雫」と呼ばれて使用されている香料液を作りだした。

哲学部では，フランケとウォルフが挙げられる。フランケは神学部出身の古典語教師であったが，1692年にハレ郊外のグラオハの教区牧師にも就任している。ここで住民と接した経験から，民衆の不道徳は教育の欠如に原因があると信じるようになり，学校制度の整備を生涯の課題とし，その業績は広く認められていた。新設ハレ大学哲学部のギリシャ語・ヘブライ語教授として赴任し，1710年の意見書で，中世の修道院学校を起源として大学予備門として機能していたラテン語学校に対し，一般市民の子供を教育する市民学校に「ドイツ語学校」という名称を与えることを提言し，次第に受け入れられていく。訓古の学に固執する伝統的な大学教授と異なり，フランケは人民の貧困・蒙昧と学校教育を因果関係で理解し，さらに，解決に向けての具体的提案にまで踏み込んでいくのであった[43]。フランケの敬虔主義と学校教育論に賛同したプロイセン国王フリードリヒ・ウィルヘルム2世は，彼の提案に基づいて学校制度の整備に着手するとともに大学内におけるフランケの活動を支援する。フランケが後世に残した業績の一つが孤児院である。保護者・後見人を持たない子供の収容施設は，中世以来カソリック地域では「捨子院」Findelhaus と呼ばれ，中・北部ドイツの新教地域で17世紀末から

43） Francke,August Herrmann, 1663-1727. Wolff, Christian, 1679-1754, については，Kleinheyer, G. (Hg.) (1976), 小林孝輔監訳，323頁，を参照した。。

増える同様の施設は「孤児院」Waisenhausと呼ばれた。ドイツ語の表現としてのWaiseは，養育中に保護者を失った子供という意味である。こうした子供を引き受けてきたのは教会であり，その後，独立都市が都市行政の役割とするようになる。絶対王制が都市の自治権を回収するようになると，領邦国家が担う共同の福祉（利益）の分野となっていく。1698年にハレ近郊のグラオッハに建てた孤児院は，敬虔主義に基づき厳格な規律教育と職業訓練を実践し，ドイツ各地での同様な施設の模範となった。

厳格な敬虔主義を信奉し，他者にもこれを求めたフランケが神学部に移り聖書学を担当するようになると神学部における彼の影響力が圧倒的になり，逆に神学部の活動が萎縮していった。また，この時点では大学での教授内容の検閲権が神学部にあったので，他学部の授業内容にも介入し，大学全体の活力を殺ぐ結果をもたらした。

ウォルフは，ライプツィヒ大学哲学部私講師として数学，哲学を講じた。ドイツ語で，把握するという意味の動詞begreifenから概念Begriffという名詞を作ったのがウォルフであるとされている。哲学に数学的論証を取り入れ，また，ライプニッツとの親交から三段論法を認識・論証手段として用いることを始めたし，「現実的に可能な（存在する）もの」と「論理的に無矛盾な（存在する）もの」とを等置することで存在論の基礎を打ち出した。ライプツィヒ大学の私講師として数学，哲学，そして，神学までも講じ，その明晰で論理的な講義は多くの聴講者を集めた。ギーセン大学から正教授として招聘されたが，任命の形式的手続きが手間取っている間隙をぬって横取りした形でハレ大学がウォルフを獲得した。

ハレ大学哲学部数学担当教授に着任するのは1706年で，ライプニッツの推奨によりシュトリークが招聘した。ウォルフは哲学の科目も開講しており，その中で自然法に基づく国家論を展開している。「原始的自然状態においては，万人は平等である」とする定理から出発して，個人は契約により家族を作り，家族は自己実現と安定の必要から国家へと結集する，と論じて絶対王制国家に哲学的基礎を与えた。しかし，理学的合理性を基礎とする授業内容が神学部の統一教義に合致しないとして，1728年，フランケがプロイセン国王に働きかけて大学から追放させた。

この事件は君主専制の殉教者としてウォルフの名前を一挙に高め，プロイセンに対抗していたヘッセン公はウォルフをマールブルク大学哲学部に招聘する。歴史上フリードリヒ大王と呼ばれているフリードリヒ2世が1740年に即位すると，フランケが遠ざけられ，ウォルフがマールブルク大学から改めてハレ大学へ呼び戻され，復帰したウォルフは，プロイセン国家体制の哲学的弁護に努め，国家論を展開した。1745年には騎士身分が与えられた。

中世以来の伝統的大学では，学部と講座，学部教授数が固定されていた。これに対して近代に入り成功した大学は，教授数や講座を時代の要請に適合させていったのである。ハレ大学の学部教授数の変遷は，典型的な例といえよう。国家の下僕としての司法・行政官と医官を養成するという絶対王制の要請に応えて創立されたハレ大学であるが，次第に啓蒙主義理念の取り込みに遅れ，専門学部の学生数の停滞をもたらしたことが学部別教授数に端的に現れており，18世紀末には，学生数と教授数において他大学に遅れをとってしまった[44]。

ハレ大学の学部別教授数・新入学生数

	1695年	1758年	1796年
神学部	2	6	4
法学部	5	10	4
医学部	2	13	7
哲学部	7	8	10
計	16	37	25
新入学生数	237	311	344

出典）Eulenburg, F. (1904).

44）ハレ大学及び以下の他大学の教授数・新入学生数の変遷の数字は，下記による。Eulenburg,F.（1904），付表1. ハレ大学創立2年目である1695年でみると，新入生数はライプツィヒ大学（461人），ケルン大学（299人），ウィッテンベルク大学（237人）と続く。1758年になると，イエナ大学（354人）ハレ大学（311人），ライプツィヒ大学（251人）となり，創立まもないゲッティンゲン大学は211人であった。さらに，1796年では，イエナ大学（406人），ゲッティンゲン大学（404人），ハレ大学（356人），ライプツィヒ大学（306人）となっている。最も目覚ましく躍進したイエナ大学の学部別教授分布（神学部，法学部，医学部，哲学部の順番で）を見ると，1697年は3，6，3，9の計21人であったのに対し，1758年には4，10，4，16の計34人となっている。1737年に3，4，4，8の計19人から発足したゲッティンゲン大学は，1758年に4，11，6，20の計41人である。イエナ大学とゲッティンゲン大学の成功は，司法・行政官養成と啓蒙主義を体現する学問分野を擁する哲学部を充実したことに拠る。

後期啓蒙主義

近代ドイツの大学を先導したハレ大学に続いたのは，1737年創立のゲッティンゲン大学である。ハレ大学がドイツ絶対王制を代表する大学であるとすると，ゲッティンゲン大学は18世紀ドイツ啓蒙主義を代表する。設置者はハノーファー侯であるが，ロンドンに在住してイギリス国王を兼ねていた（同君連合）。ハノーファー政府の宗務・文化大臣ミュンヒハウゼンが，大学新設の専権的責任者として，設置理念，大学組織，教員人事，大学付帯制度，大学都市の街づくりなどあらゆる面で指導性を発揮した。

大学とは異なって教育機能を持たない研究機関として学術アカデミーが設立されていったイギリスやフランスに対比して，ドイツの大学は教育と研究の統合を目指す途を進むのであるが，その先駆となったのがミュンヒハウゼンのゲッティンゲン大学である。哲学部を神学部，法学部，医学部での学修のための予備門としてきた従来の役割に飽き足らず，人間教育と社会的責任を大学の課題とし，大学は人間の自己陶冶の場であるべきとする思潮が広がってくる。18世紀末の大学は教育・研究機関の最高学府とする大学像が育つ道程にあったが，旧弊の大学との決別には思想的・論理的対決が必要であったのであり，新しい大学像が模索されねばならなかった。18世紀末の後期啓蒙主義がこの役割を果たすのであった。

1789年5月，ゲーテの推薦でイエナ大学歴史学教授に招聘されたシラーは，「一般（世界）史 Universalgeschichte とは何であり，何故に学ぶのか？」と題する就任講義で学生の心を捉えた。フランスでは既に社会変動のうねりがはじまっており，1789年7月14日のバスティーユ占拠を目前としていた。ヨーロッパの知識人の間では，人間は社会体制を変えることができるのであり，変化の方向性は歴史から読み解くことができるとする立場が定着しつつあった。シラーが学生に訴えたのは，人間社会の進歩であり，人類の歴史がそれを証明しているし，歴史から未来への展望が生まれるとする。それゆえ，新しい人類の世紀の到来に力を尽くすことは，学生の，それゆえ，大学の義務であり，名誉であり，権利である，と訴える。そして，世界に広がる教養を身に着け（Universale Bildung），即ち，哲学を考える人間のみが，一面的な実用とキャリアのみを目指す「パンを得るために学ぶ大学人」Brotgelehrter の立場を克服できるのである，と述べた。学生と大学に，新時代の使命を訴えたのであり，共鳴する学生と教員の圧倒的賛意を得たのであった[45]。

5 年後の 1794 年 5 月，同じくイエナ大学で就任講義を行った哲学者フィヒテ（Fichte, Johann Gottlieb, 1761-1814）は，大学の役割は職業教育にあるのでなく，人類発展を信じる新しい教師たるべき人材を生み出すことにある，と述べる。そして，人類の進歩は，学問の進歩にかかっている，と訴え，学生と学問研究に人類の未来を託した。しかし，ナポレオン戦争での敗戦でドイツがフランス占領下に置かれる現実を眼にすると，1807 年冬の講演「ドイツ国民に告ぐ」Reden an die Deutsche Nation において，大学・領邦の枠を越えて愛国心を強く訴える。「学問の共和国」の市民が理性としての個であったのに対し，ドイツ「国民」の愛国心であり，民族国家の独立・自立を求めるのであり，人々に「国民」としての自覚と成長を求めた。理念的な人類と個人を前提とする啓蒙主義への訣別を意味した。フィヒテは，フンボルトが礎石を置いたベルリン大学で，初代哲学部長，そして，初代学長に就く。

同じ 1794 年，理性と自然の法則を真理の判断基準として，大学における各学部の社会的役割と課題を整理し，そのなかで哲学部の位置づけと目的を教育と研究の両面から論じたのがケーニヒスベルク大学哲学教授カントである。

カントは，学部という大学の組織は，（大学設置者である）政府が一定の区分原則に基づいて決定したものである，との前提から出発して，大学における上位学部である専門学部と下位学部である哲学部の役割の相違を述べるのであった。神学部の特徴は，聖書に書かれている言葉に基づいて神の存在を証明するのである。しかし，聖書を書いたのが神で

45)　シラーの「パンのための学問」論については，下記を参照。安酸敏眞（2014），13 頁以下。イエナ大学は，ザクセン国王の設置大学であるが，相続によってイエナは 1741 年以来ザクセン家の一族であるワイマール公国に属する。イエナ大学はワイマールの管理下に置かれるが，財政を含めた大学運営は一族共同管理であった。ワイマールが検閲を含め弾圧的な大学管理を行っていなかったことも，1815 年のブルシェンシャフト運動を盛んにさせた原因でもあった。言うまでもなく，ゲーテはワイマール公国宰相を勤めていた。Goethe, Johann Wolfgang, 1749-1832.Schiller, Friedrich, 1757-1805.Fichte, Johann Gottlieb, 1762-1814.

あったのか否かは，歴史研究の対象である，と述べる。法学部は，人々の安全確保の規則を，所与の，周知された立法の中に求めるのであって，人間理性の判断の中に求めるわけではない。法曹人として立法自体の妥当性を判断することはない。医学部は医療行政にとって重要な社会的役割を担っているが，その知識は，自然の原則から引き出されたものであり，神学部や法学部のように人的に与えられた枠組みから派生するものではない。それゆえに，医術の成果は自然の原則を活かすことによって得られる。自然の原則が如何なるものであるかを探求するのが哲学部の諸分野である。哲学部の諸分野が探求するのは理性の法則のみに従っての真理であり，政府が定めた制度の枠内で効用を求める上位学部とは異なる，と断じる。哲学部は，真理を検証するすべての学術分野を包括するのであり，それらは大きくわけて歴史的認識の分野と純粋に理性のみに基づく認識の分野に統合することができる。前者に分類されるのは，歴史，地理，言語，および，そのた人文的諸分野であり，後者に属するのは数学，理論哲学，物理学である。そして，この両者は互いに有機的に関連する，と論じた[46]。

カントが理性の法則に則り真理を追究することを使命とする学術分野は，初期啓蒙主義の時代に起こった学術アカデミーの研究活動分野であり，これを大学の学部，特に，哲学部の使命として位置づけるのであり，法律の制定などと異なり，こうした認識の内容に大学設置者である政府も影響を与えることができないと結論したのであった。19 世紀になると，スメントが述べているように，体制の枠組みと大学の「教授の自由」との問題がでてくる。

営造物大学

19 世紀から 20 世紀にかけての大学の理念は，1810 年設置のベルリン大学が創立にあたり謳った教育と研究を有機的に統合した総合大学としての「最高学府」である。ベルリン大学は，プロイセン政府内務省文化・教育局長として大学政策の指揮をとったフンボルトの理念に基づき，教育と研究の有機的統合体として設立された。当時のプロイセン

46）　Kant, I. (1794), S.9ff.

は，1806年のナポレオン戦争に敗れ，領土の割譲と戦争賠償金負担で国家壊滅の危機に陥っていた。フンボルトは，改革の任に就いた主務大臣シュタインに請われて，プロイセンのローマ公使から首都ベルリンの内務省に転じた。文化・教育局長としての在任期間は，1809年2月から1810年6月と一年半にも満たないが，国家再建を担うべき次世代の養成を教育に託した。フンボルトが着手したのは，義務教育から大学入学資格まで一貫した学校教育制度の構築と個別専門教育学校・研究施設・研究機関の大学への統合であり，最高学府として教育と研究を有機的に統合すべき大学理念と新しい大学像の確立である[47)]。

フンボルトは，「大学の本来の使命は，人間が自己の力で，自分自身のうちにのみ発見することのできる純粋な学問を理解させることである。本来の意味におけるこのような自己活動には，自由が必要で，孤独が役立つ，そして大学の外的機構はこのような両者に由来する」と述べる[48)]。自己規律に基礎を置く学問を通じての人間形成を訴えるのであり，「学ぶ」とは既得の知識の学修ではなく探究という行為であり，学問は有機体として捉える対象であるとする。自由で孤独な営みとして大学の内的機能を可能にするのが外的機構（制度・組織）である。フンボルトは，大学の内的機能と外的機構の結節点を研究者・教育者の「自由と孤独」に求めた，と解釈することができよう。

フンボルトの大学理念は，大学人と学識者の間で受けいれられ，さらに，研究・教育および言論の自由は，1848年のドイツ3月革命を経て制定された1850年のプロイセン憲法第20条での「学問とその教授は自由である」との表現に結実し，ワイマール共和国憲法，現在のドイツ基本法へと継承されている。大学は自治権を持ち，大学を内部から構成する大学人の倫理観と研究・教育の自由が，大学自治の根幹であるとの意識が生まれた所以である。

しかし，1810年にフンボルトが辞任した直後，プロイセン内務省で

47）　Humboldt, Karl Wilhelm, 1767-1835は，ポツダムに生まれ，弟のAlexander, 1769-1859, は探検家・地理学者となる。二人ともゲッティンゲンの大学では法学部に学籍を置いたが，哲学部の歴史学教授Schloetzerと言語学教授Heyneの影響を強く受けた。当時の知識人の多くに見られる例であるが，フンボルトも法学部出身の職業外交官となるが，後代には言語学の研究者としてその名を残している。

48）　安酸敏眞（2014）71頁以下。

のフンボルトの後任者は,「大学にとって大切なのは，必要な知識と国に忠実な人間養成である」と述べている[49]。大学は国家の政策の対象・手段であり，行政的には管理の対象であるとする立場である[50]。プロイセン官僚機構にとって，大学の法的地位は既にプロイセン領邦の基本法たる一般ラント法において定まっていたのである。

1794年のプロイセン一般ラント法は，領邦内のすべてのラントに共通する基本法として定められたものであり，自然法を原理としてのゲルマン法の集大成である。内容的には，民法，刑法，商法，教会法，身分法，行政法などを網羅し，体系的には，個人—家族—親族—教会—国家へと漸次より大きな概念へと進むことで，全体的な法体系となっている。領邦君主の支配権を，自然法に裏打ちされたゲルマン法を基礎にして論拠づけるものであった[51]。

第2編19章1条は,「学校と大学は，国家の施設Anstalt（造営物）であり，有用な知識と学問を若者に教授することを目的とする」と，明瞭に表現している。しかし，同時に67条は,「大学は，特許を得た団体のすべての権利を持つ」と定める。大学の法的地位の二面性と言われる根拠である[52]。大学人は, これに続く「大学裁判権」を定める69条に基づき，大学自治権の保障条項と理解してきた。69条は,「学園での平穏と秩序維持のため，大学評議員会に教員および学生の両者に対する裁判権が与えられる」とする。さらに，この裁判権は,「人身に関わる裁判権であり，人間が所有する土地へ及ぶことはない」と，92条は，不動産が一般法の法域に属することを明記している[53]。

1794年の時点で見ると，絶対王制としてのプロイセン王国は法の統一を実現しつつある一方，上位権威としての神聖ローマ帝国が授与した大学設置特許状は効力を持っていた。皇帝特許状の自治団体認定から大学裁判権と学問の自由が派生しており，1806年の神聖ローマ帝国消滅後のドイツ同盟諸領邦は神聖ローマ帝国の帝国法を受け継いでいる。諸

49） Bruch, Rüdiger von (2013),S.14.
50） Kraus, Hans-Christof (2013), S.42.
51） 小林孝輔『ドイツ憲法小史』1980年。
52） Thieme, W. (1986), S.19. Oppermann, T. (1996),S.1015.。
53） Allgemeines Landrecht für die preußisrchen Staaten, 1794.

領邦の欽定憲法は大学に特権的な等族身分を与えており，1849年のフランクフルト憲法での「研究と教育の自由」という表現となる。プロイセンも一般ラント法第2編19章67条における特許団体認定を1850年の憲法において「研究と教育の自由」という表現として残した。一般ラント法1条と67条に見られる相克するプロイセン的大学自治概念が，フンボルトの大学理念とともに，ドイツの大学においては現在まで引き継がれていく。

現実の大学運営を考えた場合，大学は行政官や下級聖職者が管理した当時の都市学校とは全く異なる組織であり，また，多くの学生が身分法の保障する貴族であったことから，経験と専門知識を持つ教授に大学運営を委ねる特許団体としてきた。国法上，設置大学の教授は官吏である。一般ラント法の立場に立つならば，大学の法的位置づけは明瞭であり，大学自治という曖昧な法領域は公法上残されていない。

国家は大学施設を造り，経費を負担するのであり，国費支出は法的根拠に基づく必要があり，大学の管理面おいて立法化が進行する一方，法の統一化は特殊法としての大学特許状の個別項目を徐々に廃していく。これに対して，国家にとって大学自治の立法化の積極的必要性はなく，大学自治は消極的で，受け身の概念となっていった。大学は国家施設（営造物）であると同時に自治団体とする2面性は，ドイツにおいて現在まで続いているが，施設維持管理に投じた国費には効率性保障Leistungsprinzipが求められるようになる。国費投入対象である大学が発揮する研究・教育成果をもって効率化を検証するよりも，管理均一化を合理的管理と同一視するようになる。結果的に大学の自治機能をますます制約することになった[54]。

ドイツの領邦設置大学の国制上の位置づけは，19世紀中葉の公法学者であり，また，「ポリツァイ学」全3巻（1834, 1844）を主著の一つとするモーレンが簡潔に表現している。明白なことは，国法学・行政学の観点から見た大学は，大学の原点とされてきた「教師と学生の共同体」，さらに，フンボルトの大学理念を体現する「学問を総合する最高学府」という位置づけは考慮の外にあり，プロイセン一般ラント法第2

54） Thieme, W. (1986), S.30, Oppermann, T. (1990), S.1016.

編19章1条の定義に基づき，大学は国家が管理する教育施設（営造物）の一つであるし，（総合）大学を唯一の高等教育機関とも位置づけていない。[55]

我が国の大学はすべて国家のAnstalt（施設・営造物）である。国家によって運営され，国家の上位行政機関によって管理される。もはや自立した共同体ではないし，教皇や皇帝が認証する団体でもない。自己資産を運用し，死刑までも裁量する裁判権を持つ団体でもない。……我が国の大学は，体系的な教育制度の重要な一部であり，学問の共同体universitas literarumが現在意味するのは教育機関の集合体にすぎないのであり，中世の大学誕生時における緊密な一体性はもはや存在せず，もはや修道士や学者の〔有機的〕総合体ではない。少なくともすべての高等学問が教授される，という意味でも，もはや総合universalの存在ではない。数学や物理学の一部は高等専門学校の分野となっている。大学は政府の監督下にあり，総括官Kanzler oder Kuratorが置かれている。大学内部においては，運営のための協議体が設置されており，同僚が選出する学長が，内部・外部・監督官庁に対して大学を代表する。

モーレンのドイツ大学論は，他国の大学との比較に裏打ちされている。フランスでは，大学という用語は官吏行政官が用いるのみで，学部と呼ばれる教育施設がドイツの大学に該当し，Lettres, sciences, médicin, droit, théologiの5学部がそれぞれ独立した教育施設として各地に散在しており，「パリとシュトラースブルクのみが，5学部すべてをそなえている」，と言う。学部の目的は，特定の分野についての教育で，実務目的に適う中級の程度であり，そして，学部以外にも同様な学校が併存しているばかりでなく，学部よりも高い評価を得ている学校さえある。「学生は，いかなる点においても特別の，なんらかの特権的な身分ではなく，一般法と警察秩序に服する」のである[56]。

55） Mohlen, R. (1865), S.117. Mohlen, Robert von,1799-1875, については，Kleinheyer, Gerd (Hg.) (1976), 小林孝輔監訳，192頁，を参照した。

56） Mohlen R. (1962), S.125f.

これと対照的なのがイギリスのオックスフォードとケンブリッジの2大学で，この両大学は「今日においてもなお中世の大学そのものである。即ち，固有資産と固有学則を持ち，自律・自治の，政府に何ら依存しない独立団体である。」大学は，修道院のように集中した教育の総合体であり，colleges, halls と呼ばれる。イギリスの大学では，「専門的な学術は教授されない。授業は，古典語学と数学」であり，専門は，大学の後，別の施設で学修する[57]。

19世紀末から20世紀にかけてドイツの大学モデルが世界的に受け入れられていった。ドイツ，特に，プロイセンの大学が「学問の大工場」として世界の研究を主導したからであるが，大学の法的地位を「営造物」とする大学行政とどの様に関わるのであろうか。本書全体に関わる問題意識であるが，予め以下を指摘しておきたい。

法社会史の上山は，カントの大学学部論に触れつつ，19世紀のドイツの大学人で，その専門領域を越えて名前が知られる多くが専門教育予備門とされた哲学部に属していたこと，また，専門学部に所属していても哲学・歴史・自然科学の研究に最も近接した人々が最も輝ける人となったのであり，「19世紀の大学の本質である，学問の自由，教授の自由，学習の自由は，この哲学部を中心に培われたものであった」，と言う。フンボルトの大学理念との関わりで言えば，大学が等族身分としての存在を越えてその基本権を認定させた制度体としての地位を確立したのは哲学部の学問分野（18世紀で言えば学術アカデミーの分野―著者）における研究成果に依拠した，と述べるのである。そして，「われわれはこうした学問，研究，教授，学習の自由を桿杵とした現象を，大学の官僚化を押し進め，……いわゆる国家化した，……相互に矛盾するエレメントがどのように結合・相克しあっているかを考察する必要があろう」と，1960年代中葉，大学大衆化端緒期に問題提起している[58]。

上山は既に，18世紀のドイツにおける「大学の自由の外面的保障（制度保障―著者)」は，絶対王制領邦君主の乱立による権力の多元性，即ち，ドイツ全域におよぶ中央集権権力の欠如」に説明の根拠を求めて

57） Mohlen, R. (1962), S.128f. ヨーロッパの大学を3類型として説明する方法は，日本の大学史研究においては，Paulsen, F. (1902) を引用して説明されるのが一般的である。

58） 上山安敏（1966），261頁。

いる。具体的には，神聖ローマ帝国以来の教員と学生の移動の自由であり，授業料を通じての学生による教員の選別（教授の市場）である。こうした外面的保障条件は，18 世紀からドイツ帝国終焉にいたるまで変っていない。大学の自由の外面的保障を権力の多元性に求めることは，大学が市場競争に曝されていたことを意味する。市場は多層的である。領邦内においては，聴講学生数を巡る教員間競争市場，待遇と官位を巡る教員間競争市場，設備・人員・予算を巡る領邦内での大学間競争市場などを挙げることができるが，これらは領邦国家内での管理された市場である。これに対して，上山が指摘するのはドイツ語圏における領邦間の「大学政策の競争市場」である。結果として，より有力な教授を集め，より多くの優れた（富裕な）学生を集めることであり，「学術政策の競争市場」が前提となる。ドイツの大学モデルが世界的に受け入れられていく根拠は学術実績であるが，この実績を積み上げていく過程において，広い意味でのドイツの大学市場での競争原理がいかに機能してきたかを以下に辿ってみたい。そして，ワイマール共和国からナチス支配を経て大学大衆化の現在において，大学市場のあり方の変化が，いかにドイツの大学のあり方を変えていったのかを辿ってみたい。

3 ハンザ都市ゲッティンゲン

地名としてのゲッティンゲンが最初に史料に現れるのは 953 年で，ザクセン王オットー 1 世がマグデブルク修道院に領地を寄贈し，その文書に記載されている 8 村落の一つが，アルバニ教会を持つ gutingi であった。最も古い居住地区は，市の裏山であるハインベルクの麓からライネ河に臨む高台で，現在のアルバニ教会が位置する地域である。遺跡としては，現在のシラー草原の西側のライン湧水からアルバニ広場にかけて西暦 500 年頃からの居住が確認されている。このグッテインギの村を，ガアイスマ村からグッテインギの教会（現在のヨハネス教会）脇を経てウェエンデ村へ向かう通が南北を縦断しているウェエンデ通りが文書に現れるのは 1338 年である。ライネ河に沿って湿地帯と平野が開ける地勢であり，河沿いの湿地帯とアルバニ教会の台地からの傾斜地の境界をウェエンデ通りが走っている[59]。

独立自由都市

ライネ川の左岸のクローネの平地に，ザクセン王家の時代に，領主の館が置かれていた。高台のアルバニ教会広場から，ウェエンデ通りを東西に交差して，クローネに向かうのが，クローナー通りである。12世紀には右岸に住民の集積が始まり，13世紀初頭には地域の市場としての機能を果たすまでに発達した。独立都市として自治権を獲得したのは，他の文書での記述から1210年頃と推定されているが，領主特許状の文書は残されていない。この時代の領主は，ウェルフェン一族で，後にブラウンシャワイク公国やハノーファー侯国に分かれる。市域内に居城Burgを設け，代官が市の秩序を管理した。居城は取り壊されるが，ブルク通りという地名が当時の名残である。

1229年の文書に，「ゲッティンゲンの参事員と市民Ratsherren und Bürger Göttingens」との記述があり，参事員が会合する建物が，現在の市庁舎に近い場所に存在していたことが推測されている。1251年に土塁であるが市壁が作られた記録がある。900メートルに及ぶことから，防衛に少なくとも300人を必要としたと思われる。1362年に市域が拡大され，堀を深くするなど要塞機能を強化しており，東西南北を結ぶ通りの市境となる市壁にそれぞれ市門が設置され，ウェエンデ，ガイスマール，アルバニ，クローネの門となる。

市の経済基盤は，ハインベルクの麓を羊の放牧地とする毛織物とライネ河畔湿地帯での麻織物であり，特に，毛織物は地域の需要を越えて北ドイツ沿岸地方まで運ばれた。ライネ河を利用した南北貿易の通商路に位置したので，北はブレーメンとハンブルク，東はマグデブルクと結ばれていた。1251年には恒常的な市場地であったことは資料に残されており，1270年頃からライネ河畔の湿地を干拓し，市内に運河を引き込み，現在の旧市庁舎の位置に建物と市場施設の建設を始めたであろうことは，市庁舎建築に用いられた木材の年輪から推測されてい

59）ゲッティンゲン市についての叙述は，以下に拠る。Nissen, W. (1972). Städt. Museum Göttingen (1989). Göttingen, Bd.1 (1987). Espelage, G (1990). Göttinger Tageblatt: Zeitreise, o. J. 大西健夫「大学都市ゲッティンゲンの生成」(2010年)。

る。1344年の文書で，この建物が商館 Kophus（Kaufhaus）と呼ばれていることから，商人のギルドハウスであり，商品である毛織物取引の商館であるとともに市参事会の集会所であった。取引所の広間は祭事にも用いられ，市の有力者の社交の場であったし，また，ワイン・カーヴ Weinkeller についての記述もあるようにレストランを併置していた。

市参事会が市庁舎を持つようになる13世紀中葉には，市内に3つの教会がそれぞれ教区を形成していた。文書で最初の居住地が確認される gutingi は，ハインベルクに向かう高台であるが，この高台にアルバニ Albani 教会が建てられていた。市内の3教会のうち，市場と市庁舎に隣接したヨハニス Johannis 教会は市の経済を支えた商人たちの教会であった。メインストリートであるウェエンデ通りの西端に初期の居住者達のヤコビ Jacobi 教会があり，手工業者たちが教区を形成していくのが東端のニコライ Nikolai 教会である。その後，市の発展とともに人口，特に，貧民の増加がみられ，市の中心地から西側の外れに新たな居住地区が1280年頃に開かれてマリエン Marien 教会が建築される。14世紀になるとドミニカ修道院が，1304年に修道院の建物，1331年にパウリーナ Pauliner 教会を完成させている。宗教改革後ドミニカ修道院が撤退すると，大学予備門としてのペダゴギウムが校舎として利用し，1737年の大学新設とともに大学講堂と大学教会となる。教会を建築しなかったが，フランチスカ修道院の修道士が居住した建物が現在の大学本部ウィルヘルム広場にあり，バーフューセ（素足の修道士）通りが市場から延びている。

慈善（救貧）院が3つ建設されている。1293年，ライネ運河沿いに設けられたのが聖霊院 Heilig-Geist-Hospital (St. Spiritus) で，ガイスト通りという地名がその名残である。パウリーナ教会の脇に，聖十字院 St. Crusius が1381年に建設されるが，後にガイスマ門近くに移り，ホスピタール通りが生まれた。慈善院の伝統が残るこの2つの地域に，大学病院施設が集中するようになる。ウェエンデ門の外のバルトロメウス院 Hospital St. Bartholomaei はレプラ疾患者を収容した。市内立ち入りを禁じられた人々である。

ヨーロッパ中世都市は，国王・領主の権利である裁判権，警察権，軍事権，課税権などを市からの代償支払いの対価として買取り，独立自由都市の権利とする。これにともない，市は一定の法域において独自の法支配権を行使するとともに，市の治安と防衛は，市経済を担う商人や手工業者の業者団体が武装自衛団を結成して責任を分担する。市は，市壁を構築し，その防衛分担が業者団体に割り振られる。例えば，15世紀中葉のゲッティンゲンで最も有力であった商人団体は，有事において100人以上の人員を用意し，ガイスマ門からライネ河までの市壁防衛を受け持った。商人は，その職業上から市の中心部に居住したが，家畜屠殺業者など武器に代わる道具を持つ手工業者は市壁防衛分担地区にそれぞれ集中して居住した。同業者団体を単位とする武装自衛団の伝統は，現在まで受け継がれ，夏の自営団祭り Schützen-Fest として残っている。銃を肩に，隊列を組んで町の中心部を行進し，広場で団体毎に射撃の腕を競いあった後，ビールを飲みながら互いの健闘を称え，友好を深める姿が見られる[60]。

同業者団体は，市政への責任とともに業者特権を持ち，団体加入を営業の条件とした。団体内の秩序は自治的に解決し，市内の団体間の係争は市裁判権に委ねた。業者団体は，その特権に応じて，ギルド Gild, Zunft，同業組合 Innung，組合 Genossenschaft，団体 Brüderschaft など，様々な形態を持った。

業者団体としての規定も整っているギルドは，代償を支払って領主から直接営業特権を得ると共に，当該都市を越えての係争は領主に直接提訴することができたので，市域を越えた特権を持っていた。ギルド以外の団体は，業者の自主組織で，市内での営業特権と団体自治権を持つが，領主への支払いを必要としない。さらに，独自の団体を結成できない，市内の日雇い，副業的な小売・修理手伝いなどは，市の直接の管理下にあり，共民 Meinheit と呼ばれ，有事にあっては市の直接の指揮下に置かれた。日雇い，露天商，担ぎ屋（棒手振り）などである。

ハンザ商業

ゲッティンゲンには，商人，靴屋，パン屋，毛織業者，麻織業者の5つのギルドがあったが，この内で商人ギルドが最も富裕で有力であっ

60） Meinhardt, G. (1992).

た。14 世紀初頭のギルド加入金でみても，商人ギルドは 3 マルク，靴屋ギルドが 2 マルク，その他のギルドは 1.5 マルクないし 1 マルクであった。市ないし教会の公式行事でのギルドの行進序列でみると，仕立て屋，石工などから始まり，行列の最後尾を商人が飾っており，その後ろに別格として市裁判権に服さない教会人や裁判官などの有識者となっている。言うまでもなく，住民の大半を占めるが市民権を持たず，共民 Meinheit に集約される日雇いや女性は行進に参列できない。

中世都市ゲッティンゲンの富を築いた商人ギルドは別格であり，1354 年には領主の特権である市内・市外での取引課税権（中世においてはハンゼ Hanse と呼ばれた）を獲得しており，市経済の流通を掌握していた。商業の中心は，毛織物と麻織物の輸出であり，リューベックとフランクフルトを結ぶドイツ中部の南北通商路に位置することから，中継ぎ貿易に関わったし，14 世紀始めにはドイツ北西部のケルンとの取引を始めている。周辺農村からの羊毛を紡いで織った毛織物は，遠隔地貿易では高級品として格付けされていず，染色もされない灰色の布は梱包用か廉価な冬用の衣服に使用されてきたが，1471 年以降新たに移住してきた職布職人がより細糸で染色した布を生産するようになる。そして，商人は，引換えに仕入れた高級奢侈品を市内で販売した。

商人たちは，1300 年ころからハンザ都市同盟の商業網に加わった。1351 年に初めてハンザ都市同盟会議に出席し，正式にハンザ都市同盟の一員と呼ばれるようになるが，1572 年の退会まで，凡そ 100 回のハンザ都市会議に 13 回しか出席していない。しかし，市民はハンザの一員であった歴史を誇りとしており，1883 年のハノーファー都市会議の開催地に選ばれたことから，会場となる市庁舎を改装し，広間の壁にハンザ 55 都市の市旗を描いた。しかし，ハンザに属さないアムステルダムの旗が描かれている一方，ハンザ都市であるブレスラオやクエドリンクベルクなどが欠けている。

ハンザとは，北ドイツで発達した都市同盟で，地域・都市毎に異なっていた法律と商習慣を，中心となる都市の都市法を受け入れることによって安定した取引関係を構築した組織であり，都市同盟として外国においても主要な商業都市での取引特権や関税免除などを獲得し，北海からバルト海にかけての遠隔地商業網を築き上げていた。ハンザの中心都市は，ケルン，リューベック，ハンブクルク，ブレーメンであり，ゲッティンゲンを含めた低ザクセン地方の都市の通商はリューベックのグループに属していた。

広域的な一般法が存在しない時代であり，商取引にあたっては地域の中心都市の都市法を母系法として受容していた。例えば，ゲッティンゲンの市裁判所の判決に疑義がある場合，母系法の系列であるマグデブルク市裁判所の判例を参考にし，これをもって最終判決に置き換えた。ゲッティンゲンは，1426年，同系列の都市法を持つマグデブルク，ブラウンシュワイク，ハレ，ハノーファーなど低ザクセン地方の内陸部ハンザ都市と同盟を結び，有事での相互安全保障の確保や共同盗賊対策などを行っており，領主権力から独立した自由都市となっていた。

市政においても商人支配が明白であり，商人ギルドの有力ファミリーが市長，市参事員の多くを独占していたことは，1270年頃に建築された毛織物商人のギルド・ハウスの二階で市参事会が開催されており，商人ギルドの書記が市書記官をも兼ねていたことからも見て取れよう。このギルド・ハウスは，1369年から71年にかけて増改築され，現在の市庁舎の原型が完成している。獅子を紋章とするブラウンシュワイク伯が市庁舎増改築の許可を与えるのが1366年3月26日で，建築の礎石が置かれるのが69年4月16日であった。メインエントランスとなっている階段を上ると，現在観光協会の場所となっている建物に，時計台の塔がついた建物を増築し，内部の広間を拡大したのである。旧来の建物が，長さ26メートル，横12メートルであったのが，増築して長さ41.5メートル，横21.4メートルとなった。建築は，著名なマイスター・ブルーノ（Meister Bruno）の仕事であったとされており，1369年から71年までに支払った建築費用は当時の貨幣で891マルクであった。内部の広間は2層となっており，上段は市参事会の議場であり，冬は座席の下に温風を通して暖房することができるようになっている。下段の大広間は，市裁判所の法廷，市の儀式や祭典の会場として使用された。

市庁舎入り口への階段が両翼に作られ，それぞれ市の印章と紋章を獅子の石像が抱えている。三つの塔とその下に獅子をあしらった印章が最初に史料に現れるのは1278年であり，紋章が記録されている最古の文書は1492年である。Gの頭文字をとった紋章は，15世紀を通じ，市が段階的に獲得した貨幣鋳造権に基づき，銀貨に打ち込まれていた。

領主から商取引の課税権を買い取ったのみならず，領主の財政難を契機として市内の徴税権を獲得して財政的自立を確保したし，警察権，裁判権，課税権，貨幣鋳造権，軍事権，さらに，市周辺の土地支配権をも買い取ったのも商人たちの富であった。こうした商人たちの市内での商取引の規則を定めたのが，1376 年のゲッティンゲン最初の市場令である。市内の商人は僅かな金額を市に納付すれば市場ないし自家の前の通りに商品棚 (店) を置くことが許された一方，商品を他所から運び込む外部の商人は市内に入るために先ず関税が徴取され，定められた場所，定められた時間に販売することが許された。

市場が開かれるのは市庁舎前の広場で，週市は当初土曜日一回のみであったが，後に火曜日と木曜日が追加された。年市は年四回で，5 月 1 日のヴァルプルギス祭り Walpurgis，6 月 1 日から 24 日の聖体祭 Fronleichnam，7 月 25 日のヤコブ Jacob 祭，そして，10 月 28 日のシモン＝ユーデ祭り Simon und Jude のそれぞれ先立つ土曜日から翌週の木曜日までと定められ，市場開催の鐘とともに始まり，鐘とともに終了するとした。1465 年の市祝祭日規定に明文化されているように，市と商人ギルドが合意し，教会の祝祭日を守り，その翌日には売買取引を行わないこととした。例えば，聖夜（クリスマス）は 12 月 24 日で，聖霊降臨祭の祭日は 25 日となる。

商業は，製造・修理業である手工業と峻別されていた。手工業者の製品を買い取り，一般に販売するのが商人であり，手工業者は自家で自家製品を扱う以外に，屋台などを出して小売を行うことができなかった。即ち，1368 年の商人ギルド規程は「(商人）ギルド権を取得した手工業者は，このギルド権を使用するならば，すべての手工業を放棄せねばならない」と商人側の規定として商工兼業を認めない。遠隔地商業の商品である毛織物や麻織物の取引は，商人ギルド加盟者の特権であり，商人ギルド・ハウスでのみ取引された。こうした商人の支配に反抗を示すのが，商品生産を支えた手工業者である。

商業都市の衰退

まさにハンザ都市としての絶頂期とも言える 1514 年，市政を牛耳る少数有力商人の支配を住民多数を代弁する形で手工業者ギルドが結束し，市参事会選挙で大多数を手工業者ギルド代表が占めるにいたった。また，ゲッティンゲンでの宗教改革を主導したのも，織布工ギルドを先頭とする手工業ギルドと中小の同業組合であった。多数住民の要望を受け，市参事会は1529年10月2日，市の教会をルター派とすることを認めた。1531年には，カソリック教団は市内の修道院ドミニコとフランチスコを放棄し，撤退する。市の居住者はルター派のみとする時代は長く，カルヴァンの改革派の人々が市内で礼拝を行うのが認められるのは，市経済の活性化を目的として流入人口を誘因することがなされるようになった1713年で，さらに遅れて1747年にカソリックの信者が市内の民間家屋で宗教祭事を行うことが容認される。改革派の教会が建設されるのは1752・53年で，大学設置とともに著名な医学教授ハラ—を招聘するにあたり，その希望を満たしたのである。ハラ—の居宅が置かれたウンテレ・カールシュピューレ通りである。カソリック信者が私邸で集会を持つことは認められていたが，教会の建築許可は遅れ，1787年から89年にかけて聖ミヒャエルス St. Michaelis 教会がクルツェ通りに建築された。

ゲッティンゲンでは市政の商人支配の打破と宗教改革はほぼ同じ時期に，また，同じ勢力によって推進された。ルター派への移行と同じ1529年に，商人が支配していた時代に定められた，各ギルドの親方認定は市参事会の承認を必要とするとしていた規程を変えて，親方認定は各ギルドの権限とするにいたる。商人ギルドと市政の一体化が打破されるのであり，毛織物商人ギルドは，市庁舎を兼ねたギルド・ハウスから追われ，新たなギルド・ハウスを建築する。

宗教改革とともに新しい教会令が1530・31年に定められ，新教に基づく宗教教育を重視する学校制度を整えることと，教会資産に依存していたカソリック時代の学校財政と学校運営の体質を変えるため，教師の給与は市が支払うこととした。学校は三種類とし，宗教と躾及び読み書き・計算の学習のための男子ドイツ語学校・女子ドイツ語学校，そして，一部ラテン語で授業するラテン語上級学校に分けた。

宗教改革は，カソリック教会や修道院の資産没収を伴った。ゲッティンゲン市は，市域周辺の没収教会資産の配分について領邦君主と長い交渉を行い，1542 年 2 月 15 日に契約が締結される。これによって配分された資産を用いて，パウリーナ修道院教会の建物に大学予備門ペダゴギウム設置が決定され，ラテン語学校が並置された。しかし，宗教改革で新教側のシュマルカルデン同盟に加入し，1547 年のミュールベルクの敗戦で多大な賠償金を負担したことなどから市財政は弱体化していく。同盟には，近隣のブラウンシュワイク，アインベック，ゴスラーなどの自由都市とともに参加していた。自由都市の軍事同盟参加は，相応の軍事費負担を意味していたので，1547 年の敗戦では占領と略奪は免れたものの，賠償金 1 万ターラー，これに先立ち同盟への負担金 1 万 2 千ターラーを拠出しており，総額 2 万 2 千ターラーは，当時の市の予算17 年分に相当したので分割払いで合意を得た。

財政状態が逼迫していたにもかかわらず，市はペダゴギウム設置に踏み切る。地域における市の中心地機能を維持するため威信をかけたのであろう。1586 年 4 月 28 日，かつてカソリックであったパウリーナ修道院教会での開校式は市の関係者のみの出席で行われ，学校運営の財政基盤は教会領配分資産と市補助金としている。3 学年制で，完成年度の 1590 年における学生数は 267 人であり，殆どが市および市周辺の富裕商人や富農の子息であった。市が所在する地域は，カレンブルク＝ゲッティンゲン公を領主としてきたが，広域的支配は領邦君主であるブラウンシュワイク＝ウオルフェンビュッテル侯に属しており，君主は，1576 年に，ヘルムシュテットのペダゴギウムを大学に昇格させたので，新しい大学予備学校としてのペダゴギウムの設置をゲッティンゲン市に認めたのである。

新大陸発見以降のヨーロッパ商業の中心は地中海から大西洋に移り，大陸における商業中心地もオランダやイギリスとなったので，北ドイツのハンザ都市とともにゲッティンゲンの商業は衰退していく。これに加えて，市は三十年戦争で 4 度にわたり占領され，この内二度は市街が砲火をあび，一度は占領下での略奪にあったことなどが重なり，商業都市として蓄積されてきたゲッティンゲンの富と経済基盤が失われた。三十年戦争時代の 1623 年と 1626 年にペストが町を襲い，多数の死者とともに住民の流出が起こったし，新教側の領主達から軍事費負担金，占領した旧教側からは戦争賠償金が課せられ，長く市財政の重しとして残った。

1639年の記録では，市内約1000軒の家屋のうち，237軒が空家，179軒が崩壊，137件には寡婦のみが住んでいた。遠隔地商業都市として富を誇った面影は消えうせ，平凡な農村都市となっていた。市の経済基盤は，周辺農村需要に応える日常生活用品の製造と販売を超えるものでなく，市内に地所を所有する市民は敷地を菜園に利用するとともに鶏，牛，豚，羊などの家畜を飼育し，市外に土地を所有する者は農地として耕作に使用したので，かつては商いで賑いをみせた市内主要道路では朝晩に農地へ家畜を駆り立てる人々の姿が日常の光景となった。

カレンベルク＝ゲッティンゲン公が，1634年，市に戦費負担金残額3000ターラーの支払いが遅滞していることを警告した文書が残されている。度重ねての多大な戦費負担は，既に市の財政能力の限界を越えていたのである。1664年，この文書に基づき公は利子を含めて2235ターラーの支払いを改めて要求するが，市は払うことができず，1665年5月9日付けで公が発した勅令に基づき，市は貨幣鋳造権・両替権・関税徴収権を返還し，さらに，公が任命する裁判官を受け入れることで実質的に裁判権も失った。

イギリス同君連合

カレンベルク＝ゲッティンゲン領は，1679年相続により，ブラウンシュワイク＝ウオルフェンビュッテル公と同じウエルフェン一族で，ハノーファーに宮廷を置くブラウンシュワイク＝リューネブルク侯を領主とするにいたる。侯国は，1692年に神聖ローマ帝国皇帝選出権を持つ選帝侯となり，さらに，1714年からはやはり相続でイギリス国王を兼ねるのであり，1815年のドイツ連邦ではさらに領土を広げてハノーファー王国となる。[61]

61） 神聖ローマ帝国皇帝は，1530年以降世俗皇帝を教皇が加冠する代わりに，有力君主が選帝侯として選出するようになる。選出された皇帝固有の権限は限られており，叙爵，大学資格授与，公証人任命などであった。帝国議会は，選帝侯，その他の諸侯，都市の3部会からなっており，皇帝選出権を持ったのは当初7聖俗諸侯であったが，後に10諸侯となった。推定値であるが，ハノーファー選帝侯時代の1745年の人口は約107万人，ドイツ同盟の王国となった1816年は133万人，王国がプロイセンに併合される1866年は193万人であった。Sachse, W. (1987), Anhang 1.

ハノーファーは，イギリスとの同君連合への途を進んでいた。一人の国王が侵略によって他国の王冠を奪い領土を併合するのではなく，2つの全く異なる政体の国の王冠を一人の国王が戴冠するのであり，施政の実態面からみると国王の象徴化であった。1714年，イギリスのアン女王は後継者を残さず没し，家系が途絶えると，最も血統が近いハノーファー選帝侯ゲオルグ1世が，相続によりジョージ1世としてイギリス国王を戴冠した。イギリス王家はハノーファー王朝に移る。これに伴い，両国は共同で一人の国王を戴く同君連合国となった[62]。イギリス国王の王位に就く条件の一つがイギリス在住であり，ハノーファー本国の支配はロンドンのドイツ局にハノーファーの貴族をもって当らせ，本国では名門貴族が交代で大臣に就く合議制を取らせた。名門貴族合議制による実質支配は以前からのものであり，貴族は神聖ローマ帝国の秩序のなかでは帝国直属騎士なので，帝国内の身分では選帝侯と並ぶものであった。貴族たちは，支配する領地の地域単位で独自の裁判権，軍事権，租税権を持つ地域等族団体を形成しており，これらの等族を領邦君主が代表する形で統治したのが領邦君主である。有力領邦君主が統治権強化を目指すのが絶対王制で，プロイセンが典型的な例であった。ハノーファーにあって，イギリス国王を兼ねた選帝侯は，等族の支配権に干渉することができず，領邦全体に及ぶ法律や課税を新たに定める際には，各地域の貴族の合議体である等族を集めて合意を形成する必要があった。三十年戦争で没落するまでのゲッティンゲンも，領邦君主から自治権を買い取っていたので，等族同様に独立していたが，戦費負債免除と引換えに独立権を返上してきた。

絶対王制君主は，中世の家産国家時代に財政的理由から手放していた諸権利を回収して公租公課を領民全体の負担に広げ，常備軍により軍事的安全保障を確保し，地域産業を奨励・振興することで富国強兵を目指すのであるが，統治の論理は公共の福祉（利益）salus publicaの実現であった。中世において貨幣を代価として領主支配からの自由を獲得した

62）ジョージ1世としてイギリス国王に就くが，神聖ローマ帝国では，皇帝選出権を持つ侯爵，ハノーファー選帝侯であるが，本書においては国王と統一して表記する。ドイツ史において，ハノーファーが王国となるのは，1815年のウィーン会議において領土を併合したドイツ同盟Duetscher Bund体制においてである。

のが独立都市であるが，両者の法関係はローマ法に基づく所有権移転であった。絶対王制の君主は，かつて手放した諸権利を公権力の下に回収するのであり，市民財産の安全保障と地域経済の振興は公共の福祉（利益）の実現であり，都市行政への介入や都市財源の公租公課化は公権力の管理責任であるとした。

ゲッティンゲンは，既に 1611 年，市長および市参事員の最終任命は政府承認によるものとされており，ハノーファー当局が発した 1690 年 1 月 13 日の市法は，既に中世以来の都市自治権の大半を失っていたゲッティンゲンの市制を根本的に変革し，政府の行政単位として位置づけており，ナポレオン戦争の一時期の中断があったものの，1831 年の市民蜂起を受けて改正されるまで存続した。1690 年の市法に基づき，市政は裁判官，市長，法務官，秘書（総務）官，書記，財務官，そして，8 人の参事員が担うものとし，また，参事員は建築，道路，市場などそれぞれ担当分野を持つものとされたので，市は自治団体から行政単位としての位置づけになった。政府はまた，従来市の専権事項であった市場・ビール醸造・薬局・消防・課税などについても諸規則を発令するようになる。市は，市長や参事員の候補をそれぞれ 3 名推薦することができるとしたが，政府はこれに捉われずに任命する権利を留保した。事実，市長にハメルン市出身でゼーセン市の法務官ポルマンを任命している。

ゲッティンゲン市を含むカレンベルク領を相続で獲得したことは，ハノーファー政府にとって国境が南に延びたことを意味し，隣接するヘッセン侯国を意識した軍事的拠点の構築が必要であったし，新たに領民となった人々の心を引きつけるために何らかの産業振興策を打ち出す必要があった。政府の政策は，かつての市経済の基盤であった毛織物工業の再興を促すものであり，その前提となったのが大量な兵士の存在であった。1648 年のウェストファリア条約は三十年戦争の戦時状態に終止符を打ち，領邦君主の絶対王制強化の出発点となったが，戦時状態にあった領邦君主は軍隊の常置化を進めていた。神聖ローマ帝国として，常備軍の所有を正式に承認するのは 1654 年である。当時の兵士は，国王・領邦君主・貴族の手兵以外は雇兵で，軍事対決毎に雇い主と契約を結び，雇い主への忠誠は契約期間に限定されていた。これに対して，常備軍の設置は長期契約に基づき，領邦君主は兵士に対して臣下としての忠誠を求めるので，軍は公法上の存在となるのであり，また，これに伴い軍人は独自の法的特権と軍事裁判権を持つようになる。この忠誠に対する領主の義務は，衣食住，武器，契約に基づく代償であり，所轄官吏として経理官の職が生まれ，兵士を指揮する専業の士官・下士官の制度が整ってくる。兵役を国民の義務とする国民皆兵理念は徴兵制度を前提とするが，ドイツで徴兵制度が導入されるのはナポレオン戦争以降である。

ハノーファー軍の規模は，一定していなかった。戦時の必要に応じて増強するのであり，また，平時にあっては国庫の財政状態によって調整されていた。徴兵制度導入までの兵士調達は，農村・都市における徴募であり，主として無職の若者を対象としていたが，常備軍の規模が大きくなるにつれて，村単位・都市単位で人数割り当てが行われるようになる。徴募された兵士たちは，一定の場所に長期駐屯することなく，訓練を受けながら宿舎・糧食などについて兵士の受け入れ可能な都市を巡り歩くのであった。都市の防御能力を高めるため城壁の補強などを行って要塞化する工事などにあっては簡易バラックが設置されているが，軍事的に駐屯地としての設備をもったのは Münden と Nienburg の 2 か所のみであった。移動してくる軍を受け入れるのは都市である。独立自由都市の場合，領主から都市警察権と防衛権を買い取り（ないしは，借り受け），市が市民から徴収した租税で防衛軍を整備していた。絶対王制を指向する領邦君主は，都市の自治権を回収して市政運営を政府の行政機構の一部としたので，都市防衛費にあたる金額を市庁舎が領邦公租して都市住民から徴収するのであった。ハノーファー軍の規模が，約 2 万 5 千人として七年戦争勃発まで一定するのは，1714 年のイギリスとの同君連合により安定した金額の軍費がロンドンから送られるようになってからである[63]。

ハノーファーでは，三十年戦争の時代に衛戍（えいじゅ）制度が作られている。隊の最高司令官に絶対的権限が与えられる。駐屯する都市ないし要塞，そして，率いる駐屯部隊の全権管理権を司令官 Kommandant が持つ制度であり，ウェストファリア条約後もこの制度が維持されている。軍事目

63） Pröve, R. (2002),S.480, in: Göttingen, Bd.2 (2002).

的について市庁舎は全面的に司令官の指令下に置かれ，城壁・城門の管理は市庁舎から軍に移され，市内の秩序維持と兵士の管理の目的で市内巡邏の権利を持った。平時における兵士の訓練を兼ねて都市の防御力強化の目的で要塞機能強化土木作業がしばしば行われている。ゲッティンゲンにおいても，三十年戦争中，戦後，そして，世紀の変わり目の時期にいたるまで度々作業が行われ，土塁の市壁を利用した星形要塞へと変貌している。

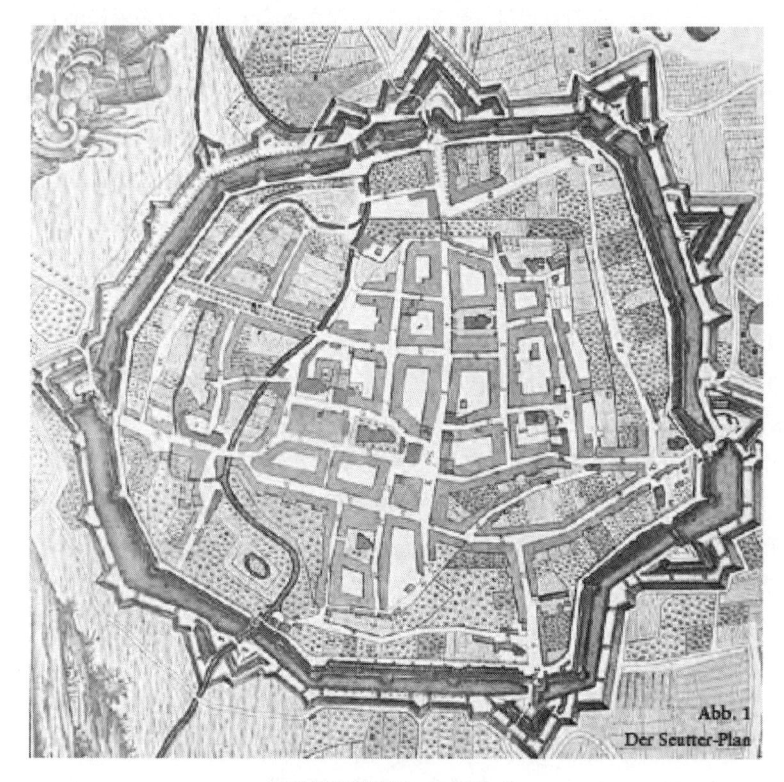

18世紀初頭のゲッティンゲン市
出典）Oberdiek, A. (2002), S. 9.

ゲッティンゲンは，1720年以降，1大隊が常駐する駐屯地となっている。兵力は600人余であるが，その三分の一は家族持ちで，平均して一家族子供2人であったから，駐屯軍関係の人数は1200人以上であった。軍隊関係の市民生活と市経済への影響は改めて考察するが，駐屯する軍人への安定的軍服供給への対策は，同時に政府の地域経済政策として打ち出された，これに応えたのがグレッツェルの毛織物工場であった。市の織布工に軍隊用の織布発注は1687年以降見られたが，手工業での生産能力は低く，数年間納品を蓄積して必要量を確保するのがやっとであった。毛織物の問屋制家内工業から工場制手工業への移行によって，常駐する駐屯軍の軍服需要に供給が追い付くことができたのである。

産業振興

1690年の市制改革にあたり，市民数増大のための施策を市当局に採らせている。市民権取得には，出生証明書，手工業者の場合は資格証明書を添付して申請し，承認されれば市民権取得料を納付する。市民権取得料は14ターラーであったが，これを三分の一の4ターラー24マリエングロッシェンに引き下げさせた。これに消防用品負担料1ターラー，教会費6マリエングロッシェンの，合計5ターラー30マリエングロッシェンが手続きに必要であった。これに加えて，市に搬入される商品に課せられる関税・消費税を除く他の市課税が3年間免除されたし，ギルドに加入する場合加入金を半額とした。18世紀初頭の日当をみると，日雇いで5-6マリエングロッシェン，ギルド加入の職人で11マリエングロッシェンであったから，市民権取得の負担は大きなものであった。市長や市参事員の選出は有力同業者団体の間での互選であったから，一般市民の市民権獲得に政治的意味はなかった。しかし，市発注の仕事の受注やギルド加盟は市民権を前提としていたので，市民権所有を必要とする者が市民権申請をするのであった。それゆえ，家族や使用人，それに，日雇いなどは代償を支払っての市民権を申請することはなかった。こうした傾向に対して，1732年1月14日，市は，新規市民権取得者は，取得から6週間以内に，妻の市民権申請をなすべきと定めるのであった。但し，妻がハノーファー領出身者の場合，この規定から除外するとした[64]。

64）　Möhle, S. u. Pröve, R. (1987), S.88.

1702年2月15日の勅令は，市内の荒廃した土地および崩壊状態の家屋を調査し，その結果を公示して，もし所有者ないし債権者が新築しないのであれば，市がすべて没収して家屋新築申請者に無料で払い下げるとした。そして，新築ないし既存家屋の改築が100ターラー以上に上がる場合に補助金15ターラーの支給と15ターラー分の課税免除3年間，建設費が200ターラー以上に上る場合は5年間とした。この優遇処置に対して，工事の条件が付いている。

1）三階建て以上とする
2）建物の街路向きの外壁は石造りとする
3）扉と窓以外に街路向きに建物の解放部を作らない（荷車などの出し入れ口を街路側向きに作らない—著者注）
4）屋根は瓦で葺く
5）煙突は，防火のため，石囲いとする。（街と建物の景観と防火が留意されていた—著者注）

政策効果はすぐに現れなかったが，1722年11月17日の勅令は，「市の多くの部分で再び建築され，居住可能な家屋で埋められた」として，1724年1月1日をもって1702年の優遇処置申請終了を予告した。1702年勅令に基づく最初の建築工事が記録される1705年から大学講義開始の1734年までの30年間についてみると，新築・改築件数は303で，その内241件が200ターラー以上で，62件が100ターラーから200ターラーの間であった。30年間の年平均工事着工数は10件強であるが，優遇処置終了予告が通達された後の23年から26年の間は年平均24件であった。

市の産業振興を目的に，ハノーファー政府は，1707年，市の織布販売商人であるエーベルとリューベックに政府の長期契約を与え，羊毛を購入し，織布工に軍服用織布を製作させ，完成した布を軍隊に納品するものとした。政府委託による，問屋制家内工業システムの構築である。さらに，1709年には，ドレスデン生まれの染色工グレッツェルとリップシュタット生まれの商人ガレンカンプの2名に，政府の資金援助で織布工場を建設させている。政府委託による工場制手工業（マニュファクチャー）システムの構築である。ガレンカンプは，その後，娘の嫁ぎ先の商人アッツエンハイムにも同様な工場を建設させるが，その経営方針は地元の織布工ギルドとの共存共栄であった。これに対して，グレッツェルは，地元のギルドの反対を押し切って他所から織布工親方を呼び寄せ，織布工とより安い手間賃で契約を結び，事業家として大きな成功を収める。さらに，1731年の融資令は，小売りの運転資金のための金貸しを排除するとともに，商人，職人，工場経営者が品物を担保に公的融資を受けることができる制度を作った。政府の産業振興制度を最大限活用したのがグレッツェルであった。

グレッツェル（Grätzel, Friedrich）の最初の工場が生まれるのは1722年である。政府の融資補助と数十年にわたる租税減免処置を受け，工場を拡大するとともに，織布のみならず関連する紡績・圧搾・染色・縫製などの業務も傘下に収めた。繊維産業を担うのは主として女性労働力であり，市内のみならず周辺農村がこれを供給した。当時の支配秩序にあっては，官憲の許可なく無断で土地を離れることは許されてなかったので，1753年，ゲッティンゲン市役所はハノーファー政府に願い書を提出して，織子や縫子として必要なので近隣から独身の女性がゲッティンゲンに向かうことを禁じないようにと申し出ている[65)]。

市で最も富裕な一人となるグレッツェルは，その最盛期に市内だけで13件の家屋を所有し，雇人を収容したり賃貸に利用していた。しかし，ゲッティンゲンの毛織物産業は，イギリスで勃興する木綿産業に追い抜かれる。グレッツェル工場の稼働織機数の変遷を辿ってみると，次のように言うことができる。稼働中の織機数でみると，盛期は18世紀80年代で，70機以上稼動させていたが，90年代に入ると次第に減少し，世紀の変り目には40機台となっている。世紀末になると，特定の地域，特定の業者を優遇するハノーファー政府の補助政策は転換するのであり，また，グレッツェル自身も政府発注の軍服需要に強く依存する経営体制から脱皮することができなかった。ナポレオン戦争での敗戦後の大陸封鎖の時期に持ち直すが，戦後のヨーロッパ大陸の産業はイギリスの産業革命の影響を強く受けるのであり，工場制手工業という形で既存の生産技術を組み合わせるだけでは，機械制工業に対抗できなかったし，繊維産業の主流は木綿工業に移っていった[66)]。

65）. Pröve, R. (2002),S. .506ff, in: Göttingen, Bd.2 (2002).
66）Sachse,W. (1987), S.62ff..

大学都市への変貌

ゲッティンゲンのペダゴギウムを大学に昇格させる意向はハノーファー政府から発せられたが，大学設置に向けて最初の発案がロンドンのドイツ局のものであったのか否かは不明である。はっきりしているのは，相続により新たに自領となった領邦最南端のゲッティンゲン市とその周辺地域が依然として三十年戦争以来疲弊したままである状態を改善する必要があった。新領地の臣民達に新領主の存在を知らしめるためにも，有効な地域振興策を打ち出す必要があり，そのための政策手段の一つが軍隊と毛織物であり，もう一つが大学設置であったと言えよう。

市当局が大学設置の通知をハノーファー政府から受け取るのは1733年4月23日である。突然の通知であり，政府が大学設置を検討していることは一切知らされていなかった。これに先立つ1月13日付けで，政府は神聖ローマ帝国皇帝から大学設置認可特許状を拝受している。ハノーファー政府の要請を受けて，カレンベルク等族が大学設置財源の出資を認可したのは3月28日である。これを受けて，政府は大学設置の準備が整ったと判断したのであり，ゲッティンゲン市に通知を発した。上記4月23日の通知では，「……国王はこの地に大学設置を定められた。……特に，汝たち市民に利益と生計の手段をもたらすであろうし，その結果市の収入を大きく増すことになろう」と，政府は市当局が，大学新設，すなわち，ペダゴギウムの大学昇格に異論を唱えるはずがないとの立場であった。ペダゴギウムが大学へと発展して大学都市が生まれたのではなく，政府が大学設置したことにより，ゲッティンゲンに大学都市が誕生したのである。

絶対君主の設置大学であり，ハレ大学同様，大学施設は最小限に抑えられたのは言うまでもない。しかし，最低でも，本部棟や講義棟が必要であり，政府は1734年から施設建設に踏み切る。一方で，歩道や街灯の設置，上水道の整備など街の基盤整備も市当局に急がせた。商人，手工業者，農民しか知らない住民に，大学都市として相応しい街の規律を身につけさせることから出発したが，1世紀の間に住民の意識が大きく変化した様子を市の清掃条例が端的に表現している[67]。

67） 以下の叙述は，下記による。Wedemeyer, B. (1988).

政府の強制的な指示で市当局が発布する1734年と1832年の2つの清掃条令を比較してみよう。1734年清掃条例は，塵・汚染物を公道から除去することを命じているのに対し，1832年清掃条例は，公人として責任ある市民の行動規範を規定するまでにいたっているのである。市当局が，市民の行動に対応する施設と制度を定めていく過程については，次章で詳論する。

1734年条例が定めるのは，以下の諸点である。

1）塵，汚物，食事の残物，食器，資材の破片などを道路に捨てないこと，特に，自分の家の扉や門の前に置きっぱなしにしないこと。そして，そうした塵芥を，市が水道を使って洗い流す水路に溜めないこと。

2）農民は，馬や家畜，そして，農具・馬車を道路上に置きっぱなしにしないこと。馬・牛・豚の糞が路上に残っている場合，毎朝5時から9時までの間に取り集め，道路を掃除すること。

3）手工業者は，資材の破片や塵を道路に向けて掃き出さないこと。

4）家庭塵その他の汚物は，家の前に集めておき，定められた時間に巡回する塵芥車に積み載せること。

汚物処理を公共の道路に掃き出すことが普通であった習慣を，自分の家の前は清潔にすべしと命じたのが1734年の清掃条令であった。大学都市としての街づくりを経た1世紀後の1832年清掃条令は，市民の公共意識を前提とするまでになっている。現在まで続いている「自家の前の道路清掃は市民の義務」とする規則が定着するのであり，例えば，現在でも雪掻きを怠って通行人が怪我をした場合の責任を負う。

1832年清掃条令は，以下の規定を含んでいる。

1）家屋所有者ないし家屋の1階居住者は，毎朝，夏は7時まで，冬は8時までに，隣家との境界である家の前の清掃を終え，水溜りは除去しておくこと。塵芥があればまとめておくこと。

2）車道は，家の前にあたる部分を週2回清掃すること。

3）乾燥している場合，道路に水を撒くこと。

4）家屋を汚くしておくこと，騒音を出すこと，物を道路に投げること，などを禁じる。

5）道路上での喫煙とパイプの掃除は禁じる。

6）窓際の外に花を飾る場合，しっかりと固定しておくこと。

さらに，1866年の市条例は，市の収集作業を容易にするとともに美観の観点から，各家屋が塵・廃棄物のため木材ないし金属の可動式ポットを用意することを定めるのであり，現在のドイツで見られるようなポット方式が導入された。指定された曜日に塵芥ポットを家屋の前に出し，市委託業者が馬車で回収する方式であり，現在までドイツの多くの都市で用いられている。収集費負担は，警察令等秩序維持費として家屋単位で課していたのを，道路清掃・塵芥収集を住民税の一部とするのは，プロイセンでは，1893年7月14日の地方税法によってである[68]。

68） Heckhoff, M. (2013).

第2章

ミュンヒハウゼンの大学

1　ゲッティンゲン大学の創立

1737年9月17日から3日間，ゲッティンゲン大学は創立記念式典を祝った。年，月，日のすべてに縁起が良いとされている数字の「7」が込められている[1)]。式典は，イギリス在住の国王に代わりハノーファー政府宗務・文化担当大臣ミュンヒハウゼンが代行主催し，カレンベルク等族議会の代表者，ゲッティンゲン市及び近隣の市の代表，そして，同じウェルフェン一族が支配する隣国ブラウンシュワイクのヘルムシュテット大学からも代表が出席した[2)]。

創立記念式典

16日は前夜祭で，市内の教会の鐘が鳴り，ヨハネス教会とヤコブ教会で音楽が演奏された。大学公式創立記念日となる9月17日，朝5時に教会での朝のミサが開かれ，7時になると新築の大学本部棟に集まった教授達を始めとする大学関係者の市内行進が始まり，町の中心部へと迂回しながら，国王代行ミュンヒハウゼンが宿舎としているウェエンダー通り角で，市役所向かいの駐屯軍指令官ドウルフトレーベンの官舎

---

1)　9月の septem-ber は，年10か月の暦を使用していた時代においては，「7」番目の月であり，12か月暦にした際，1，2月を頭に付けたので「9」番目となった。

2)　以下の叙述は，下記による。Selle, Götz von (1937). Gundelach, Ernst (1955). 大西健夫「大学新設と大学制度」(2010). Universität Göttingen: Georgia Augusta, Nr.46 und Nr.47.

の前で行進は小休止して敬意を表し，グローナー通りを経て式場のパウリーナ教会に向かった。当時の慣習で，団体は固有の色彩と正装を持って公式の場に現れるのである。大学共同体を代表する教授達の正装は，黒のガウンと学部別に色違いのフードである。1737年1月15日の指令で，ハレ大学に範をとって以下のように定めている。副学長のガウンの長さは膝が隠れるまで，学部長と教授のガウンは膝までとし，ガウンの腕は手が隠れるまでの長さとしている。大学で警察官の役割を担う，大学警吏は膝が隠れる長さのコートを着用し，その袖は赤色の裾広として手がでるようにたくしあげる。フードの色は，神学部が黒，法学部が深紅色，医学部が淡紅色，哲学部が紫とした3)。色彩と正装は団体規律の象徴であり，参列する学生団体もそれぞれが色彩と正装を定めることで存在の認知を図っていた4)。

式典には音楽が欠かせない。ヨーロッパ中世の音楽は教会から発達しており，カソリック教会は男性社会であり，大きな修道院や司教座教会は少年合唱隊を持っていた。中世都市が遠隔地商業を通じて豊かになると，都市の教会ないし教会学校が合唱隊を持つようになる。ゲッティンゲンにおいては，ヨハニス教会の学校が文書に現れるのが1319年である。宗教改革とともに教会音楽が発展する。ルターは讃美歌の合唱を礼拝の一部としたので，教会にオルガンが設置されるようになったし，教会音楽士という職業が生まれた。ライプツッヒのトマス教会のバッハ（Bach, Johann Sebastian）が良い例である。ゲッティンゲンでは，1586年設立のペガゴギウムの授業に音楽の時間があり，生徒が教会合唱団の役割を果たしていた5)。

教会音楽とは別に，ゲッティンゲン市は，17世紀初め頃から市の式

3） 創立記念日の行進に参加した正教授数は，神学部3人，法学部7人，医学部3人，哲学部7の計20人で，この数のガウンを大学所有物として用意したが，その後，希望によって教授保管を認めた。18世紀末の啓蒙主義後期になると権威主義・形式主義が嫌われ，ガウン着用が避けられたが，1837年の100周年記念式典で復活する。ガウンの歴史については下記参照。Ebel, W. (1969), S.42ff.

4） 20世紀の公法学者スメントは，「色彩は，単なる装飾・儀式的なものではなく，一定の法的意味を持つ」と述べているように，団体・組織の存在を表明する手段である。Smend, R. (1928), S.94. スメントは，後に見るように，大学もその機能によって一つの公的制度（体）である，と論じる。

5） St. Jacobi Kantorei (1991).

典や市民の祭事のため市楽士に俸給を支払って雇用していた。市楽士は，数人の楽員を自費で雇用し，市の祭典，市民の冠婚葬祭，富裕市民の祝宴などに招かれて音楽を演奏するので，その謝礼で個人的に集めた楽員への支払を行っていた。市楽士ザイフェルト（Seyffert, Adam Wolfgang）は，楽員を7人抱えていた。ザイフェルトが委託されたのは，ヨハニス教会 に2つ，ヤコビ教会に1つの楽隊を配置し，定められた場所で定められた時刻に演奏することであった。知人を頼って，11の市や村から25人の楽士を集めたので，ゲッティンゲンの7人と本人を加えた31人が動員された。7時に動き出した教授達の行進は，8時にミュンヒハウゼンの宿舎前で小休止するのに合わせて，2つの教会に集まった楽隊の演奏が盛大に始まり，行進が式場であるパウリーナ大学教会に入るまで続いた。

式場に集まった人々が着席すると，もう一つ別の楽団の演奏が始まった。ライプツィヒ大学法学部在籍時にトマス教会のバッハに師事したこともあるシュワイニッツ（Schweinitz，Johann Friedrich）という人物が，大学が新設されるとの噂を聞きつけたのであろう，34年にゲッティンゲンに移り，1735年から市民や学生の間から愛好家を集めて楽団 collegium musicum を結成し，毎週1回小規模な音楽会を開催していた。パウリーナー大学教会での式典での音楽を担当したシュワイニッツは，8人の女性合唱隊とソプラノ一人を用意し，自らもライプツィヒから借り入れたチェンバロを演奏した。式典終了後，市役所での公式昼食会での音楽と夜のコンサートは再びザイフェルトの担当となった[6]。

式場で来賓が席につくと，シュワイニッツの合図で楽隊の演奏が始まり，これが終わると国王次席代行タッペ審議官が開会の辞を述べる。続いて教授陣が紹介され，大学を代表して副学長である神学部教授フォイアラインが祝辞を述べる[7]。式典終了後，13時に，来賓を中心とする会

6） Engmann, C. u. Weichert, B. (1991). シュワイニッツとザイフェルトには，式典終了後報償が与えられ，前者には230ターラー，後者には91ターラーであった。Engmann, C. (1991), S.71. シュワイニッツは，その後，ヨハニス教会とパウリーナ大学教会の教会楽士に任じられている。

7） 創立時の教員数に関するエーベルの記述（Ebel, W. (1961), S.7）に混乱が見られるので，その後1734年から1962年までの全教員を一覧にする作業を刊行したエーベルの資料を利用して大学創立時の教員の全体像を描くと，以下のようになる。正教授は，神学部正教授

食が市庁舎で開催された。18日は，1734年10月から授業を開始していた新設大学の4学部学位授与式で，学位を受けたのは総勢25人にあがった。19日には，招待客列席の下，副学長が，大学創立記念式典にあたり詩を献じた2人の詩人，Johann Martin HaaseとNicolao Ciangulo に名誉博士学位を授与した。中世以来の宮廷文化にとって，詩こそ諸学の母であり，諸芸のなかで最も尊重された。大学のイタリア語の教師である後者がイタリア語で謝辞を述べ，創立記念日公式行事は無事終了した。20日は，各学部でのお祝いで，また，来賓には大学本部棟や乗馬調練場など新設の大学施設見学と説明がなされた。21日の来賓出発で，すべての行事が終了した[8)]。

9月17日は，その後正式な大学創立記念日となるのであり，学位取得者の氏名発表と大学教員全員での会食が恒例となる。ハノーファー政府は，ゲッティンゲン大学創立前は自国の子弟が進学したヘルムシュテット大学へ納付していた30ターラーをこの費用にあてる。残されている1768年の学部長会議議事録によると，正教授・員外教授48人全員，駐屯軍隊長と士官3人，市役所関係3人，市法務官，在学中の男爵2人，および，その他の来賓，合計60人の会食であった。18世紀末，啓蒙主義後期に入ると形式主義を嫌う時代風潮となり，1790年頃から

3人（Crusius, Oporius, Feuerlein），法学部正教授7人（Gebauer, Truer, Schmauss, Reinhardt, Moscov, Senkenberg, Ayer）。この内，後者2人は当初員外教授 ausserordentlicher Profesor として採用されている），医学部正教授3人（Richter, Segner, Haller），哲学部8人（Gesner, Hollmann, Treuer, Heumann, Segner, Koehler, Penther, Kahle（Kahleは1737年に昇格するまで員外教授であった）。この内Treuerは法学部，Segnerは医学部の正教授なので，哲学部が兼務となり，延べ22人（創立記念式典に参加した正教授数は実質20人）となる。員外教授としては，神学部は兼務のHeumannとCotta，法学部（Ayerは，1737年に昇格するまで員外教授であった）と医学部は無く，哲学部でフランス語担当のRougemontであるが，有給・無給の区別は不明である。私講師は，神学部がなく，法学部のHannesen, 医学部のLinekogel, Meier, 哲学部のJacobi, Broestadedt, Stromeyerで，総計6人となる。教師は，乗馬のTrichter, 剣術のSebert, ダンスのJaine,, 素描・絵画のDankmerの4人であった。Ebel,W.(1962)

8）記念式典に先立ち，市当局は来賓を受け入れる宿舎や飲食店の経営者を集め，受け入れ能力を調査する。集まった経営者は12人であり，現存の名前も見ることができる。Zur Taube (Barfuesserstr.13), Die Sonne (Paulinerstr. 10/12), Brauner Hirsch (Zindelstr. 5/6), Swarzer Adler, Weißes Ross (Gronerstr. 22), Güldenes G (Gronerstr. 54), Weißer Schwan (Papendiek 1), Zur Krone (Weenderstr.13/15), Zum Stern, Goldner Löwe, Zum Goldenen Hirsch (Langegeismarstr. 44). Kühn, Helga-Maria (1991), S.12.

の創立記念式典記録は残されていない[9]。

ヘルムシュテット大学を代表して2人の教授が出席しており，新築の本部棟の様子について次のような報告を残している[10]。

一部屋には，印璽，2つの特許状，学則が机の上に置かれていた。大学学則と4つの学部細則は羊皮紙に綺麗に書き上げられており，赤いビロードで装丁されていた。大学学則は，赤いビロードの副学長のガウンを下敷きに金色の房つきのビロードのクッションの上に置かれ，各学部細則の下敷きは学部長ガウンであった。皇帝特許状と国王特許状とも，赤いビロードのクッションの上に置かれているが，ひときわ大きな金色の勅書様式となっている。式典開始前に，国王次席代行タッペ氏に，学則の内容について少し質問してみると，「大学内部のものであり，公開されることはないであろう」，ということであった。タッペ氏は，式典での挨拶に続き，大学の学部及び就任時期の序列に基づき初代副学長に就いた神学部教授フォイアラインに副学長ガウンと杓，そして，大学の印璽と鍵，大学学則の写しを，一つ一つに言葉を添えて与えた。

ミュンヒハウゼン

ゲッティンゲン大学新設発議の経緯は不明であるが，ロンドンからの大学設置指示に基づき，ハノーファー政府内ではミュンヒハウゼン（Münchhausen, Gerlach Adolf, 1688-1770）が担当大臣に就いた。大学新設を指揮し，創立後はハノーファー政府大学監督官 Kurator に自ら就いて短期間に名門大学へと育てた功績は大きく，既に同時代人さえ「ミュンヒハウゼンの大学」と親しみを込めて呼んだ。ちなみに，ドイツの大

9） Nissen, W. (1987).

10） Ebel, Willhelm (1961), S.9. ここで述べられているように，大学学則は公開されないものとして扱ってきたのであり，事実，20世紀60年代にいたるまで活字にされることなく，非公開であった。本書に，皇帝特許状，国王特許状，大学学則，学部細則が収録されている。このうち，ドイツ語の文書は国王特許状のみであり，他はすべて原文がラテン語である。法学部法制史教授エーベルが，大学学長，評議員会の承認を得て，ラテン語にはドイツ語対訳を付して刊行したのが本書である。

学史において設立後短期間に名声を確立した大学，ないしは，一定の時期に急速に名声を高めた大学を見ると，設立準備の段階で明白な大学理念を持ち，強力な指導力を発揮した担当者が存在している場合が多く，ハレ大学（1694年）のViet Seckendorf，エアランゲン大学（1743年）のSuperville，ミュンスター大学（1773年）のFürstenbergなどとともにゲッティンゲンのミュンヒハウゼンが挙げられる[11]。

ミュンヒハウゼンは，1688年，ブランデンブルク・プロイセン選帝侯に厩舎長として仕えていた軍人を父親に持ち，長男としてベルリンで生まれ，イエナ大学，ハレ大学法学部に学び，グランド・ツアーを兼ねてオランダのユトレヒト大学に一時学籍をおいたが，その後フランスを遊歴している。1714年，ザクセン選帝侯国のドレスデン控訴審裁判所に初めて赴任したが，翌年にはハノーファー選帝侯国のツェレ上級控訴審裁判所に戻るのは，一族が低地ザクセン地方出身であったからであろう。ここで1726年まで勤務するが，この間ドイツ帝国法の専門家として認められるようになり，レーゲンスブルクの神聖ローマ帝国裁判所に派遣されている。27年，ゲオルグ2世が即位すると，ハノーファー政府の枢密院（閣議）の一員に任ぜられ宗務・文化担当大臣に就いたことから，大学新設の担当大臣となった。ゲッティンゲン大学創立とともに，ハノーファー政府内に大学担当最高責任者である大学監督官の役職を新設し，自らがその任に就いたことから，政府の大学政策に一貫性が保障され，新設大学の発展に大きく寄与した。政治家としても政府内で重きをなし，1753年にハノーファー選帝侯領等族議会議長に選出され，さらに，主席大臣として首相に就任するのが1765年である。

ミュンヒハウゼンが担当大臣としてゲッティンゲン大学創立に直接関与するのは，グルーバーに計画書作成を命じた1732年夏からであるが，新設大学の基本方針と学則制定，教授招聘，ゲッティンゲン市の大学都市への都市基盤整備など大学設置準備のあらゆる面で指導性を発揮したし，また，設立後も大学運営を直接指揮したことが大学の成長に一貫した方向性を与えたのである。また，ミュンヒハウゼンの方針がロンドンにおいても受け入れられ続けた原因の一つとして，1740年以降弟の

11） Selle, Götz von (1937), S.35.

フィリップがロンドンのドイツ局担当大臣に就いていたことも挙げられよう。

ミュンヒハウゼンは，自らが学んだハレ大学やユトレヒト大学の体験から時代の思潮に対応できる大学を目指す。新設大学の成功は大学理念に懸るとの認識から，ミュンヒハウゼンは自ら内外の識者や各地の大学教授に意見書を求めている。現職の大学教授や各分野の第一人者が，啓蒙主義の時代に入ったドイツの領邦大学のあり方について持論を述べており，ミュンヒハウゼンは1ダースにのぼるこうした意見書を参考にして，1833年，これらを基礎に自らも政府内での会議に意見書を提出している[12)]。

ヘルムシュテット大学法学部教授トロイアー（Treuer, Gottlob Samuel）は，領邦の裁判所で用いられるのはローマ法ではなく地域法であるのだから，ハレ大学を先例として，大学ではドイツ固有の法律で領邦の師弟を教育すべきである，と強く強調しており，この方針は採用されている。ハレ大学で学び，領邦デウルラッハの枢密顧問官として実務に就いているシュマウス（Schumauss, Johann Jacob, 1690-1757）は，ハレ大学成功の原因は，古びた脚荷を引き摺らなかったことにあるとし，この新しい流れに乗り遅れた大学は，特にカソリック系がそうであるように，低迷するのである，とのべている。そして，新しい時代の大学教育で必要な科目と不必要な科目を並べ挙げるのであった。アリストテレス的なスコラ哲学学修の時代は終わったのであり，新しい時代の大学で必要な科目として，自然法，ドイツ法，各地域の法，ヨーロッパ国家学，官房学，地理学，歴史学，実験化学，実験物理学，外科，解剖学など，旧来の大学教育の中心であった訓詁学に代わる実践的，実証的教育を強調するとともに，騎士アカデミーを手本として大学でも欠かせないものとして，近代語，剣術，乗馬，ダンス，音楽などを挙げる。シュマウスは，ハレ大学の栄光を讃える一方，ハレ大学が創立時の姿を失ったことを指摘する。フランケに追われたウォルフの例を挙げ，過度の敬虔主義が大学を変えてしまったと述べ，大学全体の教育監督権が神学部に与えられているハレ大学に必要なのは，狭隘な見解を持たない神学

12）　Selle, Götz von (1937), S.20ff.

部，一般の利用に解放された図書館，天文台，化学実験室であるとする。トロイアーとシュマウスの両名とも法学部に招聘されている。

ミュンヒハウゼンは，新設大学の中心を法学部においた。領邦内の貴族の子弟を司法・行政官へと養成することを大学の教育目的としたからであるが，同時に，富裕な階層の子弟を募集することの経済効果を考えたからでもあった。

法学部の教授招聘にあたり法曹界の人材を3分類している。即ち，実務と応用を旨とする人々，理論と解釈に専念する人々，そして，しっかりとした理論に基づいて法実務に携る人々であり，新設大学法学部はこの第三番目の人々を必要とする，と述べている。大学運営に携る行政官も中庸の精神の人間であるべきと述べているのも，上記と同じ考え方に基づいている。ハレ大学が過度の経験主義神学が支配したことにより法学部を中心として発展した初期の輝きを失った現実を参考にして，神学部の大学教育全体への監督権を排するとともに，教授の授業に対する特権的独占権をも取り払って，すべての教授は自己の専門分野に縛られることなく授業の主題を決定することができるとした。教授招聘にあたって，教授の自由とともに他大学より高給を保障してでも著名で優秀な学者を集めることを方針とした。経済的観点からであり，著名教授の私講義を支払える豊かな学生を多数集めることができるからである[13]。貴族の子弟は高級行政官や司法官を目指して法学部で学ぶのであり，「一人の貴族は100人の貧乏神学生よりも多くの金を国にもたらす」との認識が通念となっていた。聖職者を目指す神学部の学生の多くが教会学校の優秀な生徒であるのは，高度の教育を受ける財政的余裕のない家庭の若者に教会が奨学金を与えていたからである。

医学部に方向性を与えたのは，宮廷医ウェルホフ（Werlhof, Paul Gottlieb）の意見書であった。医学部が必要とする分野として解剖学，薬草学，化学，理論医学，臨床医学を挙げ，特に臨床医学は症例の観察と治療によって学ぶことができるのであるから，大学は解剖室と診察室を持つべきであるとした。解剖が啓蒙主義理念を体現する象徴と見なされた時代であり，解剖学と近代臨床医学を新設大学医学部の柱とすべ

13） また，教授の大きな収入源は私的な補助授業（私講義）に学生が支払う謝礼や学生下宿であったので，学生数は教授の所得に直接影響した。

き，と提言したことが，万難を排してのハラーの招聘に結びついたのである。

ミュンヒハウゼンはまた，同じ国王を戴くとともに，貿易と産業で富を蓄積したイギリスからの留学生に期待してジェントルマン教育に相応しい大学施設や市街を整備させたが，イギリスは上流社会への登竜門をオックスブリッジ2大学に集約していたので，少なくとも18世紀においてはイギリスからの学生を惹きつけることはできなかった。都市の生活基盤整備は学生募集にとって欠かせない条件であり，ミュンヒハウゼンは，ゲッティンゲンを優雅な大学都市とすべく部下である審議官タッペを指揮して都市基盤整備に全力を投じさせている。事実，ゲッティンゲンは，農村都市から大学都市へと脱皮し，都市基盤の近代化の進展において周辺農村都市から急速に抜け出すのである。

大学設置企画案

ミュンヒハウゼンは，1732年夏，グルーバーを大学設置企画案担当者に任じた。ハレ大学法学部教授であったグルーバー（Gruber, Johann David）が，ハノーファー政府に仕えるのは1729年で，プロイセン王国の首都ベルリンに移ったライプニッツの後任として宮廷図書館長の職にあった。グルーバーは，ハレ大学法学部で，ミュンヒハウゼンとともに，歴史法学の権威グルンドリングスの門下であった。

ミュンヒハウゼンの期待に応え，グルーバーは，数週間で基本的骨格を描いた企画書を1732年8月30日付けで提出している。この案がそのままロンドンに送付され，承認されているように，大学新設の方針はロンドンから直ちに追認されていた。この第一回企画書の段階で既に，ゲッティンゲンが大学設置都市として選定されていた。

大学設置都市を選定し，ロンドンに提案するにあたり，ハノーファー政府の地域政策が反映していた。ハノーファー選帝侯国北部には，騎士アカデミーのリューネブルクがあり，また，ツェレは1705年にハノーファーに移るまで宮廷都市であった。ツェレにはまた，上級控訴審裁判所が残されていたが，同時に，大きな監獄設置地であった。その上，リューネブルクやツェレの北ドイツは，大きな通商路から外れた人口希薄な僻地であったので学生募集に難点があった。

これに対して，ハノーファー選帝侯が新たに相続した南部のカレンベルク領には侯国の施設や機関が置かれていず，地域の中核であり，中世以来ハンザ都市として毛織物商業で栄えたゲッティンゲンは交通の要衝に位置しているが三十年戦争以来経済的に荒廃していたので地域振興政策の対象となっていた。大学設置に伴う地域への経済効果を求めたのであり，市からの申請による決定ではなかった。さらに，神聖ローマ帝国皇帝への特許状申請には，1586年に開設したペダゴギウムの大学への昇格を謳っているように，当時30人程度ではあったがペダゴギウム生徒の大学進学を計算に入れることができた。ハレ大学が騎士アカデミーを大学へ昇格させたのと同様に，グルーバーの企画書はペダゴギウムの大学昇格とリューネブルク騎士アカデミーの吸収を前提としていた。

新設大学の基本的骨格が承認されたことを受けて，グルーバーが大学設置の具体化に向けて対処すべき重要な観点として挙げているのは，大学運営の財政基盤，教授の選任，そして，周辺領邦に立地する他大学との競合である。1732年10月1日付け意見書で，新設大学が授与する学位が神聖ローマ帝国領内で認定を得るために皇帝特許状が必要であることを指摘し，その費用として4000ターラーを見積もるとともに，特許状の内容は1694年設立のハレ大学のそれに準じたものが望ましい，としている。

これを受けて，早くも32年11月21日，帝国宮廷都市ウィーン駐在公使ディーデ（Diede zu Fuerstenstein）は神聖ローマ帝国宮廷への働きかけを命じられている。グルーバーは，特許状下賜をウィーンの皇帝に働きかけるにあたり，なるべく目立たないように行動することをディーデに指示すべきであるとしている。近隣には，プロイセンのハレ大学，ヘッセン公国のマールブルク大学，さらに，同じウエルフェン一族のブラウンシュワイク公国のヘルムシュテット大学があり，学生募集で新たな競争相手となる大学の新設に横やりを入れられることを恐れたのである。

皇帝特許状は1733年2月21日付けで発行されると，ゲッティンゲンに大学が新設されるという情報が内外に広がり始める。同年2月始め，ハノーファー政府は，大学の財政基盤の問題が解決するまで目立たないようにすべし，との指示をロンドンから受け取る。

グルーバーは，大学新設費用に留まらず，経常運営資金についてもカレンベルク地域等族やその他の地域の等族からの財政的支援を見込んだ。1733 年 1 月 13 日に皇帝特許状が下付されると，ハノーファー政府は，2 月 6 日にカレンベルク等族議会に大学新設費用負担の要請をしている。費用負担を定める会議が 3 月 27 日に首都ハノーファーで開催され，翌 28 日の決定によると，カレンベルク等族は大学新設費用並びに年間経常費 6.000 ターラーを負担し，ハノーファー政府も年間経常費 4.000 ターラーを支出することで合意している。

ヘルムシュテット大学は，ウエルフェン一族の大学として領邦出身者を他の地域出身の学生よりも有利な条件で受け入れることを条件として，創立以来リューネブルク一族も幾つかの旧修道院領からの収入を納付していた。しかし，領邦内に大学を設置することで，ヘルムシュテット大学に納付していた費用をゲッティンゲン大学のために使用することができるようになる。即ち，大学の年間経費として見込む 16.600 ターラーは，ハノーファー政府が管理する修道院基金 4.000 ターラー，カレンベルク等族 6.000 ターラー，ツェレなど他の地域の等族が残りの 6.600 ターラーを供出することに合意したことで，大学設置の財政問題は解決した。また，こうした大学財政運営方針をとったことから，中世以来のドイツの大学が設置者からの基本財産寄贈によって財政運営を行ってきたのに対し，新設ゲッティンゲン大学はハノーファー政府と地域等族の経常予算で財政運営を行うことになったのである。

大学設置準備

ミュンヒハウゼンは大学開校に向けて次々と具体的対策に着手する。地域振興の観点から，大学都市としての都市基盤整備が対象となる。疲弊した農村都市となってしまったゲッティンゲンに大学を設置するということは，一般市民とは比較にならないほど生活水準が高い教授や貴族出身の学生が流入することになるので，大学施設のみならず住宅，道路，下水道，商店，食料品市場など都市生活基盤整備が必要であり，政府の施策と市行政の一体的運用体制の構築が急がれた。二つ目に，大学は，皇帝特許状が認める公法上の自治団体であり，独立した大学施設の建築と設立準備組織が必要である。自治団体として大学は大学学則を作成・制定するので，正式な創立に先立ち教員を任命し，諸決定を行う決議機関を制定しなければならない。大学設置準備委員会の業務を，ミュンヒハウゼンはハレ大学での同門であり，法学部教授として招聘したゲバウアーに託した。三つ目は，施設や組織の前提となる，新設大学の理念と方向性を明白にする必要があった。教授招聘政策とも関わるのであり，ミュンヒハウゼンは内外の知人・識者からの助言と意見書を自ら取寄せ，自らも大学理念を打ち出す意見書を提出し，政府内での議論に供している。

ミュンヒハウゼンが，大学設置に向けて最初に指示したのは，大学都市としての都市基盤整備である。審議官タッペを委員長とする委員会を設置し，9月26日付けの委員会報告書が提出されたことは既に述べた。

ミュンヒハウゼンが，新設大学の立ち上げ期における大学機能の運営を委ねたのがライプツィヒ大学法学部教授ゲバウアーである[14)]。ゲバウアーが大学への招聘に応じ，ゲッティンゲンに移ってくると，早速国王勅令が1734年10月9日付けでゲバウアー宛に発令され，大学設置準備委員会委員長として，大学運営に責任を持つことを命じている。即ち，招聘された教授達の就任・職務宣誓を受理し，学生の入学登録を受けつけ，他の3人の法学部教授（Trueuer, Brunquell, Schmauss）及び大学秘書官リュプケを委員とする大学裁判所を運営する[15)]。後に制定される大学学則が定める大学最高責任者としての副学長の任務を委ねられたのである。10月9日国王勅令が法的根拠となり，教授陣の定数全員が揃っていない状態であるが，大学は1734年冬学期に開校するのであった。

最初の授業

ゲッティンゲン大学の設立手続きは，近代ドイツの他の大学と同様で

14）Gebauer, G. Chr. 1690-1773，である。ブレスラオ出身で，ライプチッヒ大学，ハレ大学，アルトルフ大学の法学部で学び，ハレ大学ではミュンヒハウゼン，グルーバーとともにグンドリングの門下であった。ライプチッヒ大学では哲学部，その後，法学部教授を歴任し，大学事情に通じており，ゲッティンゲンに移る以前から，ミュンヒハウゼンは，法学部と哲学部の教授招聘にあたり候補者の選定の段階で密接に相談を重ねてきた。

15）この時点においては，後に制定される正式な大学学則が定める，大学裁判所の構成員である大学法務官ニーブア Niehbuour はまだ任命されていなかった。

あり，神聖ローマ帝国皇帝特許状が前提条件となっている。新教地域であることから，新設大学はローマ教皇特許状を申請していない。皇帝特許状が下付され，これを受けて大学が正式に発足するためには，大学学則と学部細則が作成され，それらを国王特許状が承認することが必要であり，これにより，大学と学部が規約を持った自治団体となる。

団体定款である大学学則は大学を構成する教授会が作成し，承認するので，その作成作業にあたる教授を先ず選任しなければならなかった。即ち，公的な大学創立に先立って教授が招聘されるのであり，招聘された教授は講義を開始する。このために定められたのが，1734 年 10 月 9 日の国王勅令であった。大学設置準備期間の責任者であるゲバウアーを最高責任者として学生の入学登録を受付け，赴任した教授達が授業を開始している。正規開校までの経過処置として，法学部教授であるが政府を代表しての参議官ゲバウアーを委員長として 3 人の教授と大学書記官からなる大学裁判所が大学の秩序を維持した。

この間に招聘された教授はゲッティンゲンに移ってくるのであり，臨時学則に基づいて教授活動を開始する。大学に最初に着任したのは，哲学部教授として招聘され, 哲学と物理学を担当するホルマン（Hollmann, Samuel Chiritian）である。ホルマンは，1696 年シュテテイン生まれで，ケーニヒスベルク大学に入学し，その後ウィッテンベルク大学で 1720 年に Magisgter 学位を取得し，1726 年から員外教授として勤務していた。1734 年 4 月 7 日付けの正教授招聘状によると，年俸 500 ターラーおよび手当 40 ターラー，移動費 200 ターラーであり，秋のミヒャエリスまでに赴任のこと，となっている。ゲッティンゲンでの住居（現在の地番で Johannesstr.26）は，その裏庭に穀物倉庫があり，これを講義室として，1734 年 10 月 14 日，ゲッティンゲン大学最初の講義が開始された。1734 年冬学期に登録した学生数は 147 人であった。ホルマンは，1787 年 9 月 4 日に 91 歳で没するまで教壇に立った。

大学の名称を国王の名前をとってゲオルグ・アウグスト・ゲッティンゲン大学 Georgia Augusta Universität zu Göttingen と定め，1736 年 1 月 8 日の政府通達によって準備委員会に通達される。この間に任命された教授から構成される全学教授会の役割は，政府の承認を得て決定されることになる大学学則と学部細則の作成であった。大学学則案を認可する国王特許状が下付されるのが36年12月7日であり，これに続いて準備が進められてきた各学部細則が承認されるのが37年8月3日である。これによって大学創立のためのすべての準備が整った。

皇帝特許状

ハノーファー選帝侯に大学新設を許可する1733年1月13日付け神聖ローマ帝国皇帝特許状は，ドイツ語圏での大学設立を認可する第45番目の特許状である。ラテン語で書かれた一つの文書の形式となっており，冒頭で，神聖ローマ帝国のあらゆる地域において，大学，アカデミー，ギムナジウムなどの設立を通じて諸学のさまざまな学修が促進され，そこで学ぶ若者たちの精神が教育されることを庇護するのは歴代皇帝の使命であるとし，それに続き，この特許状により皇帝が大学関係者に認める特権の内容を述べる。

1）冒頭で述べた精神に基づき，大ブリテン・アイルランド国王であるブラウンシュワイク＝リューネブルク選帝侯が，ゲッティンゲンにおいて長い伝統をもつギムナジウムを大学に昇格させ，学術と教育にすぐれた教授を集め，年齢・身分・出身校および宗派の相違を越えて若者たちに諸学のすべてを教授し，学位を与えることができる大学の設立を，近隣の大学に障害を与えないことを前提に，許可する。

2）新設ゲッティンゲン大学には，帝国内の他の大学と同等の諸権利，特に，選帝侯の希望に基づきハレ大学のそれと同等の特許を与える。即ち，

―教授，博士，学生，その他の大学関係者は，帝国の他の大学と同等な特権，免除，権限，自由が与えられる。

―他の大学で行われているのと同様に，教授，討論，研究の自由が与えられる。

―学位試験の権限が与えられ，学位取得者は神聖ローマ帝国内で，他の大学での学位取得者と同等の取り扱いを受け，また，学位に基づく職業を自由に実践できる。

3）新設ゲッティンゲン大学の教授と博士は，設立者である選帝侯の承認に基づき，他の大学を模範にして，学則，大学紋章，大学印

章を定めること，大学運営の責任者である副学長やその他の役職者を専任すること，同じく選帝侯の承認に基づき，大学を構成する各学部も学部細則，学部紋章，学部印章を持つことを認める。

4）選帝侯が自ら学長を名のるか，または，一部の大学に見られるように別途選出するかは，選帝侯の判断に委ねるものとするが，専任された副学長に以下の皇帝直属の権限が与えられる。

—神聖ローマ帝国内において，大学で学位を得たものが就任する公証人，裁判所書記，裁判官を任定する権限を与える。これらの者たちは，神聖ローマ帝国内において契約締結，公文書作成，裁判文書・判決作成の権限を持ち，その文書は認定される。

—中世以来，作詩とその朗読が芸術の最高位とされてきた伝統に基づき，詩人を顕彰することを認め，顕彰された詩人に神聖ローマ帝国内において作詩と朗読の自由を与える。

—皇帝直属の自治団体の長として，大学構成員の法人格認否の権限を持つ。即ち，庶子，孤児，父なし子など法的秩序の外にある子供を大学という自治団体に受け入れ，法的身分を与えることができる。

—同じく，法的秩序の枠内で生まれたが，孤児となった子供に対して，成人年齢までの後見人を定め，保護することができる。

5）新設大学に与えられた特権が他者によって侵害された場合の罰則として金貨50マルクが課せられ，半額は皇帝の国庫に，半額は選帝侯の国庫に分ける。

国王特許状

国王特許状に署名されるのは，1736年12月7日である。国王特許状は，前文と27条からなっており，すべてドイツ語で書かれている。前文は，皇帝特許状が新設大学に与えたすべての特権と権限を確認し，これを国王として承認すること，大学設置場所をゲッティンゲンとし，神学部，法学部，医学部，哲学部の4学部に著名で優れた教授を配置するとともに，学生のために乗馬，剣術，ダンスの教師，並びに，英語，フランス語，イタリア語の教師を置き，また，乗馬訓練所を建築すると述べる。続いて，神聖ローマ帝国の他の大学と同様な特権と自由，学位認定，庶子・未成年者保護などの権限を保証する，と述べている。

27条におよぶ国王特許状の規程は，大学の法的地位，権限，組織機構について定めるものであるが，多くの項目については大学学則がより具体的に規定しているので後の叙述に譲るとして，ここでは国王特許状の条文を手がかりに当時の大学の法的・社会的位置づけを浮き彫りにしたい。

1）1条は，大学が，地域の市法をはじめとするその他の諸法から独立した自治団体であり，国王直属の機関であると定める。当時の分権的法制度の下では，法的地位は，身分，地域によって異なるのであり，帝国法・領邦法・市法などの領域，帝国直属・国王直属・農民・市民などの身分，さらに，ギルドなど所属する職業団体によって，適用される法が異なり，異なった裁判所が所轄していた。原則は，上位権限から認定された自治団体が，与えられた法権限の範囲で内部法と裁判権を持ち，この法権限を越える案件は国王直属の上位裁判権が扱った。国王が国法に基づき設置した大学に領邦内での自治権限を与えたことにより，大学は公法上の自治団体となり，大学関係者は学則（大学法）と大学裁判権に従うので，市法や身分法の適用を免れることを意味した。

2）大学の法的権限を定めるのが，2条以下である。大学には独立した司法権限が与えられ，民法・刑法の裁判権を持ち，大学裁判所の権限を上回る案件は政府が直接管轄する。政府に上訴できるのは，100ターラー以上の訴件，および，刑法における重大な体罰や学生の大学追放等の判決は政府の最終承認を必要とした。大学裁判権に服するのは，教授・学生・大学職員とその使用人，ならびに，大学と関係する職人や商人など大学名簿への登録を許された者で，さらに，その家族・使用人である。国王特許状は，これら大学関係者を総称して大学市民 Akademische Bürger と言う名称を与えているが，都市市民（一般市民）と混乱するので本書では大学人と表現する。一般市民などが大学名簿記載者を訴える場合，市の裁判所ではなく大学裁判所に訴えることとし，副学長（副学長が法学部教授でない場合は，法学部教授がこれに代わる）と4学部長および大学法務官から構成される大学裁判所が判決を下す。秩序維持権力が必要であり，このため2人の大学警吏が置かれるが，その手に余る場合は市警吏および軍隊が支援する。

大学人は，市裁判所に服すべき市民として市民権登録をしないので，市税である人頭税など人間に課せられる税，および，相続税が免除されるが，土地・家屋等の不動産を取得した場合は不動産税を市民と同じように納税する。日常生活に必要とする商品やその他の物資は市門で関税や消費税などの市税が予め課せられているので，これを還元するものとして，教授は年間40ターラー，大学法務官・秘書官・厩舎官は30ターラー，その他の語学・体育・ダンス教師には20ターラーを現金で支給する。政府から正式に給与支払いを受けている大学関係者が在任中に死亡した場合，その遺族に俸給の四分の一を保証する。

3）4条以下で，大学組織を運営する学部長会，評議員会（全学教授会），副学長，大学裁判所などの構成を規定するが，これについては学則が詳細に定めているので後述する。自治団体としての大学に属することを希望する者は，ゲッティンゲン市到着後14日以内に，他大学同様の金額の手数料を払って，登録手続きをしなければならない，と定めている。即ち，学生は入学手続きであるから当然であるが，商人・手工業者は市裁判権に服する市民登録をするか大学人登録をするかの選択を意味している。

4）7条以下は，大学人管理秩序と大学裁判権に関わる。大学人が騒擾を引き起こした場合，これを取り締まるのは市駐屯軍司令官ないし市長であるとする。夜間に複数の学生が路上で騒ぐ場合は市の夜警 Stadt-Schaar-Wache があたり，それでも治めることができない場合に駐屯兵 Garnison が出動する。夜間に逮捕した者は，夜警が拘置し，夜明けとともに副学長に報告してその指示に従うこととする。大学裁判所が，体罰，死刑，追放の判決を下した場合，法を執行する前に政府の裁判所の承認を得ることとする。大学から除籍され，追放の決定と市からの退去が命じられた者について，市当局は市民がこの者を匿うことがないように徹底する。市に隣接する村域については，政府が通達を出して徹底する。

5）学生に関わる規程は幾つかの条項に別れている。先ず，10条は，学業を疎かにし勉学に勤しむことがない学生は，別途私闘禁止令に違反した場合と同じく，大学から除籍され市から追放される，と定めている。22条と23条は，大学進学を志す国内の若者にゲッティンゲン大学を強制するものではないが，ゲッティンゲン大学で勤勉と能力を発揮した者は政府から奨励されるのであり，実務研修の機会，その後の任官に優先的取り扱いを約束する[16)]。これに対して，食費補助のための自由食卓制度を定める25条は，出身地や宗派を問わずに経済的に困窮している学生の生活費補助であるとして位置づけ，自国民優先をしていない。

6）教授の教育と出版の自由に関わる条項も幾つかに分かれている。11条は，市内で刊行されるあらゆる印刷物は，その内容の分野が該当する学部の学部長の承認を必要とし，この検閲作業の報酬は印刷業者が学部長に支払うこととしており，学部長の役務手当であることを明記する。検閲の対象とならないのは教授の出版物で，出版物の内容に対する責任は本人が政府に直接負うものとする。即ち，教授の出版物の是非は任命者である政府が所轄するのである。18条は，大学医学部解剖室の死体確保規定で，市から6マイル以内の地域での刑死体は地域当局が無料で大学解剖室に搬入することとした。21条は教育の自由規定で，大学で学位（Doktor, Licentiat, Magister, Baccalure）を得たものは，政府からの俸給はないが私的に（有料）授業を行うことができる，としている。教授は，所属する学部で講義する主題を自由に決定できること，さらに，神学部・法学部・医学部の専門学部教授は哲学部においても開講する権限を持ち，また，専門学部の教授は法学部と哲学部において教会史の講義を行うことができるとした。即ち，大学での講義内容は神学部がキリスト教の教義との整合性の観点から監督するのが一般的であった当時において，神学部の監

16）国内学生優先事項である。大学を自領内に持たない小領邦は大学運営費を共同負担することで，優先事項の適用を求めることができた。例えば，1817年の契約により，ヘッセン・ナッサオウ侯国はゲッティンゲン大学を自国大学とみなすことにより，両国の政府は互いに相手国の学生を国内学生として取り扱うこととした。これに伴い，ナッサオ政府は，大学予算に相応の費用負担をした。Wagner, Silke (1996), S.285.

督権を打破したドイツ最初の大学となる。

7）13条は，大学がビール・レストラン，ワイン・レストラン，薬局を営業することができるとした。市庁舎内のレストランを除く市内のレストランは，市の規定に基づき市内産のビールしか提供できないとするビール独占規定があったので，より高級なビールやワインを提供するレストランを大学が独自に営業できる権利を与えた。大学はまた，実験と学生の実習用に薬草園を設置したので，此処で採取した薬草を販売する権利を持つ薬局の監督権を大学医学部が持ち，営業権の賃貸収入を得ることができる，とした。

8）20条は，大学が公開図書館を持つと定めた。当時の大学図書館は教授の授業用に設置されたものであり，学生の利用は考えられていなかったので，学生が自由に利用できる最初の公開大学図書館となる。蔵書は，ハノーファー政府所蔵，および，蔵書家として著名な故帝国直属騎士ビュロー（Bülow, Joachim Heinrich Freiherr von）が収集した蔵書の遺族からの寄贈であるとしている。これに，大学設置とともに廃止された市のペダゴギウムの蔵書が加わった。[17]

9）26条は，政府内に大学監督局を設置し，担当大臣の下に2人の参議官を担当者として置くとしている。言うまでもなく，担当大臣はミュンヒハウゼンであり，自らが大学監督官 Kurator に就き，大学創立時には担当審議官は1人しか任命されていなかった。

大学学則

大学学則制定が大学創立の前提であるので，国王特許状と同日の36年12月7日付けで国王が大学学則に署名を与えている。大学学則はラテン語で，前文，90条の本文，そして，結びから構成されている。

前文は，既に1734年10月9日の臨時学則に基づき授業は開始され

17）Bibliothek を本書では図書館と訳す。大学創立時は，本部棟の一室から発足し，蔵書増とともに収納面積を拡大していくが，施設的には図書館というよりも図書室である。「図書館」としての施設が整うのは，1812年の拡張で，本部棟と大学教会の2階部分を連結して図書館専用とした時点であろう。これに伴い，図書室長ではなく図書館長とする。

ているが，大学の存在を法的に確固なものとするためには，大学組織とその運営，意思決定の方法，大学構成員の職務，学生の学修・生活規範を明確にする必要がある。教授陣が揃い，学生の入学登録が進んでいることを受けて，大学構成員による学則制定作業が終了し，その原案が政府に提出されたので，ここに学則を定める，としている。

1） 1条の「（大学）市民の義務」では，大学市民（大学人）は良き人間であること，国王を崇敬すること，大学組織に従うべきことを謳っている。

2） 5条からは大学の組織と意思決定機関を扱っている。学術共同体の監督権は，すべての学部の正教授から構成される評議員会 Senat にあり，全員が平等な投票権と権利を持ち，役職は交代で担当する[18)]。評議員会の長は，学長である国王が就くが，国王に代わり正教授から選ばれた副学長 Pro-Rekor がその任務を行うこととし，副学長は各学部が半年毎に交替で担当する。副学長の就任は，1月2日と7月2日とし，現職副学長は，交代の期日が近づいたら，評議員会において序列に基づく後継者について問題があれば申し出るようにと発言する。各学部において，先任者を発言と役職の序列とするが，学部第一人者は学部長である。学部の序列は，神学部，法学部，医学部，哲学部とする。13条からは，副学長就任式の式典規程で，式典の式次第を詳細に定めている。

3） 15条からは，副学長の職務と権限を規定する。評議員会と大学裁判所の議長，公文書の管理，大学薬局，大学ビール＝ワイン・レストランの管理，大学裁判所判決の執行，大学市民（大学人）登録受入れ，規律と規則の管理一般であり，大学薬局は医学部，レストランは同僚教授の協力と大学秘書官 Sekretaer の補佐を受けて管理する。大学裁判所は大学法務官 Syndicus に補佐させ，秘書官に記録を作成させる。罰金刑が5ターラー以下，大学拘置所拘留が3日以内なら，副学長は法務官と法学部教授の補佐

18） 大学創立時は，正教授全員が評議員会に出席したので全学教授会としての性格を持っていた。既に述べたように，その後正教授数が増大しても評議員会出席正教授数と神法医哲4学部の学部間比率は3人，4人，4人，8人と固定されたし，評議員は正教授のなかから政府が任命した。Georgia Augusta, Nr. 47,S.88.

で判決を下すことができるが，これを上回る場合は，予め評議員会ないし学部長会に諮ることとするが，どちらの形式をとるかは副学長が決定できる。そして，判決と判決理由を文書に残し，次回の評議員会で報告する。

学部長会は，副学長と4人の学部長から構成されるが，副学長が法学部教授でない場合，法学部教授1人を別途加える。大学裁判所は，学部長会に法務官と秘書官を加えて構成し，判決が大学追放や重刑である場合は，政府大学局に報告し，承認を得る。

4）24条からは，評議員会規程である。最低毎月1回開催し，副学長はその間に扱った案件を報告し，追認を得る。議案については十分な資料を準備し，予め文書とする。議決にあたっては，関係者に十分な意見表明の機会を与え，議論と議決は議事録に残すとともに，議事録に残す発言をした者の署名を必要とする。議事録の原文は，一定の整理方法に基づき番号を付し，大学文書館に保存する。

学生の大学追放が議決され，政府大学局がこれを承認した場合，この旨を学生の下宿の家主，市当局，並びに，市から2マイル以内の市町村当局に通知し，追放された学生が滞在しないように図る。平穏と秩序を乱した者がいる場合，大学警吏がこれにあたるが，夜間の場合は市警吏がこれにあたり，さらに，その手に余る場合は駐屯軍に依頼する。大学警吏は，拘束した者を大学拘禁室に拘留するか，一時釈放して，改めての調査に基づいての大学裁判所の判決に従って刑罰を課す。

5）32条からは，教授の義務と職務を定める。先ず，教授の生活規律について指針を与え，同僚との平和と協調を求める。教授の名前に値する者は，教育と知識の両方に優れた良き人間であるべきであり，良き人間とは，若者が模範とする人間で，私的な会話，出版物，さらに，その生活態度において，神の教えに反したり，若者を罪に誘うようなことがあってはならない，と規定する。そして，教授が義務を怠たり，大学の名誉を傷つけた場合，副学長は口頭ないし文書で，また，必要があれば当人の同僚を通じて，警告を与える。その効果がない場合，評議員会，さらに，政府大学局がこれを扱う。

学問の自由が認められているが，自己の専門外の分野へと仕事を広げようとするなら，その専門の同僚を傷つけることがあってはならず，他学部の分野に属する課題に携わろうとするなら，その学部に敬意を払うべきであるとする。

39条からは授業を含めた教授の義務に関わる規定である。講義は，主題をその学期中に完結させる。休暇は，3月末ないし4月初めのイースターの1週間と9月末のミヒャエリス祭の一週間として，新学期の区切りとする。公的講義は週4コマを義務とし，このために本部棟に各学部1教室が割り当てられており，学期前に学部内で講義主題を調整して主題が重複しないようにする。調整にあたっての序列は，学部での先任順とする。私的講義で徴収する報酬は適度なものとする[19)]。

授業形態として，私的講義での個人的な質疑応答以外にも，学生に討論の練習をさせるべきとしている。公的な討論練習にあっては，同僚教授を招くことが望ましく，学生は，友好的で，高い専門知識を持ち，互いに尊敬しあっている人間同士が，声を荒立て不遜な態度をとることなく，議論に打ち勝ち，互いに感謝しあう様子を学ぶことができる。公的討論会としては2つの形式を定める。一つは，博士学位審査としての討論会で，原則すべての学部教授が出席する場合で，学部が討論会の規則を定めることができる。もう一つは，学生が教授の司会のもとに一定の題目について学修成果を発表することができる。一般公開ではないが，教授たちが研究成果や新刊書の講評会を開催して討論を行うこともできる。

教授の義務として，十分な理由がない限り，会議・委員会を欠

19） 教授の講義について公的，私的とは以下の意味である。教授への政府からの俸給は4コマの講義（公講義で聴講無料）への職務給であり，生活給ではなかった。また，招聘にあたっての条件が異なることから，教授間の俸給差が大きかった。教授は，その他の時間を自由に使用できたので，公的講義を補完する内容の私講義を開催し，学生は別途聴講料を支払った。公講義は，教科書に基づく講義形式で，私講義で質疑応答の討論形式がなされた。教授俸給を国家公務員として公務員給に統合するのは19世紀末であり，一般公務員同様に生活給となっていく。

席してはならず，公的な休暇はイースターとミヒャエル祭の 1 週間のみである。副学長に報告することなく 2 日以上居所を留守にしてはならず，ハノーファー領の外へ旅行する場合は，政府大学監督局の許可を必要とする。そして，教授および大学職員は，営利を目的とした営業を行ってはならないと定める。（43 条）

6） 44 条からは，大学図書館規程である。創立時の図書館蔵書が政府とビュロー家の寄贈であることは，国王特許状が述べているが，学則はさらに，教授である図書館長はビュロー家寄贈図書の管理に留まらず，蔵書を増強し，カタログ作成に努めるべしと定める。具体的には，全巻完結まで年月がかかる大作，定期刊行物，すべての学部の教授が利用する文献，規模と価格が大きくて私的蔵書では揃えるのが難しい文献の収集をすべきとしている。図書館管理に改善点があれば，学部長会に報告し，機関決定として改善すること，また，図書館予算の三分の一は留保して貴重本の競売などに対応できるようにしておくこと，としている。

開館日は水曜日と土曜日で，利用を許された者は，書庫の蔵書に直接手を触れてはならず，図書館職員に請求して閲覧し，メモをとる場合にはインクではなく鉛筆を使用し，返却は図書館員が返却棚に戻す。図書を損傷した場合，その購入費用の十倍を課す。教授，法務官，秘書官，並びに，許可された大学人は，貸出票に署名をもって記入して 14 日間期限で貸し出しを認める。

図書館予算は，国王陛下の恩寵によるものの他に，利用許可登録料，学位試験費用の一部をあてるものとする。図書館長は，毎年 1 月，決算書を副学長ならびに評議員会に提出し，承認を得た決算書は副学長と他の一人の教授の署名をつけて 2 部作成し，一部は大学文書館，一部は図書館が保管する。大学が検閲権を持つ市内での出版物は，図書は 1 部，小冊子は 2 部を図書館に納入させる。

7） 51 条からは，出版検閲規程である。教授は検閲を免除されるが，政府が問題視するような出版物が国民の手に渡るようなことがないように留意すべし，と明記する。教授以外による出版物は，学部長が検閲する。検閲者は，民間出版物は 12 部を政府に，公費での出版物は20部を政府に，大学図書館にはそれぞれ2部ずつ納入するよう手配する。

8） 53条からは，大学法務官規程である。政府に提出する公文書はすべて，副学長と評議員会の決定に基づき，法務官が作成する。それゆえ，常に副学長を補佐するとともに，評議員会と学部長会に出席し，副学長を補佐する。大学裁判所には秘書官とともに出席し，証人を聴聞することができる，あらゆる法的問題について評議員会で助言的意見を述べることができる。法務官の序列は，正教授に続くものとし，会議での卓の席順は議長に対面する末席で，秘書官を右側に置く。

9） 57条からは，大学秘書官規程で，評議員会並びに大学裁判所で可能な限り詳細な記録をとり，度重なり議題となる案件については別途文書を作成して項目ごとに整理しておく。議事録には，該当・関連する案件が，どの会議で，また，どの文書番号で見出せるかを注記しておく。政府通達については，執行がどのように，また，どこでなされたかを注記しておく。法律に準じる国王・政府通達はすべて記帳し，索引を作成しておく。

10）61条からは，私講師規程である。所属学部で栄誉を与えられた者，ならびに，学部が定めた規程を満たす者以外に，大学で講義をする権利を安易に授与してはならない。講義は，学部長の署名と認印のある公文書を掲示することなく行ってはならず，学部長の認可と臨席なしに公開討論の壇上に上ってはならない。教授の出版物や発言に異論を唱える場合，教授の名前をあげることなく控えめにしなければならない。市内で著作を出版する場合，検閲の対象となる。

11）64条は，語学教師と体育教師規程である。授業は，副学長と評議員会の許可が必要であり，本人の証明書には，出身地，修得した技能，真摯な生活態度が記され，試し授業を行い，認められる評価が得られた場合に授業許可が下され，大学登録を行うことができる。

12）66条からは，2人の大学警吏に関る規程である。一人は，副学長が公務で外出する場合必ず随行し，命令なしに持ち場を離れてはならない。もう一人は，4学部長に仕える。両者は，その役割を隔週で交代する。毎朝，法務官と秘書官の執務室に出頭し，仕事の指示を受ける。朝・昼・夕，大学掲示板を注意し，許可のない貼紙があったなら丁寧に取り外して副学長のもとに持参する。教授の掲示については，毎週，撤去の必要があるか否か問い合わせる。教授の掲示を管理するので，年間2ターラーの役務手当が別途支払われる。大学市民（大学人）の名前，住居，生活態度を知るように努め，秩序を乱し，他人を傷つける者がいないか常に注意を払い，そうしたことがあれば，副学長に報告し，指示を待つ。

13）73条以下は，学生管理と職業大学人規程である。大学市民（大学人）登録は，市到着後14日以内に副学長の下で行い，登録料を納付する。14日以降になると登録料は2倍，4週間までは3倍となる。未登録でも，実態的に大学組織に加わっている者は，秩序違反を犯した場合，大学裁判所の調査と罰則に服する。副学長は，3種類の登録簿を管理する，一つは学生および学位所有者の名前，出身地，学部，二つ目は神聖ローマ帝国の貴族身分のある者の名前と紋章，三つ目は，手工業者など職業目的で大学人登録を行う者である。

他大学を追放されている者はその旨を申告し，事由によっては委員会で審議し，入学が許可されたなら登録できる。

一般市民との争いは，学生としての身分に相応しいものではない。特に，家主には紳士的に振舞うこと，また，大学の決定を受け入れ，罰金等の罰を履行する。不適切な言動はつつしみ，全体の正義を理由に大学管理者を訪れ，申し入れをする場合，4人以上の徒党を組んではならず，大学の決定に従うこと。

名誉を理由に私闘がなされているが，これを禁じる。先輩として後輩を侮ったり，暴言を吐いたりしてはならず，これらは大学拘禁室の罪に値する。

泥酔，夜間の騒音，投石をしてはならず，警吏や軍人に対する罵倒，武器を持っての反抗は，これを禁じる。大学掲示板の掲示を破損してはならず，許可なく掲示してはならない。街灯・並木の破損，泥酔・窃盗とみなされる行為をしてはならない。

14) 最後の90条は結びで，大学市民（大学人）は「法と当局への恭順が本人と本人が生まれた世界の安寧であることを，大学生活を送る限り，忘れてはならない」としている。

学部細則

4学部の学部細則は，すべて共通の前文と結びを持ち，日付も共通に1737年8月3日としている。前文は大学担当大臣の立場から国王の名の下に次のように述べている。「いかなる団体も法規程なしに存続することはできないのであるから，我々がゲッティンゲン市に設立した大学の学部教授達が，我々の命令に基づき，また，自らが審議した結果，自ら並びに後任者たちが従うべき学部細則案を作成し，以下の文言として我々に提出した。」としているように，大学設立者の命令に基づき作成され，原案を提出したことを示している。結びにおいて，「この細則は，学部のみでなく大学全体の安寧に寄与するであろうことから，我はこの細則に我々の承認と国王陛下の信任を与える」として，担当大臣と政府大学局担当者の署名が付されている[20)]。

細則の構成は学部によって異なっている。神学部と医学部は2章立てで，1章を教授，2章を学部教授会とし，法学部は，1章，2章の教授，学部教授会に続き，3章は栄誉学部（学位審査委員会），4章は判決委員会であり，哲学部は，1章の学部教授会，2章の講義と演習，3章の教授以外の教壇資格，4章の学位となっている。

教授規程では，教育と出版の自由を保障し，教授は，専門分野に捉われず学部の範囲であらゆる主題について講義することができるとする。公的・私的講義が認められており，学部で公的講義の曜日を定め，週4コマを義務とするとともに，公的講義において教授間で時限並びに講義主題が重複しないよう学部長が調整するものとしている。いずれの学部においても，講義において演習的要素を取り入れ，同僚教授などの参加のもとで学生との質疑応答を行うべきとしている。私的講義について

20) 各学部細則は，神学部を除き本文の最後（法学部は第2章「教授」の最後）に，細則作成に参加した教授名が記載されている。法学部は7人，医学部は3人，哲学部は8人であるが，哲学部には法学部教授2人と医学部教授1人が加わっているので，実質5人である。

は，公的講義日以外に行うとともに，公的講義での主題を取り扱ってはならないとする。

すべての学部規程が，学部長と学部最高意思決定機関である教授会の権限と義務を定める。学部長は，学部内の序列に従い交代制とするが，任期は医学部と法学部が1年，他の2学部は1学期とし，交代時期は副学長のそれと合わせて1月2日と7月2日である。学部長の職務として，大学公文書の管理と学部専門分野に関わる市内での出版物検閲が挙げられている。神学部細則は，学部長が受け取る検閲費用として，原稿1枚につき2グロッシェンを著者ないし出版社が支払うことを明記している。学部教授定員を明記しているのは，神学部の3人のみである。

大学の社会的使命は，学位発行と意見書作成である。学位は，学生の学修段階を認定するものであるが，同時に，大学での教授資格をも意味した。政府は，学部正教授の中から学位審査委員を任命するので，間接的に大学教員の後継者選抜を監督することができた。意見書は，専門学部である神学部，法学部，医学部が，公的・私的委託に応えて専門意見を回答するものであり，法学部においては法鑑定と裁判判決案を作成するので判決委員会となる。ハノーファ王国唯一の大学の学部意見書は，実質的に政府見解となるので，中世以来の地域的慣行を一元化し，法治行政国家への途を進む絶対王制領邦国家にとって大学が果たした役割は大きい[21)]。意見書については，大学付帯制度として別途詳細に扱うので，ここでは学位審査委員会規定を要約しておく。

学位審査規定は，4学部すべてが詳細に定めているが，ここでは学部細則第2章で名称を栄誉委員会 Honoren-Fakultät として最も詳細に定めている法学部の例を取り上げることにする。言うまでもなく，学位は大学が学生に与える最高の栄誉であり，厳正な規定の下に運営されな

21）ヘルムシュテット大学法学部の意見書作成活動を分析した Schikora, A. は，1879年に発効するドイツ帝国裁判所構成法までは，大学の意見書作成機能がドイツの大学像を決定していた，とまで述べる。Schikora, Arois (1973), S.11. 大学の社会的役割，むしろ，国家機関としての大学の機能を端的に表現しているし，大学教授の活動分野として，教育，研究と並んで意見書作成は第3の柱であった。帝国裁判所構成法については，大学裁判権との関係で別途論じる。

ければならない。同時に，中世以来の伝統に従い，最高の学位であるDoktorの称号は，大学の教員共同体への登竜門であった。学位審査を担当するのは学部学位審査委員会であり，法学部にあっては，大学副学長兼学部長であるゲバウアーを委員長とする4人から構成された。大学創立時の4人の委員数は，大学評議委員数が創立時の正教授定数で固定されたのと同様に，その後に教授数と学生数が増大しても固定され，かつ，委員は正教授の中から政府が任命したので，学位審査の権限を持つ教授が限定されていた[22]。

学位授与については，各学部細則が博士学位に関して詳細な規定を設けているが，手続きはほぼ同様で，学部長に申請し，審査委員会開催，申請受理，審査費用納付，そして，与えられた主題ないし許可された主題につき学部長臨席のもとで3-4時間におよぶ口頭試問である。合格すると，大学教会ないし本部棟での荘厳な学位授与式とその後に盛大な祝宴が行われる。法学部の規定をみると，学位審査申請が受理されると主査・副査・正教授委員2人の審査委員会が開催され，候補者に口頭試験日が通知される。また，主査と副査が同一教授の場合も認められている。試験は口頭試験のみであり，候補者に2つの課題を与え，審査委員との間で質疑応答を行う。課題の一つは民法分野から2問出題し，候補者が1問選択する。もう一題は教会法の分野から審査員の年長者が出題する。試験は午後の4時間とし，学部長が同席して審査の秩序が保たれているかを確認する。試験終了後候補者は一度退室し，委員会が合否判定すると再度呼び入れられた候補者に結果を伝える。

法学部では，学位授与式において公開討論を行う。口頭試験合格者は，授与式での公開討論の主題を選び，自己の履歴書とともに学部長に提出すると，学部長はこれらを授与式の案内状とともに印刷して掲示するとともに，学部関係者に発送する。当日朝9時，司会者が候補者を式場に伴い，演壇の下の席に就くように指示する。大学警吏の合図で全員が起立し，学部長が入場して着席する。司会者の紹介で候補者が演壇にあがり，主題の説明をすると，予め定められていた討論者が討論を挑み，質疑応答が始まる。11時の鐘とともに討論は終了し，学部長が演

22） Georgia Augusta, Nr.47, Nov.1987, S.88.

壇にあがり檀上の候補者の紹介をした後，候補者に宣誓を命じる。宣誓の文章は定まっており，大学と学部の名誉を尊重し，さらなる法学博士を他の大学で取得せず，公的・私的講義，公文書作成，弁護，判決，意見書作成にあたっては良心，法律，正義，真実，節度を遵守することを誓う。学部長が祝福し，学位が授与され，誕生した博士が謝礼を述べ，両者が降壇して式は終了し，場所を変えて祝宴に移る。学位審査に関わる費用は学部学則に明記されており，学部長10ターラー，審査委員各5ターラー，副学長4ターラー，討論者2ターラー，文書作成の書記官と学部印押印にそれぞれ1ターラー，議場を仕切った大学警吏への謝礼と図書館への寄付がそれぞれ2ターラー，大学救貧基金への寄付1ターラーなどである。学位審査そのものの費用は神学部と法学部が50ターラー，医学部40ターラー，哲学部20ターラーと，学位が持つ社会的資格と地位が反映している。祝宴費用24ターラーを含めた総費用とその明細を挙げているのは神学部のみであるが，それによると神学博士学位取得費用は，祝宴費用を含めて総額132ターラーとなっている。また，学位授与式と祝宴の他に，学位取得祝賀式典を別途開催する場合，さらに50ターラーの費用を必要とした[23]。

2　大学付帯制度

国王特許状は，皇帝特許状の論旨を引き継ぎ，中世以来の大学の伝統として団体自治権を認めている。絶対王制は，中世以来の団体自治権を大学に認めて自己管理させるのであり，この自治権を法的に保障するのが大学裁判権であり，大学教学組織にとっての大学付帯制度である。この大学裁判権を通じて教員と学生を管理監督するのであるから，当時の大学運営の実態をあきらかにするため，大学裁判権に関わる大学監禁室，私闘禁止令，信用法を併せて考察する。

大学教授は，それぞれの分野において国家最高の専門家であり，政府はその権威と専門知識を活用する。検閲制度であり意見書作成制度であ

23）Ebel, W. (1969),S.108.

る。既に見たように，国王特許状は，教授に出版の自由を保障する一方，出版物の印刷・刊行監督業務を課した。専門学部の神学・法学・医学の分野において鑑定書・意見書・判定書作成を大学の役割とさせる。絶対王制が求める支配の集権化は，地域固有の慣習を国家一般規則として統一することを意味しており（公共の福祉・利益），大学の意見書・判定書を通じて国家の統一見解を固めていった。

大学は，学生と教員の生活保障に関わる付帯制度を持つ。学生自由食卓，教授の寡婦・遺児年金制度である。特許状は，教授の営業活動を禁じる一方，大学に大学薬局と大学ビール・ワインレストランの営業権を認めている。

研究と教育の一体化がゲッティンゲン大学を時代の先端を行く大学にした。学術アカデミーを附置するのであり，当時としては画期的な学習図書館を設置し，教員と学生の研究・教育環境を充実した。アカデミーは，大学と対置する独立した研究機関として位置づけ，研究員も大学から独立して配置されるのが一般的であった時代に，ゲッティンゲンでは大学と一体として運営された。図書館は貴重本の収蔵所とされていた時代であるが，学生・教員の学修・研究目的の公開図書館としたのは，「図書館を持たない大学は，兵器工場を持たない軍隊である」と述べたライプニッツの理念を実践したのである。

大学裁判権

近代社会における人権保障にとって不可欠なのが，「法の下での平等」である。伝統社会にあっては，身分，地域，職業などによって服する法秩序が異なっていた。皇帝—国王—領邦君主—貴族—農民・市民と続く支配権力構造は，それぞれの権力段階で身分，地域，職業団体に対し臣従や上納金と引き換えに自由，即ち，特権や団体自治権を与えてきた。都市は，その資金量に応じて国王や帝国皇帝から独立自由都市の権利を得て，徴税権，職業独占権，そして，民法・刑法の裁判権を国王や皇帝に代って行使するのであった。さらに，自由都市からギルドの認定を獲得した業者団体は，市内のギルド加入権と職業訓練（教育）権・営業権を独占的に自主管理する。貴族は直属の上位権力以外の法規制から自由であったので，市の徴税権や裁判権に服する必要はない。異なった法規範間の係争や法規範の上限を越える量刑は領邦控訴審裁判所，さらには，（神聖ローマ帝国）帝国控訴審裁判所へと上訴するのであった。独立した様々な法領域が併存するのが中世ヨーロッパ社会であり，これを中央支配権力に統合して一般法化を目指すのが近世絶対王制であり，近代国民国家である。

ドイツの大学も，教皇，皇帝，領邦君主からの特許状下付によって，公法上の自治団体としての法的自治領域を得るのであり，独自の大学裁判権を持った。特許状に基づく大学市民（大学人）の自由と大学裁判権が，近代から現代にまでおよぶ大学自治として変容しながらも受け継がれていく。ローマ教皇や神聖ローマ帝国皇帝の特許状下付を受けることにより，大学が発行する学位の広域性を確保し，同時に，設置者である聖俗領主が発行する国王特許状に基礎を置いて，大学が公法上の自治団体であるとともに与えられた範囲での刑法・民法上の裁判権と判決執行権を持つことを認定している。

ヨーロッパの大学裁判権は，多くの場合その法源を教会法に持っている。カソリック教会組織での法体系が援用され，裁判権の程度が段階的に区分されていた。軽微の処罰権のみが与えられ，体罰や死刑は当該地の教会裁判権に委ねている場合，体罰，死刑をも含めた全的な裁判権を当該地域の最高教会権力から受け継いでいる場合，独自の裁判権がなくローマ教皇直属の教会裁判権に服する場合などである。17世紀の絶対王制の時代に入ると，領邦君主は自らが設置した大学に，教皇・皇帝の広域法を基礎にして国法として一定範囲で法権限と裁判権を与えるようになる。

ゲッティンゲン大学の場合，1733年1月13日の皇帝特許状が，神聖ローマ帝国内のドイツの他の大学と同等の特権，免除，権限，自由を与えることを認めた。1736年12月7日の国王特許状は前文において，皇帝特許状が新設ゲッティンゲン大学に与えたすべての特権と権限を確認し，国王としてこれを承認するとしている。

国王特許状は，第1条において，大学を国王直属の自治団体であるとして市法等の適用から免除し，第2条以下で大学に独立した司法権限と法執行機関を与えた。大学裁判所と2人の大学警吏である。大学裁判所は，大学学則が定める学部長会議がこれを兼ねるので，副学長，法務官，4学部長，さらに，副学長が法学部正教授でない場合は法学部前学部長がこれに加わる。大学裁判所の判決は，その後の大学評議員会に報告されて承認をえる。

大学裁判所の開催は，学則では週1-2回となっているが，次第に2-3週に一度となっていく。殆どの案件が軽微な係争であったので，法務官が前例を参考にして処罰の提案をし，副学長が法務官と書記官と協議して処理しており，これを大学裁判所が追認したからである。大学秩序を維持し，法の執行にあたったのは副学長の指揮下に置かれた大学警吏2人であるが，大学本部棟管理人2人も一定の役割を果たした。本部棟管理人は，本部棟の清掃，暖房，図書室の管理，そして，大学拘禁室を監督した[24)]。

大学警吏は，ラテン語と文筆の素養を条件として採用され，文書の配送，通達文書の掲示など副学長と学部長のためにあらゆる雑務を担当するとともに，学生の生活態度を監視し，規則違反者を逮捕し，大学拘禁室に留置する権限を持った。

学生が学籍登録をし，学業に努めているかを監督するのも大学警吏の仕事である。登録した授業への出席や図書館利用が判断基準となり，生活態度も観察される。教授は，授業中に不遜な態度を示したり，喧騒を引き起こした学生，さらに，教授の自宅に対して遊び半分で嫌がらせをした学生を副学長に訴えた。教授の訴えや大学警吏の報告に基づいて，学生に警告を与え，最終的に除籍を大学裁判所に提案するのも副学長の職務であった。

裁判権の法範囲としては，100ターラー以上の罰金刑と重大な体罰や大学追放など身分に関わる判決については，政府の承認を必要とするとしていることから，監禁・罰金刑を判決の上限としていた。大学学則32条以下は教授の義務と職務を定めており，この義務を怠り，大学の名誉を傷つけた場合，副学長は口頭ないし文書で，また必要とあれば，当人の同僚等を通じて警告を与える。その効果がなかった場合は，大学評議員会が議して警告し，さらには，政府大学局に案件を報告して，その処分を委ねるとしている。

---

24) 大学裁判所の判例に基づき，教員・学生・市民の生活と相互関係の実例については，本書3章並びに4章で扱う。

学生に対する最も軽微な処罰は自宅謹慎で，大学通学ないし図書館訪問以外に自宅ないし下宿を離れることを禁じた。学則 17 条は，5 ターラーまでの罰金ないしは 3 日以内の拘禁刑などの軽微な科料については，法務官との合議のうえで副学長の権限として直ちに課すことができるとしている。経済的援助を必要とする学生に対しては，後に詳論する大学自由食卓制度が設けられていたが，その取り消しも処罰の一環とされている。学生に対して最も多用されたのは拘禁刑で，日・週単位で最大 9 か月に及んだ。これを越えた拘禁刑は，政府の承認を経て監獄に移された。

学生の身分に関わる停学，放校（退学），除籍も処罰として課せられた。期間を限定しての停学，学位試験受験資格剥奪，放校による学籍取り消しもなされた。学籍剥奪（除籍）は，大学人登録からの抹消であり，大学人としての特権を失うことを意味し，他の裁判権に服することになる。例えば，市民から大学裁判所に訴えられた学生に対し，重大な非が学生にあるとして学籍が剥奪された場合，学生は訴人である市民が属する市裁判権に服することとなる。学生に非があるとして学籍が剥奪された場合，例えばハノーファー王国ではゲッティンゲン大学が唯一の大学であったから，王国内での大学進学への途が閉ざされたことになるし，こうした前歴は王国内での公務就任を不可能にした。除籍された学生の氏名は大学掲示板に掲示されるとともに新聞でも公表された。大学追放処置がハノーファー政府大学局で承認されると，市庁舎および近隣市町村にも通知されたので，ゲッティンゲン市及びその近隣での滞在が不可能となった。さらに，こうした学生の取り扱いについて他大学と協定が結ばれるようになる。ゲッティンゲン大学では，開校時の 1734 年に政府通達として他大学から除籍された学生の入学を原則禁じている。1754 年には，ヘルムシュテット大学およびイエナ大学と協定を結び，互いに除籍した学生の氏名を通知しあうこととしたし，この取り決めはその後ライプツィヒ大学，ウィッテンベルク大学，マールブルク大学とも結ばれる。いずれも近隣の大学であり，互いに望ましくない学生を排除することを意図したのである。

大学裁判権の目的は団体秩序の維持と団体構成員の外部からの保護にあったので，大学裁判権の適用範囲は団体構成員内部での係争と構成員の外部第三者との係争に分けて扱うことができる。団体構成員としての大学人は，政府任命の大学教職員，学籍登録した学生，大学登録した一般職業人，そして，それらの家族と使用人である。学生と一般職業人は，ゲッティンゲン市に到着後14日以内に副学長のもとに出頭し，登録手続きを行う。大学人名簿に登録された大学市民（大学人）は，市の裁判権に服する必要がないので，市門での関税・消費税，その他市税や営業許可から免除される。聖職者や貴族出身の学生は，その身分により市の警察権・裁判権に服する必要がなかったが，大学登録した限り大学裁判権に服した。大学は，学則に基づき，学生一般，貴族出身学生，職業大学人と3種類の大学登録簿を作成している。教員・職員・学生が狭義の大学人であり，広義としては職業大学人を含むのである。これにそれぞれの家族と使用人が加わる。

職業大学人とは，大学人としての登録を大学が特に認めた職業人である。職業人を大学人とする本来の目的は，当時の一般市民生活と無縁であるが狭義の大学人の生活に不可欠な実験器具製作・修理職人，印刷・出版業者，書店，服の仕立屋などを大学都市に誘致・定着させるために有利な条件を与えたことから始まるが，社会的身分と生活水準が一般市民より高い教授や貴族出身学生の生活に必要な，高級な食料品を扱う一般営業職者などにも大学登録を認めた。大学登録を認められた職業大学人は，市民権取得料を支払っての市民登録の必要がなく，一般市民が納税する諸税を免除され，かつ，市内営業が可能であった。住宅や店舗用に不動産を所有した場合は固定資産税納付義務が生じたが，大学登録を認められた肉屋やパン屋などは，市税とともに業界ギルド加入義務を免除される一方，一般市民をも顧客とすることができたので地元の営業者との軋轢を生んだ。こうした地元同業者との軋轢を緩和することを目的とするとともに，市の委託事業に応募する条件を満たすため市民登録を並行して行う者もいた。そして，係争が生じた場合に大学裁判権か市裁判権かを有利な条件を求めて適宜選択するのであった[25]。

大学裁判所が扱った案件は大学文書館に残されており，1734年から

25）1739年の大学職業人登録名簿は35業種，37人を記載している。39年以前の登録者数は11人で，この他に，登録してないが大学裁判権に服していた者が17人存在した。Ebel, Wilhelm, (1961) S.136. 39年の名簿は，本書3章3節参照。

1803年についてみると，大学登録者総数は21,232人であり，訴訟件数は5,221件であった。この内最も件数が多かった係争は負債に関する1,725件であり，これに続くのが学生間の争いで1,109件であった。大学人と一般市民との係争案件数は519件である[26)]。

大学裁判権は，実態的には20世紀30年代まで存続した。ドイツにおいては，1877年1月27日の帝国裁判所構成法が79年10月1日をもって執行され，裁判所制度の整備が進み，特殊裁判権は消滅していくのであるが，各領邦の規定として残ったのである。プロイセンにおいては，78年4月24日の帝国裁判所構成法の執行法13条において，「大学裁判所に帰属する裁判権は，……廃止される」と定めた[27)]。しかし，教職員と異なり，学生の秩序維持と懲戒処分の執行を，一般刑法のそれと同じに扱うことができないことから，プロイセンでは学生の取り扱いを一般法から切り離した。1879年5月29日の「学生の法的取り扱いと規律に関する法律」は，1条において「学生の特性は，一般法規定からの例外を基礎づけるものではない」と定める一方，学生のみに適用される規律規定を定めている[28)]。4条は，規律の責任者を，学長ないし副学長，大学法務官，評議員会としている。5条は，学生の懲戒処分の対象として，規程抵触，秩序違反，大学名誉毀損，学生に相応しからぬ行為の4つをあげ，6条は，叱責からプロイセンの大学からの追放まで7項目を処罰とした。9条は，叱責と24時間以内の拘禁刑は学長一人の判断で，罰金刑と3日までの拘禁刑は学長あるいは副学長が大学法務官と，より重い処分は評議員会でと定める。これによって拘禁室も大学に残されることになった。

大学拘禁室——カルツァー

大学裁判所と切り離せないのが，秩序違反に対する拘置刑として大

26） Brüdermann,S.(1990),S.536.

27） Ausführungsgesetz zum Deutschen Gerichtsverfassungsgesetz vom 24. April 1878.in: Preussische Gesetzsammlung für das Jahr 1878, S.230.

28） Gesetz, betr.die Rechtsverhaeltnisse der Studierenden und die Disziplin etc.vom 29. Mai 1879, in: Preussische Gesetzsammlung für das Jahr 1879, S.389.

学人を留置する大学拘禁室 Karzer である。大学創立時，本部棟2階に，大学裁判所が管轄する大学拘禁室が設けられた[29]。秩序違反の学生の拘禁は，副学長のもとで大学棟管理人が監督した。副学長の許可のない限り面会禁止で，食事は自費であり，外部に注文することもできたが，管理人に代価を支払い廉価な食事を供させることもできた。食事に必要な程度のビールを注文することはできたが，ワインは禁じられた。また，拘禁期間を週単位で罰金刑に変える願いを出すこともできた。

本部棟の図書室機能の充実のため，ペダゴギウム時代からの哲学教授ホイマンが講義棟兼官舎としていたプリンツェン通りの建物を，1764年にホイマンが没したので大学本部事務室として利用することとし，Konzilienhaus と呼ばれる。その2階に大学拘禁室3室と管理人室を設けた。ここには，後にドイツ帝国宰相となるビスマルク（Bismarck, Otto）が拘禁され，その扉の裏に本人がナイフで切り込んだ扉が市歴史博物館に残されている。v. Bismarck Han XI D「フォン・ビスマルク，学生団体 Corps Hannovera, 11日間」。ビスマルクは，ゲッティンゲン大学での学生時代の1833年に合計18日拘禁室で過ごしているが，その内11日間の記録である。

大学拘禁室の法的起源は，既に触れた1158年のハビタを法源とする大学裁判所の執行施設である。それゆえ，1879年10月1日発効のドイツ帝国裁判所構成法の規定により大学裁判権とともに廃止されるべきものであったが，各領邦において別途規程に基づき残された。プロイセンにおいては上述の79年5月29日の「学生の法的取扱いに関する法律」が定められており，拘禁室が残された。拘禁室の運用は，各大学で拘禁室規程を設けているが，1886年のベルリン大学は，18条の規則を定めている。6条で，学生が拘禁室に持ち込むことができるのは，寝具，必要な下着と衣服，書物，筆記用具とした。9条によると，学生は食事を自ら調達するが，対価をもって管理人に手配させることができた。10条は，灯火時間を定めており，冬季（10月から3月）は，6時—8時と4時—10時，夏季（4月から9月）は夕方7時ー10時とした。13条によると，拘禁は間断なく執行され，大学の授業出席は理由とならないが，

29）拘禁室については，他大学の例も含めて興味深い資料を提供している下記を参照。別府昭郎（2014），248頁。

特に裁判官の許可ある場合，2日以上の拘禁刑に許される自由時間を利用することができた。17条は拘禁費を定めており，釈放前に冬季の暖房費を除く上記の灯火費として，1日あたり，冬季1マルク，夏季70ペニヒを納めることとしている[30)]。

ゲッティンゲン大学では大学創立100周年を記念して，1837年に大学本部棟が現在のウィルヘルム広場に建設されるが，その右手は，1階にアカデミーが入り，2階の内庭側に拘禁室が12室設けられた。備品は簡素で，ベット，机と椅子，ストーブ，便器が備えられていたにすぎない。大学拘禁室は，1900年には4室に減ぜられたものの大学裁判権のもとで学生の法的特別扱いは続き，大学拘禁室が廃止されるのは1933年2月である。100年におよぶ大学拘禁室には，壁や扉に監禁された学生の思い出が，氏名，拘禁理由，詩や絵として刻み込まれている。例えば，氏名とともに「駐車禁止，1929年11月25・26日」とあるように，道路交通法違反も学生身分の者が犯した場合，大学裁判所が処分していた。学生裁判権が一般法に優先していたのであるが，良い意味での優先権適用の例が1914年のカナダ人学生である。第一次世界大戦の勃発とともに，カナダ人は敵国国民として収容所に送られそうになるが，当時の副学長が自己の権限で大学拘禁室の刑を課して，守り，2か月後に母国へ送還された。現在も一室が展示用に保存されており，曜日と時間を限定して開示されている[31)]。

私闘禁止令

身分制社会において，名誉は自ら守るのが本分とされており，特に帯剣を許されていた貴族出身の学生は決闘に訴えるのであった。臣民間の紛争を私的に武器を用いて解決することは公的秩序の統一を目指す絶対王制は認めることができないのであり，一般市民に対しては帯剣を禁じていた。ゲッティンゲンにおいては，しかしながら，大学創立以前の1731年に大学予備門である当時のペダゴギウムに対して，ハノーファー政府が学生の身分の一部として帯剣を許可していた。新設大学におい

30）　Karzer Ordnung fuer die Universität Berlin, neu redigiert unter dem 22. Januar 1886,in: Bienengräber, A. (1931), in: Das Akad. Dtl.2 (1931), S.135ff.

31）　Stadt Göttingen: Karzer. Hahne, G. (2001), S.29ff.

て，この特例を貴族の子弟以外の学生も主張したので，学生間にあってては帯剣が紛争の武力解決に用いられるのであった[32]。

絶体王制国家は，警察権の貫徹と法治国家を目指しており，私人間の紛争を当事者間での武力的対決によって解決することを禁じた。たとえ特権的身分法を持つ出自の学生であっても，一般法と大学裁判権の範囲内で大学の秩序を維持すべきものとしたのである。学生間および学生・市民間の紛争解決に武力を用いることを禁止すべく，一般刑法とは別に私闘禁止令を制定する。

学生は，それぞれの出身身分によって独自の社会秩序と身分法のもとで育ってきており，また，同年代の学生間で独自の規律を形成する。例えば，不文律として優先通行権があり，道路歩行で対面となった場合，道路側を右手とする人間が途を譲ることとしていた。大学でのこうした慣習を知らない新入生は，「狐」と呼ばれ，その無知を嘲笑されるが，嘲笑から口頭・肉体的衝突に発展することがしばしば起こった。

学生はまた，学生間や市民との衝突を自己や身分の名誉の問題として受け止め，名誉をかけて対立するのであり，これを避けることは逆に卑怯者として軽蔑され，仲間外れされたので，自らないし仲間の力を借りて解決しようとするのであり，私的な衝突へと発展する。18世紀に各地で発令される私闘禁止令は，当事者間での私的な暴力的解決を禁じるものである。これに対して，18世紀後半以降に学生間で広がっていくサーベルやピストルを用いての決闘は，私闘であるとともに一定のルールの下での儀式としての性格を強めていったので，紛争解決手段としての本来の決闘とは区別して扱う必要がある[33]。

1735年7月18日制定，8月9日公示の私闘禁止令は，その目的を「この地に学ぶすべての人々の身体と生命，名誉と財産を完全に安全なものにし，平穏と満足を与える」ためとする。学生を対象に，言葉と行為による侮辱を禁じ，個人的な報復を禁じる。罵言による侮辱にたいする刑は明記されていないが，誹謗は3－4か月，殴打の威嚇は3か月，実際の殴打は6－12か月の禁固刑を定めている。実際の決闘へと挑発

32）私闘禁止令 Duell-Gesetz に関しては，下記参照。Brüdermann, Stefan (1990), S. 175ff. 大西健夫「大学都市ゲッティンゲンの生成」(2010)，23頁以下。

33）Brüdermann, Stefan (1990), S.175ff.

した者は2年間，そして，挑発された者も相応に罰せられるとした。決闘を実行した者は，両者とも4年間の禁固，逃亡した場合は国外追放，死者がでた場合，勝者は絞首刑で死者もキリスト教に基づく葬儀を禁じた。勿論，決闘へと囃し立てた第三者も罰せられる。この法律が適用される範囲は，学生間と学生と市民との争いのみならす，職業大学人，さらに，大学人と争う市民裁判権ならびに軍事裁判権に服する者すべてとしたから，学生ないし大学人のみを対象とする身分法を越えた一般法であったが，大学人が関与する場合は大学裁判所が扱った。

1778年，大学に到着して3週間のフレッベは，道路を横に並んで歩く4人の学生と対面になる。「右手道路側」の慣習を知らなかったので，4人を遮る形で立ち止ると，突然平手打ちをくい，「この狐めが」と呼び捨てられた。後日，4人の内の一人と出会うと，再び平手内をくらった。フレッベの大学裁判所への訴えに対し，大学法務官の意見書は，フレッベに争いの原因があるとするとともに，暴力をふるった4人を5日から8日間の大学監禁室刑とするものであった。

1735年から98年において，大学裁判所で私闘禁止令が適用された事件は104件で，この内優先通行権に関わる15件を含む34件が公道での争いである。争いの発端が教場から始まる事件が全体の10分の1に及んでいる。1750年，席につくと書類が目の前にあったのでレーダーは隣の学生に押しやった。隣の学生は，持ち主のザンドハーゲンにそれを渡すとともに，レーダーにはその席に先着者がいたことを耳打ちした。授業の後，レーダーはザンドハーゲンから倒れて気が失うほど強く殴られたばかりでなく，その後，皆の嘲笑の的とされたことから大学裁判所に訴えている。

学生間の名誉をかけた決闘は次第に儀式化していくのであり，貴族が帯剣していた時代からの伝統をルール化していった。決闘の申入れ，立会人，決闘の開始と終了などについて独自のルールを作り上げ，さらに，個人的対決が所属する団体間の紛争へと発展しないように，使用する武器や決闘ルールの相互合意を行うなど，決闘の儀式化が進んだ。武器としては，高度な技術と体力を必要とする撃ちを主体とする重いサーベルから，より軽く，突きを攻撃方法とするフェンシングへの移行が進み，大学剣術教師もその技術を学生に伝えた。当初の決闘は，武器を持って対峙することで名誉が回復されたとすることが多かったし，また，一方がなんらかの傷を受けることで終了する儀式的行為であった。顔と頸を狙うことは禁じるルールとなっていたが，偶然であれ顔や頭に傷を残すと勇敢の証とされた。

政府の私闘禁止令を逃れて，学生達はハノーファー領を外れた村の居酒屋を舞台とするようになる。儀式的対決が終了すると，当事者，付添い人，仲間達の和解の宴へと移るのが儀礼であった。ゲッティンゲンで学生の決闘で最初の死者が出るのは1766年で，剣術で突きの禁止の切っ掛けとなった[34]。

信用法

多くの学生は，親元を離れ，3か月毎に手形で送られてくる親からの送金で生活する。当時の社会慣習として，支払いと俸給給付が3か月単位であったからである。学生の生活もこれに合わせて殆どが掛け払いであり，チップ用に必要な小銭以外現金を持ち歩くことがなかった。送金は通常振替手形であり，郵便馬車に託されている。時期になると，郵便馬車の駅舎には，学生ないしはその従者のみならず，掛け金を回収しようとする債権者が群がるのが光景であった。

学生の殆どが一般市民よりも身分が高く，育った家庭での日常生活は主婦である母親が指揮する使用人が一切差配したので，大学での下宿生活においても部屋の掃除，衣服の整理，身分に応じた鬘の手配，靴磨き，そして食事は，それぞれ職とする人々に委ねており，それらの支払いは3か月毎に清算した。例えば，食料品や身辺の雑事の購入を下宿の女奉公人に委託するのであり，費用は立て替えさせることが多かった。学期末にこれらの立替を清算せずに大学を退去してしまうと，業者からは立替えた者が債務者として訴えられ，投獄される事件が度々起こっている。下宿代を滞らせた学生は，まだ手形が到着していないと言い訳するのが常であり，これに対して下宿の女主人が学生の手荷物を無断で調べたりすると窃盗事件として起訴された。

世間に疎い若者たちであり，商店や飲食店での付け払いで思いがけず

34） Brüdermann, Stefan (1990), S.203.

の散財をするし，余暇には友人たちと郊外に馬車で遠出したり，橇遊びなどで借財を重ねる。さらには，負債返済の代わりにねずみ講的な商品販売に巻き込まれることも多く，実家から持参した高価な装飾品をただ同様に取り上げられる学生も多々存在した。

学生に金銭意識を徹底させるとともに，学生を市民との経済紛争から守ることを目的としてハノーファー政府が定めたのが，1735 年 7 月 14 日の「ゲッティンゲンにおける学生の信用に関する法律」であった。こうした学生という身分に属する人間を対象とした信用取引に関わる規制は，ドイツの殆どの大学所在地で制定しており，学生に対する一般市民による掛売（信用取引）を規制するものであった。ゲッティンゲンでの信用法は，以下の規定を越えての学生の負債は無効とするのであった[35)]。

1）学生に，親ないし保護者の承認なしに，いかなる条件のもとでも，貸付をしてはならない。

2）学生から担保をとってはならない。

3）学生に，転売目的で商品を売ってはならない。

4）学生に，放蕩や奢侈に属することで，信用を与えてはならない。即ち，以下の通りである。コーヒー，紅茶，チョコレート，蒸留酒，ビリヤード，遊びとしての乗馬・馬車・橇。

5）学生の生活と学業の継続に必要な信用は，以下について信用を認める

a．期間と金額の制約のない信用。教授への聴講料，語学教師などへの謝礼，医者・薬局・書店への支払い。

b．期間と金額の制約のある信用。家賃半年分，食費 3 か月分，衣服代 24 ターラーまで，仕立て・靴・その他手工業品は 6 ターラーまで，ワイン・ビールは 5 ターラーまで。

信用を受けた学生ではなく，信用を与えた者への権利喪失規定であり，支払いを求めて大学裁判所に訴えても受け付ないとしたのである。言うまでもなく，時代とともに生活習慣は変化するので，1746 年の第一回信用法改正では，コーヒーが奢侈品から外されている。

35）信用法 Kredit-Gesetz については，下記参照。Ebel, Wilhelm (1969), S.101ff. 大西健夫「大学都市の生成」(2010)，23 頁以下。

学生は自らの稼得なき消費者であり，支出に歯止めがかからない。また，学生は，節約意識なく身分に応じた生活習慣を維持するのであり，支出は親が振り出す手形の金額を越えることが多く，負債金額が数百ターラーに及ぶことも稀でなかった。家賃，食費，衣服など固定した支払いの負債がある一方，生活の知恵から学生は理髪や居酒屋などを頻繁に取り替えて一つの店で一定の金額を越えないようにするのであった。

学生負債が止まらないことから，ミュンヒハウゼンは，1737年，1746年，1753年と改正されてきた信用法の意図をより実効あるものとするために何が必要かとして，35人の教授全員と大学法務官から意見書提出を求めている。

1796年8月，副学長マイナースは，委員会を設置して抜本的対策を目指した意見書を作成させ，評議員会の承認を得て政府に提出した。10月26日の新信用法は，この意見書を取り入れて制定されたものである。従前の信用法が，債権者から学生を守ることを主眼としていたことに対し，新法は学生に負債を重ねず，できるだけ無理なく返済させる方策を探るものであった。

新法は学生の負債を3つのカテゴリーに分類して，支払い猶予期間を定めるのであるが，逆に言うと，この期間を過ぎると債権の権利が失われるのであり，学生を保護することになる。

1）　大学での学習と基礎的生活要因について，支払い猶予期間を新たに定めた。教授の謝礼は3年，医師と薬局は6か月，語学・体育教師は3か月，家賃6か月，食堂の食事代3か月，洗濯代や女中の給与は6か月などとした。
2）　商人や職人の信用上限を30ターラーとし，3か月。
3）　上記1，2以外の負債と再販売を目的とする商品を担保とする負債。商品担保の貸付は厳しく取り締まるとともに，大学裁判所はより有利な条件での借り換えの手助けをするものとした。

信用法のように一定の地域と一定の身分を対象とする法律は，法の一元化とともに廃止されるのであるが，フランス支配下の一時期，短期間であるが実現している。ゲッティンゲンの学生を対象とする信用法もナポレオン戦争での敗戦により，ナポレオンの弟ジェロームを国王とするウエストファーレン王国ではフランス法に倣って法の一元化がなされ，信用法も廃止された。しかし，解放戦争後の1814年に再び復活した。

繰り返し信用法は改正されるが，大学裁判所における信用法に関わる係争件数は増大する一方であった。ナポレオン戦争後大学が再開された1814年についてみると，夏学期学生数556人に対し係争件数は71件であった。1840年になると学生693人に対し，1017件，1552年では学生667人に対して1064件となっている。1814年から1852年の52年間で，大学裁判所で信用法に関わる案件の総数は44,965件にあがった。言うまでもなく，問題となる学生は一人で数件を抱えるのであるから，すべての学生が係争の対象となっていたわけではない[36)]。

1866年の戦争での敗戦でハノーファー王国は消滅し，プロイセンのハノーファー州となり，大学もプロイセンの大学となる。プロイセンは法と行政の一元化を一層進めるのであり，1879年5月29日の学生の法的関係に関する法律によって，「学生の特殊性は，一般法規定の例外を根拠つけるものではない」とした。大学都市での学生を対象とした信用法は消滅する。

学部意見書作成

神学部，法学部，医学部の専門3学部の学部細則は，いずれも学部意見書に関する規定を定めている。領邦教会制度の下で神学部は教義解釈や教会儀式確定にあたり最高権威であったから，教会，裁判所，都市からの問い合わせがあり，これに大学神学部が統一見解として回答することを定めている。3学部とも，回答を作成する委員数は，大学創立時の正教授定員が委員となっていたので，この数字が固定されたのは，創立時の全学教授会の正教授数が固定された評議員会と同じであるし，正教授数が増加すると評議員同様に委員は政府任命となっていった。

神学部学部細則2章第25条以下は，学部長への問い合わせは言うまでもなく，正教授個人に対する問い合わせについても，学部教授会において意見交換をすること，また，回答には学部長が学部印をもって封印して依頼者に発送し，記録は索引をつけて学部が保存することとしている。回答である意見書作成の費用金額については明記していないが，謝

36)　Ebel, Wilhelm (1969), S.120.

金は学部教授会の同僚の間で均等に分配するものとした。

医学部においても，個人，行政，裁判所から判定と意見書が求められた。医学部学部細則2章1部第1条が規定しているように，すべての問い合わせは，学部長のもとに封印のまま届けられ，学部長が正教授からなる判定委員会を招集する。回答は，学部長が学部印をもって封印し，依頼者に発送する。記録は年月順に仕分けて学部長室に保存された。意見書作成金額を学部細則で決めているのは，医学部のみであり，5ターラーとされた。このうち，2ターラーを学部長，2ターラーを委員会委員，1ターラーを学部予算へと配分するものとしている。

意見書作成活動が最も顕著であったのが，意見書を裁判判決案として作成する法学部である。大学法学部の教授の活動分野は，社会における法的対象を理論的・学問的に分析・整理し，これを学生に教授することのみならず，実際の法的諸問題を現行法に照らして鑑定して意見書を作成することであった。係争当事者に判決案として裁判所に提示することが含まれており，法学部判決案を裁判所は判決として下すのである。

学部細則第4章「法意見書 Rechtsgutachten を回答する法学教授の委員会について」が，詳細に定めている。法学部の場合，法鑑定とともに判決文案をも作成するので，判決委員会 Spruchkollegium と呼ばれているが，その学部規定は以下の通りである。4人の教授が担当し，委員長・主査・審理委員2人とする学部判決委員会が構成される。この構成と委員数はその後も固定され，委員は政府任命となる。以下に見るように，委員会は学部長や学部教授会とは独立して活動するのであるが，意見書は学部名で回答され，一切の資料は学部名で管理される。大学創立時の委員長は，学部長のゲーバウアーではなく，ラインハルトであった。依頼は学部宛として受理し，委員長が開封する。意見の対立があった場合，委員長の意見を多数意見とし，少数意見を付記する。審議の迅速化のため，審議日を毎週火曜日と金曜日の午後2－3時間として主査の自宅に集まり，4時には散会する。審議では，同席する学部書記官が議事録を作成し，主査がこれを確認する。依頼金は学部が一括管理し，毎月ないし3月毎に均等に委員の間で配分するが，作業量に応じて配分比率は案件毎に委員の間で合意できる。依頼金は，不正な競争を避けるため，引き上げることはあっても引き下げてはならない。依頼者，年月日，案件名，意見書，依頼金額と支払者の記録とともに議事録を一括文書として残し，意見書に基づき裁判所の判決が出された場合，学部書記はこれを清書して当該文書とともに案件毎の索引をつけて学部に保存する。書記の仕事に対し，文書1枚につき2グロッシェンを支払うものとする[37)]。

中世都市が皇帝や国王から自治権を買い取り，公法上の自治団体として裁判権を持つようになり，同時に，各都市間が円滑な商取引のため共通の法規範を必要とするようになると，地域で中心的機能を果たしている大都市の都市法と法慣習を，周辺都市が受け入れるようになる。例えば，1351年にハンザ都市同盟の正式な一員となるゲッティンゲン市は，ドイツ中北部の商取引関係にあってはリューネブルクを中心とする都市群に属するが，都市法的にはブラウンシュワイク，さらには，その都市法の母系であるマグデブルクの法解釈と判例を踏襲してきた。

中世都市の都市裁判権の特徴は，都市行政を支配するギルドの代表が就任する市参事員が参審員となり，その表決に従って裁判官が量刑を確定したので，裁判官は参審員を納得させるために前例に従うか都市母系での判例を引用した。また，係争当事者が判決に不服の場合，上訴の根拠として母系都市法ないし判例が引用された。そのため，市裁判所は，案件を母系都市に送り，代価を払って鑑定ないし意見書（判決文案）を得るのであった。例えば，ブラウンシュワイク市は，1614年，マグデブルク市裁判所と年間66ターラーで判例購入契約を結んでいる。

法と行政の領域内一元化を目指す絶対王制期に入ると，法曹関係職には大学での司法教育修了者が就くのが一般的となり，法曹養成機関である大学法学部に裁判資料文書一切を送付して意見書作成を依頼するようになる。1519年から1619年までのゴスラー市裁判所判決666件のうち，340件は外部の鑑定ないし判決文を根拠としている。この340件の

37）　法学部のSpruchkollegiumについては，下記が詳論しており，訳語として判決団があてられている。三成美保「貴族化と法学部」（1997年）。荒井真「大学改革の目的とその成果」（1996年）。本書では，各学部の学部細則がいずれもGutachtenという表現を用いていることから，意見書と訳した。法学部では法鑑定と判決案作成の両方をGutachtenと表現しており，また，医学部もKollegiumと呼んでいるので，本書では判決委員会と訳した。

うち232件はウィッテンベルク，ライプツィヒ，フランクフルト・オーデルの大学法学部の判決文であった。時代とともに外部依存度は高まり，1600年から1619年の170判決の内151件が該当した。

法学部正教授個人としての法鑑定から始まった習慣であるが，絶対王制期の領邦大学において，大学法学部意見書としての形式が確立してくる。意見書も，依頼案件にそのまま判決として用いることができるような形式で納入されるようになる。ゴスラー市裁判所の判決例でみると，「……案件に関して，皇帝自由都市ゴスラー市長ならびに市参議員は，法律家……の意見に基づき，判決する……」と，予め判決文としての形式が統一されるし，学部細則で4人の委員から構成されるゲッティンゲン大学法学部意見書添付文書は「この判決が法と我々に送付された文書に拠るものであることを，ゲオルグ・アウグスト大学法学部全員が誓う」とする形式に統一している。

判決文書は，案件により40頁から60頁に及び，これを学部書記が，代価（役務手当）を得て清書し，委員長である正教授の署名を得て，請求書をつけて発送するとともに公式文書として整理・保存する。意見書作成報酬は，案件と意見書の分量により異なるが，18世紀前半では2-8ターラー，後半になると3-10ターラーであり，これを委員の間で分配する。18世紀から19世紀にかけての大学法学部意見書数は，ライプツィヒ大学で1810年の4,695件，1812年の4,502件という膨大な数字が残されているが，ゲッティンゲン大学では平均して年間300件であった。

こうした司法慣習は，19世紀末には職業裁判官制度が確立してくるにつれて減少し，政府も裁判資料の外部発送を禁じるようになる。絶対王制期のプロイセンでは，法と行政の中央集権化を進めたフリードリヒ大王の時代に，裁判資料の外部発送禁止を試みていたが，形式的な通達に留まっていた。ドイツのこうした司法慣習にとって決定的な転機となるのが，先にふれたように，1887年の帝国裁判所構成法で，1889年に発効した[38]。

プロイセンにおいては，1893年12月15日付け，ベルリン政府から

38） Schikora, Aloise (1973), S.11.

ゲッティンゲン大学法学部宛に通達が出され，意見書作成を最終的に禁止するのであった[39]。

解剖堂

1336年12月7日の国王特許状18条は，市から6マイル以内の地域での刑死体は，地域当局が無料で大学解剖室に搬入することを定めると共に，1737年7月の医学部学部細則1章8条は，「解剖学の涵養は，他の分野を含めて多くの学生を惹きつけるのであるから，解剖学の教授は，……公示して公開の観察室で解剖の実際を見せるべきである。来賓を招待し，参加を希望する学生その他には入場券を発行する。入場券は，午後の実演のみ参加者は1ターラー，午前の準備に参加する者は2ターラーとする」としている。ここで言われている解剖学教授とは，1736年に赴任してくるスイス人で，近代医学と自然法の先進国であるオランダで学んだハラー（Haller, Albert, 1708-1777）である。詩人としても名を残しているハラーを招聘するため，大臣ミュンヒハウゼンは，独立した解剖堂と薬草園の新設を約束したのみならず，例外的な扱いとして，宗派が改革派であるハラーの要望に応じて改革派の人々の礼拝集会と改革派教会の建設を認めている。

これに対して，1734年に初代解剖学教授として着任し，職場衛生が悪かったのであろうか結核を患い，36年1月32歳で没するアルブレヒト（Albrecht, Wilhelm）に与えられた解剖室は，アルバニ門近くの小塔の暗く，不潔な一室であった。当時の人々の通念として，死体に触れることは忌み嫌われており，手間賃を払っても水と薪を運び込む人手を得ることさえ困難であった。人々は，医学部教授アルブレヒトを，当時の表現である「人間の皮剥ぎ」と呼んでいたと，哲学部教授ホルマンは伝えている[40]。

ホルマンは，ゲッティンゲン大学最初の講義を開始した哲学・物理学

39）意見書作成については，下記参照。大西健夫「大学新設と大学制度」(2010), Ebel, W. (1969), S.36.

40）以下の叙述は，下記による。Gierl, M. (1988), in: Volkskunde, 我が国おける病理解剖第一例は，明治6年11月である。6月から帝国大学医学部の前身である第一学区医学校に解剖学教師として赴任していたドイツ人デーニッツ（Doenitz,W.）が懲役場での死体を用いて解剖実習を行った。

の教授で，啓蒙主義思想家であり，次のような言葉を残している。「死体を前にして，生前の人物に対してはなかった，嫌悪感を持つのは明らかに愚かなことである。生前には愛してさえいたのに。」

18世紀を代表する百科事典 Zedlers Universallexikon は，次のように記述している。「解剖学の方法は，啓蒙主義の方法である。解剖という言葉で理解すべきは，ある物を解体・分解すると言うことである。それは，人が手を加えても，手を加えない自然のままでも，また，思考の中でも行えることである。」人体の解剖は，啓蒙そのものであった。それゆえ，ホルマンは次のようにも言っている。「望ましいのは，志のあるすべての都市が公開の場で人体を解体する人物を任用することである。それによって，市民は自分自身についてのより良き認識に導かれるのである。」

先に触れた，解剖学と臨床医学が新設医学部に必須であるとする宮廷医ウェルホフの意見書によって，また，ハラーとの招聘交渉を通じて，大臣ミュンヒハウゼンは蒙を開かれたのであろう。密かに，人目を避けての解剖から，公開の，知的行為として解剖を位置づけるに至ったのである。18世紀中葉，ゲッティンゲン大学法学部を盛期に導く公法学教授ピュッターは，ハラーの解剖堂を次のように描写している。「解剖台は，堂の中央に置かれ，四方八方に動かせるようになっている。採光のため，堂の窓はランプの笠のように波型に取り付けられているので，あらゆる角度から，特に，上からの光が，影の部分がないように採り入れられている。」解剖堂 Anatomie-Theater という表現が与えられているように，階段状の舞台観客席になぞらえて建設されたのであった。

ハラーは，17年間の在任中，350体の解剖を行ったとされている。死体の調達は，刑死の場合，死刑執行人ゲプラーが手配したが，公開解剖が行われる冬学期は毎年30から40体必要とされたので，数の確保が困難であった。ハノーファー政府のゲプラーへの指示は，代価を払って民間の死体を調達することを命じている。話し合いがついた時点で半額を現金で，死体受け取り時点で残額払いとした。ゲプラーが受け取る代償は，通常の場合で一体2ターラー，特別の場合で6ターラーとされたが，緊急の場合など20ターラーが支払われている。アレー通りの突き当たりの市壁を打ち抜き，アレーからまっすぐに見通す場所に，半ば宮殿，半ば神殿と見間違えるばかりの新解剖堂が建設されるのは，ランゲンベック教授の1827年から29年にかけてである。第二次世界大戦末期の爆撃で崩壊した。

自由食卓

国王特許状第25条は，「学生，特にわが国の若者」が財政的理由で学業に支障をきたすことがないようにと，自由食卓制度 Freitisch を設けるとした。多くの大学がこうした制度を持っているが，給費生の選抜に関しては宗派や出身国を限定するのが普通であった。ゲッティンゲン大学では，給費生の宗派や出身国を問わずに学業と経済状態を基準にして各学部の学部長が面接して選抜した。食卓を原則10席単位で民間家庭に委託したのは，一定の生活習慣を持つ教授や高級官僚の寡婦家庭を想定したのであり，経済的に恵まれない家庭で育った学生に対する食卓マナー等の躾効果も期待したから，と説明されている。ゲッティンゲン大学は学生食堂を建築していない。

学生1人当り食費週1ターラーとしたので，設定された42席の年間費用2,184ターラーは人件費を含む大学年間予算1万6千ターラーの8分の1に相当する金額であった。政府自らが10席分を供出し，残りを負担した地域等族や都市に食卓寄付者の名称権を与えた。年間50ターラーの手当てが支給される監督官を置き，受け入れ家庭との交渉，学生の席配分，食卓と食事内容の監督，家庭毎に置かれる学生責任者の任命，秩序を乱した学生の処分などが職務であった。学生責任者の職務は，食事冒頭の挨拶，食卓の秩序維持，6マリエングロッシェンの徴収であった。このお金は，給費生を選抜する学部長と学生責任者への手当て，ならびに，各家庭に置かれる新聞・雑誌の購入費に当てられた。

選抜された学生は，一度限りの家庭への礼金1ターラー，食器として錫製のコップ，皿，そして，ナイフ・フオーク・スプーンを指定された家庭に納付するとともに，半年毎に選抜を行った学部長に学業報告をしなければならなかった。

食事内容も規定されており，正餐である昼食のメニューは，スープとパンないしライス，10人につき5-6ポンドの肉，野菜，1ポンドのバター，1人当り1リットルのビールとされ，木曜日と日曜日は特別料理となる。夕食は，スープ，ソーセージ・ハム，チーズ，パンであった。

食費はその後値上げされていくが，採算が合わないとの理由で辞退する家庭が続出し，次第に大きなレストランへ委託されるようになる。また，規定により，病気の場合は食事を自宅に引き取ることが認められていたので，18世紀末になると法学部教授ピュッターが記しているように，食事時間になるとレストランの前に学生が雇った少年や女性奉公人が食事を引き取るため列を成すようになる。特例が逆用されるのであり，学生達は気ままに自分達だけのグループで会食を楽しむようになるのであった。

食費補助制度は第一次世界大戦まで存続するが，戦後の食糧難とインフレで消滅する。戦線から戻った学生達は，食糧難とインフレに対抗して自助互助組織を作り，学生食堂を開き，学生宿泊施設を整えた。現在の学生援護会による学生食堂と学生寮の制度が生まれた[41]。

大学寡婦・遺児年金

商人，手工業者，鉱夫，船員などの同業者組合，即ち，中世に起源を持つギルドなどは互助組織を持っており，傷害を受けた構成員や遺族の生活保障のため義務的な積立金制度を運用していた。これに対して，行政の中央集権化を進める絶対王制期に登場してくるのが行政官僚で，大学教授もそうであるが，政府が俸給を支払う俸給生活者である。しかし，この時代の俸給は職務手当であり，基本給の形での生活保障給与ではなかったので，職務に関わる追加業務に対する役務手当と私講義によって生活費を確保するのであった。俸給生活者が団体を結成し，拠出金による互助組織を形成することは一般的ではなかった。

定年と年金制度が存在しない時代であり，商人や手工業者が身体を動かせる限り職を離れなかったように，俸給受給者も解雇されるまでは役職を離れなかった。職務給と役務手当てを生活の糧とする俸給生活者は，老齢に達すると職務を代行する者を自費で雇い，職務を手放すことはなかった。高齢でも死亡まで在職するのが普通であったが，例外的に公務遂行不能として解雇される者が存在した。この場合，特に領主・国

41）　自由食卓については，下記参照。大西健夫「大学都市の生成」(2010)。

王の恩寵として，俸給の4分の1を退職者に保証したにすぎない。

18世紀を通じて，他大学へ転出した場合を除けば，死亡以外の理由で退職したゲッティンゲン大学教授は2人にすぎない。哲学部教授のホイマン（1758年，77歳）とホルマン（1787年，87歳）であり，その他の教授達は死の直前まで教壇に立つか自費で代講を雇っていた。ギルドの特権や営業権が保証されていない大学教授職にあっては，本人の退職や死亡の場合，残された家族の生活保障は国王の恩寵として俸給の4分の1が支給されたにすぎない。

大臣ミュンヒハウゼンは，新設大学へ著名教授を引き寄せるため，俸給のみならずより有利な生活条件を整えるのである。創立の2年後，1739年に政府は大学寡婦・孤児年金制度構想について19人の正教授全員に意見を求め，13人が参加の意思を示した。政府案では，基金の原資をカレンベルク地域等族が所有する大学薬局の土地と建物の寄付に求め，年金基金の所有に移し，薬局経営の賃貸料年間200ターラーを基金収入とする。さらに，政府の法令や通達を印刷する権利を持つ出版社が1,000テーラー，リューネブルク等族が1,000ターラー（1743年にはさらに500ターラー追加）を基金の基礎原資として寄付する。1743年8月5日の政府通達は，これらを財政基盤として大学寡婦・孤児年金制度の組織と運営方法を定め，加入者の拠出金納付開始時期を1742年9月17日にさかのぼって設定した。

年金加入者は，政府から俸給を得ている19人の正教授と4人の員外教授であったが，その後員外教授の一人がフランス語の語学教師にすぎないことから外され，加入候補者22人で発足した。加入は強制ではなく，また，拠出金支払いを1年以上滞らせた者は給付を受けることができないとした。基金運営のため，教会委員会が設置され，委員は4学部の正教授各一人，副学長，大学法務官とし，委員長は神学部教授が就く。基金会計と事務は大学秘書官が年間6ターラーの役務手当てで担当し，会計監査は大学法務官が毎年会計報告を行うものとした。即ち，正教授と員外教授のみの制度であり，制度解散の1889年まで続いた。

年金給付開始は1743年の創立記念日9月17日としたが，この日を待たずに22人の加入候補者のうち2人が拠出金納付以前に死亡している。加入者の年間拠出金は5ターラーで，支給額は一家族あたり40

ターラー，孤児のみの場合は12歳まで同額であった。支給条件は，受給者がハノーファー王国領居住者であり，寡婦が再婚すると権利を失い，王国領外居住の場合は支給額を半額とした。また，他大学へ移動した者は，拠出金への権利を失うものとしている[42)]。

この基金が年金制度であるか，ないしは，国王の恩寵の一つであるかを検討するならば，制度の支給金額の生活保障の程度と年金会計の実体に立ち入らなければならないし，支給額が生活保障を満たしているか，さらに，拠出と支給を年金基金で運用できているかを検討しなければならない。

1740年頃の物価をみると，側室付のワンルームの年間家賃は，一般的なもので16ターラー，良質で30ターラー，最高で50ターラーであったし，正餐である昼食の食事代は1週間分につき20グロッシェンの場合，毎食7品提供された（スープ，魚，野菜，主品としての肉など，パン，バター・チーズ，果物）。即ち，給付額は家賃を賄う程度であり，生活保障金額ではなかった。この程度の給付水準であったものの，拠出金で基金を運営するのは財政的に困難であった。

受給者数をみると，1743年の制度発足時に既に2人であり，支給額を40ターラーから60ターラーに引き上げた1757年には6人となっている。さらに，1778年には，拠出金者22人に対して寡婦受給者数が16人となっていた。

基金財政の危機を救ったのは，大学創立50周年を祝ってファンデンフォック出版社が寄付した18,000ターラーである。ファンデンフォックが，ハンブルクからゲッティンゲンへ移り，書店兼出版社を開いたのは1735年で，大学人登録をしている。1751年に没するが，妻アンナが事業を引き継ぐにあたり，夫アブラハムが彼女に遺したのは，多額の負債と献身的に仕事熱心な当時21歳であった店員ループレヒト，そして，ピュッターやシュロツアーなど著者としての著名教授達であった。法学部教授ピュッターは，ハノーファー王家皇太子の家庭教師を勤めるな

---

42) ツェレの上級控訴審裁判所は，1746年，原資を加入者拠出金とする寡婦・遺児基金を設立する。年間拠出金を20ターラーとし，支給額は寡婦300ターラー，遺児一人につき100ターラー（300ターラーを上限とする）であった。Ebel, W. (1969), S.87.

ど，最も影響力の大きな公法学者となる人物であったし，哲学部教授で歴史学と政治学のシュロツアーが主幹を務めていた雑誌 Staatsanzeigen は当時にあって稀な 4,000 部の発行を誇っていた。出版社の経営は回復し，1787 年，事業に成功し，資産を残したアンナが没するにあたり，年金基金原資へ 3,000 ターラーの贈与を遺言とした。さらに，彼女と正式な結婚にいたっていなかったループレヒトが事業を継続するにあたり，もし財産を相続する子供がいなかった場合には事業を解散して全財産を改革派教会団体と大学寡婦・孤児基金に半分ずつ寄贈すべきとも遺言した。事業を引き継ぎ，会社の存続を願うループレヒトは，自分の死後の事業消滅を避けるべく，改革派教会団体と大学寡婦・孤児年金基金と交渉し，遺言の権利放棄の代償としてそれぞれ 15,000 ターラーを和解金とした。大学寡婦・遺児年金は，大学創立 50 周年を記念する形で 18,000 ターラーの基本金組み入れを行うことができたのである。ちなみに，再婚したループレヒトは子宝に恵まれたので，年金基金（および，改革派教会団体）は結果的に寄付を受けたことになる。さらに，教員増によって基金への新規加入者が増加したこともあり，基金財政は改善し，給付金を 1787 年に 95 ターラー，1788 年に 110 ターラーと引き上げた。新規加入者のなかには，1789 年に若い夫人と結婚した啓蒙主義期を代表する哲学者・物理学者であるリヒテンベルクが含まれている。

基金財政は，加入者数と拠出金額，ならびに，受給者数と給付金額によって決定される。1844 年 11 月 22 日付けで，政府の大学監督局は，大学評議員会と基金を管理する大学教会委員会に対し，給付金額が 250 ターラーにまでいたった年金制度の存続問題を検討するよう要請するまでになっていた。この時点での政府俸給教授 57 人の内 51 人が加入していたし，51 人の内未婚者は 9 人であった。医学部教授の副学長ルドルフ・ワグナーは哲学部の数学教授ガウスに意見書作成を依頼する。ガウスの提言は，拠出金額を 10 ターラーから 15 ターラーに引き上げること，そして，給付金額を固定金額と可変金額に二分し，基金の財政状態を勘案して 5 年毎に改定すべきとした。事実，受給者である寡婦の人数は変動するのであり，ガウスの提案によって基金運営の柔軟性が確保されるようになった。

1856 年には制度変更がなされ，基金は法人格を得ると共に 4 学部から8年任期で選出された教授4人と大学職員の5人からなる理事会が運営するものとした。1874年には，賃貸料年間1,100ターラーをもたらしていた大学薬局を120,000マルクで売却している。

後に詳論するが，1866年にハノーファー王国は消滅し，プロイセンのハノーファー州となる。プロイセンの職業官僚制度のもとで公務員の俸給は生活保障給となるとともに，老齢年金制度と健康保険制度が適用されるようになる。制度として先行施行されるのは，1871年の戦争でフランスから割譲してドイツ帝国（直属）領となるエルザス＝ロトリンゲンである。1873年に帝国公務員65歳定年制度が決定されるとともに，帝国（直属）領での帝国公務員には拠出義務なしでの寡婦給付が保障され，1881年にすべての帝国公務員に適用されるものとした。1882年の公務員寡婦・孤児保障法がプロイセンに導入されるが，この時点では大学関係者と教授は除外されていた。プロイセンの1794年一般ラント法は，大学のすべての教授は国王の官吏としての法律が適用されるとしていたが，依然として大学と教授は別途の扱いを受けていたのである。

1889年5月20日の大学における寡婦・孤児の関係に関する新法は，大学の特別の状態に終止符を打ち，プロイセンの9大学すべてにおいて大学寡婦・孤児基金を解散し，国の年金に吸収するものとした[43)]。

大学薬局

国王特許状13条は，大学薬局と大学ワイン・ビールレストランを経営する権利を与えた。医学部細則1章7条は，学部が薬剤管理と学生の薬剤販売実習に責任を持つことを定めている。同じく9条は，薬草園管理規定で，薬草の大学薬局への納品，教育目的での学生入園許可を定めた。ハラーは，解剖学とともに薬草学を担当する教授であった。

中世以来，大学医学部は薬草栽培と学生教育を目的とした薬草園を持ち，採集された薬草を販売する権利を持っていた。大学の薬局直接経営は，薬局を単に薬草園の薬草販売のみを目的としたのではなく，学生が調薬とその販売の実際を体験する場として位置づけたからであった[44)]。

43）大学寡婦・遺児年金については，下記参照。Ebel, W. (1969), S.73ff.。

44）Ebel, W. (1969), Sommer, R. (1987). Ebel と Sommer では，叙述において年月等に相違があるので，後に刊行された Sommer の説をとった。

一方，ゲッティンゲンは，14 世紀以来市の独占として市薬局を持ち，経営権を賃貸していた。市参議員 2 名が担当して，経営方針を定め，賃貸者を選別した。市法務官は，賃貸経営者の経営監督，定期視察，在庫検査を受け持った。1731 年のハノーファー政府医事令は，薬局経営者に 7 年の修行期間を定めるとともに，薬局の管理を行う市は国家資格を持つ医師を管理官として任用すべしとしたが，市側は国の介入を嫌い，経験と知識が豊かな実務家を監督官として任用するとの立場をとっていた。当時はまた，薬局が薬剤とともに奢侈品である香辛料・ワイン・蒸留酒を販売しており，ゲッティンゲン市薬局では売り上げの半分を占めていた。当初ハノーファー政府も市薬局との一体化を考えていたが，大学薬局を別途設立したのは，学生の教育目的とともに，医学部教授が処方する調剤や特殊な薬草を保護する必要があったからである。市薬局との競合を配慮し，ワインや蒸留酒の販売を認めなかった。

最初の大学薬局経営者となるイエガーが経営権を申請するのは，1733 年 12 月 10 日である。イエガーは，ツェレの宮廷薬局で 5 年間修行し，その後手代としてブレーメンやダンツィヒを遍歴し，申請時は義父が経営するハノーファー市薬局に勤めていた。情報と人脈に有利な条件を持っていたことになる。

イエガーは薬局と酒類販売の両方を申請しており，これに対抗したのが市であり，年間 200 ターラーの営業権料支払を申し出た。政府は，大学薬局設置にカレンベルク等族の資力に頼ろうとしていたことと，他の大学での例から医学部教授達が薬剤供給を地域の商人に依存することを嫌うことから，1735 年 1 月 19 日付けで，市側が再提案した金額である 300 ターラーでイエガーに認可した。政府は，大学薬局にはそれに相応しい建物と営業内容を備える必要があるとの立場から，34 年 12 月 11 日付けの国王勅令はカレンベルク等族に大学薬局管理権を与え，12 月 29 日付けでは土地の取得と家屋の新築を命じている。カレンベルク等族が 2,000 ターラーで市庁舎広場に面したウエンデ通りの角地を靴屋ギルドから購入するのが 35 年 3 月 28 日である。4 月 9 日に政府の許可を得，5 月にギルド・ハウスを取り壊し，建築に着手する。完全に完成するのは 37 年 9 月であるが，イエガーは逐次営業を開始している。大学薬局の管理権と土地・建物の権利はカレンベルク等族所有として登記された。薬局には薬剤室が設けられ，医学部学生の化学実験演習がここで行われた。1737年完成の大学本部棟2階の1室は，医学部実習室として化学実験室が想定されていたが，図書室に利用されたので，大学は化学実験室を持たなかった。

この設備を積極的に活用したのが，39年に着任する医学部教授ブレンデルで，ほぼ毎日20人程の学生が実験演習に通った。当然，薬局の調剤業務に支障をきたし，学生と顧客や従業員とのトラブルも生じた。イエガーの申し入れが聞き届けられ，学生の実験室使用が週1-2回に制限されるのは1742年である。大学が専用の化学実験室を，ホスピタール通りの婦人科病院の庭に教員宿舎を兼ねて建築するのは1783年である。

イエガーは，35年11月7日付けで大学職業人登録を行ったので，市への営業税等の負担から免れている。ハノーファー政府大学局は，既に営業を開始しているイエガーに，35年10月19日付けで指示書を出しており，それによると真摯な営業と国王への忠誠を求め，大学医学部の管理に誠実に従うべしとしている。そして，本業以外の副業を禁じた。大学薬局の経営に関しては，仕入れ・販売の商品，収入・支出帳簿を毎年ないし必要に応じて提出すること，薬局以外の副業を行わないこと，薬局の監督は大学医学部が行うこととした。

イエガーの薬局営業成績は予想を下回った。建物の完成が遅れたこと，薬剤の品揃いが十分でなかったことなどから，35年1月の売り上げは42ターラーにすぎず，市薬局の十分の一であった。36年から37年にかけてイエガーは麦蒸留酒を10樽仕入れた。市保健監督官は，この量は本来の目的である薬剤用には多すぎるので調査すべきであると訴えた。言うまでもなく，飲料として横流ししたものであるが，大学裁判権の管轄でもあり，罪を問われることはなかった。しかし，イエガーが申請するワイン・蒸留酒販売に許可が降りることはなかった。副業として唯一認められたのは，奢侈品であるコーヒー，紅茶，カカオの販売であった。

薬局の建物の二階は，一時期，改革派信徒の集会所として利用されている。改革派信徒ハラーを教授として迎え，ハラーの自宅近くに改革派教会が完成するのは1753年である。

39年に大学寡婦・遺児年金制度が発足するにあたり，カレンベルク等族が大学薬局の土地・建物を寄付するが，薬局経営権の所属について争われ，医学部の薬局監督権は残された。19世紀末に職業大学人制度は廃止されるとともに医学部の薬局監督権も解消する。しかし，「大学薬局」という名称と看板の商標は，1874年2月13日の契約で経営者に残され，現在まで続いている[45]。

大学ビール・ワインレストラン

国王特許状13条はまた，大学がビール・ワインレストランを経営する権利を与えたが，「大学レストラン」の看板を掲げた店舗が存在することはなかった。市は，地元産のビール以外の販売を市内の飲食店に認めていず，市庁舎内レストランのみが他所産のビールとワインの販売独占権を持っていた。市の販売独占規定に縛られずに，より品質の高いビールとワインを教授や貴族の子弟である学生に提供する飲食店を確保することが目的であったが，一般市民の利用をも認めたので，市は反対した。市直営の市庁舎レストランに競合することと市の独占権に属する，ワインや他所産のビール販売権が侵されるからであった。

市庁舎にレストランが存在したことは，1345年の文書で「ワイン・ケラー（カーヴ）」の施設を損傷した場合の罰則規定があることから確認されている[46]。1385年には，市が葡萄栽培者を任用しており，市立葡萄園の管理と他所産ワインの購入と自家製ビール販売の権利を与えた。教会儀式に赤ワインを必要としたので，当時のヨーロッパでは，かなりの北部まで葡萄栽培を行っており，霜対策や地熱を高めるため山の斜面に横穴を堀り，木材を燃やしたりしている。教会に納品し，富裕市民の需要に応えることで，ワイン販売は大きな利益をもたらしており，ゲッティンゲンでは市庁舎の改修等の費用に当てられていた。ハンザ都市

45）「大学」を冠する商号は，18世紀まで様々な業種に使用されたが，19世紀に大学職業人という身分とともに消えて行った。1888年，マールブルク大学からプロイセン文相ゴスラーに使用基準について問い合わせがあり，回答は，その都度文相の許可を得ることとした。新たな申請はなく，現在残っているのは大学書店，大学薬局のみである。Ebel, W. (1969), S.148.

46）以下の叙述は，下記による。ゲッティンゲン市観光課（Fremdenverkehrsamt）発行“14 Tage Göttingen”, 1968年 Nr.4.

として毛織物遠隔地交易で富みを蓄えるようになると，市民の要望に応え，市役所ワイン・ケラーの終業時間は，1468年までの10時が，1487年の11時，1531年の零時へと延長されている[47]。

ハノーファー市出身の染色工シャルフは，1734年11月に大学レストラン営業を政府に申請し，店舗となる家屋を新築した後，35年3月10日付けで政府と年間営業料150ターラーで2年契約を結ぶ。こうした契約を結んだ唯一のレストランである。契約によると，地元ビール以外に他所産のビールを取り寄せることができ，経営者が営業用の什器一切を揃えることになっている。

シャルフ（Scharff, J. G.）の名前は，1736年の大学職業人名簿に掲載されており，家族ならびに従業員も，大学裁判権に服する身分であった。市税納付の義務がなく，また，市内の一般飲食店では取り扱えない他所産のビールやワインを提供できる店舗であり，しかも，顧客として一般市民も受け入れたので，市内の飲食店にとって大きな脅威となった。また，この契約によると，夜10時以降の学生入店を認めず，11時に完全に閉店すること，および，店内での学生の賭け事を禁じている。政府はまた，別途規程として，「教授のみならずすべての大学人は，家の外の他者に渡すことなく，自己と家族のためにのみハルデンベルク・ビールを始めとする他所産のビールを取り寄せることができる」ことを認めている[48]。シャルフの大学レストランについての記録は，その後残されておらず，自然廃業したものと思われる。そして，「大学レストラン」という商号も残されていない。

ワイン販売とワイン・レストランへの需要は強く，ハノーファー出身のブレーマー（Bremer, Johann Conrad）が飲食店経営およびワイン販売の許可を市から得るのは1786年5月5日である。ワイン店販売ブレーマは，現在まで続いているが，飲食店経営からは撤退している。

アカデミー

新設大学の理念について，ミュンヒハウゼンが内外の識者から意見書

47）以下の叙述は，下記による。Winters, H.-Chr.(1989).

48）大学レストランについては，Ebel, W. (1969), 大西健夫「大学都市ゲッティンゲンの生成」(2010) を参照。

を集めたことは既に述べた通りである。1747年にヘルムシュテット大学神学部教授からゲッティンゲンに移り，ミュンヒハウゼンを助けて新設の総務官の任についたモスハイム（Mosheim, Johann Lorenz, 1694-1755）は，当時在職中のヘルムシュテット大学の現状を念頭において，1735年2月7日付け書簡で，ヘルムシュテット大学に欠けているが，「新設大学を特色ある大学にしようとするならば……教授達が単に授業をするだけでなく，研究成果を発表し，学術そのものを明らかにして欲しいものである」，「国王の庇護の下に何らかの研究者の組織を作るべきである」と述べていた。

研究機関としてのアカデミー設立案が具体化するのは，新設大学が軌道に乗り始めた1750年である。ハレ大学から法学部教授として招聘されるにあたりウェーバー（Weber, Andreas）は，1750年11月19日のミュンヒハウゼン宛の書簡において，「学術協会としての特別の組織」を提案し，さらに，11月30日付けハノーファー政府内務省宛に学術協会に関する詳細な提案書を提出した。

11月30日付けのWeber案が正式提案として採用されるのであり，ミュンヒハウゼンは12月15日付けで，ツェレの上級控訴審裁判官のビューナオ（Bünau, Guenter von）に検討を求め，賛同の意見書を得る。ミュンヒハウゼンは，ウェーバーの提案書を，かねがね同じような考えを示していた医学部教授ハラーにも示している。

ハラーは，1751年1月20日付けで，32頁に及ぶアカデミー企画書を提出しており，そこではゲッティンゲン王立学術協会Königliche Gesellschaft der Wissenschaften zu Göttingenという名称が用いられていた。ハラーの立場は，当初から王立で，かつ，大学都市ゲッティンゲンに設置することであった[49]。アカデミーの本来の使命は研究にあるが，これを大学と結びつけることが意図されていたのである。大学と結びつけることは，ミュンヒハウゼンの意図でもあったが，「大学創立者」の立場から，大学の名を広めるための手段の一つとしても位置づけていたのである。

ハラー企画書を内容として内務省は，2月9日付けで，ロンドンの国

49） Lehfeld, Werner: Albrecht von Hallers Decouverten, in: Starck, Chr. u.a. (Hg.) (2013), S.27ff.

王宛報告書を提出するが，殆ど折り返すように，2月23日付けで国王ゲオルグ2世の許可が下りる。アカデミーの定款作成に入り，3月27日付けで国王が認可した定款は，ロンドンの王立協会に倣ってアカデミーの名称を王立科学協会 Königliche Societät der Wissenschaften としている[50)]。そして，6月13日付けで医学部教授ハラーが初代会長に任命された。現職の教授がアカデミーの会長に就いたことによって，ゲッティンゲン・アカデミーは，大学とアカデミーが一体化した当初から国立組織という珍しい例となった。ハラーは，1753年に故郷であるベルンに戻るが，アカデミー会長の任務だけは没年の1777年まで，四半世紀にわたり務めたことからも見て取れるように，ゲッティンゲン・アカデミーの生みの親はミュンヒハウゼンであったが，これを育てたのはハラーであった。

アカデミーとは，この時代の通念として，あらゆる学術分野を網羅するものと理解されていた。新しい発見や理論がアカデミーにおいて研究成果として認められ，学術誌に載る事が独立した学術分野の存在として認定され，新しい学問分野が次々と誕生していった。こうした学術誌としては，ドイツ最初の学術誌 Acta Druditorium（1682）を発行しており，また，中部ヨーロッパ最大の書籍見本市都市であるライプツィヒで発行されている Leipziger Neuere Zeitungen von Gelehrten Sachen や西南ドイツの大学都市テュービンゲンの Tübingische Berichte von den neuesten Gelehrten Sachen などが著名であったが，その他にもエアフルト，イエナ，ヘルムシュテット，アルトドルフ，ロストック，マールブルグ，ギーセン，リンテルンなどの大学都市にも存在した。

新設大学ゲッティンゲンにおいても，研究成果を発表する機関誌が不可欠であった。この面においてもハラーの果たした役割は大きい。ハラーがゲッティンゲン大学に着任するのは1736年であるが，1739年には，ミヒャエリス J. D. と共同編集で Göttingische Zeitungen von Gelehrten Sachen の発行に携っており，同誌はアカデミー設立とともに1753年から Göttingische Gelehrte Anzeigen と誌名を変え，大学の広報誌を兼ねるようになり，論文，書評とともに教員の任免，死亡，賞与，

50） Starck, Ch. (2013), in: Starck, Ch. u.a. (hg.) (2013), S.6ff.

貴人の大学訪問などを掲載するのであった。ハラーはゲッティンゲン大学を退職しベルンに戻った後も1764年まで同誌の編集を続けた。四半世紀を越える同誌の編集活動とアカデミー会長の職務を通じて，ハラーは約1,200の書評を発表している。18世紀末にイエナ文学・百科新聞にとって代わられるまで，ハラーの編集のもとで，ドイツで最も普及した学術誌の地位を誇った[51)]。

当時の学術雑誌の大きな役割の一つは，最新の研究成果の発表とともに最新の刊行物の紹介と書評であった。例えば，1739年1月1日刊行のGelehrte Sachen創刊号での第一面を飾ったのは，Varnwick-Lane, Robert著のA brief history of the rise and progress of Anabatism in Englandの紹介と書評であった。同誌は最初週2回，その後週3回の刊行であり，年間実績は200号以上刊行，総紙面数2,000頁におよんだ。大学の専門学部が固定した教科書に基づく神学，法学，医学の職業教育機関であったのに対し，新しい発見や新しい思想に対する関心を持つ市民層が求めたのは最新の学術分野における最新の情報であった。そして，こうした市民層を厚く持っていたのが当時のドイツ社会であった。アカデミー設立後誌名を変更したGelehrte Anzeigeについてみると，1770年の払い込み済み定期購読数は約1,000部に上っている[52)]。

図書館

中世以来，大学・学校は必ず図書室を設置しているが，その役割は教員のための古典や教材の保存が中心であった。これに対して，ゲッティンゲン大学図書館は，明白な目的意識の下に体系的な図書収集を行い，図書館機能において時代の最先端を行くばかりでなく，蔵書を教員以外にも開放し，古代文明の発掘した遺物や芸術品，世界各地で収集した民芸品などを研究・教育目的から収蔵・展示して大学の研究機能を強化するのに大きく貢献した。施設としても，蔵書数の増大が著しく，本部棟の一室にすぎなかった図書室を独自な建物へと拡大し，字義通りの大学図書館へと発展した。

ハノーファー王国において，大学図書館の機能に明確な方針を打ち出

51）Boehn, Max von (1922), 飯塚訳『ドイツ18世紀』，104頁。
52）Lehmann, G. A. (2013),S.53.

したのは，1734年に大学創立企画案を作成したハノーファーの宮廷図書館長ゲルーバーの先任者ライブニッツであり，「図書館を持たない大学は，兵器製作工場を持たない軍隊である」と述べている。ライプニッツは，啓蒙主義期を代表する哲学者・数学者であり，図書館の書物は飾り物ではなく，大学での教育と研究に活用されるものでなくてはならないとしていた。従来の考え方に基づくならば，図書は貴重な資産であり，教授のみが教育目的に使用できるものとして書庫に保存された。これに対して，新設ゲッティンゲン大学図書室は，大学学則での図書室規定にあるように，教員のみならずすべての大学人が図書を利用できるものとし，学生が自由に閲覧でき，また，貸出ができる図書館制度を作った。

新設大学の初代図書館長に，ライプツィヒのトーマス・ギムナジウムの校長であったゲスナー（Gesner, Johann Mathias）が古典言語学教授として，1734年に招聘されており，本部棟の建築完成とともに開室された図書館の館長に就任した。大学学則が定めているように図書館予算と図書収集方針がはっきりしており，図書館長ゲスナーはこの方針に基づき積極的に古典と新刊を体系的に収集し，ゲッティンゲン大学の蔵書をヨーロッパ的水準に育て上げた。大学新設時の図書館の蔵書の中心は，ペダゴギウム図書室蔵書とビュローの遺族が寄贈した蔵書であった。

ビュロー（Bülow, Joahim Heinrich von）は，メクレンブルク出身の貴族の家系で，親の代からハノーファー侯に仕えていた。父親はハノーファーの枢密顧問官で，1650年8月29日に長子としてハノーファーで誕生した。リューネブルク騎士アカデミーで学び，その後ヘルムシュテット大学法学部に入学。ロンドンおよびコペンハーゲンで公使，ハノーファー政府の大臣を努めるとともに，宮廷都市ツェレの総監督官も兼ね，多額の職務給を得る。1705年に帝国騎士の資格が授与されている。

ライプニッツと親交を持ち，1690年頃から体系的に書物の収集を始めた。神学，法学，歴史，政治の4分野を中心に貴重本の蔵書を誇った。1724年4月6日，独身のまま死去している。蔵書数は，8,912冊で，個別冊子としての総数は30,687部にあがった。最も古い蔵書は，1525年刊行であった。1709年に作成されている遺書で，資産は蔵書維持の基金として残し，蔵書をライプニッツの考え方に基づいて若者たちの利用に供するため，リューネブルク騎士アカデミーに寄贈すると定めていた。1734 年 4 月 8 日の遺族との合意に基づき，1734 年 5 月 21 日，遺族に対し国王名で深甚なる感謝の意を表明して蔵書の遺贈を受け，国王はこれを新設大学図書館用に定めた。

当初，新設大学本部棟の 2 階に，書庫が設置されたが，1744 年には書庫が手狭となり読書室の壁が書棚として用いられ，さらには，医学部講義室の廊下へと広がっていった。英国国王としてロンドン在住のゲオルグ 2 世が，即位以来はじめてハノーファーを訪れ，ゲッティンゲン大学を視察した 1748 年には，医学部講義室が別の建物へと移され，書庫として利用されていたほどであった。1764 年には，この年に死亡した哲学教授ホイマンが官舎兼講義室として使用していた建物を会議室棟として大学本部事務室が移ったことで，本部棟の 2 階全体が，6 万冊に増大した蔵書のため図書館として利用されるようになった。

図書館拡大の第二期は，大講堂を兼ねていた大学教会を 1 階，2 階の二層にして本部棟と連結させ，2 階に蔵書スペースを作る案から始まる。増改築案は 1803 年にハノーファー政府の承認を得たが，ナポレオン戦争の影響で工事にとりかかれていなかった。ドイツ諸邦の敗戦の結果，エルベ川以西の北ドイツはウエストファーレン王国として統合され，ナポレオンの弟ジェロームが王位についた。ジェロームは，ドイツの小領邦が競うように乱立させていた北ドイツの領邦大学を整理したが，ゲッティンゲン大学はその高い学名を評価して残すとともに，1810 年に大学を訪問した機会に 1803 年の増改築案の実施を指示し，1812 年に完成している。図書室から図書館へと施設面で整備された。1822 年，大学教会がニコライ教会に移り，さらに，1837 年に，大学 100 周年記念事業として現在のウィルヘルム広場に大学本部と大講堂が新設されたので，大講堂として使用していたパウリーナ大学教会の部分も図書館とすべく改築し，現在の建築物となった。これにより，独立した建造物を持つ名実ともに図書館となったのである[53)]。

53)　Schwedt, G. (1983), S.12ff. 大講堂兼大学教会として使用していた旧修道院の建物がほぼ図書館専用となったことから，大学は，信者も分散し，建物も荒廃していた St. Nikolai 教会を引き受け，西翼と屋根を全く新しくして，1822 年から大学教会として使用することに大学創立時の図書室蔵書数は，ビュロー寄贈図書を中心とする約9千冊から出発し，1764年に約6万冊に上っていた。18世紀末には16万冊に増えており，ドイツの大学図書館のなかで圧倒的な蔵書数と蔵書の利便性を誇った。例えば，ゲッティンゲン大学が創立にあたり模範としたハレ大学図書室は，18世紀末においても，2部屋に蔵書約2万冊であった。開架式で，学生は直接図書に触れることができたが，開室は週3日，それも午後1時から2時までであった。蔵書の多くが死亡・退職した教授の寄贈であり，新規購入予算の原資は，学生から入学にあたり1回限り徴収する6グロッシェンのみであった[54)]。

ゲッティンゲン大学の図書館機能充実において，1714年以来ハノーファーがイギリスと同君連合にあったことも大きな役割を演じている。大学では，1735年には英語と英文学の授業が開講されていたし，1756年から始まる七年戦争でゲッティンゲンがフランス軍に占領されるまでの時期において，積極的にイギリスの最新の文献を収蔵したので，蔵書の6冊に一冊は英語の書物であったとされている。同じ国王を戴くイギリスの事情を識るということのみでなく，当時のイギリスは七つの海を制覇した「日の沈むことなき帝国」として軍事的のみならず，経済的にも，学術的にも世界の最先端を進んでいた。イギリスの歴史，政治制度，哲学・思想，文学や地理的発見や数学・自然科学の実験成果などについての文献・雑誌が積極的・体系的に収集され，教授と学生に提供されたのみならず，医学部教授ハラーが編集に加わっていたGöttingische Zeitungで紹介・書評を行った。イギリスの文化・学術の中継点は，従来商業都市ハンブルクやライプツィヒであったが，ゲッティンゲン大学とその大学図書館がイギリス文化仲介者としての地位を確立するのであった[55)]。18世紀のゲッティンゲン大学は，ドイツ啓蒙主義運動の中心地の一つになるのであるが，その前提となったのが充実した図書館であった。ドイツの領邦国家においては，学術アカデミー・宮廷図書館・

なる。ニコライ教会は，1330年の建築で，ゲッティンゲン市において4番目に古い教会の一つであるが，手工業の衰退とともに教区人口も減少し教会の維持が困難となった。1777年には，教会の2つの塔のうち一つが崩壊し，もう一つの塔は取壊されている。ニコライ教会教区が解散するのは1803年で，荒廃した教会を維持することができなかった。

54）　Rath, Erich (1931), S.285.

55）　Müllenbock, H.　J. und Wolpers,Th. (1988),S.12ff.

大学はそれぞれ別個の機関として設置されているが，ゲッティンゲン大学においてはこの三者が大学を中心として一体化したことが大学の研究・教育の強化に大きく寄与した。「図書館を持たない大学は，兵器製作工場を持たない軍隊」と述べたライプニッツの理念を具体化したのであった。

初代館長で図書館の基礎を築いたゲスナーの後任に就くのが，——短期間シュレッツアーの館長期があるが——1763年に招聘されたやはり古典言語学教授のハイネ（Heyne，Ch. Gottlieb）である。ハイネは，1812年まで半世紀にわたる教授としての在任中，図書館長，ハラーが退職する1770年からは学術アカデミー事務局長とGelehrte Anzeigen編集長を兼ねており，ゲッティンゲン大学興隆の歴史を体現する人物であった。

ハイネの図書館長としての方針として，「内外の文献を収集するのは，物事の体系の根源を把握し，学術の進歩に寄与するためである」，「大学図書館が収集する文献は，人間の知識を，学術的，技術的，実践的に前進させる内容のものである」と述べている。大学図書館の学習機能のみならず研究機能を充実させたのであり，大学の使命を研究と教育の両面に置き，大学図書館がこの両者を中継する役割を果たすとした。大学の使命は研究と教育の統合であるとし，近代大学理念を打ち立てたW. フンボルトは，ゲッティンゲン大学で学んでいた。明確な理念の下に，ハイネは図書館長として，学術各分野の最新の文献のみならず，既刊文献の欠本もオークションを通じて購入することで，蔵書の体系化を図った。そして，最新の研究成果を発表している文献を学術アカデミーの機関誌で紹介・書評していったのである。

3　都市環境と大学施設の整備

ハノーファー政府が，ゲッティンゲン市庁舎に大学設置の通知を伝えたのが1733年4月23日であり，これに引き続き，5月には，建築物をも含む大学都市としての都市基盤整備の問題を検討する調査委員会を設置する。政府の審議官タッペが自ら委員長に就いた基盤整備委員会は，

9月26日付け報告書で，市は大学都市に相応しい都市基盤整備を行うことが必要であること，また，こうした整備は市民にとっても有益なものであるとした[56]。

管理委員会

都市基盤整備事業が，順調に進んでいなかったことは，12月，さらに，翌34年4月の市当局宛書簡で政府が苛立ちをあらわにしていることからも見て取れる。市の財政負担能力もあったが，同時に，政府と市との間に大学設置に対する意識に大きな差があった。市には大学予備門としてのペダゴギウムが置かれていたが，生徒数は30人前後と低迷しており市民にとって殆ど意識されない存在であったし，いわんや，大学とは何なのかを理解する風土がなかった[57]。市にとって，大学は政府が押し付けた事業であった。

34年秋の大学開校を予定して教授招聘手続きを進めていた政府は次第に焦りを覚えだすのであり，34年5月3日，基盤整備事業実行を全般的に監督する特別管理委員会を市に設けた[58]。委員会の役割として，「大学と市当局の成員から構成され，防火，肉・パンの価格，度量衡，建築，道路清掃，ミカエリスからイースターまで灯火される街灯，および，その他ポリツァイ Polizei（行政全般）に属する案件が託される」ものとしている。大学開校後も管理委員会は存続し，委員会の下で学生監督などの秩序維持にあたるのが市警吏であり，七年戦争後は学生監督のため政府直属の警邏隊が設置された。

市法務官ノイブア，市長モーリン，大学秘書官任命が予定されているキュプケン，及び，高い行政能力で知られる隣市ノルトハイム市長イン

56） 以下の叙述は，下記による。Stadt Göttingen (1987): 18.Jahrhundert. Einzelne Beiträge.

57） 市参事会にあっても，政府が指示する様々な事業に対応して責任を持つ担当箇所が明白でなく，また，各箇所間で指示文書がたらい廻しされ続けた。市民の中には，財政負担を嫌って公然と政府の指示に反対を表明する者もあったし，1735年6月には政府の方針を唯々諾々と受け入れる市参事会の態度に反対して，市法務官が辞職している。Ehlert-Larsen, K.-S.u.a. (Hg,) (1987), S.130, in: Göttingen im 18. Jh. S.130.

58） 本書では特別管理委員会の名称を与えたが，原語では「警察委員会」Polizei-Kommission である。Polizei とは，当時の法概念では警察のみでなく，司法・行政一般の秩序維持を示す用語であった。

シンガーを任命するが，市側では隣市市長の参加への抵抗感があり，人件費負担が大きくなるとの異議でインシンガーは当面委員から外された。準備作業に進展があったとされているが，ハノーファー政府からみると十分とは言えなかった事情は，様々な作業についてその進捗を促す文書が多数残っていることから知られるし，こうした遅滞の背後に市側の密かな抵抗があるのではないかと疑う記述まで残されている。

35 年 1 月の政府文書は市の惰眠を叱責する内容であり，痺れを切らした政府は，管理委員会に政府審議官シュレーダーを委員として加え，事業実行権限そのものを市当局から特別管理委員会に移し，市当局を直接指揮する体制を作った。さらに，36 年 1 月には上記のインシンガーを委員長に就けた。インシンガーは，精力的に作業を進め，政府がかねてより市当局に対して提出を求めていた建築事業に関わる総予算見積りを作成している。作業進行を急ぐ政府は，36 年 11 月 7 日にインシンガーをゲッティンゲン市長に任命し，57 年 10 月 14 日に死去するまでその任にあった。

大学都市に向けての都市基盤整備事業は広範なものであった。ペダゴギウムが大学に吸収され，校舎に使われていたパウリーナ修道院教会が増改築されて大学本部棟と大講堂とされたので，廃校とされたペダゴギウムの役割を果たすべく新設されるラテン語学校の校舎と教員宿舎の新築が現在のウィルヘルム広場で進められた。教職員・学生を始めとする大学関係者が消費人口として大挙流入してくることから三番目のビール工場や屠殺場の新設が必要であり，また，防火のために藁屋根住宅の瓦掛け，消防目的の噴水設置，防・消火用具の設置などが計画された。また，市内の広場と主要道路の舗装も指示されたのだが，石を砕き，敷く技術を持つ職人が市内に居ないことから，費用に関して市側の苦情があったもののノルトハイムから職人を呼び寄せねばならなかった。主要道路には街灯を設置し，定期的な道路清掃も手配される。この時代，既に主要道路の舗装が進んでいた大都市と較べ，舗装されることが稀な地方都市の道路は，雨が降ると水が溜まり，ぬかるみとなり，鬘をかぶり，ガウンを羽織り正装して教場に向かう教授・学生の靴を汚した。歩道設置が必須であり，段差をつけた石組の歩道 Fussbank が街灯と一体で設けられるのが 1735 年である。市内中央部の段差をつけた歩道の使命を終えるのが1970年代で，道路段差を撤廃した歩行者ゾーンとなる。街灯設置については，ゲオルグ2世の1735年3月13日付け国王勅令として，「市長，市参事会，市民は，街灯設置の準備をすること。また，街灯や外柱を傷つけたり，灯火に石をなげたり破損した者は罰する」ことを厳命している[59]。

道路清掃については，市役所に担当箇所を設けるべきか，民間への委託事業とすべきかについて議論され，最終的には，消防用噴水の水を利用して市が散水することとなった。市民に対しては，瓦屋根への葺き替えとともに，家屋の清掃と外壁の塗り替えを命じた。市民の対応がはかばかしくなかったとみえて，政府は「……醜い家屋を……必要なら火災予備金の没収をもって強要……」とまで述べている。

建築ブーム

家屋の新築には優遇税制とともに美観を求めた。1702年の勅令で住宅建築に成果を挙げた例にならい，1733年と1734年の勅令で，更地での新築に10年間の課税免除を与える一方，街路側での建物の張り出し禁止，隣家との間隔を15センチ以内，3階建て，周辺家屋との調和と美観を条件とした。しかし，効果がはかばかしくなかったことから，1735年の勅令で1702年の勅令と同じ条件に戻し，有効期間を1736年のイースターから38年のイースターまでとしたが，その後さらに2年間延長している。また，防火性と装飾性が優遇され，陶磁器の暖房ストーブ，フランス製の窓ガラス，樫製の玄関の扉などへの従来の高級品対象の課税に代り，一般の並製品の課税が適用された。1735年勅令有効期間の改築・新築件数は75件であるから，年間平均15件となる。また，9割以上の案件が200ターラー以上の建築費であったように，大学設置に伴い移住してくる生活水準の高い教授や学生への賃貸などを目的とした建築投資であった。

学生を顧客とした書店，理髪店，カフェー，下宿屋などが新築・改築され，建築ブームの様相を呈するようになる。しかし，すべての投資が目論み通り投資を回収できたわけではない。例えば，1692年生まれで，

59） Schmeling, H.-G. (1987), S.44.

1723年に市書記官に採用されたレッシャーは，応募書類に建築工事の知識ありと書いている。事実，30年には政府補助金を得て市内の大工ブレーデンと共同でテューリンゲン地方から建築用材を調達する事業に携り，成功している。1735年以降，政府の大学関連施設建築計画が目白押しとなり，政府に委託された建築家シェーデラーの建築図面が市役所に送付されてくる。市の建築担当参事員ベーニングが商人であり，建築の知識と経験に乏しいことから，レッシャーが補佐役に就けられた。レッシャーは，再婚相手が持参した土地を市内に所有しており，政府の建築補助金制度の情報をいち早く得たのであろうか，学生下宿用の大家屋を6,000ターラーで新築する。しかし，着工が，35年勅令が定める36年イースターよりも先立っていたことから，補助金の対象とされなかった。建築資金の大半は近親者からの借入れであったが，元金・利子支払いとも遅れ，41年に兄弟たちが返済を求めて訴訟を起こす。訴訟審議の過程で，自分が管理する市の公金を流用していることが発覚し，43年に無届のまま休暇として市を離れ，行方をくらます。44年1月，市当局は政府に報告し，政府はレッシャーの私財を没収し，競売に付す。46年に逮捕され，ハノーファーに送られて裁判にかけられた。

大学本部棟を始めとする新設大学の主要施設を設計し，建築を監督したシェーデラーも，大学新設を投資機会とするのであり，本部棟や教員住居群が点在する街路（現在のプリンツェン通り）沿いに3階建ての広壮な家を1737年に建築し，宿泊施設を備えるとともに1階にハノーファー市で名が知られていた飲食店と同じ名前をとって「ロンドン亭」を開業している。この建物が現在ミヒャエリス・ハウスと呼ばれているのは，聖書学・オリエント学者として著名なミヒャエリス（Michaelis, Johann David）が1764年（所有権の移転は1772）にシェデラーの遺族から買い取り，自宅兼学生下宿兼講義室として使用したからである。ゲッティンゲン大学では，1746年に員外教授，1750年に哲学及びオリエント語の正教授に就任しており，ゲーテが師事を願ったことでも知られている。ゲスナー没からハイネ招聘までの1761年から1763年までの短期間図書館長を務めている。旧約聖書および新約聖書についての講義，さらに，聖書の実証的研究に不可欠なシリア，アラブ，ヘブライ，メソポタミアの言語の授業の人気は高く，私講義の学生授業料収入が多額に上がったとされており，幾つかの家を購入し，講義室と学生下宿に利用している。

都市基盤整備

民間住宅の改築・新築と並行して，大学関係の公共工事がこれに重なってくる。現在のプリンツェン通りとパーペンディークの角に大学本部棟が建設されるに伴い，ライネ河運河の対岸地域を大学都市に相応しい住宅地として開発する。湿地帯を埋め立て，広いアレー（並木通り）を作り，両側を高級住宅地とする。1736年3月の政府通達に基づき，市当局が最終決定するのが37年3月で，38年初頭に開始し，年末に道路工事は完了する。街路樹として菩提樹を植樹するが湿地に耐えることができず枯れたので，マロニエ並木としたのが現在のゲーテ・アレーである。この街路名は，アレー沿いの民家（楽器職人クレーマー，現在のゲーテ・アレー12番）にゲーテが三度目のゲッティンゲン訪問の際に逗留したことに由来する。

道路舗装計画は，既に1709年の政府通達により始まっていた道路整備を本格化することにより実現していく。当時の慣習として，道路管理の責任は道路に面した家屋の所有者であったから，道路舗装の費用負担が生じ，住民の合意を得ることが難しかったのである。こうした事情から市内の主要道路でさえも舗装されていないので，雨の後はぬかるみとなり，かねてより荷車等を用いる輸送業者は車両運行の支障を市当局に訴えていた。34年から市の裏山ハインベルクで採掘できる石灰岩を用いての石畳化が進められ，市を南北に横切る中心道路であるウェエンデ通りの舗装が完成するのが40年である。ウェエンデ通りに続き舗装されたのが，主要交通路であるローテ通り，グローナー通り，ガイスマー通りであった。これらの舗装道路の特徴は，家屋側を一段高くして歩道を設置したことと道路の真ん中を少し低くして傾斜をつけ，雨水などを流す水路としたことである。しかし，石灰岩は柔らかく，車両運行による道路の破損が甚だしくなると，51年には鉄輪のない木製車輪のみの通行に制限せざるを得なかった。道路の保存状態の悪化と水はけの悪さを訴える声が大きかったが，本格的に市内の道路を改修するのは18世紀の90年代に入ってからであった。

道路舗装と同時に問題となったのが，水道工事である。裏山ハインベルク麓の湧水を引きアルバニ門近くの市立墓地脇の沼を消防用を兼ねた溜池としていたので，この水とともに下水をライネ河運河に落とす排水管工事が必要であった。このための木製排水管を道路舗装の下に埋設する工事を行ったのが35年である。幹線は，ローテ通りからウェエンダー通りを経て，肉屋の販売棚（店）が並ぶツインデル通り側で市庁舎脇を通してライネ河運河へ導くものであった。支線は，ローテ通りから市庁舎前の広場沿いにウェエンダー通りに入り，通りの終わりまで通してからライネ河運河へと導いた。

飲用水は，34年の報告によると，市管理の井戸9箇所と個人所有の手押し井戸が31存在したが，さらに9箇所新設するとともに，市内の井戸すべてを押し上げ方式とし，一部を公共の噴水とした。

秤は，商業都市を象徴するシンボルである。市庁舎前広場の対面に市の公式秤量場の建物は，商取引を行う商人と荷車でごった返す。大学都市としての市の美観の観点から，ラテン語学校が新設されるウィルヘルム広場近くに移された。

コーヒーと紅茶が普及する以前の一般市民の飲料はビールであった。1330年のゲッティンゲン市醸造令によると，一定の市民は個人としてビールを醸造し，販売する権利を持っていた。領主から，様々な特権を市が買い取るに当たり，費用負担した初期からの古市民は，醸造権を所有したのである。市は2人のビール醸造親方（ブラオマイスターBraumeister）を任用しており，それぞれ底の深いのと浅いのと，大きな鍋を2つ荷車で運んだ。醸造用に麦芽を入れた水を温めるのであるが，これをかき混ぜる特殊な棒は市が貸し出した。醸造権を持つ市民の要望に応じて，その家を訪れ，お湯を沸かし，醸造準備をするのが醸造親方の仕事である。醸造権を持たない市民の家で仕事をしてはならないし，市民は自宅の鍋で醸造用のお湯を沸かしてはいけない。そして，市は他所産のビールの市内持込・販売を原則として禁じたので，醸造権を持つ市民が販売した[60]。

1531年，宗教改革でカソリック修道院とそのビール醸造所が没収さ

60）ゲッティンゲン・ビールに関する叙述は，Winters, H.-Chr. (1989): Stadt.Brauerei. による。

れ，市醸造所が生まれた。1549年，市は領主から，市の周辺1マイル以内の地域でのビール醸造権を買い取る。この地域内に住む農民は，市のビールを購入する義務が課せられた。周辺農民の需要に応えるべく，醸造権を持つ市民4人が共同して新醸造所を作った。次第に個人醸造は消滅しいくのであり，1734年の大学創立時において，市に2つの醸造所があり，3つ目を新設した。しかし，市民の嗜好がコーヒーと紅茶に移るにつれて，自家醸造は減少始めるのであり，1800年頃には殆ど消滅した。

1847年，市は幾人かの市民の醸造権を取りまとめ，市営の醸造所を2か所作り，市民に販売した。19世紀は農民解放と営業の自由が進められる。ドイツの農民解放は，耕作している農地を20年年賦で買い取らせる方式であり，周辺農村に対するビールの醸造特権も，1879年の裁判判決によって同様な方式で市は手放さざるを得なかった。しかし，この売却収入で最新のビール工場設備を建設し，専門の技術者を雇うことができた。ここから現在のゲッティンゲン・ビール株式会社が生まれた。小規模のビール会社は，現在の資本競争を耐えることができず，第二次世界大戦後，1973年にヴッパータールのビール会社ウィッキューラに買い取られ，さらに，1988年，アインベック・ビール社の所有となった。

農村都市の市民とは生活習慣を異にする大学関係者が消費人口として移り住むに伴い，日常生活用品，特に食料品の供給を確保することが必要となる。一般市民はライ麦の黒パンを日常食していたのに対し，より生活水準が高い人々は小麦の白パンを好んだ。白パンを焼くパン屋と製粉所，上等な肉を扱う肉屋，香辛料店，装飾品店などを誘致するため，こうした人々にも職業大学人として大学裁判権に服する身分を与えている。

農村都市として存続してきたので，市庁舎前で開かれる市場では家畜の取引もされており，糞尿が広場と道路を汚し，魚屋が扱う鰊や鱈とともに悪臭を放っていた。1734年5月18日の市場令は，家畜市場の場所を市中心部から移す。豚市場は後の市立浴場，羊市場はアルバニ教会前広場とした。農村都市の特徴であるが，人々は家畜を自家の中庭で飼育し，屠殺と解体も自ら行っていた。34年の政府指令に基づき，市立屠殺場をライネ河運河下流の馬洗い場として使用していた場所に，1735年，新設したが，生肉販売棚（店）に指定されている市場に近いツインデル通りから遠いことから肉屋ギルドの強い抵抗にあい，徹底することが困難であった。穀物市場は従前通りコルンマルクトと定め，それ以外の商品を扱う年4回の年市は従前通り市庁舎前広場とした。

週3回（火，木，土曜日），市庁舎前広場の週市で取り扱われるのは魚を除く生鮮食品であり，薪，木材，穀物，魚は商店ないし訪問販売の取り扱いとなり，露天に商品を積み上げての販売は禁止された。こうした市場規定を監視するのが市当局であり，さらに，未成熟な果物や野菜，健康の害となる食品が週市で販売されていないかも取り締まった。市の住民は，周辺農村からの生鮮食品供給に依存しているのであり，品質と価格が重要な関心事であった。大学開校とともに移住してきた人々の間から不満が高く，政府は1736年に近隣農村に，市の週市により品質の高い野菜およびその他の食品を供給するようにとの通達を出している。

馬市を新設するのは，当時貴族の子弟は従者を従えて騎馬で旅行したし，後に触れる馬術練習場を大学施設として建築するのも貴族の大学を目指したからである。大学へ向かう旅は，貴族の子弟は従者を伴っての騎馬であったが，公的な交通機関は乗合郵便馬車であった。大学都市として路線網を整備し，定期便が走るようにするのであり，馬車で運ばれる郵便物の市内配達網も整えた。旅客を運ぶ乗合馬車はゲッティンゲン経由とし，首都ハノーファーとザクセンの大学・商業都市ライプツィヒ便が週二回，隣接領邦の宮廷都市カッセルとブラウンシュワイク便が週一回とした。最初の郵便馬車ライプツィヒ便が，1735年9月23日の朝6時に出発した。この他に，騎馬の郵便配送がハノーファーとカッセルに週二回，ハルツ山脈の中心都市ドゥーダーシュタットに週一回であった[61]。こうした郵便馬車の経営を委託されたのが，大学レストランの経営特許を得たシャルフであった。

61）当時の郵便馬車の旅について，1768年にBlankenburgから乗車した神学部学生Sallenlienが母への手紙の中で次のように述べている。「道路の状態は非常に悪く，石だらけの上を暗闇のなかを走り，30回は水溜りに入った。Nordhausenで一泊し，翌木曜日は朝8時に出発した。大変な一日で，雨が降り続け，同乗者はびしょ濡れになった（というのも，郵便馬車には天蓋がないからです）。私は少しはましだったのは，着るものを沢山身につけていたからです。」Kühn, H,-M. (1985), S.153.

学生の生活費として親元から振り出される為替手形もこの郵便に託される。当時の習慣として俸給支払いは3か月毎であったから，現在の市歴史博物館である駅舎は，その時期になると学生のみならず学生の掛け払いを回収しようとする飲食店や下宿の主人たちの溜まりとなるのであった。また，学期初めには新入生の案内のため大学警吏が待機した。

大学施設

ハレ大学もそうであったが，政府の大学施設建設は必要最低限に抑えられている。宮殿や修道院を思わせる壮大な建築物はなく，大学運営に必要最低限の施設しか建築されていない。教員や学生の生活に必要な設備は，すべて市民の間で調達することを前提として大学づくり，街づくりが進められたので，1737年9月17日の大学創立式典までに政府が直接建設したのは，ペダゴギウムが利用していた旧パウリーナ修道院敷地に新築した大学本部棟，馬術練習場，大学と大講堂に使用するパウリーナ教会の改修であり，そして，医学部教授ハラーの要望に応えるために薬草園，解剖堂，ハラーの官舎は35年から着工し，完成するのは39年である[62]。

34年から35年にかけて建築された2階建の大学本部棟Kollegienhausの設計と建築管理を行ったのが，修道院建築で名の知られていたシェーデラー（Schaedeler, Joseph）である。1733年11月19日付け設計図が示すように，ペダゴギウムが利用していた旧パウリーナ教会・修道院の建物に，パウリーナ通り側を入り口とする本部棟を新築し，教会を改築して大学教会兼大講堂としている。本部棟は，1階に神学部，法学部，哲学部がそれぞれ講義室を持ち，2階は，医学部講義室・実習室，図書館，大学文書館，本部事務室，そして，大学拘禁室が置かれた。医学部実習室は，化学実験室として利用することを想定していたとされているが，図書館の蔵書を収納するために使用されたので，化学実験室は設置

62） ハラーは，ミュンヒハウゼンが三顧の礼で迎えており，ゲッティンゲンはルター派であるにもかかわらず，改革派のハラーを招聘したので，民間施設として改革派教会建築を認め，完成するのは1753年である。カソリック教会建築の許可は少し遅れ，1789年にミヒャエリス教会が建築された。

されていない[63]。

貴族の子弟を集める大学をミュンヒハウゼンは目指していたので，騎士アカデミーが常備する施設も大学に附置させることとしている。即ち，騎士アカデミーにおいて必須である乗馬，剣術，ダンスのうち，前者2つについての設備を「貴族の大学」の施設として建設し，それぞれに教師を置いたが，ダンス教習場は民間に委ねている。34年から36年にかけて，市のメインストリートであるウェエンデ通り北端に建設されたのが馬術練習場で，設計者は大学本部棟と同じくシェーデラーである。乗馬は，貴族の子弟にとって必須の素養であるとともに，当時において最も重要な交通手段であったことから，馬術教師が置かれ，一般学生の乗馬訓練にも用いられた。初代馬術教師に就いたのはアイラー（Ayrer, Johann Heinrich）である。

剣術練習場は，3代目の剣術教師がその必要性をミュンヒハウゼンに対し積極的に訴え，建設を働きかけた。剣術練習所の設計者は同じくシェーデラーで，市が湿地帯を開いて広げたアレー通りの城壁寄りに1742年に建築された。1734年に任命された初代剣術教師はゼーバルト（Sebart）であり，翌年にはクレースウエル（Kroeswell）に代わっていた。36年に着任するカーン（Kahn, Anton Friedrich）は，大学剣術教師として一派を立ち上げたイエナ大学のクロイスラー（Kreussler）の門下であり，多くの大学に弟子を送っていた。カーンは，1759年までゲッティンゲン大学剣術教師であり，1742年に開所する剣術道場をドイツ屈指の名声を得るまでに育て上げた[64]。

大学創立初期の段階で新築された大学施設としては，51年の天文台，52年の婦人科病棟（助産院）であるにすぎないが，大学創立100周年を迎える1837年までをみると，市内外に28か所の大学施設を散在させるまでになっている。市壁外の施設は，天文台，獣医学研究所，新解剖堂のみである。施設数と施設の種類を辿ってみると，大学の発展，即ち，学生数の増加と学部別分布に対応していることが見て取れる。1734年に147人で開講し，37年に創立記念日を祝ったが，一世紀後の1837年の学生数は909人に達していたし，19世紀20年代のドイツ全

63）以下の大学施設に関する叙述は，Oberdiek, Alfred (2002) による。
64）Wilhelm, Peter u. Hoelting, Norbert (1989), S.265.

域における学生ブームの盛期，1823年夏学期の学生数は1,547人に上ってさえいる。そして，大学の興隆と学部間学生数の推移は，ゲッティンゲンにおける大学施設発展の軌跡をも体現している[65]。

1766年以降は学部別学生数を大学公式統計が把握しており，断片的な数字として1751年の学生総数660人を考慮するならば，18世紀中葉の学生数は600人台であったと推定できる。創立半世紀後の80年代における最大数は81年の947人で，法学部と神学部が代表する大学であった。即ち，領邦君主設置大学として，新教聖職者と司法・行政官の養成が中心機能であり，近隣小領邦を巻き込んだ中心地大学であったことを示している。総数が900人台である100周年の1837年の学部別学生数が示しているのは，聖職者と司法・行政官需要が充足されている一方，他方において医官・臨床医需要と学校教師など人文・自然科学専攻者需要が増加したことである。

19世紀は医師の世紀と言われるように，臨床医学，生理学の発達とともに医学分野の細分化が進み，職人技術から外科の確立が端的に示すように医療技術が発達したし，病理学研究も進んだ。民間療法から近代医学への人々の意識も変わった世紀である。ドイツの大学で，医学部学生数増が顕著となるのは19世紀30年代以降であり，全学生に占める医学部学生比率が20%を越えるのが60年代である[66]。これに対応して，ゲッティンゲン大学において，医学部学生比率は，1766年において8.1であったものが創立100周年の1837年には24.6%に達しており，ドイツ平均を大きく先取りしていた。

18世紀を通じての学生数増加に対応するのであろう，本部機能強化と図書館の増改築が繰り返されている。1764年，教員官舎であり，ペダゴギウム校長から哲学部教授になったホイマンが住んでいたが死亡

65） ゲッティンゲンが法学部の大学であったことは，下表に示している。

ゲッティンゲン大学学部別学生数の推移

	学生総数	神学部	法学部	医学部	哲学部
1766年夏	677	44	404	55	74
1781年夏	947	318	469	94	66
1837年冬	909	200	362	224	123

出典）Universität Göttingen (1987): Studentenzahlen 1734/37-1987.

66） 19世紀における医学と医師については，下記参照。Hürkamp,C.(1985). ドイツの大学における医学部学生比率については，同書62，63頁の表3，図3参照。

したので，本部棟に隣接し，現在のプリンス通りの角の家を会議室棟Konzilienhausとして大学事務機構を集約するとともに，図書館に保存されていた大学資産である収集品を王立大学博物館として収納した。これを受けて，6万冊に膨れ上がった蔵書を収容するため本部棟の2階全部が図書館に利用された。84年に東側に増築され，さらに，1812年に本部棟を大学教会と一体とする増改築がなされ，一階部分は大学教会と大講堂とし，2階全部を図書館とした。従来の図書室的施設が，図書館として独立するのであり，余裕ができた空間に教授達が研究と教育用に収集した美術品・民芸品・実験器具などの展示・収納に用いた。大学教会の機能を確保するため，1822年に大学教会をニコライ教会に移している。教会を財政的に支える教区人口の減少から改修ができずに放置されて，1803年から軍隊が弾薬庫として利用していたのを改修したのである。さらに，大学講堂と事務機構を含めた大学本部棟が，100周年記念事業としてウィルヘルム広場に建築されるのが1837年である。

パウリーナ修道院・教会周辺に散在し，ペダゴギウム時代以来教員官舎として用いてきた建物を利用していく。1793年，教会の向かい側，パーペンディーク通りの建物を物理学教室と心理学教室，そして，大学博物館展示場とした。本部棟に収蔵されていた，大学創立時に寄贈を受けた神聖ローマ帝国直属審議官であり，また，フランクフルト市長のウッフェンバッハ（Uffennbach, Johann Friedrich）の1万点以上にのぼる銅版画や粗描Handzeichnungen，ツェレ上級控訴審書記官ツオルン（Zschorn, Johann Wilhelm）の遺言寄贈であるフランドル，オランダ，ドイツの各派の絵画270点，ジェームズ・クックの第二回世界遠征旅行に参加したフォルスター親子が集めた南太平洋諸島の住民の生活用具や楽器などを展示する場所を確保したのである。

遺物や美術品としては，古典言語学教授で図書館長を長年勤めたハイネが，古代美術史の授業で教材としたギリシャ・ローマの遺物があった。ハイネの試みは，大学の授業に教材を持ち込んだドイツ最初の授業とされている。啓蒙主義理念の浸透とともに，古典の解説を旨としてきた大学での授業に実証性が求められるようになった。旧約・新訳聖書の中で語りかける神を証明する神学の授業がある一方，古典（言語）学は，聖書に書かれている土地と民が事実として存在したかを問うのであった。聖書の舞台となった土地への遠征がなされ，その土地の住民の言葉と生活様式を研究し，生活用品と考古学的発掘品を収集するのである。教材を用いて実証的な授業を進める教授たちが集めた遺物や発掘品を展示することは，開架式図書館の図書と同じように，大学における教育と研究の接点となったのである。

博物館長に就くのは，薬学・医学教授ブルーメンバッハ（Blumennbach, Johann Friedrich, 1752-1840）で，自ら世界各地の住民の古代から現代までの頭蓋骨を収集・比較し，人種，男女，時代の相違を研究したことで知られている。19 世紀初頭のドイツで最も著名な医学部教授で，ナポレオン戦争での敗戦でハノーファー王国がジェロームのウエストファリア王国に組み入れられ，領内の大学統廃合がなされた際，大学使節団の一員としてパリのナポレオンを訪れ，大学の存続を嘆願した。ナポレオンは，ブルーメンバッハに直接声をかけ，ゲッティンゲン大学はヨーロッパの宝であると述べた。

1831 年に物理学教室の主任教授に就くのが，ガウスの盟友ウエーバーである。よく知られているが，両者は電線を通じて電信実験を行うためこの建物からヨハネス教会の塔を経てガウスの天文台を結んだのである。ガウスの天文台が，ガイスマール門の外に建築着工されるのが 1802 年で，ナポレオン戦争による中断を経て 16 年に完成している。

化学が医学部から独立した専攻となるのに寄与するのが，1783 年に新築される化学実験室である。ホスピタール通りは，聖十字修道院の慈善院があったが廃墟となっていた。廃墟の礎石を再利用し，敷地の一部に化学実験室と教授官舎が建築され，この実験室からアルミニウムのウェーラー，ノーベル賞のワーラハが育っている。ウェーラーの時代の化学は医学の一分野であり，ウェーラーは医学部教授であった。

学生数増を最も端的に反映しているのが医学関係の施設と病院である。化学実験室に先立って聖十字院跡地を利用するのが産婦人科教授のレーデラー（Röderer. Johann Georg）である。無住となっていた慈善院の建物を改修し，1752 年，ドイツで最初の産婦人科専門病院として開業する。レーデラーは，病院の新築と施設の最新化を訴え続け，新病院の礎石が置かれるのが 1785 年で，90 年に完成している。ホスピタール通りのガイスマール門寄りに建築されるこの建物はフランス語風に

Accouchierhaus（産院）と呼ばれ，バロック様式の瀟洒な建築物で，産院と上階を教授官舎とした。92年に赴任するのが，この建物に助産院を立ち上げた（産）婦人科教授オシアンダーである。現在の音楽学研究所である市の人口構造が女性過剰都市となっており，これに伴う医療処置が必要な事情については，4章で詳述する。1896年，大学病院がフンボルト通りに集約されると，この建物は音楽学研究所として利用された。

大学病院として，（産）婦人科に続いて独立するのが外科である。やはり市の人口構造と関係するのであるが，学生同様に登録された市の居住人口ではないが学生数に匹敵する数の兵士の駐屯基地がガイスマール門の外にあり，政府は軍人治療の外科の充実を図ったのである。婦人科新病院 Accouchierhaus の向かい，ガイスマール門の近くに，1781年，外科病院を開業するのがリヒター（Richter, August Gottlieb）である。ゲッティンゲン大学医学部で学び，1764年に医学博士を得ると，フランス，イギリス，オランダに留学して，最新の外科技術を学び，66年に員外教授，71年に外科正教授に昇格する。ハノーファー国王の侍医に任命される81年に開いたのが上記の外科病院である。外科は，切開等に器具を用いることから手工業職人の職務であるとされてきたが，ハノーファー政府としては傷病兵のために独立した医学部門を求めていた。それゆえにこそ，リヒターが開業した外科病院は，1793年，大学病院へと昇格している。1803年から大学病院主任教授に就いたのはヒムリー（Himly, Carl Gustav）であるが，1809年，ヒムリーと員外教授のランゲンベックが競うように病院を開業する。ヒムリーは，ミューレン通りに家屋を購入して大学病院分室として眼科を扱い，ランゲンベックは，聖霊院が置かれていたガイスト通りに外科病院を開いた。外科医として名を残すのはランゲンベック（Langenbeck, Johann Martin,1776-1851）で，ハノーファー政府軍外科総監に就任している。解剖学教授も兼ねており，1829年の解剖堂の新築に尽力した。息子のアドルフ（Maximilian Adolf）も外科医になるが，甥のルドルフ（Bernhard Rudolf）はゲッティンゲンで学び，員外教授を経てベルリン大学外科教授となっている。1872年に発足するドイツ外科医学会の創立者の一人である。大学病院の充実は，1837年の創立100周年式典に出席した国王エルンスト・アウグストが認めており，1846年着工，51年完成の大学総合病院は，内科，外科，感覚疾病（眼科と耳科），病理解剖の4部門を集約しており，各科の主任教授から病院運営員会が構成される，文字通りの総合病院の嚆矢となった。

医術との関連で異色を放つのは，エルクスレーベン（Erxleben, Johann Christoph Polycarp, 1744-1777）の獣医学である。女性としてドイツで初めて医学博士号を取得したとされているドロテア・エルクスレーベンを母に持ち，ゲッティンゲン大学医学部に入学するが哲学部の自然科学論に転じ，1767年にケストナーの下で学位を得て，私講師として教壇にも立つ。オランダとフランスに留学し，1771年に員外教授，75年に物理学及び獣医学正教授に就く。1776年，市内を流れるライネ河運河の下流，市屠殺場近くに病院を兼ねた獣医学研究所 Vieharznei-Institut を開く。没するまで2年間の営業の後閉鎖されていたが，1816年から1821年まで同地に民間獣医によって再開され，21年に市壁の外のグローナー通りの建物に移され，その後大学施設となる。

大学の施設ではないが，神学部教授会の監督で運営される孤児院が建設されている。大学創立の1737年5月11日付けで入学登録を行った領邦ロイス王家の皇子ハインリッヒ（Heinrich XI von Reuss）である。1722年生まれであるから，15歳で，教育係，召使などを引き連れての修学である。1735年10月には，先立って2人の皇子（Heinrich IX）と（Heinrich X）が入学していた。後に大学法学部をドイツを主導する位置に引き上げた公法学のピュッターの記述によると，38年に大学を離れるにあたり神学部教授会に，ゲッティンゲンに孤児院を建設すべきであること，その際にはロイス家として応分の援助をすることを申し出ている。厳格な敬虔主義の家庭に育ち，既に，ハレのフランケとその孤児院のことを耳にしていたので，自らの母校の都市にもその実現を願ったのであろうとされている[67]。

ハノーファー政府は，孤児院を領内各所に建設する計画をかねてから進めており，地域等族の合意を得る努力を進めていた。ハノーファーは，国王はイギリスに在住し，ドイツ本国では絶対王制確立途上にあ

67） 以下の叙述は，下記による。Meumann, M. (1997)

り，領邦内の共同の福祉（利益）を方針として法律や法令を発布するも，財政を含めてその実施は地域等族や都市に依存する状態にあったため，具体化しなかった。ゲッティンゲンにおいても，市庁舎は様々な問題点を列挙し，検討中の回答が続く中，市民の有志の間で募金が進み，1743 年には貧民学校が発足しており，数人ではあるが孤児を収容した。

大臣ミュンヒハウゼンは，この間，大学教授を対象にした寡婦・遺児年金制度の設立に尽力しており，1739 年の教授全員からの意見聴取に続き，43 年に制度を発足させた。遺児年金制度を立ち上げたとしても，その遺児を引き取る後見人がいない場合の施設が必要となる。1747 年 10 月 13 日付けのミュンヒハウゼンのゲッティンゲン市庁舎宛書簡は，大学神学部に対する孤児院設立認可を伝達している。市庁舎が計画に向けて問題点検討中との報告であるが，この件は，神学部に委ねる，と直接管理化にある大学を政策手段としたのである。これに伴い，新設孤児院に対する大学裁判権の適用が保障された。同日付けの大学神学部長宛の書簡は，市庁舎宛の書簡の複写を添付し，神学部が財政面をも含めてその責任で孤児院建設とその後の運営を認める，とした。補助金・寄付金が集められ，48 年に用地を 200 ターラーで取得し，50 年に建物が完成し，51 年には 22 人の子供を収容して発足した。現在のウンテレ・マルシュ通り 3 番の建物は，1921 年に新築されるまで活用された。土地と建物を所有した独立法人が運営する，神学部の監督下に置かれた大学関連施設として位置づけられた。

大学創立 200 周年の 1937 年，ゲッティンゲン孤児院は，その法的・財政的独立性を失う。民間の独立慈善施設を吸収するのがナチスの方策であり，中央統制組織化を進め，下部組織の運営をナチス信奉者に配する。孤児院運営責任者の交代にあたっては信奉者を任命し，非合法な手段を含めて様々な方法で人事を壟断し（5 章で触れる組織（人）の同質化・画一化 Gleichschaltung），その組織自体をして自発的に解散ないし中央組織への統合を決定させる，1933 年の全権委任法審議において典型的な形で現れたナチスの手法である。

私講義教場

政府は，民間や大学関係者が個人として建設した大学関係の建物を買い取る一方，大学教授が，居宅・授業用・学生下宿用に入手ないし建設した建物が市内に散在していた。大学の教授達は，私講義の教場に，自宅の一室をあてるか，学生数が多くなると民家の大きな部屋を借りた。

1814年から1817年にかけて，法学部教授ハイゼ（Heise, Georg Arnold）がパンデクテンPandektenの講義をしたのは，飲食店Die Peitscheの大広間であった。1778年生まれのハイゼは，ゲッティンゲン大学で学び，私講師となった後にハイデルベルク大学に招聘され，その後，ゲッティンゲン大学の招聘を受けて戻ったが，1818年にハノーファー政府法務省に移る。その前年の1817年にクローネ通りにループレヒト書店所有の家屋を購入し，付帯する厩舎を250人から300人を収容できる大講義室に改造した。ハイゼは，フーゴーが整理したパンデクテンを用いて商法をドイツの大学で講義した最初の教授であり，パンデクテン講義が学生の間で人気があったことから，飲食店Die Peitscheの通りがパンデクテン小路と呼ばれるようになった。現在の百貨店カールシュタットの協道である。飲食店の広間は，ハイゼ以外の教授達にも使用された。パンデクテンを分野別，史的に整理した民法教授，1764年生まれのフーゴー（Hugo, Gustav）である。大学ではピュッターの下で学び，プリンツェン通りのミヒャエリス教授の家に下宿していた。ハレ大学で博士号を得たのち，ゲッティンゲンに戻り，員外教授を経て正教授となる。1797年にユーデン通りの家を買い取り，生涯の自宅とするが，飲食店Die Peitscheの大広間を大講義に使用していたのである。

ハイゼが1817年に購入し，厩舎を改造した大講義室を持つ家屋を1835年に購入したのが哲学者・教育学者ヘルバルト（Herbart, Johann Friedrich, 1776-1841）である。ゲッティンゲンでの学生時代にペスタロッチと出会い，大きな影響を受けた。私講師，員外教授をゲッティンゲンで過ごし，1809年，カントの後任としてケーニヒスベルク大学哲学正教授に就く。1833年にゲッティンゲンに戻り，上記の家屋を購入し，生涯をここで終える。

グリム童話で良く知られているグリム兄弟のうち，兄のヤコブ（Jacob Grimm）はGoehte Allee 6番の家を，1829年から七教授事件で追放される1837年まで住宅兼講義室として使用していた。アレー通りの家の多くは織維工場経営者グレッツェルが所有しており，その内の一軒を賃貸していた。当時の大学講義室の様子を伝える貴重な資料としてグリムの授業風景の絵が残されているが，この家での講義室である。また，この講義室は一時古典語学教授ミュラー（Müller, Carl Otfried）と分け合って使用していた。ミュラーはその後，1835年にホスピタール通りに土地を購入し，後に触れる建築業者ローンスに家の設計と建築を委ねた。ドイツで一般的なゴチック様式でなく，ギリシャスタイルを取り入れた建物である。ミュラーの名声は高く，1837年の大学創立100周年ではラテン語で記念講演を行っているが，後にスメントは，七教授に関する論考（1951）で，講演原稿のラテン語を流暢さに欠けると評した。1836年からこの家で講義を開始したが，1840年に憧れのギリシャに旅し，その地に留まり，ゲッティンゲンに戻ることはなかった。その後，家は，ミュラー自身が立ち上げた文学館として使用した。第二次世界大戦後，若者劇場 Das Junge Theater となっており，60年代にフランスのシャンソン歌手バルバラが自作シャンソン「ゲッティンゲン」を創作した場所である。

民間が教授居宅や教場用として建築し，賃貸した建物をその後大学が購入した例として，パウリーナー通り19番と21番にまたがる大きな教員用賃貸住宅がある。1833年に建てられ，1844年に大学が取得している。それぞれに自宅用の玄関を持ち，真ん中に大きな入り口がついているのは，講義室への学生用入り口であった。33年から19番に歴史学のヘーレン（Heeren, Arnold Hermamm Ludwig）が住んでおり，21番に住んでいた法学部のマイスター（Meister, Jecob Friedrich）が1832年に没すると大学が購入して建物全部を講義室に改築していた。1842年にヘーレンが没すると，大学は19番も購入して，21番と一体となる講義室に改築した。少し時代を経るが，1842年にフーゴが学生時代を過ごしてミヒャエリス館を政府は購入する。政府が買い取る時期の所有者は，物理学のリスティング（Listing, Joh. Benedikt）で，光学が専門であったことから，大学関連産業として発達するマイクロ・スコープのレンズを開発するウインクラーやカール・ツアイスの協力者アベを指導したことで知られている。

大学施設の歴史を最初の100年間について振り返ると，以下のように言うことができよう。学生数が300人程度であった創立期は，馬術

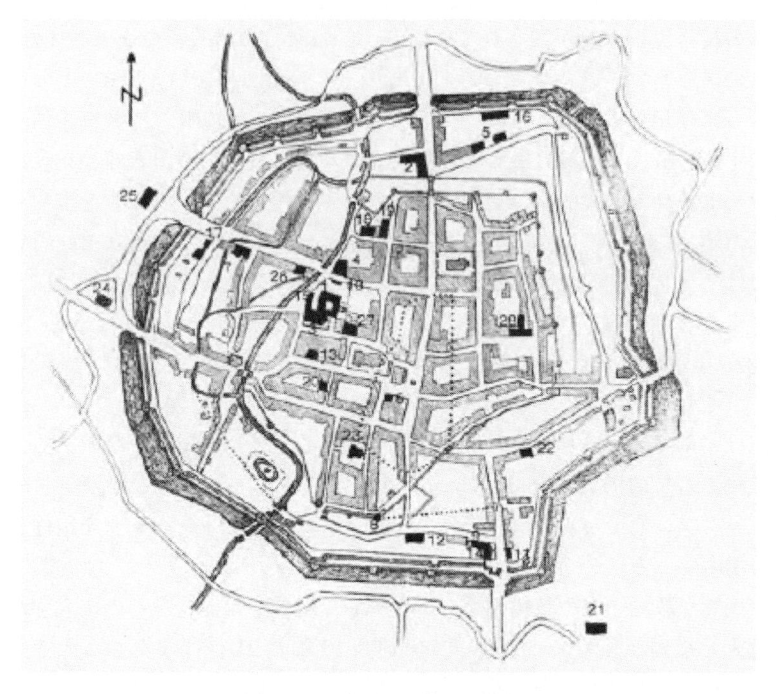

創立100周年時の市内大学施設

出典）Oberdiek, A.（2002）, S. 50.

1 Kollegienhaus (1735)
2 Reithaus (1736)
3 Pauliner Kirche (1737)
4 London-Schänke (1737)
5 Erste Anatomie (1739)
6 Universitäts-Apotheke (1739)
7 Fechtboden (1742)
8 Erste Sternwarte (1751)
9 Erste Frauenklinik (1752)
10 Konzilienhaus (1764)
11 Akademisches Hospital (1781)
12 Chemisches Laboratorium (1783)
13 Planck-Haus, Johannisstr. 29 (1785)
14 Accouchierhaus (1790)
15 Physikalisches Kabinett (1793)
16 Neues Gewächshaus (1809)
17 Chirurgisches Hospital (1809)
18 Himly's Hospitalabteilung (1809)
19 Himly'sches Hospital (1810)
20 Pandektenscheune (1814)
21 Zweite Sternwarte (1816)
22 Heise-Haus, Lg. Geismarstr. 68 (1817)
23 Nikolaikirche (1822)
24 Tierarznei-Institut (1821)
25 Theatrum Anatomicum (1829)
26 Grimm-Haus, Goethe-Allee 6 (1829)
27 Auditorien- und Seminargebäude (1833)
28 Aulagebäude (1837)

練習所や薬草園を別にすれば，大学本部棟を中心としてアレー通りを含めた範囲で十分であったが，学生数の増大と教授達の研究活動の活発化とともに大学施設は街に広く分散するようになる。ホスピタール通りを中心としたガイスマール門の近くに病棟群が生まれ，そして，市壁外へ第二天文台，動物病院，解剖室の 3 つの施設を持ち，学生数が 1000 人に迫り始めた 100 周年には，記念事業としてウィルヘルム広場に新本部棟が建設され，大学の 28 施設が街中に散在するにいたる。この他に，語学やダンス教師たちは言うに及ばず，教授達も自宅等で私的有料授業をしているのであり，学生の移動の利便を考えて市内中心部に集中していた。「ゲッティンゲンは大学を持つ大学都市である」よりも，「ゲッティンゲンの街が大学である」と言われるようになるのであった。

第3章
七教授の大学

1　初期立憲主義期の国家と大学

1871年にドイツを統一するプロイセンは，フリードリヒ大王が七年戦争を戦い抜き，覇権国として初めてヨーロッパ史に躍り出た。七年戦争は，ヨーロッパ大陸では主としてプロイセン領とオーストリア領において繰り広げられるが，本来の抗争は世界の覇権を争うイギリスとフランスの間での植民地支配闘争である。19世紀の工業化の原動力となる石炭を産出し，ドイツ屈指の鉄鋼業地帯となるシュレージェンの領有を巡り，プロイセンとオーストリアは1740年から軍事衝突を繰り返しており，この対立にイギリスとフランスの植民地戦争が重なり，最終的に決着をみる第三次シュレージェン戦争の1756年から1763年が七年戦争と呼ばれている[1)]。

七年戦争

プロイセンがヨーロッパ大陸の覇権国家としての途を歩み始めるのは，三十年戦争の最中である1640年に即位したフリードリヒ・ウィルヘルム選帝侯によってである。戦争により疲弊した国土を再建するた

1)　七年戦争についての記述は，以下を参考にした。林健太郎編『ドイツ史』1977年。阿部謹也『物語ドイツの歴史』1998年。Externbrink, Sven (Hg.) (2011).

め，フランスでの新教徒への迫害に抗議するという名目で，1685年，改革派で都市の商業や手工業に従事するユグノーの受け入れを宣言する。ドイツに逃れた3万人のユグノーのうち，2万人をプロイセンが受け入れ，その内の4千人が当時人口1万1千人程度のベルリンに入った。ベルリンやマグデブルクなどユグノーを大量に受け入れた都市は，地域の商業や手工業に新しい息吹を与えた。ユグノーの姻戚関係や信仰上の結合を通じて，遠隔地商業に新しい結びつきが生まれ，金融業や卸売業が発達していった。1688年に即位する次代のフリードリヒ1世は，王家の一族の相続による領地の分散を禁止し，領邦の拡大に努めた。また，神聖ローマ帝国皇帝に働きかけて，オーストリア王家の戦争に軍事的協力をするなどして，選帝侯国を王国に格上げする地位を1711年に得ている。ベルリンをパリに倣った宮廷文化の地とすることに努め，宮廷に呼ばれた哲学者であり数学者であるライプニッツの影響で1700年にプロイセン王家にアカデミーを設立した。1694年，ハレの騎士アカデミーを大学に昇格させたのもフリードリヒ1世である。

1713年に即位したフリードリヒ・ウィルヘルム1世は，軍人王と呼ばれたほど常備軍の養成に力を注いだ。人口約200万人強の王国で，傭兵が主体であった常備軍3万8千人を8万3千人に強化するとともに，その半数を国内の徴募兵とする軍制を作り上げた。ベルリンに幼年学校を設け，貴族の子弟を将校へと養成して外国人雇い兵の将校に代えた。先王の時代に見られたフランス風の宮廷文化を奢侈として斥け，産業育成と財政健全化に努め，1740年に没した際には国庫に600万ターラーの蓄えを後継者フリードリヒ1世（大王）に残した。フリードリヒ大王にとって，雇兵制から脱皮した徴募兵制度が確立されていたこと，そして，豊富な軍事資金が，長期間にわたる軍事活動を可能にしたのであるし，中絶していたベルリン・アカデミーの再興やポツダムのサンスーシー宮殿の造営による文化人としての名声を得ることができたのである。「君主は国家第一の下僕」という言葉を残しているように，絶対君主として国家との一体性，国家と国民の繁栄・安寧（公共の福祉・利益）を君主の使命とする開明的専制主義の典型とされている。

オーストリア国王である神聖ローマ帝国皇帝カール6世が男子相続人を残さずに1740年に没すると，同じ年に即位したフリードリヒ大王は，他の領邦からの反対が強かった皇女マリア＝テレジア相続を支持する代わりにオーストリアのハプスブルク王家支配のシュレージェン領有を求め，1742年に占拠した。第一次シュレージェン戦争であり，44年から45年にかけて第二次シュレージェン戦争が続く。オーストリアは，奪還の機会を伺い，プロイセンをヨーロッパ秩序から孤立させることで圧力を加えるべく，ヨーロッパ大陸最大の列強フランスに接近するため在パリ大使に交渉を指示したのが1755年8月である。

ライン川左岸に飛び地を持つプロイセンは，予てよりライン川左岸の領有を狙うフランスが軍を進めることを恐れていた。フランスを牽制するために，1756年1月16日，プロイセンがイギリスと軍事同盟を締結すると，5月1日のオーストリアとフランスの相互防衛支援同盟，さらに，ロシアを含めた三国同盟へと発展した。オーストリアは神聖ローマ帝国皇帝国であり，ドイツの諸領邦が多かれ少なかれオーストリアに同調したので，結果的にフランスとの同盟に取り込まれることになった。早くもフランスは，6月9日にイギリスに対して宣戦布告を行うのであり，強く危機感をもったフリードリヒ大王は先制攻撃として，56年8月29日，オーストリア側の隣国ザクセンへ兵を進めたことで七年戦争の幕が切り落された。フランスはライン川左岸のプロイセン領を占領し，ドイツ諸邦の兵を取り込みながらイギリスと同君連合にあるハノーファー領に軍を進めた。戦況は一進一退を続けたので，ハノーファー領南部の軍事拠点ゲッティンゲンは3度にわたりフランスとその同盟軍の占領下に置かれた。フランスとの同盟軍の主力はヘッセンなど中部ドイツの領邦の軍であり，両陣営は積極的に交戦することなく進撃と撤退を繰り返したので，ゲッティンゲン市は戦禍に遭うことがなかった。しかし，戦争状態の持続とフランスとその同盟軍による占領は，市経済の負担となったし，学生数は激減した。

ヨーロッパ大陸ではプロイセンが単独で列強三国と戦った。同盟国イギリスは軍事費援助をしたものの，軍を大陸に進めることなく，植民地での対仏戦に全力を投入した。これに対して，フランスは軍を大陸でも割かねばならず，二面作戦を強いられたことがイギリスに有利に作用したとされている。一方，プロイセンは，一時は首都ベルリンの陥落まであったが耐え抜き，1862年のロシアの女帝エリザベタの急死とフリードリヒ大王の信奉者ピョトール3世の即位が戦況を好転させた。この年の11月，イギリスとフランスは休戦に合意し，翌63年2月10日のパリ条約でイギリス，フランス，スペインの和親条約の調印，同じく12日のプロイセンとオーストリアのフーベルトゥス条約で七年戦争が終了し，史上最初の世界大戦とも言える軍事抗争は終了した。人口約100万人のシュレージェン領有を確定したプロイセンは，ヨーロッパ列強の地位を獲得するのであった。

七年戦争は，ヨーロッパ大陸を越えて，全世界的規模での列強間の長期にわたる戦争であり，そして，イギリス優位に終結したことはゲッティンゲン大学に有利な影響を残した。人々の国際秩序への関心は高まり，法律学の学習における国際法と公法の重要性が増した。日の沈むことなき帝国イギリスへの政治・社会・学問・文化への関心の高まりは，イギリス国王の大学であるゲッティンゲン大学の研究と教育へ，特に，支配階層である領邦君主や貴族の子弟の眼を向けさせたのである。ドイツ語圏の諸外国からの子弟も集まるようになった。

プロイセン改革

1789年7月，「自由・平等・博愛」を標語として国民主権と人権に基づく国家建設を謳うフランス革命宣言がドイツに伝わると，学識者層と学生を中心に大きな反響を呼び起こした。絶対王制に基づく旧体制の終焉を意味したのであり，ドイツ領邦君主の警戒感は一気に高まった。1786年戴冠のプロイセンのフリードリヒ・ウィルヘルム2世と1790年戴冠のオーストリアのレオポルド2世は，フランス国家の旧秩序回復を呼びかけるピルニッツ宣言を91年8月に発し，列国の君主に共同行動を訴えた。フランスのオーストリアへの宣戦布告，これに呼応してプロイセンの対仏干渉戦争，そして，ロシアの参戦と続き，ヨーロッパ大陸は再び戦争状態に陥るがナポレオンの勝利に終わる。ライン川左岸がフランスに併合されたことにより，神聖ローマ帝国の版図再編が必要となり，1803年2月のレーゲンスブルク帝国代表者会議において領邦諸国秩序の再編が行われ，300余の帝国直属領邦・騎士領・自由都市が約40の独立領邦・自由都市に統合され，小規模騎士領などは統合して拡大した領邦君主の陪臣とされた。この再編版図が1815年のウィーン会議で成立するドイツ同盟の基本構図となる[2)]。

1804年にフランス皇帝位に就いたナポレオンに対するオーストリアとプロイセンの最後の抵抗も1806年の敗戦で終わる。8月6日，皇帝フランツ2世が退冠し，神聖ローマ帝国は消滅した。プロイセンは，1806年10月のイエナ・アウエルシュテットの戦いに破れ，翌7年7月のチルジット条約でエルベ川以西の領土を割譲する。そして，エルベ川以西の北西ドイツは，イギリスと同君連合にあるハノーファー王国をも含めて，ナポレオンの弟ジェロームを国王として新たに生まれたウェストファリア王国に統合された。ゲッティンゲン大学は，ウェストファリア王国の大学となる。

ウェストファリア王国に組み入れられた北ドイツ領域には，ゲッティンゲン大学より歴史の古いヘルムシュテット大学（1516年），リンテルン大学（1621年）があり，さらにマールブルク大学とハレ大学があった。国王ジェロームの方針が，財政上の理由から群小大学の整理にあったので各大学は存続の危機に曝された。ゲッティンゲン大学は，医学部教授であるとともに博物学者としても著名であったブルーメンバッハを含めた使節団をパリのナポレオンの下に派遣し，大学の存続を直接訴えた。ナポレオンはブルーメンバッハを直接謁見しており，国際的に高い評価を得ていた著名教授を擁したゲッティンゲン大学の存続が決まり，他の2大学は廃校となる。カッセルに宮廷を置いたジェロームも，5回にわたりゲッティンゲンを訪問しており，戦前からの懸案であり，既に建築計画も出来上がっていた図書館増改築を許可するとともに，天文台の新築に着手させた。

エルベ川以東に限定されたプロイセンは，過大な戦争賠償金に喘ぎながら国家再建への途に踏み出す。シュタイン・ハルデンベルク改革と呼ばれている近代化政策は，1807年10月のシュタインの主席大臣就任とともに始まり，世襲隷農制の廃止，農地改革，ギルド強制の廃止，営業の自由，都市自治令などにより，フランスでの革命に対比して，いわゆる「上からの改革」が進められた。賠償支払いと国家再建の財源はもはや王領地経営では対応できず，広く国民の租税負担と徴兵による国民兵

2）　プロイセン改革については，Huber, E. R. (1957), S.95ff. による。

に求めざるを得ないことから，国民の政治への参加を確認する憲法の導入を約束する。政府は，租税と用役の対象としてみなしてきた臣民を，革命国フランスに対抗すべく，自立した個としての国民へと育成すべく，上からの国民教育を不可避としたのである。1807年冬のフィヒテの「ドイツ国民に告ぐ」は，国民教育概念を二重の意味で語っている。即ち，身分によって分断されている教育を平等に広く開放することが「国民教育」であり，また，国民を倫理的共同体へと教育するのが「国民教育」であると述べるのであった。19世紀を通じて世界の国民国家において確定する国民の3大義務「納税・教育・兵役」は，この改革期の国民教育理念の下において実現するのである。改革期のプロイセン政府は，1811年6月26日と12年10月18日の規定によって，都市部と農村部それぞれの地方自治体の課題とした初等教育行政制度を定める。これに続いて，13年2月19日の法律で一般兵役義務を導入した。徴兵制度の前提が国民の学校教育であった。[3)]

シュタインが教育改革の任を委ねたのがウィルヘルム・フンボルトであり，1年弱の在任期間にペスタロッチの教育原理を取り入れた初等教育から大学にいたる学校教育制度の枠組みを作り上げた。ベルリンに散在していた様々な高等教育機関を統合し，研究と教育を一体とする最高学府としての大学像を描き出したのである。フンボルトの大学理念が19世紀から20世紀にかけての世界の大学の基本モデルとなる。

ペスタロッチ（Pestalozzi, Johann Heinrich, 1746-1827）の教育理念が改革派の人々の間で国民教育の理論的根拠であった。ペスタロッチは，従来からの教育は知識の機械的な伝達と暗記的咀嚼であり，職業選択も身分制社会の枠内でなされているので学校教育も身分に応じて分離していると批判し，これに対して，すべての人に平等で開かれた教育機会と知識の伝達ではなく人間性涵養のための教育を訴えた。ベルリンでは，既に1805年にプラマン（Plamann, J. E. 1771-1834）がペスタロッチ男子学校を開いて新しい教育理念を実践しており，次第にプラマン学校と呼ばれるようになっていた。プラマン学校からは，教師として，後に体操の父と呼ばれるヤーン（Jahn,　Friedrich Ludwig, 1778-1852）の他に，

3)　わが国においては，明治政府が明治5年に義務教育制度と徴兵制度を定めている。

ハルニッシュ（Harnisch, Ch. W., 1787-1864）やフレーベル（Floebel, F., 1782-1854）などの教育者を輩出している。

ヤーンは，1805年10月17日付けでゲッティンゲン大学へ入学登録し，翌06年2月11日付けで放校処分を受けている。市民との騒動，決闘予定，05年から06年2月にかけての学生騒動に参加，という3つの件で懲戒処分された。ヤーン自身が語ったところによると，10の大学を転々としたという。後に詳論するが，1819年の大学弾圧で逮捕・投獄され，25年3月の釈放後も警察の監視下に置かれた。48年の3月革命後のフランクフルト憲法制定議会では，議員に選出された。フレーベルは，1799年に1学期イエナ大学に在学して数学と農林学を学び，1801年にゲッティンゲン大学，それからベルリン大学に進むが，ベルリンではプラマン学校の教師に就いている。1808年から10年までスイスのペスタロッチのもとで共に生活し，その後ベルリンに戻り13年から14年にかけてリュツオー自由軍団に参加した。戦後は，ペスタロッチに倣って幼児教育に一生を捧げ，幼稚園Kindergartenという用語を生み出した。

ヤーンがプラマン学校の同僚フリーゼンとともに最初の体操練習所をベルリンで開始したのは1811年である。身体運動による精神の覚醒と自律的人格の陶冶を目的とするとしたが，実態はナポレオン軍占領下における自主的軍事教練であった。集まった若者達がフランスからの祖国解放とドイツ民族の伝統を共通の認識としたように，祖国解放運動への熱い思いに駆られて身体訓練と団体行動を自由志願したのである。フリーゼンとヤーンは，仲間たちと解放戦争に参加するため，1813年2月，自由志願兵を組織したリュッツォウ（Lützow, A., 1782-1834）の自由（志願兵）軍団に入隊する[4]。フリーゼンは，戦没している。

1812年のナポレオンのロシア遠征は失敗に終わり，13年10月のライプツィッヒ郊外と14年6月のワーテルローの敗戦でナポレオンの時代は終わった。ドイツでは解放戦争と呼ばれており，フランス支配に反発して愛国精神を発露すべく学生も積極的に戦場に向かった。学生達の意識は，解放を勝ち取るのは祖国であり，祖国とは個々の領邦ではなく

4）プロイセン改革期の学生運動については，大西健夫「大学問題」（2008），17頁以下，を参照。

「一つの民族国家ドイツ」であったので，戦後に大学に戻った学生達の希望は祖国ドイツの統一と国民の代表が国王と共に承認する憲法制定に向かった。戦後の1815年6月12日，リュッツオウ自由軍団の仲間であったイエナ大学の学生達が最初のブルシェンシャフトを設立する。4つの地域学生団体を糾合したものであり，年功序列に代わり選挙で選ばれた代表と委員会を組織とする，初めての民主的学生団体であった。翌年には，団体の理念として「名誉，自由，祖国」を決定し，これを表わす団旗を「黒・赤・金」とした。この3色は，リュッツォウ軍団の団旗であり，1815年のドイツ同盟も紋章に金色の下地に赤い爪の黒鷲を採用している。軍隊的規律を尊重する学生団体が，Corps（兵団，将校団）と呼ばれるのは，祖国受難の折には駆けつける軍団の伝統からである。そして，1848年の三月革命では，この3色旗がドイツ民族国家統一運動のシンボルとなった。言うまでもなく，現在のドイツ国旗である。

ワルトブルクの祭典

ヨーロッパの秩序再建を議したのは，ウィーンに参集したヨーロッパ列強とドイツの領邦君主である。1815年のウィーン議定書は，全ヨーロッパおよびドイツ語圏の版図を決定した。ドイツ諸領邦は，オーストリアを含めた40強の国家連合による国家共同体を作ることで，相互の主権を認定し，相互安全保障体制を構築するとともに，各加盟国での内政にあっては君主と臣民を結ぶ議会と憲法の制定を共通の努力目標とした。ドイツ同盟は，加盟国とその連合体としての秩序安定のため，同質的な政体構造を持つ加盟国間の条約関係であることを目指したので，加盟国が身分制等族議会を持ち，国王と等族議会が合意した憲法制定を前提としたのである。中央政府機能を持った統一ドイツ国家は形成されなかったし，国際法的には条約による存在として出発した機構であり，決定を施行する機関を持たなかったから，この時点においては連邦というよりは同盟であった。

これに不満を抱き，一つのドイツ国家を合言葉にする運動は全国の大学に広がる。1817年10月，宗教改革300年祭と解放戦争戦勝記念を謳ったブルシェンシャフト祝祭が，ルターが聖書の独訳に勤しんだ古城ワルトブルクで開催されると，11大学から500人の学生が集まった。

集まったのは戦争体験を持ち，一度は祖国のため生命を投げ出した学生たちであり，その中の急進的な学生が焚書の寸劇を演じ，プロイセンの警察法令案や反動的とみなされていた書物 20 冊の書名を 1 枚ごとの紙に記した紙束を火に投じた。ウィーン会議を主催したオーストリアの宰相メッテルニヒは，イエナ大学管理者であるワイマール公にジャコバン主義者（革命主義者の代名）の取締りを求めるが公は応じなかった。

ドイツの学識者層，特に学生は，一方においてフランス革命の理念に賛同しつつ，占領フランス軍からの祖国解放を通じて愛国精神と民族統一国家形成へと政治意識を発展させており，これはまた後期啓蒙主義理念に基づく個人の内的倫理観と結びついたのである。敬虔なピエティスムの家庭に育ったケーニヒスブルク大学哲学教授カントは，1793 年出版の「理性の限界内の宗教」に対し教会からの反発を受け，翌年，宗教についての著述・講義禁止処置をうけるが，この年 70 歳のカントは，現時点において沈黙することが臣下の義務であるとしながら，「自己の内心の信念を撤回したり否認したりすることは恥ずべきことである」と述べている。解放戦争後の学生運動の理論的支柱の一つになったのがハイデルベルク大学哲学・物理学教授フリースである。フリースは，信念と行為の関係を厳格なものとして捉え，信念は行為において「信念に忠実であれ」という属性を持つと主張した。ここから派生するのが，理性に照らして「正しい信念は，信念の実践に必要ないかなる行為をも正当化する」という論理であり，学識者層や学生の間で受け入れられていく。

1819 年 3 月，イエナ大学学生カール・ザンドが，ロシアのスパイと目されていた劇作家コッツェブーを暗殺する事件が生じる。1761 年ワイマール生まれのコッツェブー（Kotzebue, August）は，君主制擁護の立場から執筆活動を続けており，1817 年にロシア政府の顧問に就任し，密かにドイツの思想傾向を報告していた。歴史家ルーデンが発行する雑誌ネメシスに関する報告書がたまたま学生の手中に陥ったことから，祖国の裏切り者と刻印され，学生や市民の憎悪の的となっていた。祖国の裏切り者を誅したザンドの行為は，「（信念に基づく）目的は手段を正当化する」との論理の下で学生達の間で熱狂的に支持されたばかりでなく，一般市民の間でも暗黙裡に広い賛同を得たのであった。

カールスバード決議

コッツェブー暗殺が，過激学生の激情に駆られた行為に留まらず，ドイツの君主制政体を揺るがす政治問題として取り扱われるようになる。大学問題がドイツ連邦における主要政治課題となるには，その背景が存在した。ウィーン体制は，ナポレオン戦争後の全ヨーロッパ的秩序を再び革命という人民蜂起を起こさせないため列強君主国が協力することを前提とした。イギリスは不参加であったが，ヨーロッパ大陸においてオーストリア・プロイセン・ロシアが1818年11月に神聖同盟を結び，最初の会合がアーヘンで開かれた。主要議題は，ナポレオンを制圧した後のフランスに駐留する連合軍の駐留期間の短縮を審議することであったが，神聖同盟を提唱したロシア皇帝は自国の政治顧問ストゥルザが作成した覚書「ドイツの現状」を配布する。

覚書は，ドイツの大学の伝統である団体自治と表現の自由は革命の温床となっており，大学から扇動的政治運動が生まれているとし，特に現在のドイツの大学では民族統一国家を目指す革命の芽が大きくなりつつある，と指摘する。ドイツの自治的大学制度は，教授と学生による「国家のなかの国家」となっているので，解決策は，自治権を認める大学特権を廃して，学生を大学裁判権に代わり一般法に服させ，自由な研究と教育に代わり確定した教育課程を導入し，不穏な書物を学生から取り上げ，教授の任命は学内での招聘手続きに代わり政府任命とすることによってのみ，可能であると述べる。その後の大学国家管理の原型である。

ストゥルザが指摘する団体自治の問題は，ドイツにおいて18世紀中葉以来広がった団体・結社を指している。一般市民が，読書会や談話会などの形で，場合によっては，身分横断的な集会を私的に持ち始めていたのであり，これらを通じて啓蒙主義思想が広がっていった側面を持った。これに対して，絶対王制政府は，国家の管理の眼が届かない組織であるとして届け出制度などを通じて監視体制を強め，法的取扱いを定めていく[5]。ストゥルザの報告書は，大学もこうした団体・結社の一つと位置づけているのであり，絶対王制政府も大学を団体・結社と同じ監

5）18世紀中葉から19世紀初頭にかけての団体・結社運動については，村上淳一(2001)，108頁以下を参照。

視・管理の対象と見なすようになり，カールスバード決議後大学に政府全権監督官を常置するようになる。

この時点でのドイツ側の対応は，覚書を一つの見解として受け止めたすぎない。イギリスと同君連合にあるハノーファーは，ロンドンのドイツ担当大臣ミュンスターの指示で1818年12月，大学秩序問題に対して共通の施策を検討すべきではないかとドイツ同盟議会に打診している。ゲッティンゲン大学からはワルトブルク祭典に学生は参加していないし，法学部を中心とする官僚養成大学として学生運動とはほぼ無縁であったから，ヨーロッパ秩序の観点から出されたロンドンの指示であった。コッツェブー暗殺事件後の1819年4月，イエナ大学を共同管理するワイマール公国とゴーター公国は共同で大学秩序規則の制定を同盟議会に提案しているが，表現と教育の自由は大学に必須であるとの立場に立っており，検閲と大学の管理厳格化は考えられていなかった。

1819年3月，学生ザンドによるコッツェブー暗殺事件を受け，大学問題を焦眉の課題として，カールスバード会議が開催される。メッテルニヒは，ドイツ諸領邦での意識の変化を読み取り，アーヘン会議でのロシア政府の覚書を手掛かりとして，暗殺事件を大学対策の切り口とする。プロイセン政府の同意を取り付けたうえ，ドイツ同盟主要10領邦の大臣会議を8月にカールスバードに集め，カールスバード決議を採決するとともに，大学法，出版法，調査法，執行法からなる4法草案を決議し，早くも9月16日の同盟議会において暫定法として採択を強行する。条約上の機構として発足したドイツ同盟が，共通法を定め，かつ，そのための執行法を持った最初の一歩であった。そして，1820年5月5日のウィーン最終議定書に4法が付帯書として収録されたので，ドイツ同盟の基本法の一部となった。この4法がドイツ史において大きな意味を持つのは，大学に対する統一管理体制の導入に留まらず，1848年3月革命まで続くドイツ初期立憲主義期における検閲・弾圧・煉獄の時期が始まったからである[6)]。また，1820年の最終議定書をもって，オーストリア・プロイセンの両覇権国はウィーン体制の仕上げとみなしたのであり，体制の根幹である加盟領邦の政体相互保障の条項を入れて

6)　初期立憲主義期における大学問題については，大西（2008）「大学問題」を参照。

いる。最終議定書56条は,「有効が確認された状態にある等族憲法は,憲法規定によってのみ変更できる」と定めており，革命などの暴力的勢力や内政紛争による現体制の変更に対して，19年9月の執行法を用いて同盟として加盟国の内政に介入できる途を開いたのである。

大学4法

同盟議会が採択した大学4法のうち最初の3法は，あらゆる大学決議機関での投票権と決定権を持つ政府全権委任者を監督官として各大学に置くこと，出版物の管理は領邦を越えて連邦レベルで行えること，領邦横断的な団体活動を調査し，取り締る中央調査委員会をマインツに設置することなどを定め，各領邦はこれらを実施できるように国内法を改正すべしとしている。調査委員会法では，マインツの調査委員会が各領邦の担当官庁に優先するものとし，また，容疑者の尋問を各領邦の担当官庁に委ねることなく，直接行うことができるとした。一つの連邦執行機関となったのである。さらに，第4番目の執行法は，前記3法の施行が各領邦ないし中央調査委員会に委ねているのに対し，同盟議会がその都度編成する同盟軍が，秩序維持を目的に各領邦内部へ直接介入できるとしたものであり，その後4法のうち唯一恒久法となった。

各領邦における4法の内部化は，特に，表現の自由の位置づけに大きな温度差があった。バイエルンやバーデンは1818年に制定した憲法において，議会の議員に「特定の身分や階級を考慮することなく，自身の内面的信念に基づき，国全体の繁栄と最善のため審議」することを求めており，同年のウュルテンブルク憲法も「国王と祖国の繁栄のため，自己の信念に忠実かつ良心に基づき審議」するとあるように，個人の信念が社会・国家に対して自己を主張する権利を明文化していたのである[7]。ハノーファーも1819年に憲法を国王勅令として制定しているが，内容は立法権，租税権，予算権への等族議会の関与を認めたものであり，個人の信条の分野に立ち入っていない。バイエルンなども同じであるが，ハノーファーにおいても議会に議席を持つ等族の一つとして公法

7）　西南ドイツの中位国が憲法制定において先行していたのは，ウィーン体制での領土再編に伴い，小領邦，騎士領，他国の飛び地などを統合したことにより，既得権と新体制の調整が等族議会と憲法に求められたことが大きい。

上の自治団体である大学に議員選出権が与えられている。いずれの領邦国家も大学4法に基づいて国内法を定めるのであるが，最も厳格に実施したのが両覇権国オーストリアとプロイセンである。例えば，バイエルンは4法そのものを国内法に優先する同盟規約とみなすかについて政府内部で意見が分かれ，10月16日の政府広報で4法をドイツ同盟の共同規則，即ち，合意と位置づけて国内法に抵触しない限り有効との限定をつけている。これに対して，プロイセンは，10月18日，国内法に優位する同盟規約として告知した。

プロイセンは，同盟規約に基づくとの立場から国内法を整備し，大学管理を強化する。学生団体の取り締まりは徹底され，教授の表現の自由を抑制した。ナポレオン戦争の時期に，ライン川左岸がフランスにより併合されたことを受け，「ライン，ドイツの川，しかし，ドイツの国境に非ず」と祖国解放運動を行ったグライフスワルド大学哲学教授アルント（Arndt, Ernst Moritz, 1760-1860）は，その後1818年新設のボン大学に移っていたが，プロイセン政府の監視下に置かれた。さらに，プロイセン政府は絶対王制の時代に回帰したと批判したとされて「マインツの中央調査委員会の提議ならびにカールスバード決議第2条に基づき……」解任され，3年間拘禁された。ヤーンにいたっては拘禁が6年間に及んだ。フィヒテの「ドイツ国民に告ぐ」の第2版発行も禁止されている。プロイセンでみると，通常の裁判手続きを経ることなく反逆罪で逮捕された学生は204人にあがり，そのうち39人に死刑の判決が下されたが，多くは三月革命の48年まで30年間の牢獄生活を送った。マインツに設置された中央調査委員会および各領邦国家によって尋問，追放，逮捕，監視下に置かれた人数は，ナポレオン支配からの解放戦争とその後の改革運動に功績を遺した人々をも含めて2,500人に及んだ[8)]。

ドイツ同盟の両覇権国オーストリアとプロイセンは憲法制定を行っていない。解放戦争を契機にドイツ民族統一国家の形成と憲法制定議会を

8）　連邦4法で検閲と弾圧の対象を確定する以前の絶対王制において，政府としての市民社会統制は様々な身分と法が混在していたこと，また，王家と政府の境界が不分明であったことにより，統治の対象を法的に一元化して管理することができなかった。1848年三月革命までのドイツ同盟諸領邦における検閲と弾圧については，下記参照。Clemens, Gabriele B.(Hg.) (2013): Schermaul, Sebastian (2013).

求めた時代の潮流は，不穏な学生を取り締まることを名目にした大学管理法を隠れ蓑にして，ドイツ同盟加盟国すべての国民を検閲と弾圧によって押し潰したのである。大学4法の適用が比較的温和であった領邦は，当初から過激な学生運動が目立たず，大学の管理体制に問題を感じていなかったからであるし，むしろ，ウィーン体制によって新たに組み込まれた地域を領邦国家体制へと統合することが内政上の優位課題となっていたからでもあった。ライン川上流の左岸に領土を拡大して生まれた新生領邦バーデンでは，1818年憲法発布にあたり「われわれはこれまで，バーデン人，ドウルラハ人，ブライスガウ人，プファルツ人……であった」と統合推進者の一人はバーデン議会で演説している。

ハノーファー政府も連邦4法を受け入れ，ゲッティンゲン大学に政府全権委任者としての政府全権監督官を配置するが，大学運営そのものは従前通りとしている。ヤーンの体操団の影響を受け，ゲッティンゲンにおいても1818年に学生体操団が存在した。学生たちは，市門の外の広場で団体を組んで体操練習をし，帰路は整然と整列して歌唱しながら行進している。ドイツ同盟として学生管理が厳格化してくると，1822年，大学本部はすべての学生団体に活動報告と学生名簿の提出を命じる。体操団体の代表レームリッヒ（Römlich, F. W.）は，活動報告は提出するが氏名の提出を拒否し，逆に，団体活動の正式許可を求めるが大学は拒否する。拒否の理由としてあげられたのは，1）体操運動は健康を害する，2）団体行動は過激な学生運動を想起させる，3）他大学でも許可していない，であった[9)]。身体訓練と団体運動の体操団とは対極的に，遊びとして学生が集う水泳所には理解を示す。1817年と18年に，ライネ河での水遊びで溺死が続いたことから，19年，大学は河畔のクローナー・ショッセーに大学水泳所を開設し，監視人を配置して遊泳者の安全を図っている。32年には，さらに施設が拡充された。

七月革命

大学政策，即ち，検閲と弾圧への各領邦での温度差は，1830年7月のパリでの革命再発への対応に現れてくる。大学法を用いて検閲と弾圧

9） Wilhelm, P. (1989), S.34.

を強化したプロイセンやオーストリアへの七月革命の影響は，西南ドイツやハノーファーなどと比べて小さかった。これに対して，北ドイツのブラウンシュワイク，ハノーファー，ヘッセン・カッセルなどは新憲法制定が要求されるか以前の憲法の改正が求められた。既に憲法が制定されていた西南ドイツではドイツ民族統一国家形成への運動が高まった。1819年執行法に基づく，ドイツ同盟軍の直接介入が現実となってくるのであった。

1830年，パリ七月革命が波及したドイツ同盟加盟国ルクセンブルクで暴動が起こると，同君連合のオランダは10月15日に同盟議会に支援を要請する。連邦議会は31年3月17・18日に連邦軍2万4千人の派遣を決定し，ハノーファー王国が指揮をとって暴動を制圧している。

1833年5月，バイエルン王国の飛び地プファルツのハンバッハでの祭典に，西南ドイツ各地から3万人にのぼる市民，学生，そして，婦人解放を謳う女性が参集している。ブルシェンシャフトの三色旗と並んでフランス国旗がたなびき，ドイツ統一と国際連帯が熱狂をもって語られたが大きな混乱もなく散会した。しかし，ハンバッハ祭典が何ら具体的行動に結びつかなかったことに失望した学生を中心に蜂起し，34年4月3日，同盟議会が置かれているフランクフルト市警備隊本部等を占拠する。フランクフルト市からの要請がなかったにもかかわらず，4月12日の連邦議会は，フランクフルト市議会が統治不能に陥ったとしてオーストリア・プロイセン軍を派遣して鎮圧した。フランクフルト蜂起を主導した一人が，31年にゲッティンゲン市役所占拠を実行した私講師ラオシェンブラットである。

蜂起を鎮圧した同盟加盟国は，直ちにデマゴーグ狩りを強化する。1,800人以上が謀反罪で拘禁され，逮捕を免れた人々やドイツの現状に悲嘆する人々がスイス，フランス，アメリカなどへ亡命した。パリに亡命した詩人ハイネの例がよく知られており，パリでドイツ亡命者同盟が結成されている[10]。ドイツ同盟は直接的軍事介入によって急進的扇動家とみなされた勢力の弾圧に成功したが，革命的思想を海外において先鋭化させたのであり，また，国内では学識者層の間の潜在的連帯感を沈潜

10）34年のドイツ亡命者同盟は，36年のドイツ正義者同盟となり，本部をロンドンに移してから，47年にマルクスやエンゲルスが加わり共産主義者同盟に発展する。

させたのであった。1848年三月革命は，弾圧を主導し，成功したとみなされていたウィーンとベルリンで最も激しく燃え上がる。

30年の七月革命の影響を受け，市民運動の圧力によって領邦君主が憲法改正を行い，同盟軍の介入にはいたらなかったもののその合法性が同盟議会で審議対象となった事例としてホルシュタイン，ブラウンシュワイク，ハノーファーでの憲法紛争がある。

ハノーファーでは，1819年12月7日の国王勅令で王国最初の憲法が公布されていた。国王と国民（臣民）との権利義務関係を内容とするものではなく，「王国全体に関連し，等族との協議に憲法上属する議案は，王国の一般等族とのみ協議される。これに対して，一部の地域にのみ関わり，地域の等族との協議に適合するすべての案件は，今後も当該地域と諮る」とあるように，地域等族の特権を保障しつつ，再編されて併合された領土を王国等族議会を通じて統治の一元化を図るのであった。それゆえ，1819年勅令憲法は，立法権，租税権，予算権などへの等族議会関与権限を定めていない。王国等族議会は，二院制で，第一院は騎士団代表35人を中心に国王が任命する者からなり，第二院は都市代表35人を中心に教会関係者などからなり，ここに大学も代議員1人を派遣する権限を持った。自由農民も第二院に属するが，1819年時点で農奴解放が終了してなかったので将来課題とされている。[11]

1830年6月，王位はウィルヘルム4世に移った。七月革命の報が届いた夏は，前年からの凶作で穀物価格の騰貴があり，課税軽減運動が各地で見られたし，近隣のブラウンシュワイクでは革命的な市民蜂起が起こっていた。特徴的なのは，ハノーファーでの抗議は，ロンドン在住の国王に向けられたのではなく，ロンドン政庁のドイツ局で実質的にハノーファーを管理していた大臣ミュンスターを弾劾しており，31年1月にオステローデ蜂起を主導した弁護士G. ケーニヒは前年に「大臣ミュンスターを世論に糾弾する」と題したパンフレットを匿名で発行している。大学都市ゲッティンゲンを中心に市民蜂起が勃発したのである。

ゲッティンゲンでの市民蜂起の前史には大学の内部問題が影を落と

11） 以下の叙述については，大西健夫（2008）「1837年憲法紛争」を参照。

していた。公法の私講師として，30年に教授資格論文として受理されたH．アーレンスの論文が，1815年にウィーン会議に集まった君主達は祖国統一を祈願する国民の期待を裏切ったとする内容であったことから，法学部長フーゴーが出版の許可を与えなかった。同僚の私講師 E. J. H. ラオシェンプラットと Th. シュスターがアーレンスを擁護し，学問の自由を侵害するものであるとフーゴーに公然と抗議した。正教授が絶対である大学において，大学秩序を乱すものであるとして3人の私講師は大学裁判所で聴聞をうけていた。3人はまた，かねてから学生や市民を集めた読書サークルを主宰して時局を論じてもいた。蜂起に先立つ31年1月3日，3人は市民集会を組織し，ゲッティンゲンの民主的市政実現のため，市民軍の設立と市民の間で評判の悪い警察署長ウエストファールの罷免を内容とする嘆願書を国王に提出することを決定している。現行等族憲法の下での市政に関わる嘆願書の形をとっており，国政批判を直接展開するものではなかった。

弁護士ケーニヒが主導するオステローデでの市民蜂起の5日，3人は支持者および数人の弁護士と会合を持ち，民主的市議会設立と市民軍指揮者を決定し，7日に市役所占拠の方針を決めた。8日早朝，3人と弁護士が学生・市民の動員を始め，正午を期して武装した学生・市民が赤・緑・青の三色旗を掲げて市役所に突入すると，職員・警察の抵抗もなく占拠に成功する。現職の市長，市議会議員，警察署長を市役所会議室に監禁し，9日，市議会名で国王宛て嘆願書を発送して軍隊を投入しないように嘆願する。政府は，嘆願を拒否し，市長あてに秩序回復命令を発するとともに，全軍に対し動員令を発し，動員可能な国軍の半数にあたる7千人をもって市を包囲するとともに大学副学長に大学閉鎖命令を発する。学生管理責任を問われた大学は，13日，ダールマンを団長とする3人の教授からなる代表団を首都ハノーファーに派遣して事情を説明する。孤立した市民軍は，16日朝5時をもって降伏声明を出し，11時に包囲軍が市内へ行進し，騒乱責任者・参加者の逮捕が始まる。3人の私講師は官憲の手を逃れ，パリへと逃亡した。学生を一時市から退去させるため，18日，大学は閉鎖され，学期が一時中断される。逮捕された参加者は，審問のため「何処かに身柄を移され」，正式な裁判が開かれることなく，大学創立100周年の1837年時点においても拘束され続けられた。

大きな軍事衝突もなく2都市での騒乱は鎮静したが，1805年から四半世紀にわたりハノーファーをロンドンから統治した大臣ミュンスターに対し，政府内，即ち，貴族の間でも反感が強く，また，ハノーファーに在住して直接統治する君主を求める声も大きかったことから，ロンドンの国王は末弟のアドルフ・フリードリヒを総統括者としてハノーファー在住の副国王に任命し，解任されたミュンスターにかわり穏健派のオッムブテダを後任に据える。この体制が，同君連合解消の1837年まで続いた。

副国王とハノーファー政府は，ゲッティンゲンの治安回復のため様々な施策を矢継ぎ早に打ち出す。動員された軍隊のうち，350人から400人規模の守備兵をゲッティンゲンに常駐させることとし，そのための兵舎建設に着手した。また，学生管理のため，大学警吏に代わり国境警備兵を配置する。国境警備兵制度は，解放戦争後の15年4月25日の規則で新設された国内治安を任務とする組織であり，文民指揮下に置かれた。4月半ば夏学期に向けて大学が再開されるが，中断された冬学期の学生数が1,123人であったのに対し，4月開始の夏学期学生数は920人であった。蜂起に加担したとして学生46人が，登録拒否されている。4月8日の行政令は，従来大学独自の人事であった大学法務官職は，10月1日付けで，市長と市裁判官が兼ねるものとし，警察署長は市議会に席を持つとともに大学裁判所でも席と投票権をもった。33年5月に大学制度も改正され，副学長の権限は名目的なものとなり，最高意思決定機関として理事会が新設され，議長に就く副学長を含めた理事13人のうち8人は政府任命正教授とした。1819年の大学4法はハノーファーの大学管理制度に大きな影響を与えなかったが，1830年の七月革命は学生と市民の学識層を強く動かし，その対応として大学設置者である政府による大学管理体制強化が進められたのである。

七月革命の影響をより強く受けたのは1819年に制定されていた憲法である。社会秩序の再構築が内政の課題となり，これを議する等族議会が副国王の下で最初に開催されるのは31年3月7日である。市民勢力を背景とする都市の代表のみならず政府の官僚機構の中からも国の公法関係を包括する新憲法への要求が高まり，等族議会で議論された。哲学部政治学教授ダールマンも作業に加わった政府の新憲法草案が等族議会に提出されるのが秋で，委員会審議を経て32年5月30日に等族議会に上程された。新たに明記されたのは，立法への等族議会の関与，王領地と一般国家財政を統合した国家予算の等族議会の承認，国王任命の大臣への憲法規定侵害に限っての議会訴追権，などであった。等族議会の構成については，現行の二院制を踏襲し，代議員の数を僅かに修正したにすぎない。ハノーファー王国の立憲君主国への移行である。国王は，議会と合意した原案に字句修正14か所を施した後，33年9月26日に調印し，10月9日の公布とともに発効したのが1833年ハノーファー王国国家基本法であり，官僚・裁判官は言うまでもなく公務員たる大学教授もこの基本法に宣誓した。しかし，国王が付け加えた14か所の修正はその後等議会で追認されていないことが，1837年の憲法紛争で争点となる。

ハノーファー憲法紛争

1837年，イギリスとの同君連合解消とともに即位する新国王エルンスト・アウグストは，33年基本法は国王の支配権と王家財産の管理をあまりにも制限しているとみなし，1819年憲法の状態に戻すべく，33年基本法無効を宣言する。ゲッティンゲン大学七教授事件の発端である。1815年のウィーン体制で領土を拡大したハノーファーは王国に昇格しており，新領土の支配層を統合するため1819年に等族憲法を制定した。1831年の市民蜂起は鎮圧したが，その後の内政安定のため招集した等族議会は新憲法を基本法として議決・承認し，33年9月26日に国王が調印している。

ハノーファー国王でありイギリス国王であるジョージ3世が1820年に没すると，父が精神病で統治不能とみなされ1811年以来摂政に就いていた長男ゲオルグがジョージ4世として即位する。ジョージ3世は，7人の息子を残した。1830年に継承者を残さずジョージ4世が死去すると，二男フリードリヒが1827年に没していたので，三男がウィルヘルム4世となるが早くも1837年に死去する。相続権は四男のエドワードに移るが1820年に没していたので，イギリス王位は1819年生まれの長女ヴィクトリアが継承する。一方，ハノーファー王家の家法は女子の王位継承はすべての男子継承者が途絶えた場合としていたので，五男のエルンストが王位継承者となり，1714年から続いたイギリスとの同君連合は解消された[12]。

エルンスト・アウグストは，1771年生まれで，軍人としてフランス軍と戦っており，戦後イギリス上院議員となりトーリーの保守派に属した。妻のフリ－デリケはメクレンブルク＝ストウレリッツ家の出で，姉のルイーゼがプロイセン王妃であったことから，その政治活動はプロイセンの支援を受けることができたのであり，ベルリンの中心街ウンター・デン・リンデンの居宅やニーダーシェーンハウゼンの居城はプロイセン国王が与えたものである。

新国王がハノーファーに入国するのは1837年6月28日で，市民は自国に常住する国王を得たことを喜ぶ。翌29日，新王の宣誓と戴冠を祝すべく等族議会が参集するが，国王が直ちに休会を宣したので，33年の国家基本法に基づく憲法宣誓をすることなく王位に就く。新国王は7月5日の就任勅令で，先ず兄である先王ウィルヘルム4世の死を悼み，続いて王家継承権に基づき戴冠したことを宣するとともに，現在の国家基本法が多くの点で国民の繁栄を促進せんとする国王の期待に添わないものであると確信するとして，「形式的にも実態的にも国家基本法に拘束されない」と宣言する。そして，先行する1819年憲法に国民が満足していたとの認識に立ち，現行国家基本法を再検討すると述べる。

新国王は，33年基本法の法的瑕疵を探るべく，次々と委員会を設置して検討させたが，国家機構内部では33年国家基本法の合法性を否定する結論を得ることができなかった。唯一新国王の意図に沿った結論に達するのは，第三番目の委員会を主宰した公法学教授J. Ch. ライストの意見書である。33年国家基本法は，等族議会と合意した文書を国王が14か所独断で修正しており，この修正文書が等族議会の承認を経てないのであるから，「有効性が確認された状態」にあった1819年憲法に基づく新憲法承認手続きが完了していない，と指摘する。これを受けて，新国王は，33年国家基本法に基づき構成されている現在の等族議会は無効であるとして10月30日に解散を命じるが，等族議会は何ら

12） ちなみに，六男アウグスト・フリードリヒは1843年に没し，七男で1831年にハノーファー副国王に就いたアドルフ・フリードリヒが没するのは1850年である。

の反対も表明していない。

11月1日勅令は，33年国家基本法の無効を宣言し，1819年憲法の有効性を確認する。理由としては，33年国家基本法は先行する憲法修正の手続きにおいて1820年ウィーン最終議定書56条に違反しているのであり，1819年憲法は合法的に廃止されていないのであるから現在に至るまで有効性を失っていない，とする。次に，国家基本法は相続権者の同意なしに王家の家法を制約しているとし，最後に，国王の予算権や大臣任命権など君主固有の権限が侵害されているとする。根拠としたのはウィーン最終議定書57条であり，「すべての国家権力は国家元首に統合されていなければならず，元首は特定の権利行使においてのみ等族議会による等族の関与に拘束される」と定めていることを挙げる。11月1日には，休会中の等族議会は10月30日をもって解散したものとみなし，33年国家基本法が無効であるので公務員の基本法への宣誓は無効となり，1819年12月7日憲法が有効であるとしたのである。そして，11月14日通達で，すべての国家公務員に新たな宣誓書の提出を求めた。具体的には，予め印刷された宣誓文に署名して提出するのであったが，ゲッティンゲン大学七教授事件の発端となるのがこの通達へ抗議する11月18日付け七教授の抗議文である[13)]。

新国王が，7月5日の戴冠勅令で33年国家基本法に拘束されないと宣言したことを受けて，基本法草案作成から関わってきたダールマンは，法学部のアルブレヒト及びグリム兄弟の兄ヤコブの3人の正教授連名で，国家基本法を擁護する立場から大学の最高意思決定機関である理事会開催を要求し，11日の理事会で，国家基本法に基づき等族議会に議席を持つ大学として憲法問題を検討する特別委員会設置を動議する。委員会が設置されれば，ダールマンが委員ないし委員長に就き，委員会提案は理事会で否決されることがないであろうから，大学として立場を明確にできるとの見通しをもったのであろうと思われる。しかし，理事会の多数派は政府任命理事であり，大学は政治に介入すべきではなく，また，9月に計画されている大学創立100周年事業に政府の援助を期待しているのであるからここで国王との対立は避けるべきであるとの意見

13）　憲法紛争と七教授事件については，下記参照。大西健夫（2008）「憲法紛争」，「七教授事件」。

が大勢を占め，動議は否決される。

9月17日から19日にかけて大学創立100周年が祝われ，国王も1日ではあるが市に滞在した。大学の公式行事に学長として臨席した最初の国王である。式典は，前王を記念して名付けられたフリードリヒ・ウィルヘルム広場に創立100周年事業として新築された新本部棟の大学講堂で盛大に祝われ，広場では前王の銅像除幕式が行われるなど，前王の事績を讃える行事が続いたし，ダールマンの推薦で33年基本法制定に尽力したオスナーブリュック市長ストューヴェへ名誉博士号が授与された。さらに，晩餐会の席上で，1831年市民蜂起の罪でいまなおツェレの刑務所に服役しているゲッティンゲン市民への恩赦嘆願が提出されており，新国王にとって必ずしも心地良いゲッティンゲン滞在とはならなかった。

七教授のプロテスト

11月1日勅令を受け，11日（土曜日）アルブレヒトの自宅に9人の教授が集まったことが知られている。議論の正確な内容は不明であるが新国王の勅令に関わってなんらかの具体的な結論はだされていないし，後の七教授を構成するダールマン，ウィルヘルム・グリム，ゲルヴィヌスの3人が参加していない。この時期の大学の雰囲気をガウスの盟友物理学教授ウェーバーは次のように伝えている[14]。

> 友人たちとの散歩での話題であった。我々は，我々の意見を隠すことをしなかったし，多かれ少なかれ，広い範囲に伝わっていた。我々の意見について知らなかったと言える者はいないのは確かである。事態はまだ不安定な状態にあった。……我々は，何らかの声明を出した場合の帰結を視野に入れており，他者を誘った場合の責任を負うことはできないと考えていた。各人の内面での良心の抗議であり，各人は自身で決定を下し，抗議が正当化であるか，誰に向けられた抗議であるか，いかなる帰結を自身，大学，王国，全ドイツにもたらすかについて，明白に意識しなければならない。

14） Kück,H. (1987), S.28.

抗議の形式や同調者についての打ち合わせがないままであったが，ダールマンは11月17日（金）の夜，政府大学局宛ての形式で抗議文を作成し，翌朝ヤコブ・グリムに修正提案依頼文とともに届けている。ダールマンが依頼文で，グリム兄弟以外に想定される同調者として名前をあげているのは，アルブレヒト，クラウト，ウェーバー，エーワルド，ゲルヴィヌスであり，その他にリュッケ，リッペントロップ，ガウスの名前があった。ダールマンの原案は，そのまま幾人かの教授に回送され，同調者には署名が求められた。何人の手に原案が届いたかは不明であるが，41人の正教授と11人の員外教授から集まった署名は7人のみであった。ダールマンは，20日（月）には政府に届かせるべく，原文を清書させて18日（土）の夜に発送している[15)]。抗議文の主旨は，署名者は33年国家基本法が「有効な状態」にあるので，国家基本法に宣誓して公職に就いた教員としては，基本法に忠実であることが学生に対する責任である，との立場を述べている。即ち，宣誓に対する個人の良心と信念を訴えたのであった。

抗議文が到着する20日の朝，大学では七教授の授業に学生が大挙して押し寄せ，教場で拍手をもって迎えている。抗議文は周知となっていたのである。さらに，19日の英国紙Galignianis Messengerは，18日付け仏紙Courier Francaisを引用して，“Seven professors in that city (Göttingen) refuse to take the oath of fidelity to the new king “と報じた。これに続いて，ドイツ各地の新聞が報道し，七教授の抗議文を掲載した。

国王は，直ちに七教授の解任・追放を求めたが，政府としては公職にある教授達への解任・追放の法的論拠が必要であった。提案されたのが，1819年同盟大学法の適用であり，大学担当の政府全権委任者からの報告に基づく解雇である。12月4日，政府全権監督官が同席した大学裁判所は，抗議文の内容に立ち入ることなく，扇動的文書を流布させたことを咎めるのであり，7人を個別に聴聞して文書流布経緯を質すの

15）　七教授は下記の通りである。法学部のDahlmann, F. ChとAlbrecht, W. E. オリエント学のEwald, H. A, 歴史学のGervinus, G. G. 物理学のWeber, W. そして，ドイツ語学のW. u. J. Grimm兄弟。解任された7人のうち，再びゲッティンゲンに戻ったのはエーワルドとウエーバーの2人である。大西健夫（2008）「七教授事件」，注44参照。

であった。国王は，12月11日に解任の署名をし，解任文書は「抗議文の異常に早い流布とさらなる有害な帰結の予防が，この件ついての裁判所手続きを経ずに，抗議文署名者に対する早急な処置となった」，と述べる。

事件は新聞報道を通じてドイツ全土に大きな関心を呼び起こし，大規模な支援活動が始まったし，最終的に7人全員が他大学に迎えられている。著名な支援活動としては，ライプツィヒから始まる七教授支援ゲッティンゲン協会がドイツ各地に広がり，裁判中の7人の給与を補填する募金がなされた。同じくライプツィヒの書店・出版社を経営するライマーは，1838年，ヤコブ・グリムにドイツ語辞典作成を提案するのであり，ここからグリム兄弟のドイツ語辞典が生まれた。多くのドイツ人が支持した理由に，国王に抗議した弱者への共鳴があるとともに，7人が抗議の根拠として個人の良心と信念，そして，憲法である基本法に宣誓した大学教授として学生に対する教育責任をあげている。くしくも，ルターの95箇条300周年直後であり，良心と信念に基づく抗議に，人々はルターのローマ教会へのプロテストを重ねあわせたのであるし，解放戦争以後のドイツ学識者層において良心と信念に基づく行為を勃興期市民階級の倫理観として受け入れていたのであった。七教授事件をドイツ史に位置づけたのは，ボン大学の学生時代ダールマンに師事した歴史家トライチュケである。七教授事件を契機として「一度始まった政治的情熱は継続した。大学教授達は。文筆と発言を通じて直接ドイツ人の政治教育に関わることをはじめたのである」と述べ，1848年のフランクフルト国民議会で果たす大学教授達の政治活動の原点をここに置いたのである。第二次世界大戦後，ゲッティンゲン大学再開時の学長で公法学のスメントも同じく，ドイツの大学教授が政治的に意味を持つようになるのは七教授の1837年からであるとするとともに，抗議が信念に基づく行為であり，教育を職務とする者の良心からのものであったと述べ，抗議文から以下の一節を引用する。「大学教員としての仕事は，学術的成果よりもむしろ教員の人格をもって評価される。宣誓（誓い）をないがしろにする人間であると学生の眼に映った瞬間に，教員としての仕事は価値を失う。」人格としての宣誓の意味とともに，国家官吏としての宣誓の位置づけを，ダールマンの著作から以下の一節を引用して述べるのである。「官吏は，国王にのみ服務宣誓をするのではなく，国家に対してである。国家こそ，国王と国民を一体として保つ神によって与えられた秩序である[16]。」

七教授事件は，ドイツ史において，ワルトブルクやハムバッハの祭典，フランクフルト警備隊本部占拠などに続く初期立憲主義期ドイツにおける自由主義・民主主義運動の源流の一つとして位置づけられている。ゲッティンゲン大学においては，大学250周年を記念して文系学部メインキャンパスの広場を「ゲッティンゲン七教授広場」と名称を変え，1985年以降，新たに招聘された教員と博士学位取得者に，ヤコブ・グリムが事件について綴った「解任について」を配布している。これに対して，七教授事件を紛争内容から再検討し，歴史的事実としては誇張されすぎていると論じるのがゼーであり，論争を文献的に整理したのがザーゲ・マースである[17]。

ゼーは，七教授解任の実態と何故に解任がドイツ史上の聖譚にまで祭り上げられたかを問題とするのであり，さらに，ゲルマニストの間で神聖化されてさえいるヤコブ・グリムの研究成果と人間像を再検討する。ゼーは，事実関係からみて，国王の憲法放棄・修正手続きは合法的であり，これに抗議した七教授を官吏として解任した手続きも法的に論難の余地がないとする。もし，七教授事件が当時の世論の支持を得て社会問題となっていなければ，国王の憲法破棄問題はドイツ史において特に重要な事件とならなかった，と言う。抗議が憲法宣誓に対する良心と信念の行為であるとされているが，1833年憲法以後大学に招聘されたのはゲルヴィヌスのみであり，他の6人は国王が復帰しようとした1819年憲法に宣誓している，ことを指摘する。そして，信念を行為の価値観とする思考は，20世紀70年代の過激派まで引き継がれていると述べるとともに，「信念とは真理にとって嘘よりも危険な敵である」とのニーチェの言葉を引用している。

1831年の蜂起に続き，1837年の七教授事件は，ゲッティンゲン大学

16） Smend, R. (1951): Goettinger Sieben, S.401.S.404.

17） 七教授事件は偶像化されているとして客観的に再検討すべきとの研究が近年あらわれている。言語学教授 See, Klaus (2000), 及び，Saage-Maas, Miriam (2007) の公法学博士学位論文が代表的である。大西健夫（2008）「七教授事件」。

に大きな傷跡を残した。著名教授が去るとともに，保守的・弾圧的大学とのレッテルが貼られ，学生数が大きく減少する。1838年冬学期の1,123人から1839年冬学期の664人へと半減している。

大学の盛衰を直接肌に感じるのはハノーファー政府の大学担当官であり，後に大学監督官に就くワルンシュテットは，七教授事件を念頭において，公的文書に次のような記録を残している[18)]。

> 経験から見て，官の立場から，専ら国家の立場からの真理を前面に押し出すことは，決定的に有害である。こうした原理は，学問世界の死を意味する。……この15年から20年における例から見ても，諸国の政府の見解はあまりにも度々変化しているのであり，その度に学者が対応することは不可能である。大臣ミュンヒハウゼンの言葉はいまなお真である。大学には表現の自由があるべきだ。

ハノーファーの37年憲法紛争は，ドイツ同盟議会で議案となり，ハノーファー国王が「有効性が確認されている」状態にあった33年国家基本法を恣意的に廃棄したのかが論点となった。オスナーブリュック市長ストューヴェは，等族議会構成都市の立場で，1833年国家基本法の有効性を主張する訴願を1838年3月9日付けでドイツ同盟議会に提出したし，ヒルデスハイムなど幾つかの都市も同様な請願を提出した。ストューヴェは請願に先立ち，ベルリン，ハイデルベルク，イエナ，テュービンゲン大学法学部に，国王の一存による国家基本法廃棄が合法的か否かについて判定を依頼しており，判定を辞退したベルリン大学を除き，いずれの大学も国王の決定を違法とする意見書を提出していたことを根拠とした。ハノーファー政府はこれに対して，5月25日の同盟議会で，個別都市に請願権はないとの法手続き上の観点を主張した。ストューヴェはまた，ハノーファー等族議会第二院においてもこの問題の審議を提案すると，第二院は，国家基本法廃棄に法的問題があるとの決議を行うとともに，6月25日，賛成34対反対24の採決をもって1833

---

18)　Selle, Goetz von (1937), S.286ff。ワルンシュタット Warnstedt, A. は，1854年からハノーファー政府大学担当官で，1866年にハノーファーがプロイセンに併合された後は大学監督官として1888年までその任にあった。

年国家基本法は有効であり，1819 年憲法に基づき招集されている議会は新憲法草案を審議する権限がないとの決議をする。しかし，等族議会全体としては少数意見であり，同盟議会は 7 月 12 日，都市に訴願権はないとの結論を出す。

等族憲法の先進地域である西南ドイツのバイエルンとバーデンが，等族憲法に基礎を置くことによって加盟国の内政が安定し，連邦秩序を支えるとの立場から，国王による一方的な基本法廃棄はウィーン議定書 56 条を侵害したのではないかとの立場から同盟議会での審議を求める議案を提出した。有力同盟国の提議する同盟基本条約に関わる問題であり，同盟議会は正式に受理し，審議に入る。9 月 5 日の同盟議会の採決は，「この内政問題に介入する同盟規約の根拠が見いだせない」とし，最終的には国内問題として不問とされた[19]。

国王エルンスト・アウグストは，40 年 5 月 19 日に再び等族議会を招集し，国王提出の新憲法草案を審議・了承させる。8 月 6 日に発効するのがハノーファー王国 1840 年憲法である。二院制は維持され，等族議会の立法権は権利から関与へとされ，大臣は国王にのみ責任を持つことになった。新国王として，王位の権限回復に成功したエルンスト・アウグストであるが，48 年の三月革命勃発では大きな譲歩を余儀なくされていく。

2　貴族の大学

学生は，市に到着後 14 日以内に大学登録をしなければならない。副学長の下に出頭して面接を受け，大学警吏が管理する大学名簿に記入することで入学許可が下りる。

学生生活

入学手続きは副学長の面談のみであり，大学登録名簿に名前と必要事項を記入する。入学する学部を記入するが，ゲッティンゲン大学では哲

19）　大西健夫（2008）「憲法紛争」。

学部を専門学部進学の前提条件としていないので，専門学部登録の学生も哲学部の授業を同時並行的に受講することができる。副学長は，学修（登録）手帳 Matrikel と大学規約書 Akademische Gesetze を手渡し，学生が大学規約の遵守を誓うと握手する。その上で，入学金を受け取り，備え付けの箱に落とし入れると，入学手続きが完了し，大学名簿への記入をもって大学市民が誕生する[20)]。

学修（登録）手帳は，学生が所持し，受講登録した科目の教員の署名を貰い，学修歴となる。副学長が手渡した大学規約書は，以下の10章で，50項からなっている[21)]。

1章 大学市民権の取得と喪失
2章 大学機関に対する学生の対応
3章 大学職員に対する学生の対応
4章 秘密結社その他の学生団体
5章 怠惰，浪費，賭け事
6章 侮辱，暴力，決闘
7章 喧騒，乱暴，秩序違反
8章 大学裁判所の刑罰
9章 給費生
10章 諸費用

これに附録が3部ついており，図書館利用規程，大学薬草園利用規程，大学解剖堂規程である。

入学手続きを済ませると，教授訪問となる。聴講希望の教授宅を訪問し，承認を得たら，学修手帳に署名をもらう。私講義の場合は，聴講料を支払う。教授訪問には服装に気を付け，親の知人等から紹介状を貰っ

20） 入学金は，面談する副学長の役務手当（手続き料）であり，一部は大学登記簿を管理する大学警吏に渡る。入学金は一律ではなく，1765年において，市民階級は4ターラー，貴族はその2倍，帝国自由騎士は3倍，男爵以上は4倍であったし，他大学からの転入者は2分の一ないし3分の一を減免した。Costas, Ilse (1987), S.140. 大学入学許可は副学長の面談で決定されるので，学歴証明書等は必要としない。むしろ，身分が入学資格となっている。例えば，プロイセンでは1784年に勅令を出しており，農民や資産のない市民の子弟への大学入学許可を禁じている。

21） 以下叙述は，下記による。Wallis, L. (1813), Neudruck (1995). 著者の Wallis, Ludwig (1792-1836) は，リューネブルク生まれで，父親は市外科医。1810年から13年まで法学部に学び，本書を著す。卒業後，リューネブルク裁判所の公証人となる。

ていたらそれを手渡す。学期は，4月からの夏学期と10月からの冬学期であり，授業料は学期毎に支払う。授業と授業料については，4種類に区別できる。大学の正規授業，即ち，公的講義は無料であるが，教授が別途開催する私的講義，さらに，個人ないしは数人での補習授業は有料である。これに加えて，語学，数学，馬術などの授業は，それぞれ教師に支払う。

教授の授業の曜日や時間は印刷された授業時間割に掲載されており，それに，変更があった場合などは，大学本部の掲示板で知ることになるので，随時覗いて見る必要がある。教場に向かうには，帳面と教科書を脇に抱え，インク壺をポケットに忘れてはならない。教授の公的講義は，大学本部棟の教室で行われるが，私的講義は教授がそれぞれ指定した場所で行う。多くの教授は，自宅の大部屋を講義室としており，また，教授は街中に散在して居住しているので，学生は教授宅から教授宅へと街中を走り回る。アカデミック・クオーター Akademisches Viertel という習慣があり，授業は定時開始としているが，実際の開始は15分過ぎとなる。それでも，遅刻しないためには，時には，街の端から端まで走らなければならない。移動する学生の衝突を避けるため，学生の間で自然発生的に生まれたのが「右側ルール」であり，道路上で対面となった場合，道路を右手（建物を左手）にした者が途を譲る習慣である。

「我々は，全員が兄弟であり，互いに平等である」が，学生にとっての大学の自由であった。この自由を機能させるため，学生は自治を必要としたので，学生同士の関係を自律的にルール化していくのであり，その基本原則は Comments（作法，慣例）と呼ばれ，学生が身に着けなければならない礼儀として位置づけられていた。Comments の主要な項目は以下の通りである。

1 他人が話しかけてきたら，丁寧に対応する
2 道路上で対面となったなら，道路を右手の者が譲る
3 授業では，知らない人の帳面を覗き込まない
4 他人を侮辱するような言葉を使わない
5 「バカ」dumm という言葉を使わない
6 平手打が（侮辱されたとして決闘を申し込む）ルールである
7 平手打を受けた者は，相手の介添え人が日時を伝えるのを待てば

よく，決闘の開始と終了を決める権利を持つ
8　平手打をした者は，場所を用意せねばならず，決闘終了を決することはできない
9　両者は，それぞれ介添え人，医療者，2人の証人を揃えなければならない
10　（決闘が開始して）出血があれば終了することができる
11　（試合を）6回まで繰り返して出血がなければ終了することができ，12回以上は許されない
12　平手打をした者による，（決闘）申し入れは3日以内とする
13　（決闘は）申し入れから14日以内に実施する。「狐」（新入生）は，4週間の準備期間をとることができる
14　誓いの言葉は最も神聖である。誓いを破った者は，軽蔑され，追放される
15　学生の基本作法を僅かでも破ると，期間を限って追放される
16　学生を傷つける行為をした者は，追放される
17　追放された者とは交渉を持ってはならない
18　同郷人に忠実であれ。未知の人々と団体を組んではならない
19　同郷人から離れた者は，人間としての資格を失う
20　学業年数の高い者を尊敬する

大学に入学したばかりの1学期生は，不安のあまり常にびくびくしていると言う意味で「狐」Fuchsと呼ばれた。2学期生はBrander（Brandfuchs 半人前），2年目からは一人前の学生という意味でJunger Bursche, 5学期以降は古株という意味でBemooster Hauptと呼ばれる。

新入生が最初に接触を持つのが同郷の学生達の集まりである同郷団Landsmannschaft, nationes，であった。この他に宗派，身分，信条，親の職業などの学生団体が存在し，Commentsにあるような学生の心得や慣習を伝えていく。絶対王制の政府は，団体・結社の結成を学生に対しても禁じており，ゲッティンゲンにおいても，1747年の勅令で学生団体の所属を表す衣装を禁じ，学生団体そのものの結成を禁じる最初の勅令が翌48年に出されている。しかし，学生達はこうした禁止令に無頓着であり，仲間意識の方が強かった。1766年の調査では，約20の学

生団体の存在が確認されており，その殆どが他の大学から移ってきた学生が持ち込んだ組織であった。ゲッティンゲン独自と言える団体は，エディンゲハオス団である。ゲッティンゲン近郊に位置する村エディンゲハオスは，隣邦ヘッセンの飛び地領であり，酒類が無税であり，学生が騒いで羽目を外しても大学警吏の手が入らない土地であった。ここで自由に振舞うことを楽しみにする学生達の団体であった。政府の禁止令にもわらず，七年戦争後の1770年代から80年代にかけて学生団体の数が急増するのは，七年戦争を契機として学生の間に祖国意識が強まり，同郷団を始めとする各種団体が大学間を横断的に結成されていったからである。また，政府の禁止令に対して，大学側の取り締まりは必ずしも強いものでなかったのは，学生の規律や生活態度の管理に学生団体の上級生・下級生支配が有効に機能していたからであった[22)]。

学生の日常生活についても幾つか記録が残されている。神学部学生サレンティエン（Sallentien）が両親に以下のように報告している[23)]。

> 毎朝7時前に起床して，7時からのミヒャエルス教授のヘブライ語の授業に行く。8時からは，ミュラー博士の教義論，9時にフェダー教授の論理学を済ませてから一度家に帰り，簡単になにか食べながら午前中の授業でとったメモをできるだけ清書する。11時にはワルヒ博士の教会史があり，12時に食事をとりながら友人たちと雑談しながら一休みする。そして，家に帰って清書を続け，3時からハイネ教授のラテン語著作の授業，4時からMagisterエーバーハルトの数学（補習）の授業となる。5時から再び清書にかかり，食事を取った後は聖書を読み，10過ぎにベットに入る。水曜日と土曜日の午後は授業を取っていないので，その週に学んだことのおさらいで過ごす。

サレンティエン自身が，「心配しないでください，勉強に追われて病気になったりしませんから」と両親に書いているように，ゲッティンゲン大学の学生は「勤勉」であるという評判が広がっていたし，著名な教

22）　Kühn,H.-M. (1987), S.166.
23）　Kühn,H.-M. (1987), S.169.

授達も社交よりも教育と研究に没頭する生活を好んだ。大学創立時点で必ずしも成功しなかった著名教授を集めるという方針を，ミュンヒハウゼンは着々と実現していくのであり，神学部，法学部，医学部での国家資格修得へと勤勉な学生を教育するという方針とともに，啓蒙主義期の最新の教養知識を哲学部で学ぶことができる大学として，ドイツ諸邦のみならず，国際的に高い名声を誇るにいたった。大学創立50周年直後の1788年，法学部教授ピュッターは，大学での授業の様子を，旧来の方式とも対比して，次のように語り，また，学生の聞きわけの良さについて，創立50周年記念式典における「学生の協力的態度は讃嘆すべきものである」と記している[24)]。

> 殆どの教授は，講義室を次のように整備している。学生一人ひとりが書き物をできるように机を備え，机には番号がつけられており，学生は授業料を納付すると番号札を貰う。その机を使って何を書くかは学生に委ねられており，教師が指導することはない。教科書などの読み上げや書き取りといった授業は，多くの大学では良く見られる風景であるようだが，本学においては自由に話す教師が学生の賛同を得ている。

七年戦争の一時期，ゲッティンゲンはフランス軍に占領され，学生募集に苦労するが，戦後には学生数の増大のみならず，イギリス国王の大学としての認識が広まり，ドイツの他の領邦からの学生，さらには，外国人学生が集まるようになり，世紀末にはアメリカ大陸からの留学生を迎えるまでにいたっている。外国人学生の眼で18世紀のドイツの大学の慣習を描き出してみよう。ここでは，ハンガリードイツ語圏からの留学生の眼で18世紀中葉以降のゲッティンゲン大学を眺めてみよう。ドイツ人学生にとっては当然とされている慣習などが，外国人留学生の新鮮な眼で描かれている。留学生の眼からみた教授陣や教授法などについても詳細な観察をしており，ゲッティンゲン大学の特徴とされている諸点は，他のドイツの大学などとの国際比較としても理解できる。外国人

24） Kühn,H.-M. (1987), S.160.

学生は，幾つかの大学を遍歴しているからである[25]。

教授の市場

1796年4月，神学部に入学したフォガラシ（Fogarasi, Samuel, 1779-1830）は，次のように述べている[26]。

> 大学教職員としては，正教授の総数は38人で，神学部3人，法学部10人，医学部8人，哲学部17人である。さらに，員外教授5人，私講師3人，補習教師 Repetioren 20人，現代語語学教師8人，図書館員1人とその秘書1人，銅板画師 Kupferstichinspektor 1人，建築・施設管理担当者4人，馬術教師，剣術教師，ダンス教師が各1人。その他に，書記 Schreibmeister 1人，大学警吏2人，緑色の制服を着た大学警邏隊50人である。大学本部棟には，講義室，図書室，大学教会，大学拘禁室がある。教授は自宅で授業する。講義室は仕事部屋に隣接しており，時間になると仕事部屋から講義室に現れ，学生が揃っているかを考慮せず授業を始める。教授の住まいは街中に散在しているので，学生は遅刻しないように街の端から端へと走り回らなければならない。幸い街の中心街の道路には歩道が整備されており，粗い石が引かれている車道とは異なり，歩道には平板な石が敷かれているので歩きやすい。それでも，急ぐときは対面者と衝突するので，学生の間では建物を左手にした者が道を譲る規則となっている。言うなれば，人口1万2千人のこの街全体が大きな大学施設みたいなものである。どの家にも学生か教師が住んでおり，授業時間になると出たり入ったりしている。数人の学生が

25）　但し，ここで紹介できるのは主として人文科学の学修分野についてであることを付記しておく。ハンガリーに限らず，殆どの外国人留学生は貴族ないし富裕な市民階層出身であり，留学目的は司法・行政職ないし医学の職業資格取得ではなく，一種のグランド・ツアーであったので，哲学部における教養的科目を受講している。神学部入学の留学生の関心も，古典語・古典文献・オリエント学など神学の基礎教育科目であった。以下は，ハンガリー留学生がみたゲッティンゲン大学の様子を，彼らの記録から要約したものである。ここで使用する資料は，18・19世紀にゲッティンゲンに留学ないし訪問したハンガリー学生および大学関係者が記した文章を集めたものである。引用した文章の著者紹介は，編者の手になるものを利用した。Futaky, I. (1991).

26）　Futaky, I. (1991), S.15ff.

一人の教師を雇って補習授業をしてもらうこともある。

1792年5月に入学したブダイ（Budai, E., 1766-1841）は，後に古典語学と歴史学の専門家となるが，1792年11月3日付けの書簡で故郷の知人に，ゲッティンゲンで2学期目に入った大学生活を報告している[27]。

> 授業は10月25日に始まったが，一部では今月1日のもある。私が選んだのは，8時からシュピトラーの各国史，10時からはフェーダーの倫理学，午後1時からミュラー少佐の軍事論，2時からのリヒテンベルクの実験物理学，そして，4時に再びシュピトラーの帝国史，5時のハイネのギリシャ抒情詩ピンダール論，6時のシュレッツアーの外国旅行事情である。ミュラーの軍事論は私講義で，聴講料は普通の倍であるし，歴史の予備知識を必要とするが聴講に値する。シュレッツアーの外国（旅行）事情は，外国旅行ができる余裕のある学生向けなのかもしれないが，授業内容は旅行案内書に書かれているようなものではなく，未知の土地の慣習，自然条件，その土地の現状を扱う。特に，各国の現代史と統計的・政治的分析が素晴らしい。この私講義の聴講生は24人で，週2回の授業で，聴講料は1ルイスドールである。物理学は今まで勉強したことのない分野であるので，手探り状態である。シュピトラーの講義を聴いてガッテラーに触れないのは，ガッテラーの一般史は先の学期に既に聴いているからである。ハイネは，ピンダール論講義において，ギリシャ語の言葉の解釈よりも，それが持つ思想の解説により多くの時間を当ててくれる。聴講生は25人である。ハイネの授業は，学生の間で大変人気があり，私講義においては30人も40人も学生が詰め掛けているので，授業に支障がないかと尋ねたところ，「3ルイスドールを手にして申し込みに来る熱心な学生を断るほど私の心は冷たくない」，というのが答えだった。

27）　Futaky, I. (1991), S.28ff.

1791年10月，神学部に入学登録をしたキス（Kis, J., 1770-1846）は，神学部と哲学部の著名教授を列挙している。新教神学のプランク，オリエント語学と聖書批判のアイヒホルン，古典文学のハイネ，哲学のフェーダー，詩人として知られているビュルガー，数学のケストナー，歴史学のガッテラー，シュレッツアー，シュピットラー，自然科学のブルーメンバッハ，ベックマン，リヒテンベルクなどがヨーロッパで知られた教授であるとして，次のように述べている[28)]。

> 多くの著名な教師たちの存在が，若者たちに学修を競う気持ちにさせている。また，各学部から学業に優れた学生1人を選び，国王からの報奨が出されており，記念金貨があたえられていることも役立っている。同郷の友人からの話では，過去3年間にわが同郷人が2人受賞したとのことである。さらに，教授達の，優れた授業方法や学生への友好的な対応が，学生の学修態度を好ましいものとさせている。

記念金貨とは，大学創立50周年を記念して，1784年6月15日のロンドンからの国王指示書で設けられた学術賞である。各学部で最も優れた学生に，表面に国王の顔を刻印した25ドゥカート金貨が与えられた。第1回の受賞者のなかに，ピュッターの後継者となるフーゴーが含まれている[29)]。

マトゥヤシ（Matyasi, J., 1765-1842）は，1792年6月14日の神聖ローマ帝国皇帝フランツ2世の戴冠式に参列するためフランクフルトに赴いた多くのハンガリー貴族の一人であり，戴冠式後ドイツ各地を旅行し，ゲッティンゲンにも短期間滞在した。ゲッティンゲンでは多くの同郷人と接触し，法曹界の一人としての眼から，ゲッティンゲン大学隆盛の原因を探るのであり，次のような記録を残している[30)]。

28）Futky, S.1ff..

29）Wolf, H.-W. (1992): Brunnen der Vergangenheit, 1992. 流通した帝国ドゥカート金貨の純金含有量は3.44グラムであったから，25ドゥカートは純金86gにあたる。当初は，毎年記念通貨が刻まれていたが，その後純金に相応する現金が授与されるようになる。

30）Futaky, S.48ff.

或る同郷の留学生は次のような説明をしてくれた。大学とは大きな建物があり，教授と学生が一堂に集うものと考えていたが，ゲッティンゲンは異なっている。ここは，一つの市場，学問の市場である。市場では商人が店を開き，商品をできるだけ安くうる。ここでは，教師が，自分の家でできるだけ沢山の学生を集め，教えている。正教授もいれば，自由業的な教師もおり，全体で80人以上になる，と。この説明に対して私は，大変興味深い観点であり，教師と学生の間に競争を作り出し，それがさらによき教師とよき学生を生み出しているのであろう，との私の感想を述べ，さらに，ハノーファー侯国の一隅にすぎないゲッティンゲンで，こうした学問の発展を生み出した原因について意見を求めると，もう一人の留学生が次のように説明した。この地で教育と学問が大きな成果をあげている原因は，自由である。単に思想，教育，著述，出版の自由というのではなく，こうした自由を称賛し報奨することで大学が活気づき，発展していることである，というのである。著述や出版の自由だけではなく，その結論が好ましいものであろうとなかろうと，真理を述べることであり，冷静な理性と自然の摂理に耳を傾けることがここでは尊ばれるのである，との意見を述べてくれた。

先に触れた神学部学生フォガラシは，別の箇所でゲッティンゲンでの学生生活について書き残している[31]。

アレー通りにライヒャーさんと言う人が2軒の家を所有し，通りの外れの方の3階建ての家は何人かの学生に部屋を貸している。ライネ河の運河沿いの2階建ての家は，1階に自分達家族が住み，2階は2部屋と側室を貸し出していたので，私は一部屋と側室を借りた。家賃は半年20ターラー30グロッシェンである。部屋に家具，ソファー，机，椅子6脚が備えられており，側室にはベッドと枕・蒲団など寝具一式，側卓とその上の洗面用水鉢，タオル，夜用の水差しが揃っている。下宿人の面倒を見る女性のお手伝いが半年4

31） Futaky, S.65ff.

ターラーで雇われている。暖房用のストーブの扱い，部屋の掃除，ベッドのしつらえ，下宿人が注文した食事をレストランから運ぶ，学生が書いた貸出票を持って大学図書館から本を借り出す，朝食用のコーヒーを淹れて部屋へ運ぶ，下宿人の依頼で市場に買物に行くなどあらゆる仕事を一人で引き受けている。彼女の部屋には鈴が垂れ下がっており，紐は下宿人の部屋に伸びている。部屋にはそれぞれ番号がつけられており，下宿人は自分の部屋の番号の数だけ紐を引っ張って鳴らして彼女を呼び，用事を言いつける。こうした娘は近くの村から働きにくるのであるが，若い学生に囲まれ，誘惑に負けることが多いようである。大学の助産院が大いに役立っている。なぜなら，彼女たちは，無料で分娩の世話をしてもらえるからである。同じ家で部屋を借りている博士号を持っている若い人は，お手伝いの世話を受けながら，別途男性下僕を雇っている。朝のコーヒー，図書館，買物，食事運び，衣服の世話など生活の面倒を一切みるのが下僕の仕事である。

講義は，有料と無料がある。有料講義の金額は，学部・科目ごとに異なるばかりでなく，教授一人ひとり異なる。言うまでもなく，著名教授は高額で，かつ，聴講学生数が多い。次の表は，18世紀中葉の平均的な価格を著している。

ゲッティンゲン大学授業料表：1765年（単位ターラー；T，グロッシェン；G）

私講義授業料（1コマ，1学期）		技能	
神学部	4-5T	剣術（3か月）	5T
医学部		馬術（3か月）	18T
受験コース	10T	ダンス，音楽（1か月）	2T24MG
一般講義	5-6T	算術（1か月）	2T
法学部			
受験コース	10T	外国語（月）	
パンデクテン	5-6T	イタリア語，フランス語	2T24G
一般講義	4T		
哲学部	3-5T		

出典）Stadt Göttingen (1987): S.28f.

教授陣

ハンガリー留学生の記述から，18世紀末までにゲッティンゲン大学の伝統を築き上げた教授陣の概要を知ることができる。留学生の叙述が哲学部の授業が中心となっているので，専門学部の教授陣について，新設大学の歴史と重ね合わせて概観を描くことにしよう。

神学部については，プランクとアイヒホルンの名前が挙げられている。プランクは，新教教会史の教授であり，モスハイム以来の教会史の伝統を受け継いでいた。モスハイム（1747年）は，大学新設にあたりミュンヒハウゼンがその助言を最も尊重した一人である。当時ヘルムシュテット大学教授であり，ゲッティンゲンに移るのは創立10年後の1747年で，ミュンヒハウゼンはモスハイムを迎え入れるために大学総務官職を新設したほどである。過度の敬虔主義をハレ大学全体に押し付けたフランケの例を知るミュヒハウゼンは，宗派間の対立に寛容なヘルムシュテット大学神学部に倣おうとしたのであり，ゲッティンゲンにおいても神学部の学内における支配的立場を認めなかった。モスハイムの教会史を宗派から中立の立場で論述する講義は人気が高く，レストラン・ロンドン亭の広間を講義室にしていた。アイヒホルンは，前任校のイエナ大学では新教神学教授であったが，授業においては聖書を客観的に分析するためヘブライ語を始めとするオリエント語学の重要性を強調した。

哲学では，フェーダーとシュピットラーの名前が挙がっている。フェーダーの言葉として，「人間の知恵は，唯一，質問や回答を止める適切な時点を識っているかにかかる」が残っているように，哲学論理よりも哲学的考察に人気が集まった。シュピットラーは，ゲッティンゲンで学び，哲学教授として招聘されたが，講義は主として教会史，政治史であった。後にウュルテンベルク侯国に移り，テュービンゲン大学担当の大臣兼大学監督官に就いている。

シュレッツアーは，「統計の父」と呼ばれたアッヘンワルスの後任として歴史学教授を兼ねて招聘された。ゲッティンゲン大学の学生としては神学部に登録したが，ミヒャエリスの下でオリエント語学を学んでいる。ミヒャエリスは，哲学およびオリエント語学教授として招聘されたが，聖書の成立史を研究した業績で知られている。その深い学識は広く知られており，フランクフルトの商人の子供として生まれ，フランクフルト大学に入学したゲーテはゲッティンゲンに入学登録をしていないが，ゲッティンゲンを訪れてミヒャエリスとハイネの授業に出席した。授業の人気は高く，高い所得を得てロンドン亭の建物を購入して講義室としたので，現在はミヒャエリス館と呼ばれている。女性の大学入学は認められてない時代であったが，優れた学識を示したシュレッツアーの娘ドロテアに学部長として学位試験受験の機会を与えた。1787 年 8 月 25 日，ドロテアにドイツ最初の女性哲学博士が授与された。歴史学とオリエント言語学でシュレッツアーと双璧をなしたハイネは，古典語学教授として招聘され，その授業は高い名声を博したが，同時に，図書館長としての業績も高かった。ギリシャ・ローマの古典語の授業で，語学の解釈よりも古典世界の社会と文化を論じ，発掘された芸術品を授業で教材として用いた。こうした収集品が，大学博物館の収蔵物となっていったのである[32]。

歴史学教授として招聘されたガッテラーは，歴史を，政治や教会からではなく，地理と文化を基礎とする基盤の広いユニバーサルヒストリーという分野を確立した。哲学教授として招聘されたが，講義はもっぱら経済と産業についてであったのがベックマンである。ミュンヒハウゼンが「世界の物知り」と呼んだように，産業，技術，経済と幅広い内容の講義を行った。産業に関わる労働についての知識の総体を「技術」Technologie と表現する言葉の発明者であったし，「商品学」という言葉を大学の講義に取り入れた。

ビュルガー（Bürger, G. A.）の名前も挙げられている。ビュルガーは，1764 年にハレ大学神学部に入学したが，1768 年にゲッティンゲン大学へ移り，法学と哲学を学び，裁判官となる。詩人としても名を高め，ゲッティンゲンの詩人達の集まりである Göttinger Hain Bund に参加したし，シェークスピアのマクベスのドイツ語訳を上梓している。1787 年に哲学部から名誉博士号を受け，1789 年に無給の員外教授となる。1784 年に裁判官の職を辞し，教職と執筆に専念するようになった。

自然科学の分野の教授として，ケストナー，リヒテンベルク，ブルー

32）　ハイネの娘たちは，キャプテン・クックの第二次世界旅行に参加した探検家 Forster, G. そして，作家 Fuber, L. F. に嫁いでいる。

メンバッハが挙げられている。ケストナーは，詩人でもあったが「ドイツの数学の先生」と呼ばれたように，かれの数学の教科書はドイツ語圏で広範に用いられた。弟子のガウスは，「詩人のなかで最高の数学者，数学者のなかで最高の詩人」と評している。数学・応用物理学教授として招聘されたリヒテンベルクは，ゲッティンゲンで数学と物理学を学んでいる。応用物理学の授業のために様々な実験器具を考案し，その実験的授業は学生を引き付けた。ブルーメンバッハは，哲学部での自然史授業で知られているが，ゲッティンゲンで学んだ医学部教授である。解剖学から頭蓋骨の収集に進み，男女・時代・人種の相違を明らかにしたし，さらに，世界各地の住民の生活用品や文化器具を人類学的見地から収集した。世界探検のフォルスターが集めた収集品の寄贈を受け，大学図書館の収集品や自分の収集品を集めて大学博物館が設置されるにあたり，最初の館長となった。特に，哲学部の授業として行った自然史の授業はゲッティンゲン大学の名物授業であり，聴講しなかった学生は存在しなかったとさえ伝えられている。ハノーファー政府において大臣であるとともに大学監督官を兼ねたミュンヒハウゼンの部下で，二代目監督官に就くブランデス（Brandes, Georg Friedrich, 1719-91）の娘を後妻に娶ったことで，同じくブランデスの娘を娶った図書館長ハイネと義兄弟となる。

医学部教授として最初に招聘されたアルブレヒトは，1736年に没し，2番目の化学教授として招聘されたセグナー（Segner, Georg Gottlieb）はもっぱら物理と数学に没頭し，医学部および哲学部の2つの学部で正教授の地位を得ている。アルブレヒトの後任に就いたのはハンザ都市リューベックの司教侍医リヒター（Richter, Georg Gottlob）であった。医学部で最も著名であったのはハラーで，解剖学，薬草学，外科を担当し，ハラーのために解剖堂が建築されている。解剖堂には解剖室が5室あり，講義室は200人を収容できる大きさであった。ゲッティンゲンで学び，この解剖学の伝統を引き継いだのがブルーメンバッハである。

ミュンヒハウゼンは，新設大学を法学部中心の大学とし，国内の貴族や富裕市民を行政・司法官僚へと養成することを目指したので，公法学と法史を中心とする法学教育のための教授人選を進めた。ローマ法は商法を中心とする民法の法分野であるので，公法の基礎となる自然法を中心に法学教育を行って官僚養成に成功したハレ大学の伝統を取り入れたのである。

ゲッティンゲン大学公法学の伝統に花を開かせるのが領邦国家学を打ち立てたピュッターであった。ピュッター（Pütter, Joh.Stephan, 1725-1807）は，イザローンの裕福な商人を父親とし，家庭で教育を受けて，12歳でマールブルク大学に入学し，ウォルフの授業も受けている。ハレ大学，イエナ大学を経てマールブルクに戻り，18歳で博士学位を取得してローマ法，ドイツ法，自然法の講義を開いた。有為な若者を，1746年，ゲッティンゲンに招聘したのはミュンヒハウゼンで，ピュッターは，ウエッツラーの帝国裁判所，レーゲンスブルクの帝国議会，ウィーンの帝国宮廷裁判所などへと遊学した後，1747年冬学期に最初の講義を開いた。「帝国訴訟論」と題した最初の講義は受講者3人のみでの出発であったが,「帝国の歴史」（1750年）や「領邦国家論」（1753年）などの講義が次第に人気を高め，200人以上の受講者を集めるようになる。ピュッターは，その領邦国家論において，帝国を単一の国家から合成された統一国家と規定することで，近代の連邦国家概念を先取りし，ポリツァイ概念を自由主義的に展開するとともに，行政法と行政学をもって独立の学科と位置づけた。ピュッターの講義には，ドイツ各地の領邦王家の皇子たちが集まり，ゲッティンゲン大学創立前の1735年から63年までに貴族身分の子弟61人が聴講している。創立50周年の1787年まででみると皇子12人，貴族144人が大学で学んだ，とピュッターが述べている[33]。

法学部において公法とともにローマ法を基礎とした固有法（地域法）の研究がなされたのは，地域の諸都市などからの依頼を受け入れ，判決案を作成したからである。判例研究と判決文の作成は，演習授業の教材として利用され，学生の法処理能力を高め，有能な法実務家，そして，優秀な研究者を送り出した。例えば，ピュッターの弟子として次のような教授がKleinheyer (1976) の法学者辞典に名を残している。Runde, J. Fr., Spangenberg, G. A., Martens, G. Fr.v., Reitemeier, J. Fr., Hugo, Gustav, Eichhorn, Karl Friedrichなどであり，MartensとReitemeierの2人を除

33）　Herrlitz, H.-G. u. Titze, H. (1987) S.103.

き，他大学勤務を経てゲッティンゲン大学教授として戻っている。

ドイツ法史学に名を残すのがフーゴーとアイヒホルンである。両者とも私法の分野に進むが，ローマ法とドイツ固有法に分かれる。フーゴーは，シュトリークに始まる「パンデクテンの現代的慣用」が，ローマ法を無差別・恣意的に援用してきたとして，ローマ法を分野別，目的別，時期別に整理することでローマ法の発展を跡付け，新たなパンデクテン体系を樹立した。18 世紀末から 19 世紀にかけてのドイツの私法学は，フーゴーが整理したパンデクテン体系に基礎を置いて発達するのであり，ゲッティンゲン大学法学部は初期歴史学派，そして，パンデクテン法学の中心地となった。フーゴーのパンデクテン体系に基づき商法を講じ，レストラン Die Peitsche の広間に 250 人以上の学生を集めたのがハイゼ（Heise,Georg Arnold, 1778-1851）である[34)]。

ローマ法生成の歴史性をフーゴーから受け継ぎつつ，法は民族の歴史から生み出された全体文化の一領域として文化全体とともに有機的に発展してきたとするのがベルリン大学のサヴィニー（Savigny, Friedrich Carl, 1779-1861）である。法に民族精神 Volksgeist という概念を持ち込み，歴史法学と呼ばれたが，同時に，法の原理まで辿り，その原理から最も遠い派生物にまで追究する演繹的方法による法創造と法解釈を用いることから生まれる「学問法」の創造可能性を認めた。法の歴史的生成と論理的解釈が立法を生み出すのであり，大学法学部の法，即ち，「教授法」という概念が生まれた。

サヴィニーの歴史法学から枝分かれするのがロマニストとゲルマニストである。サヴィニーの後継者となるが夭折したプフタ（Puchta, Georg Friedrich, 1798-1846）は，ローマ法に基礎を置くロマニストを代表する。また，裁判官は実定の法律にのみ基礎を置いて判決を下すことで法解釈の恣意性を排除すべしとした。法律は，文言よりも法が意図する目的に基づき適用されるべきと論じるのは，後に触れるゲッティンゲン大学のイエーリングである。

ゲルマニストは，歴史法学から出発するが，ドイツ固有法を歴史的に掘り起こすことを目指した。アイヒホルン（Eichhorn, Karl Frierich,

---

34）以下の叙述は，Kleinheyer, G. (1976), Köbler, G. (1996), Wieacker, F. (1952) による。

1781-1854）が先駆者となる。ドイツ国制史から出発し，歴史的にローマ法と並存してきたドイツ私法を史的に整理し，ドイツ固有法の存在を評価したことでドイツ法の開拓者と呼ばれる。そして，法に限定せず，歴史，言語，習慣などドイツ固有の伝統を掘り起こし，ドイツ民族文化を認定すべしとした人々をゲルマニストと総称するようになる。

哲学部の躍進

実務的な法学教育と並行して学修されたのが哲学部の諸分野であった。古典学や歴史学が狭い専門分野に閉じこもりがちな専門学部の学生達の視野を広げたのである。学生数でみると，全学生の半数は法学部学生であり，医学部でさえ哲学部の学生数を上回っていた。しかし，ゲッティンゲンでは，哲学部を専門学部進学のための下部学部としていないので，実態的にはほぼすべての学生が哲学部の授業を並行履修していた。

ベルリン大学創設者ウィルヘルム・フンボルトの例を見てみよう。1767年ポツダム生まれで，典型的なプロイセン人であり，プロイセンの大学であるオーデル河のフランクフルト大学で法学部に入学し，1788年4月，ゲッティンゲン大学法学部へ移る。学生が教授を求めて大学を遍歴するのは普通のことであった。ゲッティンゲン大学では2学期を過ごし，法学部の著名教授である公法学のピュッターに師事するとともに，多くの時間をシュロッツアーの歴史学やハイネの古典言語学に割いている。ゲッティンゲン大学へ移ったのは，著名なピュッターに師事することであったが，同時に，古典教養をシュレツアーやハイネなど哲学部の著名教授のもとで身につけることが目的であった。ゲッティンゲン大学は，この意味で，専門教育と並行して著名研究者のもとでの教養教育の両立を可能にしたドイツ唯一の大学であった。

フンボルトは，その職歴において外交官であり，政治家であったが，彼の業績として後の時代にまで評価されているのは，ベルリン大学創立に示された総合大学理念であり，そして，「比較言語学研究」（1820年）や「文法形態の成立と思想発展に及ぼしたその影響」（1825年）などを著したヨーロッパ古典言語学者としての研究業績である。啓蒙主義期における語学研究は，文法や文章構造を主たる対象とするのではなく，言語は民族精神の外的表現であるとの理解で，古典とそこで用いられている言語表現からその時代の社会と思想を再現しようとしたのである。

ハンガリー留学生が注目した，ドイツの大学の特徴のもう一つは，講義に公的（無料）と私的（有料）の区別があること，また，教授によって受講者数が極端に多い事例であった。ハンガリー留学生の記述にもあるように，教授は，別途講義室を用意して聴講料を徴収して私講義を開催した。教授会出席の権利を持たない員外教授も，印刷された学期時間割表に学部等から委託された授業を掲載し，登録した学生から授業料を徴収することができる。さらに，教壇資格である博士学位所有者は，学部教授会が学部教育を補佐するものとして許可すれば私講師として大学掲示板に掲示し，有料の私的講義に学生を集めることができる。さらに，これを補った多数の補修授業教師が教養教育の基礎を支えた。学生は，無料の公的講義以外すべての私講義や補習授業は有料であったので，効率よく，また，無駄なく学修しなければならなかった。教師間の競合がまた，学生の勤勉を助成した。

後期啓蒙主義から科学の時代へと移るのが19世紀であるが，世紀初頭の大学人事にも現れてくる。神学・法学・医学の専門学部よりも哲学部の個別学問分野の教員補強が顕著となるのであった。人文科学分野で歴史学，考古学，オリエント学，古典言語学の分野の講座を積極的に設置していくのがハイデルベルク大学であるが，1803年に司教座支配からバーデン公国所領に移り，カソリック教会から脱皮したことが理由であると思われる。フランス支配から解放戦争の時期に積極的であったのが新設大学のベルリン，そして，ゲッティンゲンであった。ベルリンは，フンボルトの影響が強かったのであろう，大学創立の1810年に古典言語学教授3人を一度に招聘し，これに哲学，歴史，考古学，オリエント学が続いた。ゲッティンゲンも古典言語学教授を3人，歴史学教授を2人，哲学教授を2人，オリエント学1人などを採用した。自然科学分野では，同じく，ベルリンとゲッティンゲンが突出している。ベルリンは，化学2人，さらに，数学，物理，植物学，鉱物学を採用した。ゲッティンゲンは，より方向性が明白で，数学2人，天文学2人，鉱物学1人を補充している。ガウスは，1807年に数学正教授として招聘され，1816年に新天文台が完成すると初代所長に就く。大学は領邦国家間の競争であった。1826年，バイエルンがランツフート大学を首都ミュンヘンに移してミュンヘン大学とすると，ベルリンやゲッティンゲンと同じ分野で大量の補強をしている[35)]。

ドイツの大学が研究機能を発揮して，ヨーロッパ諸国の大学に比して躍進するのは19世紀後半であるが，その礎石を築いたのはこの時期における自然科学分野の教員充実である。

スタンフォード大学教授のルノワールは，19世紀のドイツの大学における自然科学・実証科学分野での躍進の原因は，ドイツの分権制度が生み出した競争原理と資金供給を担った政府の学術政策に尽きるという[36)]。ルノワールの議論を敷衍しながら解説するならば，次のように要約することができよう。競争原理の担い手になったのは主として私講師や員外教授などの若手研究者であり，研究者として個人的研究心，職業的向上心，社会的身分を動機として競いあった。領邦国家に分かれたドイツの大学市場において，venia legend，即ち，教壇資格である教授資格試験合格者数に人数制限がなかったので過剰状態にあった。合格基準は，学問的研究成果のみであり，若手研究者は自己の研究関心と研究の独創性を求めて絶えず新しい研究主題を追求した。研究主題の細分化と専門化が進むと同時に，目標とする教授職の数に比較して膨大な予備軍が生まれ，予備軍内部での競争が激化していった。領邦政府が設定した「管理市場」での競争である。ドイツの大学制度の特徴である研究中間層の肥大化が進み，しかも，研究主題の細分化を通じて新しい認識が発見・実証される。学術発展の内部要因であるが，同時に学部の講座構成に対して「下からの圧力」が強くなった。大学を管理する文部行政に対しては，新知識・新技術の発見・実証の担い手である若手研究者増が圧力となったのであり，文部行政にとって大学（管理）政策が課題となる。文部行政は，社会的関心，経済的利益，予算の効率を基準として公的資金を配分することで公共の福祉（利益）を実現するが，広域的市場においては結果的に予算制約のなかでの学術政策競合となる。大学政策と学術政策は，内輪の官吏的論理のみで決定することができないからである。学生募集と研究成果を競うのは大学間競争であるが，大学の競争

35）　Baumgarten, M. (1997), Tabelle.

36）　以下の叙述は Lenoir ,T. (1992), S.21ff. による。

条件を整備するのは領邦間で競合する領邦学術政策である。領邦間大学（管理）政策が学術発展の外部要因となる。領邦内の大学人間・大学間競争であるならば，文部行政が枠組みを作ることができる管理市場での競争であり，競争力の弱い限界的大学を維持することができるが，本来的な競争は領邦間の学術政策競争なのであり，広域的学術競争での結果責任を負う大学（管理）政策は，Government by the Market の洗礼を受ける。重層的競争市場における二つの競争がドイツの大学市場において学術発展を促したのである。

ドイツ大学史を辿るにあたり，大学の発展条件としての大学市場のあり方は決定的な要因であり，先に触れた上山も指摘している。組織論としてみるならば，制度・組織発展の要因は内在しなければならないが，発展要因が現実化しうる外部市場環境を必要とする。大学が自律・自治団体として，学問の自由が発展の固有法則性 Eigengesetzlichkeit を保障する内在的基本権とするならば，大学の自由を機能させる外部制度保障の存在が問われなければならない。ルノワールの論点は，ドイツの大学の自由は，開かれた大学外部市場が存在することで機能を発揮してきたこと，そして，広域的な大学自由市場の存在が大学の営為としての研究・教育を発展させてきたことを，簡潔に示すものである。

プロイセン視察団

その名声を確固のものとした18世紀末のゲッティンゲン大学の様子を，ドイツの他の領邦の大学行政担当者の眼にどのように写ったかを示す史料が残されている。プロイセン政府は，他の領邦の大学事情を折に触れて調査しており，他大学からの教授招聘資料として用いてきた。1779年夏学期，プロイセン文化省の審議官であるフリードリヒ・ゲディッケ（Friedrich Gedicke, 1754-1803）がプロイセン以外の14大学視察旅行をしており，報告書を国王フリードリヒ・ウィルヘルム2世に提出している。この中に，他の大学におけるよりも圧倒的に長い滞在，即ち，5日半にわたるゲッティンゲン滞在中に見聞し，自ら講義に出席した教授達についての評価が含まれている。特徴は，事務官として，客観的・具体的に講義の様子を観察しているが，講義内容に立ち入っていないことである。ピュッターに関する物知り的な観察は，それ自体客観的なものであるが，講義を通じて学生に何を伝えようとしているのか，また，学生が何を受け止めようとしているかは一切考慮に入っていない。プロイセンの典型的な文部官僚の視点を逆に浮き彫りにしている。以下にゲディッケ報告書を要約してみよう[37)]。

最も強い印象を残したのは，教授達のゲッティンゲン大学への誇りの強さである。大学の名声を自らの誇りとし，教授個人の名声は大学の誇りとして語るのを，印象深いものとして受け止めている。そして，各学部の事情を調べ，著名教授達の講義を詳細に観察している。

最も名声の高い法学部は，学則定員教授4人で，ベーマー，ピュッター，メッケルト，ルンデの4人が交代で学部長に就き，小教授会メンバーであるとともに学部判決委員会責任者である。これに加えて6人の正教授がおり，大教授会を形成している。学部意見書や判決文案作成にこれらの学則定員教授とともに2人の員外教授，さらに，私講師が業務分担として参加して実際の作業を行っているが，報酬の6分の一は委員長に就く4人に配分される。最も著名なピュッターの授業は，150人の学生が集まっているが，幾人もの学生が述べているように，授業の内容によるよりも教授の知名度と影響力が聴講学生数を増やしている。授業の内容は，雑談的な話が多すぎるし，厳密性に欠けている。最近招聘されたのは員外教授のフーゴーであり，その授業は豊富な知識量に裏打ちされているが，語りが単調で，流暢さに欠ける。

神学部の教授定員は3人である。4人の時もあったようであるが，現在は正教授2人，員外教授2人となっている。著名なのは，教会史を講義するプランクである。授業内容は厳密であるが，シュワーベン訛り

37） Fester, R. (1905), S.13ff.。大学以外にも，産業学校 Indusgtrieschule を視察している。セクストロー教授が立案し，ワゲマン牧師が献身的に運営しており，男女200人の生徒が裁縫，刺繍，麻と木綿の紡みを習らっている。ご褒美として，生徒は自分たちが作った衣類などを受け取ることができる。この制度は是非プロイセンでも受け入れるに値する，と報告している。（産業学校は，工業化前の農村で，作業所を兼ねた学校で，児童に僅かながら所得機会を与え，学費の足しにさせた。こうした形態の学校の嚆矢は，1779年にキンダーマン（Kindermann, Ferdinand）がプラハで始めたものであり，ボヘミア一帯に普及した。1784年設立のゲッティンゲンの学校は，ドイツで最も早く導入したもので，マリエン教会付置としての設立にあたり，国が200ターラーの補助金を出しており，経常費は国と市が支出した。学校教育に技術実習を組み合わせた形態は，徒弟制度を学校教育に取り入れるドイツ特有の二元的職業教育制度の原型となった。Hillegeist, H.-H.(2013) 参照。

が強く，聞き取れない箇所が多々ある。医学部の学則教授定員は3人が交替で，学部長に就くが，この他に4人の正教授がいる。最も著名な解剖学のブルーメンバッハの講義のなかで，自然史の講義に80人の学生が集まっている。授業は，流暢であるとともに明確で，心地よい。哲学部の学則教授定員は8人であるが，現在は，正教授15人，員外教授6人，そして，多数の私講師の態勢となっている。最長老はミヒャエリスであるが，老齢であり授業にも影響がでている。それゆえ，これを補うとともに将来の後継者としてイエナ大学から1,200ターラーという高給でアイヒホルンを招聘した。アイヒホルンの旧約聖書講義の学生数は150人に上り，内容が厳密であるとともに聞きやすい。ハノーファー政府の信任が厚く，実質的に大学総務官の役割を果たしているのが古典言語学のハイネである。その講義は素晴らしく，私講義の聴講料は3ルイズドールである。シュレッツアの授業は大変示唆に富む内容で，厳密である。ローマ美術史のヘーレンは，無給の員外教授として最近招聘され，その授業での語り口は心地よい。物理学のリヒテンベルクの授業は，肩を張ったところがなく，自然できさくな語り口であり，授業内容は学ぶべきことが多い。

学生のために公的講義の授業一覧が発行されており，一つはラテン語で先任教授順，もう一つはドイツ語で学部・学問分野毎である。私講師の科目も掲載されているが，ここに掲載される授業に登録する学生は殆どなく，大部分は有料の私講義で教育を受けている。学位授与の様子も視察したが，試験というより儀式であった。試験のための討論も予め内容の打ち合わせができており，形式的な儀式となっている。

大学付帯施設や制度として，先ずあがるのは図書館である。蔵書が素晴らしく，ゲッティンゲン大学が研究者を養成しているとするならば多くが図書館のおかげである。カタログは3種類で，著者名アルファベット順，分野別書名，購入順である。アカデミーの会員は，すべての教授が登録されているのではなく，物理，数学，歴史学の分野に限定されている。運営資金は，刊行誌 Gelehrte Anzeigen の販売収入であり，会員が学生に講義をする場合，一講義あたり20ターラーが支給される。5年前から，優秀学生への賞金制度が設けられている。4学部の学生の間から選抜され，85デゥカーテン（原文のママ）の価値があるメダルが授与される。受賞者のうちから，法学部のフーゴーと哲学部の心理学のブーレの二人が員外教授になっている。救貧学生のための自由食卓制度があり，現在35人がこの支給を受けている。

学生の生活面をみると，ゲッティンゲン大学の学生が折り目正しいとされているのは，貴族出身の学生が多いからである。現在3人の皇子が在学しており，皇子の華美な生活習慣が学生一般に悪い影響を与えるかと心配したが，皇子たちは質素な学生生活を送っている。また，日曜日午前中は，教授が学生の訪問を受けるようになっており，学生教育に役立っている。ハノーファー政府は，自国の子弟にゲッティンゲン大学への進学を強制しているが，しかし，2年間の強制であり，その後は他領邦の大学を訪れることができる。

教授の俸給は一様でなく，また，公表されていない。アイヒホルンの1,200ターラーに対して，ピュッターの800ターラーは信じがたいほどである。しかし，3-4ルイズドールの聴講料の私講義からの収入が大きく，多数の学生を集める教授の年収は4-5,000ターラーに上るようだ。私講義は5人以上の聴講生が原則で，10人以上が殆どであるが，4-50人の授業も多数ある。教授は俸給を得るが，同時に，政府から官位が与えられることを名誉としている。神学部教授なら宗務局評定官Konsistoralrat，その他の学部の教授についてみると，宮廷顧問官Hofratが法学部と医学部から各5人，哲学部から10人おり，枢密法務顧問官Geh. Justizratの肩書を持つのは法学部のベーマーとピュッター，そして，哲学部のミヒャエリスである。

プロイセン文部官僚の観察視点を示すため，イエナ大学でのシラーの講義についてのゲディッケの報告を以下に見てみよう。79年7月末にイエナを訪れている[38]。

> 演劇詩人として著名なシラーがつい最近任用され，この半年で多大な称賛を得ている。ここでは最も大きな教場で講義しなければならないが，それでも入りきれない学生がいる。私の滞在中でみると，一般世界史概説Universalgeschichteの講義で400人ほどである。し

38） Fester, R. (1905), S.84.

かし，正直なところ，これだけの称賛の理由を見出すことは難しい。講義は，詩をうたうような抑揚をつけて原稿を読み上げ，しばしば大して重要でない史実や地理の説明をするだけである。新来者であること，著名な詩人が教壇に立つ，これだけが多数の学生が集まる理由であろう。それと，（公講義なので）聴講料を払う必要がないこと，遅い時間帯なので他の人の講義と競合しないこと，である。

教授家計

政府支給の俸給額は教授一人ひとり異なっていた。また，教授としての年俸は，週4コマの公的講義への職務給であったから，生活保障給を意味しない。国家官僚制度が公務員給与体系を整えるまでの時代において，こうした俸給の性質は教授に限ったものではなく，公務従事者一般に普通のことであり，生計を維持するに足る所得を確保するために幾つかの職務を兼ねるか，職務に付随する役務手当てとして手数料収入を得るのであった。国家財政制度が整備されていない時代であり，学位試験に関わる手当てなどがそうであったように，役務手当は担当者の個人的所得となった。それゆえ，教授の年間所得の総額を確定する記録は乏しい。教授は，特許状が認めているように，教授の自由と出版の自由が保障されている。有料の私講義と著述業を収入源とすることを意味していたのであり，さらに，多くの教授達は家作を持ち学生下宿を営むのである。

政府支給の教授の年俸は個人差が大きい。ゲッティンゲン大学創立期に最も著名な教授といえば医学部のハラーであるが，解剖学・外科・薬草学教授として1736年就任時の年俸は600ターラーで，別途スイスのベルンからの移住費用400ターラーが支給されている。年俸は，早くも翌年に700ターラーへと引き上げられた。後に法学部の名を高めたピュッターが，法学担当員外教授として1746年に招聘された時点での年俸は260ターラーにすぎなかったが，1755年には700ターラーとなり，彼の公法，帝国史，帝国手続法の講義は多くの聴講生を集め，皇太子の養育係に就いたことなどから，1797年の年俸は1,000ターラーとなっていた。しかし，同じ年の年収合計は12,000ターラーにあがっているのは，役務手当て，意見書作成報酬，著述活動からの原稿料，そして，私講義聴講料からの収入が政府からの年俸を大きく上回っていたのである。彼は，自宅に200人収容の講義室を設けていたほどである。同じく法学部のフーゴーも1788年に300ターラーの員外教授から始めており，正教授に昇格する1792年に400ターラーとなる。その後他大学からの招聘要請が続くがゲッティンゲンに留まり，1809年には900ターラーとなっている。

ほぼ同じ時期である1770年，ケーニヒスブルク大学哲学教授イマヌエル・カントは，15年間無給の員外教授を勤めた後，166ターラーが支給されている。医学部教授であるとともに，博物学的収集品を大学博物館にまで発展させたブルーメンバッハは，1776年に員外教授となり，1778年の正教授就任時に300ターラーから始めており，1807年までに700ターラーへと引き上げた。啓蒙主義期を代表する物理学者・哲学者であったリヒテンベルクは，1770年の員外教授就任時は200ターラーで，正教授に昇格する1799年に460ターラーとなっている。古典言語学や歴史学の分野でみると，ミヒャエリスは，1747年に50ターラーの員外教授として始まり，正教授に就く1750年に250ターラー，晩年の1787年に910ターラーとなっている。同じくシュレッツアーは，1764年の500ターラーから始まり，1787年に760ターラーとなる。裁判官の職を辞し，無給員外教授であったビュルガーの年収は，学生聴講料と著述業収入が主なものと推測できるが，1790年の年収は1,200ターラーであり，91年についても聴講料収入として500-600ターラーを想定していた[39]。

39）大西健夫「大学都市の生成」（2010），19頁。

ヤコブ・グリムの教場風景
(弟ルードウィッヒ・エミール作)

出典) Oberdiek, A. (2002), S. 42.

19世紀に入ってもこうした状況は変わらず，知名度が高くない教授達の年俸は200ターラー程度であった。これに対して，ある程度の高い知名度をもった教授達，例えば，七教授事件の当事者達が解雇される1837年時点での年俸は，ダールマンが1,400ターラー，エーワルトが1,100ターラー，ヤコブ・グリムが1,000ターラー，ウェーバーとアルブレヒトが800ターラー，ウィルヘルム・グリムが500ターラー，ゲルヴィヌスが400ターラーであった[40]。

40) Ebel,Wilhelm: S.85.

教授の社会的身分と身分相応な生活水準を政府支給年俸からのみでは判定できないが，他の職位・職業の俸給や価格と比較することにより，教授の所得水準を推測できよう。

ハノーファー南部地域における年俸：1765年（単位：ターラー）

市長職	約 700	市参事員	300-500
市役所書記	約 130	市警吏	130
建築通い職人	約 90	掃除婦	約 40

出典) Stadt Göttingen(1987): Göttingen im 18.Jh., S.29.

哲学部歴史学教授ガッテラーの1772年2月14日付け政府宛俸給引き上げ願い書が残されている[41]。

> 私は，11人の子供たちのうち，生存している9人を養育している。子供を育てる父親として，教員とは自らの死後に思いをいたせば決して恵まれた職業ではない。……身分を貶めることなく家族を養うことは，特に，戦争の月日とその後の2年間において大変困難であった。

ここでいう戦争とは1756年から63年にかけての七年戦争であり，市はフランス軍に占領され，学生数は激減した。政府支給の年俸は確保されたのであろうが，私講義聴講生数は激減したのであろう。学生数の激減は，他の収入源をも直撃した。1763年のゲッティンゲン市家計調査によると，ガッテラーは34歳の妻，娘一人，息子4人と持家に住み，18歳と20歳の女性奉公人を住み込ませている。この他に家を2軒所有しているので学生下宿に使用していたのであろう。別の記録で1766年冬学期をみると，教授・私講師と寡婦を含めた大学教員の6割が学生下宿を営んでおり，その下宿学生数は学生総数の17.7%に及んでいた[42]。大学関係者に限らず，政府公務員や市役所職員も，持ち家を学生下宿に利用していた[43]。

ガッテラーの教授家計の実態は，小規模農村都市ゲッティンゲン固有のものではない。見本市で知られる大商業都市ライプツィヒの大学でも同じような姿を示している。1616年から1793年の期間で，教会牧師が

41） Duwe, K. (1989), S.42ff.

42） Stadt Göttingen(1987): Göttingen im 18.und 19. Jh.S.185.　Wagener, S.(1996), S.67.

43） わが国最初の大学は，明治10年に帝国大学として創立された。初期の学生構造を見ると，法理文学部生の7割以上が士族，かつ，官費生であったのに対し，医学部生の半数以上が平民，自費生であった。江戸時代からの身分制度と職業資格が反映している。官費生を収容することが目的であったと思われるが，政府は本郷に学生寄宿舎を手配するが不足するのであり，明治19（1886）年に公認寄宿舎制度を導入し，大学の近傍およそ10町以内で身元確実な民間寄宿舎を大学が公認し，官立寄宿舎同様に舎監の監督下に置くものとした。明治20年4月，教授の居宅に下宿することが「公的に認可」されているのは，18・19世紀のドイツがそうであったように，学生生活管理を名目にした下宿と思われる。『東京大学百年史』通史　1，472頁，626頁。本郷森川町・西片町・東片町に官立・民間寄宿舎，教員官舎・居宅が広がるのであり，森川町が下宿街，そして，旅館街へと変貌する布石となった。

残した埋葬時の弔辞，幼児の洗礼記録，大学文書館資料のなかに遺された教授の遺言状と書簡などから確認できた121の教授家庭の実体を再現した研究がある。このなかで，原史料において他の教授と比べて情報量が多い神学部教授ベルナー（Boerner, Chrisitian Friedrich）の家計を再構築してみよう[44]。

ベルナーは，1683年，ドレスデンに生まれ，1753年にライプツィヒで没している。父親は，ザクセン公国高級官吏であり，母親の家計は富裕な商人一家であった。長男として生まれたベルナーは，1707年にライプツィヒ大学哲学部倫理学教授として招聘され，翌8年にギリシャ語教授となり，10年に神学部員外教授を経て，13年神学部正教授となる。生前の政府支給年俸と学生聴講料収入は不明であるが，没後の1754年，遺産記録用と思われる資料によると，簡単な収入と資産状況の記録が残されている。家作収入2,124ターラー，その他の生前での顧問契約や助言謝礼収入573ターラーであった。資産としては，自宅については不明であるが，その他に賃貸用家屋一つと飲食店を所有しており，資産価値は，前者で16,000ターラー，後者で8,500ターラーであり，年間賃貸収入は36ターラーと32ターラーであった。その他に，象牙の食器と像，銀製飾り物などを所有していた。支出面において，衣食住の生活支出金額は不明であるが，使用人への年間俸給支払いとして，女性の家政頭Haushaelterinに57ターラー，男性奉公人に30ターラー，女性奉公人2人に57ターラー，下女12ターラー，女性調理人12ターラー，庭師36ターラー，そして，下僕への見回り賃5ターラーとなっている。ゲッティンゲン大学のガッテラーにおいても見られたように，家作を所有し，女性奉公人を雇っているのは学生下宿を営業していたことを推定させる。但し，ガッテラーよりも社会的地位が高く，家計規模が大きかったことを示すのが，主婦に代わり家計を管理し，使用人を統括する家政頭を置いてあることである。

この時代における，奉公人を使用する教授の身分相応の生活とはどのようなものであったのであろうか。ゲッティンゲン大学歴史学教授であるヘーレンが，義父にあたる古典言語学教授で図書館長ハイネの一日を

44）　Schmoltz, Theresa (2012): Leipziger Professorenfamilien.

描いている[45]。

朝は5時に起床する。直ちにガウンを羽織り，一杯のコーヒーを喫すると仕事机に向かう。朝の時間は，著述と書評に当てられる。冬は8時頃に自室で朝食を摂る。スープ，グラス一杯のワインなどを時に応じて選ぶ。それから着衣を身につけるが，その正装で一日過ごす。夏ならば，8時に最初の講義がある。その後の2時間は事務的仕事で，特に，図書館関係が多い。（時によって，図書館副司書を呼び寄せることがある。）それ以外の仕事もあり，手が空くことはない。それにもかかわらず，合間合間に自分の専門の文献に手を伸ばす。11頃になると演習の準備を始め，演習は11時から12時までである。12時になると家族と食事を摂る。その日始めて家族と顔を合わせるのが習慣である。食後の半時間，正装のままソファーによりかかり一休みする。半時間を越えることはない，2時前には講義の準備があるからである。2時から3時は常に私講義の時間である。その後6時までの午後の時間は，（6時過ぎには書簡等は郵便に渡らなければならないので）主として書簡に当てられる。専門分野であるギリシャの詩人たちの作品に手を伸ばすとすれば，通常5時から6時までである。夏の間，時々，毎日4時間ギリシャ詩人に時間をあてることもある。近年の習慣であるが，6時過ぎに15分ほど家族に顔を見せ，お茶を飲むようになった。そして，8時まで仕事をし，夕食を摂る。友人が訪ねて来たりすると，食事に1時間かける。食後，11時まで書評にとりかかり，それから就寝する。

こうした教授の一日に，妻が主婦として顔をだすことは殆どない。家事一切は，男性ないし女性奉公人の仕事である。ハイネの場合，男性奉公人を雇っており，食事の給仕，衣服の管理と着付け，聴講料の徴収，講義室の整理，大学図書館の図書運搬などを受け持っていた。ハイネの家計における奉公人を辿ってみると，1763年には借家に妻，嬰児と幼児の子供2人，住み込み夫婦奉公人と女性奉公人が住んでいた。66

45）Duwe, K. (1989), S.45.

年になると，子供が3人となり，女性奉公人も3人となる。68年から1809年まで男性奉公人ロレンツを雇っていた。家を購入するのは1774年で，初婚の妻が病没した後，1777年に再婚しており，1795年における家計同居人は，子供6人，女性奉公人4人，家庭教師1人と前述の男性奉公人ロレンツである。1811年になると，娘の1人は上記のヘーレンに嫁いでおり，同居する子供は3人となるが，女性奉公人3人，家庭教師1人，ロレンツが退職しているので通いの男性奉公人1人である。ハイネは1812年に没しており，未亡人が没する1829年をみると，家計は，成人となった娘2人，女性調理師一人，女性奉公人一人となる[46]。女性奉公人が増えている時期は，家族規模も大きかったが，同時に，ハイネ自身の知名度もあがり，私講義からの聴講料収入も増加し，家作を入手し，学生下宿を営んでいたと想定できるのである。1777年に再婚したのは，ハノーファー政府の大学総務官ブランデス（Brandes, Georg Friedrich）の娘であり，ブランデス＝ブルーメンバッハ＝ハイネは姻戚関係となっていた。

教養市民層

ライプツィヒ大学のベルナーに戻ってみると，1709年と1730年に2度結婚している。最初の妻ドロテア（Dorothea）との間に男子4人，女子4人を得，2度目の妻ラヘル（Rahel）との間にも男子3人と女子4人を得ている。この15人の子供たちの名親と結婚相手をみると，ザクセン政府ないしライプツィヒ市の高級官吏，商人，大学教員の名前が連なっている。名親Pateは，子供の洗礼式の立会人で，姻戚に準じる家庭間の関係を相互に尊重することを意味した。通例は家族の身分に相応した立場の者が両親からの依頼で引き受けるのであり，この記録が教会に残されている。何らかの形で残っている記録を利用してライプツィヒ大学教授の資産状況と家系図の再構築を試みたシュモルツは，ベルナーの14人の子供達（子供一人だけ名親の記録が欠けている）の名親についても身分と職業を追跡しており，次のような結論を導き出している[47]。

46）Wagener, S. (1996), S.79.
47）Schmoltz, Th. (2012), S.349.

> ベルナーは2度の結婚を通じて15人の子供達の父親となっている。これに伴う名親の数が明白に示しているように，ライプツィヒ市民の上層階層が相互に密接な関係を織りなしている。ベルナーの人間関係は，社会生活のすべての領域をカバーしている。言うまでもなく，多くの名親は大学関係者であるが，同じように市の商人と行政を代表する人々が含まれている。多くの大学人の関係を説明するのは，一つは姻戚関係であり，もう一つは同じ専門の同僚である。

ベルナーの例から読み取れるのは，ライプツィヒ市の上層階層に広い人間関係を張り巡らしているに留まらず，大学教授とその姻戚関係がその時代の社会階層に占める位置づけを検証できるのである。学生の出自階層が貴族，高級官吏，聖職者が主体であったように，教授にも一定の出自階層を特定できる。中世以来の身分制社会においては，一定の身分ないし職業集団は内部で再生産していた。貴族は市民階層である商人や手工業者と姻戚関係を結ぶことはなかったのであり，商人や手工業者は同業者間での姻戚関係を優先した。大学教授，ないし，大学教授を含んだ社会階層が，内部再生産を繰りかえす同質的な社会階層ないし職業集団であったか，が問われるのである。121人のライプツィヒ大学教授の記録の内，親の職業が確定できるのは105人であり，その内神父など聖職者が26人，大学教授が16人，高級官吏が14人，弁護士や裁判官など法曹人が11人であった。即ち，105人の教授の父親の職業を見ると，大学卒業が職業資格となっている上記の67人が該当する。ここから見て取れるのは，大学教授の3分の2が大卒が就く職業の父親を持っていたのであるし，比較的俸給が低い聖職者は子弟を教会のラテン語学校にいれることができたのである。ベルナー家についてみると，再婚したラヘルの父親は法学部教授であったし，初婚の娘二人が倫理学・哲学および神学の大学教授と結婚している。

19世紀の大学教授の出自を検証した研究からも同様な結果がでており，17世紀以来のドイツ社会は，大卒者が一定の固定した社会階層を形成していたのであり，ドイツ史における固有な表現である教養市民層Bildungsbürgertumを確認できるのであり，領邦国家官吏層でもあった。

19世紀におけるドイツの大学教授の出自別分類を検証するにあたり，

人文科学分野と自然科学分野を区別して考察した研究を利用することができる[48)]。

大学教授の出自

	人文科学		自然科学	
	1803-47 年	1880-1914 年	1803-47 年	1880-1914 年
貴族	2/1.8%	5/3.0%	0	0
上層市民	77/70.0	125/73.9	44/74.6%	90/78.3%
高級官吏	59/53.6	72/42.6	31/52.5	42/36.5
自由業	9/8.2	19/11.2	8/13.6	18/15.7
富裕市民	9/8.2	34/20.1	5/8.5	30/26.1
中層市民	31/28.2	38/22.5	13/22.0	24/20.8
旧中層市民	24/21.8	25/14.8	10/16.9	15/13.0
新中層市民	7/6.4	13/7.7	3/5.1	9/7.8
下層市民	0/0	1/0.6	2/3.4	1/0.9
	110 人 /100%	169 人 /100%	59 人 /100%	115 人 /100%

表が先ず最初に示すのが，19 世紀を通じて自然科学分野での教授数の増大である。数学，物理，化学，地学，それに，医学の諸分野などが学問としての地位を確立するにつれて教授数が増大した。人文科学分野においても，政治学，経済学，保険学，社会科学などの新分野で新規教員の任用があったものの，学生数の増大に比例して教授数は増大していない。ドイツの大学の特徴の一つとして，教授会出席権限を持つ正教授数拡大よりも員外教授，私講師，助手の採用で学生数増大に対応してきたからである。

教授の出自として最大である国家公務員の中身をみると，18 世紀前半の人文科学分野においては，教職者，裁判官，教授，大学教師のみで 38 人に達し，18 世紀末から第一次世界大戦以前においては 52 人に及んだ。大卒が前提となる国家公務員と自由業を合わせると，前期は 68 人，後期は 91 人で，大学教授の三分の二を再生産していた。自然科学分野ではより端的であり，18 世紀前半は 39 人，世紀末は 60 人と半数

48） Baumgarten, Marita (1997), Anhang. ここで検証されたのは資料が利用できる以下の大学である。Berlin, Muenchen, Heidelberg, Giessen, Göttingen, Kiel. この表では，政府が上級職として俸給を支給している職種はすべて国家公務員の範疇に入り，裁判官，神父・牧師，大学教師，教授，士官などが含まれる。自由業とは，弁護士，医者，薬局などである。中層市民の旧は農民，手工業者，下士官などで，新は中・下級官吏，大卒資格のない教師など。下層市民は，日雇い，行商など。

以上が大卒家庭の出身者である。教授家庭出身者のみでみると，18 世紀前半の人文科学で 6 人，自然科学で 4 人であるが，世紀末になると前者は 19 人，後者は 10 人と，最も再生産比率が高い職業となっている。家庭の富裕度が教育機会に直接反映し，大学という媒体を通じて上層市民階層間で姻戚関係を密にしたので，大卒学識者層，そして，職業官僚層という社会階層を形成していたのである。

安定した社会階層構造が崩れるのは言うまでもなく 2 度の世界大戦での敗北によってであり，急激な戦後インフレーションの結果，社会階層間の所得格差，そして，教育格差が逆転するからである。

3　大学都市の市民

ゲッティンゲン市の居住人口は，18 世紀初頭の約 3,800 人が，大学都市としての半世紀で，1756 年の 6,900 人と倍増した[49]。人口増の中身をみると，教会資料である洗礼記録と埋葬記録を照合して，以下のように言うことが出来る。1700 年から 1755 年までの半世紀の洗礼記録は 12,453 人，埋葬記録での死者は 11,270 人であるから，教会記録でみる人口自然増は 1,183 人であった。人口社会増である市庁舎での移住者市民権取得者数は，同じ期間において 924 人であった。合せて 2107 人であるから，約 3,100 人との差は，市民権取得者の家族・同居人で市民権申請をしなかった者，および，市民権申請をしなかった流入者であったと考えてよいであろう。市民権申請書には出身地を記入するので，これによると 80%が市から 50 キロ以内の出身者であった。市人口の算定は，居住人口の定義とその実数把握に様々な研究があり，定義の前提条件によって数字が大きく異なる。ここでは，上記の人口増把握に基づく研究の数字で市人口の増加を見ることにする。

49）「市民」とは，登録税を納付し，選挙権や営業権など市民としての権利を持つ者なので,「市民」と市内居住人口は大きく異なる。家長のみが市民権所有者で家族は登録していない場合，また，独立した店を持たない日雇いや行商人は登録しなかったので，市内居住人口を正確に把握することはできない。それゆえ，教会の名簿等を用いて推定値を算出する。それゆえ，推定方法等で結果が異なるので，本書では次表の数字を用いる。理由は，1756 年の学生数と兵士数を居住人口数と対比しているからである。

ゲッティンゲン市の人：1700-56年

1700年	3,800人
1730年	5,100人
1740年	6,800人
1756年	6,900人（8,321人）

＊）Stadt Göttingen(1987): Göttingen im 18.Jh.S.88.
Möhle, S.u. Pröve, P. の推計値である。
（）は居住者でない学生と兵士を加えた総計数。

市民の職業

人口社会増は言うまでもなく，その大半が大学設置に関わるものであった。教員・職員とその家族および大学人登録をした職業大学人が一方におり，他方ではこうした大学人を対象に営業を行う者，そして，その雇人と奉公人である。1763年における家計調査が残されており，ここには家長の職業と家計同居者，市民権取得者が記録されている。

職業分類別家計構造：1763年

	家計数	奉公人	雇人	同居人総数	市民権者	家計規模
農漁業	47	12	13	193	16	4.11
手工業・営業	736	126	218	2940	436	3.99
商業	100	79	16	468	65	4.68
公務	141	93	16	552	50	3.91
サービス業	135	71	34	534	59	4.02
大学関係者	56	68	0	243	22	4.34

出典）Sachse, W. (1987): 18. und 19. Jh. S.280ff.

この時代の家計ないし世帯という概念は，現在よりも広い意味で用いられている。家父長制の時代であり，家長が管理する家計のなかで同居する人間すべてを含んでいたので，家族・姻戚以外に住み込みの奉公人や雇人が家計構成員に参入されていた。奉公人は家計の家事に雇われた者であり，総称として奉公人 Dienstbote と分類されるが，個別的には Diener, Knecht, Maegde などと呼ばれている。雇人は家長が手工業者や商人の場合は営業に雇われた者 Gehilfe で，職人，徒弟，商人の手代や丁稚である Geselle, Lehrlinge, Handlungsdiener。こうした奉公人と雇人は同居する限り，家長の管理下にあり，家計構成員として扱われた。家事奉公人と雇人の境界に位置するのは，家長が専業であれ副業であれ下宿を営む場合に，家事とともに下宿人の世話をする奉公人である。同居する奉公人と雇人の都市人口に占める割合は，20％を越えていた。同居人のいない一人家計も223家計存在し，全家計に占める割合は15％弱であったが，男性が125人で女性が98人である。男性の場合，多くが正規の職業を身に着けることができず，日雇いで生計を立てていた人々であったと推測できるし，女性の場合，何らかの家庭的事情から一人暮らしをし，通いの奉公人，洗濯女，裁縫女などであった[50)]。

家長が営む職業で，全家計数の45％を占めているのが手工業者・営業者である。業種別にみると，製造・販売の靴屋（86人），織布工（74人），仕立て屋（50人）であるが，これに続くのが食料関係の販売をも兼ねたパン屋（48人）と肉屋（23人）であるし，さらに，印刷屋（12人）と製本屋（11人）が記録されている。手工業者家計の特徴は，職住一致して いたことから同居雇人の数が多いことである。ゲッティンゲンの最大の産業が毛織物業であったから，織布工と仕立屋が最大の比率を占めており，また，軍人・大学人の存在が靴屋と仕立屋の数に反映している。農村都市であったゲッティンゲンに新たに流入してきた手工業として，印刷屋と製本屋があり，大学創立と切り離すことができない。公務人口が大きいのは，市長を始めとする市庁舎での高級・下級職員に続き，弁護士・公証人，兵士を除く士官・下士官，警察，城門番人，牧師と教会管理人，墓堀人，それに，建築・土木，建物維持管理，道路清掃，上下水道に関わる人々が多数存在したからである。言うまでもなく，これらの多くが職務給のみでは生計を維持できないので様々な仕事を兼務するが，家計調査では主たる収入源として公務を申告している。さらに，公務サービスのなかに言語・音楽教師5人が含まれているが，馬術，剣術，ダンス教師は大学人家計に分類されている。民間サービス業は多様であるが，家計数において最大の職業は飲食店である。これに続くのが，自営（雇われていない）の奉公人と洗濯屋である。

大学関連職業

教授や学生の存在なしには考えられない，大学都市特有の職業が生ま

50）　Sachse, W. (1987): 18.u.19.Jh.

れてくる。学生は毎夜部屋の前にその日使用した靴を出しておくので，殆どが日雇いの靴磨きが翌朝までにこれを磨くのであった。教授を含め学生も教場などの公的な場所では鬘着用が礼儀であったので，最低2つは所有し，日替わりで手入れさせた。鬘屋と申請した家計数は11人にあがっている。屋根・天井葺きという職業が必要になったのは，学生の下宿部屋は2学期（1年間）終了後に必ず天井と壁を白く葺き替えるか塗り替えたからである。学生を含め身分の高い人々は膝までの上着を身につけ，袖を裾広としたので，飾り用の紐やレースを作る職人が必要であった。貴族出身の学生は帯剣したので，砥ぎやが必須であった。医者が3人に対して外科として8人が記録されているのは，当時の外科の多くは理髪を兼ねていたからである。理髪店と申告しているのは一人にすぎない。パン屋のほかに菓子屋が必要なのは，生活水準が高い顧客を対象に，白パンのケーキ，菓子の他に砂糖，コーヒー，紅茶，そして，パイプ煙草の葉を扱ったからである。

教授・学生が読む新聞・雑誌を配達・回収し，回覧費を徴収することで収入を得ていた人々がいたので，読者は購入費用を節約することができた。以前から存在したが，その規模を拡大したのが洗濯業である。洗濯屋として申告しているのが5人おり，雇人や奉公人を同居させていない。これに対して，「洗濯」と申告しているのが16人（寡婦が11人）で，同居人数が奉公人1人を含め42人であることから，なんらかの理由で子供を養っている女性たちであったことが推測できる。商業・交通のなかでは，商人が42人と4割を占め，一定の商品のみ，例えば，鉄製品や鉄器を扱う者が別途20人ほど申告している。交通分野では車夫，御者，郵便配達夫などである。商人のなかでも，市民よりも生活水準が高い教授とその家族，富裕階層出身の学生を対象とした高級品を扱う食料品店，食器屋，小間物屋などが増えた。天文台の望遠鏡や医学部教授の医療機器などは，殆どが当時の先進国であるロンドンやパリから取り寄せており，部品不足や修繕は商業都市ハンブルクやフランクフルトの職人に依頼していた。その中で，簡単な修理や部品の仕事を引き受けたのが時計職人である。大学教授の研究活動と共に発達してくる精密機械産業などについては，後に「大学関連産業」として詳論することとする。

商人や手工業者の多くは，大学創立とともにゲッティンゲンに流れ込んできたが，必要に対処するためハノーファー政府が手配した例もある。家計調査では，書店として3人申告しているが，その内の一人は，出版・印刷兼書店のファンデンホック未亡人アンナである。ファンデンホック（Vandenhock, Abraham）は，1700頃と推定されているがオランダのデンハーグに生まれた。1722年頃にロンドンで印刷兼書店を開業し，アンナ・パリー（Parry, Anna）と結婚し，32年にハンブルクに移った。ゲッティンゲンには市役所ご用達の小さな印刷業者が存在したが，大学の学術出版のために大臣ミュンヒハウゼンが手配した。ミュンヒハウゼンが，後に初代（副）学長に就くゲバウアー宛の34年11月5日付け書簡は，Abraham van Hoeckという人間について問い合わせた結果として，次のように伝えている。「彼は，印刷業者ではなく，書店経営者とのことである。しかし，イギリスから印刷器具一式を持ち帰っている。34歳で，経済状態はあまり良くない。」ハノーファー政府が移住旅費を負担することで大学書店Universitätsbuchhandlung経営者兼出版・印刷業者としての移住契約が締結されたのが35年2月13日で，ファンデンホック出版社はこの日を創立記念日としている。アブラハムが1750年8月に没すると，夫人アンナが家業を継ぎ，雇い人ループレヒトの協力を得て，出版と専門学術図書書店として成功する。印刷業の権利は51年に売却している。チューリンゲン地方出身のループレヒト（Ruprecht, Carl Friedrich）は，1748年，18歳で徒弟としてファンデンホックの下に入り，主人没後は，未亡人アンナをライプツィヒやフランクフルトの書籍市での仕入れで助け，1787年にアンナが没すると遺言により事業のすべてを受け継ぎ，現在まで続く学術出版社ファンデンホック＝ループレヒト社へと発展させた人物である。ループレヒトは，1797年に事業資金調達のため書店部分を売却したので，同時に大学書店という商標も手放した。この商標を，1873年に最終的に取得したのが，カルヴァー書店である。

カルヴァー書店がゲッティンゲン市の開業許可を得たのは，ファンデンホックより2日早い35年2月11日である。第二次世界大戦後までゲッティンゲンに残っている書店は，この他に，1766年開業のディートリッヒ大学書店と1807年開店のドイアリヒ書店である。ディートリッヒは，大学が要請して開業したものであり，一時印刷・出版業務も兼ねていた。特に，ロンドンからアラブ文字の活字を取り寄せて印刷したことは，大学のオリエント学とオリエント語学の発展に大きく寄与した。ドイアリッヒは，古書店として出発し，その後学術専門図書に特化して成功した[51]。

家計構造

家父長制時代の家計の構成を，1763年における幾つかの例から見てみよう。家計規模10人であった毛織物工場経営者グレッツェルは，1758年に妻を失った74歳の独身である。同居しているのは26歳の息子と2人の娘（19歳，28歳），2人の奉公人（うち一人は事務と帳簿を担当していたので奉公人というよりも雇人に近い），それに4人（18歳，20歳，28歳，30歳）の女性奉公人である。アレー通りのライネ川沿いの家に住んでいるが，市内に居宅を含めて13軒の家を所有し，作業場や雇人の寮としていたので，その世話をする女性奉公人が必要だった。

街のメインストリートであるウェエンデ通りに，子供のいない50歳の女性家長として住んでいたのが出版業者・書店経営者ファンデンホック未亡人アンナである。この家計に同居していたのは，40歳の下僕，24歳と25歳の女性奉公人，二人の書店雇人（32歳，34歳）である。34歳の雇人が，アンナ没後は経営を引き継いで学術出版社ファンデンホック・ループレヒト社へと発展させたカール・ループレヒトである。書店・出版業者としての成功は，大学の隆盛と一体となったものである。著名教授を著者に抱えることが出版の成功であり，学生増は書籍販売の成功である。ファンデンホックと著名教授との関係を，七年戦争時代のピュッターは次のように語っている[52]。

> 仕事で長い時間座った時は，身体を動かし，新鮮な空気を吸うため市壁土塁 Wall の上を散歩するのが習慣である。残念なことに，戦争のせいで封鎖されてしまった。知人となったフランス軍の士官の

51） Stadt Göttingen, Fremdenverkehrsamt:14 Tage Göttingen,1960, Nr.4,1966, Nr.23,1968, Nr.7. Abraham van Hoeck という表記は，ミュンヒハウゼンの原文のママである。

52） Weber-Reich, Traudel (Hg.) (1995): Kennenlernens wert, S.18.

一人が，散歩に付き合ってくれたが，警備兵が次々と立っており，結局追い返させられた。市門から出ることは勧められない。それゆえ，大体は街中を散歩することになり，ファンデンホック書店への道を取ることになる。友人たちも私と同じ理由で集まっており，心地よい団欒のひと時を持つことができるからである。

同じウェエンデ通りに，市書記官で副法務官，さらに，副市長の職務を兼任する40歳のウィリヒ（Willig, Michael Lorenz, 1715-70）が住み，家は持ち家で27歳の独身書記官を下宿させている。この時代の俸給は生活保障給ではなく職務給であったので，幾つかの職務を兼務すると職務毎に俸給がでるので829ターラーという高給を得ていた。同居人の構成は，40歳の同年の妻，5人の息子（4歳，7歳，9歳，13歳，18歳），娘一人（16歳），そして，女性奉公人（29歳）である。

パーペンディークの貸家に住むユダヤ人商人グムプレヒト（Gumprecht, Moses）は，30歳の妻，3人の息子（5歳，15歳，16歳）と3人の娘（1歳，4歳，6歳）の家族であるが，この家には23歳の手代と女性奉公人2人（15歳，30歳）が同居している。

言うまでもなく，殆どの住民は家族のみの家計であるし，片親ないし独身者の例もある。ブルク通りに住む54歳の女性は，「verwachsen」（障害児）と記録されている娘2人（16歳，17歳）が同居している。2人の障害児を女手一つで養っている，54歳の女性の職業欄には，Betteln gehen（お貰いに出る）と記載されている。同じ家屋の別の階に独身者がさらに4人居住していた。

ユダヤ人

大学新設とともにユダヤ人人口も増えている。ユダヤ人と呼ばれた人々は，キリスト教社会であるヨーロッパ社会において独特な社会的身分の人々であった。地域のキリスト教教会に属し，洗礼を受けていることを前提とするキリスト教社会において，いずこの領民に属することも許されず，いずこの教会にも属さないことは，即ち，自らを保護する法秩序に属していないことを意味する。それゆえ，生計を維持するためには，その時々の居住地で代価を払って営業許可を得ることで法の保護が保証される。キリスト教徒でないのでギルドに加盟できなかったので，ユダヤ人の職業は，主として店舗を持たない商業であり，そして，利子を取ることがキリスト教徒には禁じられていたので金貸しないし質屋を営業した。

ゲッティンゲンにおいてユダヤ人が文書に現れるのは1289年であり，商業に携り，1348年頃までに小さな団体を形成するまでになっている。年間4.5マルクを支払い，領主が発行するユダヤ人保護証を得て，ゲッティンゲン市民と同等の権利を享受し，キリスト教徒市民と同等に扱うことを保証された。しかし市民名簿に名前が記載されていないことは，市当局が市民登録を受け付けていなかったことを示している。1330年から35年にかけての市の規定は，市居住者から取り立てる利子は，1マルクにつき週6ペニヒを上回ってはいけないとしている。マルセイユに始まったとされるペストが14世紀中葉にドイツ各地にも蔓延すると，井戸に毒を投じたとしてユダヤ人が排斥される。ゲッティンゲンでも，1350年に領主がユダヤ人学校の建物を市に寄贈し，ユダヤ教徒の礼拝所であるシナゴーグの建物を売却していることから，市からユダヤ人が追い払われていることが見て取れる。ユダヤ人が再び団体形成するのは，ゲッティンゲンが遠隔商業都市として栄えるようになる1370年からで，市は，領主からユダヤ人保護証発行権を買い取り，直接監督するようになる。1370年2月8日の市当局とユダヤ人団体との合意は，市がユダヤ人を受け入れ，他の居住者と同等の権利を保証すること，そして，貸付利率は以前同様とするとともに質屋営業と家畜取引の詳細な規定を定めた。故買取引に罰金を課し，質屋業務では第三者であるキリスト教徒の面前での証明を義務づけ，家畜取引は，必ず日中の人前で，かつ，キリスト教徒とユダヤ教徒の両方の証人の面前で契約を締結するものとした。市居住人口約4,500人であった15世紀中葉におけるユダヤ人人口は，40人から50人であったが，1460年頃には市の保護証延長を求めなくなっており，なんらかの理由で，立ち去ったものと思われる。

絶対王制期の領邦君主は，身分法・地域法の一般法化を目指し，地域経済を振興する殖産興業政策を進める。ハノーファー政府は，1697年と1707年の通達でユダヤ人の営業活動の自由を認めているし，大学が新設されると，大学人のために必要な職業をユダヤ人を通じて導入している。職業大学人登録が認められたユダヤ人商人は，商人ギルドが取り扱いを独占していた奢侈品，茶，コーヒー，絹の靴下などを大学人とともに一般市民を顧客として営業したので，競争に脅かされた商人達は政府に規制を訴えるが，政府は逆に，「彼らはむしろ，大学設置がこの町にもたらした繁栄に共に寄与した」との立場をとるのである。

大学新設とともに増加したユダヤ人人口は，18 世紀中葉には 11 家族，100 人を越えるまでにいたる。さらに，大学と市の管轄が及ばない近郊農村で学生相手の飲食店を開く。次第に，学生相手に掛売や金貸しが眼に余るようになり，1768 年に政府はユダヤ人に警告を発しており，さらに，1796 年に保護証発行を差し止めたことから 11 家族が 3 家族に減少するにいたる。大学新設と大学都市振興に大きく寄与したユダヤ人も，その役割を果たしたと判断されたのかもしれない。ユダヤ人が，形式的なものであれ法的に同等の権利を得るのは，1808 年から 1813 年のウェストファリア王国のフランス支配の一時期を除くと，1848 年の三月革命以降である[53]。

大学市民

1763 年の家計調査から大学関係者と分類されているのは大学の教職員であり，学生は家計維持者とみなされていないので，調査の対象となっていない。広い意味での大学関係者とは，大学人登録をした者であるので，職業大学人も含まれるが，この調査では一般市民と同様に家計という概念で取り扱われている。

53） Espelage, Gregor (1990), S.54, S.75ff.

大学関係者家計構造：1763年

	家計数	内寡婦	奉公人	家計総数	市民権者	家計規模
教授	27	3	38	123	9	4.56
管理職員	3	0	10	24	2	2.80
私講師	18	4	14	61	9	3.39
馬術等教師	3	0	3	15	1	1.50
大学警吏	1	0	1	3	1	3.00
下級職員	4	0	2	17	5	4.25
合計	56	7	68	243	22	4.34

出典）Sachse, W. (1987): 18. und 19. Jh. S.280ff.

教授職は身分であったので，寡婦も教授として申告しているし，引退しても教授の肩書（教授夫人）を維持したので総計27人となっている。これに続くのが18人の私講師であり，私講師も寡婦がその肩書きを維持できる。

馬術・剣術・ダンス教師も，大学人登録をしていることから大学人家計に分類された。ミュンヒハウゼンは，新設大学を貴族の大学とすることを目指したことから，馬術調練場と剣術道場を大学施設として建設している。ゲッティンゲン大学最初の馬術教師トリヒターは，正教授のそれを上回る年俸1000ターラーを政府から得ており，私的に学生の要望に応じて1時間6-10ターラーの授業料を徴収した。最初の剣術教師に就任したフランス人ゼーベルトの年俸は120ターラーで，授業料は3-6ターラーであった。ダンス教師は，現在のヨーロッパでもそうであるが，ダンスの練習とともに社交礼儀を教えており，1735年に就任したフランス人ジェームの年俸は100ターラーにすぎず，また，教室を自分で手当てしなければならなかった。しかし，馬術や剣術と異なり，市民の子弟を受け入れることができる仕事であり，大学ダンス教師という肩書で十分に教室を維持できたものと思われる。管理職職員は，大学法務官や大学書記であり，直接政府大学局の管轄下に位置する職員である。大学警吏は，学則が2人と定める学内秩序維持を担う職員でるが，1763年の家計調査では一人しか記録されていないので欠員となっていたものと思われる。下級大学職員は，大学本部棟，図書館，大学教会などに勤務する用務員的な存在であった[54)]。

時代が少し異なるが，大学警吏の年間所得の内訳を示す史料が残されている。近代化以前の伝統社会においては，法支配が分権的であったように，社会の職務構造も統合されていないので様々な役務毎に過料・手当てが当事者に支払われていた様子が見て取れる。1809年から40年にかけてゲッティンゲン大学主任大学警吏を勤めたシェーファーの1824年における総所得は885ターラーで，その内政府から支給される年俸は166ターラー16グロッシェンに過ぎなかった。これは生活保障給ではなく，学則に定められている職務に対する俸給にすぎないので，家計は，別途次のような役務手当てによって維持されている。この内，ナッサオ政府とあるのは，既に述べたように，自国に大学を持たない小領邦は，裁判所研修などで自国子弟をハノーファー出身者と相互に同等に扱う協定を結び，大学運営費の一部を支払っているからである。

1. 学位試験　150ターラー
2. 試験謝礼　60ターラー
3. 入学登録　160ターラー
4. 図書購入手伝い　40ターラー
5. 証明書発行　50ターラー
6. 学生拘禁室　100ターラー
7. 副学長手伝い　150ターラー
8. ナッサオ政府　8ターラー8グロッシェン

シェーファーの史料には残されていないが，大学警吏は副業として学生に食事の提供や下宿を営んでいる。大学創立時に採用された2人の警吏は，妻に大学付帯制度としての給付自由食卓よりも安価な食事を提供させている。最初に採用された警吏ミュラーの家では，週20グロッシェンで，スープ，煮込み肉，野菜，魚，パン，バターとチーズ，果物の7品，2番目に採用された警吏ウェッテンゲルの家では，品数を落としてより安価な食事を提供して週16グロッシェンとした。規律違反をしても見逃してくれるとの噂もあり，学生は警吏の家での下宿を好んで求めたし，新入生が乗合郵便馬車から降りて最初に言葉を交わす大学関

54)　Wagener, Silke: S.337ff.

係者が警吏であることから，警吏に下宿情報を求めた[55]。

身分として大学関係者を把握するならば，教職員とともに大学人名簿に登録されている学生と大学職業人が含まれ，大学職業人も大学登録簿に記載されていれば特許状が認める大学裁判権に服し，市税やその他の規制に従う必要がない。元来は，普通の中小都市の市民生活に必要ないが，大学都市として必須の職業を営む者を特権を与えることで呼び寄せることが目的であった。書店，印刷・出版業者，実験器具製作者，鬘職人，サーベル砥師，高級食料品店などであるが，この他に，大工，肉屋，一般商人などとともに，料理人や給仕も登録されている。

エーベルは，大学登録簿から職業人の一覧を作成している。包括的な大学職業人登録簿は1739年のもので，35職種に37人が収録されている。さらに，39年に登録した者11人，この登録簿に記載されてないが大学人として扱われている17人を加えると，65人の氏名，出身地，職業が確認できる。エーベルが注記しているように，この65人は名簿上の存在で，死亡したり移住したりした者がいることから39年の時点で65人がゲッティンゲンに居住していることを意味しない[56]。

駐屯兵

1720年以来，市壁を持つゲッティンゲンは要塞都市と位置づけら

55） Wagener, Silke: S.286.

56） 35職種をアルファベット順に列挙すると以下のようになる。Apotheker (J. E. Jäger, Hannover), Barbier (J. S. Hering, Göttingen), Borschmied (J. Ch. Rohr, Nordhausen), Buchbinder (J. G. Bliefers, Leipzig), Buchdrucker (Abr. Vandenhoeck, den Haagen, J. .M.Fritsch, Vogtland), Buchhaendler (Ch. H. Cuno, Jena), Deputationshändler (C. L. Hirsch, ?), Drechsler (H. J. Bornemann, ?), Fleischer (C. J. Steinbach, Hannover), Gewürzehaendler (J. Ch. Brauer, Diepholz), Glaser (M. J. Ch. Kaufmann, ?), Goldschmied (Ph. Ch. Hornung, Hannover), Haar-Frisierer (J. H. Z. Kurtz, Helmstedt), Handelsmann (A. van der Veeken, ?), Instrumentmacher (A. D. Christoph, ?), Kellner im Weinschenk (J. G. Scharff, Hannover), Klempner (M. G. Adam Eckhardt, Erfurt), Knopfmacher (M. G. Buschndorf, Naumburg), Kunstdrechsler (M. A. G. Phil.Pöler, Lindau am Hargitter), Kupferstecher (Ch. F. Fritzsch, Hamburg), Langmesserschmied [Schwertfeger] (M. Ch. E. Schütz, Erfurt), Maler (J. G. Wenzel, Görlitz), Perücckenmacher (H.Bicker,Bremen), Pastetenbaecker (M.J.Schwabe,Plauen), Posamentierer (M.F. Ch. Bevern, ?), Schlosser (M. D. Ch. Holborn, ?), Schneider (M. J. Andr. Ludewig, Oldenleben), Schuster(M.Ch.Wilh.Eckart,Münden), Taeschner (M.M.Schulze, Braunschweig), Tischler (M. Andr. Voigt, Meiselwitz), Traiteur (J.Casper Hampe, ?), Uhrmacher (J. Knust, Hamburg), Zinngiesser (M. Jac. Weigand, Stockholm). Ebel, W. (1969), S.136.

れており，防衛のため1大隊が駐屯していた。兵営が設置されていなかったので，士官と兵士は市内ないしは近郊農村の民家に居住していたが，家計調査は家計を維持していない学生と兵士を対象としていない。1763年の家計調査に収録されている市内居住で家計を維持する軍隊関係者は12家計に過ぎない。

軍隊関係者の家計構造：1763年

	家計数	奉公人	部下	家計総数	家計規模
士官	5	4	4	19	3.8
下士官	5			13	2.6
兵士	2			4	2.0

出典）Sachse, W. (1987): 18. und 19. Jh. S.280ff.

当時の軍隊編成は，1大隊は7中隊から編成され，1中隊は士官3人，下士官7-8人，兵士89-103人とされていたが必ずしもすべてが充足されていたわけではない。また，この大隊とは別に士官1人の砲兵隊が大隊司令官の指揮下に置かれていた。駐屯地以外の土地から徴募された兵士から構成されるのが原則であるので，家族持ちの士官・兵士は家族を帯同することが許されていた。平均して，兵士の三分の一が妻帯者であり，子供の数は平均2人であった。概算すると，1大隊600人強の場合，家族等を含めた軍人関係者総数はこの倍の1,200人以上になる。ゲッティンゲンの駐屯部隊の規模も，18世紀を通して600人から700人であった[57]。常置の兵営が建設されるのは1835年で，現在の新市庁舎のある広島広場（Hiroshima Platzと名付けられた場所）である。この兵営には，ドイツ第二帝国の帝国第82連隊が駐屯したので，第二次世界大戦後まで市民は82広場と呼び慣れるのである。

駐屯部隊の頂点に立つのは最高指揮官で，その任務は市と要塞及び市民を保護する全権に及んだ。宿舎を兼ねた本部は，1730年から31年にかけて市が新築した厩舎付きの家屋で，ウェエンデ通りとバーフュサー通りの角で，市庁舎と市場を見下ろすことができた。身辺の世話をする兵士が付き，俸給以外に月2ターラーの手当てが支給されている。最大の権限は，軍の指揮権であり，軍人およびその家族は軍法の支配下に

57）ゲッティンゲンの駐屯兵については，下記に拠る。Pröve, Ralf (2002), S., 479ff. Meinhardt, G. (1982).

あったので軍事裁判権であった。この権限のもと，4つの市門で市を通過する旅行者，飲食店や宿屋の客を検閲するため身分証明書の提示求め，荷物を検査できた。夜中は軍の巡邏隊が市内の「静穏と安全」を維持するため巡回した。要塞の構築と保全のため土木工事を管理し，市門の監視所，現在の大学本部棟の位置にあったフランチスカーナー修道院跡の兵器庫などを監督した。最高司令官ないし駐屯軍の権利として，さらに，市有地の森での狩りと市からの燃料木材提供，市壁および周辺の土地での家畜用牧草，堀の水を使っての魚の養育などの特権を持っていた。歴代の司令官は，ゲッティンゲンを要塞都市とすべく兵士を使って積極的に土木工事を進めていたが，七年戦争の時期に3度占領されるが，一度も戦端を開くことなくハノーファー軍は退却を繰り返したので街は戦災を受けることがなかった。戦後になると，大砲や銃など近代兵器の発達により堀と土塁の要塞の意味がなくなったとして，市門付近の土塁を撤去し，道路を広げた。この土木作業にあたったのが，兵士達であった[58)]。

現在の我々の論理からみれば駐屯兵は国防軍であるから国費で維持するものと考えるが，絶対王制期の領邦君主にとっては，元来独立自由都市として自衛権を当時の領主から買い取った権利を返還したのであり，領邦君主が市に代わって防衛するのであるから費用は市の負担となる。兵士の数に基づき請求するので，金額は一定していないが，平均して年間負担額は4,000ターラーを越えていた。市は費用負担の公平を期するため，地籍簿に基づいて不動産所有，家畜所有，営業権などから市民の負担額を算出した。例えば，大きな家屋と土地を持った者は年2ターラーの負担であった。現金で支払うことができない者，ないしは，兵隊下宿を営むことを望む者は，兵士を引き受け，下宿代で受け取る金額と清算することができた。兵士の食事も下宿が提供する。当然，軍人の階級によって取り扱いが異なるのであり，家族を伴う上級士官は一戸建てで，さらに，士官に奉仕する部下と厩舎が割り当てられた。一般の兵士は，ベット付の一部屋であり，家主の台所と食器を共同利用する。灯りは兵士の自己負担であった。家族持ちの兵士などは，割当てられた民家

58） Meinhardt, G. (1982), S.30ff.

に入らず，自分で農家の納屋などを借りて自炊することもできた。兵隊は月に12グロッシェン，下士官は20グロッシェン，士官は6ターラーを支給された。士官と兵士は得た俸給を生活費として支出するので，市の経済にとって追加的消費人口であった。18世紀初頭において，政府がゲッティンゲン駐屯部隊に俸給として支出した金額は，年間20,000ターラーを越えており，1727年の増員以降には25,000ターラー以上である。この金額は，ゲッティンゲン市年間予算の2倍以上であったから，消費人口としての兵士は市経済にとって重要な要素であった。

兵士は徴募される前は何らかの職業に従事していたので手に職を持っていた。農民なら宿舎となっている農家の手伝いができるし，パン屋ならパン屋の手伝いができる。兵士は僅かな手間賃で，薪割りや農作業の手伝いをしたし，雇う市民も正規の賃金以下で熟練労働者を利用できた。他方において，ギルドの側からすると闇労働であり，苦情が絶えなかった。例えば，軍楽隊の兵士は，ビヤホールで演奏したり結婚式などの市民の祝い事に頼まれたりして謝礼を稼ぐのであり，楽器演奏を職にしている市民から訴えられている。兵士が同伴する家族がおり，妻たちも何らかの仕事に関わる。市内で仕入れた商品を農村で行商し，農村から野菜や果物を仕入れて市内で売るのであった。

国民皆兵制度での徴兵と異なり，徴募の場合妻帯者がいたし，独身者の間でも兵士の年齢に幅があった。それでも独身の若者が大部分であったので，市の秩序を乱すことも少なくなかった。兵士は軍事裁判権の下にあるので，市民との争いでも市の裁判権に服する必要がなかった。市民との衝突が生じる場所としては飲食店が多く，下宿などでも同じ宿に住む市民との争いの場となっている。夜間外出して市門で問題を起こす兵士が取り締まられている。衝突ではなく，逆に市民生活に溶け込む場合もある。市民の娘と結婚し，退役後家庭を持ち，ギルドに加入して仕事に就くのである。

学生の出自

先に見た人口推計は，1765年の市居住人口を6,900人とし，軍人と学生を加えて8,321人としている。市内居住の軍人と学生の数を推定してみよう。新規登録学生数は大学創立以来記録されており，在学生総数が記録されているのは1766年冬学期からで，新規登録学生数117人，在学生総数677人となっている。1760年代の新規登録学生数はほぼ100人超であったから，60年代の在学生総数を平均して600人台とすることができる。先にみた1763年家計調査で家族と奉公人を加えた大学関係者数は243人であったから，これに学生を加えた大学関係者は約850人となり，これに基づき市内居住軍人と軍人家族総数を約600人と推定できる。軍人と大学関係者を合計すると最低約1,450人となり，市経済にとって追加的消費人口であり，また，その大部分が独身の若年男性であるので，生活維持に必要な男女奉公人を加えて，市経済への追加的社会要因であった。

1734年10月の開校時に147人から出発したゲッティンゲン大学の学生数は，1780年頃の一時期900人台まで増加したが，19世紀初頭は700人弱で推移している。1800年の夏学期と冬学期に入学手続きをした学生の父親の職業を分類した研究があり，これに基づき学生の出自を整理してみよう[59)]。消費人口としての学生の一端が明らかになる。

ゲッティンゲン大学学生の出自：1800年入学生の父親の職業分類

	父親の身分・職業	構成比
貴族	62	16
上層市民	148	39
高級官僚	105	28
大卒自由業	16	4
富裕市民	27	7
中層市民	104	28
旧中産層	29	8
新中産層	75	20
職業記載なし	63	17
合計	377人	100%

出典）Costas, I. (1987), S.135

最大の割合を占めているのが高級官僚であるが，ここには士官や領邦教会の牧師も含まれている。弁護士，医者，薬剤師などが自由業である。中層を新旧に分類しているが，旧に属するのは大農夫，手工業親方，下士官などであり，新は中級管理，大卒でない学校教師，地方公務

59）　Costas,Ilse (1987), S.137.

員，中級管理職者などである。父親の身分・職業記載が義務ではなかったので，記載なしの学生が17%である。この内の多くが，自由食卓を申請する貧困学生であったと推定できる。

学生の申告に基づき，保護者の年間所得が180ターラー以下には授業料半額，160ターラー以下は全額免除の規定に基づき，1800年夏学期，上記の減免規定の対象となった学生数は，神学部において9%，法学部で2.2%，全学平均で5.2%であった。所謂貧困学生比率であり，ドイツの他の大学と比較して圧倒的に低かった。

身分を貴族と記載した学生が16%に及んでいる。学部間比率でみても，学生数最大の法学部で17%，登録学生数が小さい哲学部でも18%であった。さらに，1797年から1837年の40年間における学生総数から約10%を抽出した研究においても貴族比率は14.9%であるから，1800年の数字が一時的なものではない。

ミュンヒハウゼンは，貴族の大学を目指し，乗馬教練上や剣術道場を大学施設として建築しており，教養として外国語やダンスを奨励した。貴族出身学生比率を他大学と比較すると，40年代のハレは4%，90年代のイエナが4%，世紀の変り目でのライプツィヒとハイデルベルクが7%強であったことからみると，ゲッティンゲン大学は貴族の大学であった[60]。

学生も市経済にとって追加的消費人口であるが，一般の兵士と比べると身分と生活様式が異なり，消費額や消費内容が全く異なる。学生の年間出費は，最低でも18世紀中葉で200ターラーとされていたが，ハレ大学と比べて4分の1，ライプツィヒ大学と比べて3分の1高かった。学生生活を過ごすのに必要な出費項目を，1788年当時においてピュッターは次のように挙げている。

1）授業料は，半年（各学期），一講義につき5ターラー
2）家賃は，部屋数と家具によって，半年8から50ターラー
3）身の回りの世話をするお手伝いは，3か月1から2ターラー
4）昼食代は，月2.5から7ターラー
5）外出着のブラシかけ代は，週12グロッシェン

60）　Costas, Ilse (1987), S.136, 139.

6）鬘の手入れ代は，3か月2から3ターラー

7）帳面・ペン・インクなど文具代は，半年2から3グロッシェン

8）1ポンドの灯火用蝋燭代は，半年24グロッシェン

部屋の掃除，ベッド作り，朝食のコーヒーなど身の回りの世話をするお手伝いは，家主が雇った奉公人で，数人の下宿学生の世話を別途契約で受け持っていた。外出着のブラシかけ，鬘の手入れ，それに，毎夜部屋の外に出しておく靴の磨きは，大学に子弟を送れる身分や資産の家庭では奉公人の仕事であり，主人自らが手を付けることはなかった。大学新設とともに，市の住民に新たに生まれた仕事である。言うまでもなく，ピュッターの一覧表は学生特有な出費を紹介しているのであり，生活費そのものが必要であった。夕食，衣服，書籍代，小遣いなど枚挙にいとまがない。さらに，社交上の必須要素として乗馬，剣術，ダンス，外国語などの学修費が欠かせない。

貴族出身の学生や王家の皇太子達の出費は，一般学生と比較できないほど高額であった。1754年から56年にかけてハノーファー王家の血筋を継ぐ隣国ヘッセンの皇子3人，そして，1786年から1791年の間に同君連合のイギリスから3人の皇子が入学しているし，1803年にはバイエルンの皇太子ルードウィッヒ，1829年にはその息子マクシミリアンがゲッティンゲンで学んでいる。イギリスの皇子の場合，宮廷執事を始めとする70人近い一行であり，奉公人の制服代1,800ターラーを含む年間3万ターラーを出費した。宿舎は，大学本部棟のある通りの角に書店経営者ディートリッヒが所有する大きな家で，この通りはプリンス通りと名付けられた[61]。

大学新設は，都市振興策として財政的に大成功であり，1800年にハノーファー政府は，控えめな数字であるとしながら，学生が生活費として市にもたらす金額は年間24万ターラーに及ぶとし，しかも，学生の三分の二は王国以外の出身者であったので，王国のいかなる他の機関もこれだけの金額を国にもたらすことはできない，と報告している[62]。

61）　Wagener, S. (1996), S.139ff.

62）　Brüdermann, Stefan. (1990)。他の文献でも，18世紀を平均して20万ターラーと推算している。Costas, Ilse (1987), S.129.

学生と市民

新設大学が学府としての名声を急速に高め，また，大学の市経済に及ぼす効果の高さが定着する一方，学生は身分と生活様式が一般市民と全く異なり，市民との軋轢を生みだす。兵士も市民にとっては異分子であるが，身分，職業，経済力の点では同胞であり，学生に対してよりも身近な存在であったし，軋轢が生じても市民間のそれと変わらないものであった。違いは，軋轢の法的処理として市法ではなく大学裁判権と軍事裁判権が優先されたことである[63]。

学生と市民との間に生じた軋轢の殆どが，市民の眼から見ると，特権階級としての学生の不遜で身勝手な行動に起因すると受け止められていた。教会での挙式に続く祝宴は，市民の習慣として祝儀を持参する隣人が自由に食卓につくことができた。この習慣を悪用して，学生が大挙してなだれ込み，飲食を要求するとともに宴席で無礼をはたらくことが度々起こった。それゆえ，1736年，大学は招待されていない学生が市民のお祝いに加わることを禁じた。それにもかかわらず，1737年，レストラン・クローネでの祝宴に20人ほどの学生がなだれ込み，飲み食いし，食器類を破損した。新郎の父親，馬具師アスムスが大学裁判所に訴えるのであるが，理由として，自身は訴える意思を持たないが，レストランの経営者が破損された食器の代金を学生にではなく自分に請求したからであるとしている。学生に損害の支払が命じられた。

1750年12月15日の夜中，下宿学生を置いている市参事モリエンが家の戸を激しくたたく音で目覚める。女性奉公人が戸をあけようとすると，「早く開けろ，中に入ったらお前の頸を悪魔が折るだろうよ」との声が聞こえ，恐れのあまり戸を開けないでいると，学生は戸を壊し始め，家主を侮辱する言葉を吐くのであった。2日後，モリエンは大学裁判所に訴え，損害賠償，滞っている家賃支払い，学生への罰を求める。学生は，4週間の拘禁となる。

学生による女性への乱暴も跡を絶たない。1747年，洗濯女のシーレが，学生ウイスゴットが付き合えと路上で声をかけてきたので断ると，「三度にわたり平手打ちをし，娼婦めと呼んだ」と，証人を伴って大学

63）以下における大学裁判所事例は，下記による。Brüdermann, S., (1990).

裁判所に訴える。訴えられた学生は，覚えがなく，人違いであろうと主張したので，訴えは取り上げられなかった。1766 年，洗濯籠を手にした下女リンケが，路上で学生に取り囲まれ，女装した男であろうと言いながらスカートに手を入れられたと訴えたが，学生たちは口を揃えて否認し，訴えは取り上げられなかった。

市の規則との抵触も起こる。ハンザ都市としての盛期にあった 1582 年，市は領主から市域における狩猟権を買い取っており，大学新設後も市域の森や原野での狩猟は市当局の管轄下にあった。学生の中には狩猟を当然の権利とみなす貴族出身者もおり，当初は黙認されていた。1735 年，市当局は政府に，大学ダンス教師であるフランス人ジェームの名前を挙げ，農地を荒し，可哀相な鳩を撃ち落としたとして苦情を提出している。1736 年 5 月には，市近辺の耕地，原野，猟区での狩猟を禁じるが，守られていなかったことは，大学が繰り返し少なくとも禁漁期（農耕期を意味し，3 月 1 日から 8 月 24 日，ないし，収穫が遅れた場合は 9 月 8 日）を守るように掲示を出していることから見て取れる。

独立自由都市として市自衛を市民自ら担い，武器を所有した時代からの伝統を持つ自衛祭 Schützenfest で市民と学生の衝突が起こっている。毎年 7 月，かつてのギルドの風習に倣い，銃を担いだ市民がギルド毎に団体を組み市内を行進し射撃場に集合して射撃大会を催して気勢をあげ，家族や一般市民も参加して野外宴会を楽しむ。それぞれのギルドが，飲食店かテントに場所を定め，ギルド毎に鉄板でできた射撃の標的を設けて，休みなく誰かが射撃する。日が落ちると標的をはずし，ギルド同士で比べあい，自慢しあう。標的の中心部に当てた者は称賛され，真ん中の黒点を射止めた者は最も自慢できる。

市民が誇る大規模な祭りであり，学生との接触は不可避であり，衝突が起こる。1749 年，主催者が，野外宴会場で乱暴を働いた学生の名前をあげて訴えるが，大学裁判所は，学生が損害を与えた十分な証拠がないとの理由で訴えを退けるとともに，逆に乱暴を受けたとの学生側からの訴えもある，と市民側に伝える。市民は「ここで（裁判所）助けを得られないならば，自分たちで守らなければならない」と言い捨てて裁判所を去る。1753 年には，2 人の学生が自衛祭の行進の前を横切ったとして，市民が学生に直接乱暴を加える。学生が大学裁判所に訴えるが，取り上げられなかったので，市民への直接報復を学生一般に呼びかける張り紙を無断で大学掲示板に貼り出す。大学と政府は，事態を鎮静化させるため両者の間に入り，調整に乗り出さねばならなかった。

学生は重要な所得源であり，市と市民は可能な限り学生との軋轢を避けることに努めるのであるが，外部から訪れた者に学生の特権に対する特別な意識はない。著名な例が，1790年の学生退去事件である。7月25日，市に到着した遍歴大工職人が，出会った学生に職人宿の場所を尋ねるが，「貴方」という言葉を使わず，仲間同士に話しかけるように「お前さん，大工職人のギルド・ハウスはどこか教えておくれ」と呼びかけたのを，男爵出身の学生は侮辱と受け取り，物も言わずに殴りつけたので，職人は殴り返すとともに近くにいた他の大工職人達も加勢して学生に乱暴をはたらいた。これを耳にした仲間の学生達は副学長の抑制に耳をかさず，大挙して大工のギルド・ハウスに押しかけ，ギルドの看板を破壊する。翌日になると，職人達が団結して学生狩りを始め，乱暴を加えたので，学生達との乱闘になり，軍隊が出動して治めるにいたった。身分が違う職人達による抵抗と兵士による制圧に抗議して，700人の学生が市を退去し，ケルストリンガーローデの森にテントを張り，立てこもった。学生のいない街は閑散とし，市中の商店や飲食店から賑わいの灯が消える。市長が学生たちのもとに行き，帰還を願い出る。学生の条件である松明と音楽で市民が迎えることを市参事会とハノーファー政府大学局が認めたことにより，三日間の退去から学生達は凱旋する。

フランス革命以後，政府は革命の精神に熱狂する学生達の行動に目をひからせるようになる。1806年1月5日から12日にかけて再び学生退去事件が起こるが，政府は学生を屈服させる。12月26日，クリスマスの第二日目，学生と職人の衝突で，屠殺職人クリッシュが学生を打ちのめしたことをきっかけとして多数の学生と職人や一般市民との間で乱闘となる。学生達は，大学警吏や市の警邏隊が十分に保護しなかったとして，警吏，職人，市民を罰することを大学当局に求めた。副学長マイナースは，申し入れをした学生の態度が不遜であったこともあり，要求を受け入れなかった。翌1807年早々の1月5日，300人の学生が，出身地単位で団体を組み，ミュンデンに向けて退去する。退去の理由を文書にするとともに，代表がハノーファーへと政府に直接訴えるべく向かう。政府は，学生が直ちに大学に戻るならば扇動者を除き不問にするとした。退去という示威行動は無視されたのであり，1週間後学生達は成果なく大学に戻った。優遇されてきた学生の特権的立場が失われたと受け止めたのであろう，ハーファー出身以外の学生は大挙してゲッティンゲンを去り，他の大学へ移っていく。1805年冬学期の学生数は637人であったが，翌6年夏学期の学生数は548人と激減したし，新入生の学籍登録数の伸びも止まった[64]。

64) Himme, Hans-Heinrich (1989), S.148.

第4章
ノーベル賞の大学

1　学問の大工場

鉄血宰相と呼ばれ，19世紀ドイツ史が統一国家形成の運命を託すビスマルクは，75歳の誕生日に祝電を送ったゲッティンゲン市長メルケルに応えて，学生時代を回想している。中世以来の市壁は七年戦争後土盛りされ遊歩道に変身したが，市壁が要塞であった時代からの小さな小屋の一つが「ビスマルクの小屋」として現存している。巷間に伝えられているのは，法学部学生ビスマルクのあまりにも粗暴な生活態度が目に余り民家での居住が禁じられ，人家から離れた小屋住まいに追いやられたという。「小屋」の思い出を，次のように語る[1)]。

> ゲッティンゲンでの学生時代，私の部屋の窓から，本来の目的に使われることが殆どなかった勉強机ごしの窓から開ける見晴らしは素晴らしかった。部屋のすぐ下にはライネ運河の水が引かれており，遅く帰った夜は土手を降りて冷たい流れで水浴びするのがなによりの楽しみだった。

ビスマルク

オットー・ビスマルクは，ナポレオン戦争が終わり，ヨーロッパ秩序

---

1)　ビスマルク（Bismarck, Otto von, 1815-1898）の学生時代については，下記参照。Nissen, Walter (1982)

再編が始まった1815年，北ドイツのエルベ川畔シェーンハウゼンの大領主の長男として生まれた生粋のプロイセン貴族，ユンカーである。家族は生活の拠点をベルリンに置いており，ベルリンでのギムナジウム卒業にあたり，担任の教師は進学先として，ボン，ベルリン，ジュネーヴの大学の法学部を推したが，本人は学生生活を満喫できるとしてハイデルベルクを希望した。母親は，17歳にして初めて親元を離れる息子にとって学生の街として知られるハイデルベルクは誘惑が大き過ぎると考え，最初の学生生活を送るのは小都市であるが国際性が豊かで，イギリス人やアメリカ人の留学生が多いゲッティンゲンを選んだ。

ビスマルクの法学部学籍登録は，1831年の市民蜂起の余韻がまだ残る1832年5月10日で，30年冬学期の法学部新入生数120人であったのに対し，32年夏学期は94人へと減少していた。3学期を過ごして，1833年9月11日に出発してベルリン大学に向かっている。ゲッティンゲンでの最初の下宿は，パン屋シューマッハーの一部屋で，家屋番号は当時の299，現在のローテ通り27番である[2)]。市壁上の「小屋」に移るのが33年の夏学期が始まるイースターであった。ベルリン大学に提出した，33年11月30日付けで発行された学修証明書によると，入学最初の学期こそ5科目を登録しているが，その後は2科目程度であり，最も熱心に聴講したのは，自由に語る形式であった歴史学教授ヘーレンの外交史であった[3)]。ビスマルクの学生生活は，32年8月15日に加入する，北ドイツ出身者の同郷学生団体で，主として士官や官吏の子弟が中心となっていたコルプCorps Hannoveraであった[4)]。ゲッティンゲンでは

2) ゲッティンゲンで，家屋の住所表示に通りの名前と家屋番号の組み合わせが正式に用いられるのは1864年であり，それまではすべての家屋に通し番号が付されていた。例外は，大学創立100周年に命名されたウィルヘルム広場のみであるが，慣習的には幹線通りのウェエンデ通り，ユダヤ人街はユーデン通り，ニコライ教会横はニコライ通りなどと呼ばれており，64年に正式な通り名となる。この年から，通りに人名を付けるようにもなる。通りや広場の名称決定の基準の原則が定められるのは，ナチス時代に改称された名称を元に復する必要もあり，第二次世界大戦以後である。

3) Heeren, Arnold Hermann Ludwig, 1760-1840, は，図書館長である言語学教授ハイネの娘Thereseと結婚しており，医学部教授ブルーメンバッハ，さらに，ハノーファー政府大学監督官ブランデスと姻戚関係となる。

4) ビスマルクが所属した学生団体Hannoveraは，青・赤を印とする同郷人団体として1747年以降確認されている。1809年1月18日付けで団体規約を作り，学生団体としての存在を表明するのは，他の多くの学生団体と同じであるが，ナポレオン支配下のドイツ国民意

3 学期しか在学してないので，団体での地位は「上級狐」Fuchsmajor 止まりであったが，剣を持っての「決闘」を 26 回行っている。団体の溜りは，ガイスマール門近くの飲食店「ドイツ亭」Deutsches Haus（後の「ドイツ庭園亭」Deutscher Garten）で 1 階の大広間が練習場も兼ねた決闘の場ともなっていた。市郊外の村ドランスドルフの飲食店でイギリス人留学生とドイツ人学生の決闘が行われた際中立立会人を務めていた現場を押えられ，逮捕されている。大学裁判所の判決は，10 日間の監禁であったが，反省の色が見えないことから 1 日延長されている。現在市立博物館に保存されている当時の監禁室の扉には本人が彫った 1 行が残されている。“Bismarck, Han. XI D”（ビスマルク，Hannovera, 11 日間）。1833 年の冬にベルリンに移ったビスマルクを捉えたのは，翌 34 年 1 月 1 日をもって発足する，ドイツ関税同盟であった。ベルリン大学歴史学教授ランケがドイツ統一の序章と位置づけた叙述は良く知られている。「逝く年の最後の鐘の響きとともに城門は開かれ，長い列を作った荷車が開放された国土の中に進み……遥か彼方よりケーニヒグラーツの戦場の雄叫びがはやくも響いてきた。」ランケは，プロイセンによるドイツ統一は関税同盟に始まり，1866 年のケーニヒグラーツでのオーストリア軍撃破によって結実したと語っているのである[5]。プロイセン主導のドイツ統一への過程において，政治力と外交に勝るオーストリアに対抗する手段として，軍事力と関税政策が相伴って効果を発揮している。政治的に分断され，個別地域市場に分散していたドイツに，共通関税率採用が一つの共同市場を生み出すのであり，活発化する経済活動で力をつけた市民層が歴史の主役へと躍り出てくる。首都ベルリンでのビスマルクは，地方都市ゲッティンゲンでの学生活とは全く異なり，国内の政治と国際情勢の変化を直接肌身に感じる環境に身を置くのであり，ベルリン大学卒業後の中央政界での進路は外交官の途を歩む。

ビスマルクが中央政界に顔を出すのは，47 年 4 月のプロイセン連合州議会である。45 年からの凶作で国民の不満が高まる中，プロイセン東部での鉄道建設のための国債発行の承認を議会で得るため，8 州の州

識高揚の発露であり，1814 年の解放戦争に団体員多数が自由応募兵として参加している。

5）1834 年 1 月 1 日発足のドイツ関税同盟には，イギリスと同君連合にあったハノーファー，ハンブルクなどのハンザ都市，そして，オーストリアなどが加盟していない。

議会の代表をベルリンに招集した際の代議員の一人であった。ビスマルクが中央政界の注目を浴びるのは，48年のドイツ3月革命においてであった。革命の報は，直ちにパリから届く。2月のパリ市民の蜂起に倣って，ウィーンとともにベルリンでも市民蜂起が3月に勃発し，政府の警察力と軍事力が麻痺する。苦境に陥った国王を支援すべく，実戦に投入されることはなかったが独自に農民兵を組織化したビスマルクの行動力が注目されたのである。三月革命を経て，プロイセンは49年の欽定憲法，そして，50年の修正憲法を経て立憲君主体制となり，ビスマルクはドイツ同盟議会において51年から59年までプロイセン大国代表に就いたことで内外政の経験を重ね，その後，ペテルスブルクおよびパリのプロイセン大使館公使として外交官への途を進んでいく。

三月革命

1848年の三月革命は，ウィーンにおいてはメッテルニヒを退任させ，ベルリンでは市街戦に勝利して国王を屈服させた勢力が，カンプハウゼンを首相とし，ハンゼマンを蔵相とする市民内閣を発足させた。ドイツ各地の領邦国家で旧体制が打倒され，ドイツ統一を求める声が大きくなり，5月18日のフランクフルト・パウロ教会でのドイツ制憲国民議会開催へと進む。普通選挙で選出された各地の代議員の構成が，当時のドイツの社会を代議した構造を端的に示している。選出された代議員830人の職業構成でみると，以下のようになる[6]。

学識者	277人（250）	（弁護士66人，教師57人，教授49人）
国家・地方公務員	325人（275）	（裁判官・検事157人，高級官吏118人）
産業界	110人（0）	（農業経営者60人，商人46人）
職業記入なし	118人（25）	（引退生活者，不動産賃貸業者など）

（）内は，大卒者数と職業

大学を接点として相互に支えあう学識者と高級官吏が議会で代議する社会層として圧倒的な割合を占めている一方，関税同盟発足以降興隆してくる産業界の企業者層，さらには，工業労働者層が選出されていない。代議員の構成を職業や身分で分類すると，裁判官・弁護士などが

6） Huber, Ernst, Bd.2 (1960), S.61.

多いことから法曹人議会 Juristen-Parlament，大学教授を強調して教授議会 Professoren-Parlament，さらに，裁判官、官吏、大学教授が国家公務員であることから官吏議会 Beamten-Parlament などとも呼ばれる。19世紀ドイツにおける代議制民主主義の特徴が現れたのであり，社会の実態的な支配層と被支配層の中間に位置し，選挙において知識階層（教養市民層）が社会を代弁する構図が定着し，立憲君主制から共和制に移行するワイマール共和国まで続く。

フランクフルトは，1815年以来ドイツ同盟議会の所在地であり，制憲国民議会の開催地となった。それだけに，全国的会議のメッカとなるのであり，1846年9月に第1回ゲルマニスト会議が開催されている。サヴィニーに始まる歴史法学から分枝したのが，ローマ（共通）法派（ロマニスト）とゲルマン（固有）法派（ゲルマニスト）である。ゲルマニストという名称は，法学者に限定されず，「ドイツ」に関する研究者を総称して用いられている。第1回ゲルマニスト会議への招待状は，法律学，歴史学，言語学から各6人，計18人の発起人名で出されているのは，大学教授が担当する学問分野に限定しているからであろう。会議では，シュレースウィッヒ・ホルシュタイン問題など「ドイツ」の現状についても議題としたが，産業界の代表は招かれていなかった。ゲルマニスト会議は，ダールマンの女婿でテュービンゲン大学法学部教授A. L. ライシャーの発案で開催された，ドイツに関わる法律学・歴史学・言語学などの専攻者が全ドイツ規模で研究発表と意見交換する学会である。特に，法律学は，ローマ法から脱皮して固有法（地域法）としてのドイツ法の歴史的研究へと向かっていたので，他の学問分野と協力してドイツ的なものの発掘に力を注いでいた。グリム兄弟も，マールブルク大学で歴史法学のサヴィニーに師事しており，その影響でドイツ語とドイツ民話の発掘へと進んだ。1846年の第1回ゲルマニスト会議において，ヤコブ・グリムが議長に選出されているが，ゲッティンゲン大学7教授のうち哲学のエーワルトと物理学のウェーバーを除く5人までがゲルマニストであった。第2回会議はリューベックで開催され，第3回会議をニュールンベルクに予定していたが，多くのゲルマニストが制憲国民議会代議員として選出されたため延期となっている[7]。

制憲国民議会は，しかしながら，「君主制か共和制か？」，「大ドイツか小ドイツか？」を巡って当初から紛糾する。フランスに倣って君主制を廃し，共和制へと移行するだけの支持を国民から委託されるまでに至っていなかったので，次の課題は，統一ドイツ国家指導権をオーストリアに委ねるか（大ドイツ），多民族国家オーストリアを排除してプロイセンに委ねるか（小ドイツ）が議論された。いずれの場合にしても，統一ドイツ国家の中央権力の設立が急がれねばならなかった。国民議会は，6月にオーストリアのヨハン大公を「ドイツ国摂政」に任命し，中央政府樹立を図った。これに伴い，1815年以来のドイツ同盟も権限を摂政に委譲することで活動を停止するものとされた。しかし，この革命中央政府は，警察力・軍事力を全く持たず，財政的裏打ちもなかったので，機能することができなかったことはシュレースウィッヒ・ホルシュタイン問題で明らかとなる。1815年のウィーン会議で，ドイツ系住民が住むシュレースウィッヒとホルシュタインの統治がデンマーク国王に委ねられていた。このうち，ホルシュタインは相続によりデンマーク国王の同君連合下にあったので，デンマークはホルシュタインを通じて1815年のドイツ同盟に発言権を保持していた。三月革命を契機として住民蜂起が起こり，デンマーク支配からの解放を求めた。オーストリアが主導するドイツ同盟議会はこれを支援したので，要請をうけたプロイセンが軍事力を用いてデンマーク軍を撤退させる。しかし，民族解放運動の波及を恐れたヨーロッパ各国がデンマークを支援し，ドイツ同盟議会も同調したので，プロイセンはデンマークと休戦協定を結んで撤退する。フランクフルトの国民議会は，この休戦協定否認決議を行うが，決議を実行する軍事力を持たないことから決議を撤回する。激昂した市民が国民議会に押し寄せるが，これを鎮圧したのがプロイセンとオーストリアの軍隊であった。国民議会の無力が明白となるのであり，各地で領邦君主の軍事力が市民の鎮圧に乗り出す。

制憲国民議会は，憲法草案作成に集中する。革命勢力を鎮圧したオーストリア政府は，オーストリア・ハンガリー帝国として多民族国家原則

7） 上山安敏（1966），331頁以下，大西健夫（2008）「七教授事件」12頁。

維持を明言するのであり，ドイツ民族の統一国家案は，小ドイツ原則に基づかざるを得なくなる。国民議会は，1849年3月27日，ドイツ帝国憲法（フランクフルト憲法）を採択し，翌日プロイセン国王を世襲ドイツ皇帝に選出した。しかし，ベルリンを訪れた国民議会代表が捧げる帝冠と憲法を，プロイセン国王は，「帝国憲法が他の諸侯によって承認されるまで帝冠を受けえず」として拒絶し，三月革命の挫折が決定的となる。

プロイセンは，国民議会による戴冠を拒絶したが，これを契機として，多民族国家オーストリア・ハンガリー帝国を除外した形でのドイツ統一への途を独自に歩み始める。1815年のドイツ同盟は，フランクフルト国民議会が招集された48年に消滅したとする立場に立って，プロイセンは，五王国であるバイエルン，ウュルテンベルク，ハノーファー，ザクセンの代表者会議を開催するが成果なく，北ドイツのハノーファーとザクセンに限定しての三王同盟結成を5月26日に合意し，他の諸邦の加盟を促すとともに同盟憲法を制定することとした。これに対して，ドイツ同盟は革命勢力によって一時的に機能麻痺に陥ったが，ドイツ同盟は存続しているとの立場に立つオーストリアは，三王同盟結成は1815年の同盟規約に反するとして諸領邦への外交攻勢を強めたので，ハノーファーとザクセンが離脱する。プロイセンは，1850年1月31日付けの欽定憲法を発布して，立憲君主体制となる[8)]。この立憲君主体制を前提に，3月20日，周辺の小領邦の参加を得て君主同盟としての同盟議会をエアフルトで開催し，4月にエアフルト同盟憲法を採択させる。しかし，ここでも殆どの領邦が批准するまでに至らなかった。

ドイツの覇権

プロイセンとオーストリアの確執はさらに続く。ヘッセン・カッセル公国で憲法紛争が起こると，同盟議会はヘッセン公の要請を理由に，1819年の執行法に基づくオーストリア軍を中心とした同盟合同軍が1850年11月1日にヘッセン領に入り，駐屯する。隣国へのオーストリア軍の進駐に危機感を持ったプロイセンは，異議を申し立てるとと

8) 1850年プロイセン憲法は，明治憲法のお手本とされ，第一次世界大戦終了まで存続した。

もに，11月5日に動員令を発し，同じくヘッセン領へ軍を進めた。既に集結している兵力的に優位な同盟軍に対し，動員が遅れたこともあり劣勢のプロイセンは，ロシアがオーストリアを支持したこともあり，11月29日，オルミュッツで講和条約を締結する。完全な敗北であり，ヘッセンからの撤退，エアフルト議会の解散，ドイツ同盟への復帰を受け入れた。プロイセンは，外交力と軍事力の劣勢を痛感する。

オーストリアは，ドイツ同盟での覇権を万全とするため，プロイセンが唯一優位にある関税政策での挑戦に踏み切る。1849年12月30日付けオーストリア政府公式文書がドイツ同盟加盟国政府にドイツ関税同盟とオーストリア・ハンガリー帝国の「関税統合案」として発送され，「共通関税によって外国ならびに外国の競争から域内製品を保護する」ための途を開く会議開催を呼びかけた。さらに，1850年5月30日付け文書は，「アドリア海から北海・バルト海までを包括する自由通商圏」形成を呼びかけている。オーストリア・ハンガリー帝国は，農業国であり，高い保護関税制度を取っていた。高関税の制度をドイツ同盟諸邦が受け入れるならば，地中海にまで及ぶ領域を自由通商地域として市場解放することを提案したのである。バイエルンを始めとする西南ドイツ諸邦は，政治的・軍事的には，地理的に近く，また，同じカソリックであるオーストリアに服しているが，通商関係では西ヨーロッパに広がる通商路を支配するプロイセンとの提携が不可欠であった。北ドイツはプロイセン領であるし，通商路としての基幹河川であるライン川とエルベ川の下流はプロイセンが支配していたからである。カッセルで開かれた関税同盟会議が決定的対立に至らずに事態を収束させたのは，1852年12月，ルイ・ナポレオンのクーデターによるフランス政権把握である。ロシア・オーストリア・プロイセンの三国王会議がもたれ，共同対応策で合意し，ドイツ内部の軋轢を先送りしたからである。プロイセンとオーストリアは，他のドイツ諸邦の頭越しに，1853年2月21日，2国間通商条約を結び将来の関税統合について協議を続けることとした。従来の関税同盟はそのまま継続するとともに，イギリスとの同君連合時代から独自路線を貫いてきたハノーファーの関税同盟加入申請を認めた。

オーストリアとプロイセンの覇権争いは続く。1852年から56年のクリミヤ戦争では，ロシアの南下を恐れたオーストリアが英仏側に好意的な態度をとると，プロイセンはロシアに接近する。59年にイタリア統一戦争が始まり，北イタリアのオーストリア領帰属問題が発生し，ナポレオン3世がオーストリア側に立って介入するとプロイセンはイタリアに接近する。軍事衝突必至の事態が続くのであり，プロイセンは軍備増強に努める。プロイセンでは，1858年，精神病のフリードリヒ・ヴィルヘルム4世に代わり，弟のヴィルヘルムが摂政として統治しており，61年にヴィルヘルム1世として即位する。プロイセンにとって軍事力強化が焦眉の課題として軍制改革が進められたが，選挙で議員が選出される下院は軍制改革を含んだ予算を否決し続けたので国政が停滞した。政局打開の切り札としてパリ駐在公使ビスマルクがベルリンに呼び戻されたのが1862年9月である。予算法不成立という事態において，ビスマルクは9月30日の議会演説で次のように述べている。「現下の大問題は，言論や多数決によって解決されない。1848年と49年の過ちはそこにあった。それは，鉄と血によってのみ解決される。」事態は再び，戦争によって新しい局面へと進む。

1863年11月に即位したデンマーク新国王クリスティアン9世が新憲法を発布して，シュレースウィッヒの併合を発表する。ドイツ同盟は執行法を発動し，ザクセンとハノーファーの連合軍がホルシュタインを，オーストリア軍がシュレースウィッヒを占領したので，デンマークは両公国を放棄した。プロイセンとオーストリアは，65年8月14日のガーシュタイン条約でそれぞれホルシュタインとシュレースウィッヒを行政管理下に置いたが，両国は管理権限を巡り対立するのであり，より有利な状況を生み出すべく互いにヨーロッパ諸国との間で秘密外交を展開する。

北ドイツ連邦

ビスマルクの外交は，ナポレオン3世との間で代償を明確に約束しないまま中立の約束を取り付け，1866年4月8日，イタリアとの間で秘かに攻守同盟を結ぶ。オーストリアがプロイセンに宣戦布告を発した場合にイタリア軍がオーストリアに進軍することを条件として，オーストリアとの国境紛争を抱える北イタリアのベネット州のイタリアへの帰属を約束した。オーストリアは，この攻守同盟を1815年同盟議定書の違反とした。11 条 3 項は，加盟国の域外諸国との条約締結権を認めているが，4 項は加盟国間の争議は相互に軍事行動をとることなく同盟議会での審議を通じて解決するとしているからである。オーストリアは，この攻守同盟を脅威と受け止め，同盟議会でプロイセンへの同盟執行法の発動を提議するとともに，イタリアとの国境に軍隊を移動する動員令を発する。これに対抗して，イタリアも国境への動員令を発した。同盟執行法に応じて軍隊の動員を開始したザクセンに対して，プロイセンは対抗的軍事行動を通告する。6 月 14 日，ドイツ同盟が同盟軍執行決議をすると，15 日，プロイセンは，周辺の小領邦を糾合する一方，隣国であるザクセン，ハノーファ，ヘッセン・カッセルへ最後通牒を発し，15 日夕刻までに動員した軍隊を復帰させなければ戦争状態に入ったとみなすと伝え，16 日には国境を越えている。

1866 年 6 月 17 日，オーストリア皇帝フランツ・ヨセフが開戦を国民に声明すると，18 日にプロイセン国王ウィルヘルム 1 世も国民に支持を求める声明を発する。戦端必至とみたイタリアは，20 日，オ－ストリアに宣戦布告し，21 日にはプロイセンも宣戦布告する。これにより，オーストリアは，南方軍をイタリア国境に固定せざるを得なくなる。27 日の同盟議会は，執行軍の司令官にバイエルンの皇太子カールを任命する一方，オーストリア軍を含めた同盟軍総司令官をオーストリアの将軍ベネデケとした。指揮権の分立は，主力であるオーストリア軍と西南ドイツ諸邦軍との連携の乱れを生み出し，両軍結集遅れの原因となった。決戦となるボヘミヤのケーニヒグラーツでの 7 月 3 日の戦闘では一部のザクセン軍を加えたものの，オルミュッツに集結したオーストリア北方軍が単独で対戦することになる。

1866 年 6 月 16 日にヘッセン・カッセルの国境を越えたプロイセンのウェツラー方面軍は，18 日に首都カッセルを占拠してヘッセン公を捕虜にする。同じく 16 日にハノーファー領に侵攻したミンデン方面軍は，17 日，国王が退去した首都ハノーファーに入り，南下した国王を追ってゲッティンゲンに向かう。ハノーファー軍は交戦したものの 29 日に降伏した。7 月 3 日のケーニヒグラーツの戦いは，ドイツにおける最初の近代戦と位置づけられている。兵力的には劣勢なプロイセン軍であったが，参謀総長モルトケは電信と鉄道を活用して敵軍の動向に合わせて兵力を移動・投入したし，オーストリア軍の先込銃に対してプロイセン軍は連射式後込撃針銃を装備していた[9)]。

1851年に即位したハノーファー国王ゲオルグ5世は，盲目の国王であった。1819年生まれで，1829年に教育を受けるべく滞在したイギリスで疾病し，右目の視力を失う。さらに，32年，金貨の入った財布を振り回して遊んでいる際にこれが左目に当たり，ほぼ完全に視力を失い，光と影を判別できる程度であった。60年代初頭のハノーファー王国は，人口約190万人で，現役兵力は，歩兵1万8千人，騎兵2,700人，砲兵2,700人など，2万6千人規模であった。オーストリアとプロイセンの対立が激化しているものの，同盟議定書が加盟国間の直接的軍事衝突を禁じていることから，ハノーファー政府は何らかの形で妥協が成り立つとの観測に立っており，積極的に軍備を強化することがなかった。1866年6月14日の同盟執行軍決議を受けてから軍馬や食料の調達に急遽動いている。準備不十分なハノーファー軍は，16日の北の国境からのプロイセン軍侵攻を受けると，国王を説得して南のゲッティンゲンで全軍の集結を図る方針とした。国王は鉄道を利用して南下し，追撃を阻止すべく線路を破壊した。ゲッティンゲンに集結したハノーファー軍は予備兵を含めて2万人であったが，このうち2割は武器を十分に装備していなかった。ヘッセン・カッセルが占拠されて孤立したハノーファー軍は，南から北上してくるとされていたバイエルン軍と合流すべくテューリンゲン経由の途をとった。モルトケは，鉄道を用いてハノーファーで足踏みしたミンデン軍をハレ経由の迂廻路でテューリンゲンへ運んでいる。戦線の移動に対応して，軍を鉄道輸送によって投入するという，ドイツ戦史では最初の試みであるが，これを可能にしたのは参謀本部を中心にした電信での情報収集と命令伝達である。両軍は，27日にランゲンザルツで交戦に入るが，後込撃針銃の威力を発揮したプロイセン軍の勝利となり，29日降伏調印がなされた。

1866年7月3日のケーニヒグラーツの戦いはプロイセン軍の大勝で終わる。開戦とともに軍事行動の一切をモルトケに委ね，戦術面に一切介入することがなかったビスマルクであるが，戦勝後のニコルスブルク

---

9)　ケーニヒグラーツの戦いとハノーファーの併合については，大西健夫（2009）「ハノーファ王国併合」を参照。

御前会議では早急な講和とオーストリアの融和的取扱いを主張する。モルトケは既にウィーン侵攻作戦計画を立てており，国王を始めとする宮廷も侵攻を当然としていたが，中立を約束しているフランスを信じてライン地方の防備を薄くしてきているので戦争の長期化は絶対に避けるべきというのがビスマルクの主張であった。軍事力の行使とともに外交交渉を通じて政策目標を達成せんとするのがビスマルクである。ナポレオン3世の仲介を経て7月28日にニコルスブルク仮講和，8月23日のプラハ講和条約が締結された。

1815年のドイツ同盟が最終的に解体され，オーストリアがドイツから分離する。民族の統一国家形成における大ドイツ主義が消滅した。マイン河以北のハノーファー，ヘッセン・カッセル，ヘッセン・ナッサオ，独立自由都市フランクフルトがシュレースウィッヒ・ホルシュタインと共にプロイセン領に併合され，ハノーファー州，ヘッセン州，シュレースウィッヒ・ホルシュタイン州として，新たに発足する北ドイツ連邦に組み込まれた。プロイセンに併合された諸邦の大学，即ち，ハノーファーのゲッティンゲン大学，ヘッセン・カッセルのマールブルク大学，シュレースウィッヒのキール大学がプロイセンの大学となる。

軍を動員したが，大きな戦端を開くことなく降伏した西南ドイツのバイエルン，ウェルテンベルク，バーデンは，併合される代わりに賠償金支払い義務を課せられる一方，西南ドイツに独立した同盟機構構築の可能性が与えられた。しかし，軍事的にも経済的にも独立を維持するだけの実力を持たない西南ドイツ3領邦は，最終的に，北ドイツ連邦と攻守同盟および関税同盟の締結を強いられ，プロイセン主導のドイツ統一路線へ組み込まれていった。

北ドイツ連邦は，マイン河以北の23領邦を網羅した連邦国家で，1867年4月16日の北ドイツ連邦憲法に基づき，二院制をとるが，領邦国家代表者からなる参議院が立法機関として最終決定権を持ち，代議員数は1815年のドイツ同盟での持ち票数を基礎に47人とした。小領邦は複数で1票としたのである。ハノーファなどを併合したプロイセンは17人を数え，三分の一の拒否権を確保した[10)]。連邦領域は加盟諸邦の領

10） 北ドイツ憲法は，各所轄の綿密な作業の成果であるが，すべてビスマルクの「知的産物」であると伝承されている。「ある日の午後（66年12月13日），彼は外務省審議官に，

土であり，国境関税制度をとったので一つの国内市場を生み出した。関税収入は，連邦政府の歳入となり，連邦は中央政府予算を持つことができた。連邦首班はプロイセン国王とし，首班は宣戦布告，講和締結，外国との条約締結，外交官信任を行い，首班が任命する宰相は，参議院議長であるとともに連邦業務を執行する。言うまでもなく，宰相に就いたのがビスマルクである。1870 年の対仏戦争に勝利して生まれる 71 年のドイツ帝国は，この北ドイツ連邦に西南ドイツ 3 邦が加盟することで成立する。

ドイツ帝国

対仏戦争がドイツ帝国を生み出す。戦争の契機は，スペインの王位継承問題である。1868 年のスペイン革命で女王イザベラが追放され，後継者として血統からみて最有力だったのが，プロイセン王家の支流ジグマリンゲン家の王子レオポルドであった。慎重な検討が求められていたにもかかわらず，スペイン政府は，プロイセン宗家のウィルヘルム 1 世に直接の意向を打診し，その結果を即位予定として 1870 年 7 月 3 日発表してしまう。ナポレオン 3 世の介入を恐れて，密かにヨーロッパ諸国の対応を探っていたビスマルクが危惧した通り，フランスの世論はプロイセンの一族がスペイン王家を継ぐことに猛反発を示し，ナポレオン 3 世はヨーロッパ諸国に働きかけた。7 月 9 日，エムス温泉で保養中のウィルヘルム 1 世は，フランス大使に対して王子レオポルドの即位辞退内示を伝えている。ナポレオン 3 世は，内示ではなく公然と発表することと将来的にも不即位を表明することを要求した。ウィルヘルム 1 世は，これを侮辱と受け取り，ビスマルクに事態を電報で伝えた。ビスマルクは，このエムス電報を脚色して公表すると，ドイツ世論は沸騰する。両国民世論の対立は決定的となり，19 日，世論に背を押されたナポレオン 3 世はプロイセンに対して宣戦布告を表明する。前線へと出撃してきたナポレオン 3 世は，メッツの要塞で包囲され，9 月 2 日に

手ぶらで，連邦首班，連邦参議院，ライヒ議会の機能と権限，ならびに，基本的に重要な事項についての条文を口述した。その日のうちに整理作業がなされ，翌朝清書された後，午後の国王臨席の閣議で審議された。決定稿は，12 月 15 日の諸邦代表者会議に提出された。」大西健夫（2009）「北ドイツ連邦」，11 頁。

降伏する。2か月足らずの対戦であり，翌71年1月28日のヴェルサイユ休戦条約を経て締結された5月10日のフランクフルト講和条約が締結された。この間に，攻守同盟によって北ドイツ連邦の対仏戦争に参加した西南ドイツ3領邦が，1871年1月1日をもって北ドイツ連邦に加盟し，ドイツ帝国が誕生し，4月16日付けで，帝国憲法が定められた。北ドイツ連邦憲法での連邦首班および連邦という言葉に代えて，ドイツ皇帝およびドイツ帝国 Das Deutsche Reich という表現が用いられ，プロイセンの国王が皇帝に，そして，帝国行政府の長官である宰相にプロイセンの首相ビスマルクが就いた。ドイツ人の神聖ローマ帝国に続く，第二帝国とも呼ばれる。ライヒという表現は，ドイツ最初の共和国の憲法であるワイマール憲法においても，1条で「ライヒは共和国である」として用いられている。そして，第三帝国と呼ばれるのは，ヒトラーのナチス政権である。

戦争賠償としてフランスに課されたのは，50億フランの賠償金とエルザス・ロートリンゲンの割譲であった。金貨50億フランの賠償金は，ベルリンのワンゼー湖畔のユリウス塔に運ばれ，これを基にドイツは金本位制に移行する[11]。ライン川左岸のエルザス・ロートリンゲンは，プロイセン領としてではなく帝国直属地とされ，シュトラースブルク大学が帝国直属大学となるが，帝国宰相府はプロイセンが運営するので，実質的にはプロイセン管理の大学であり，後にアルトホーフ体制と呼ばれるプロイセンの大学・学術政策の実験場となる。ドイツの大学版図におけるプロイセンの影響力は圧倒的なものとなり，大学政策と大学管理におけるプロイセン主導体制が確立し，ドイツ全体の大学政策を主導するにいたる。

工科・商科大学

第二帝政期の世紀末から20世紀初頭は，研究の巨大化，科学競争の国際化，実務教育の強化が始まる時期であり，教育政策 Bildungspolitik（1896年），学術政策 Wissenschatsfpolitik（1900年），対外文化政策 Internationale Kulturpolitik（1910年）などの表現が登場してくる時期であり，

11） 日本の金本位制への移行は，日清戦争での賠償金である。

プロイセンの大学・研究機関の研究成果が最も花開き，産業界で実用化された時期である[12]。

この時代におけるドイツ帝国の大学と研究機関を概観してみよう[13]。ドイツ帝国成立時の1871年時点でみると，総合大学は22で，プロイセンのみで11大学であった。これにプロイセン管理の帝国大学シュトラースブルクが加わる。第二帝政期に入ってから新設される総合大学は，フランクフルトとハンブルクの2校で，前者はプロイセン，後者はハンザ自由都市国家ハンブルクに属する。大学に準じる，ないし，大学昇格を前提とした機関として，ポーゼン・アカデミー Akademie Posen（1903），ハンブルク・植民地研究所 Kolonialinstitut Hamburg（1904），青島・ドイツ＝中国大学 Deutsch-Chinesische Hochschule Tschingtau（1909）が存在した。ポーゼン・アカデミーは，プロイセンのポーゼン州に大学昇格を前提として設置されたもので，当初は聴講生のみを受け入れて出発したが，1910年から大学正規授業として認定された。ハンブルク・植民地研究所は，植民地統治の官僚や植民地関連業務に就く専門家を養成する目的で独立自由都市ハンブルク市と帝国が共同設置した。青島のドイツ＝中国大学は，帝国が設置・運営し，国家学，技術，医療，農林の学科を持ち，中国の国立高等教育機関と同等の資格とされ，卒業生は中国政府公務員就任資格が与えられた。

産業界の要請を受けて専門単科大学が盛んになるのもこの時期である。産業革命の母国イギリスを，重化学工業を中心に猛追するドイツの産業界は，教養主義の大学卒業生よりも，実務的な技術者を必要としたのである。ヨーロッパの高等専門単科教育においては，パリのエコール・ポリテクニク（1794年）が抜きんでた存在であったが，ドイツに直接の影響を与えたのはチューリヒ工科大学（1856年）である。スイス政府は，総合大学と同等の資格と権利を与え，自然科学分野の研究と教育

12）潮木守一（1993），198頁。

13）詳細は，大西健夫（2011）「大学政策」参照。ドイツ帝国の大学におけるプロイセンの圧倒的優位は，1910年における下記の数字からも見て取れよう。ドイツ帝国人口は6,492万人（内プロイセン4,016万人），総合大学学生数は53,351人（27,341人）で，うち女子学生数は2,358人（1,634人）。教員総数は，3,381人（1,796人）で，うち正教授数は1,279人（654人）。工科大学総学生数は，11,502人（4,345人）であった。Brocke, B. u. Krüger, P. (1994), Anhänge.

を統合し，応用科学を授業内容とした。この制度に刺激を受けて，ドイツ各地に従来の専門学校を改変して工科大学が設置されるようになる。1868年のミュンヘンを皮切りに，1910年のブレスラオまでに11校が生まれている。

1899年10月19日，ベルリン＝シャルロッテンブルク工科高等専門学校 Technische Hochschule100周年記念祭にあたり，プロイセン国王は博士学位 Doktoringenieur，および，その前段階として Diplom-Ingenieur のタイトル授与権を与えた。修学証明書であるとともに Doktor 学位の名称である。高等専門学校を高等教育機関として文部行政が認定したのである。制度体としての大学の自由・自治と国家の教育行政の関係を明らかにする事例となる。大学の自由は教授の自由を伝統としてきており，教授内容の決定は学部自治に属した。プロイセンの大学は共通の立場として技術教育は大学の学術に含まれないとの立場をとってきたので，文部行政は産業界が求める技術教育の機関として高等専門学校が設立してきた。高等専門学校は，教育内容は大学に匹敵し，制度体として大学と等しい取扱いを求めた。文部行政は，アルトホーフが1882年にプロイセン文化省大学局長に就任する以前から，工科高等学校に自治権として学長の学内選出権を認めていた。技術教育を奨励するのが国王の方針であり，アルトホーフは既成事実を積み重ねて行く。93年，工科高等専門学校の教員に，大学教授の特権であった式典でのガウン着用を認め，高等専門学校学長には，97年に大学学長と同じ身分を示す黄金の頸飾りの着用，99年に大学学長と同じ呼称 Magnifizenz の使用を認めていた。

高等専門学校がもっとも熱望する学位授与権認定が争点であった。高等専門学校に学位と同等の修学証明書発行の権限を認めるか否かについて，プロイセン政府は他のドイツ領邦政府に問い合わせをしている。意見は分かれた。ザクセンとウュルテンベルクは同意したが，他の領邦は反対ないし意見留保の回答を寄せている。言うまでもなく，プロイセンの大学は一斉に反対の立場を表明した。妥協点が求められた。ゲッティンゲン大学を「数学界，世界の臍」に育て上げるフェリックス・クラインは高等教育機関における技術教育の重要性を強調しており，アルトホーフに対して dottore ingegnere の学位を授与しているイタリアの例に倣い，Doktor-Ingenieur の名称を提案している。この提案に基づき，大学側と合意したのが，高等専門学校が発行する学位は，大学が授与する学位がラテン語表記であるのに対し，ドイツ語表記 Dr.-Ing. とすることであった。1899 年 10 月 11 日の国王布告をもって，高等専門学校に Dr.Ing. および，Diplom-Ingenieur 授与権が認められた。問題は，プロイセン文化省認定の証明書が，大学学位同様に，広域的通用性を持つことができるかであり，他の領邦・国家との調整，相互認証協定を結ぶ必要があった。アルトホーフのドイツ語圏大学担当者会議を経て，Diplom 試験規定が発効するのが 1900 年 6 月 19 日である。高等専門学校が，高等教育機関として認知されていくのであり，鉱業，農業，林業，商業，獣医などの分野へと広がっていったし，大学 Universität も高等教育機関 Hochschule の概念に含まれていくようになり，ワイマール期に大学学長会議と高等専門学校学長会議が合同する[14]。

19 世紀末に新たに生まれたのが商業学校で，設置者は都市ないし都市と商工会議所であり，地域の実業教育への要請に応えるものであった。入学資格を中等教育前期課程（ギムナジウムの前期課程）としたことから，当初，高等教育機関と見なされなかった。しかし，卒業資格である Diplom-Kaufmann は次第に正規教育課程資格と見なされるようになる。商業単科大学として博士号学位授与権を得るのはワイマール期に入ってからである。1926 年のベルリン商科大学が最初で，これに続くのが 1930 年のライプツィッヒである[15]。

学修課程修了と大学学位の問題が，専門単科大学の出現によって顕在化してくる。既に 18 世紀において，国家は大学学位と公務員採用資格を切り離していた。裁判官は，大学法学部課程修了をもって国家資格試験受験資格とし，合格者に対する独自の研修を経て受験する本来の国家

14)　ここでの叙述は，下記による。Sahse, A. (1928), S.304f. ちなみに，我が国おいては，東京大学が発行する卒業証書は，単位修得を学部長が認定し，これを基に学長が学位を授与するという形式を保持している。

15)　東京大学が法科大学（法学部）内に経済学科を設けるのが明治 41（1908）年で，帝国大学令が，各科大学制度を廃し，全学を統合した学部制をとることを定めた大正 8 年に東京大学と京都大学に経済学部が設置された。翌 9 年 4 月 1 日，東京高等商業学校が東京商科大学（現一橋大学）に昇格した。最初の単科大学である。7 月 6 日の学位令改正で，帝国大学に限られていた学位授与権をすべての大学に広げた。また，帝大総長・博士会推薦制度も廃して，論文提出による請求制となる。『東京大学百年史』資料 3（昭和 61 年），年表。

試験の成績をもって採用された。国家資格試験の実施は，大学が自治団体の基本権と考えている教育の自由（独占権）に関わる問題であったが，大学教授が国家試験委員会の出題・判定委員に任命されることによって調和が図られた[16)]。大卒の就職先が民間企業主体となるとともに，大学での課程学修と学位が切り離されてきた。民間企業の大卒需要の高まりとともに，政府が認定する大学学修課程修了によって，当人の基礎教養と学習能力が証明されたものとし，管理職者としての採用基準となると考えられた。大学が証明する本来の学位たる博士号は，大学教員への途である教授資格論文提出の前提条件であった。これに対して，一般企業は課程修了証明書を求めた。技術系，経済・経営学系の学部課程修了証明 Diplom であり，次第に修了証を学長名で再認定して学位として授与するようになる。哲学部卒業生に，Magister が導入されるのは第二次世界大戦後である。これに伴い，Diplom は博士学位論文提出の前提条件の位置づけとなる。

政府直轄の独立研究所は，以前から存在したが（ベルリンの Meteorologi-sches Institut, 1847 や Geodätisches Institut, 1868），1911 年に学術振興カイザー・ウィルヘルム協会 Kaiser − Wilhelm-Gesellschaft zur Förderung der Wissenschaften, KWG, が設立されると，政府と民間が共同で学術振興に民間資金を導入する組織として自然科学系の独立研究所が大学付属組織として設立されていく。そして，研究所主任研究員に教授名称が与えられるようになる。

研究所・ゼミナール制度

1882 年から四半世紀にわたりプロイセンの学術政策を担当したのがアルトホーフである。アルトホーフの時代に，プロイセンの大学は，研究・教育組織を整え，設備・人員を拡充し，目覚ましい研究成果を生み出していく。同時に，中世以来の大学の自治理念の下で大学が維持してきた独自な特権と制度にとらわれず，教授の身分と俸給体系を含め大学制度を統一した。さらに，各地の大学の地理的条件や研究の蓄積を基礎に優秀な研究者を中核に重点研究領域を定め，教員・研究組織・予算を

16） Thieme, W. (1986), S.31.

効率的に拡充した。

アルトホーフ在任中において，プロイセンの大学で学生数と大学予算は倍増するが，教授数は1.5倍に留まっている。増加した予算を集中的に投入して，少数の正教授を頂点とした研究・教育組織へと大学の構造を変えていったのである。従来からの大学自治権や慣習にとらわれずに資金を重点的・効率的に活用するため，研究能力の高い正教授を責任者とする研究・教育組織と施設・設備，これらを運営するための補助人員の充実に政府資金を配分した。現在までドイツの大学制度の特徴となっている大学研究所・ゼミナール制度であり，正教授である所長が直接管理と責任を負う形で運営される。

教授の研究活動が私的な営みから公的な義務となっていくのがこの時代である。研究・教育体制を組織化・大規模化し，従来私的学術営為とされてきた研究活動を公務とする体制を構築する。石炭と鉄を基礎に大量生産体制を確立することで19世紀後半に躍進するドイツ経済が他のヨーロッパ諸国から大工場と呼ばれたのに比し，アルトホーフが構築した大学の研究・教育体制は学問の大工場 Wissenschaftliche Grossbetriebe と呼ばれるこの用語は，ベルリン大学神学部教授で国王の寵臣ハルナックに起因すると言われているが，歴史学者モムゼンも同じような表現を使用している[17)]。医学ならば専門病棟 Kliniken，自然科学なら実験設備を持つ研究所 Institut であり，政府が予算処置をとり教授が所長を兼任し，補助人員（員外教授，私講師，助手，技師，事務員）を含めた管理運営権限が与えられた。委託研究や意見書作成などの収入があれば，研究所予算に組み入れるが，教授個人の委託謝礼として支払われることも可能であった[18)]。人文・社会科学分野でも領域細分化が進んだ時代であり，学生増とともに教員が増員されると，学問分野単位で専門領域の異なる複数の教授から構成される学科・教室制度として組織化し，独自の施設・設備と補助人員を保障した。ゼミナール Seminar とよばれる組織

17） Harnack, Adlf v.: Vom Grossbetrieb der Wissenschaft, in: Preuss. Jahrbücher, 1905. モムゼンは，以下のような表現をしている。”……die Grosswissenschaft, die nicht von einem geleistet, aber von einem geleitet wird.” Mommsen, Theodor: Reden und Aufsaetze, Berlin 1905.

18） こうした研究所・ゼミナールの財政基盤は，文部行政が一括して予算処置をとるのが大部分であるが，次第に，複数の省庁が共同で出資する場合，民間団体や企業が出資する場合，などが生まれてくる。 Meinhard von Staa,W. (1930).

である。古代，中世，近現代などに領域分けした複数の担当教授から構成される歴史学科，歴史学教室 Historisches Seminar の組織などである。これに，員外教授，私講師，助手，図書司書，事務員を配置し，細分化された専門教育課程の体系化を可能にするとともに，増大する学生の教育と研究指導にあたった[19)]。ゼミナール制度は，また，新しい学問分野を学科・学部へと独立させることを可能とさせた。後に触れるように，哲学部のなかで数学，物理学，化学，天文学などが時代の要請に応える形で研究成果を生み出していくと，教授数，研究者数，学生数が増え，それぞれ独立のゼミナールを立ち上げ，学科となり，最終的に哲学部から分離して数学・自然科学部を生み出した。人文科学系分野でみられた現象としては，中世・近世の大学では学生の素養として学部授業の外で学修した古典語，近代外国語，ダンス，馬術・剣術などから，幾人かの教員が集まり古典語学，英語・英文学のように一つの専門学科を生み出し，小規模のゼミナール，そして，学科へと成長していくのであった。

研究所・ゼミナール制度は，言うまでもなく，アルトホーフの創案ではない。例えば，歴史学ゼミナールについてみると，1832 年のケーニヒスベルク大学が最初とされているし，プロイセン以外の領邦国家の大学においても設置されている。しかし，下記の表が示すように，この制度の活用はプロイセンの大学が積極的であり，20 世紀に入るとミュンヘンやライプツィヒでの充実が著しくなる。ここでも領邦間の大学・学術政策競争がみられる。アルトホーフが進めた大学の研究機能強化は，ドイツ語圏の諸領邦を競合へと駆り立てるのであり，ミュンヘン大学やライプツィッヒ大学など重点大学の機能強化を実現し，ドイツの大学市場をより深いものとした。20 世紀に入り諸国がドイツの大学理念を受け入れていくのは，大学の個別組織・機構ではなく，大学市場をも含めた機能としての「大学制度」なのであり，その制度保障としての学術政策競合，大学自治と大学間競争，研究・教育の統合などをモデルとしたのである。

---

19) こうした組織の名称は多様で，Institut,Seminar, Klinik, Lobor, Sammlung, Museum などと呼ばれた。また，Institut, Seminar という名称は，人文・社会科学の分野において，正教授一人の小規模な組織についても用いられた。

ドイツの主要大学における研究所・大学病院・ゼミナール数

大学名	1830年	1870年	1930年	うち医学部系	数学・自然科学系
ベルリン	18	30	117	49	28
ボン	23	31	91	18	16
ゲッティンゲン	14	33	79	16	25
ミュンヘン	0	30	153	49	32
ライプツィヒ	0	37	132	29	17
ドイツ計	231	552	1743	520	345

出典）Titze, Hartmut (Hg.) (1987), S.59ff.

ノーベル賞

アルトホーフが進めたプロイセンの学術政策は，ノーベル賞とともに花開く。ノーベル賞は，20世紀とともに始まる。物理学，化学，生理学・医学，文学，平和の5部門であるが（経済学は1969年から），1901年の第1回から第一次世界大戦終了の1918年までの自然科学3部門の受賞者におけるドイツ人，特に，プロイセンの大学出身者比率が圧倒的に高い。ノーベル賞を学術政策の成果を測る一つの基準とするならば，ドイツ大学史におけるアルトホーフ時代を避けて通ることはできない。但し，以下の点を考慮しなければならない。中世以来の伝統を受けて，ドイツでも教員と学生は，職場条件や指導教授を考慮して大学を移動する。それゆえ，ノーベル賞受賞対象の研究成果達成時と受賞時の在職大学・研究所が一致することは殆どない。ドイツの大学では，博士学位の場合，論文指導教授が自己の研究分野の一部を主題として与えるのが普通であり，指導教授の研究の一部を担当することで指導教授から研究費申請の推薦をえる。自己の独自の研究主題を設定するのは教授資格論文Habilitationで，これに合格して私講師，さらに，員外教授となり，学部教授会が認可すれば講義を開講できる。それゆえ，本書では，独自に研究主題を設定し，教授資格論文を経て私講師ないし員外教授，そして，最初の正教授に就いた大学に焦点をあててドイツ人ノーベル賞受賞者の来歴を整理してみる。

1901年から1918年における，物理学賞受賞者22人のうち，ドイツ人は6人である。6人のうち，プロイセンの大学以外で私講師ないし員外教授に就いていたのは，1901年のレントゲン，1914年のラオエ，1918年のプランクであるが，レントゲンは実質的にプロイセンが管理するシュトラースブルク大学出身である。ラオエは1909年にミュンヘン大学で私講師となり，受賞の1914年，プロイセンが新設したにフランクフルト大学正教授に就任し，その後ベルリンへ移る。プランクは，プロイセン領のキール生まれで，民法典の父として知られるゲッティンゲン大学法学部教授ゴットリーブ・プランク（教会史教授G. Jacob Planchの孫）の祖孫である。ミュンヘン大学に進学し，1879年の博士学位，1880年の教授資格試験・私講師までミュンヘンで過ごすが，1885年のキール大学での員外教授を経て，1889年のベルリン大学員外教授，同年の正教授である。キール時代の87年，ゲッティンゲン大学哲学部の懸賞論文に応募し，第二位を得ている。ラオエとプランクは，共に，ベルリン大学教授を経て第二次世界大戦直後の1945年にゲッティンゲンへ移っている。

最もドイツ人比率が高い化学でみると，17人中7人で，プロイセンないしシュトラースブルク大学以外で私講師ないし員外教授となったのは，1909年のオストワルト，1915年のウィルシュテッター，1918年のハーバーの3人である。ロシア領リガ生まれのドイツ人オストワルトは，1882年リガ大学正教授，1887年ライプツィヒ大学正教授であった。ウィルシュテッターは，1902年にミュンヘン大学員外教授，1905年のチューリヒ工科大学正教授を経て，1911年からカイザー・ウィルヘルム協会の化学研究所教授，1912年ベルリン大学正教授である。ハーバーは，カールスルーへ工科大学教授を経て，1911年にベルリン大学正教授に就いてから受賞対象の研究を進めたとされている。それゆえ，プロイセンの大学との関係が薄いのはオストワルトのみとなる。

1901年の第1回受賞者オランダ人ファント・ホフは，1878年にアムステルダム大学教授に就任するが，学生教育と大学管理の雑務を負担としていた。1894年，アルトホーフは人を介して彼とベルリンで会合を持ち，ベルリン大学への招聘を話題にするが，「私は学生に講義したり，試験をしたりしなくてもよい場所を見つけたいのです」と語り，断っている。しかし，1896年，ベルリン・アカデミーに特別のポストを設け，専用の実験室を用意するとともに，授業はベルリン大学名誉教授として週一回のみとする条件をアルトホーフが提示すると受諾している。ベルリン・アカデミーで，ファント・ホフの地位を1913年に受け継ぐのが，

1921年のノーベル物理学賞を受賞するアインシュタインである。

生理学・医学分野の受賞者は，16人中4人であるが，4人全員がプロイセンの大学ないし独立研究所である。1901年のベーリンクと1906年のエーリヒは，1905年に受賞したコッホが所長を勤めた衛生研究所の助手を務めてきている。ベーリンク受賞の主たる対象となった「ジフテリアと破傷風の免疫」に関する1880年の論文の共同執筆者が，ベルリンのコッホの研究所で共同研究を進めていた北里柴三郎である。候補者に挙げられたが，研究主導者ベーリンク一人の受賞となった。北里は，福沢諭吉の援助を受けて設立する伝染病研究所での後進北島多一や志賀潔をコッホの研究所に送り出している。北里は，慶応義塾大学が医学部を設立するにあたり献身的に協力する。生理学から独立する衛生学がまだ伝統的な医学界から十分に認定されていなかった時期であり，アルトホーフが教授会の反対を押し切ってベーリンクをマールブルク大学正教授に就けているし，エーリヒのためにフランクフルトに独立研究所を設立した。1910年受賞のコッセルは，シュトラースブルク大学助手，ベルリン大学研究員を経て，1895年マールブルク大学正教授，1901年にハイデルベルク大学に移る。

アルトホーフ

世界に冠たる研究成果を輩出したドイツの大学制度は，研究と教育を統合するフンボルトの大学理念として世界に受け入れられていくのであるが，その実態的な機能を発揮させたのはアルトホーフに代表されるプロイセンの学術政策であった。アルトホーフ（Althoff, Friedrich 1839-1908）は，1839年2月19日，貴族出身である母方の実家が所有するプロイセン領ライン地方のウエーゼル市郊外デインスラーケンにある「ローマ人の館」と呼ばれる屋敷で生まれる。父親フリードリヒ・テオドール（54歳）と母親ユーリエ（37歳）の子供である[20]。父親は，プロイセン王家の王領地管理人で，後妻である母親の一族ブーゲンハーゲンはポメルン地方の貴族である。1852年，父親が没すると，母親が養育し，ウエーゼル市のギムナジウムを卒業し，1856年から61年までボ

20）以下の叙述は，Sachse, A. (1980), 潮木守一「ドイツ近代科学を支えた官僚」中公新書，1993年，大西健夫（2011）「プロイセンの大学政策」による。

ン大学法学部で学んでいる。この間，1857年の冬学期ベルリン大学に移るが，学生団体Vandalenの活動を禁じたベルリン大学裁判所の決定を知らずに，11月16日の所属学生団体の記念祭に出席し，取り締る大学警吏および警官と衝突したことから，14日の監禁の後退学処分を受ける。実家の知人等を通じて様々な働きかけを経て，やっとボン大学に再入学を許可された，とされている。

1861年11月，ボン大学法学部を卒業（第一次司法試験）すると，ライン地方の幾つかの裁判所およびベルリンの地方裁判所で司法修習生の時期を過ごす。この間，任地の一つであるノイウードで19歳のマリー・インゲノール（Ingenohl, Marie）と23歳で婚約し，1868年の第二次司法試験を最優秀の成績で合格した後，エーレンシュタインで結婚する。2人の間に子供はなかった。

ボン市で弁護士を開業した後，1871年5月5日，ドイツ第二帝政で帝国直属領となったエルザスの州都シュトラースブルク市役所総務・学務担当官に就き，その後エルザス＝ロートリンゲン帝国領長官府に移る。長官メラー（Möller, Edward von）および，新設シュトラースブルク大学担当責任者ロゲンバッハ（Roggenbach, Franz von）の信任を得るのであり，1882年にベルリンの文化・宗務省大学局に移るまでの間，事務官として大学管理と教授陣の招聘を担当する。エルザスは，1648年のウエストファリア条約でフランス帰属とされた地域であり，1870年の対仏戦争の賠償としてドイツ領となった。ドイツ帝国は連邦国家であるので，新領地は帝国直属領とされたが，帝国政府の行政機構はビスマルクの宰相府が所轄したので，プロイセンが実質的に統治した。ドイツ語系住民が存在したもののフランス語とフランス文化が支配的な地域であることから，ドイツ文化普及のため帝国直属大学として存続させることが帝国議会で決定されたのである。

アルトホーフは，この間行政官の身分のまま，1872年4月20日にシュトラースブルク大学員外教授，1880年10月31日にフランス法および現代法担当正教授に任命されている。これは，ドイツ大学史において例のない人事の一つである。1863年にベルリン大学教授グナイスト（Gneist, Rudof von）から提出許可を得た博士学位論文は完成していず，博士学位も教授資格試験合格もなく，優れた学術業績を示すことなく正教授に任命されたのである。アルトホーフの生涯を通じて，唯一学術業績として彼の名前が記載されているのは，他の法律家達との共同作業である「エルザス＝ロートリンゲン現行法典集」全3巻にすぎない。担当科目は，司法試験の範囲外であることから受講者数も少なく，大学教員としての役割も大きくなかった。シュトラースブルク大学が帝国直属大学であることから，大学の人事管理も厳格でなかったのであろうし，また，教授を招聘する担当者としては単なる事務官としてではなく同等の身分であることを必要としたのかもしれない。シュトラースブルク時代の職務は，アルトホーフのキャリアに大きな影響を残している。市役所時代の部下であったナオマン（Naumann, Otto）を1884年にベルリンでの職場である文化省大学局に呼び寄せているし，アルトホーフの没後に伝記を刊行するザクセ（Sachse, Arnold）もシュトラースブルク人脈としてベルリンでアルトホーフの部下であった。

帝国直属大学を運営するにあたり，アルトホーフは，将来性のある若手教員を招聘することに意を注いだ。ドイツでは領邦大学が競いあっているので，著名教授の招聘にあたり前任職よりも高い俸給を提示して移動を促すのが普通であるが，アルトホーフは若手教員招聘にあたり，図書費や助手の数などより恵まれた研究条件を提案するのであった。シュトラースブルク大学に招聘した若手教員の多くが，その後プロイセンの大学で正教授として大きな学問的業績を残している。シュトラースブルク時代にアルトホーフが関わった教員人事は，正教授44人，員外教授13人に上るが，その平均年齢は39歳であった。これに対して，ドイツの大学全体の教授平均年齢は53歳，ベルリン大学のそれは62歳であったことと比較すると，際立っている[21)]。

1882年10月22日付けで，アルトホーフはプロイセン政府文化省に移動する。当時の文化省は，I. 宗務，IIa. 教育（中等教育後期，高等教育，芸術。本書では学術局と呼ぶことにする筆者），IIb. 教育（初等教

21）アルトホーフが関わった人事で後に研究者として名を残したものを挙げてみる。哲学者 Dilthey, Wilhelm, 1833-1911, 歴史家 Weizsäcker, Julius, 1829-1911, 経済学者 Schmoller, Gustav, 1829-1911, と Lexis, Wilhelm, 1837-1914, 法学者 Binding, Karl, 1841-1920, Brunner, Heinrich, 1840-1915, Geffecken, Heinrich ,1830-96, Sohm, Rudolf, 1841-1917。医学部教授としては，Gusserow, Adolf, 1836-1906, Leyden, Ernst, 1832-1910, Waldeyer, Wilhelm, 1836-1921。化学者 Baeyer, Adolf, 1835-1917.

育，中等教育前期），III. 医事，の4局に分かれており，IIa. はさらに，IIa-1（大学・学術機関全般ならびに人事）とIIa-2（施設・調度）から構成されていた。アルトホーフが参事官として配属されたのはIIa. であるが，1884年にIIa-2の担当者としてシュトラースブルク市役所時代の部下であるナオマンを推薦して，就任させている。1897年には局長に昇格しており，さらに，1900年に前事務次官バルツュがIII局局長に名目的に就任すると，アルトホーフは医事学術審議会会長に就いてIII局局長業務を実質的に兼務することになる。これにより，大学医学部と病院管理の両面を担当する権限を持ち，1907年8月24日付け，健康上の理由での退職願が受理されるまで，四半世紀にわたりプロイセンの大学政策の第一線に在任した。

大学と医事の両面を監督する権限を持ち，専断的とも言える大学行政を断行したアルトホーフに対して，省の内外で上司・同僚の反感を買うことも多々あったにも拘らず，政府全体に大きな影響力を発揮できたのは，仕えた5人の大臣（Goßler, Zedlitz-Trützschler, Bosse, Studt, Holle）からの信任が厚く，また，国王ウィルヘルム2世から絶大な信頼を得ていたからである。国王が重視していた1900年開催の学校問題会議の準備・運営を担当して信頼を得，皇太子を始めとする皇子達のボン大学での学習環境を整えるなど王家との関係を深め，1905年には国王の地中海旅行の随行を命じられている。第二次世界大戦後，東西に分断したベルリンで西側のベルリン自由大学が新設されるダーレム地域は，帝政期において王家の所有地であり，手狭となったベルリン大学を補完するためここに学術施設を広く展開する案を描き，実現への端緒を開くことができたのも，国王の支持を得ることができたからである。上司や大臣を飛び越えて国王に直接訴願することも多く，1905年，こうした部下を大臣がどのようにみているかとの妻マリーの質問に対して，「私が決して大臣になろうという意図を持っていないことを納得すれば，大臣たちは安心しているから」，と応えている[22)]。

高等教育機関全般の施設と人事，さらに，医事行政を担当するアルトホーフの執務室は，当然のことながら，業務過多となるのであり，処理

22） Brocke, Bernhard (1980). S.35ff。

した業務文書数に端的に現れている。アルトホーフが処理した文書数は，着任直後の1883年で約5,500点，最も多かった1888年でみると約8,500点であり，他の同僚が2-3,000点であるから，いかに多くの業務に携わったかが見て取れよう[23)]。書類と面談に追われる日々であり，約束したアポイントメントの時間を守ることができないことも多く，教授達がたむろする待合室は人々が好んで語る噂話の種となるのであった。

若手研究者育成

アルトホーフは，大学政策の手段として教授招聘に大臣専決権を乱用し，大学自治の根幹である教授会の人事権に介入したと非難されている。プロイセンの大学においては，慣行的に，学部教授会が序列をつけた3名の候補者リストを政府に提出し，大臣はこれにとらわれずに別途人事権を発動する権利を留保しつつも，原則的に大臣はリストの範囲で招聘人事を決定していた。プロイセンの大学における学部教授会提出リスト以外からの教授招聘率をみると，数字が残されている神学部，法学部，医学部の3専門学部全体で，1817年から1882年までの65年間における招聘件数859件のうち27.9%であり，アルトホーフが担当となる1882年から1900年の496件では16.5%であった。アルトホーフ時代に教授増員人事が活発に行われたにもかかわらず，大臣専決権の発動比率は高まっていない。もう一つ，アルトホーフ時代の招聘人事の特徴として領邦内・領邦外人事比率がある。人文・社会科学分野での招聘人事において，プロイセンの大学間での招聘比率が上昇しているが，医学・自然科学分野ではプロイセンの大学以外からの招聘比率が増大している。研究業績の比較基準が明白な医学・自然科学分野において，積極的に優秀な人材を他の領邦大学から獲得しているのである。

招聘人事にあたってのアルトホーフの原則は，最も優秀な研究者を専任することであり，教授間の縁故人事を徹底的に排除した。この目的のため，アルトホーフはプロイセン以外の大学の研究者とも様々な分野においてネットワークを構築し，人事情報を収集するのであった。推奨すべきと判断した人事には，学部教授会の不満があっても強行してお

23）　Acta Borussica, Bd.1-1 (2009), S.111.

り，或いは，予め人事の根回しを行っている。招聘にあたっては，俸給以外に研究条件の整備を約束するのであり，研究所，大学病院，ゼミナール組織などを新設・増設している。アルトホーフの伝記のなかでザクセは，アルトホーフ時代に新設・増設された研究施設と大学病院，そして，設置された文系のゼミナールを一覧にして，その業績を讃えている[24]。

アルトホーフが手掛けた人事の例を見てみよう。エミール・フィッシャーは，第 2 回ノーベル化学賞受賞者である。プロイセンのライン地方出身であるが，南ドイツのバイエルンのミュンヘン大学で学び，1878 年に私講師となる。正教授に就くのは 1882 年のエアランゲン大学で，85 年にウュルツブルク大学に移っている。バイエルンの大学でキャリアを積むフィッシャーは，1892 年,「6 月のある晴れた日，ベルリンの顧問官アルトホーフ氏の突然の訪問を受ける。」ベルリン大学への招聘が提案され，北ドイツの大学と街の様子を知るためベルリンを訪問すると，文部大臣自らが出迎え，最新鋭の化学実験研究所新設を約束した。招聘条件によると，1 万 4 千平米の敷地に建てられた 3 千平米の研究所と所長一家の官舎があり，研究所の建物には 500 人，110 人，34 人収容の講義室と複数の広い実験室，補助人員として 3 人の主任，11 人の助手，8 人の事務員が用意されており，これらの施設の管理費と人件費を保証されたベルリン大学化学研究所所長を兼務する正教授に就任するのであった。

1884 年，ゲッティンゲン大学で化学正教授の人事が起こり，学部教授会はマイヤー（Meyer, Victor）を 1 位，フィッシャーを 2 位，ワーラハを 3 位とする候補者リストを文化省に提出した。アルトホーフは，学界で著名な研究者に意見を求めている。1905 年にノーベル化学賞を受賞するバイヤーは，「チューリヒのヴィクトール・マイヤー教授はゲッティンゲン大学が期待している候補者のなかでは，一番適当だというのが私の意見です。……エミール・フィッシャーの方が若いということで 2 位にあげられたのでしょう」，と所見を述べている。ケクレは，「バイヤーは，フィッシャーを 1 位にあげることでしょうが，この点は，多く

24）　Sachse, A. (1928), S.237ff. ゲッティンゲン大学でみると，大学の新設・拡充施設一覧とザクセの表と一致しないものがある。以下参照。Oberdiek, A. (1989), S.216ff.

の化学者の意見が一致するでしょう。私個人は，3人のなかでワーラハを一番よく知っています」，と述べている。言うまでもなく，ワーラハは，ケクレのボン大学教授時代の助手であり，その能力を一番よく知っていたのである。ワーラハは，1910年のノーベル化学賞受賞者である。教授会提案通り，マイヤーが1885年に招聘される。4年後に急逝すると，その後任に就くのがワーラハであった。

生理学・医学分野で第1回ノーベル賞を獲得するベーリンクは，1908年受賞のエーリヒと同年の生まれで，ともに1905年受賞のコッホが所長であった伝染病研究所の助手をしていた[25]。2人とも研究者としての業績に学界で高い評価を得ていたが，マイナーな研究分野あることと，人間関係の構築が不得手であったことから，自立して研究できる地位を得ることができないでいた。研究者としての高い評価を耳にしたアルトホーフは，1894年にまずベーリンクをハレ大学員外教授に就け，翌年マールブルク大学正教授に任命しているが，いずれの場合も学内の反対を押し切ってであった。後に北里を助けて慶應義塾大学医学部創設に貢献する北島多一は，北里研究所からベーリンクの下に留学し，1901年から3年半，ヘキストがベーリンクのために作った私設研究所で血清実験に従事している。エーリヒのために，1896年，アルトホーフの発議でベルリン郊外に血清実験研究所を設立し，その所長に就けている。さらに，1866年の敗戦で独立自由都市の地位を失い，プロイセン領となったフランクフルト市に学術機関が設置されていなことから，市に「王立実験治療研究所」設立誘致を持ちかけ，1899年，新設独立研究所所長にエーリヒを任命した。赤痢菌の発見者となる志賀潔は1901年から04年までフランクフルトの研究所に留学し，エーリヒの下で化学療法を学んでいる。ノーベル賞受賞の前年，1907年7月27日付けアルトホーフ宛て書簡で，エーリヒは以下のように述べている。「もし貴方が休むことを知らぬ情熱と好意あふれる友情をもって，私に才能を発揮できる職場を与えてくださらなかったならば，私はとうの昔に潰されていたことでしょう。」

プロイセン議会は，19世紀80年代から大学教授の俸給制度改革につ

25）北里柴三郎もコッホの下で学んでおり，北里研究所の原型となった。

いて議論を進めていた。旧来からの慣習により，大学教授の俸給は招聘条件として個別に決定されたので個人差が大きかった。これに対して，公務員制度の一本化を進めるにあたり，大学教授給も公務員給との整合性が図られる必要が生まれてきたのである。事実，1897年の法律では，法律施行後に招聘される大学教授の俸給は，統一された俸給表により決定され，勤務年数に応じて加算される制度となる。さらに，教授の既得権である私講義での私的聴講料についても，年間3,000マルクを越えた場合（ベルリン大学では4,500マルク），越えた部分の半額を共同基金に集め，私講師，員外教授，副収入が小さい正教授などの研究補助金として還元する方式が導入されている。大学における一種の共産主義であるとの批判もあったが，優秀な若手研究者に集中的に投入する財源として機能した。制度としての教授給の一元化が必要である一方，優秀な研究者をプロイセンの大学に集めるためにアルトホーフが活用したのが，大学付帯施設としての研究所，大学病院，ゼミナールなどを教授達の招聘条件とすることであった。プロイセンの大学政策手段は，ドイツの他の領邦大学においても取り入れられていく。圧倒的な優位を確立したプロイセンの大学に対抗するには避けることが出来なかったのであり，ドイツの大学市場に競争原理が働き，競争を通じて大学間の均衡状態を生み出すことができた。

重点的学術政策

独立研究所や大学付帯研究所とともに，アルトホーフは大学病院の新設・拡充を進めた。医学部教授は，人文科学分野の教授達が出版等の原稿料収入を所得としていたのと同様に，私的診療・往診によって所得を確保するとともに，私的病院を開業する者が多数いた。アルトホーフが医事局を実質的に監督するようになる1890年頃から，各地で大学専門病院の新設が続くようになる。実験系の研究所と同様に，医学部正教授が，担当する診療科目の大学専門病院の施設・設備，および，医局の人員と事務職員を運営・管理する体制を作り上げたのである[26)]。

26） 研究所，実験室，大学病院などは教授招聘条件として提示されるのであり，受諾した教授にとって大学の共同施設ではなく，教授個人が利用する施設と受け止めていた。ブンゼン・バーナーで知られるブンゼンは，ゲッティンゲン大学で博士・私講師となり，正教

人文科学や理学系の分野においては，学生数増・教員数増と研究分野の細分化と専門化に対応して，ゼミナール組織を通じての研究・教育体制の再編が進められた。人文科学系の言語学，文学，法学，国家学，さらに，数学などの自然科学系の分野に複数の教員が共同で利用する研究・教育施設が設置されていく。多くの場合，図書費と研究補助者の人件費が予算化されるのであるが，一ゼミナール当たりに予算額は平均してベルリン大学は1,500マルク，シュトラースブルク大学で1,000マルク，ゲッティンゲン大学で600マルクであったように，重点大学化の政策がとられた。予算や施設の配分に応じて，プロイセンの各大学は重点分野が定められていく。ベルリン大学は古典学，歴史学，法学，芸術，ボン大学はオランダ語学と文学，キール大学は北欧言語学，ブレスラオ大学はスラブ研究，ハレ＝ウィッテンベルク大学は新教神学，そして，1866年に併合されたマールブルク大学は歴史補助学，古文書学，方言研究（Deutscher Sprachatlas 作成など）および（フランクフルト大学と共同で）臨床医学と衛生学，ゲッティンゲン大学は数学・物理学，化学，保険学などである。

アルトホーフは，プロイセンの大学図書館の整備に着手する。1880年のハレ大学に始まり，プロイセンの大学すべてで大規模な増改築がなされている（ゲッティンゲン，ボンなど）。ブレスラオ大学図書館は，従来の図書館に手を加えられなかった唯一の例である。中世以来，大学図書室は教授の授業教材収集の場であったが，学生も利用できる公開学習・研究図書館を作ったのはゲッティンゲン大学である。大学雇用の事務職員であった図書館員を学術補助の公務員と位置づけ，1886年にゲッティンゲン大学にドイツ最初の図書館学教授職を配備し，図書館学の専門試験によって職業資格とするとともに，司書を高等学校教員と同等の公務員資格とした。

アルトホーフの時代に，図書館機能を持つ研究所やゼミナールが増え

授としてはマールブルク，ブレスラオを経てハイデルベルクで化学実験室を得る。ハイデルベルク大学化学正教授としてもう一人コップがいたが，実験室を持たなかった。ブンゼンは，コップの学生の実験室使用を許可していない。個人の権限と責任において優秀な学生を教育し，優れた研究成果を生み出すことが，自己への評価を高めるのであり，より良い研究条件を獲得する条件となる，とする認識が一般的であったことが競争意識を高め，より高い研究業績へと結びついていた。

てくるに従い，各大学の蔵書を共通に利用できる規定を整える必要が生まれる。蔵書の調達順に記録した従来の帳簿方式の蔵書目録を，著者名アルファベット順のカードによるカタログ方式に統一する1899年5月10日通達は，1908年8月10日付けで改正され，現在のドイツの大学図書館でも効力を有している。プロイセンが全国の国立図書館蔵書目録共通化に着手するのが1895年で，完成まで30年近くかかっている。プロイセンで図書館間の遠隔地貸出制度が最初に発足するのがゲッティンゲン大学とマールブルク大学間である。ドイツで最初の図書館間遠隔地貸出制度が発足するのは1816年のシュトゥットガルトのウュルテンベルク公国宮廷図書館とテュービンゲン大学図書館であり，1837年にはヘッセン・ダルムシュタットの宮廷都市ダルムシュタットとギーセン大学図書館が続いている。図書館の蔵書目録システムがプロイセン方式で統一されてくるに従って，各領邦間で大学図書館の蔵書遠隔地貸出制度が整備されてくる。1905年に，ドイツ図書館照合センターがベルリンに設置され，ドイツの大学図書館ネットワークが構築されてくる。

カイザー・ウィルヘルム協会

アルトホーフの功績として，産官学共同体制の構築とドイツ全体の大学政策協調を挙げることが出来る。「研究と教育を統合する最高学府」とするフンボルトの大学理念に基づき設立されたベルリン大学創立100周年記念式典の祝辞で，1910年，国王ウィルヘルム2世は，フンボルトの功績とベルリン大学の発展を讃えるとともに，「もっぱら研究だけを目的とする機関を作り出す」必要があること，「こうした関心を広く喚起することは，予の国王としての義務である」と述べる。独立研究所として発足する「学術振興カイザー・ウィルヘルム協会」を念頭においた発言であり，経済的にも，軍事的にも重要性が増している国際的な研究開発競争に対応するため，その財源を民間の協力に求めることを表明したのである。協会は，鉄鋼業のクルップなど多額寄付者を評議員とするとともに，国王を頂点とする支配者層への接近を求めるユダヤ人を取り込むのであった。初期の評議員の四分の一がユダヤ人であったとされている。言うまでもなく，現在のマックス・プランク研究所の前身である。

国王祝辞の伏線は，前年の1909年11月21日にベルリン大学神学部教授ハルナックが国王に提出した建議書である。ベルリン大学創立100周年記念事業の提案を求められたハルナックは，産官学共同方式での独立研究所拡充案を進言したのである。「ドイツの自然科学は，今や重要な分野で他の国々に遅れをとり，その競争力が危機に瀕している。……自然科学の分野で指導権を握ることは，単に理念上の価値があるだけでなく，卓越した国家的，政治的価値にもつながる」と訴えた。そして，最初の事業として化学研究所の設立を提案するとともに，既に多額の民間資金が集められ，ダーレムに土地が確保されていることを指摘している。ハルナックの建議書の前提となっている産官学共同方式とダーレムの学術センター構想はアルトホーフに発していた。産官学協同方式は，後に見るように，ゲッティンゲン大学のフェリックス・クラインがアルトホーフの協力を得て展開した方式であり，王領地であるダーレムに学術施設を移すことへの国王の了解を得たのはアルトホーフであった。狭隘化が進むベルリン大学全体，ないし，主要部分を郊外の王領地ダーレムに移転する計画については，国王の了解を得ていたのであり，ダーレムへの学術機関を将来の移転とその予算処置を定めた1897年6月26日の法律は，王領地ダーレムを移転先と定めていた。既に1907年に退職していたアルトホーフであるが，1908年11月28日，永眠につくその日に，国王を訪ねている。王領地ダーレムに，独立研究所を中心とした学術センター構想への了解を得るためであった。翌年の3月24日付け政府宛て書簡で，国王は，アルトホーフがその晩年王領地ダーレムの国家にとって有効な使い途について勘案し，その構想を検討して欲しいとの希望を持っていたことを知っていること，アルトホーフが残した文書での提案が十分に検討に値すること，それゆえ，アルトホーフの提案に沿ってダーレムの王領地のうち100ヘクタールを確保することに了解する，と伝えている。第二次世界大戦後，ベルリンが四か国分割統治となり，ベルリン大学がソ連管理地区に入ったことから，アメリカが中心となりベルリン自由大学を新設するが，ダーレムがキャンパスとなった。

ドイツ大学会議

中世以来のドイツ人の神聖ローマ帝国皇帝大学設立特許状は，特許状が与えられた大学での博士学位は帝国内で教員資格として共通認定するという慣習を残した。しかし，近世に入ると医学や法学の分野で，職業資格認定を目的とした各領邦独自な国家試験が導入されるようになったことで，領邦国家間での工科大学や専門学校での学位や技術・職業資格認定の相互認定などが課題となってくる。ドイツ語圏における高等教育機関の制度的調和に着手するのがアルトホーフであった。

歴史的に領土の分断と統合を繰り返すドイツ国家であるが，オーストリアを排除し，プロイセン主導で成立する北ドイツ連邦，さらに，第二帝政は君主連合による連邦主義国家であり，共和国となるワイマール国家と西ドイツは主権地域連合の連邦主義国家である。連邦中央政府が外交，軍事，交通などの分野で専断的立法・行政権を持つ一方，すべての憲法が，文化高権は連邦構成単位の専断権としている。

プロイセンにとって隣国であるし，また，大学制度が近いザクセンとの関係でみると，帝国宰相府内務省発のザクセン王国外務省宛ての書簡が発送されるのが1898年6月6日である。ここでは先ず，医学博士号と医師資格の関係が各領邦で明確でないことが混乱をひき起こしているので，担当所管の間で意見交換の機会をつくる協力を要請している。ザクセン王国の所管である文化・教育省は，6月10日の外務省宛て回答で，プロイセンからの提案への受諾を伝えている。これを受けて，6月22日に帝国内務省は，ザクセン王国外務省に，会合の日程・場所として，6月25日，アイゼナッハと連絡する。興味深いことに，6月23日，4時28分付けの電信でアルトホーフがザクセン王国文化省局長ウエンティッヒに，「アイゼナッハでの最初の会合は，黄金の獅子亭で，土曜日11時」と直接伝えていることである。公式文書は省間で取り交わされているが，実質的な打ち合わせは，既に，アルトホーフと現地の担当者間で進められていたことを示しているのである[27)]。第一回会合はザクセン王国のアイゼナッハで，6月25，26日の二日間開催され，ドイツ帝国構成領邦で大学を所有している8領邦と帝国直属領エルザス＝ロー

---

27) Brocke, B.u.Krüger, P. (1994) による。

トリンゲンの担当者が出席している。最初の議案である外国の博士号を原則相互認証すること，医学博士については原則医学国家試験と連動させること，などについて合意している。

この会合は，第一次世界大戦の1918年まで17回開催されており，1901年6月のカッセル会合からはオーストリアの代表も参加しており，政治的にはオーストリアを排除した形で生まれたドイツ統一国家であるが，大学行政では大ドイツ主義であった。カッセルの6月会合では，教授招聘手続きが議論されている。従来からの慣行として，招聘する学部教授会ないし人事委員会が，招聘候補と直接接触し，諾否の回答を得ている。しかし，実際の招聘にあたっては，担当官庁が招聘条件を内示するのであり，より良い条件が提示されると最初の諾否の回答が変更されることが多い。それゆえ，非公式な直接交渉は避けるべきとした結論がなされている。教授招聘問題にオーストリア代表は特に強い興味を示している。オーストリアの大学教授の多くが，特に優秀と見なされている場合，より良い職場条件を示すドイツの大学に引き抜かれているからであった。博士学位授与についても合意されている。口頭試験合格と学位論文刊行を条件とした。中世以来学位試験は口頭試験のみであり，研究成果の刊行は義務づけていない大学が多かった。これにより，中世以来博士学位所有者が刊行する書物をDissertationと呼んでいたのが，未刊行の書下ろし学位審査論文をDissertationと呼ぶこととなる。1906年の会合では，スイスの大学とも博士学位相互認定の条件について合意され，外務省間の外交文書として確認されている。学位相互認定は，大学入学資格の相互認定を前提とする。ドイツの領邦相互間の調和とともに，大学入学資格となる高等教育後期ギムナジウム制度が異なる外国人留学生，また，ギムナジウム入学が男子に限定されていたことから女子の大学受け入れ条件などについても合意と調和がなされた。

アルトホーフの呼びかけで始まる領邦国家大学担当者会議は，その後のドイツの各省文化省会議の前身となる。この会議に範をとって，さらに，ドイツ学長会議（1903年），プロイセン学長会議（1904年），教授資格試験合格者の組合であるドイツ大学教員会議（1907年），プロイセン員外教授団体（1909年），ドイツ私講師団体（1910年）などが生まれるようになり，現在のドイツ学長会議やドイツ大学連合Hochschulverband

の前身となった。

2　数学界・世界の臍

1866年の敗戦でハノーファー王国は，プロイセンに併合され，ハノーファー州となる。プロイセン憲法は，2条において，「国家の領土は，法律によってのみ変更されうる」としており，1866年9月2日の併合法を制定してハノーファー，クアヘッセン，ナッサオ，フランクフルト市を新領土とするとともに，10月3日の国王勅令は67年10月1日をもってプロイセン憲法の新領土での施行を定めた。これによって，ハノーファー王国喪失が決定的となったことを認識した国王ゲオルグ5世は，10月6日，王国に残った公務員に対し，王国再建が実現するまで国王への宣誓を解除する声明を発する。翌67年7月5日の法律は，新領土の負債をプロイセン国家の負債とするとともに，新領土の資産をプロイセン国家資産とすることを定める[28]。

プロイセンの大学

ゲッティンゲン大学は，プロイセンの大学となる。大学管理権の移行は，大きな混乱なく進められた。大学関係者のなかで，拒否的行動として3例が記録されている[29]。法学部教授のブリグリード（Brieglib, Hans Karl）は，市役所前広場で開催された1867年10月7日の市主催の併合令告知集会への出席を拒否している。同じく法学部教授マクセン（Maxen, Jacob）は，1865年からハノーファー王家の皇太子の家庭教師を勤めており，オーストリアへ亡命した国王一家に随行した。唯一離職したのは，プロイセン国王への宣誓を拒否したエーワルトで，1837年の七教授事件で解雇されたが，48年に再招聘されていた。併合時の副学長として歴史学教授ワイツ（Waitz, Georg）は，プロイセン国王に大学関係者の恭順と宣誓が滞りなく終了したことを報告すると，プロイセン国王ウィルヘルム1世は直筆の返書で，「この学問の養成所は，今

28）大西健夫（2009）「ハノーファー王国併合」を参照。
29）以下は，特段の注記がない限り，Tollmien, Cordula (1999), Göttingen, Bd.3. による。

後も維持されるというだけでなく，可能な限り奨励される」と応え，領土併合により廃校されるかもしれないとの大学関係者の憂いを晴らすのであった。1868 年の夏，国王は旅行の途上ゲッティンゲンを訪れると教授と学生の歓迎団が迎えている。2 年後の 70 年 7 月 15 日，静養地エムスからベルリンへの帰途に再び訪れた国王は，スペイン国王継承問題へのフランス介入に激昂する学生団体によって熱狂的に迎えられる。対仏戦争の契機となった「エムス電報」の公表と宣戦布告がこれに続くのであり，熱狂した学生達が戦線へと志願している。大学から従軍したのは，教員 18 人と学生 417 人で，学生 25 人が戦没した。

君主が代わったことによる幾つかの形式的な変更を除くと，学則を含めて大学の基本的規約に一切の変更はなかったし，プロイセン憲法に基づき大学に上院の議席が割り振られている。慣例に基づき国王に学長就任を申し出るが，国王の甥であるブラウンシュワイク王国摂政 Prinz Albrecht von Preussen に委ねられた。大学管理にあたる大学監督官は，従来ハノーファーの本省勤務の役職であったのを，名称を変えずに大学本部棟へと席を移した。大学の基本財産の一つであるカレンベルク等族の修道院基金からの財政援助も維持され，1867 年の援助額は 335,700 マルクにのぼり，国からの大学予算額 109,500 マルクを上回っていた。プロイセン政府からの財政資金投入は積極的であり，1915 年でみると修道院基金からの収入 586,300 マルクに対し，プロイセン政府文化省からの予算額は 992,500 マルクに上っている[30)]。

1872 年 12 月 16 日付けで，大学本部棟に職場を移した監督官ワルンシュテット（Warnstedt, Adolf）は，ベルリンの文化省大学担当官であるファルク（Falk, Adalbert）宛てに詳細な報告書を提出し，1872 年の予算でゲッティンゲン大学は旧来からのプロイセンの大学に比較して不利に扱われていると訴えた。これに対してファルクも 1873 年 3 月 3 日付けの回答書において，不利な扱いをしていないこと，全体の財政状況からゲッティンゲンの希望をすべて満たすことができないこと，などを詳論している。さらに，ベルリンやボンと比べて建築費の相違があり，金額のみでは比較できないこと，ゲッティンゲン大学の教授給与が他の

30）　Meinhardt, G.. (1977) S.70.。

大学より高いことなどをあげ，その上で，物理学と医学の教授増員の可能性を伝えている[31]。ゲッティンゲン大学の施設充実という点から見ると，第二帝政期における新築・増改築ブームは著しく，研究所，実験設備，大学病院等が新築され，時代の最先端を行く設備が取り入れられていった。この結果，皮肉なことに，この時代の施設が1970年代の大学ブーム期まで更新されなかったことが，指摘されている[32]。併合されたハノーファーの大学であるとの配慮もあり，1878年にはプロイセンの大学で慣行となっている教授招聘人事手続きがゲッティンゲンにも適用されるようになった。ハノーファー時代には教授会が人事に公式には関われなかったが，招聘人事にあたり順番をつけた3人の候補者を大臣に提出することができるようになったのである。アルトホーフの政策に理解を示し，医学部のため大学病院棟を一か所に集めて精力的に新築していったのが文化大臣ゴスラーであるが，1901年5月12日には自ら大学を視察し，直後の9月25日をもってハンザ国家大学に認定している。国家公務員試験は各領邦国家が独自に行い，合格者を自国の公務員として採用したので，他領邦での国家試験を自動的に認定することがなかった。プロイセンは，3ハンザ独立自由都市Hamburg，Bremen，Lübeckと提携を結び，ハンザ都市がゲッティンゲン大学卒業を第一次国家試験合格と認定し，プロイセンの国家試験を第二次国家試験，即ち，公務員採用試験として認定したのである[33]。

化学の伝統

ゲッティンゲン大学出身者で最初のノーベル賞受賞者は，コッホである。ハルツ山脈のクラウスタールの出身で，1862年の医学部入学で，当時まだ化学が医学部の分野であったのでウェーラー，そして，解剖

31）教授俸給は招聘条件によって一人ひとり異なる。1897年のプロイセン大学教員俸給規定は，大学毎の現行俸給総額を固定し，その範囲内で人事を行うようにした。俸給総額を人数で割ると，その大学の平均俸給額が算出できる。これによると，ベルリンは特別扱いで（正教授6,000マルク），以下，ブレスラオ，ゲッティンゲン，ハレ（5,100マルク），グライフスワルト，ミュンスター（4,800マルク），その他（4,000マルク）となっている。Maus, Ch.(2013), S.79.

32）Tollmien, C. (1999): Göttingen Bd.3, S.367.

33）Meinhardt, G. (1977) S.71.

学をヘンレに師事しており，7学期目に解剖に関する研究で医学部学術賞を受賞して，ヘンレの病理学研究所の助手に採用される。1866年に医学博士号を取得し，軍医として赴任したポーゼン州ウオルシュタインで，細菌の研究に成果をあげ，1880年にベルリンの帝国保健局に移り，ベルリン大学保健研究所所長と後にコッホ研究所と改称される伝染病研究所所長を兼ねる。1905年のノーベル医学賞を受賞するが，その後も，ゲッティンゲン大学とは特別の関係は生まれていない[34)]。

ゲッティンゲン大学をノーベル賞の大学へと導いたのは化学である。第一次世界大戦後の1919年から1945年の間に，ノーベル化学賞を受賞したドイツ人は9人であるが，その内5人がゲッティンゲンで研究者として育っている。医学の一分野とされていた化学は，文献的知識の学問から実験科学への途を進むことで独立した学問分野となっていく。

ゲッティンゲン大学で，最初に化学の授業を医学部の許可を得て開始したのは私講師クロン（Cron, Johann Christoph）で，1737年の創立記念日以前の1734年から開講されていた授業の一つである。化学を医学部授業の一分野として確立したのはグメリン（Gmelin, Johann Friedrich）で，1775年，チュービンゲン大学医学部員外教授から化学担当哲学部正教授兼医学部員外教授として招聘され，78年に正教授に昇格するとともに，大学化学実験室長とハノーファー王国薬局監督官を兼務した。1783年，大学がホスピタール通りに建設した病院の敷地の一角に大学化学実験室と教授官舎を作ると，翌年グメリンが医学部正教授としてここに入る。医者としてよりも，化学の歴史全3巻，Geschichte der Chemie, 3 Bde,1797-1799, の著者として知られている。1810年，父親がゲッティンゲン大学医学部教授であったシュトローマイヤー（Stromeyer, Friedrich）が後任に就き，ドイツの大学で化学実験を正規授業とした最初の教授と言われており，現在化学会社Degussa基金によるシュトローマイヤー賞が毎年化学の授業で優れた学校教師に与えられている。

1835年に急逝すると，36年にカッセルの実業学校教授ウェーラー（Woehler, Friedrich）が着任するまでの間，シュトローマイヤーのも

34）以下，各教授達の叙述については，下記による。Selle.G. (1937) und (1958), Meinhardt, G. (1977), Tollmien,C. (1999).

とで学び，1834年から私講師となっていたブンゼン（Bunsen, Robert Wilhelm）が一時的に実験室を管理した。ブンゼンは，ウェーラーと入れ替わりにカッセルの実業学校教授となり，39年にマールブルク大学正教授，1851年のブレスラオ大学を経て，52年にハイデルベルク大学教授に就く。1850年に制作したガスバーナー，ブンゼン・バーナーによって知られている。ゲッティンゲンでは，1901年，市の北門であるガイスマール門の外側で，82部隊兵営地（市役所ビルがある現在の広島広場）を挟むガイスマール通りの西側の小道にブンゼン通りの名称が与えられた。後に数学・自然科学系研究所が集中的に建築され，ゲッティンゲン大学が「数学界・世界の臍」と呼ばれるようになると，世界の科学者のメッカとなる地域である。

1836年に医学部正教授として招聘されたウェーラーは，アルミニウムの発見者として著名であり，1842年には化学実験室を増改築し，80人収容と30 − 40人収容の実験室設備を備えた。ウェーラーは医学部教授であったが，化学分野の博士論文と教授資格論文は哲学部において受理しており，学問分野としの化学が医学から分離していく。ゲッティンゲン大学において，化学が正式に哲学部の自然科学系に属するようになるのは，ウェーラーが没する1882年である。「学業は，先ず実験から始まる」と述べ，研究課題を直ちに実験実習で学ばせる化学教育の方法は多くの学生を集めた。実験実習には教育補助者が必須であり，助手採用が認められるようになる。19世紀後半，研究施設の充実と共に研究・教育の両面で教員中間層を充実するようになるドイツの研究所体制の先駆者と言えよう。ウェーラー自身次のように語っている[35)]。

> 学期あたり70人から80人の実習生が実験室を訪れており，その中にはフランス人，イギリス人，ロシア人，ポーランド人，アメリカ人などがいる。……化学実験は一人ひとりについて指導する必要があり，これだけの数の学生の指導は優秀な助手達なしには不可能である。

35）　Stadt Göttingen, Fremdenverkehrsamt: 14Tage,1959, Nr.21.

ゲッティンゲンで，ウェーラーの下で学び，博士号を取得し，私講師となったワーラハ（Wallach, Otto）が，ボン大学を経て，ハイデルベルクへ移るマイヤーの後任として化学正教授として招聘されるのは1889年で，1910年にゲッティンゲン大学現職教授として最初のノーベル賞受賞者となる。1897年にゲーテ・アレー8番地にあったCafé Nationalで実験を公開した白熱灯ネルンスト・ランプで知られるネルンスト（Nernst, Walter）が，新設の物理学・電気化学研究所所長としてゲッティンゲンに就任するのは1895年である。1887年にウュルツブルク大学で博士学位を取得し，ライプツィッヒ大学私講師に就いていたが，1890年にゲッティンゲン大学物理学研究所助手として赴任しており，1891年員外教授を経て1894年に正教授に昇格していた。1905年にベルリン大学に移り，ノーベル化学賞受賞は1920年であった。1925年のノーベル化学賞受賞者ツィグモンディ（Zsigmondy, Richard Adolf）は，1890年にエアランゲン大学で博士学位を取得し，ミュンヘンとベルリンでの助手を経て，1893年にオーストリアのグラーツ工科大学で教授資格を得ている。一時期イエナのガラス製造会社に勤めたが，1900年にゲッティンゲン大学私講師，1908年員外教授，1919年正教授へと昇格していた。ワーラハの後任に就くウィンダウス（Windaus, Adolf）は，フライブルク大学で博士学位，教授資格を得ており，1906年からベルリンのカイザー・ウィルヘルム協会研究員，1913年インスブルック大学医学部医化学教授を経て，1915年，ゲッティンゲンに着任し，ワァラハの後任に就く。ノーベル化学賞受賞は1928年である。

1939年受賞のブーテナント（Butenandt, Adolf）は，ウィンダウスの下で学び，1928年，ベルリンの化学会社Scheringの委託研究をウィンダウスの助手として協力した。1933年にダンツィヒ工科大学教授に招聘され，36年からカイザー・ウィルヘルム協会生化学研究所長に就いた。1938年に選出されるが，受賞を控えた。ユダヤ系研究者の受賞が重なることから，ナチスがドイツ人受賞の拒否方針を打ち出したからである。大戦終了後，ストックホルムでの受賞式は49年に挙行されるが副賞の賞金の受け取り期限は終了していた。1944年受賞のハーンの後任として，1960年にマックス・プランク協会会長に就任した。ハーンは，第二次世界大戦後マックス・プランク協会がソ連管理地区になったベルリンから移されたことでゲッティンゲンに移り，生涯を過ごしている。

数学・物理学の伝統

ゲッティンゲンをノーベル賞の大学として名声を確固とするのは，ガウスに始まる数学の伝統であり，数学を基礎に置く物理学である。優れた知的能力に眼を留めたブラウンシュワイク公が，地元のギムナジウムであるコレギウム・カロリヌムで1792年から95年まで学ばせた後，98年までゲッティンゲン大学に進学させ，99年にブラウンシュワイク領のヘルムシュタット大学で博士学位を得て，教壇に立つ。1801年出版の「整数論研究」は，近代整数論の始まりとされている。ナポレオンの弟ジェロームが国王に就いたウエストファーレン王国が旧来の大学を整理したのでゲッティンゲン大学天文台が1816年に完成すると，新天文台所長に任命される。

ハノーファー政府測地学顧問を1828年から45年まで務めており，幾何学にも大きな功績を残した。ゲッティンゲン郊外のHoher Hagen, Brocken, Inselbergで行った三角測量が有名で，これを記念してHoher Hagenに1909・11年にかけてガウスの塔が建設された。1801年に発見された小惑星ケレスが視界から遠ざかる前に，観測に基づき軌道を計測し，位置を正確に予言した。惑星軌道の計算に最小二乗法を用いたのであり，正規分布とよばれるガウスの誤差率を導き出したのである。

物理学の発展にも大きな役割を演じている。物理学教授マイヤー（Meyer, Tobias）の後任としてウェーバーを推薦し，31年に招聘されると電磁気学研究に協力する。34年，ガウスの天文台から電線を，ヨハネス教会の尖塔を経由し，ウェーバーの物理学実験室を結び，通信に成功している。ウェーバーは，1837年に国王にプロテストした七教授の一人であり，ライプツィヒ大学に移っていたのを，1849年の再招聘に努力したのがガウスである。二人は，実験物理学に必要な器具に工夫を凝らすのであり，協力者として実験室の管理とともに器具の制作に携わったのが精密器具職人マイヤーシュタイン（Meyerstein, Moritz）であった。ウェーバーの推薦で，63年に大学から名誉博士号が授与されており，ゲッティンゲン大学の歴史において，手工業職人に名誉博士号が与えられた唯一の例である。

1849年，ガウス博士学位50年を記念して市は名誉市民の称号を送っており，ウェーバーに対しても，1886年，博士学位60年を記念して名誉市民とした。1899年6月，2人の科学者の研究業績と友情を讃え，ガイスマール門近くの緑地に，ベルリンの彫刻家ハルツアー教授（Hartzer, Ferdinand）の手になる，「椅子に座るガウスにウェーバーが語りかける」銅像が建立された。銅像の序幕式を記念して数学のヒルベルトが講演しており，この講演から彼の最大の名著と言われている「幾何学の基礎」が生まれている。ヒルベルト（Hilbert, David）を始め世界の学界を代表する数学者がゲッティンゲンに招聘したのは後に詳論するフェリックス・クラインであり，20世紀初頭のゲッティンゲン大学数学科を「数学界，世界の臍」der mathematische Nabel der Weltと呼ばれるまでに育てた[36)]。

ウェーバーが推薦したガウスの後任は，ディリクレ（Lejeune-Dirichlet, Peter Gustav）である。プロイセンのライン地方出身であるが，名前からしてベルギー系であった。当時数学界の中心であったパリ大学で博士学位を取得し，ブレスラオ大学を経て1839年からベルリン大学正教授であった。ガウスが没した1855年，天文学および数学教授としてゲッティンゲンに招聘されるが，1859年に病没している。数学教授としての後任のリーマン（Riemann, Bernhard）の父親はルター派の牧師で，息子に聖職を継がせることを夢にしていたが，数学の才能を認め10歳から数学の家庭教師を付けた。リーマンが，神学と言語学を学ぶ目的でゲッティンゲン大学に入学するが，数学への関心を捨てがたく，「創世記」を数学的に証明するとの理由で数学の学習を父親に納得させた，と伝えられている。ガウスの下で学ぶが，ディリクレを始めとする著名な数学者が集まっていたベルリン大学に一時移る。ウェーバーがゲッティンゲンに戻る1849年，彼の下で博士論文を提出すべくゲッティンゲンに帰り，最終的には1851年にガウスの下で学位を取得し，ガウスが所長である天文台への就職を希望するが空席がなく，数学研究者の途を進む。53年に提出した教授資格論文で，「リーマンの積分」と呼ばれてい

36）　Nissen, Walter (1962), 81頁。

る定義が完成している。

その後3年間，無給の私講師を務め，1857年に員外教授に就任したディクレが，59年に病死するとその後任正教授に任命される。その後，矢継ぎ早に研究成果を発表するが，66年7月20日，40歳にして静養中のイタリアのセラカスで夭折する。この年の敗戦で，ゲッティンゲンはプロイセンの大学となる。数学の伝統はフェリックス・クラインと彼を支援したプロイセン学術局長アルトホーフによって花を咲かせることになる。

ゲッティンゲン大学の数学の伝統の歴史において惜しまれているのがデデキント（Dedekind, J. W. R.）である。ガウスの下で学び，1854年から私講師に就いていたが，55年にガウスの後任として同じ専門の代数学のデリクレが招聘されたこともあり，58年に招聘されたチューリヒ工科大学教授を経て，62年にブラウンシュワイクのCollegium Carolinum（後の工科大学）に移ったのでゲッティンゲンとの関係は途絶えた。整数論の研究で大きな成果を挙げ，ディリクレと並ぶ近代代数学の創始者と呼ばれている。

石炭と鉄を梃として発展するドイツ経済の中心部となるデュッセルドルフで1849年に生まれたクライン（Klein, Felix）は，物理学を学ぶためボン大学に進学するが，数学教授ブリュッカーの物理学実験の手伝いをしていたが，師の没後，師の遺稿整理を行っていたゲッティンゲン大学数学教授クレブシュの手伝いをするため1869年にゲッティンゲン大学に移る。博士学位を取得した後，教授資格試験を経て71年に私講師となり，翌72年にエアランゲン大学正教授として招聘される。新任教員の伝統である就任講演で，数学教員・研究者としての所信を述べたエアランゲン綱領が生まれる。即ち，細分化される専門研究を統合・総合する教育理念，応用科学の強調，学校教育での数学の奨励など，後のゲッティンゲン時代での活動の原型となる考え方を述べている。75年にミュンヘン工科大学に移るが，ここで数学の技術及び工学との密接な関係，数学教育のあり方，そして，研究の組織化の重要性を再認識する。80年，31歳にして伝統あるザクセン王国ライプツィヒ大学正教授として招聘されると，就任講演で，多くの自然科学分野と現代の技術および工学は数学の活用なしに考えられないにもかかわらず，純粋数学の細分化した発展はその活用の途を閉ざしている，と述べている。数学を共通の基盤とした自然科学の総合的体系を考えているのであり，20 世紀に向けてドイツの学問の特徴となる総合化と体系化の先駆者の一人となるのであった。

フェリックス・クライン

1885 年 3 月，ゲッティンゲン大学幾何学教授招聘案件が起こると，アルトホーフが自らライプツィヒのクラインを訪れ，説得している。招聘受諾の条件は，数学ゼミナール専用図書室設置と予算であった。86 年夏学期に向けて着任すると，クラインはかねてからの持論に基づき，他学科・他ゼミナールとの交流，実戦的授業の展開，ゲッティンゲン・アカデミーに自然科学部門の新設などを提案するが，学内で強い抵抗に直面する。工科大学との交流，さらには，大学との統合を持論としていたことから，1887 年の大学創立 150 周年記念祭には，ハノーファー工科大学学長への名誉博士号授与に尽力する。学内で孤立化しつつあったクラインに対して，1892 年夏，大学での数学教育の改善や工科大学との交流など，クラインの主張を全面的に取り入れた条件で，ミュンヘン大学が招聘を申し出る。クラインは，ベルリンの文化省学術局に対してゲッティンゲンに残る条件として以前からの大学改革案の実現を主張すると，アルトホーフは直ちに全面的に実行することを約束するのであった。これを契機として，学内におけるクラインの発言力は強いものとなる。アルトホーフとの息の合った連携が始まる。1894 年，クラインによる従来の事務手続きを飛ばしてベルリンの本省との直接交渉を，自己の職務をないがしろにするものだとして大学監督官のマイアーが辞職願を提出すると，アルトホーフは直ちに腹心のヘップナーを後任として送り込むのであった。クラインは，1896 年秋，プリンストンの創立 100 周年記念式典に招かれたのを機会にアメリカ講演旅行をするが，その折，イエール大学から招聘を受ける。アメリカの大学からの招聘は 3 回目であるが，断った理由として，「私がドイツで着手している企画や計画をそのままにしておけないから」と述べるのであり，イエール大学招聘固辞はアルトホーフのクラインへの肩入れを本格化させるのであった。

文化省は，翌1893年夏，クラインにシカゴの万国博覧会視察とアメリカの技術教育・研修制度の視察，さらに，世界数学大会へのドイツ代表としての出席を依頼する。クラインは，これを機会にアメリカ各地の大学・研究所を民間資金が支援する体制についても見聞を深めるのであり，帰国後産業界との接触を積極的に進めるようになる。範としたのは，カーネギー研究所やロックフェラー財団などであった。ドイツでも産業界が，研究成果の実用・応用と技術者養成の観点から，大学との接点を求め始めた時期であった。96年6月には，染色化学のエルベルフェルド染色工業社 Elberfelder Farbwerk（後の化学会社 Bayer-Leverkusen の前身）社長ボェッティンガー（Böttinger, Henry Theodor）の財政支援で，化学教授ネルンストが物理化学研究所を発足させている。ネルンストの発明である白熱灯ネルンスト・ランプの特許は，AEG が買い取っている。19世紀後半のドイツ経済を主導したのは，鉄鋼業とともに興隆期にあった化学産業と電気産業であった[37]。

アルトホーフは，クラインとボェッティンガーの提携の仲介をし，ここからゲッティンゲン応用物理学協会が生まれる。98年2月28日発足の協会は，アルトホーフと大学監督官ヘップナーを名誉会員とし，大学教授の学術会員と産業界の企業会員から構成され，企業会員は入会金と年会費を納付するとともに，プロジェクト毎に企業は資金と施設・設備を寄付した。産業界の主要企業が会員となっており，化学業界以外にも電機業界から AEG やジーメンス，鉄鋼業界からクルップなどが名を連ねていた。年2回全体会議が開催され，意見交換とともに支援対象について議論し，決定した。協会支援は，政府資金投入を前提条件としており，支援対象は，1）個々の研究プロジェクト，2）研究所全体，3）教授の講座であり，支援には資金とともに研究機械・器具などの企業による無料ないし割引価格での提供も含まれていた。企業側の利益は，最新の研究成果についての情報と大学で理論と実験訓練を受けた人材の確保

37） Böttinger, Henry Theodor von は，バイエル社の創始者 Bayer, Friedrich の娘と結婚しており，義父の会社を引き継ぐ。1896年にゲッティンゲン大学名誉博士号を受け，1907年には貴族の称号を許されるとともに，08年からはプロイセン議会上院議員となる。Rotta, J. (1990), S.3。産学ないし産官学協同は，19世紀後半のドイツ経済躍進を支えた化学，光学，電気の分野で積極的に進められた。Meinel, Ch. u. Scholz, H. (1992). を参照。

であった。

協会の法的地位の問題があった。政府資金を担当する文化省が監督官庁として所轄するならば，協会の定款ないし寄付行為の文書が必要であり，また，大学との関係も明文化されなければならない。しかし，産業界と国立大学との組織的・恒常的協同事業は当時のドイツにおいて前例がなく，協会定款を持たない私的任意団体として発足している。しかし，1899年のベルリン工科大学100周年記念祭には，協会宛の公式招待状を受けると，ボェッティンガーとクラインは共同で協会名での祝電を送っているのであり，協会は公的存在として認定されていく。

協会の事業は，1897年設置の応用化学研究所と応用電気学研究所設立支援から始まり，1905年の応用数学研究所の新設と先に触れたブンゼン通りに新築される物理学研究所へと続く。06年までの協会の事業をみると，協会支援金額は総額220,900マルクに上り，これの呼び水となった政府支出金額は185,000マルクであった。政府は，協会寄付で施設・設備が設立されると，これを運営する人件費と経常費を政府が負担した。発足時の施設・設備を民間が寄付し，人件費を含めた運営費を政府が負担するという形式が，産官学協同方式として定着するのであり，アルトホーフがこの形式を全国レベルで取り入れて実現するのがカイザー・ウィルヘルム協会である。

クラインは，健康上の理由から，1914年に退職しているが，学界活動と若手研究者養成に力を尽くした。旧来の古典的大学特権の見直しを進めたワイマール共和国時代の1920年，クライン念願のゲッティンゲン大学第5番目の学部として数学・自然科学部が哲学部から独立した。ドイツの大学は，中世以来神・法・医・哲学部の4学部制度をもって総合大学としてきたのであるが，第5番目の学部を独立させた最初の大学がゲッティンゲンである。数学の学校教育での普及にも力をいれており，中等教育後期段階で微分・積分を取り入れさせたのもクラインであった。

数学をすべての自然科学の基礎に置き，数学研究と教育を充実させ，物理学等の発展に寄与させるというクラインの方針に基づいて蒔いた種は着実に開花していった。クラインの尽力で，1895年，ケーニヒスベルク大学正教授であったヒルベルト（Hilbert, David）を招聘することができた。ヒルベルトは，1902年にベルリン大学からの招聘があった際，ゲッティンゲンに留まる条件として，ケーニヒスベルク大学で彼の後任となっていたミンコウスキー（Minkowski, Hermann）を同僚として迎えることを申し出た。ミンコウスキーが急逝すると，後任として，1909年，ベルリン大学私講師であったランダオ（Landau, Edmund Georg Hermann）を招聘している。1920年にフェリックス・クラインの後任として招聘され数学研究所所長に就くクーラント（Courant, Richard）は，ヒルベルトの下で1910年に博士学位，12年に教授資格試験を経て1919年にミュンスター大学正教授として招聘されている。政治意識も高く，社会民主党SPDに入党している。ナチスのユダヤ人排斥運動が席巻しはじめ，1933年に休職扱いとされると，アメリカに渡りニューヨーク大学教授として大学数学研究所所長となる。ナチスドイツは，翌34年，形式的に強制退職の処置をとった。

物理学では，ウェーバーの後任となるリーケ（Riecke, Eduard）は学生時代にウェーバーに師事しており，1871年私講師，73年員外教授を経て83年物理学・数学正教授に就任した。クラインと協力して物理学分野の拡大と教員増員に尽力したので，1898年からの10年間で，大学の数学・物理学教授数は5人から10人へと倍増している。クラインの尽力で流体力学の研究者であるプラントル（Prandtl, Ludowig）を，ハノーファー工科大学教授から，1904年に物理学員外教授として招聘する。プラントルが正教授に昇格した1907年に，アルトホーフは航空力学実験施設をクラインの応用数学研究所と提携するものとして設立している。第一次世界大戦勃発とともに，この施設から，航空機研究が発足している[38]。

第一次世界大戦終了後，20年代には，ブンゼン通りの数学・物理学研究所の増改築が重なり，29年にはロックフェラー財団の寄付で数学研究所が新築されている。20年代の物理学研究所では，後にノーベル賞を獲得する教授2人（フランクとボルン）とポール（Pohl, Robert

38） 第一次世界大戦勃発時のドイツは，海軍主体で450機，4,200人の航空力を備えていたが，用途は主として偵察と郵便用であったので武装していなかった。これに対して，戦争勃発後直ちに武装を開始した連合軍は圧倒的に優位であった。軍事力としての航空機開発が研究所に課せられたのである。 Rotta, Julius (1990), S.117ff.

Wichard）が研究と学生教育に当たっていた。1925年物理学賞のフランク（Franck, James）との共同受賞者であるヘルツは，フランクの下で助手であったし，1954年のボルンの共同受賞者ボーテもボルンの助手であった。ボルン（Born, Max）は，数学のクーラント同様，1933年にイギリスに移り，ケンブリッジ大学に迎えられており，ノーベル賞はイギリス人として受賞している。ボルンやフランクの教育者としての功績は大きく，ハイゼンベルク（Heisenberg, Werner），フンド（Hund, Friedrich），ヨルダン（Jordan, Pascual），オッペンハイマー（Oppenheimer, Robert），テラー（Teller, Edward）などがブンゼン通りの研究所から巣立った。

研究体制の組織化

医学部における専門分野の細分化と施設充実も著しかった。ゲッティンゲン最初の大学病院は，レーデラーが初代院長に就くホスピタール通りのベット数6の助産院で，その後，オシアンダーのアクシーヤハウスが建設される。1846年から51年にかけて，ガイスト通りに国王の名前をとったエルンスト・アウグスト病院が総合施設として建設されていた。2階建で，内科，外科，耳鼻科，病理科が入り，各階とも12ベットの大部屋2つ，6ベットの小部屋2つ，それに，教授専用の私的診療用ベットを少数備えており，総数80ベットの病棟であったが，当時においては大施設と見なされていた。大学病院以外には，医学部教授が私的に経営する小規模の病院が存在しており，大学はこれらの中から幾つかを買い上げて，大学専門病院とした。

大学創立以来の医学部の科目分け，即ち，正教授の担当は，解剖，薬草（植物），産科，内科，外科の5科目であった。次第に，解剖学から生理学と病理学が分かれ，さらに，生理学から薬理学と衛生学とに分かれていくのは，人体の構造と仕組みの解明が進んだからである。一方，外科から眼科，耳鼻科が分かれていくのは，戦争による影響が大きい。傷病兵を処置するのは，言うまでもなく，外科の役割であるが，さらに，爆薬と硝煙の被害を受けた帰還兵が大学病院に送り込まれてきたからである。医学において専門が細分化していくに従い，専門病院や研究所が設置されていく。1862年に市外のロスドルフ通りにハノーファー政府が精神障害者収容施設を設け，大学教授を所長に任命するとともに，医学部に精神病学の授業を開講させた。1873年にガイスト通りの薬理学研究所と眼科病院，1879年に市壁に沿ったニコラウスベルク通りの植物園内に植物生理学研究所，1888年に衛生学研究所がホスピタール通りに続くクルツ・ガイスマール通りに設置された。

医学部施設はホスピタール通り近くとガイスト通りに集中していたが，プロイセン時代の80年代以降，文化相ゴスラーは大学病院を市門の外，現在のフンボルト・アレーとゴスラー通りに集約し，最新式の施設と設備を整えるのであった。その後この施設が保持されるのであり，医学部施設の次の抜本的革新は，第二次世界大戦後の70年代を待たなければならない。

大臣ゴスラー（Goßler, Gustav 1838-1902）は，内務省勤務を経て，1877年にプロイセン下院議員当選，1879年に文化省次官となり，1881年に下院議長に選出されるが，直後に文化省大臣に任命され，1891年に西プロイセン州知事に就くまで在任する。アルトホーフが文化省に入るのが1882年で，1907年の退任まで7人の大臣に仕えるが，ゴスラーは最も有能な大臣であったと評価していた。大臣の功績を讃えて名付けられたゴスラー通りには，第二次世界大戦後，自治学生寮 Akademische Burse や学生支援会の学生食堂が建てられていく。

第一次世界大戦後発達するのは，航空医学，整形外科，耳鼻科，遺伝学などである。いずれも戦争と関係しており，手足を失った傷病兵，爆音で聴力を失った者の治療が必要となり，さらに，徴兵検査で色盲検査を行うようになると，男子の四分の一が色盲であった。遺伝学は，戦時中に兵士の間で蔓延した性病対策から血液型の研究を進めている[39)]。

哲学部の人文科学系分野において，最初にゼミナールとして組織化されるのは歴史学で，古代史，中世史，近代史などの教員が一体的に組織化されるのであり，1876年に図書予算，1894年に独自施設が与えられる。ゲッティンゲンの近代歴史学の礎石を築いたのはランケの弟子レーマン（Lehmann, Max）であり，マールブルク，ライプツィヒを経て1893年に招聘され，ドイツ史に名を残したシュタインやシャルンホ

39） 第一次世界大戦前後のドイツにおける性病問題については，川越修（1993）「社会史の実験」参照。

ルストの伝記を著す。後継者はブランディ（Brandi, Karl）で，90年にシュトラースブルクで博士学位，95年にレーマンのもとで教授資格試験に合格する。97年に員外教授としてマールブルクに赴くが，1902年に中近世史ならびに歴史補助学担当正教授として戻る。第一次世界大戦中に病没する物理学のシモンの後を受け，大戦後最初の学長となる。戦中にシモンは，若手研究者の経済的困窮を救うため教授，市民，経済界の代表からなる大学基金 Universitätsbund を結成し，博士論文や教授資格論文の刊行補助を行っており，この大学基金をブランディが充実させたことで，ゲッティンゲン大学は戦後混乱期を乗り切ることができた。ブランディは，政治的にも活発に発言しており，大学連合で繰り返し報告をしているし，戦後は中道右派国民党 Volkspartei に入党して大学で指導的役割を演じた。

新しい人文科学分野としてドイツ語・ドイツ文学，英語・英文学などが学科として独立し，それぞれゼミナールとして組織化されていく[40]。人文科学系ゼミナールの殆どを収容するとともに，小規模の教室を幾つか持った独自の建物がニコラウスベルク通りに建築されるのは1912年である。哲学ゼミナールのフッサール（Husserl, Edmund）が名を残している。ハレ大学での私講師を経て，ゲッティンゲンでは1901年の員外教授，1906年正教授となり，精神現象学を打ち立てた。1916年にフライブルク大学に移るが，そこでの弟子の一人が『存在と時間』を著した存在論のハイデッカーで，事実存在と本質存在を明確にした。フライブルクに移るにあたり，ヘルマン・フェゲ通り7番地の住まいを小児科教授ゲッペルトに売却しているが，この家でゲッペルトの娘マリアが育った。マリアの博士学位試験にあたり，試験官となったのは3人のノーベル賞受賞者マックス・ボルン，ジェームズ・フランク，アドルフ・ウィンダウスであった。フランクの助手アメリカ人マイヤー（Mayer, J. E.）と結婚し，1930年にアメリカに渡る。当初は女性研究者として不利な扱いを受けたが，1960年にノーベル物理学賞を得ている。

40）アルトホーフの伝記を書いた Sachse は，ゲッティンゲン大学哲学部文系ゼミナール設置として，以下を挙げている。Philosophisches Seminar (1887), Seminare für romanische Philologie (1888), für englische Philologie (1888), für deutsche Philologie (1889). Sachse, A. (1928), S.240.

19世紀後半，ゲッティンゲンは伝統ある専門学部である神学と法学の分野で停滞していた。ハノーファー王国唯一の領邦大学であった過去の栄光と伝統から脱皮することができず，旧弊を保守する教授会は著しい社会の変化に対応できなかったのである。

神学部においては，1864年，教義論担当教授としてリッチュル（Ritschl, Albrecht Benjamin）が，ボンから招聘される。時代はまさに自然科学勃興期であり，諸学の規範を自認してきた神学のあり方が問われていた。リッチュルは，神学の規範と自然科学の規範を分離する立場に立ち，キリスト教を歴史的に発展した宗教の一つとして位置づけたので，教会ならびに同僚の神学教授たちと激しい教義論争を引き起こしている。リッチュルの神学を慕って集まった若い研究者たちは，キリスト教そのものを神学的，歴史的，社会学的研究対象の一つとした。90年代に次々と宗教史を主題とする優れた博士論文と教授資格論文が提出されている。旧来の教授達は暗黙の内に，講座数と教員数を勘案して若手研究者達の教授資格論文提出を制御してきた。地球規模での国際化が進んだ時代であり，キリスト教を歴史的に発展してきた一つの宗教であるとの認識が広がっていた。若手研究者達は自発的な研究会で研究を重ね，教授達の思惑を無視して教授資格論文を提出していった。こうした若手の優秀な研究者達が，ゲッティンゲンに残らず，他大学に拡散していったことで，逆にゲッティンゲンの宗教史学派が全国的に形成されていった。

トレルチ（Troeltsch, Ernst）は，91年ゲッティンゲンでの教授資格試験，91年ボン大学への招聘，93年ハイデルベルク大学，1914年にはベルリン大学正教授に就任する。第一次世界大戦中の1915年，帝国宰相宛ての多民族国家併合反対の請願書に署名しており，17年には歴史家マイネッケとともに一般・平等・直接・秘密選挙導入を求める運動に加わっている。自由主義左翼のドイツ民主党DDPに入党し，ラント・プロイセンの文化省次官に就任した[41]。

1837年の七教授事件以降，法学部はハノーファー王国の保守反動の

41） Lüdemann, G. u. Schroeder, M. (1987), S.13ff.

拠点をみなされ，さらに，1866年のプロイセン併合で学生の眼は首都ベルリン大学法学部へ向いた。王国の消滅によって，裁判官や高級行政官への任用に特権的地位を享受してきた国の大学 Landesuniversität としての地位が失われたとみなされたのであり，教授陣も失意に沈んでいく。学生数減少が続き，1837年秋学期の学生総数909人中362人を占めていた法学部生は，1872年には923人中233人となっていた。教授会も保守化しており，予算処置をつけるから法学部に法学ゼミナールを設置するようにとの文化省の申し入れに対しても，用意されるのが学生や国家試験受験生のための学習室であり，研究に寄与するものではないとして，拒絶している。プロイセンの大学で唯一ゼミナールを持たないのがゲッティンゲン大学法学部となった。法学ゼミナールが生まれるのは，6年後の1894年であり，法学部内に国家学ゼミナールが発足するのが1899年である[42)]。

1872年に招聘されたイエーリングも教授会の一員であった。イエーリング（Ihering, Rudolf, 1818-1892）は，ハイデルベルク，ゲッティンゲン，ミュンヘン，ベルリンで学び，学位取得後ベルリン大学私講師を経て，正教授としてバーゼル，ロストック，キール，ギーセン，そして，ウィーン大学に招聘されている。ウィーンでの名声は高く，講義は常に400人を越える学生を受け入れていた。1872年，ドイツへ戻るにあたり，ライプツィヒやハイデルベルクなどから優遇された条件での招聘を受けるが，当時執筆中の「法における目的」Der Zeck im Recht（1877年から83年にかけて刊行）を支障なく進めることを優先し，（学生数の少ない）ゲッティンゲンを選んだとされている[43)]。イエーリングは，強制規範である法を法文の形式的合理性に基づき適用すべしとする法実証主義を排し，法をその内面的理性から把握する立場を取った。「目的は，すべての法の創造者である」とし，原因がなければ結果がないのと同様に，目的がなければ欲求も行為もないとする立場から法を内面的に

42）　Ebersbach, Harry (1987). S.548ff. ゼミナール発足は1899年とするが，プロイセン政府は89年から図書予算を計上しており，使用されなかった予算は失効している。Sachse は，ゲッティンゲン大学法学ゼミナール設置はアルトホーフの業績として，設置年を1889年としている。本省として予算処置を採った記録である。Sachse, A. (1928) S.240.

43）　Kleinheyer, G.『ドイツ法学者事典』135頁。

把握した。彼の法解釈論が受け入れられていくのであり，法はその条文ではなく立法の目的が考慮されるようになる。商法における客観的違法性と違反者が負うべき法文上の債務が区別して考慮されるようになるのであり，さらには，刑法解釈学（法的過失と動機の区別など）に大きな影響を与えるのであった。

当時のゲッティンゲン大学法学部にあって，全国的名声を博していた唯一の教授であったと言えよう。80年代初頭に100人台に落ち込んでいた学生数の増大が始まるのは，イエーリング没後（1892年）である。彼の下で学び，後に，保険法で第一人者となるエーレンベルクは，イエーリングの娘を娶っている。

ゲッティンゲン大学法学部には，アルトホーフが信頼する2人の教授がいた。シュトラースブルク時代に招聘人事に関わった経済統計学のレクシス（Lexis, Wilhelm）であり，もう一人は保険法のエーレンベルク（Ehrenberg, Victor）である。ドイツは，「飴と鞭」と言われるビスマルクの社会政策によって，1883年の法定疾病保険と法定労災保険および1889年の遺族年金制度と，社会保険制度を導入した最初の国である。保健統計の処理と保険契約法などの保険関係法の整備がなされ，レクシスとエーレンベルクは先駆者であった[44]。1895年冬学期，アルトホーフは，この二人に保険学ゼミナールを立ち上がらせ，保険に関わる業務に従事する実務家養成にあたらせている。保険学を専門とする唯一の大学となるのであり，エーレンベルクは，保険学の父と呼ばれた。明治期日本の保険業界は，後に触れる高辻亮一の例のように，大学と企業研修を目的として，エーレンベルクの下へ社員留学生を積極的に送っている。2番目の保険学ゼミナールとなるのは13年後の1908年に開講するフライブルク大学であった。エーレンベルクは1911年4月にライプツィヒ大学に移り，ここでも保険学ゼミナールを立ち上げている。

法学部官房学分野は，レクシスと経済政策学のコーン（Cohn, Gustav）教授2人であったが，1989年に経済学ゼミナールを設置した。

44） エーレンベルクは，ライプッツィヒ，ゲッティンゲン，ハイデルベルク，フライブルクで学び，ゲッティンゲンで博士学位と教授資格試験を終え，商業法の私講師となっている。この時期に知り合ったイエーリングの娘ヘレーネと知り合い，結婚している。エーレンベルクについては，Blaurock, U. (1987), S..317ff. を参照。

コーンは，1872年発足のドイツ社会政策学会の創立メンバーであり，アルトホーフが発足させたドイツ帝国各邦大学担当者会議の1918年9月会合で，プロイセンの大学管理におけるアルトホーフの業績を擁護する報告をしている。1899年に政治学を中心とした国家学ゼミナールが発足している。これにともない，1912年，学部名を法学・国家学部とした。第二次世界大戦後の1962年，経済社会学部が生まれ，経済学関係が吸収されたことで，法学科と政治学科からなる法学部へと名称を戻している。

大学のジェンダ

19世紀の後半，女性の社会進出が始まる。女性に社会的身分を与えた職場は，学校教員と医学・歯学・薬学の分野であったが，原則は男性の職場であり，女性は補助として，例えば，学校なら低学年の語学や歴史の科目を担当することが許された。いずれも，中流以上の家庭の女子にとっては，身分に相応しい「天職」とされた。女子教員資格試験の受験資格は，女子上級学校（6年間の義務教育に接続する2年間の上級課程）卒業後5年間の実務研修（手工業における職人修業期間）と2年間の学術専門課程修了とした。大学での聴講生が，学術専門課程と認定されたので哲学部で女子聴講生が増える[45]。

ベルリン大学を創立したフンボルトは，大学入学資格としてのアビトウア制度を確定した。大学入学資格としてアビトウアを与えることができる学校をギムナジウムとし，ラテン語，ギリシャ語，ドイツ語，フランス語，数学，歴史，地理を必修科目とし，物理と博物誌を副科目とした。人文主義・教養主義が強い教育内容であるが，大学では哲学部の分野である。大学での自立的学修・研究の予備教育と位置づけた。中世の大学において，神・法・医学部の3専門学部への予備教育の場であった哲学部の役割を担うのが，ドイツの学校教育制度におけるギムナジウムである。プロイセンでは，アビトウアを中級国家公務員（官吏）任用条件としたし，一般兵役義務に代わる1年志願兵資格を与えた。ギムナジウムは男子学校であったので，女子は大学入学資格を得ることがで

45）以下の叙述は，大西健夫（2009）「大学における女性」による。

きなかった。

女子ギムナジウム運動が起こり，卒業生は大学進学資格を要求するようになる。1886年のプロイセンの規定は，女性は学生として受け入れることができないし，聴講生としても許可されない，とするものであった。1892年，議会が女性の医学部入学を許可すべきかの検討を政府に要請すると，文部大臣は，各大学に「1886年の規定を変更するのが望ましいか」との問い合わせを発し，意見を求めている。

後の1903年，医学部聴講生2人にボン大学最初の医学博士号を与えた産婦人科教授フリッチュは，学位授与式で「女性が男性と同じ業績をあげるならば，同じ権利を持つべきである」と語ったが，例外的存在であった。一般的な考え方は，文部省の問い合わせに答えたゲッティンゲン大学産婦人科教授ルンゲの意見が代表していた。ルンゲは，女子の大学入学に反対する根拠を，男女の身体的・精神的相違として，次のように説明した。生理や妊娠などによって生得的に女性の身体は弱く，男性の庇護を必要とするのであり，こうした時期に女性の知的能力は低下する，と言う。また，出産と哺乳は，女性の天職行為なので，結婚や家事から離れた職業に就くと精神的・心理的に悩む，とも言う。こうした認識が当時の社会にあっては，学術的に根拠あるものとして受け入れられており，女子の大学入学は否定された。

1908年，プロイセンは女子の大学入学を認める。女子聴講生のみであった前年の女学生比率は3.5%であったが，正規入学が認められた10年は8.6%と跳ね上がる。33年には16.0%にまでいたるが，ナチスが政権を独裁すると，女子学生を抑制した。

正規学生ではない女性聴講生にたいする博士学位の門戸は，1902年，ドイツ帝国として男女の区別のない哲学博士規定を定めたことにより，開かれた。しかし，女性教授資格試験は想定していなかった。プロイセンの大学で最初の女性教授資格試験申請は，1900年のボン大学であるが，受理されていない。ゲッティンゲンでは，ネーターの例がある。

ネーター（Noether, Emmy 1882-1935）は，エアランゲン大学の数学教授マックス・ネーターの娘として生まれ，1903年にニュールンベルクのギムナジウムを卒業すると，バイエルンは1903年から女性の大学正規入学を認めていたが，かつて父親の同僚であったクラインに伝手を求めて，ゲッティンゲンで聴講生となる。しかし，1 年間で体調を崩し，エアランゲンに戻り，父親の同僚であるゴルドンの下で 07 年に博士学位を得て，その後ゴルドンの数学研究所を手伝いながら，数学の研鑽を進める。

1913 年に父親同伴でゲッティンゲンを再訪し，15 年にクラインとヒルベルトの共同研究者としてゲッティンゲンに招かれ，両人の推薦で教授資格試験を申請する。数学・哲学部教授会は論文を受理し，例外として大学に推薦するが認められなかった。ヒルベルトは，自分の授業をネーターに担当させたが，講義要綱には「ネーター博士の協力の下に」と但し書きが付けられたにすぎない。ワイマール共和国の 19 年 2 月，数学・自然科学部は例外処置として再びネーターの教授資格試験を申請し，許可される。女性の正規公務員採用はなかったので，無給の員外教授となるのであり，収入は学生の私的授業料に依存する生活を送った。

ネーターの研究室からは多数の優れた研究者が育ち，大学教授となっていった。33 年 3 月，ナチスが独裁権を獲得すると，4 月 25 日付けで大学休職扱いとされ，10 月にアメリカへと亡命した[46)]。

クラーク博士

ゲッティンゲン大学の自然科学分野の国際的名声は高く，世界各地から研究者と学生を呼び寄せている。札幌農学校初代教頭クラーク博士として知られているウィリアム・スミス・クラークは，1848 年にアーマスト大学を卒業し，2 年間母校ウィリストン高校の教師を勤めて学費を貯めた後，50 年からゲッティンゲンに留学しており，下宿をユーデン通りにおき，午前中は化学の実験，午後はドイツ語を日課とし，水曜日と土曜日の午後は鉱物博物館で過ごした。指導教授は化学のウェーラーと鉱物学のウァルタースハウゼンであった。52 年に「隕石中の金属の化学構造に関する研究」と題する論文を英文で提出した。クラークの論文審査主査ウェーラー宛ての手紙が残っており，ラテン語ないしドイツ語ではなく，英語で提出することを願っている。哲学部長エーバルトは，「簡単に無視できる外面的な事柄」として承認した。口答試験に出

46） Weber-Reich, T. (1995), S.227. Kamp, N. (1989): Exodus, S..26.

席した7人の教授の中に，ガウスとウェーバーの名前を見出すことが出来る。哲学博士クラークが誕生した。森有礼が，3人の日本人が留学しているマサチューセッツ農学校長クラークを訪問するのは1872年夏で，札幌農学校教頭として来日するのは1876年である[47]。

ガウスの伝統を受け継ぐ天文学の分野で，国際的な逸話が残されている。1874年，ハワイがまだ独立国であった時代，ホノルルの港に多数の天体観測船が集まった。12月9日に地球に接近する火星を観測するため，各国の天文学者が派遣されたのである。天文学者は，観測の必要に応じて各国の天文台を互いに利用しあうので，互いに交流するのであった。ある日，昔馴染みの数人が上陸してヨーロッパ人が経営する一軒のレストランで昼食をとった。

食後の団欒で，話題が専門の天文台の話から，勉学や研究で訪れた国々，そして，ヨーロッパのレストランに及んだ。イギリス人が，「私が外国の奨学生の頃，大学街で掛け売りをしないレストランに入ったとき」，と語り始めた。学生への仕送りが3か月毎であった時代は，生活は付けで済ますのが普通であったから，同席の同僚達の殆どが「そんな馬鹿な」と異議を唱えると，「そういう店が確かにあった」とアメリカ人とフランス人が同調する。アメリカ人が，確かアルテ・フィンクがそうだった，と言うと，フランス人が「多分同じ店のことだと思うけど，正面飾りが立派な建物で，ホールの壁には様々な記念品が飾ってある店では？」とフランス人が続けた。フランス人は，間髪を入れず，ハワイの絵葉書を取り出し，「世界を代表する3人の天文学者から学生時代の思い出に」と英語で書くと，他の2人も署名した。宛先を書き始め，「えーと，どこの町だったか知っているかい？」と他の2人に尋ねると，思い出せた者はいなかった。互いに，学生時代を過ごした幾つかの大学都市を挙げてみたが，ヨーロッパの何処かであることしか思い出せなかった。食後の戯れでもあり，Alte Fink, Europaと宛先を書き，投函してしまった。ハワイ王国の郵便局はヨーロッパ向けの郵便船に乗せる。ヨーロッパに届いた絵葉書は，宛先がドイツ語で，また，「学生時

47） 下記参照。北海道放送「大志と野望」1981年。1876年3月3日にワシントンの日本公使館で交わされたクラークとの契約書では，邦文契約書で教頭即副校長であり，英文契約書ではPresidentの一語が手書きで追加されている。

代の思い出に」とあることから，ドイツの大学都市を転々と回送されながら，ついに当時まだクローナー通りにあったアルテ・フィンクに届いた。飲食店フィンクは，学生団体の溜り場となっていたビアホールであったが，静かな雰囲気で食事を楽しみたい一般客の求めに応じて，付け払いなしにすることで学生が入りにくい店とする一方，学生用に付け払いのきく新館 Neue Fink を開業したので，本館を Alte Fink と呼んだ，その後，ニコライ通りに移転するが，店のシンボルである正面飾りを残した。3 人の天文学者からの絵葉書は，1945 年，敗戦のどさくさで紛失するまで大切に保存されていた[48]。

大学関連産業

大学創立とともに生まれた大学関連職業は，主としてサービス産業の分野であったが，教授たちの研究・教育活動が物造りを生み出すようになる。当初教授たちが使用した機器は，先進国であるイギリスやフランスから輸入しており，学生には先進的な機器であるとして使用法を説明していたに過ぎない。ケストナーやリヒテンベルクがこうした先進的機器を収集したことが知られているが，補助的な役割を果たしたにすぎない。いわば，古代学の教授が，ギリシャ・ローマの発掘品を授業教材として使用したのと同じであり，機器の場合，必要に応じて時計工や鍛冶などの手工業者が修復の手伝いをした。

ゲッティンゲン最初の機械工と呼ばれているアペル（Apel，Frierich 1786-1851）は，鍛冶職人としてベルリン，ドレスデン，ゲルリッツなど大都市で修行し，ゲッティンゲンでは鍛冶の傍ら大学で物理数学の授業を聴講している。1808 年に大学機械工 Universitätsmechaniker の職名を得て作業所を開き，精密秤の製作に携わった。精密秤は，薬局や両替商が必要とし，秤量の精密度がそれらの職業に密接な影響を持っていた。天文台のガウスとはほぼ同年代であり，良き片腕として機器製作を手伝った。フリードリヒ没後，息子のウィルヘルムが作業所を受け継ぐが，雇われ親方 1 人と徒弟 10 人ほどの作業所に成長していた[49]。

48） Meinhardt, G. (1974), S.198.

49） 以下の叙述は，Jenemann, H. R. (1988)，および，ゲッティンゲン市観光課広報誌 “14Tage Göttingen” 各号，による。

様々な精密機械の製作に工夫を凝らし，ガウスとウェーバーを助けたのがルンプ（Rumpf, Johannn Phillip 1791-1833）である。20歳の年からでハイデルベルク大学で数学，物理，化学の授業を聴講しており，その後，ハノーファーの鋳造親方の職に就き，貨幣秤の製作にも携わった。天文台つき精密機械工としてゲッティンゲンに来るのが1819年である。1824年から25年の1年半，ミュンヘンの著名なゲオルク・ライヘンバッハ研究所で修行している。ガウスが「自分で考えることができる，技術に優れた芸術家」と評しており，天文台の諸機器のみならず，化学実験室用の機器も作った。1836年，ガウスがハノーファー政府から依頼を受けて，「プロイセンとハノーファーの標準ポンドの比較」作業を行った際，ルンプの秤では不十分で，ハンブルクの専門店レプソルドから取り寄せている。ルンプは工夫を重ね，ガウスとウェーバーの要望に応えることができるようになっていった。ウェーバーの推薦で，哲学名誉博士を得る精密工マイヤーシュタインは，ルンプの作業所から育った。13歳でルンプの徒弟にはいり，職人となってからはカッセル，ハノーファー，フランクフルト，ミュンヘンで修行した。ミュンヘンでは，大学で2年間数学と物理学を聴講している。磁気実験器具や精密秤器などに優れた工夫を凝らした。マイヤーシュタイン作業所と深い関わりを持つようになるのが，レンズ製作のウィンケルとカール・ツアイスを支えたアベである。

物質の質量を重量で測ろうとした時代であり，精密秤はゲッティンゲンが世界に代表する分野となる。1816年に大学時計工の名称を得た父親ヨハン（Johann Georg）の息子サルトリウス（Sartorius, Florenz 1846-1925）は，先に触れたアペル2世の作業所に徒弟として入り，職人にまで進んだ。その後遍歴職人としてギーセンのスタオディング（Stauding, Carl）の作業所で化学実験用の秤製作を学ぶ。ゲッティンゲンに戻ってからは，ウェーラーとウェ—バーの授業に出席し化学と物理学を学んだ。自立して小さな作業所を持つのが1870年で，アペルやスタオディングの下請け作業を続けながら，精密機械工ランブレヒト（Lambrecht, Wilhelm）の技術を習得し，ランブレヒトの作業所を受け継ぐ。ウェエンデ通り60番のこの家には，同じ精密機械工のドレーガー（Draegr, Luis）も作業所を69年に開いていた。レンズと精密機械のDraeger &

Heerhorst 社は現存している。サルトリウスに幸いしたのは，フレリックス（Frerichs, Friedrich 1845-?）の協力を得ることができたことである。フレリックスは，1870 年入学で 74 年に化学で博士号を取得している。いわゆるサルトリウス秤と呼ばれている，95%アルミと 5%の銀からなる素材を使用する方法はフレリックスの協力で生まれ，76 年 3 月にヨーロッパ各国で特許を得た。アルミニウムは，言うまでもなく，化学教授ウェーラーの発見である。幾つかの作業所を吸収しながら精密機械以外の分野にも業務を広げるのであり，また，ノーベル賞のツィグモンディが用いた多層フィルターを商品化している。1914 年に株式会社 Sartorius A. G. となり，研究用・学校教材用の精密機器メーカーとして現在まで続いている。

大学の研究用や学校の教材用の精密機器を製作した作業所は，その他にも存在したが，殆どが第一次世界大戦後，そして，世界恐慌の時期に消滅している。現存しているものとしては，精密秤をノーベル賞のネルンストのために製作を始めた Spindler & Hoyer 社，研究用・学校教材用精密機器を製作している PHYWE 社があり，ウェーラーのアルミニウムを産業化し，アルミ製品に特化したのが，1909 年にゲッティンゲン・アルミニウム製作所として発足した現在の ALCAN 社である。

カール・ツアイス社ゲッティンゲン・ウィンケル製作所としてツアイス社の委託事業としてマイクロ・レンズを作るようになったのは，1957 年からである。100 年前の 1857 年，アレー通りグレッツェルの家に住む 30 歳のウィンケル（Winkel, Rudolf）が自分の作業所を初めて開いた。修行はマイヤーシュタインの下で勤めたので，大学天文台や物理学実験器具の製作に携わった。マイクロ・レンズを手がけるようになるのは，医学用の機器を作るようになってからであり，リスティング教授が支援し，関係書物を貸し与えている。必要なレンズは，ロンドンやパリから取り寄せていたが，レンズ磨きの技術を習得し，自らレンズ製作に乗り出すようになる。

同じ頃光学のリスティング教授に師事していたのが，後に職工カール・ツアイスを助け，ツアイス・レンズを生み出すアベである。アベ（Abbe, Ernst）は，テューリンゲンの紡績親方を父に持ち，最初の 1 学期をイエナで過ごした後，59 年 4 月 30 日付けでゲッティンゲン大学に登録している。ガウスが前年の58年に没しているので，数学はリーマン，物理学はウェーバー，光学はリスティングに師事した。在学中にマイヤーシュタインの下で実験機器などの設計を習った。この学生時代にウィンケルとも知り合っている。博士学位は，61年にウェーバーの下で取得し，天文台の副助手に採用されるが，フランクフルトの物理学協会の指導員の職を得て移る。ここでの仕事を通じてもウィンケルとの交流を続けている。63年にイエナに移り，カール・ツアイスの協力者として世界に冠たるツアイス・レンズの特許をとる。良く知られているように，ツアイス没後の会社を切り盛りし，自分の会社持ち株，それに，ツアイスの後継者・共同経営者も賛同したので，会社の株すべてを財団に寄付し，財団 Carl Zeiss Stiftung が会社経営する方式を作り上げた。

同じくマイクロ・レンズを製作するウィンケルと提携し，1911年にウィンケル社の工場拡張資金を提供するとともにそこでの製品販売業務をツアイス社が担当する契約を結ぶ。第二次世界大戦後，イエナはソ連管理地区に入るので，国有化を恐れたツアイス財団は特許とともに西ドイツのオーバーコッヘンに本拠を移す。事実，イエナの工場は国有化されたので，ツアイス・レンズの製作をウィンケル社に全面的に委ねることにした。ウィンケル作業所設立100周年を期して，カール・ツアイス社ゲッティンゲン・ウィンケル製作所が生まれた。

精密機械は，大学での研究と一体となって産業化し，他の産業にとって欠かせない機材を供給するとともに，学校教材として産業の裾野を広げてきた。この循環が崩れると産業がその基盤を失うことを端的に示したのが，ヒットラーが政権掌握した1933年，南ハノーファー地域商工会議所作成の10月20日付け，「ゲッティンゲンにおける精密機械産業の現状についての覚書」である。精密機械業界の苦境を訴える。原因として，先の大戦中，ドイツからの供給が途絶えたので各国が国産化を進めたこと，世界恐慌による経済停滞から各国が輸入を控え，特に，主要国が（ナチスに対する）経済封鎖を実行しドイツ製品をボイコットしていること，国内要因として大学・学校予算が削減され，研究用・学校教材用需要が減少していること，などを列挙している。さらに，政治と経済の中央管理が進んでおり，研究費の配分や研究機器の発注が首都ベルリンの大学や研究機関を優先しているので，ベルリンの業者に受注が偏っている，とも指摘する。精密機械の生命は，最新の研究成果を体現していくことであるが現今の研究所不振がドイツ製品の優位性を失わせていると，言う。対策として，少なくとも国内においては，政府が大学での研究予算の確保と老朽化した学校教材更新の決断を要望する。最後に，ゲッティンゲンの業者が受注可能な分野と発注可能な公的機関の一覧を添付している[50]。この覚書ではまた，ゲッティンゲンの精密機械業者団体が結成されていることを付記しているが，この団体の発端は，ノーベル賞のネルンストによる研究者が必要とする機器と業者の一覧が便利であるとの提案を基に，1900年のパリ万国博覧会に向けて結成されたものであった。首都の中央組織を先ず優遇して資金を注入し，これに向かって地方下部組織をピラミッド形に集結させることで，組織が自発的・合法的に意思決定したとの形式合法的な形を作り上げ，独裁支配のために組織を乱用するのがナチスの手法である。精密機械業界の実情から，大学および研究所の資金の流れが既にナチス組織に組み込まれていたことが見て取れるのであった。

月沈原

日本人留学生の記録が残されている。保険会社明治生命が派遣した高辻亮一の日記で，1911年元旦からのドイツ留学記録が私家版として刊行されており，1月から3月がゲッティンゲンであり，その後ライプツィヒへと移っている[51]。日記では当初から月沈原という表現が使われている。造語者は，1903年5月からヘルワォルン（Herworn, Max）教授に師事した永井潜であるとされており，日本人の間で広く知られた造語であったようである[52]。

---

50)　Industrie-und Handelskammer für Südhannover: Denkschrift zur Lage der feinmechanischen Industrie in Göttingen, 20. Okt.1933.

51)　高辻亮一「独逸だより」全3巻，平成6-8年，私家版。高辻は，堺中学，一高，東京大学法学部を経て明治生命に入社。明治43年9月，敦賀からシベリア鉄道経由でヨーロッパに向かい，10月4日ゲッティンゲンに着く。翌年4月からの夏学期から，保険学のエーレンベルクに師事すべくドイツ語の学習を始める。44年元旦から記し始める日記は，日本に残した妻宛ての便りを兼ねていることからドイツ事情日誌ともなっており，当時の様子を知る貴重な記録である。しかし，ライプツィヒ大学へエーレンベルクが移るので，高辻も3月1日をもってゲッティンゲンを離れる。

52)　永井は，1907年から11年にかけてゲッティンゲンに留学し，帰国後東京大学医学高辻の下宿は，数学・物理学関係研究所が集中するブンゼン通りで，元裁判官の家に，2人の子供を抱え夫と死別して未亡人となった娘が一緒に住み，女中を使って下宿人の世話をさせている。女中の給金や人々の日常生活に欠かせない週市について次のように書いている。

> 料理が出来てよく間に合うのは一月に30マルク，少なくとも25マルクは取る。そのほかクリスマスにざっとふつう20マルクやる。誕生日には10マルクか5マルクの間でやる。女中でなく下女の仕事（洗濯など）をすれば少なくとも70から80マルクは月給が取れる。女中は朝六時に起き，九時には必ず寝かす。……日曜日には午後から遊びに出さねばならぬことになっている……日本の女中は高々四円から五円だとはなしたら驚いていた。……女中の給金十五円以上とは少々こちらも驚いた。（1月15日）
> 町には市場の店が沢山出て，買物籠の柄を腕にかかえてうろついている夫人が沢山ある。果物，野菜，玉子，草花等なんでも来いで，……売手は大がい女。汚いものを着，頭巾をかぶっている。……市場は火，木，土の三日間立つので，この売り手は皆田舎から汽車で来る。……朝八時から午後一時まで，隔日だから各家では注意して買いためておく。（1月12日）

ゲッティンゲン大学に留学している日本人学生は13人であり，この中に同業他社からの派遣社員もいる[53]。「田中は今数学をやっているが，中々むつかしく到底見込みがつかないから，もうよいかげんにやってごまかしておくつもりだと言っていた。法学士に数学をやらせる日本生命の主意がわからぬと思う。」（1月27日）留学生の中に，同じく漱石の門

部教授として日本に生理学を立ち上げた。

53）ドイツ語圏大学での外国人学生統計に基づくと，1910年の帝国内大学における日本人留学生総数は455人で，この内プロイセンの大学は270人であった。（この時点においては，韓国は日本として統計処理されている。）この内，ハノーファー州は20人であるから，高辻の日記はゲッティンゲン大学が13人としているから，州内の工科大学やアカデミーにも留学していたことになる。ちなみに，同年における中国人留学生数は，623人であった。Rauck,M.(1994).

下であった寺田寅彦もいる[54]。高辻は，第一高等学校時代の寮友森田草平を通じて漱石に師事している。「寺田君は理科大学有数の学者で，物理にかけては目下同君の上に出る者はいない。まだ洋行の順番がこないのを無理に来たので，三分の一だけ文部省から補助を受けている。」（1月10日）

ドイツ人学生の生活と勉強について，次のような印象を書いている。

> ドイツ人学生は遊んでばかりいるようだが，いつ勉強するかとの問いがあった。一体から言うと，彼らは良く遊びよく学ぶということをうまく実行している。尤もむやみ盛んに遊ぶのは大学に入った年（この一年の間を何故か Fuchs〈きつね〉と言う）は，中学の束縛をのがれて俄かに自由となるので盛んに遊ぶ。まず第一血闘をして傷を作らねばならぬ。酒を飲み，トランプをして，顔を売る為に交際を激しくせねばならぬ。ダンスも歌も習わねばならぬ。凡てこの一年の間にいろいろの社会的稽古をする。尤も大抵のやつは半年か一年の中に無理をするため病気になるそうだ。二年目からそろそろまじめに勉強して，遊ぶときは愉快に遊ぶ。三年くらいになるとずっと落ち着いて勉強にしみてくる。社会に出ては一生けんめい勉強するということになる。日本の学生は社会に出るとなまけてしまうが，ここが大いに異なる処である。畢竟学問がないと社会の競争に負けるという心配がある。（2月22日）

ノーベル賞について初めて知るのもこの時である。

> 今夜たいまつ行列がある筈であったので是非見ようと思っているとやめになった。理科の先生のバルラハ（Wallach）という人がノーベル（Nobel）という賞牌をもらった祝いに学生がやる筈であったのを，先生が断ったのである。このノーベルという賞牌は凡て人類に大なる利益を与えた人にでるので，八万円の金がついてくる。ベ

54）　寺田寅彦と高辻の交流については，高辻玲子（2011年）「余光」を参照。

ルギーの国から出る。多分世界中の金持ちが金を集めてやっているのだろう。……バルラハ先生は今年七十何才というのにえらい勢いで，昼も夜も盛んに勉強や研究をしているそうな。この人は人造樟脳をはじめ，こういうような化学的のものを沢山発明したのである。（1月13日）

学生の間で儀式化され，見世物になっていた血闘の実際を，寺田寺彦と見学に行っている。貴重な記録なので，長くなるが原文通りの言葉遣いで引用してみよう。夜10時25分寺田と約束の市役所の裏に着く。落ち合った寺田と，客待ちの自動車で目的地に向かい，10分ほどで到着する。

……入ると空気があたたかくムーツとして，満室いっぱいの人。中央では血闘の最中でパチ，パチ，パチという音が盛んに耳にひびく。見物人の一人に吾々はどこで見てよいかと聞くと，外国人は多分正面の桟敷だろうから上がって見よと言う。上がって行くと下から一人の学生が上がってきて，どうかこちらに来てくれと言う。（桟敷には沢山見物人がいた。）ついて下りると桟敷下の正座に案内して，どうか座れと言う。そのうちに一番主な親分株のたくましいつよそうなやつが来て握手をして，その辺にいる二,三十の人を一々名前を言うて紹介する。これ等は只顔を見合って軽く頭を下げるだけである。外套をぬがしてくれる学生，帽子をとってくれる学生，ビール瓶とコップとを持ってくる学生，たばこ（山の如く皿の中に積んである）をすすめるやつ，マッチ（電気マッチ）に火をつけて持ってくる学生，実に大変な歓迎である。

この席は学生幹事の監督席で，一番肝心のよい場所。かれこれする内に，どうです，も少しそばに行ってよくご覧なさい，どうぞ遠慮なく，まあこちらへと，頭らしいのが引っぱり出してくれる。一番近くの審判官の横に立ってみる。両方とも顔は血だらけ，シャツも丸で黒赤じみた血で，充ちている。この勝負間もなくすんで，怪我人二人はすぐ隣室の医務室に行く。……ビールをむやみにすすめる，向こうからコップを持て来て「あなたの健康を祝す」と言う。

この家は一室きりで（医務室は少し出張った室である），真四角の，そう，先ず四，五十畳敷の部屋である。中央が低く（一坪ばかり）周囲が段々高く，一番後ろにはいすなどならべてある。二階桟敷は正面ばかりで三十人位入れるだろうと思われる。学生は見物人共百人位もいたであろう。医務室は八畳敷―十畳敷位，三方が野原の中にとび出した明るい気持ちのいい部屋であった。

色々話している中に用意が出来て次のが始まる。両方とも廿二，三才の血気盛んなる若者。皮の胴を腹に巻き，小手をあて，目にはめがねをかけている。しかしガラスの玉ではなく網になっている。シャツは真白の新しいもの。右の手に剣を持ち，まっすぐに上にあげ，左の手は後ろに回してしかと胴に巻いた皮のひもを握っている。二人の間は剣の長さだけ，三尺七，八寸もあろうか，四尺位あるかも知れぬ。介添人めいめいわきにつく。これも剣を持ち，小手をあて，めがねの代わりにひさしの深い帽をきている。面をかぶっているのもあった。審判官が平然として，ふつうの着物で手帳を一冊と鉛筆を持ち，立っている。清潔係が二人，血闘本人の脇に一人ずつ立つ。これは薬にしたしたガーゼを持っている。医者が中央にたつ。控えの医者が四，五人脇に控える。何れもドクトル即ち学士である。……配置ができると，介添人は右足を前に引き中腰になって，右の手に持てる剣で本人の剣をあおむいて支える。甲の介添人は乙の味方，乙の介添人は甲の味方になるのである。甲と乙の本人は，固くなって，両足を一直線に二尺ばかりに広げて立って，互ににらみあっている。……機が熟すると二人の介添人が Los！（はじめ！）という。同時に剣を引いてしまう。いよいよ戦いが始まる。剣は日本の士官のサーベル位の長さ，勿論ごくナマクラである。べろべろと曲がるようになっている。甲が頭をねらって自分の顔の上の方でこぶしを回して相手の頭を打とうとする。乙がこれを受けた拍子に甲の頭ねらって切ろうとする。これが間断なく続くのでパチ，パチ，パチ，パチと音がする。日本の剣術より簡単で，只同じ処でこぶしを回して打ち合うのみ。甲と乙は互いにだんだん真赤になる。いきむからであろう。忽ち介添人が Halt!（やめ！）と大きな声で言う。同時に中腰になって両方の剣を止めてしまう（自分の剣で）と思うと乙の額からほほにかけて真赤ないい色の血が勢いよく走る。医士が早足でかけて行って傷口をみる。本人の尻の処へいすをあべこべに持って行く。本人はちょっともたれて休んでいる（立ったままでちょっともたれるのみ。）清潔係はガーゼで剣を消毒する。この間一同の動作は実に機敏，特に介添人が傷のついたことを見出すのは実に早い。我々には到底分からぬ。傷が浅かったので，さらにはじめと言う。パチパチとやる（後ろのいすは始まる前にのけてしまう。）。十ぺんもやったと思うと，やめという号令がかかる。又乙の顔に今度は前よりひどく血が流れる。医士がしらべる。剣を消毒する。又始める。やめっと言う。甲の頭にかすり傷がついた。毛が一寸染まった位で何でもない。消毒。始める。乙の傷は大分ひどいので，もはや顔中血一ぱいである。胸にも伝わってシャツが一面に真赤になる。床の上にバタバタたれる。傷口の手当ては戦争中は少しもしない。捨ててある。又乙が傷を受けた。調べたが続いて又やる。甲がうす手を受けた。然し長い毛を分けて見て漸く分かる位で，大したことはない。甲のほうがよほど上手と見える。肝っ玉も乙よりはすわっているらしい。乙のめがねをとり目をふいてやっている（清潔係が）。見ると目が真赤に血走って顔と同じ位になっている。実にすごい。口の中にも血がだらだら入るので口もふいてやる。僕等二人は特に近く進んでみたので殊によく見えた。ついている学生は色々一々説明してくれる。見物人の中から「審判官，今何分ですか」という声がうるさい程聞こえる。審判官は「五分半」とか「七分廿十秒」とか一々早速答える。聞くやつも答えるやつも一々帽子を一寸取るのは気持ちがよい。ふつう十五分間やるので，それまでに危ない傷があればやめさす。医者は何度も検査したが，中々やめるまでに行かぬと見える。甲は四度傷を受けたが何れも小さい。耳のわきが赤く染まっている外，きれいに分けた毛が処どころ血がにじんでいる位。乙はもう段々ひどく血が出て床がぬるぬるになった。前後に乙が受けた傷がやや深かったらしく，医師が審判官に中止を頼むと審判官は中止を発令する。乙が負けたのである。案内の学生が，さあこれから縫う所をごらんなさいと先に立って行く。ついて医務室に入る。甲が先に来ていすに座ると，水か石灰酸かしらねど，液体を管から注いで洗って，まだ外に傷がないか調べている処へ乙が入ってきた。いやどうも顔には一分の皮も見えずすっかり血だらけ，着物も丸で血だらけ，首すじ背中にかけて一目血が流れている。女などに見せたら気絶するだろうと思う。乙が来ると甲がすぐ下りて（いすは小高い台の上にのっているので），乙に席を譲る。乙が座る。医士は一寸頭をしらべて顔をしかめて，かみそりで傷口の両側を手早くゴシゴシする。傷の長さは何れも一寸五分から二寸，深さは分からぬが中々深い。ポンと口が割れて肉が出ている。凡てで大きな傷が四箇所，本人は曲がった金だらいをほほにあてて持っているが，忽ち血と水で一ぱいになる。すった傷口に水管で水のようなものをポンプの如く注ぐ。血が水にまじってコボコボとわき出る。糸を通した針を取って右の端の傷を三針，中とその次とに各二針，左の端を三針縫う。二番目の傷口の血管から噴水のように血が三寸ばかりチューッと吹き出ている。糸が中途で針から抜けた。平気なもので医士はそこにいる学生と大きな勢いで笑い話しながら針に再び通している。すっかり十針縫うてぬれたきれを頭にあてがう。他の学生が乙をつれ出した。案内の学生が医師に吾々を紹介する。ずい分ひどいですねと言うと，なあにすぐ直りますとすましたものなり。寺田君は傷口を縫う時に顔をそむけて「痛いだろうな」と言っていた。

又案内されて元のテーブルに返る。ビール，たばこをすすめられる。（中略）毎週土曜日午後九時頃から始めるそうで，今日は八組ある筈。多い時は廿十組のこともあるとのこと。又。決闘の理由はと言えば至極簡単で，一たい血闘は侮辱を受けた時にやるものだが，ふつうは何の侮辱を受けずとも冗談半分にやるので，まあ一つの遊戯（Sport）です，ほんとに侮辱を受けたのは少しの武装もせず胸，小手，めがねなどつけずにやる，ひどい侮辱を受けたのはピストルでやるが，そんなことはめったにありません，ふつう遊戯でどうか一つもんでいただきたいと申込むとこれに応じると言った風です，尤も上手下手は見もので吾々は毎朝一時間ずつ必ず先生をとりてこれを稽古する，その時は鉄の面（頭から面にかけて）をかぶりてやる，今回の血闘のはじまりはまず百年位前でしょうとのこと。

この血闘をやる学生連中はふつう上流社会の子供ばかり，貴族及び富豪の子弟である。彼らは多くその出生地によりて会を作り，帽子や胸の筋の色などもそれぞれ異なり，礼儀，忍耐，名誉を重んじ，ふつうの学生の十倍も金を使って実に盛大に学生生活をしている。一晩の会費五十円乃至百円などというようなばかさわぎをやる。……名前を聞くと何某伯爵だとか子爵の子供だとか，夫々れきれきの家柄が多い。必ず会（Korp）を作り団体生活をし，下宿も立てて共同に暮らしているので，これ等のことを「コアの学生」と言う。「コアの学生」と言えば貴族・富豪の子弟でぜいたくな学生生活をいているということになる。……沢山の会がある。その出生地により，たとえば大阪府とこ東京府とかいう風に，別々に会をつくっているので，血闘は互いにこの会の間でやるのである。昨日聞いた処では十二の会があるそうだから，ふつう十二度血闘をやる（一人で）とのこと，貴族，富豪の子弟でないものはこの会に入れぬから，吾々のようにふつうの山高帽を着，胸のひももつけぬ。従って血闘の仲間にも入らないことになる。（1月21日）

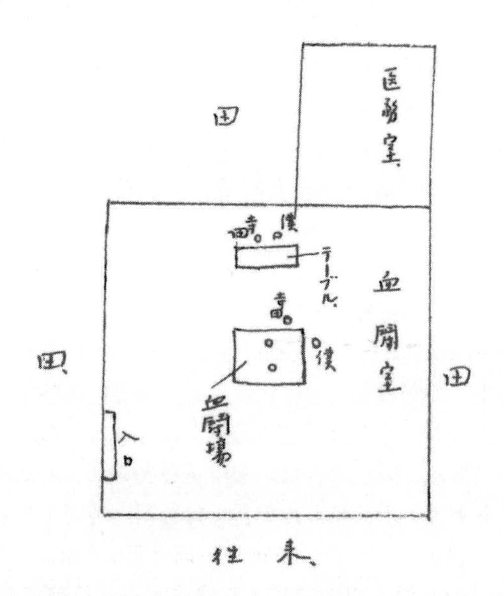

3　大学都市の女性達

中世末期までハンザ都市として毛織物遠隔地商業で栄えたゲッティンゲンは，世界の商業が大西洋を挟んだ新世界へと移るとともに経済基盤を失い，宗教改革に続く三十年戦争にも巻き込まれ，農村都市へと転落していった。1734年に授業を開始する大学が設置されたことにより，ゲッティンゲンは大学都市として新たな繁栄を迎えるが，これに伴い市の経済基盤と住民の職業構造は大きく変化した。

女性過剰都市

当時の市法によると，市民という概念は有料の市民権を取得した者を指すのであり，住民全体を把握する規定は存在しなかった。定住住民全体を把握し，かつ，職業分類を可能にする最初の資料は，1763年の家計調査である。1763年家計調査で把握された定住住民は，1,629家計の5,997人であり，この中に家計住込みの奉公人484人と雇い人308人が含まれている。

この家計調査から雇い人と奉公人を取り出してみると，雇い人は手代・職人215人，丁稚・徒弟86人で，いずれも男性であるのに対し，奉公人は男性48人，女性436人と圧倒的に女性の職業であった。奉公人の数が多い職業は，商人，飲食店などのサービス業，そして，下宿を兼業している公務員と大学関係者である。特に，大学関係者家計数56における奉公人総数は68人と，家計総数を上回っている。商人は雇い人（丁稚，手代）を同居させることが多いので，その世話のため奉公人を必要としたのであり，飲食店は下女を住み込ませていた。女性奉公人の供給源は近隣の農村で，女性に自立した就業機会が皆無と言ってよかったこの時代において，14 − 15歳で堅信礼を終えた農家の娘達にとって大学都市に奉公にでることが唯一の職場となっていた。この傾向は，工業化の進展とともに女性の職場が生まれてくる19世紀末葉まで続くのである。

男性奉公人はほぼ大学関係者を職場としていた。1763年家計調査で

48人とされている男性奉公人のうち，教授家計のみで18人を雇用している。ゲッティンゲンは貴族の大学と呼ばれた。貴族ないし富裕市民層出身の学生は，身の回りの世話をする男性奉公人を実家から伴ってくるか現地で雇用した。1767年の数字であるが，学生付き男性奉公人として17-18人が確認されている。高級公務員や富裕市民も男性奉公人を雇用している。男性奉公人は女性奉公人より地位が高いものとされており，より高い給与が払われた。教授家計においては，家計管理と主人の身辺手伝いの仕事に加え，図書館からの書物の借りだし・返却，自宅教場の整理と授業での助手的手伝い，医学部教授の往診のお供などが仕事であった。

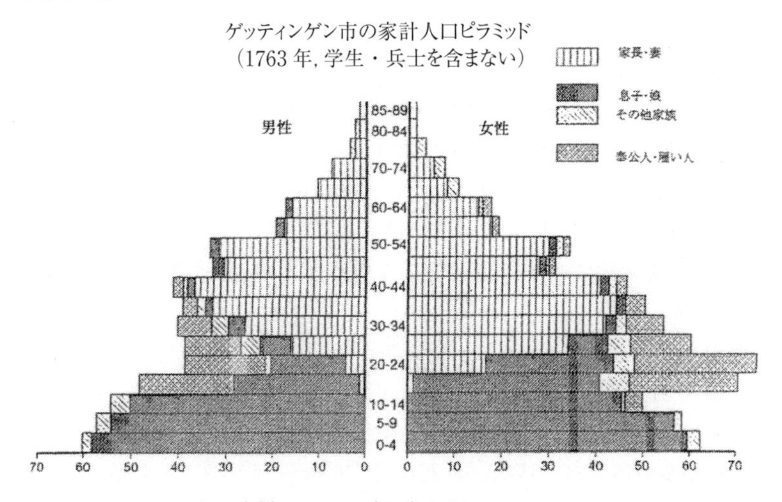

出典）Sachse, W. (1989), S. 239.

大学都市ゲッティンゲンの人口構造の特徴は，圧倒的な女性奉公人の存在であり，特に，16歳から24歳人口での女性過剰であった。家庭の主婦の手働きとして掃除などの家事や調理を受け持つとともに，給仕や洗濯が仕事であったし，下宿人の世話（手伝い）をした。農村の過剰人口を供給源としていたので，報酬は契約手付金，住まい，食事のみのこともあり，クリスマスと年市の日に小遣いか贈り物を得て里帰りするのであった。下宿人の世話をするのも女性奉公人であった。下宿人の部屋の掃除と整頓，洗濯，お使い，買い物などに限らず，夜遅く帰宅する学生に灯火と暖房を用意し，簡単な食事を供した。下宿人の世話は，雇い主である家計とは別途の仕事とされ，学生と個別契約を結び，年間5－8ターラーが相場であった。こうした奉公人に加え，市内には学生のために洗濯や裁縫をする女性がおり，飲食店には女性給仕と下働きの下女がいた。大学都市は，女性過剰都市であった。

奉公人令

奉公人は，一つの職業であり，また，身分であった。包括的な奉公人令 Gesindeordnung として知られている，北ドイツ・ミンデン市の1753年6月16日の奉公人令とその補則「安息日の遵守と礼拝について」を概観してみよう[55]。前文は,「ここ数年来，善良な奉公人の不足と奉公人の怠慢，横着，不誠実について多くの訴えがでている」と述べ，1条で「農村のすべての臣民は，……自分の家政でどうしても必要である以外の息子や娘を，他人のもとに奉公させるべきである」とし，3条では，都市住民も「自分に必要でない子供を他人の奉公へ貸出（Mieten）すべき」であり,「市参事会は奉公に出たことのない青年，特に，娘が一人としてその管轄区域に存在しないように監視する」こととしている。奉公とは，親が子供を貸出すことを意味した。6条の奉公証明書規定では,「この証明書の導入は，一方では良き証明を求める奉公人の雇い主への忠誠と勤勉を高め，他方では雇い主が劣悪で放縦な奉公人を騙されて採用することを防ぐため，必要とみなされている」とする。7条では，奉公人仲介者は「既婚の良き声望を有する者であり，当局からその義務を委嘱される」のであり，奉公人令に宣誓して奉公人令の文書を受け取り，その手数料12グロッシェンを当局に支払う。8条が定める仲介手数料は，雇い主が支払う手付金の四分の一であり，これ以上や以下を雇い主から受け取るならばその倍額の返金と48時間の禁固刑に処せられる。14条が定める貸出契約は，貸出金 Mietgeld の授受で締結され，金額は奉公人のランクによって8，12，16グロッシェンとし，雇い主はこれに加えて四分の一の仲介手数料を負担する。手付金の二重取りは，最初の契約が優先する。契約期日に出頭しなかった奉公人は，当局によって探し出され，遅れた日数分の損害賠償を行う。契約期間は両者

55）若尾裕司（1986）「ドイツ奉公人の社会史」，より引用した。

の合意によるが，契約解消の申し出は，都市では3か月前，農村では2か月前とする。16条の奉公人の義務では，「病気で妨げられない限り，奉公年季を全うする義務」があり，奉公期間中に婚約した者は，最後の四半期に限り代理を提出することが許された。18条は雇い主の義務を定め，理由なき解雇の場合は給与の全額支払い，3か月前の解雇通知などをあげる。年間賃金規定も含まれており，男子で完全耕作人は，賃金・靴代・亜麻布代を含めて10-13ターラー，18歳以上の半耕作人は6-8ターラーなどとする。20歳以上の女性完全奉公人は農村で6-7ターラー，都市で8ターラー，17歳以上の半奉公人は4-5ターラーであるが，亜麻布を織ることができるならば完全奉公人として見なすことができるとした。制服が支給される熟練した馬丁や御者は10-12ターラーで，熟練した女性調理人も同額である。これに加えて，パイや菓子を作れる調理人は15-20ターラーとなる。乳母も授乳する場合は12-16ターラーで，授乳しない場合は8-10ターラーとなる。39条は日雇いについても，「一日ないし複数日の短期のみに使用される奉公人以外の何者でもない」と，奉公人令の対象としている。

ゲッティンゲン市においては，ハノーファー領カレンベルク地域の1732年3月28日の奉公人令が適用されているが，原則的規定はミンデン市令と同じで，1条で雇い主への恭順と忠誠を求めている[56]。契約時期を年4回（クリスマス，イースター，6月下旬のヨハネス祭りの日，9月下旬のミヒャエリス祭りの日）とし，解約通知は3か月前，契約締結は握手ないし手付金授受，二重契約の禁止を定める。契約終了に当たっては，雇い主に証明書発行を求め，証明書なしでの新職場での契約はできないし，証明書なしで奉公人を雇った場合は罰金が課せられるとした。公定賃金規定はなく，地域の事情に合わせるとした。雇い主の義務を定める22条は，奉公人を公正に扱い，過度の仕事を与えることなく，十分な食事を供し，契約した賃金を支払うことを定める。23条はさらに，長年にわたり誠実に仕事に尽くしてきた奉公人は，市民権取得金を支払うことなしに市民権を得ることができる，としている。大学都市ゲッティンゲンの特徴は，大学関係者は大学裁判権によって守られていたこ

56） 以下は，大学裁判所記録を研究したBrüdermann, S. (1990) およびWagener, S. (1996). による。

とである。大学教職員，学生，職業大学人は，本人と家族は言うまでもなく，直接雇用された奉公人も含まれたのに対し，下宿学生の手伝いをする民間人に雇用された女性奉公人は特権の対象とならなかった。裁判権の相違は，特に女性奉公人に不利に作用したのは言うまでもない。

教授家計の奉公人

古典言語学教授で図書館長も兼ねるハイネの娘マリア・テレーゼを娶り，後に自らも歴史学教授となるヘーレンが，義父ハイネの一日の生活については，既に紹介した[57]。ハイネの一日において，身の回りの世話をするのは奉公人であり，主婦が登場することは殆どない。家事に関わることがない家長に代わり，奉公人を使用して家計を切り盛りするのが主婦であった。一日を休みなく仕事に追われ，家計を支える家長を，奉公人を使って家事の煩わしさから解放するのが理想的な主婦像であった。

神学部教授プランク（Planck，Gottlieb Jacob 1751-1833）は，1770年の「新婚の夫の日誌」において，妻に対して次のように述べている。「私は，お前に我が家の家事一切を委ねるだけでなく，私を可能な限り巻き込まないで欲しい。」一日を仕事に没頭する夫の眼につかないように家事を処理し，家計を管理することを主婦に要求しているのである。裁判官であるとともに詩人であり，大学私講師にも就いたビュルガー（Bürger，Gottfried August 1747-94）は，3度目の妻であるエリザベスへの手紙（1791年11月29日）で次のように述べている[58]。

> 全世界で主婦の仕事は，台所，地下室，貯蔵庫，即ち，家にあるすべてに注意深くし，食料が必要なところにあるか，その他の物をできるだけ長持ちさせているか，これに注意することである。主婦の仕事は，お金を稼ぐことではなく，夫が稼いだお金を一銭でも無駄にしないことである。一日の終わりまでに，家中，少なくとも台所，貯蔵庫を少なくとも1回は見回っていることである。決して，

57） 教授や学生達の生活については，Panke-Kochinke, B. (1989). Kühn, H.-M. (1987) を参照。

58） Panke-Kochinke, B. (1989), S.46.

下女を一人にし，一人で仕事をさせてはいけない。いたるところついて回り，仕事の様子を見て回ることである。

家事一切を取り仕切るのが教授夫人の役割であり，5-10ターラーであった聴講料を徴収する私講義は自宅を教場としていたので，教場の整理・整頓，そして，教授家計の副業とも言える学生下宿を，奉公人を使って管理するのである。1766年冬学期でみると，教授・私講師・語学教授などとその未亡人家計の60%が学生下宿をしており，最大で8人を下宿させていた未亡人もいた。全学生の17.7%が，大学教員とその未亡人の家計に下宿していたのである。学生は，血気盛んな若者であり，親は好んで大学教員の下に子供の生活管理を委ねた。家事のための下女・女中としての女性奉公人が不可欠であり，調理の仕事もしたし，下宿学生のためのお手伝いの仕事も加わった。さらに，専門の調理人，家令（執事，家政管理人），家庭教師，乳母，子守などの仕事の奉公人が存在した。

男性奉公人の仕事は，門番・御者・馬丁・下僕などであり，それに，格式を重んじる家計では執事的役割を果たすとともに来客の応対，主人の送り迎え，主人の使者，買い物を仕事とする。より高い身分の家計では仕着せ（制服）召使Lakai，laquaisを雇った。男性奉公人は，住み込みと通いの両方があり，一般の女性奉公人より高給で，仕着せ雇い人には制服が貸与された。2年以上勤めると，新着され古物が払い下げられたので，転売することができた。仕事は，主人に直接仕えることであり，主人が摂る朝食や午後のお茶の世話をし，主人の衣服を管理し着替えを手伝った。主人の命令で買い物と請求書の支払いをし，書簡・書類の配達，高価品の運搬などが役割であった。来客があると応対し，主人の指示で応接間や書斎に招き入れ，上着を預かり，お茶を供した。帰宅する来客に迎えの奉公人がいない場合，自宅までお供するのが丁寧なこととされた。主人の外出にはお供し，訪問先や劇場などでのお迎えをするのであった。大学教授家計での男性奉公人の特殊性として，講義の資料や文献を持って授業に向かう主人のお供や，図書館からの書物の貸出や授業における実験道具の操作を行ったし，医学部教授の往診には鞄を携えた。先に触れた図書館長ハイネの奉公人ロレンツは，考古学の発掘品が置いてある図書館を教場とした授業に椅子を並べるなどし，学生数に応じて別途手当を得ていた。学生数が多い法学部教授や私的診療で報酬を得ていた医学部教授は，それだけに所得も高かったので，こうした教授のすべてが少なくとも一人の男性奉公人を雇っていた。

女性奉公人の監督は主婦の役割である。農村の娘達が奉公に貸出されるのは「家事見習い」を名目としていたので，家事，調理，買物，礼儀作法，言葉遣いなどを教えるのも仕事であった。それだけに，奉公人が結婚の機会を得，独立した家計を持つようになることは祝福すべきこととして送り出すのであった。下女・女中と呼ばれる女性奉公人の仕事は，掃除，洗濯，ベット整頓，調理，給仕，買物，お使い，暖房用の薪割りなどであり，さらに，年数回の大掃除と大洗濯があった。大洗濯は，年 2-4 回の季節の変わり目に，溜めておいたシーツやカーテンなど数日かけて行うもので，病人の世話とともに女性奉公人が最も大きな負担と見なしていた。

大きな家計では，専門の男性ないし女性の調理人を置いた。経験と技量が必要で，一般の奉公人より高給で，評判が良いと引き抜きの対象となった。教授未亡人や現職教授家計のなかには，大学付帯制度の一つである給食自由食卓を受け持つ者があり，専門の調理人と給仕する女中を必要とした。上流家庭では母親に代わり乳母が母乳を与えた。ゲッティンゲンは未婚女性の出産比率が高い都市であったし，さらに，後に詳論する大学助産院は未婚女性の分娩が大半であったから，乳母を探すことは容易であった。幼児の世話をする子守は，仕事に就いたばかりの娘の仕事である。子供が学校に通うようになると，送り迎えをする。親に代わり躾を教え，勉強の手伝いをする家庭教師がおり，娘には女性，息子には男性がついたが，学校教育の素養が必要であることから，中産家庭の出身者であった。18 世紀末から 19 世紀初頭にかけて現れてくる女性家政管理人 Demoiselle は，家政全般を取り仕切り，奉公人と主人の中間に立つ家令であり，着衣は正装で主人家族と一緒の食卓につき，長年勤務することから家族の一員として扱われた。

大学裁判所の裁判記録からみると，教授家計で働いた奉公人のうち，市内出身者は 12％にすぎず，18.4％が市から直径 10km 以内，大半が 20km 以内であり，女性で 20km，男性で 30km を越すのはまれであった。即ち，休日に徒歩で里帰りできる距離の出身者であった。

学生と奉公人

18世紀中葉のゲッティンゲンは優秀な教授陣を揃え，勤勉大学としての評価が高かったことは，学生数の増加が裏付けている。学生は，この他に身分に相応した社交の素養として，大学施設での馬術や剣術の訓練や語学・音楽・ダンスの教師についた。学生が学業に専念する一方，その学生生活を支えたのが奉公人と学生を顧客とする職業であった。18世紀末までの教師と学生は鬘をかぶったので，毎日その手入れをする者が必要であったし，外出着は毎日ブラシをかけ，当時の道路事情から外出すると汚れる長靴の手入れも毎日必要であった。洗濯と裁縫も生活に欠かせないものであった。こうした生活管理を学生が直接手を下すことはなく，男性奉公人や下宿のお手伝いを通じてそれぞれの職業の者を手配した。

貴族出身の学生は，実家から奉公人を伴っており，衣服の整理，食事の手配，本の借出し，買物，お使いなどの世話をした。一部の富裕な学生は，地元奉公人を雇うか，余裕がなければ少年を走り使いとして雇った。奉公人を複数の学生が共同で使用した例も多い。男性奉公人は，雇い主の身近な用事を足す存在であり，富裕層家計における制服召使 Lakai に近い役割を果たした。学生は家計調査の対象となっていないので，学生付き男性奉公人の数を確定することは困難であるが，1737年では最低15人，1767年では17-18人が確定されている。1734年から1861年の大学人登録と大学裁判所記録で確認できる男性奉公人を使用していた学生は，総数で401人，その79.6%が貴族出身者であるとともに，78.2%が法学部に登録していた。また，学生二人で一人の男性奉公人を雇っていたのが21.4%，三人で雇っていたのが7.5%であった。「小僧一人でも奉公人なしよりまし」という言い回しがあるように，余裕のない学生は，使い走りとして堅信礼を済ませたばかりの14-15歳の少年を雇うのであった。

大部分の学生にとって，簡単な朝食の用意，部屋の掃除とベッドの整頓，お茶の用意，買物，お使い，図書館の本の借出し・返却，夜の帰宅時における扉の開閉と灯火，暖房などの仕事を担って生活面を支えたのは，下宿の主人が雇い，下宿人である学生と契約を結んで仕事を引き受ける女性お手伝いであった。お手伝いの中には，主人が無料で提供する部屋に住み，学生との契約金のみを唯一の収入とする者もいた。

1773年，学生ワイラオッホは，夜遅くに灯火を持参するように命じる。しばらくして灯火を持参したお手伝いは，既に火を落としたので，改めて火をおこさなければならなかったと，事情を説明すると，学生はお手伝いを殴った。奉公人は口答えが許されない身分，と見なしていたのである。お手伝いが大学裁判所に訴えると，学生は2度目の呼び出しで現れ，自発的に2ターラー12グロッシェンの和解金を支払った。1776年，学生ベドマンが午後2時に椅子を部屋に運ぶように命じた。お手伝いが椅子を運び入れ，そろそろお茶の時間で他の部屋の学生が帰宅してくるので，次の講義に遅れないように準備をしなければならない，と言うと，学生は罵声を浴びせ，頭を数回殴った。大学裁判所は，監禁1日の刑を下した。

大学法学部の名声を高めた教授の一人ピュッターは，1788年当時の学生生活費を列挙しているが，下宿のお手伝いは必須の支出項目であった（第3章3節の「学生の出自」参照）。

学生の生活費は親が仕送りする。当時の習慣で，俸給等の支払いが3か月単位であったので，3か月毎に送られてくる為替手形到着前に学生は手持ちのお金を使い果たし，飲食店での付けや家賃の支払いが滞っていた。家賃の催促に対し手形未到着を口実とすることが多く，家主自ら，あるいは，お手伝いに命じて，密かに下宿人の部屋に入り，学生のカバンの中を窺うことや，学生が実家から持参した装飾品を取り上げようとすることもあり，学生は，これを窃盗として大学裁判所に訴える。学生が後払いを約束に，お手伝いに代金を立て替えさせたり，お手伝いの名前で買い物の付けをさせたりする例も多く，学生が踏み倒して街を去るとその負担をお手伝いが被るのであった。

異性としての女性奉公人

大学都市ゲッティンゲンは，私生児比率の高い街となる。居住人口統計に現れない学生と兵士の街であった。1777年から1783年の出生児数2,298人のうち，440人が私生児で，このうち市に居住していた母親は231人である。1787年から1799年の出生児数4,726人のうち，1,174人が私生児で，市居住の母親は433人であった。母親の居住地が問題とされるのは，世間の目を逃れるため他所で出産することが多かったからである。人口統計における自然増の数字は必ずしも正確な人口動態を示すものではない。後に詳論するように，1751年に設立された大学助産院の存在が，他所出身の未婚妊婦をゲッティンゲンへと引き寄せてもいる。

女性に自立した就業機会がなく，女性の社会的存在は家長を通じてのみ代弁された時代において，女性の将来設計は結婚のみであった。1795年のゲッティンゲン市結婚許可条件は，夫婦が自立した経済基盤（結婚資金）を証明することと，保護者が結婚を許可していることであった。この時代の慣習として，男性が贈り物をし，これを女性が受け取ることにより将来の結婚の約束と見なされ，婚前交渉が認められた。これに対し，結婚を前提としない未婚男女の性交渉は淫乱罪 Huhrenbruch とされ，5ターラーの罰金刑が科せられた。結婚規制と淫乱罪は，相対的過剰人口を抱えた工業化以前のヨーロッパ各地で採られた政策であり，人口増と貧民救済費抑制を目的とし，科料とともに市退去（所払い）を命じるのが普通であった。所払いを命じられた女性達の中には，市の警察権が及ばない近隣農村に移り，客を待つ者が現れるのであった。

結婚の約束を引き延ばすだけでなく，密かに逃亡する例もあり，こうした恐れがある場合に女性は裁判所に訴える。結婚の約束が認定されると，男性は拘留され，牧師と付添人の前で強制的に結婚を誓約させられた。そして，同時に淫乱罪の罰金が科せられた。

身分的に女性奉公人の結婚対象となるのは，手工業職人，商家の手代，兵士，そして，最も身近な男性奉公人であった。記録が残されている1750年以前のゲッティンゲン市婚姻記録によると，市出身者以外の新婦比率は24.4％で，その殆どが市から10-20 ｋｍ以内の地域出身者であったから，近郊農村出身の奉公人，洗濯女，お針子として流入した女性達であったことを窺わせる。妊娠したが結婚に結びつかない場合，女性が大学裁判所に訴えた例が残されている。記録されている44件のうち，大学教員家計の女性奉公人が訴人となっているのが18件で，相手は大学教員家計に雇われている男性奉公人が11件，学生が5件，学生の奉公人と職業大学人が1人ずつであり，ほとんどが同じ屋根の下に住む者同士の問題であったことが見て取れる。

金銭や贈り物を対価としての性交渉は売春とされた。ドイツにおいて，性病予防の観点から，娼家・娼婦を公認して定期的な健康検査を行う制度が一般化するのは19世紀に入ってからである。当時のゲッティンゲンに公認娼家は存在しなかったが，（ゲーテ・）アレー通りと待合馬車の溜り場である市庁舎裏の街角に夜ごと女性達が立つことは周知であった。もっぱらこれを生計の手段とする女性達とともに，手軽に現金を得る手段でもあったので女性奉公人，洗濯女，お針子などがこれに加わり，結婚資金とするのであった。

政府と大学が売春を問題とするのは，大学都市としての評判を恐れたことと，学生の性病予防のためであった。18世紀70年代の初頭において，学生の三分の一は性病に侵されていたとされており，71年に大学の提案で，学生の性病を診察した医者は相手女性の氏名届出義務を定める一方，学生の氏名は不問としている。大学と市の取締りが厳しくなると，学生は近郊農村に繰り出す。特に好まれたのは，隣国ヘッセンの飛び地であり，ハノーファー政府の警察権が及ばないボーヴェンデン村であった。いわば無法地帯であり，市民権を持つことが出来ないユダヤ人が多数居住し，芝居小屋と多数の飲食店があり，市内では禁じられていた賭け事遊びや学生間の決闘の場でもあった。大学の提案に基づき，政府は1764年，娼婦の取締りを強化するため市と大学が合同で構成する監督委員会 Polizeikommission を所轄としたし，72年に市警吏と大学警吏が近郊農村を巡邏する権限を与えている。

学生の女性問題は，売春，賠償，結婚の三つに分類することができる。代価を支払った場合は売春で，売春婦を含めて相手が妊娠した場合は賠償金（および，出産費，子供の養育費）が要求された。学生が，身分の違う奉公人と結婚することはありえなかった。学生本人が結婚の約束をしても，婚姻届け提出条件として親の承認が必要であった。

1759年5月，ビュッシング教授は，親から監督を依頼されて預かっている（下宿させている）学生イエガーが退去の意思を示したこと，また，数日前に自家のお手伝いクノッヒンとセットマルハウゼン村に行っていることから，この二人が離婚を認めないカソリック地域の教会で結婚式をあげようとしているのではないかと恐れる，と大学裁判所に通報した。二人は拘束され，大学裁判所は，女性は学生を誘惑したとして市の裁判所に引き渡し，学生は父親の指示があるまで大学監禁所に留め置くこととした。

女性が妊娠した場合，当事者間の話し合いにおいて学生が不当に当事者扱いされたり，過度な条件での和解を迫られることを，大学は恐れた。教授達のなかには，学生が女性達によって財政的に利用され，学生から絞り上げたお金が職人や兵士などの女の連れ合いに渡るか，連れ合いとの間にできた子供の養育費なっているのではないかと主張した。大学評議員会の報告に基づき，1793年の政府規定は，損害賠償等は出産後8週間以内に大学裁判所においてのみ訴えることができ，また，訴人は誘惑されたことを証明すること，そして，賠償金額等は当事者間の財政事情と誘惑の程度によって決定されることとした。大学は，この規定により，大学裁判所が唯一の窓口となったし，また，性交渉の時期と女性の生理日など女性側が相手を認定する証拠を提出させることで，学生を守ることが出来ると考えた。97年，当局は相談に訪れた妊婦ハーゼルブレヒトに相手の学生を特定して訴追できることを指示したが，訴追に先立ち大学法学部書記官リストから呼び出しがあり，訴えが成功することはないであろうからと和解が勧められ，妊婦は5ルイズドルを受け取って引き下がっている。

女性奉公人が大学教授夫人となった例がある。市のヨハネス教会に，啓蒙期の物理学教授で哲学者でもあるリヒテンベルクが奉公人マルガレーテと1789年10月5日に婚姻を結んだ記録が残されている。彼女との間に，既に4人の子供があり，病に倒れたリヒテンベルクは，マルガレーテと子供達の生活を案じて遺産と大学寡婦・遺児年金の権利を残すべく正式に挙式したのである。しかし，4人の子供達の出産・洗礼は世間の眼を恐れて架空の父親名で市外でなされたので市内の教会にリヒテンベルクの子供としての出生記録は残されていない。ビュットナー教授との間に男子をもうけた奉公人シュウェンブゲンは，1770年，隣家の者と口論になり，「教授の娼婦」と呼ばれたことに対し「(大学）裁判所が認定している」と応じると，「大学（副）学長から娼婦を買うことができるのか」とやりかえされた。大学副学長認証による私生児の大学人登録の費用は5ターラーであり，大学市民権証明書が発行された。しかし，父親の教授の名前をあげることは避けられており，仮名が記録されていた。

助産院

大学施設としての最初の病院は，助産婦の養成と訓練を兼ねた医師・医学生教育の場として1752年，ホスピタール通りの旧聖十字院跡に設立された婦人科病棟（助産院）である。内科・外科の大学病院が建設されるのが81年であるから，助産院の公的必要性がそれだけ強かったのであろう。85年から91年にかけて，廃墟となっていた聖十字教会跡地に「大学付属王立病院」として新築されるのが，著名なバロック建築のアクシーヤハウスAccouchierhaus（産院）である。市が建築費を担い，教授の人件費は大学，助産院経常費の三分の二は授業を受ける学生負担として発足する。

18世紀中葉までのヨーロッパにおいて，分娩の手助けをするのは年配の主婦や寡婦が経験に基づいて行う素人産婆の仕事であり，器具などを使う必要がある場合は理髪や傷病手当を行う手工業の外科職人であった。古代から医学とは薬餌療法を行う内科を意味しており，外科が医学として認定されるのは1731年に設立されるフランス王立アカデミーで，43年には大学医学部と同等と認定される。素人産婆による分娩は危険も高く，当局は外科職人や開業医に出産を監督させようとしたが，費用の点から一般に受け入れられなかった。大学の医学教育において女体と分娩・出産を取り扱う教授もいたが，学生に分娩の実際を見学させることはできなかった。絶対王制期の政府は，分娩・出産を医療行政の対象とするようになる。

51年からの助産院院長は解剖学・外科教授のレーデラー（Röderer, Johann Georg）で，新築されたアクシーヤハウスの助産院院長に就いたのが医学部教授として招聘されたオシアンダー（Osiander, Friedrih Benjamin, 1759-1822）である。建物の上階を役宅とし，ほぼすべての分娩に立ち会い，指導するとともに，産科の発展と産科教育に大きな成果をあげた[59]。

来院者は先ず資格のある助産婦が面談し，妊娠と症状を確認して院長に報告する。当院は「(産科) 教育を主要な目的」とするので，「できものないし普通でない湿疹，特に，性病を持つ妊婦」は収容しないものとしていた。院長が診察し，妊婦の人物情報と懐妊女体を「日誌」に記録する。「日誌」には，入院後の回診，出産時の院長所見が書き加えられていく。出産のための入院は，予定日の4-6週間前で，院で寝起きするとともに学生が週2回回診する。健康が許せば院内の作業所で麻布織の仕事をし，その手当が退院時に渡され，当座の費用に当てることが出来た。

陣痛が始まり，子宮が指4本ほど開くと分娩室に移され，隣室に学生と助産婦訓練生が呼び集められる。訓練生は，3か月の研修を経て証明書を受け，助産婦として独立していく。院長が指名した助産婦と高学年の医学生が担当し，妊婦の状態を診て院長が分娩方法を指示する。当時のヨーロッパでは，分娩に可能な限り人手を加えないイギリス・オーストリア方式と，必要に応じて出産を軽くするために器具を用いるフランス方式があった。オシアンダーは，テュービンゲン大学で学位を得た後各地で臨床医となるが，シュトラースブルクで一時期開業していたことから後者であった。陣痛が始まると隣室に待機していた学生と訓練生が分娩室に入るが，産婦の上半身と下半身はカーテンで遮断されている。院長は，分娩の過程と妊婦・胎児の様子を学生達に説明するとともに，必要に応じて担当の助産婦と学生に指示を与え，また，自ら手を下すのであった。オシアンダーが在任中に手掛けた分娩は2,540件で，そのうち54%が自然出産，40%が鉗子を用いられ，その他は何らかの医学的処置を施している。

死産や母体の死亡があると，学生と共に解剖し，死因を確認する。日誌が残されている1792-94年，1800年，1815年でみると，398件の分娩のうち55件が死産であった。また，当時平均して1%とされていた母体死亡率よりも助産院のほうが高かった。一般に救貧院などでも産婦死亡率が平均より高かったのは，施設で出産する母体の健康状態が家庭

59) 下記の叙述は，Schlumbohm, J. (1989), および，Körner, M. (1989), による。

での場合よりも悪かったこと，そして，施設内での感染があったからである。消毒方法が一般的になるのは19世紀末である。出産を終えた母親は，2-3週間助産院に留まり，健康の回復とともに亜麻布作業を続け，退院する。母体に体力がない場合，乳母が与えられたし，不幸にして母親が死亡し，引き取り手がない嬰児には，養育先を紹介するか，当面は助産院に留めて養育した。

市場の女達

毎週，火・木・土曜日の3日，まさに一日が始まろうとする夜中，雨の日も，風の日も，極暑・極寒の日も，ゾーリンゲンやブラムワルト地方の村々の広場に中年の女達が大きな篭を背中に背負って集まってくる。女達は，一団となって黙々とゲッティンゲンに続く街道を歩み始める。市に近づくにつれて，近くの村からの一団が次々とこれに加わる。市の教会の尖塔が見え始める頃には，荷車，手押し車の男達の一団が追い越していく。市内に住む日雇いや寡婦達が近郊農村で仕入れた商品を背にして続く。女達は，足を速める。目指すのは，8時から13時と定められた市の週市である。まだ日の昇らない4時半には市門をくぐり，少しでも有利な売り場を確保するため急ぐのであった。市の市場令は，穀物はコルンマルクト，材木はグローナー通りと定めており，小物や食料品は市庁舎前広場とこれに続く通りで，「担ぎ篭および袋で市場にもたらされた商品の販売に，指定された通りの歩道を使用することができる」のであった[60]。

場所取りをした女達は，次々と篭からとりだした荷物を並べ，持参した簡単な朝食をとる。並べられた色とりどりの品物は，地元の特産である亜麻糸，森や草原で捕えた兎や鳥，自家製のソーセージ，バターやチーズなどの乳製品，蜂蜜，卵，野菜などであり，8時になると大声で客引きをする。新鮮度と低価格を売り込むのであり，一方客の主婦や女性奉公人は少しでも安い売り手を見つけようと品定めし，値切る交渉をする。週市は女達の戦いの日である。市内に店を構える商店は市場に客をとられまいと品揃えに努め，日雇いや寡婦は仕入れた商品を村の女達

60）以下の叙述は，Schäfer, W. (1989) による。

と競い，村の女達は持ち込んだ品を売り捌こうと互いに値切りあう。

午後1時になると，売れ残った品を収め，路上の後片付けをし，持参した昼食となる。昼休み後は，一休みするか，縫い針，ナイフ，毛糸，布など村で手に入らない品々を商店で買い物し，再び，篭を背にして帰路につく。村に着く頃は日も落ちており，お腹を空かして待っている子供たちの夕食の準備にかかる。

休むことなく仕事に追われ，家を離れる暇もない女達にとって，それぞれ立場は違うが週3日の市場は仕事の一部であるとともに社会との接点であった。市場には，同じ村の仲間，隣の村の女達，買物をする市の女達，それぞれ相反する利害を抱えて集まってくる。女達の社会的存在は，家長を通して始めて認められる当時の社会制度において，市場にあって女達は自律的存在となるのであり，自らと異なった社会に住む同性と出会い，人間と社会に関わるあらゆる情報を，意識的に，また，無意識に交換する場となっていた[61]。

1866年6月，ハノーファー王国はプロイセンと戦争状態に入り，ゲッティンゲン市外に国軍の本営が置かれると，市民は食料の買い溜めに走るのであり，これを機に売り手の農家の主婦達が価格引き上げを図る。これに憤慨して，売春婦の一人であったとされているサビーネ・ガスマンが市民に買い控えのストライキを呼びかけ，商品のバターを売り手の農婦に投げつけたことから，両者の間で摑み合いが始まった。これに他の農婦と市内の女達が加わって市場が大混乱に陥ると，警察が出動している[62]。週市は，鉄道の時代を経て，自動車の時代である現在も若者劇場前の広場で続いている。

ギネスブックの露天商

体つきもしっかりしており，髪は明るいブロンドで，青い目をした，1840年10月18日生まれのシャルロッテが，昔から村の娘たちがそうしているように，町に貸出されたのは15歳のときである。父親は，アインベック市近くのヒウルワツハウゼン村の小農であった。大学都市ゲッティンゲンの教授の家で，家事，特に，上品な料理の修業を名目と

61）Körner, M. (1989), S.58.

62）Espelade, G. (1990), S.69.

したが，実際は下女であった。適齢期まで勤め，ゲッティンゲンへ商売にやってきた時に知り合った同じ村出身の小売商ベーニンク（Boening, Friedrich Heinrich）と結婚する。勤めの間に貯めたお金と夫の持参金で村に小さな家を買い，夫の商売を助けた。夫婦でゲッティンゲンの週市に通ったのかもしれない。平穏な家庭生活は長く続かない。夫が風邪で早死にすると，家と家具を売り払い，2人の幼子を連れてゲッティンゲンに移る。

学生団体の家に雇われ，掃除，学生達が共同でとる昼食の賄い，後片付けをして，血痕が残る決闘をした学生達のシャツや下着を子供達が待つアパートに持ち帰り，洗濯とアイロンかけをした。鉄道工夫ミュラー（Mueller, Wilhelm Karl）と再婚し，3人目の子供を得る。ハノーファーからの鉄道が開通し（ゲーテ・）アレー通りの外側に駅舎が建築されるのが1854年で，ゲッティンゲンは鉄道の時代に入っていた。しかし，夫は工事事故の犠牲となり，その後は夫の労災年金での生活となる。大きな家のフロアーを借切り，その内の4部屋に学生を下宿させる。部屋代だけでなく，掃除や食事を提供することで収入を得ようとしたのであり，内職として毛糸の靴下編みもした。

ある日，夫の年金を駅の鉄道管理部から受け取った帰り道，駅から走り出てきた旅行客から「一番近い店はどこか？」と問われる。停車時間中に簡単な食べ物を求めたのである。シャルロッテは，小売商の経験もあり，旅行者のために果物と菓子を提供する仕事ができると考えた。鉄道員の寡婦でもあり，鉄道管理主任は鉄道駅敷地内に無料で棚店（たなみせ）をだすことと，夜は折畳んだ棚を鉄道の建物の中に置くことを認めるのであった。帝政時代の1889年からナチスが街を席巻する1935年まで，脇に置いた乳母車に傘を結びつけて日除け・雨除けとし，雨の日も，風の日も，日曜や休日もなく，店を出し続けた。ブロンドの髪は白くなり，日焼けした顔に深い皺が刻まれていく。かつて学生団の家で賄をしていた時代の学生達が，卒業生として記念祭などで母校Alma materを訪れるために駅に降りると，最初に眼にするのが昔の面影を残したシャルロッテであった。

駅前のシャルロッテは，街に欠かせない光景の一つとなるのであり，女性彫像家ホブソン＝クラウス（Hobson-Kraus, Katerine）がシャルロッテ・ミュラーの胸像を創った。90歳の誕生日を記念して，市当局が揺り椅子を贈っている。助産婦となった娘と一緒に住むため，第一次世界大戦の時期に買った家の食卓の脇に揺り椅子を置き，孫たちを眺めるのを楽しみにした。人生最後の瞬間まで健康で，眼鏡をかけずに新聞を読んだ。1935年4月8日，一世紀近くの生涯を終えると，市長が市民に呼びかけ，ホブソン＝クラウスからブロンズ像を買い上げ，銅像を作らせて駅前に据えた。当時の新聞は，次のように伝えている。「昔なじみのミュラーの像は，大学200年祭祝典に先立ち駅前に据えられた。市は，市民の自発的寄進の助けを借りて像を買い取り，銅像へと鋳った。お馴染みの傘だけが欠けている。」シャルロッテは晩年，「自分自身を助けなさい，そうすれば神がお前を助けてくれる」を口癖にしていた。自立の人生を全うした「世界最年長の女性露天商」はギネスブックに登録されている[63]。

63） Weber-Reich, T. (1995), p.358 以下。

第5章
ゲンゼリーゼルの学園都市

1　連邦主義社会の系譜

1918年11月9日，ドイツ帝国宰相マックスが皇帝の退位を宣言すると，翌10日，ドイツ帝国皇帝でプロイセン国王ウィルヘルム2世は，王妃の出身であるオランダに亡命した。11日早朝に，休戦条約が調印された。

1814年7月30日のオーストリアによるセルビアとの開戦に始まる第一次世界大戦の契機はサライェヴォ事件で，オーストリア＝ハンガリー帝国帝位継承者フランツ＝フェルディナンドと妃ゾヒィ―が，6月28日，セルビアの秘密結社所属の青年プリンチップによって狙撃され，落命した。オーストリアがセルビアとの開戦に踏み切るのが7月28日で，30日にはセルビアを支持するロシアが動員令を発令する。オーストリアを支持するドイツは，8月1日の対ロシア開戦に続き，3日にはロシアと同盟協定を締結しているフランスとも開戦宣言し，中立国ベルギー経由でフランスへ兵を進める。中立国侵犯を見たイギリスは4日に対ドイツ宣戦布告を発する。日英協定を結んでいた日本が対ドイツ開戦を宣するのが23日である。

第二帝国の終焉

皇帝亡命の契機は，水兵の反乱であった。1918年3月に西部戦線で開始したドイツ軍最後の大攻勢の頓挫が8月に明らかになると，軍司令部は休戦への条件を探っていた。中立国の船舶も攻撃対象とする無制限潜水艦作戦は，17年4月にアメリカの参戦を招いた。大統領ウィルソンは18年1月8日の年頭教書で「十四カ条」に基づく休戦を提案しており，ドイツ国内の大都市で戦争終結を求める市民の反政府運動が起こり，これに軍の離反が重なってくるのであった[1)]。

10月3日，帝国宰相に穏健な自由主義者と見られていたバーデン公マックスが選出され，社会民主党，進歩人民党，中央党が与党として支えた。マックスは，軍司令部の了解の下，中央党左派の代議士エルツベルガーを交渉にあて，戦争終結への途を探る。こうした中，10月末に水兵の反乱が起こる。ドイツ陸軍の劣勢以上に，海上ではイギリスの制海権が確固としていた。大戦勃発以来ほとんど出撃の機会を見出せず，軍港に閉じ込められていたドイツの大艦隊であるが，10月末，唐突に出動命令が下された。マックス政府が，ウィルソンの提案に応えて，無制限潜水艦作戦の中止を決定すると，何ら勝算がないにもかかわらず海軍は威信と名誉の維持のみを目的として，政府に無断で海洋艦隊の出撃を命じる。無謀な「死の出撃」命令に対して，水兵たちは，蒸気機関の火を落とすというサボタージュ行動に出た。10月29日のウィルヘルムスハーフェンでの反乱は，中心基地であるキールに広がる。命令を拒否した水兵たちを逮捕して艦隊が帰港すると，11月4日，キールの水兵たちは仲間の釈放を要求して蜂起し，艦隊と軍港を支配するとともに，軍港の労働者と連携してレーテ（評議会）を形成した。レーテ運動は，他の港湾都市に波及し，さらに，内陸部にも拡大した。ドイツ11月革命と呼ばれている。

マックス政府の成立に反対する急進的なグループは，既に11月11日のゼネストを計画していたが，レーテ運動の拡大を見て，8日，翌9日のゼネストを呼びかけた。これに先立つ7日，バイエルンで革命運動が起こり，君主制が倒され，労兵レーテが権力を掌握し，各地でも自然発生的に労兵レーテが地域を管理するにいたる。当初ウィルヘルム2世は，軍を率いてベルリンを制圧し，帝国皇帝を退位してもプロイセン国王に留まることを考えていたので，9日に大規模なゼネストが全国規模

1）以下の叙述は，阿部謹也（1998），林健太郎（1977）による。

で起こるとマックスは電話で皇帝に退位を迫るが，皇帝は態度を明確にしない。事態収拾を急ぐマックスは，午前11時，自らの責任で皇帝退位を発表した。

マックスの指示で，連合軍と終戦に向けて交渉してきた社民党の代議士エルツベルガーが，休戦条約に調印するのが11日の早朝5時である。調印はパリ北東部のコンピェーニュの森の列車内でなされた。ドイツはまだ戦場となっていず，ドイツ国民は，国土で敵軍の姿を一兵たりとも見ることなく，休戦の事実のみを報らされた。国民に対する開戦と敗戦の責任は，問われることがなかった。

マックスの後を託された社会民主党のエーベルトは，連携する進歩人民党と中央党との連立のみでは議会で多数派を確保できず，社会民主党の戦争容認政策を批判して分派していた独立社会民主党を与党に迎えざるを得なかった。国民の直接的意思表示は従来の選挙で議員を選出してきた議会よりもレーテにある，とする独立社会民主党の主張の受け入れが連立内閣参加の条件であったので，エーベルトは新議会選挙実施延期に合意している。11月25日，エーベルトは，労兵レーテが権力を掌握している領邦を含めて，帝国を構成する全領邦会議を開催し，領邦の結束に基礎を置く統一ドイツの維持と国会早期開催の合意を達成した。エーベルトは引き続き，12月16日から20日にかけて全国労兵レーテ大会を招集すると，社会民主党とその賛同者が圧倒的多数を占めており，国民議会選挙を翌1919年1月19日に実施することを決定した。

社会民主党は，議会主導の事態収拾を図るが，警察力，さらに，軍事力の動員力を持たなかった。治安維持を理由に義勇軍を組織したのが社会民主党のノスケで，労働者を扇動したとしてカール・ルクセンブルクやローザ・ルクセンブルクを殺害したのもこの義勇軍であったし，ルール地方や港湾都市に出動し，レーテを圧えつけるとともにストライキを鎮圧した。1917年にロシア帝国を消滅させたボルシェヴィズムがドイツに波及すれば，イギリス・フランス連合軍が全面的にドイツ占領に踏み切るとの観測から，政府軍もレーテ鎮圧に乗り出しており，5月にレーテ運動の最大の拠点となっていたミュンヘンのレーテ共和国を排除している。

1919年1月19日の選挙は，比例代表制，20歳以上の男女による普通選挙権，秘密投票で行われたが，共産党は棄権し，独立社会民主党の得票率は7.6%に止まったので，結果的に，37.9%の社会民主党を始めとして戦前議会の政党構成がほぼそのまま残った。議会の外で生まれ，戦争終結への起爆剤となった労兵レーテ運動は，比例代表制選挙を通じて既成政党に吸収されたのである。

ワイマール共和国

1919年2月6日にワイマールで開催された国民議会は，臨時大統領にエーベルトを選出し，大統領が首相に指名したシャイデマンは，社会民主党，中央党，民主党からなる「ワイマール連合」政府を形成した。新憲法草案作成は，民主党左派に属する内務大臣プロイスが準備した[2)]。7月31日に議会で可決され，8月11日にエーベルトの署名をもって新憲法が発効した[3)]。第二帝政は，君主連合の連邦制国家であったので帝国憲法は中央政府と領邦国家の関係を定めるものであったが，ワイマール憲法は，地域（ラント）から構成される連邦主義の国民主権国家であることを宣し，第一篇「ドイツ国の構成および任務」と第二編「ドイツ人の基本権および基本義務」に分かれ，181条から成っている。

第一条は，「ドイツ国は，共和国である。国家権力は，国民に由来する。」と定め，立憲君主体制を放棄したことにより，国民は，領邦君主の臣民から共和国の公民となった[4)]。新生共和国は，連邦国家として18

2）プロイス Preuss, Hugo, 1860-1925, は，ベルリンのユダヤ人富豪家庭の出身で，ベルリンおよびハイデルベルクで学ぶ。1889年の教授資格論文は，「地域，国家，帝国」と題した。出自と先鋭な見解のゆえ，36年間にわたり私講師に留められた。1906年にベルリン商科大学に移り，私講師を経て正教授，1918年10月同大学学長に任命され，11月にエーベルトの要請で暫定内閣の内務相に就く。Kleinheyer, G.（1983），214頁。

3）以下の叙述は，下記による。山田晟（1963）『ドイツ近代憲法史』，高田・初宿（2005）『ドイツ憲法集』

4）1条の 原文は，以下の通り。Das deutsche Reich ist eine Republik. Die Staatsgewalt geht vom Volke aus. ドイツ国にはReich（ライヒ），国民にはVolk（フォルク）という言葉が使われている。後に触れるが，1990年の東西ドイツ再統一にあたり，人々は「我々は同胞である」Wir sind ein Volk という表現を使った。新しい共和国は，自らの国旗を持つのであり，第三条は，「国の色は，黒・赤・黄である」，と定める。「世界に冠たるドイツ」として知られる国歌が制定されるのもエーベルトの時代である。ファラースレーベンの1841年の詩に，ハイドンの「皇帝賛歌」をあてて国歌としたのが1922年である。1945年，占領軍により禁止されたが，1952年に「統一，権利，自由」を謳う三節のみが国歌として復活している。

ラントから構成され，ラントの居住者が，ドイツ国の国籍をもった。1925年の人口統計でみると，総人口の61％(3,800万人)をプロイセンが占めていた[5)]。

憲法第一条が言う「ドイツ国（ライヒ）」das deutsche Reichは，連邦国家を構成するラント領域の集合体であり，国籍規定は，「あるラントに所属する者は，同時にライヒに所属する」としている。最終的に18ラントとして発足するのであるが，61条2項は「ドイツ系オーストリアは，ドイツ国に加盟した後に，その住民数に相当する票数をもってライヒ参議院に参加する権利を有する。それまでは，ドイツ系オーストリアの代表は，発言権のみを有する」としており，オーストリアのドイツ系の地域が連邦に加盟すればドイツ人として国籍を持つ規定となっていた。プロイスが提出した憲法草案でも，ドイツ国を16地域としており，しかも，ここにオーストリア系ドイツ人の要望に応じて「ドイツ人」地域のオーストリア領，都市ウィーンが含まれていた[6)]。さらに，167条で，占領下のオーバーシュレージェンの将来帰属を前提とする特別規定が設けられている。

しかし，1919年6月28日のヴェルサイユ条約がオーストリアの独立を義務付けたため，9月22日の議定書によって61条2項は失効したし，オーバーシュレージェンは割譲された。1848年のフランクフルト国民議会における大ドイツ主義と小ドイツ主義の議論が引き継がれていたのであり，そして，オーバーシュレージェン居住のドイツ人の取り扱いが残った。国民意識の中でのドイツ人概念は，新生共和国のラント居住者に限定されていなかった。ここからも，国籍上のドイツ人と文化・民族概念でのドイツ人の乖離が生まれたのであり，「ドイツ人」をドイツ伝統文化・人種に基づくVolk概念が先鋭化するようになる。そして，ヒトラーは，アーリア人種論でユダヤ人種を排斥することでこの間隙を埋め，人心を掌握していく。「ドイツ人」とその時々のドイツ国家における国籍国民の問題は，第二次世界大戦後の西ドイツ基本法に引き継がれていく。

議会は二院制をとり，優先権を持つライヒ議会（下院）とラントの人

5）Frotscher, W. (1985), S.125.
6）Sante, G. W. (1971), Bd.II, S.920.

口数で票数を割り振るライヒ参議院（上院）である。ワイマール共和国は政党国家であることを自認する。憲法は団体・結社の自由を認め，団体交渉権を保障したので，領邦君主制の身分制社会では不可能であった国民の政治参加が，政党・党派・団体形成によって可能となる。領邦君主国家時代における臣民の意思表示は，個人，個別団体が君主ないし当該官庁宛てに願書を提出し，君主が公共の福祉（利益）を決定した。憲法が国民主権を宣する共和国にあっては，それぞれ利害関係者が地域，職場，業界などのレベルで団体を形成し，それをラント・全国レベルで決議として表明し，当該官庁に要望書を提出するという形態が定着していく。政党国家たる共和国にあって，国民の意思表明は団体形成を通じて行うことが一般化していったのである。

こうした団体形成は，戦時中の国家統制と国家管理から始まっていたが，産業界の団体数でみると，1919 年から 1930 年までに 492 団体から 767 団体へと増大した。1919 年にドイツ経済人中央会 Centralverband Deutscher Industrieller と経済人連合 Bund der Industriellen が統合して，ドイツ産業全国連合 Reichsverband der Deutschen Industrie を結成している。互助・公益団体も全国レベルの統一団体を形成していく。戦時中に発足したものとしては，例えば，1917 年のドイツユダヤ人中央援助会 Zentralwohlfahrtsstelle der Deuschen Juden があり，1919 年の労働者援助会 Arbeiterwohlfahrt，1920 年のドイツ赤十字，そして，1924 年には自由公益扶助施設連合会 Vereinigung der freien gemeinnützigen Wohlfahrtsverbandes（後のドイツ扶助団体同権連合 Deutscher Paritätischer Wohlfahrtsverband の前身）などが結成されている[7)]。

大学関係の団体がラント単位で結成され，さらに，全国大会を開催するようになるのはオーストリアのザルツブルクで開催された 1907 年以降である。教授資格試験に合格し，大学教員職にある教員が，大学連合会議 Deutscher Hochschullehrertag を 1907 年に設立したのである。これを受けて，教員はそれぞれの地位に応じて個別団体を作るのであり，09 年にはプロイセン員外教授団体 Vereinigung außerordentlichen Professoren Preussens，10 年に私講師団体 Verband

7） Reutter, W. (2001): Verbände, S.77.

deutscher Privatdozentenが結成されていた[8]。大学教員たちも団体連合としての決議を行い，要望書を共和国政府・議会，ラント政府・議会に提出していくことで，私的任意団体が公的認知を受けるようになるのであるし，議会・行政が専門家団体として交渉権を認知する。アルトホーフが提唱して発足したドイツ大学担当者学長会議が，第二次世界大戦後の西ドイツで各州文化相会議，西ドイツ学長会議へと引き継がれたように，1920年代に発足した大学関係諸団体が原型となり，ワイマール共和国継承国家を自称する第二次世界大戦後の西ドイツは，ワイマール共和国憲法とともに各種団体組織も西ドイツで受け継ぎ，発展させるのである[9]。

連邦主義構造の根幹であるライヒとラントの役割分担を定める第5条は，「国家権力は，ライヒの事項に関しては，ライヒ憲法に基づいてライヒの機関がこれを行使し，ラントの事項に関しては，各ラントの憲法に基づいて各ラントの機関がこれを行使する」と定めており，ライヒ専属的立法権限と（ラントとの）競合的立法権限の項目を挙げて分野を特定している。学校監督については，ラントの役割であることを第144条が明記しているが，大学監督についての規定はない。但し，第10条は大綱法律制定を定めており，「ライヒは，法律制定の方法により，以下の各項について原則を定めることができる」とする。該当するのは，「宗教団体の権利および義務」，「大学制度を含む学校制度および学術図書館制度」であり，いわゆる文化高権と言われている学校・大学分野はラントの課題であるが，10条の大綱法規定を設けて，ライヒは中央政府として各ラントの政策を協調する原則を定めることができるとした。信教の自由を保障するとともに，大学を念頭に「芸術，学問およびその教授は自由である」（142条）とした[10]。教育については，「就学は一般的義務である」として8年間の学校教育，さらに，満18歳までの職業学

8）Brocke, B. Uu. Krüger, P. (1994): Föderalismus, Vorwort, S.XIII.

9）Bauer, F. J. (2000), S.11.

10）142条の表現は，1848年のフランクフルト憲法152条を受け継いだものとされている。Die Wissenschaft und ihre Lehre ist frei. (Art.152) 同じ表現が，1851年のプロイセン憲法20条でも用いられている。Die Kunst,die Wissenschaft und ihre Lehre sind frei. (Art.142)。1949年西ドイツ基本法もこれを引き継いでいる。Kunst und Wissenschaft, Forschung und Lehre sind frei. (Art 5-3).

校教育を定めている（145条）。そして，学校教員養成は，高等教育について適用されている原則に基づいて，全国的に統一した規則に従う，とした。

ライヒ参議院におけるラントの議席数は，人口70万人に1票を割り当てるが，大規模ラントの優位性を制御するため，一ラントの最大評決権は参議院総評決権数の五分の二を上限としたし，特に，帝政時代から大領邦であったプロイセンについては，ラント代議員の半数は，プロイセンのラント政府ではなく地方行政自治体が任命することを憲法規定として定めている[11)]。第二帝政がプロイセンの圧倒的な優位性のもとに運営されたことへの反省であるが，その反面，小党分立によって政党政治が機能しなくなると，連邦主義も機能麻痺を起こしてしまう[12)]。大学運営に関しても，第二帝政期のアルトホーフが試みたように，圧倒的影響力を持つプロイセンの方式を原則として，ドイツの大学制度を競合・協調させる方式は不可能となった。

国民の基本権としては，法の前の平等，男女同一の公民的権利・義務，意見表明の自由を始め，婚姻と家族の保護，生存権，団結権の保障などを明記している。「人たるに値する生存を保障する」（151条）と，世界の憲法で初めて国民の生存権を保障した。経済秩序を構築する義務が国家に課せられるが，同時に，国民は，「労働条件および経済的条件を維持し促進するために団体を結成する自由」が保障されているのであるから，「労働者および被用者は，企業者と共同して，対等に，賃金および労働条件の規律，ならびに生産力の全体的・経済的発展に参与する資格を有する」（165条）と，政策参加権を認めたことは，国民の自助努力を求めるものでもあった。

新生共和国は，政党に国民統合機能を委ねる地域連邦主義国家とし

11） ドイツの統一国家形成は，連邦主義構造が基本となっている。1815年のドイツ同盟は，オーストリアを含めて最大時で41加盟国，1866年の北ドイツ連邦は23，1871年の第二帝国は，これにバイエルン，ウュルテンベルク，バーデンの3領邦が加わった。ワイマール共和国憲法は，領邦のラントへの吸収・統合を想定しており，最終的には17ラントとなっている。1990年の再統一ドイツは，16ラントとなる。

12） プロイセン分割も検討されたが，ライン川左岸をフランスが割譲を求めることを恐れた。結果的にプロイセンの潜在的優位性は温存され，共和国の連邦主義における二元体制が生まれた。Geheimes Staatsarchiv (1983), S.12ff.

て出発するが，政党の論理と憲法が選択した市民的法治国家の論理を両立させる仕組みを必要とした。第二帝政も領邦君主の連合体としての連邦国家であったので，国家的統一性の確立に問題を抱えていた。Unitarisum 論であり，連邦内での法規定，諸制度の統一化が進むにあたり，これを実施する行政機構も均質化され，各領邦横断的に同質的な官僚制度が生まれてくる。そして，官僚はさらなる Unitarisum を行政統一化として推進する。帝政期を通じて，統一性を主導したのがプロイセン行政府であったことは，大学制度に関してみるとアルトホーフが主宰した各邦担当官会議について見た通りである。地域の連合体であるワイマール共和国連邦主義において，プロイセンの主導性が制約されたことから，官僚の職業身分に憲法上の制度保障を与えることで政策と行政の統一性と継続性を委ねた，とも理解すべきであろう。

「国家的統一が諸集団の多元的並立状態に分解してしまわないためには，純粋に党派的な勢力以外に，非党派的・超党派的な諸力が必要であり」，ワイマール憲法は職業官僚制にその任を委ねた。129 条は，「公務員の任用は，……終身とする。公務員の既得権は，これを侵すことができない」，と明記する。「ワイマール民主政治が，ドイツ官僚制と結婚」したと，される所以である[13]。

公務員規定を憲法に明記する非常に稀な例であるが，ワイマール憲法は 130 条において，「すべての公務員には，政治的信条の自由および結社の自由が保障される」と職業官僚制に制度保障を与えている。そして，第二次世界大戦後の西ドイツ基本法（憲法）も 33 条において，ワイマール憲法を引き継いでいる。逆に見ると，一度決定された政策に，政権交代が重なったとしても中・長期的継続性が見られる場合，官僚機構が，時々の政権に忠実な行政執行者であるとともに，行政の一貫性を保持する機能を果たしてきたと受け止めることができる。そして，ここには，一度着手した事業には事務機構と予算が手当てされているのであり，この事務機構と予算の規模を維持することが官僚機構の論理となっていく可能性を含んでいる。

ワイマール共和国は，国際社会においては戦勝国の認定を受けなけれ

13）石川建治（2007），19 頁，24 頁。

ばならない。19年6月28日調印のヴェルサイユ条約によって，アルザス＝ロートリンゲンはフランスに返還し，プロイセン東部の一部がポーランドに割譲されたので東プロイセン地域は回廊で結ばれる飛び地となったし，上部シュレージェンの一部もポーランド領となった。石炭と鉄鋼業の中心地ラインラントは非武装化されて15年間戦勝国管理下に置かれるとしており，同じく石炭と鉄鋼業のザール地方は15年間フランス管理下に置かれた。植民地は，国際連盟委任統治地とされ，戦勝国に配分された。敗戦国ドイツの分断統治である。

1871年のドイツ帝国の領土の13パーセントを分割され，失ったのみならず，過大な戦争賠償金が課された。戦後インフレがこれに続き，比例代表選挙制度による小党分裂が安定した政権を生み出すことを妨げた。20年代後半，アメリカ資本の流入で経済安定期を持つが，1929年ニューヨーク株式市場に端を発する世界経済恐慌はドイツ経済をも直撃する。そして，経済恐慌の混乱の中でヒトラーのナチスが国民の心を摑み，政権を樹立していくのであった。

ヒトラーの『わが闘争』

ヒトラー（Hitler, Adolf, 1889-1945）の政治活動は，ドイツ労働者党に党員番号7番[14]として加入することにより始まる。1918年11月に除隊した陸軍一等兵ヒトラーは，労働者党の集会へ国防軍の指令に基づき潜入したとされている。21年2月，党は国家社会主義ドイツ労働者党NSDAPと改称し，7月29日，党首に選出された。ヒトラーの政治観・社会観の基本は，20年2月24日にミュンヘンのホーフブロイハウスで開催された大衆集会において発表された党綱領25か条と1924年初版の『吾が闘争』から読み取ることができる。本書との関わりでは，指導者原理，組織論，人種論，官僚論，が1933年の独裁権確立後大学政策においても強く現れてくる。

ヒトラー自身に語らせてみよう[15]。「組織というものは，最も精神的に

14）『わが闘争』上巻423頁。Benz, W. (2010) によると，党員番号55番。

15） 以下の叙述は，下記に拠る。Benz, W. (2010), 斉藤訳（2014），Hofer, W. (1957), 救仁郷訳（1982）。文中における括弧内の頁数は，Hitler, A. (1930), 真鍋訳（1942）「吾が闘争」

優れたひとりの指導者，数多の，そしてもっと感激的な心をもった大衆が仕えなければ存在し得ないのは当然であろう」（下巻138頁）とし，「組織の任務は特定の理念を多数の人々に仲介すること，並びにその実現化の監督である」として組織の自律性を否定するとともに，「最上の組織は運動の首脳部と各個の支持者の間に最大の戦略機関を置くものではなくて，最も小さい連絡機関を挿入するものである。」と，自律的組織の発展を認めない（上巻504頁）。統治手段である組織に中央統制を求め，組織成員の同質化・画一化 Gleichschaltung をもって組織の完成とする。

ナチス組織支配の原理と運営手法は，組織を自ら立ち上げるよりも，既存組織に人的に浸透し，掌握した組織を人事管理によって支配するものであった。既存組織への人的浸透のため，私的団体である突撃隊 SA の示威行為が暴力的に介入している。組織は，それゆえ，指導者（大ヒトラー）に仕える服従者（小ヒトラー），小ヒトラーが支配する下部組織からなる人的ピラミッドによって統治され，組織を人的支配で運営するので，元来の組織形成を生み出した源泉である組織機能の生命が断たれる。1933年3月24日の全権委任法による独裁権確立後，ドイツ社会のあらゆる分野で組織が改変され，既存組織の機能が濫用された。後に見るように，大学における学生自助互助組織の機能不全が端的な例である。国家機構に対しても同様な手法が用いられており，33年12月1日「党および国家の統一確保のための法律」を制定する。1条は党と国家を不可分とし，2条は党総裁代理と SA 幕僚長を閣僚とする，5条は党裁判権を法定化するとともに6条において官公庁に党裁判権の執行義務を課した。帝政期において国家と王権が並列したように，国民に対置して国家と党が並列し，同化した。34年10月24日の「ドイツ労働戦線に関するヒトラーの命令」は，33年12月1日の法律に基づき，「ドイツ労働戦線は，……ナチス党所属団体」とした。

党自体がヒトラ（大ヒトラー）を結節点とする人的結合であったから，公私組織機構の責任者は人的関係で任命され，人的に同質化・画一化され，業務分野での実績を背景としない小ヒトラーの群生を生み出した。

上・下，からの引用である。

小ヒトラーは，組織業績よりも組織組み換えと人事を唯一の求心力とし，上位権威（暗黙裡の方針）を盾にして自己保身を図りながら組織実績を部下の奉仕（現場の努力）に求める。ナチスは，毎年，党員と組織管理者向けに「組織教本」を配布し，組織に関わるすべての定義，組織図，階級制度を周知した。

オーストリアからナチスに追われ，第二次世界大戦後，アメリカで経営組織論者として名を成すドラッカー（Drucker, Peter F.）は，ロンドン時代の処女作「経済人の終わり」（1939年）で，ナチスの組織論の本質を的確に分析して，以下のように述べている[16)]。

全体主義にとって，「組織そのものが，自らを正当化する社会秩序であるとしなければならない」のであり，「容器としての形態こそ，最高の社会的実体である。」そこでは，「組織がすべてとなる。組織より優れた目的となりうるあらゆる秩序の痕跡と遺物を抹消しなければならなくなる。……組織の名のもとに個人のあらゆる自由を抹殺し，既存のあらゆるコミュニティ，社会的有機体を破壊する」，とナチス支配下の社会の現状を伝える。そして，「あらゆる組織において，下部機構は意思決定と自由裁量をまったく禁じられている」として，かつては現場の担当者の判断で修正できたわずかの時間のずれが，遠く離れた中央の指示をあおぐようになり，広範な運休をもたらしている鉄道の例を挙げる。そのうえ，「あらゆる組織が自らの活動を秘密」にし，「他の組織を犠牲にしてまで自らの組織を拡張し，最強の組織たらんとする」のであるし，「組織そのものが目的化しているために，組織の支配権が組織闘争の的となる」，と分析している。

組織の指揮系統を確立するため，ヒトラーは労働組合や共産党の組織を援用したが，人的支配を唯一の求心力とする手法は下部組織の機能を

16）Drucker, P.（1939）（上田訳『経済人の終わり』1997年）。組織のマネジメントを語る上で欠かせない，「経営コンサルタント」「経営戦略」「事業部制」「目標管理」「民営化」（英国保守党の基本政策に取り入れら，サッチャーが実践した）などの言葉の産みの親であるドラッカーについて，野中は次のように紹介している。処女作「経済人の終わり」を，首相就任前に「タイムズ」の評者を務めていたチャーチルが書評で高く評価したこと。組織を運営するマネジメントの値打ちは，「医療と同じように科学性によってではなく患者の回復によって判断しなければならない」と主張していること。などである。野中（2009），235頁。

実態的に麻痺させた。小ヒトラーの群生をもたらしたに過ぎない。同質化を名目にすべての組織運営原理が人事であり，小ヒトラーの任用は，自立的な職能遂行能力ではなく，上位権威への服従度，人間関係，親の七光りが実態的基準となった。チェスター・バーナードの組織論を借りるならば，組織運営における，指導者としての人間的・職務的資質に基づく「リーダーシップの権威」と上からの方針を名目として服従を強いる「職位の権威」との乖離が明白となる。人的関係が他の従業員より強い部下を腹心とし，その献策を職位の権威をもって組織業務とするのが常態となっていくので，組織間の上下および横の連携が絶たれ，長い年月をかけて積み上げられてきた組織から生命力を奪った。職位の権威を振りかざす小ヒトラーにとって，組織とは社会をはじめとする外部に対する外殻であり，自己保身の手段にすぎないのである。ドラッカーは，処女作において次のように述べている。全体主義にとって，「組織そのものが自己を正当化する社会的秩序」であり，「組織の外殻はあらゆる社会全体に勝る。容器（組織─著者注）の形態こそ，最高の社会的実体である。」

アーリア人種優越観に基づく人種論は，ユダヤ人排斥から，マルクス主義，労働組合運動をユダヤ人の活動と結びつけて共産党と社民党左派弾圧へと進んだ。人種論はまた，公民論でもあり，国籍と公民権を区別し，人種，学校教育，兵役など幾つかの条件を満たすことが公民証書Staatsbürgerurkunde授与条件とし，「国籍を有するというだけではまだ公官庁入りの資格は認められず」（下巻111頁）と述べている[17)]。オーストリアのイン河畔ブラウナウの生まれのヒトラーが，法的にドイツ国籍を取得するのは1932年である。

ヒトラーは，行政官庁，即ち，公務員たる官吏の利用価値を高く評価しており，「旧帝国の驚くべき力と強さは，その政体，陸軍，官吏団に基礎があった」（上巻，124頁），と述べる。この3者は，いずれも，議会の多数決主義に基づかず，そして，命令権と責任体制が明確であったからとしている。1933年の独裁権確立後直ちに，この神聖とも言うべき国家官吏に政党等の働きかけによって「公民」以外の人種が紛れ込ん

17）　Hitler, A. (1930), 真鍋訳（1942）。頁数は，翻訳書。以下同じ。

でいるとして，職業官吏制度の再建を立法化する。行政官僚がこれに呼応する。「……行政官吏がナチ党に群がって加盟した。1931年1月（ヒトラーが首相に任命された日）から，5月1日（加盟が突然難しくなった日）までに党員となった者たちの81%が，さまざまなレベルの官吏であった[18)]。」

政党国家の分解的作用への対抗錘であるとともに行政の継続性機能を期待して，ワイマール憲法が職業身分保障を与えた官僚制度がナチス独裁下で果たした役割をナチス組織論と重ね合わせて見るならば，大学制度との関係では大学管理機能の強化であった。官僚機構は，Unitarisum と Gleichschaltung（同質化，画一化，中央統制）を同一視したのかも知れない。大学管理機能の強化は，第二次世界大戦後の70年代以降再び現れ，ここでも文部行政は Unitarisum への傾斜と施策継続性の強さを示す。後に触れるように，文部行政は立法から施行までを完結的に所轄するという特殊性をスメントは指摘している。軍隊，警察，消防などの分野を除くと，他の省庁にない権限構造である。

大学連合

大学人は，新しい時代の担い手としての役割を果たすとの認識を持つことができなかった。第一次世界大戦終結から国民主権の共和国誕生までのドイツ社会の状態は，「批判的な新しい意識が生まれる契機にならねばならなかった」にも拘らず，「1918年には，そしてその後も，そうした精神的対決はなされなかった。大学の姿勢は，保守的なままであった。学生団体の社会的構造も，教授団の政治的色分けも，本質的には変わっていない」のであった[19)]。

大学が置かれた社会状況は大きく変化したが，正教授が管理する大学の内部組織構造は維持された。総合大学の特権的地位は，戦前から既に見られた工科大学や専門単科大学との競合で揺らいでいた。拡充された義務教育制度の全国的実施は，学校教員養成の高等教育機関を必要とし，総合大学の外に師範学校として設置されていった。大学では，公務員としての正教授に対し不安定な地位にあった員外教授や私講師が，独

18） McClelland, Ch. (1991), 望月監訳，287頁。
19） Prahl, H.-W. (1978), 山本訳（1988），280頁。

自の団体組織を形成し，大学運営への発言権を確保していった。法の下での平等と男女同権を定める共和国憲法の下で，女性の大学進学が制度化される。戦時中に大学進学を控えていた若者，戦場から戻った学生，これに新入生が加わり大学は学生で溢れる一方，戦後の経済混乱とインフレで学生の出身家庭の経済基盤が不安定となったことから，学生が独自の自助互助組織機関を立ち上げる。

領邦君主制下，身分制社会の大学から国民主権の公民社会の大学への脱皮を迫られたのがワイマール期の大学である。君主制の下で伝統的権威に庇護されてきた大学が，戦後インフレの渦中に曝され，共和国の政党政治の波を被った。大学および大学人は組織と団体を形成することで自己防衛を諮る。学長会議とそこから生まれる大学連合，そして，全国学生連合としての全国学生委員会での議論は，ナチス化に先立つ共和国最初の 10 年において大学が置かれた状況を端的に示していると言えよう。

プロイセンが管轄下の大学学長を初めて文化省の公式会議に招集したのは 1898 年であるが，その後アルトホーフは，大学を設置している領邦の大学担当官に働きかけてドイツ語圏大学会議を開催した。ドイツ大学会議は，1918 年まで毎年開催されているが，プロイセン学長会議は継続的には招集されていない。これとは別途，1903 年 4 月，ライプツィヒ大学学長が呼びかけ，総合大学の学長をアイゼナッハに招き，意見交換の場を作った。出席した学長たちの意見は，こうした機会を定期的に持つことと，会合は監督官庁からの派遣としてではなく私的個人として参加する形が望ましいとした。発言が監督官庁の許可の範囲に限定されるよりも，自由な意見交換を求めたのであり，さらに，ドイツ帝国に限定せず，ドイツ語圏の大学の参加が望ましいとした。プロイセンは，ラント内公的学長会議の定例化に踏み切り，1904 年以降 1919 年まで毎年開催している[20]。

ライプツィヒでの会議に続く，非公式ドイツ大学学長会議の第 2 回開催は，4 年後の 1907 年となり，マールブルクにドイツの 18 大学とオーストリアとスイスから 8 大学が参加し，「ドイツ語圏学長会議」を設立

20）　以下の叙述は，下記による。Schlink, W. (1930): Rektorenkonferenz.

した。また，この1907年から工科大学の間でも学長会議が発足しており，1914年の戦争勃発までの時期に，プロイセン学長会議，ドイツ語圏学長会議，工科大学学長会議の3団体が並立していた。戦時下になると，学生の戦線参加，物資の欠乏，研究費・人員不足などから，総合大学と工科大学の協力が進んだ。

1919年7月，ハレで開催のドイツ語圏学長会議に工科大学学長が初めて公式に招待されている。この会合で，非公式参加の形態を再確認し，組織のあり方を議して参加者を各大学から学長，正教授1人，正教授以外の教員1人の3人体制とすることを決定した。さらに，大学の利益を集約し，主張するための団体組織について検討する小委員会を発足させた。小委員会は，早くも9月に大学連合という組織を提案し，その定款案を作成したので，ロストック大学創立500年祭に出席した学長会議のメンバーが定款を承認し，翌20年1月に第一回総会をハレで開催することを決めた。

1919年11月の革命で帝政は崩壊するが，20年1月4日から7日にかけてハレの工科大学で大学連合第一回総会が開催され，総合大学と工科大学からそれぞれ学長，正教授，正教授以外の教員が参加した。先ず議論されたのは，組織を大学教員の団体とするか大学単位の構成員とするかである。教員団体は既にラントや地区レベルで結成されており，個人を構成員とすると労働組合的色彩が強くなるとの理由で，大学単位の団体とし，国家の承認を必要とする法人組織ではなく任意団体の形式をとり，団体名をドイツ大学連合 Verband der Deutschen Hochschule とした[21)]。Hochschule という用語で，総合大学 Universität，工科大学 Technichsche Hochschule，そして，後に大学連合に加盟する鉱山アカデミー Akademie や高等専門学校 Fachhochschule を表現するのであり，現在のドイツで用いられている高等教育機関を総称する用語法がこの時期に確定した。

会議の議題は多岐に及び，大学の自治，大学改革，研究後継者養成，学生団体対策，学生扶助，研究扶助などについて議論され，出席者の立場や信念に基づき意見が分かれたが決定的な対立にいたらなかったの

21） 戦後西ドイツで1950年に発足する後継団体は，Deutscher Hochschulverband という名称を用いているが，本書での訳語としてはドイツ大学連合として訳語を一貫させる。

は，政党の大学への介入と経済混乱という大きな問題に直面しており団結が優先されたからであった。会合と並行して幾つかの講演が企画され，そこでの主題について議論された。ゲッティンゲン大学の歴史学教授ブランディは，「大学での学修と教員養成のための予備教育」について報告している。ワイマール憲法は，学校教育充実の観点から，教員養成教育を高等教育の一環として位置づけた上で，連邦共和国全体で統一的に規律すると定めており，既存の大学制度との関係では入学や卒業の基準の整合性が問題となる。大学連合の見解としては，大学とは別個の教育系高等専門学校がこの任にあたるのが合目的的である，として大学連合の課題から外す方向を採った。

第二回大学連合会議は，1921 年 5 月，再びハレで開催され，工科大学とともに，各種高等専門学校が招待されている。鉱山アカデミー，獣医高等専門学校，農業高等専門学校，林業高等専門学校などであり，これに伴い，大学連合が構成員として受け入れる高等教育機関の定義が問われ，以下の条件を定めた。自治団体として以下の権限と機能を持つ大学とし，学長選出権，教育の自由，教員招聘にあたり人事提案権，教授資格試験，博士学位試験，学生教育課程完備，学生教育予備課程，である。これらの条件が，大学（高等教育機関）としての自己理解であり，大学自治権を犯す外部からの介入は，大学の社会的存在を侵害するものと受け止めるようになる。第二帝政までの領邦大学にあっては，大学の自治は，大学と領邦君主の地域的・個別的問題であったが，共和制の政党国家においては，大学自治の伝統を全国の大学共通な正当性の根拠としたのである。大学を個々の団体組織としてではなく，総称として，即ち，制度体としての認識を共有していたのである。制度体としての大学，ないし，大学の自由は，後に触れるようにスメントが議論している。翌年の第 2 回会議は，学生委員会 AStA の全国連合が打ち出している方針を支援する決定をしている。一つは，帝政時代から政治意識の高い学生たちが大学都市で実践してきた成人教育運動である。もう一つは，大学での体育授業正規科目化の推進で，体育授業の管理・運営費用として学生からの費用徴収に同意している[22)]。連合の組織を最終的に決

22）　大学での体育教育に関する提案の詳細は，「大学スポーツ」の項で改めて扱う。

定したのも，この第二回会議である。理事会，中央委員会，各種委員会，全国大会会議を機関とした。これによって，大学が全国組織を結成したことになる。

以後大会会議は隔年開催とし，23年のマールブルク，25年のダルムシュタット，27年のアーヘンと続くが，29年のミュンヘン会議は大学と政治の問題を正面から取り上げ，さらに，第一次世界大戦の戦争責任問題について公式見解を発表するにいたる。ミュンヘン会議では，グライフスワルド大学教授ホルステンが「大学と国家」，ゲッティンゲン大学教授ブランディが「国政改革と大学」と題して報告を行っている[23)]。ワイマール共和国末期の時代思潮と大学連合の政治的立場を反映しているのが，ヴェルサイユ条約が賠償の根拠とした「戦争責任」問題である。過大な戦争賠償を課したヴェルサイユ条約は不法であるとするドイツ人の国民感情を大学人として肯定するのであり，ナチスの主張と共鳴していく。連合は，大学とドイツ人の精神生活を脅かす危険に対して発言することを決定し，さらに，「戦争責任」について全会一致で採択したとして，次のような文書を発表している[24)]。

> ミュンヘンで開催された第6回大学連合会議は，戦争責任問題について10年間にわたり内外の研究者が力を尽くした学問的個別研究を検討した結果，以下のような結論にいたった。
>
> 確認できるのは，1919年に敵対10か国の代表が戦争責任について下した判断は，不十分，歪曲，虚偽，部分的に捏造された根拠に基づいているということである。

共和国の教育制度の中に，教員養成高等専門学校が取り入れられ，1926年のボンから始まり32年まで各ラントが設置していく。既存の高等教育機関と同等の位置づけがなされるとしたが，後に教育単科大学に昇格しても，博士学位授与権は与えられなかった。学問的には教育学を柱とし，これに純粋研究よりも教育実習を結びつけ，造形と音楽を加え

23）ホルステンは，後にキール大学に移り，後に紹介するように，同じ題目での論文を発表している。

24）Schlink, W. (1930): Rektorenkonferez, S.596.

る。重要視されたのは，社会意識と政治意識を教員養成教育に組み込むことであった[25]。

大学連合は，33年のヒトラーの独裁政権成立とともに同質化・画一化される。大学教員の対応は，第一次世界大戦後の知識人一般のそれと同様で，政治への無関心の態度を取る一方，民族主義的心情が支配していたことがナチスに利用された。1933年4月22日のウュルツブルク大会で，議長のベルリン大学教育学教授シュプランガーは，ドイツ民族Deutsches Volk再生を歓迎する，との声明を発表している。しかし，36年には解散させられた。大学連合が，Deutscher Hochschulverbandとして再興されるのは，1950年である[26]。

学生委員会AStA

学生も，大学全体の学生組織とともに大学横断全国組織を作り上げていく。戦線から復帰し，祖国再興の志士たるべく，先ず，戦前から名誉を守る決闘を容認してきた学生団体が，同志的結合を図るべく1919年にイエナ大学に結集してADW，Allgemeiner Deutscher Waffenringを結成し，1921年のエアランゲン綱領で全国組織化した。1919年にベルリンで結成されたDHR，Deutscher Hochschulringは，ドイツ民族意識Deutscher Volkstumの昂揚と学生の指導的役割を旗印に，様々な形態の学生団体の結集を図った。

一般学生を含めた全学の学生の主張を全国レベルで取りまとめていくのが，1919年7月，ウュルツブルク大会で結成された全国学生連合Deutsche Studentenschaftである。戦争中からの運動であり，1917年にフランクフルトで第一回が開催され，18年のイエナ大会と続いた戦時学生大会から発展したものである。翌20年のゲッティンゲン大会で各大学における全学学生委員会AStA，Allgemeiner Studentenausschussの統合組織とした。各大学で，学生団体横断的，かつ，学生団体非加入の学生を含めた，全学学生委員会AStAを結成し，その全国統合組織として学生連合を位置づけた。議会と同じ組織原則を採り，選挙と多数決を決議方法としたことにより，伝統的な学生団体の長老主義と決別する学

25） Kuss, H. (1986), S.47.
26） Bauer, F. (2000), S.20.

生組織となった。学生委員会が，当該大学から正規組織と認定されたならば，運営・事業費に使用する組合費の権利が与えられ，大学経理がその他の納付金と一緒に学生から徴収した[27]。

プロイセンは，1920年9月18日の規定で，プロイセンの大学すべてに対して学生組織結成を許可し，学生委員会を正規組織として認定した。これに他のラントが追随していく。全学学生委員会 AStA は，法的組織ではないので任意団体であり，各ラント政府の監督下に置かれたが，その活動範囲はラントの枠を越えることが多く，19年の全国的組織が維持された。1920年のプロイセンの大学での委員会規定は，「他のドイツの大学の対応する組織とともに全国学生団体連合へ統合することが出来る」としている。

1919年のウュルツブルク大会には，総合大学25校，工科大学11校，その他の大学2校が参加し，全国学生連合の組織形態，参加資格，各大学 AStA 加入資格が決定されている。5人の執行委員が選出され，代表にはカソリック学生団体の代表が就いた。参加資格は，ドイツ語圏の大学とされ，ドイツ国の大学，オーストリアの大学，チェコのスーデンテン・ドイツ語圏大学（プラハ大学とブルノ工科大学）とし，各大学の委員会組織に加入できるのはドイツ国民学生とドイツ語・ドイツ文化系の学生としてユダヤ人種は排除された。大ドイツ主義と民族主義が採られたのであり，20年のゲッティンゲン大会で確認されたのは，ドイツ国原則が共和国の学生に，民族籍（Volk）原則がオーストリアとスーデンテンの学生に適用し，排除されたユダヤ人学生には人種原則を適用することであった。また，国家転覆を意図しているとして，マルキシズム信奉者とその支援者の加入を禁じた。外国人の加入も認めないこととした。

大学内に信条や人種問題を持ち込むことを問題にしたのは，22年にシュトラールズンドで開催された全国大学連合会議であり，学生委員会は信条・人種・国籍にかかわらずすべての学生の組織であるべし，との決議をしている。26年5月18日，プロイセン議会の社民党を中心とする与党3党の決議として，プロイセン文部省は学生委員会規定を改正

27） 以下の叙述は，下記による。Sysmank, P. (1930): Organisation, Siegmund-Schultze, F. (1930): Sozialstudentische Arbeit,Brunstäd, F. (1930): soziale Frage, Schlink, W. (1930): Wirtschaftshilfe. Krüger, H. (1996): Selbstverwaltung.

して現状を是正すべきとした。12月24日，議会の圧力に押された文相ベッカーは，学生委員会に書簡を発し，是正を求めるが，学生委員会は27年1月のマールブルク大会において政府の介入であるとして拒否する。文相ベッカーは，27年9月23日の省令によって，学生団体結成を許可した1920年の規定を破棄するにいたる。

これにより，学生は公的に保障された組織を通じて民主的に全学学生の意思決定に参加する手段を失った。学生は，戦前からの非公式・閉鎖的な郷土団体やコルプスなどに引き籠るのであり，全体意思形成に対して無関心と日和見となる。学生の全体意思決定は，公的・開放的な組織においては団体・グループの構成員数によって定まるが，非公式な形となると長老主義や積極的・先鋭的な主張が影響力を発揮する。ナチス学生団NSDStBの団員数は，1930年において約4,000人で，全学生の3%であったが，学生団体が許可されている大学での執行部選出では30%を越える得票率を獲得するにいたっている。そして，31年，オーストリアのグラーツ大学での大会では，ナチス学生団のミュンヘン工科大学農学部学生リーナオが全国組織執行委員長に選出されるのであったし，31年にはドイツ国内の10大学で絶対多数を獲得した[28)]。

ヒトラーが政権を握ると，1933年4月22日付けの学生組織形成に関する法律，34年2月7日付けの学生団体組織法によって，ユダヤ人学生の排除を徹底した。第二次世界大戦後，45年10月10日の軍政部管理令は，AStAを典型的なナチス組織の一つであるとして解散させたが，大学授業再開とともに委員を軍政部が選別して活動を再開させた。学生委員会AStAが，大学史において再び大きな役割を演じるのは，1960年代の学生運動においてである。

ワイマール期におけるAStAの活動は，各大学が学生と地域の事情に基づいて行うのであるが，大きく分けて3つの分野である。一つは，組織形態の整備と公法上の法的地位を確立して官庁や諸団体との交渉能力を発揮するなど，法務・総務分野である。地方自治体，ラント，共和国政府の法的認定を得ることによって，公的補助金を得ることが出来るし，他団体との協定締結能力を持つことができる。二つ目の経済分野

28)　Huber, E. R. (1981), Bd.VI,S.1004ff.

は，学生生活の経済的支援であり，学生食堂や学生寮の自主運営を行い，労働部 Arbeitsamt を通じて日給・時間給の仕事を仲介した[29]。19 世紀の大学では考えられないことであったが，学費と生活費（の一部）を自から稼得する（せざるを得ない）学生が増加し，勤労学生 Werkstudent という用語が生まれたのもこの時期である。社会分野では，戦場からの帰還学生や捕虜学生の支援に始まり，市民生活の補助や市民の成人教育に学生があたった。

三つ目の社会分野において著しかったのは，社会の下層階級の生活や教育への援助奉仕である。カソリック神学の学生は，既に 19 世紀中葉から活動を始めている，カソリック博愛会の手伝いをしていたし，19 世紀後半から顕著となる商工業の貧民層への啓蒙活動が，社会問題に関心を持った学生の奉仕対象となった。一般学生が貧民層に直接接点を持つことは殆どないので，労働組合の運動を手助けする形で参加した[30]。地区単位で労働組合が講座を開講しており，学生が授業を受け持ったので大学講座 Akademische Unterrichtskurse と呼ばれた。読み，書き，清書，手紙の書き方，計算，簡単な簿記などが内容であった。ベルリンのシャルロッテンブルク地区での講座参加者の半分以上が 20 歳から 30 歳で，30 歳以上が 30% であったから，学校教育を受けていない，ないし，不十分であった人々が対象であった。シャルロッテンブルク地区での講座は，1901 年にベルリン工科大学学生が始めたものである。教場や教材の費用は，学生負担と大学補助であり，参加者は登録料 Beleggebühr として半年 0.5 マルクを負担した。大都市から始まった学生の社会活動は，次第に殆どの大学都市に広がり，1904 年にドイツ大学講座連合がベルリンで設立され，翌年から本部をライプツィヒに移した。講師として講座を受け持った学生数は，1911 年で 739 人に上り，その内女子学生は 53 人であった。学生の全体から見れば僅かな数字であるが，ここから第二次世界大戦後，市民大学 Volks-Hochschule が発足する。

29）著者の推定で，確定した根拠はないが，学生仕事をアルバイトと表現したのは，当時の日本人学生が持ち帰ったのかもしれない。

30）以下の叙述は，下記による。Siegmund-Schultze, F. (1930): Sozialstudentische Arbeit. Mutius, A. (1996): Studentenwerk.

戦時中の中断の後，大学講座の再開は困難を伴った。学生自身の経済状態が悪く，講座参加者に生活上の余裕がなかった。それに加えて，参加者との接点となり，講座を企画する労働組合が，政党対立の余波を受けて分裂したからである。社会民主党と分派した独立社会民主党の対立は，学生の社会的活動の場を奪った。大学講座が再び一般的となるのは，経済状態が改善する1926年以降である。

学生自助互助組織

学生委員会AStAとは別に，アメリカの組織を模して学生自助・互助組織の考え方をドイツに普及させたのは，ドイツ在住のウシスコンシン出身のアメリカ人生物学教授コンラード・ホフマンとその友人ヘンリー・イスラエルであり，アメリカからの資金援助を実現するとともに地域団体を下部組織とする経済扶助組織の法人団体化を提唱した。物資欠乏の戦後初期においては，中央組織で調達した物資を地域に供給することで学生の生活支援活動を行った。ゲッティンゲンで開催された1920年の全国学生連合会議で，連合の指導的学生と各大学の支援組織の代表が合意し，自助互助組織の各大学での自立的活動を決定した。21年のエアランゲン会議で，社団法人ドイツ学生経済扶助 Wirtschaftshilfe der deutschen Studentenschaft e.V. として統合組織を立ち上げ，組織とその活動分野について体制を確定した。各大学で学生，教授，その他支援者が同権の立場で協力すること，あらゆる分野での経済扶助を行う組織であること，各大学1組織に関係団体等を集約したものであること，を組織結成条件とした。ゲッティンゲン大会で提起された学生資金貸付金庫 Darlehenkasse der Deutschen Studentenschaft が1922年から発足したし，特に学業に優れた学生を対象とする奨学金団体としてドイツ学生基金 Studienstiftung des deutschen Volks が設けられたのは25年である。学生食堂 Mensa や学生寮の設立，戦線から戻った学生や戦後の混乱期に精神的・肉体的疾患を抱えた学生の療養扶助も行った。

戦後初期やインフレ期の学生は生活苦に追われた。技能を持つ学生は飲食店の楽士，通訳・翻訳などができたが，普通の学生にとっては，学業以外の時間に就業できる夜警や家庭教師などが稼得機会であった。各大学の経済扶助組織は，地域の経済団体や地方自治体と協議し，学業と両立できる仕事を仲介した。季節によっては，農家の手伝いが学生の仕事となり，手当とともに食料を得ることが出来た。戦前の大学と比較して学生の出身階層も大きく変化した。1926年における父親の職業分類統計によると，総合大学と工科大学では多少の差異があるものの，最大の29.7%が商工業者であるから父親の殆どが大卒ではない。これに続くのが中級官吏（21.7%）と高級官吏（12.3%）である。大学を修了，即ち，なんらかの学位取得者の比率は総合大学で23.6%，工科大学で17.9%であった[31]。「貴族の大学」の時代は過ぎ去った。完全な消費人口であった戦前の学生と比較して，父親の職業や資産状況から，学生が何らかの収入機会を求めることに抵抗感がなく，20年代末の学生の60%は何らかの形で対価労働に従事していた。

経済扶助組織の活動は次第に社会的認定を得る。1922年9月，共和国内務大臣が個人寄付をするのであり，24年以降は共和国からの補助金が予算化された。26年の連邦政府補正予算に始まり，28年以降経常予算化するのが学生寮建設費補助である。建設費の最大50%までを補助する制度であり，これに加えてラントや地方自治体も補助するようになったので居住空間，食堂，娯楽室を備えた学生寮が各地に建設されていった。戦争直後からインフレ期にかけて，賃金が高く，為替レートが有利なアメリカで学費を稼ぐため渡米する学生が続いた。23年に滞在許可規制がなされ，学業目的の者にのみ学生ビザが発効されるようになると，学生連合の経済扶助組織はアメリカ政府や経済団体と協議し，工科，農業，経済などの分野の学生が年間100人まで労働目的を兼ねる渡米留学を認めさせた。

1929年にドイツ学生援護会 Deutsches Studentenwerk と改称したが，33年以後ナチス学生団の管理下に入り，34年に帝国学生援護会となり，38年に中央組織と下部組織の系統化を強化したが，実態はナチス学生団が背景から管理しており，学生の自助互助組織としての機能は失われていった。同質化，画一化，中央統制というナチスの組織論が端的に現れた例である。組織本来の機能発揮よりも，組織の人的支配の犠牲となった。学生の自助互助理念から生まれた組織から生命力を抹殺してし

31） Graven, H. (1930) S.337.

まった。学生の自助互助精神は，第二次世界大戦後の混乱期に再び組織活動として結実するのであり，現在の学生援護会へと発展した。学生食堂，学生寮，学生保育所，連邦奨学金管理等と，現在のドイツの大学で学生生活に欠かせない存在となっている。

大学スポーツ

全国学生連合は，各大学のAStA活動を集約するとともに，年次大会において大学問題についても発言している。大学政策が各ラントで個別的になされている現状から，中央政府にも学術・学校教育省を設けて統一性を図るべきとの提言，予算等の理由から講座廃止があると反対運動や極端に左翼的な発言を繰り返す教員の罷免運動，学生の社会・政治意識を涵養するための科目の設置を求めるなど，全国組織の名前で要望している。

1920年にゲッティンゲンで開催された連合会議は，大学教育に体育を取り入れるべしとの方針を採り，次のような決議をしている。「すべての高等教育機関は，体育局を設置する」（1条）こととし，「すべての学生は，大学在籍期間中に体育を実践すること」（3条）を義務化すべし，とした。このゲッティンゲン決議が，先に触れた21年5月にハレで開催された第二回ドイツ大学連合会議で取り上げられ，支持決議がなされたのである。

大学連合の体育教育に関する決議は，以下の通りである。「第二回ドイツ大学連合会議は，すべてのドイツの高等教育機関で学ぶ学生に規則的な体育実践の導入，および，この目的を達成する方策の早急，強力なる着手を要求する。」この決議に基づき，共和国政府とラント政府に必要な予算処置を要請した。大戦後の体育重視運動の背景にあったのは，戦時中の食糧難に苦しんだ若者たちを健全な身体の発達へと導くという名目とともに，軍隊を補う若者たちの鍛錬を目指していた。若者たちを「国土防衛の力へ，祖国愛国精神へ，民族の敵と闘う指導者へ」と鼓舞するのであった[32]。

中世・近世の大学においては，身体運動とは学生の素養として，剣

32）　Buss, W. (1987): Hochschulsport, S.438.

術，馬術，ダンスなどを古典語や近代外国語とともに，大学の授業の外で私的に身に着けるものであった。19世紀初め，ドイツがナポレオンの支配下に置かれた時期に，祖国の独立を目指す学生は，ヤーンなどを中心に戦時に備えて体操練習と団体運動に励んだ。カルスバード決議以降，ヤーンの体操学生団も他のブルシェンシャフトと同じに見られ，プロイセンは1820年の団体禁止令によって弾圧する。ゲッティンゲン大学に対してもハノーファー政府は体操禁止令を出した。1840年に即位するプロイセン国王フリードリヒ4世は体操を奨励したので，体操団の団体禁止令は一時解かれる。48年，フランクフルトの制憲国民議会に集まった代議員は，学生運動を支援したが，その後の反動で再び弾圧される。

1849年，プロイセンがオーストリアの圧力に屈してオルミュッツ条約を締結するが，軍事的緊張状態は続き，雪辱に燃えるプロイセンは50年代に体操運動を奨励している。67年の対オーストリア戦争に勝利したプロイセンが主導するドイツ統一への道筋が見えはじめたことを受けて，学生は，1870年の対フランス戦争を熱狂的に支持し，自由志願兵として戦線に赴いている。71年のドイツ統一国家は，全国の学生が獲得した一つの祖国でもあった。

祖国防衛に馳せ参じる事態に備え，学生の体育運動は盛んとなる。体育運動の分野が娯楽としてのスポーツの発達とともに広がる。各地に，大学生や一般市民の漕艇クラブ，スキークラブ，登山クラブ，ヨットクラブ，水泳クラブ，自転車クラブなどが設立され，クラブ同士で競い合うようになる。さらに，簡素であっても廉価な宿泊施設を整備し，若者に共同宿泊の機会を各地に作るユースホステル Jugend-Herberge 運動とワンダーフォーゲル Wandervogel 運動も始まった。1891年には，各地のクラブを統合した「国民・青年競技促進中央委員会」が設立されている。

ドイツ帝国が，イギリスに対抗して，第一次艦隊法（1898-1903），第二次艦隊法（1901-17）を制定して，経済力を背景にヨーロッパの覇権を目指すと，軍事的緊張は高まり，学生の身体訓練意欲が高まる。各大学において，学内の学生クラブの統合団体，さらに，全国統合団体が結成されていくのであり，1909年7月11日に，ライプツィヒ大学創立500周年を記念して，ドイツ大学オリンピックが開催された。ドイツ学生オリンピックは，11年のドレスデンとブレスラオ，12年のダンツィヒ，14年のライプツィヒと続き，以後は4年毎の開催となった。学生オリンピックと並行して，10年にテニス学生選手権，11年にサッカー学生選手権などが開催されていく。ドイツ学生体育同盟Deutsch－Akademischer Bund für Leibe-sübungenが全国統一団体となるのが戦時中の1917年である[33]。

1920年，ケルンにスポーツ高等専門学校が設立された。既に帝政時代から一部の領邦では学校教育に体育が正規授業として取り入れられており，ワイマール共和国政府において，社会民主党を始めとする与党が学校教育において市民意識を涵養すべしとした。また，学習と身体の健全な発達を教育の両輪としており，体育教員養成施設が必要となったのである。

プロイセンのラント政府文化省は，大学教育への体育導入に踏み切り，大学を含めたすべての高等教育機関に体育局Institut für Leibesübungenを設置する。1925年5月2日の文化省通達は，工科大学学生の中間進級試験受験条件として，第2学期における体育授業受講を定め，26年10月1日発効とした。26年4月1日指令は，各大学で体育教育に関わる箇所をすべて集約して大学体育局を設置すること，可能な限りスポーツ医師を置くことなどによる体育局運営費用として，特別納付金Sonderbeitrag（ドイツ大学連合は学期納付金Semesterbeitragという用語を用いている）を学生一人当たり半年2マルク，学生団体連合を通じて徴収することとした。体育局授業への自発的参加が義務化されるのはナチスが政権を掌握した1933年夏学期からである。総合大学を含むすべての高等教育機関に学ぶ学生は，2学期にわたり，学期毎に一回週三日の体育授業への出席，および，教練教師が指導する行進練習に4日参加することが義務となる。翌34年夏学期からは，3学期が義務となった。

33）以下の叙述は，Stoeckle, E. (1930): Leibesübungen. による。

学術助成組織

戦後の経済混乱とインフレーションは，研究者を直撃した。逼迫した財政下での予算配分は，研究費よりも教育促進費が優先されたので，研究費の効率的配分と民間資金の取り込みは，大学と研究関連団体が自ら組織を作り，取り組まねばならなかった。ドイツ学術扶助会財団 Stiftverband Notgemseinschaft der Deutschen Wissenschaft は，1920年10月30日に設立総会をベルリンで開催し，発足した。提唱者の一人で，後に会長にも就くシュミット＝オット（Schmidt-Ott, Friedrich）は，扶助会の組織と活動について紹介している[34]。戦後インフレーションの影響もあり，学術関係機関が資金難に陥っていることから，公的・私的資金を集めて共和国の地域連邦主義の下で州横断的・全国的な学術振興を進める組織とした。全国の学術アカデミー，すべての高等教育機関の統合団体，カイザー・ウィルヘルム協会などの学術団体を，構成員として組織化した。中心的役割を果たすのはベルリン学術アカデミーで，アメリカのロックフェラー財団の協力を得ている。24の分科会と運営委員会が置かれ，最終決定機関は総会とした。運営委員会は，専門研究者15人，総会推薦10人，共和国内務省委員5人から構成され，分科会からの提案を審議し，総会に議題を提出する。24の学術分野毎の分科会の他に，図書館委員会やアメリカのジェネラル・エレクトリック社，ドイツのAEGとジーメンスが協力した電気物理委員会など特別委員会が設置された。研究費配分の原則はプロジェクト主義で，かつ，組織・機構横断的なプロジェクトに対してであり，主として施設補助を対象とした。研究・教育は憲法的にはラントの課題（文化高権）であり，ラントを越えての研究機関・研究者の共同研究を対象としたのである。強力に支援した分野の一つとして図書館の文献収集と研究誌発行がある。インフレーションと為替変動によって外国文献の購入が困難となっていることから，重点を決めての資金配分を行った。例えば全国的役割を果たしているベルリンとミュンヘンの国立図書館を優先し，次に，工科大学図書館での技術関係図書を揃えるとした。図書館予算削減と研究所等での

34） Schmidt-Ott, F. (1930): Notgemeinschaft. シュミット＝オットは，帝政期プロイセンの文化相で，ワイマール期の社会民主党政権での文化相ベッカーとは競い合ったとされている。

研究費削減から学術誌購入が停止され，出版事情が悪化していることから，専門分科会の推薦に基づき審査し，出版助成を行った。さらに，研究後継者養成の目的から，単年度および多年度に及ぶ研究奨学金を設定した。民間からの資金援助として，例えば，星製薬社長星一の寄付があり，この資金で日本部を設置している。29年にドイツ研究扶助・振興協会 Deutsche Gemeinschaft zur Erhaltung und Förderung der Forschung と改称し，以後ドイツ研究協会 Deutsche Forschungsgemeinschaft と呼ばれるようになる。34年にナチスが管理するようになるとシュミット＝オットを始めとする全役員が退職し，会長にノーベル賞のシュタルクが任命された。戦後復興期の47年，学術扶助会 Notgemeinschaft の再興が決定され，事務所をボン郊外のバード＝ゴーデスベルクに置かれた。49年にノーベル賞のハイゼンベルクの主唱で連邦政府に研究評議会 Deutscher Forschungsrat が設置されので，両者を統合して現在のドイツ学術振興協会 DFG，Deutsche Forschungsgemeinschaft となった[35]。

同じくワイマール期にその起源を持つ学術支援団体としてドイツ学術交流会 Deutscher Akademischer Austauschdienst，DAAD とアレクサンダー・フォン・フンボルト財団 Alexander von Humboldt Stifutung がある。DAAD は，ハイデルベルク大学の学生フリードリヒ（Friedrich, Carl Joahim）の発議で学生の国際交流団体として発足している。ハイデルベルク大学は，ドイツでは最も歴史の古い，ロマンチックな大学としてアメリカ人学生に人気があり，国際教育研究所を通じてアメリカの化学産業団体からの支援で交換留学制度を持っていた。フンボルト財団が再発足する1925年，これをベルリンに共同事務所を置く学術交換奉仕会として発展させ，各大学の外事課と連携させた。さらに，外国人留学生を業務とする他の箇所などを統合して，31年，現在の名称であるドイツ学術交流会とするが，33年にナチスの管理下におかれ，戦後の45年に一時解散するが，1950年8月5日をもって，ボン郊外のバード・ゴーデスベルクに本部を置いて再出発した。研究後継者を含む大学院レベルの学生の留学・対外交流の機会を与えている[36]。

35）Letzler, F. (1996).
36）Bode, Chr. (1996).

アレクサンダー・フンボルトは，ベルリン大学創立に関わったウィルヘルムの弟で，学術探検家として名を残している。1860年の没後，友人・知人・信奉者とともにプロイセン国王，ロンドンとSt. ペータースブルクの王立アカデミーの出資もあって自然研究財団が設立され，ベルリンの王立アカデミーが管理した。ドイツ人研究者の在外研究支援活動を続けてきたが，大戦後のインフレーションで財団資産を失う。1925年，政府は財団を引き継ぎ，外国人研究者招聘機関としたが，45年に同じく活動停止する。再出発するのは，53年12月で，DAADと共同事務所で，若手外国人研究者支援機関 Alexader von Humboldt Stiftung として再興された[37]。

私講師

政党国家において，大学を取り巻く環境は大きく変化したが，領邦大学として育ってきた従来の大学そのものの組織・機構は，「その根幹において健全であるというのが，責任ある人々共通の認識である」[38]とキール大学のシェールは述べているし[39]，諸政党も正教授が主宰する学部教授会を核とする伝統的大学制度に触れることがなかった。しかし，大学内部組織と外部環境の接点となっている正教授以外の教員の問題が切迫した課題として浮かび上がってくる。19世紀後半から20世紀にかけてドイツの大学制度が，世界的に大学モデルとして受け入れられていったのは，先進的な研究成果を生み出していったからである。こうしたドイツの大学を支えたのが，大学制度の内部においても何ら法的・経済的身分が保障されないにも関わらず増え続けた無給の私講師と員外教授であった。大学での将来の正規採用を夢見て，正教授に師事し，研究に勤しみ，学生指導に努めてきた人々である。

以下の表は，アルトホーフが提唱して開始したドイツ大学担当官会議での参考資料であるが，学生数増に比較して，教員数，特に，正教授数の増加は比例していない。ドイツの大学の特徴である，増大する学生の教育は大学組織の中間層である私講師や助手が対応するという構図が明

37） Berberich, Th. (1996).

38） Scheel, O. (1930): Die deutschen Universitäten, S.61. 以下の叙述も，上記に拠る。

39） Schlink, W. (1930): Rektorenkonferez, S.596.

白であり，第二次世界大戦後の西ドイツの大学においても 70 年代の大学改革まで続いた。

第二帝制期における大学教員構成と学生数

	1885 年	1914 年
教員数	2101(988)	3642(1318)
内プロイセン	1111(489)	1962(603)
（帝国内の大学の正教授，員外教授，私講師の合計で，語学教師等は除く。括弧内は正教授）		
学生数	31.418（26.928）	75.271（60.234）
（総合大学，工科大学，高等専門学校学生数の総計で，括弧内はプロイセン）		

出典）Brocke, B.: Föderalismus, Anhang.

共和国の大学政策は，大学制度そのものよりも，第二帝政期から積み残してきた教員組織の問題に直面していた。先ず，員外教授の取り扱いが検討された。二つの解決方法が提起され，一つは，員外教授に学部教授会，大学評議員会，学長選挙に権利をあたえることであり，もう一つは，員外教授を教授に昇格させることである。西南ドイツのラントは，前者の方法をとり，プロイセンは出来るだけ員外教授を教授に昇格させたが，員外教授制度は残った。しかも，昇格した新教授に研究所所長やゼミナール主宰者の地位を与えることができないので，学部教授会は研究所等を持つ教授と持たない教授から構成されることになり，前者は所長教授 Instituts-Professor，後者は人的教授 Persönlicher Professor と呼称された。

公務員である大学教員（正教授，員外教授）の定年問題の解決は，ラントによって異なった。大学教員の特殊性を考慮したバイエルンとメクレンブルクは特別扱いとして自発的退職を待ったが，その他のラントは，一般公務員 65 歳，大学教授 70 歳とした。プロイセンは，当初一般公務員同様の 65 歳定年としが，1930 年に 68 歳まで延長した。

大学管理者である政府にとって，大学組織改革における最大の問題は，私講師であった。大学の正規授業を担当するが，法的に恒常的雇用関係がない私講師とは単なる授業委託関係に過ぎなかったし，私講師資格の基準も明確でなかった。教員後継者予備軍として補助的な役割から出発した地位であるが，「学問の大工場」の時代に入ると状況が一変した。大学教員の分類とその人員構成が，この間の事情を示している[40)]。

大学教員の人員構成

	正教授	員外教授	私講師
1758年	376	86	38
1796年	619	141	86
1906年	1,247	767	1,028

出典）Dingler, H. (1930), S.210.

研究所，ゼミナール，大学病院等を設置する過程で，研究・教育補助者としての私講師が激増しており，大学組織の一環を形成していることが見て取れる。経済的にも，身分的にも不安定な立場であり，しかも，教授予備軍と位置づけるには膨張しすぎていた。プロイセンでは，私講師対象に奨学金制度を発足させるが，俸給を伴う地位に到るまでの経過処置と位置づけた。結果は，支給対象者の選別であり，受給者は将来展望がある程度約束されるとみなされた。選別は人数制限を意味するのであり，員数制限 numerus clausus という用語が生まれた。第二次世界大戦後の60年代，大学入学者選別と学籍配分を行った際に，この用語が学生対象に使用されている。

選別には基準が必要となり，ここから教授資格試験 Habilitation が制度化してくる。教授資格試験受験資格として，1）博士学位取得後一定期間（領邦によって2年から6年） 2）試講義　3）大学監督官の許可，が一般的条件となる。受験者に課された提出義務書類は，1）履歴書　2）資格審査対象論文　3）合格後の授業担当希望分野　4）書類等の公的証明書，である。試験は，1）論文審査　2）学部での試講義と討論　3）公開講義，である。

合格した者は，大学監督官を通じて文相に報告されて教授資格を得る。その上で，学部の許可を得て正規授業を担当し，正教授・員外教授募集に応募することができるのであった。私講師を公務員としての雇用関係の身分にある助手などと一緒に，学部補助員とする案が出されたが，私講師の間で研究者としての独立性を優先する考えが勝った。経

40）以下の叙述は，下記による。Dingler, H. (1930). Dingler は，表の教員数をドイツの大学全体としか説明していないが，1906年時点でのドイツ帝国の総合大学 Universität と理解して良いと思われる。

済的に不安定であるが，大学組織の中に位置づけられたので，1898年6月17日付けで，プロイセンでは私講師の規律に関する法律が制定されている。この法律の審議過程で大学局長アルトホーフが報告しているが，1852年から1898年の間に何らかの理由で政府が罷免した私講師は5例のみであった。

私講師の組織化も進む。1908年，員外教授団体の形成に続き，私講師団体がプロイセンで生まれた。1910年には，プロイセン員外教授団体，プロイセン私講師団体，プロイセンを除く正教授以外の教員団体が，ドイツ非正教授組織連合を帝国の全国組織として立ち上がっている。全国組織の活動成果の一つが，「年金資格を持たない大学教員の遺族補助金庫」結成である。1925年の連合会議で決定され，大学連合会議での決議を経て成立している。1927年3月31日現在でみると，正規加盟者数は1,212人で，非正規加盟者数は2,311人であった。学期毎の拠出金額は，正規加盟者で20マルク，他の年金団体に既に加入して非正規加盟者は，5マルクであり，受給金額が異なった。

プロイセンは，1930年，文化省の指針に基づいて各大学は学則改訂を行うが，正教授のみを成員とする機関への出席者を広げるなどの修正があったものの，「根幹において健全」な現状を維持するものであった。学部と学部長，学長，評議委会などの制度のみならず，学長や正教授の正装であるタラール，尊称としての学長閣下 Magnifizenz などの維持が再確認されたにすぎない[41]。

学生納付金

学生と教員の共同体として出発した中世の大学は，聴講料を原資として運営されたので，原則は教員個人の収入としつつ一部を教員団ないし学生統合団体が共同費として管理していた。ドイツの領邦君主設置大学では，君主が教員の基礎俸給を支払ったので，週4コマの公的授業を無料で課し，その他の私的授業に学生が支払う聴講料は教員の個人所得とした。学生は，副学長に支払う入学許可手続費や大学によっては図書館利用費を負担するのが義務的納付金であり，教員の私的授業は届け出

41） Pawliczek, A. (2011): Akademischer Alltag, S.74.

た者のみが聴講料を支払った。大学は，君主が必要としたから設置したのであり，学生に聴講料を強制する伝統はなかった。

ベルリン大学教授のヤストロウは，学生聴講料を国庫収入とする方式はアルトホーフによって始められたとする。既に述べたように，アルトホーフは，一人ひとりの教員の私的授業に支払われた聴講料から，一定額以上を徴収して聴講料収入が少ない教員に図書費や研究費として再配分する制度を始めた。研究後継者育成が目的であった。しかし，次第に徴収基準額が引き下げられ徴収金額が増大するようになると，文化省大学局が運用する基金として利用されたので，国庫収入化したと，説明する[42]。

学生が支払う聴講料が，国庫収入と教員の私的収入（聴講料）の併存状態となるのがワイマール期である。戦後混乱期において，学生の支払能力が激減する一方，ラント政府は公務員たる教員の生活保障に追われた。戦後インフレ終息が見られ始めた1923年末頃から，各ラント政府は，互いに意見交換と制度調整を重ねながら，聴講料取り扱い方式を定めていく。経済混乱への対処が理由とされたので，大学の自治や伝統との整合性，さらに，制度変更の正当性などについて議論する余裕もなかった，とされている。1授業当たりの聴講料を授業料 Unterrichtsgeldとし，インフレ以前の物価と換算して半分程度の額に定め，同時に，別途固定額を学期毎の学費 Studiengebührとして，入学金などの諸雑費納付金とともに政府が収納した。即ち，授業料部分を押さえつつ，学生が支払う聴講料を，教員と国庫が分け合うのであり，その代わりに，政府は教員に生活を保障する公務員給を保障した。

学生はこれまでは，学位試験や資格試験の準備のため無料の公的授業を科目登録し，図書館やゼミナール図書室を利用し続けることが出来たが，新制度では学費支払が在学条件となった。上記の項目以外に，実験学習を伴う医学部，自然科学部の学生は，一定数以下の科目登録の場合，補填費用負担があったし，研究所やゼミナールの施設・設備費が徴収された。留学生は，別途共益費が課せられた。ラントによっては，退学手続き料が定められている[43]。

42） 以下の叙述は，Jastrow, J. (1930): Kollegiengelder. による。

43） 現在のドイツにおいて，授業料は無料であり，学費 Studiengebühren（ドイツ外務

学期学生納付金の項目と金額：1930年5月現在　（マルク）

	入学金	学期登録料	学費	授業料（私的，1コマ）
プロイセン	25	14.5	70	2.5-5.0
バイエルン	20	10	45	3-4

出典）Jastrow, J. (1930): Kollegiengelder, p.281.

＊）他のラントの例などは，Jastrow, J. (1930): Kollegiengelder. 参照。

大学と政治

ワイマール共和国の10年間における大学を振り返り，幾つかの大学論が同時代人の間から生まれている。ナチス台頭が顕著となる前の時期において，ワイマール共和国における大学問題に対する同時代の大学関係者の発言から，大学（高等教育機関）が置かれていた時代状況を読み取ることができる。一つは，大学と国家との関係についてであり，もう一つは政党国家における大学と学生の関係についてである。

キール大学教授のホルシュタインは，ドイツの大学と国家との関係を歴史的に以下のように要約している[44)]。中世イタリアにおける大学は，その生成期から教員と学生の学術共同体として発展してきており，14世紀にドイツ語圏で最初に設立された大学はその伝統を受け継いでいる。15世紀以後のドイツの大学は，設立者の意図と管理が前面に出てくるのであり，特に，17世紀以降の絶対王制期の領邦君主は大学を国家の施設（営造物）の一つと位置づけ，大学を管理運営してきた。それゆえ，大学の本質は学術共同体であるのか諸学校と同じく国家施設なのかとする議論は現在まで続いている。ホルシュタインは，大学は自治機能を持つ学術共同体としての側面を強調する立場に立つのであり，教育の自由と学部人事権を例として挙げるが，その背景には特定の政党ないし党派の大学への介入を阻止しようとする意図があった。特定の学問分野，国法学，経済学，歴史学などの教員に，特定の政治的信念を持つ人間を任命しようとする傾向があり，また，慣行によって学部推薦権に基

省の「ドイツの実情」では授業料と訳している）が徴収されている。学費徴収の根拠として，大学という公共施設をすべての国民が利用するわけではなく，特定の希望者の利用であるから，費用の一部負担が生じる，としている。現在のドイツにおいても，授業料としてはを徴収しないことから，Das Studium ist kostenlos（大学（学修）は無料）という表現が用いられている。Thieme, W. (1986), S.655f.

44）　Holstein, G. (1930): Hochschule und Staat.

づく候補者から学問的基準に基づいて大臣が教授招聘権を行使してきたのであるが，共和国では支配的な政党が当該官庁に影響力を及ぼしている，と述べる。

大学が研究と教育において最適な判断を下すことができるには，大学の自治機能を活すことであり，大学内部においては大学の根幹は教授を中心とする学術共同体である，とする旧来の大学観が支配的であり，ホルシュタインは大学の自治への政党の介入という観点から国家と大学の関係を論じたのである。これに対して，日本の学界においても統合論の論者として知られるベルリン大学のスメントは，1928年の「意見表明の自由」と1930年の「政党と大学」において，憲法規定における大学自治の位置づけと大学が置かれている政治的・社会的状況に言及する。

スメントは，ワイマール憲法118条の「意見表明の自由」条項が第2編第1章個人の基本権の部に入っていることが誤解を招くとする。同じ第1章の123条が集会の自由，124条が結社の自由を保障しており，基本権は個人に限定されず，グループ，団体にも及ぶのであり，さらに，意見表明の自由を不可欠の存在条件とする報道業界 Press を念頭に置くならば基本権は制度体にも適用されるとする。ちなみに，スメントは，国旗は色で表現された一つのシンボルにすぎないが，法的意味を持つ，と述べる。そして，118条が，雇用関係が意見表明の自由権を妨げることを許さないとしていることは，129条が定める公務員という制度体（職業官僚制）への基本権保障となっていることを指摘する。

118条から切り離せないのが142条の「研究・教育の自由」条項である。研究と研究成果の敷衍は大学の自由とされているが，「ドイツ的な意味での大学の自由は，今日のヨーロッパ文化において自明なものと言う事はできない。それは歴史的に制約された制度（体）であり，近い将来存在を終えることも考えられる」と述べる。ドイツにおける大学の自由は，歴史的経緯を経て基本権へと結実してきたのであり，1849年のフランクフルト憲法と1850年のプロイセン憲法の規定がワイマール憲法に受容されたのである。大学の自由が基本権として認容されるのは，学術的営為がその固有法則性 Eigengesetzlichkeit des wissenschaftlichen Lebens のゆえに法的規律や審査に服することがないのであり，また，研究の自由は学術的生産の活力であるからである。

言うまでもなく，スメントも大学教員の自由に制約が存在することを述べるのであり，次の3点を挙げている。一つは，刑法に違反する行為であり，二つ目として研究と教育の整合性，三つ目は授業科目である。最も問題が大きいのは二つ目であるとして，カント哲学者であるとともにドイツ大学史の著者パウルセンが指摘した例を挙げている。即ち，神学部教授の授業は教会を肯定的な存在として論じなければならないとするなら，政治学や法学の教授は現存国家体制を肯定しなければならないのかという問題である。三つ目の授業科目において，授業と国家試験科目との整合性を論じているのは，大学は国家資格試験分野・科目を授業科目としなければならないのかという問題である。

学術研究の成果敷衍が大学の「教授の自由」であり，研究成果表明の自由は大学の自由に最も緊密な関係に位置する。研究成果が真であれ，蓋然性であれ，意見表明は妨げられてはならない。「教授の自由」こそ，ドイツ人の精神生活を表現する最高形態を保護する公的制度（体）eine öffentliche Institution であり，立法によって侵害されてはならない，とする。そして，教授の自由こそは，「我々の職業がその深奥において責を負う特権であり，ドイツの大学の基本権である」，と述べて論を終える。スメントの論を辿るならば，意見表明の自由と教授の自由は大学の基本権であり，大学人の特権であると述べることで，大学という存在をも制度体として意識していたと受け取ることができよう[45]。

上記のようなスメントの大学制度（体）論に関して指摘しておくとするならば，スメントが育った帝政期の大学は，設立時の国王特許状が大学裁判権と教授の出版自由権を保障しており，領邦等族憲法の多くが大学を制度体とみなして議席を与えていたことであろう。不可解なのは，スメントが，国家試験との関連で科目（設置）の自由の問題を扱う一方，自治団体としての大学の歴史的正統性にとって最大の制度保障とも言うべき学位授与権に触れていないことである。工科大学の学位 Dr.Ing に

45） Smend, R. (1928), S.95, 99, 102, 116, 118. 大学の制度保障として意見表明の自由と教授の自由を論じた大学人スメントが，ナチス期にどの様な対応をしたのかは興味ある視点である。スメント自身は，反省を込めて次のように述べている。「（ナチスの政策に対し）必要であった抵抗を避けたことについて，我々は自身を美化することは許されない。様々な批判はあるが述べさせていただきたいのは，我々の本来の課題，即ち，真摯な仕事へと引き退ったことは，必要，かつ，有効な抵抗の一つの形であったことである。」Smend, R. (1953) S.460.

異議と唱えたのは「大学」であった。大学教壇資格である学位と教授資格試験を大学人事から切り離し，大学人事を同質化したのがナチスである。後に詳論するが，第二次世界大戦後の高等教育機関乱立において，学位授与権を持つ「学術大学」を制度体として峻別している一方，学位授与権を授与する主体と授与基準についての議論が深まることはなかった。

スメントは1930年の「政党と大学」において，制度としての大学を取り巻く社会的環境と大学の内部状況に論を進める。学問の自由保障は，制度としての大学の団体自律権を保障するが，政党国家においては，多数派を占める政党が国家の名前で大学の講座・科目・教員人事に影響を及ぼしている。政府ないし領邦君主の介入は帝政時代から見られた現象であるが，具体的に大学の自治を支えてきた文部官僚，教員組織，学生の状況が1919年の体制転換と共に変化したことを指摘する。

領邦国家の時代においては，領邦君主自体が大学の庇護者であり，領邦君主の恣意に対しては文部官僚が中間項として大学を庇護してきた。さらに，1848年のフランクフルト国民議会が教授議会と呼ばれるように，大学教授が施政者側にあったが，政党国家において大学教授が政治に直接関わることがなくなり，また，政党内において大学問題の専門家が少なく，議会での大学問題の取り扱いは些末な人事問題に終始するようになった，と言う。同時に，議会制民主主義の政党国家においては，多数派政党による政権交代があり，文部官僚は大学管理者の性格を強く持つようになった。他の省庁と較べ，文部省は立法，所管，監督，施行を一体として所轄し，(学校教員，大学教員を掌握するという特徴を持つし，後には奨学金も所管する—著者注)，これに伴い，政府の執行機関となる文部官僚は政府の施策への大学側からの反論を国家への反抗として受け止めるようになった，とスメントは述べる。大学内部においても，教授の政党化が進み，大学としての一体性，大学としての統一見解が失われた。体制転換以来教授と学生の関係も変化し，大学への学生の全面的信頼関係が失われたこと，学生のグループ化・政党化など様々な理由によって，もはや教授は学生を「指導」führenすることは出来なくなったと，時代の標語である指導者原理 Führer-Prinzip をもじって述べる。

スメントの議論の展開は，原理原則に基づく分析・解説を特徴としているが，学生問題については具体的に述べている。学生のグループ・団体を，左派，右派，教会派の分類別に解説した後，右派である民族社会主義グループ（ナチス）が大学内で極度な人種差別運動を行っているとしてプロイセン・ラント議会の多数派が1920年に許可した学生団体の公認を取り消させたことを念頭に置いて次のように述べる。「こうした右派に対して，党派性を非難すべきでない。こうした非難が公的になされたことは理解しがたいことである。非難されるべきは，むしろ，ある種の国家疎外性と非国家性である。」そして，プロイセン議会の多数派の決定こそが党派的であるとして，今後学生は日和見主義的に何らかの決定に組み込まれるか，ないしは，全くの日和見主義になるであろうと，結論する[46]。

スメントは，1935年にゲッティンゲンに移り，ナチスがその力を謳歌する大学創立200周年であるとともに七教授事件100周年の37年，11月18日の七教授記念日に短文を著している。先ず，七教授事件がドイツ史における決定的転換点となった，として次のように述べる。ドイツ国民の意識が，伝統的支配の正当・不当の判断基準を七教授事件に置くようになったこと，そして，犯された正義を正すべく期待されたが――ジュネーヴでの無為な論議を想起させるが――機能不全に陥ったドイツ同盟議会（1815年にドイツ諸領邦が設立した）への信頼喪失はここに始まった，と述べる。スメントがジュネーヴ（国際連盟）をドイツ同盟と対比した背景には，ユダヤ人排斥問題があったと思われる。第一次世界大戦の戦後処理を目的に1919年1月パリ会議が開催され，大戦後独立した中東欧の中小国家が多民族問題を抱えていたこと，そして，日本など移民を送り出している国が同胞の現地での法的保護を求めて，人種差別撤廃を求めて少数民族保護条約を提議し，国際連盟ではジュネーヴ

46)　Semend, R. (1930), S.280, S.283, S.286, S.296. スメンドが指摘する文部行政の特殊性を，現代の大学事情に引き付けて考察してみるならば，文部行政は立法から施行まで一貫して所轄しており，行政が任免権を持つ教員が生徒・学生（最終消費者）を直接管理しているし，さらに，奨学金を通じて最終消費者の量も管理できるのである。国家の使命である公共の福祉（利益）を，文部行政は立法から施行まで完結した形で提供するとともに，政策効果を自ら判定・管理できる権限を持っていることを示している。他の省庁の行政は，社会保障や警察などを除くと，行政が最終消費者と直接接触し，その量や質を直接管理することはない。

において議論が続けられたが，アメリカやオーストラリアなど少数民族受入国の拒否により実現しなかった。法の正義実現の期待がかけられる国際組織としてジュネーヴ会議が機能しなかった例を挙げたことは，スメントの念頭にドイツにおける人種差別としてのユダヤ人問題が念頭にあったことが推測できる。

七教授事件は，自己の信念に忠実な人間が個人として政治的意見表明をした倫理的行為として解釈されてきたが，歴史的に見ると全くの誤認である。法に基づかずに国家基本法を破棄した国王に対する7教授の抗議は，国家基本法の擁護すべく，また，そのために天職として資格が与えられた人間の行為である。スメントは，二つの意味で述べる。一つは，等族議会に席が与えられた大学（という制度体）の構成員として，さらに，学生を教育するという職業に任用された者として。第一の意味において，ストユーヴェもまた，国家基本法に基づき等族を代表するオスナーブリュック市長として抗議している。第の二意味において，教育することを与えられた職業とする教員が，一度国家に捧げた宣誓を安易に反故にする姿を学生に見せることが出来ない。

七教授のプロテストは，国王による国家権威の恣意的な破壊に対する抵抗であった，と述べている。ドイツの世論は真摯なる個人の行為として誤認したが，しかし，七教授事件以後，国家・王権という存在に代わって，国家と社会 Staat und Gesellschaft という二元構成が実態的に定着した，と論じた。そして，Gesellschaft には，「西欧的理解で，民間人（市民）から構成される」と説明を加えている。後に触れるが，1937年9月の大学200周年記念祭はナチスの祭典として盛大に祝われている。スメントが，七教授を主題とするこの小論において，七教授のプロテスト，ドイツ同盟議会の機能不全，国家と（西欧的意味での市民）社会の二元論へと論を発展させたのは何らかの思いを籠めているのではないかと推察するのは筆者の穿ち過ぎかもしれない。小論の最後の一文を直訳してみるので，読者の判断に委ねたい。「ゲッティンゲンの七教授は，歴史の先駆者，即ち，ドイツ統一への勇敢な先駆けであったのみではない。それが同時に意味したのは，国家と並存する国民という権威（西欧的意味での社会的価値観ー著者注）の，意識されることが少ないが，痛ましく，そして，重い帰結を持った終焉である。この権威は国民にとって不可欠なものであるが，1837 年から 1933 年の間の自由主義のすべての成果をもってしても国民に供することができなかったものである。」

国家統合論の論者としての公法学者スメントの「国家と社会」論である。ドイツ社会史が，1960 年代になって中心テーマの一つにする興味深い視点であり，ナチス期にこの主題を提起した公法学者の論旨の一層の展開を期待したいところであるが，1951 年に再び七教授事件をより詳細に述べるにあたってこの点への論究がないことは残念なことである[47)]。

スメントは，第一次世界大戦後国民党 Republikanische Volkspartei に入党しており，ナチスに批判的立場であった。ナチス政府は，首都の大学であるベルリン大学公法学（憲法学）正教授にシンパのヘーン（Hoen, Reinhard）を就けるべく，1935 年，スメント宛に好条件の招聘をゲッティンゲン大学から出させる一方，ベルリン側ではスメントとの交渉を断つことで，移籍せざるを得ない条件を作った。スメントは好条件で招聘されたゲッティンゲン大学へ移籍した，との形式的には合法的な手段を作り上げるナチスの手法が発揮されている。制度・組織を裏から誘導し，自己目的のために利用する，隠蔽された合法性である。

学生団体

学生団体は，ヨーロッパの大学発生とともに定着している。中世の大学は，学生団体（同郷団）と教員団体との共同体 universitas magistrorum et sholarium であった。14 世以降，ドイツに大学が設置されると，学生は地域単位の同郷団や身分を同じくする学生の団体を形成し，異郷の地で互いに支え合って学生生活を送った。中世の職人団体や騎士団の組織を倣ねたのであり，その結束は秘密結社の性質をさえ持った。団体内の規律と団体外の学生・市民との軋轢処理のため，団体規則が定められ，団体所属を示す旗印（色彩），帽子，肩掛け，衣服などを定めた。団体間の私的・公的交流にもルールが設定される。政府は，学生の保護と管理のため大学裁判所を設置するが，学生は自分たちの身分は自ら守ることを名誉として決闘など独自のルールで解決したので，国家の中の国

47）　Smend, R. (1937), Smend, R. (1951). スメントの国家統合論については，高橋信行（2012）を参考にした。

家，法の中の法を嫌う政府は学生団体の規制に動くが，学生の団体形成を掌握することはできなかった[48]。

学生団体は様々な目的と形態を持って生まれ，活動した。最も古い形態は，同郷団 Landsmannschaft である。貴族出身の学生は，騎士，後には軍の士官規律を倣ね，名誉·忠誠意識を強く持つ学生団 Korps（corps）を結成する。解放戦争後の 1815 年，イエナ大学から全国の大学に広がった，黒・赤・金を旗印として「名誉・自由・祖国」を謳うブルシェンシャフト Burschenschaft が生まれる。同郷団的結束から脱皮し，祖国への奉仕を団体理念とした。年齢・身分を秩序原理としない学生団体組織の始まりである。三月革命の 1848 年頃からその数が増えてくるのが合唱団 Gesangverein であり，1860 年以降になると体操団 Turnverein が目立つようになる[49]。20 世紀に入ると，盛んになるのが学習団体 Wissenschaftlicher Verband で，数学，自然科学，歴史，語学などの愛好者が集まり，専門誌や貴重本を互いに融通しあった。政治意識の高い学生は，社会主義研究団体を結成し，理論的学習と一般市民の啓蒙に努めたが，ライプツィヒ大学でも 4-50 人程度の規模であった。言うまでもなく，旧教・新教の学生団体があり，神学学修と社会奉仕を目的とした。それぞれの形態の学生団体は，さらに，決闘と旗印（色彩）を持つか否かでも分類できる。Corps や Burschenschaft はすべて決闘を当然としたが，学習団体は旗印や決闘と無縁であった。合唱団や体操団などは，両方の形態が存在した。ユダヤ人の間にも，大学毎に決闘を認める団体と決闘を認めない団体が存在した。ユダヤ人学生団体連合 Bund Jüdischer Akademiker は，チューリヒを含めた 13 大学の旗印を持たない団体の連合であり，パレスチナにユダヤ国家建設を目指すシオニズムの団体はユダヤ学生団体カルテル Kartell Jüdischer Verbindungen に集結していた。領土として祖国を持たないユダヤ人は，現在生活している土地と社会に溶け込むことを主義とする同化主義者と何時の日かパレスチナに祖国を建設することを目指すシオニズム賛成論者が，それぞれ学生団を形成していたのである。第一次世界大戦は，国家と国民の命運をか

48） 以下の叙述は，Bauer, H. (1930), Bergmann, G. (1931), Stgelzner, E. (1931). による。

49） 体操団の歴史については，帝政期トゥルネン運動として分析している，小原淳 (2005)「トゥルネン運動」を参照。

けた総力戦であり，各国政府はシオニストの協力を得るべく，有形・無形の将来展望を与えていた[50)]。ドイツ人の多くは，敗戦の原因の一つとしてシオニスト・ユダヤ人の裏切りがあったと信じた。女性の大学入学が公的に認められるのは，1870年のチューリヒ工科大学であり，フライブルクとハイデルベルクの2つの大学を持つバーデン公国が1891年に女性聴講生，1901年に正規学生を認めた。他の領邦国家もこれに続き，最後になったのが1908年のプロイセンである。ワイマール憲法は，男女同権とした。女子学生も，親睦と情報交換を目的に団体を結成していくのであり，旧教，新教，宗派を越えてのグループと，3つの統合団体を結成している。

学生が特権階級として学生身分を最も享受したのが第二帝政期であった。新入生は，学生団体を通じて少年から青年へと成長するのであり，仲間や他の学生団体との交流を通じて社会性を身に着けていく。飲食を共にし，学生歌を放吟し，市民秩序の箍を外しての遊興は日常であり，学生時代を刻印する決闘の慣習は男性優越社会のシンボルであった。他方，19世紀末になると，学生もイデオロギーから無縁であることはできなくなる。決闘で互いの男性人格を確かめ合う団体と決別し，政治に関心を抱く学生は政党を模した団体を形成し，社会問題に関心を抱く学生が集まり社会奉仕と市民の意識改革へ向けて実践運動の組織を結成していく。1920年代末の時点で，何らかの形で団体を形成し，組織を持った学生団体は2,000を数えるとされている。

学生団体は，学生の生涯に影響を持った。大学卒業とともに学生団体と決別するのではなく，卒業生の団体へと移行するに過ぎない。卒業生の団体 Altherrenschaft は，地域や職場単位でグループを結成し，世代を越えた交歓と現役学生を支援する[51)]。学生団体は，男性社会の規律そのものであり，一度加入したら家庭の事情，健康状態，職業事情を越えた一生の結びつきであり，これを守ることが人格として尊重された。団体単位での現役・卒業生の結びつきに止まらず，社会生活にお

50）イギリス外務大臣バルフォアの，1917年11月2日付け，ウォルター・ロスチャイルド宛書簡は，ユダヤ国家建設にイギリス政府の支援を公認したものとされている。Wilson, D. (1988): 本橋訳『ロスチャイルド』1995年，下巻，207頁以下。

51）以下の叙述は，Kautz, G. (1931): Altherrenschaft. による。

いても他の卒業生団体との交流が大切にされた。既に戦前の1914年7月15日，独自の旗色を持ち，決闘を行う主要4大学生団体（Korps, Burschenschaften, Lanndsmannschaften, Turnschaften）の全国組織が，連絡会議を結成したのがマールブルク協定である。学生団体が統合組織を結成するにあたり共通しているのは，名誉 Ehre・祖国 Volk への忠誠・奉仕 Dienst であった。名誉と祖国という言葉は，現役学生のみならず元学生にとっても一身を捧げる（奉仕する）に値する意味を持つのであった。

大学の同質化

1919年11月9日は，帝政期に育った学生たちに克服しがたい傷跡を残した。9日の皇帝退位宣言，翌10日の皇帝一家亡命を，多くの学生は，特に，出征から帰国した学生は，現実として受け止めることができなかったのである。学生は，兵役義務を免れていたが，9万人が応募兵として戦線に出ており，1万6千人が倒れた。そして，休戦と敗戦を決定した共和国政府は，開戦・敗戦の責任を自ら問うことなく，戦争賠償を国民負担とした。

学生たちの対応は，基本的には二つの方向に収斂していく。ドイツ人の祖国・民族 Volk を第一価値に置くか否かで分かれた。戦争の終幕が，国王や軍部によってではなく社会民主党によって降ろされたこと，ヴェルサイユ条約が屈辱的賠償条件を課したこと，そして，これらを政党政治の議会が受け入れたことをドイツ人の祖国と民族の名誉に恥じるべきとする学生と，所与の条件のなかで最前を尽くすべきとする学生とに分かれた。前者は，祖国主義 völkisch, さらに，祖国・国民主義 völkisch-national と呼ばれ，学生団体に所属する大多数の学生から支持された。後者は非祖国主義 nicht völkisch とされ，左翼系の団体の学生と団体に所属しない，いわゆる一般学生である。

Volk と言う用語は，既に帝政期に政治的意味を持っていた。君主国家の正統性が神の恩寵に求められ，国の指導者 Führer は民の同意に基礎を置くとされた。ドイツ帝国皇帝，プロイセン国王であるウィルヘルム2世は，「民の皇帝」Volkskaiserと呼ばれることを求めた[52]。敗戦国から生まれた共和国憲法は，第一条において「ドイツ国（ライヒ）は共和国である。国家権力は，国民Volkに由来する」とした。「ドイツ」という概念は，歴史的にその版図と帰属国民の範囲が常に変動してきたので，1918年の敗戦によって領土の割譲と住民の移動が進み，また，君主制価値観が放棄されたので，人々は新生共和国と帝政時代の「ドイツ」を重ね合わせることができなかった。新生国家への統合の根拠をVolkに求めたのであった。そして，終戦の不透明な経緯と戦後社会の分裂と混乱の渦中に投げ出された国民は，国民の共同体を求め，指導者の出現を願った。共同体とは生物学的血統と歴史的一体性であり，国家は共同体を保護する法的形態にすぎないとした。身分的特権を失い，大衆市民社会への融合に蹉跌した学生たちが，唯一精神的支柱としたのが祖国・民族Volkと指導者Führer理念であり，国民共同体としての一体感であった。祖国・民族・共同体という概念のなかには既に異民族・異宗教ユダヤ人の排斥が含まれていたし，敗戦の現実をそのまま受け入れることが出来なかった市民と学生は，裏切り者探しと経済混乱の原因をユダヤ人排斥に求めた。中間市民層を選挙のターゲットとしたナチスの主張は学生の間でも共鳴者を広げてゆき，ナチス信奉者と学生団の祖国主義が重なって行く[53]。

ナチス学生同盟NSDStDの当初のターゲットは，市民中間層獲得戦略の場合と同じで，経済混乱のなかで生活と学業基盤が弱体化した貧困学生であり，特権意識に固まった伝統的な学生団をむしろ非難の対象としていたが，次第に祖国・民族そしてユダヤ人排斥を共通理念として硬派を自称する学生団体と一体化していく。1925年にミュンヘンで発足するナチス学生団は，団員の半数は学生団体に所属していたし，次第に元学生団体経験者がナチス学生団の指導的役割を果たすようになる。ブルシェンシャフト出身者が圧倒的に多く，貴族など上層階級出身者からなるcorpsは当初距離を置いていた。ヒトラーが政権を掌握する以前の20年代末，高等教育機関在籍学生数は10万人を越えるが，帝政期以来の伝統を持つ学生団体所属学生は7万人，学生団体毎に組織化されて

52）　以下の叙述は，Wildt, M. (2014): Volksgemeinschaft. による。

53）　以下の叙述は，Heither, Dietrich (2000): Verbündete Männer. による。

いる卒業生数17万5千人であり，これに対してナチス学生団所属学生数はヒトラーが政権を掌握する33年においても5,500人であったから，学生団体を取り込むことで大学内での影響力を強める政策をとったのである。反ユダヤと反マルキストで共鳴する学生団体は，ナチス学生同盟主催の会合に学生団体の正装姿で代表を出席させるのであった。社会民主党が与党のプロイセン・ラント政府は，1927年に大学内での学生団体活動を禁止した。また，殆どのラントでは無視され，実際に執行されることはなかったが，1926年に共和国法として学生の決闘を禁じた。ナチス政権は33年にこの法律を廃止している。

1933年3月24日の全権委任法でヒトラーの独裁が始まる。全権委任法は，「ライヒの法律は，ライヒ憲法が定める手続きによるほか，ライヒ政府によってもこれを議決することができる」と定め，憲法を実態的に棚上げしたのである。ヒトラーは「合法的」に独裁権を奪取し，政権を運営したとされている。同法に対する国会の議決は，圧倒的多数で承認されており，唯一反対したのは社会民主党であるが，党首ヴェルスの反対演説は，「自由と生命を奪い取ることができても，名誉 Ehre はそうはいかない」と結ぶ，消極的抵抗であった。政権樹立過程は選挙での多数派獲得であり，立法は議会の多数派により「合法的」に制定された手続きが採られているが，全権委任法に先立ち，緊急令によって共産党員や社民党員を逮捕・予防拘禁しており，選挙運動においての人心扇動，威嚇，暴力に警察は眼をつむり，規則や法の濫用は精神的・物理的抑圧と迫害を行うことによって黙視させた。精神的・物理的暴力は，形式的「合法性」の影に隠蔽されたのであり，形式的「合法性」こそが独裁維持の手段となっていく。

1933年3月の独裁権確保とともに始まるのが同質化・画一化・中央統制 Gleichschaltung である。あらゆる組織機構を中央組織—中間組織—下部組織に体系づけ，効率的運用を標語に指導者 Führer 原理を徹底する。ヒトラーを始めナチスの中央・地方組織幹部の殆どが行政機構や政治機構で自ら経験と知識を積み重ねてきたキャリアを持たないので，政治の中心部を占めるとともに，所轄業務を見よう見真似で管理することしかできず，一極集中的な組織構造を作って人事権を掌握することで権力基盤を強化するのであった。ナチス幹部の多くが学位や国家資格を持つ専門職者であったことは知られている。ゲッペルス（ドイツ語学哲学博士），ゲーリングやメイト（職業官吏），ライ（化学者），G. シュトラッサー（薬剤師），ヒムラー（農学博士）などである。しかし，こうした人々は，いずれも，学位や国家資格に基づく組織においてその実績が評価される地位に就くことが出来なかった人物たちであったことが，指摘されている[54)]。リーダーシップの権威と職位の権威の乖離が特徴である。

大学内においても，指導者学長にみられるように人事を組織原理としたので，とりたてて教育・研究実績のないシンパが，大学組織を公然と濫用した。33年5月の焚書に始まり，敵対的と見なした教員や学生へ精神的・物理的迫害を行った。多くの教員は，戦後混乱期以来社会と政治の変動から取り残されており，これを逆に「精神貴族」「理想主義」と自負することで諦観していたので，同僚への迫害，授業や試験，教員招聘などへのナチス理念の浸透，そして，ユダヤ人教員の大学からの追放を傍観した[55)]。

分断と統合のドイツ

1939年9月のポーランド侵攻で第二次世界大戦の火ぶたが切られ，41年12月の真珠湾奇襲で日本が参戦する。45年4月30日未明のヒトラーの自害，5月2日のベルリン攻防戦に続き，5月8日のドイツ国防軍の降伏文書調印で終戦を迎える。終戦後のドイツ管理について7月17日から8月2日のポツダム会議において米英ソ三国で議したが，占領政策の原則は，フランスをドイツ占領に加えることも含めて，2月の

54） McClell and Ch. (1991), 望月監訳（1993），283頁。

55） Prahl, H. (1988年)：「社会史」，299頁以下。「ユダヤ人」のなかには，先祖がユダヤ人で本人はキリスト教に改宗した者も含まれるが，ベルリン大学におけるユダヤ人教員層の規模は大きく，ナチスによる追放以前，以下のような構成となっている。

	1871年	1914年	1932年
全教員（ユダヤ人）	157（39）	470（157）	713（226）
正教授	46（2）	88（8）	141（27）
員外教授	52（14）	83（24）	309（129）
私講師	58（23）	271（114）	201（56）

*）全教員には，少数だが名誉教授が含まれる。Pawliczek, A. (2011): Alltag,Anhang.

ヤルタ協定においてルーズベルト，チャーチル，スターリンの間で合意されていた。ドイツは，ヴェルサイユ条約で残された東プロイセン，シュレージェンなどを割譲するとともに，残った領土は，米英仏ソの4か国が分割占領管理した。東西対立が朝鮮半島などで顕在化し，米英仏3か国の占領地区を西ドイツとして独立するのが49年で，5月23日西独憲法にあたるボン基本法が公布される。ソ連管理区のドイツ人が制定作業に参加していないことから，憲法という言葉に代わり基本法が用いられたのである。西独は，戦前ドイツの資産と負債を継受し，ワイマール共和国の後継国家となり，ドイツ連邦共和国 Bundesrepublik Deutschland と称した。同年10月にソ連管理地区から生まれる東独は，ドイツ民主共和国 Deutsche Demokratische Republik を名のった[56)]。東ドイツは，他の東欧諸国とともにソ連の支配下に置かれたので，社会主義計画経済を実行した。結果的に，ナチスが戦前に築きあげた政治・経済・社会の中央統制管理体制を踏襲しており，ドラッカーが言うところの過大な管理部門を抱えつつ人的支配に頼る組織形態となった。これに対してアデナウアーが初代首相に就いた西ドイツは，西ヨーロッパ型民主社会構築に努めるのであり，政治，経済，社会のあらゆる分野でナチスの遺産を徹底的に排除し，ナチスの統治方式を踏襲した東ドイツとの対極の途を進んだ。

西ドイツは，法治国家原理に基づく自由主義社会への途を選んだ。人間の生存権保障を謳うワイマール憲法を継承する社会国家原理の実現を，可能な限り自由主義と市場経済を通じて達成することを目指した。経済体制としては社会的市場経済と呼ばれ，個々の社会的施策を国家による直接的な分配・配給を通じ実施することを避けた。例えば，画一的基準の公共住宅建設に代わり，人々に住宅資金貯蓄を広く，手厚く支援することで，市民が自らの選好を市場経済を通じて実現する途を選んだ。政治制度としては，小党分立での政権の不安定を避けるべく5%条項を設けて，極小政党の議会進出を抑えており，そして，帝政以来引き継いできた行政優位の国家原理に対して法治国家主義を徹底させるべく

56）以下の叙述は，大西健夫編「ドイツの統合」1999年，による。
社会主義国家東ドイツの大学事情については，Prahl.W.(1978), 山本訳『大学制度』(1988) を参照。

憲法裁判所を創設した。国政の暴力的転覆を容認しているとして極左，極右政党を禁じたので，キリスト教民主同盟と社民党が2大政党となり，第三極である自由民主党との連立で与党政権を形成していった。発足時はキリスト教民主同盟が政権を担い，66年の大連立を経て戦後最初の政権交代で社民党が首相を出すのが69年である。ちなみに，小党分立下での連立内閣組み替えが絶え間なく続き安定政権が欠如したワイマール期と対比して，2大政党体制が確立した現在の連邦共和国での首相は，初代のコンラート・アデナウアーから数えて2005年就任のアンゲラ・メルケルが8代目である。

ドイツ経済の奇跡と呼ばれる経済回復を60年代中葉にかけて達成している。日本における高度経済成長期に該当する。これに対して，共産主義政権の管理統制経済の東ドイツは，経済構造転換の停滞とソ連経済への高い依存度から抜け出せなかった。両独政府は，互にドイツ国家の正統性を争い，国家の相互承認を拒否した。両独間の経済・市民交流が拡大されるのは，1973年9月の両独国連同時加盟に象徴されるように70年代以降である。

ドイツとドイツ人

東西ドイツ2国家分割に見られるように，「ドイツ国家」，「ドイツ国民」とは何か，さらに，「ドイツ」とは何か，と言う問題が残された。19世紀以来のドイツ統一運動の歴史が示すように，ドイツの版図（Deutschland）とドイツ人（das Deutsche Volk）の限定は流動的であり，戦争の度に統合と分断を繰り返してきた。1871年の「ドイツ」帝国は，1866年の北ドイツ連邦に西南ドイツ3領邦が加盟してことを受けて「ドイツ」を冠したのであり，領邦君主の連邦国家であった。アルトホーフは，大学を所有する領邦の担当官を集め，ドイツ大学会議を開催した。そして，この会議にオーストリアとスイスの大学が参加するようになる。「ドイツ語圏」大学会議となった。

第一次世界大戦の敗戦は，領土と「ドイツ人」の割譲を伴い，残された領土の「ドイツ人」がワイマール憲法のもとで連邦共和国に結集した。第二次世界大戦後生まれた2つのドイツ国家は，再び「ドイツとは何か」，「ドイツ人とは何か」の問題を残した。領土の割譲は，版図の変更であるが,「ドイツ人」は,異なった国籍と異なった生活環境に分断された。西ドイツは,ワイマール共和国の継承国家を自認したので,ワイマール共和国の版図でのドイツ人は,現在居住地の国籍がなんであり,西ドイツ国籍を含めた基本法が定める基本権を保証した。ドイツの国籍法は,血統主義なので,潜在的国籍所有者の分布はさらに広がる。

1949年の西ドイツ・基本法は,西ドイツ居住ドイツ人以外をも対象にしており(1990年の再統一以前の旧基本法前文),また,発足時に参加していない「ドイツのその他の部分については……加入後に効力を生じる」(旧23条)とした。1990年の再統一は,19世紀以来のドイツ史において初めての戦争を伴わない統合である。「西独」による「東独」の吸収・合併である。再統一は,将来的にドイツの版図が東西ドイツに限定されることを第二次世界大戦戦勝国と合意することで実現した。これに伴い,1949年基本法から旧前文と23条が削除された。版図に関しては,国際条約が成立したが,「ドイツ人とは何か」の問題は残された。

「ドイツ人」,「ドイツ民族」は,歴史的に様々な用い方がされてきた言葉である。1848年の三月革命での憲法制定国民議会はドイツ人の統一国家を求め,オーストリアを含めた大ドイツか含めない小ドイツかを争った。1871年の第二帝政は,ドイツ関税同盟加盟諸邦を版図としているが,前身の北ドイツ同盟にオランダとの同君連にあったルクセンブルクが加盟していない。第一次世界大戦で国土と人口の一部を失われたなかで,人々はドイツ国民 das Deutsche Volk の一体性を求めた。その捌け口の一つが,「非」ドイツ人であるユダヤ人排除運動である。第二次世界大戦での敗北の結果,領土の一部を割譲されるとともに東西二国家に分断され,さらに,1973年の国連同時加盟によりそれぞれ別の「国民」となった。89年11月9日のベルリンの壁崩壊に続く東での再統一運動の中で,「我々は一つの国民(民族)である」Wir sind ein Volk が両独国民の心を最も捉えた標語であった。

1949年の西ドイツ基本法は,西ドイツの国土を越えて「ドイツ人」への適用を前提としている。ワイマール共和国の版図上にある東ドイツ国民は,(基本法制定に)「協力することができなかった」ドイツ人であるし,さらに,116条1項は,次のように述べている。「この基本法の意味におけるドイツ人とは,……ドイツ国籍を有する者,またはドイツ民族に属する引揚者もしくは難民，またはその配偶者もしくは卑属として，1937 年 12 月 31 日現在のドイツ国領域に受け入れられた者をいう。」引揚者とは，ソ連占領地区（東ドイツ）から脱出した者をいい，難民とは，ポーランドに割譲されたオーデル・ナイセ川以東の旧プロイセン領，または「37 年 12 月 31 日時点でのドイツ領」以外の土地に住所を持っていたが，第二次世界大戦に関連してこの住所を追われた者をいう。37 年を基準としているのは，38 年以降オーストリアやチェコを併合しているので，これ等の地域の住民を含ませないためである。そして，「ドイツ人」と認定されれば，西ドイツ国籍が与えられるのである。「ドイツ人」は血統主義であるから，国境のみならず世代を越えて国籍が保障されている。他の地域に移民し，現地国籍を持つ者も，ドイツ人であることを血統上証明できれば該当する。

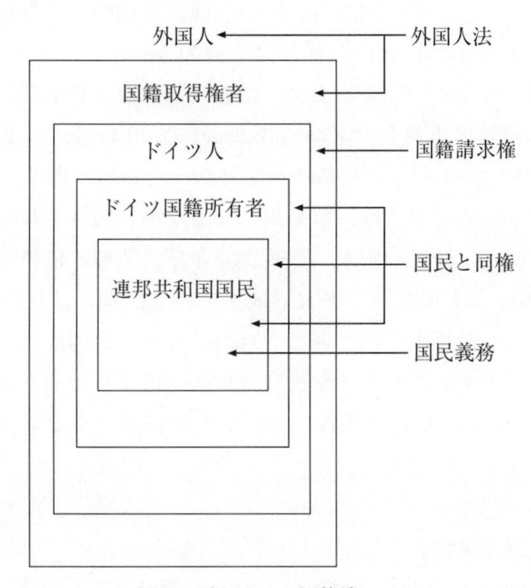

図 1　西ドイツの国籍法
出典：Bartlesperger, R. u. a. : Der moderne Staat, 1979, S. 19
思想　1990年4月。　No.790　52頁

基本法における「ドイツ人」概念と国籍の関係を図式化してみよう。最も狭い意味でのドイツ人は，連邦共和国国民で，納税，徴兵など国民

の義務を果たしている人びとである。西ドイツの国民の義務を果たしていない，基本法作成に関与できなかった「東ドイツ」国民もドイツ国籍有者として扱われる。最も広い意味で属するのが，116条での「この基本法の意味におけるドイツ人」であり，その外が外国人扱いとなる。近代ドイツの歴史は，分断と統合の歴史であり，「国民」「民族」が常に大きな価値観を持っていた[57]。血統主義のドイツ国籍に，出身地主義が一部取り入れられるのは，1960年代に受け入れを始める外国人労働者家庭が，第二世代に入ってくることによる。

西ドイツは，ワイマール共和国の継承国家であるとの立場に立ち，地域連邦主義を受け継いだ。最も注目すべきことは，ワイマール共和国まで最大の領域と人口を擁したプロイセンという地域と行政単位が，四か国管理委員会によって消滅させられたことである。プロイセンの東部領域はポーランドとソ連に割譲され，中心部は東独の共産主義体制の下で分割され，西ドイツに残った部分は2つのラント（ラインランド＝ウェストファーレン，ニーダーザクセン）に分散された。1947年2月25日に発効した占領管理委員会令Kontrollratsgesetz 46号は，以下のように定めた。「かつてプロイセン国家の一部であった地域，即ち，現在管理委員会の管理下にある地域は，将来州となるか州に帰属される。州は，かつてのプロイセン国家の国家・行政機能並びに債権・債務を継受する。」19世紀においてドイツ統一国家形成を主導し，第一次・第二次世界大戦を引き起こした軍事国家とみなされたプロイセン国家が，歴史から消滅した[58]。19世紀以来，ドイツ民族統一国家はプロイセン主導で実現した。「プロイセン」という具象は，ドイツ史における役割を果たし終えたと言えよう。

大学の装置産業化

1949年の西ドイツ基本法は，ワイマール憲法を引き継ぎ，5条で「芸

57）ドイツとドイツ人の定義については，大西健夫（1990）「経済統合」。なお，1990年の東西ドイツ再統一はドイツ国家の完成と位置づけられ，49年基本法の前文，23条，146条などが削除され改正された。再統一過程については広渡清吾「統一ドイツ」，1996年，を参照。

58）山田晟（1963年）『ドイツ近代憲法史』，140頁，Thier, A. (2013): Preussen, S.293.

術および学問，研究および教授は自由である」とした。大学管理は，ワイマール憲法同様に，連邦の専属的立法権限にも競合的立法権限にも入っていず，州の文化高権に属したが，基本法はより深く大学管理に立ち入るのである。連邦（中央）政府とラント政府の基本的関係は，専属的立法権限，競合的立法権限によって定められているのはワイマール憲法と基本法に共通している。中央政府が，一定の分野に限り，原則を定めることができる「大綱法」規定は，両者共に持つが，基本法はさらに，1969 年 5 月 12 日改正で，新条項「共同の任務」を 91a 条，91b 条として追加し，ラントの文化高権の分野への財政的関与を可能にした。

中央政府の大学政策介入は，先ず奨学金制度から始まった。戦後の混乱がやっと安定し始めた 1955 年 10 月，西ドイツ学長会議が大学改革会議をボン郊外のバード・ホネフで開催し，窮乏状態にある学生の経済状態改善が緊急課題であるとした。翌 56 年 5 月，ハンブルクで開催された全国学生連合大会は，「社会における大学生」を主題にし，経済社会発展の原動力となるべき学生への支援を訴えた。これらを受けて，1957 年度連邦政府予算に「学修支援」として 3 千万マルクが計上される。連邦（中央）政府が，奨学金を設定したのである。ハード・ホーネフ・モデルと呼ばれる。法的根拠となったのは，基本法 74 条 13 項である。

但し，この時点の 13 項規定は「学術研究の助成」であり，学生への財政援助は明記されてなかったので解釈を広くとったのである。そして，社民党政権の 1969 年 5 月 12 日基本法改正で，74 条 13 項規定に追加して「教育補助の規律ならびに学術研究の助成」とすることで，71 年 8 月 26 日の連邦育英奨学法への途を開いた。

1969 年 5 月 12 日改正は，さらに，75 条と 91a,b 条を改正・新設している。ワイマール憲法も連邦政府が連邦構成員たるラントすべてに共通した規定を持たせる目的で大綱法規定を持っており，10 条 2 項は「大学制度を含む学校制度および学術図書館制度」を対象とした。これに対して，西ドイツ基本法 75 条の大綱法規定に当初大学が入っていなかった。69 年 5 月 12 日改正で，75 条 1a 項「大学制度の一般的諸原則」が追加され，ラントの文化高権の分野である大学制度に共通の網をかける途を開いた。

また，基本法改正は，91a条と91b条を新設した。91a条は，（1）「連邦は，以下の各号に掲げる分野において，……ラントのそれらの任務遂行に協力する」（共同任務）として，地域経済および農漁業の分野とともに大学の分野について，「大学附属病院を含む学術的大学の拡張および新設」とした。中央政府の財政的関与への途を開いた。同じく，91b条は，中央政府とラントは「……教育計画，ならびに，特定の地域の枠を越えた意義を有する学問的研究の施設および計画の促進に際して，協力することができる」と定めた。文化高権としてラント専断分野であった大学・研究施設へ中央政府の財政的関与の途が開かれたのである。さらに，70年7月31日改正は，「学術的」を削除し，すべての「大学」を対象とするのである。

1960年代中葉から70年代初頭は，ドイツ戦後史にとって大きな区切りの時期でもあった。奇蹟の経済復興と言われたドイツ経済が始めてマイナス成長に陥るのであり，政治においても65年の大連立を経て，70年代は社会民主党政権と自由民主党の小連立政権が定着した。連邦中央政府の経済運営にマクロ経済政策が取り入れられていく。戦後20年を経て，西ヨーロッパ的民主主義が定着してくるのであり，若い世代が積極的に発言を始め，市民運動という言葉が広がった。西ドイツ社会が基本法において目指した法治主義は，国家と社会（政党）という二元主義を前提としていたが，市民運動の広がりは直接的政治参加を意味しており，社会（福祉）国家理念や市民社会の民主化が強く意識されるようになる。国家，即ち，公的としてきた意識から，公共の福祉（利益）とは国家が独占的に判断するものではなく，市民・市民グループの事柄でもあるという意識へと発展していった[59]。市民運動は，国民が意思表示を――部分的にもせよ――政党を経由せず直接的に表現したのであり，政党・政府を通じての公共の福祉（利益）の実現にとって新たな局面が生まれたことを意味した。二大政党下においてこうした市民運動を取り込んでいったのが，社会民主党であった。

先にルノワールの学術政策論で見たように，政策は予算制約のなかで

59）新設された連邦憲法裁判所の活動が定着したことも，市民の政治に対する意識の変革に影響したとされている。以下を参考にした。栗城寿夫「西ドイツ公法理論の変遷」，『公法研究』第38号。林知更「国家論の時代の終焉？」，『法律時報』第77巻10号，11号。

の政策判断である。西ドイツ経済の発展を，戦後の奇跡の復興期，60年代中葉の反動停滞期，60年代末からの未曾有の好景気，70年代中葉の第一次オイルショック期と並べてみると，大学政策との関連で以下のように言うことができよう。大連立以前の1965年を基準年（100）において，65年，71年，75年と辿って見ると，歳入増は100:160:353であったのに対し歳出増は100:160:375であり，結果として国家負債は100:175:695となっている。国家支出で最も大きい項目は社会保障費であり，その比率は17%，20%，47%と増大していく。教育（学校・大学，その他教育機関）と研究に対する歳出を併せた比率は11%，16%，11%であり，71年の比率増が目立つ。60年代末から70年代初頭の教育・研究支出が大きかったことを示している。もう一つ言えることは，この時期における住宅・建設・地域開発支出の伸び率が歳出の伸び率，さらに，教育・研究費支出の伸び率を下回っていることである。ここから結果的に推定されるのは，1966年以降ケインズ的マクロ経済政策が取り入れられて行く過程において，産業設備投資増（財供給増）を伴わない財政支出を政策手段としたのではないかという点である。学校・大学で言えば，施設・組織の拡充・新設により結果的に産業的生産増を伴わない過剰施設・組織が残った。大学政策・学術政策の政策主体は誰かという問題が生じる。基本法の原則は文化高権がラントにあるとしている。奨学金制度，大学管理の制度的枠組，施設拡充への財政的補助をもって誘導したのは連邦政府であるが，これに呼応して高等教育機関の群生を進めたのはラントの文部行政であり，ラント単位での大学制度改革と施設の維持・管理の主体となる。

基本法の大学関連条項の改正・新設は，60年代に社会問題化した学生問題対策，そして，ラント政府財政への寄与として，当時のドイツ社会は肯定的に評価したが，結果的にはドイツの高等教育を装置産業化する下地を作ることになった。教育は，大きな初期投資とともに大きな維持管理費が特徴であるので，この意味で電力や鉄道などと同じ装置産業と言うことができる。国民の教育権に対する国家の責任という観点からみれば文部行政は国民の負託に応えたと解釈できるのは当然であるが，現在の文部行政の源流を辿るとの観点から見るならば，一連の基本法改正は結果的にドイツの高等教育を装置産業化させたと言えよう。74条に基づく奨学金制度の拡大は進学者数増大をもたらし，これに対応した中央政府の財政支出による教育・研究施設の拡張・新設がラント政府との共同任務として進み，設備・組織を巨大化した。投下財政資金の効率管理のために運用組織の平準化を目的に大綱法規定を用いる。上に見た基本法改正を時間系列に置いてみると，先ず奨学金規定が学生増を促し，それから財政支出を伴う「共同の任務」条項に先立って「大綱法」規定が改正されている。学生増対策として財政支出後の組織管理が予め組み込まれていたとも読み取れるのである。結果的に学生数増が頭打ちになると，巨大化した設備と組織の稼働率が下がり，施設・組織を縮小するか経営構造を転換しない限り維持費用の効率が下がる。経営側は，組織管理の強化へと進む。業務と予算を維持した上での文部行政は，施設・組織の効率的運用を名目として，大学新入生の掘り起こしと現場組織間競争を導入する。巨大装置産業化した高等教育市場のあり方が問われる。

中央政府を大学問題への積極的介入へと動かしたのは，60年代の学生運動であった。西ドイツの学生運動は，アメリカのベトナム反戦運動やパリの学生蜂起に刺激されて激化する。学生増に伴う教育・研究条件の悪化，正教授の専断の学部教授会の非民主性，学生の生活条件の悪化などとともに，当時再軍備を強化しつつあった政府の政策に対して市民の健全な常識を議会外運動で代弁するとして，街頭デモなどを通じて社会に訴え，社会も学生運動が声なき市民の声を代弁して社会の矛盾を指摘するものとして，当初は理解を示した[60)]。

学生運動を主導したのは，学生委員会 AStA である。ワイマール期に起源を持ち，1933年にナチス学生団に吸収された歴史を持つ。占領軍が戦後早くに復活させたのは，学内民主化の機能を期待したからである。委員の選出は，政党など団体の影響を避けるべく，個人名選挙方式をとっていた。学内認定団体として，学生納付金が徴収されていたが，50年代末までの学生の主要関心事は生活苦であり，大多数はノンポリであり，学生投票率も8%程度と低かった。学生運動の活発化とともに，

60） 以下の叙述は，Gabler, A. (1993): Elfenbeinturm. による。

60年代中葉の50%，60年代末の60%と投票率は上がって行った。

欧米諸国は成熟した大衆社会へと移行し，学校教育水準の上昇と奨学金の充実は，大学進学率を上昇させ，マスプロ大学の時代に入る。既存の大学施設と組織が対応できなくなる。1967年西ドイツ学長会議の提言に基づいたとされているが，学生の進学希望大学の全国的調整機関を作っている。中央学籍配分センターを設置し，定員を上回る専攻を対象に大学の割り振りを行ったのである。各大学の進学希望専攻の学生数管理であり，numerus clausus（「ドイツの実情」は入学制限と訳している）という用語が用いられた。他方において，教授数の増加を大幅に上回る講師や助手などの教員中間層が投入されたが，学生の不満を解消できなかった。不安定な身分に置かれた教員中間層と学生の連帯が始まる。文相会議は，68年4月10日，学長の任期を複数年に延長することと，大学運営への学生参加を決議する。これに基づいて，各大学は，改革案を作成するが，学内での合意を得ることができなかったし，学生は抜本的改革を要求した。

1969年の基本法改正は，社会問題化した学生運動への対応であったが，大学改革は基本法の共同任務条項を活用しての施設改革から始まる。共同の任務条項に基づき，大学施設拡張と大学新設の費用の50%までを中央政府が負担するのであり，既存大学のキャンパス大学化と大学新設がブームとなる。旧来の大学は，その成立時から施設を市内各所に分散させていたが，ドイツ最初のキャンパス大学である西ベルリン自由大学に倣って，学生増と効率化を理由に郊外キャンパスに集中させるのであった。受け入れ能力を基準に予め施設を建設するのであり，大学の装置産業化が始まった。装置産業は，電力や鉄道など初期設備投資が莫大であるとともに，維持・人件費も大きいことから，需要増が継続して稼働率の高い状態が続くことが経営の基本である産業である。また，公共性の高い事業分野であり，監督官庁が許認可行政を通じて経営体の新規参入・退場と料金体系を管理する。料金設定は業績下位経営体の存続を前提とするので，結果的に，業界の下位限界経営体の存続が保障され，経営業績と経営陣の経営責任との関係が薄くなる。わが国おける鉄道・電気・ガス業界，そして，教育業界などが想起される。

経営業績との関連がうすれた限界経営体の経営責任者の組織運営は，職位権威に頼る傾向を強くし，従業員を暗黙の指示（上からの方針）に基づき従業員を管理する。ナチス期の小ヒトラーの世界を想起させる。限界経営体固有の経営風土を創りだすのであり，この経営風土が限界経営体の経営陣地位保障となっていく。他方で，監督官庁は，限界経営体存続を保障するなかで，許認可行政の正当性の保障を求め，業界に経営効率化と競争原理を求める。行政が管理し，カルテル化した許認可業種市場での，経営効率化競争となる。

大学新設とともに大学，学術大学の概念も変化する。西ドイツ政府の公式統計によると，1965年における大学（Hochschule）は学術大学，工科大学，音楽・芸術・スポーツ系大学に分類されている。総合大学18校，工科大学9校，医学・獣医などの4単科大学は学術大学に分類され，学術大学31校と音楽13校，造形10校，スポーツ1校であった[61]。初等・中等教育前期学校の教員養成は，ワイマール期に議論されたように，大学に準じるが大学とは別個の師範学校が担うとされた。それゆえ，師範学校53校（特殊学校教諭等の養成施設を含めると85校）は，大学統計に含まれていない。1,970年の統計は，総合大学が新設されて28校，工科大学9校，医科系単科大学4校と並んで教育単科大学27校，哲学・神学専門大学9校，教会系大学5校の，計82校が学術大学に分類されるようになる。教育単科大学は，戦後のベビーブーム以来の学校教員不足と大学進学率上昇の受け皿として教員養成学校を拡張・充実したものである。さらに，従来大学という名称はラント政府設立の官立大学に対して用いられてきたのに対し，宗教団体設置の神学校，連邦政府設置の防衛大学，ビジネス・スクールなどの純粋に民間設立の私立大学3校も大学として分類されるようになる。70年代に入ると，さらに，文系・理系の専門単科大学と専門単科大学・総合大学の両方の機能を持つ総合性大学が設置され，大学統計に加わってくる。

大学・高等教育機関の構造変化には，文部行政の大学管理構造の変化が先行している。西ドイツ基本法は，ワイマール憲法を引き継ぎ，連邦

61）統計は，Statistisches Jahrbuch für die Bundesrepublik Deutschland, 各年度版，による。

主義構造をとっており，文化・教育をラントの課題としたことから連邦中央政府が大学・高等教育機関を直接管理する権限はない。形式的には第二帝政期の領邦連合国家と変わらない。第二帝政では，アルトホーフの発議で各領邦大学担当官会議が常設化され，また，ここから非公式学長会議が生まれた。

1948年に設置決定されたのがラント文相会議で，教育行政の協調を目的とし，各ラント1票で全会一致方式をとった。49年設置の西ドイツ学長会議は，博士学位および教授資格授与権を有する25大学から構成された。1957年の学術審議会 Wissenschaftsrat は，当初期間限定の機関として設置されたが常設化し，連邦政府と各ラント間の学術政策の調整機能を担った。先に触れた大学に関わる基本法改正が始まる1969年は，社民党への政権交代の年であり，連邦政府は従来の学術研究省を教育学術省として発足させた。1970年には，新設された基本法91b条（連邦とラントの協力）を法的根拠として連邦・ラント教育計画委員会が設置され，91a条（共同任務への資金援助）に基づく連邦中央政府資金管理の窓口となる。何よりも，現在の連邦政府教育・研究省自体が，その法的根拠を基本法74条13項と91b条として生まれたものである[62]。

大学・高等教育機関の構造変化と文部行政管理構造の変化を最も明白に反映させたのは学長会議である。帝政期においてプロイセン政府が工科大学にDoktor学位を発行することを計画すると，これに異議を唱えたのが「大学」である。大学学位は，神聖ローマ帝国皇帝特許状によって大学に発行権が与えられており，大学が発行した学位は領邦国家の領域を越えてヨーロッパ的普遍性を持つ教員資格であることが保障されていたので，学位取得者は大学人職業団体への加入資格となる。両者の妥協は，学位内容にラテン語を用いずにドイツ語表記とするDr.-Ing.としたことにより，大学とは別団体であることを示した。アルトホーフの時代に始まるドイツ語圏学長会議は，ワイマール期に工科大学学長会議と

62）叙述は，下記による。Erichsen,H. − U.(1996)。Model-CreifseldsäStaatsbürgertaschenbuchm33.Aufl. リンス，U.(1981)。なお，ドイツ外務省発行の「現代のドイツ」（2010）は，統一ドイツの大学の現状を以下のように記述している。「現在200万人の学生が大学に通っており，そのうちほぼ半数が女子（48%）である。およそ370の大学があり，そのうち博士号授与資格を有する大学は約140である。」

合体するが，非公式会議とする途をとっていた。1949年の25学術大学による西ドイツ学長会議は公式機関であることから決議機能を必要としたので，全会一致方式とした。63年に学位授与権を持つ医科大学などを学術大学に準じる存在として受け入れ，各1票として，65年の31学術大学体制となる。60年代末から始まる大学拡充・新設・昇格とともに学長会議参加権の問題が起こる。1971年の決定で，すべての国立および国家認定された高等教育機関に参加権を開放するが，高等教育機関の種類によって投票権を制限することとした。以下の表が，1980年代初頭における西ドイツ学長会議での大学別投票権である。大学概念の拡散の状況を示すと同時に，旧来の「大学」ないし「学術大学」の制度体としての意識の強さを投票権として現している。

西ドイツ学長会議大学別投票権

	投　票　権		
	数	評議員会	総会
1. 学術大学	67	19	67
2. B.W. ラントの教育系大学	10	1	3
3. 専門単科大学	59	3	11
4. 芸術系大学	16	1	2
5. 教会系大学	7	1	2
6. その他の大学	3	1	1
計	162	26	86

出展）リンス，U.（1981），69頁。

大学教授の位置づけも変化した。ドイツの大学は，領邦国家の設置から出発しているので，教授という名称は官職名であった。教授に定年制が導入され，退職しても官吏の身分のままとして年金生活に移行するので，官職名は維持され生涯にわたり教授名称は変わらず身分名称となっていたので，慣習として夫人も教授夫人 Frau Professor と呼ばれた。Herr Professor, Frau Professor であり，女性教授も Frau Professor である。伝統的な教授名称も当初は学術大学とその他の教育機関の間で区別されていた。学位授与権を持つ総合大学の教授が大学教授 Universitätsprofessor と呼ばれ，その他の高等教育機関の教員は Professor とされてきたが，この区別は取り払われてくるのであり，大学教授名称は同じとしながら担当講座や大学の種類によって異なった俸給表を適用するようになった。

70年代を通じて大学の学生受け入れ能力増強が進行する一方，人口の少子化も進行していた。70年代前半をピークとして，小学生数の減少が始まり，初等教育学校の段階から教員過剰が生じてきた。大学進学予備軍である中等教育後期学校であるギムナジウム卒業生の減少が始まるのは80年代初頭であり，大学進学者数（新入生）は，1984・85年をピークとして86年から減少に向かっている。先ず学校教員過剰となるのであり，教員養成機関である教育単科大学の処置が問題となった。採られた方策は，教育単科大学の総合大学化である。学生に教員養成以外の学修機会を拡大する，地域の子弟に総合高等教育機会を提供するなどの政策目標を掲げ，専攻数を増やし，施設と教員を整備したのであり，結果的に大学の装置産業化が進行した。80年代に入ると，学生数確保と組織の効率的運用が文部行政の課題となる。大学進学者の掘り起こしと施設稼働率維持が必要であり，奨学金の充実と組織・人員の再配分が政策手段であった。

学生の大都市の大学，伝統大学への志向が強いなか，学生数の右肩上がり傾向が停滞するなかでの文部行政は，既存施設維持を前提とする学生数確保が政策目標となる。大学市場における限界経営体を政策的に維持する方策が採られたことになる。教育機会均等を政策目的とし，すべての大学を対象として教育課程の同質化と大学間学籍配分が政策手段となってくる。稼働率の低い大学・学科の学生数確保が図られる。過剰負担解消を理由にして人気大学の定員数を固定ないし削減する一方，学籍再配分（入学制限）を通じて学生を誘導するのであり，逆 numerus clausus 現象と表現できよう。装置産業化後の大学政策の課題は，平準化に向けて大学組織改革と教育課程改革が課題となっていく。90年代に入るとEU全体での教育課程・学位授与などの協調が進むことも平準化への根拠の一つとなった。

大学組織改革が連邦中央政府の主導の下に進行する。60年代後半に社会問題化した学生運動も，70年代に入り過激化したことにより，学生と社会の支持を失っていく。AStA委員会選挙投票率も，60年代末の60%から，70年代の30%，80年代の20%へと低下し，大学民主化を求めたかつての学生運動の圧力は学生の無関心にとって代ったことも，大学組織改革を容易にした。

学校教育制度や大学制度を含む文化高権はラントに属するので，基本法が定める大綱法や共同の任務に基づく中央政府の施策発動は，各州文相会議，学長会議，学術審議会などの決議を受けて実施することになるが，なによりも中央政府とラント政府の方針が根底にあることは言うまでもない。結果的に，大学組織と大学運営を全国的に同質化することになった。大学組織と大学運営は大学自治に属するので憲法違反であるとの訴訟に対し，連邦憲法裁判所は，1973 年の決定で，大学は「公的に管理される教育・研究政策の対象であり，手段である」としている[63]。

1976 年，連邦政府の大学制度改革案が大学大綱法として打ち出された。社会政策の面で，企業における経営陣専断であった取締役会への従業員経営参加が進められた時期であり，同じ論理が大学組織にも適用された[64]。中世における大学発生以来の制度的根幹であった学部が解体され，専攻が研究・教育の意思決定単位とする指針が打ち出され，専攻運営は学生と教職員がそれぞれの立場で決定に参加する自主運営制度が取り入れられたのである。（専攻）グループ大学制度 Gruppenuniversität と呼ばれ，正教授専断であった学部教授会が解体された。大学の歴史的自己理解に関わる問題であり，ラント・レベル，連邦レベルで多くの憲法訴訟が起こっているが，最終的に連邦憲法裁判所は，グループ大学制度の合憲性を認定するとともに，大学運営において大学教員の決定権が一定程度確保されねばならない，とするにとどまった[65]。

グループ大学は，実際に発足すると党派大学 Fraktionsuniversität と呼ばれるようになる。組織人事において多数派を形成する人々の代表が必ずしも研究・教育に直接かかわっていない職場に属していることが生じるのであるし，教学に関わる事項に教員の意見が反映されない事態も生じた。専攻を代表して全学的会議に出席する構成員にも偏りが生まれたし，党派の対立から全学的合意形成が遅れ，また，全体意思の方針が不

63） Oppermann, T. (1996), S.1019.

64） ドイツの共同決定制度は，1972 年の経営組織法改正，76 年の共同決定法によって制定された。

65） 以下の叙述は，Thieme, W. (1986), Flämig, Chr. (1996), 栗島智有（2014）による。

鮮明となる事態も生まれた。ワイマール共和国の小党分立の政情に擬せられもした。ワイマール社会で生まれた指導者待望論が，学長指導者論に重なってくるのであるが，学長指導者論はむしろ大学管理者側の論理として取り込まれていく[66]。学内組織の意思を体現する役割を担ってきたのが従来の学長職であったのに対し，学内組織は諮問機関とすることによって学長専断を可能にするのである。組織意思決定の迅速化と組織運営の効率化が政策目標であり，指導者学長が政策手段である。政策手段と政策目標の設定は，1933 年に導入された指導者学長制度 Führer-Rektor を想起させる。1933 年においては，ナチス独裁が政策主体であり，ナチスが採った政策目標と政策手段は小ヒトラーを群生させ，組織を同質化した。

「80 年代から始まる大学間競争の強化促進は，大学大綱法による疑似ユニタリズムへの反動として強化された」，とテュービンゲン大学教授オッパーマンは断じ，「近年再び起こっている大学組織の全国的協調は，基本法 75 条 1a 項に基づく連邦政府の権限創出と，1976 年から 1987 年における大学大綱法の徹底的利用に拠るものであった」とする[67]。連邦中央政府とラント政府は，学生数増加に対応して 70 年代から大学施設の拡張と大学数の増加を進めてきたが，80 年代後半からの学生数の停滞による施設・組織の稼働率低下と維持費用の確保に苦慮するに至る。装置産業にとって，経営の構造改革を行わない限り，需要の持続的増大が経営の前提である。学生数が停滞するなか，予算削減の下での施設・組織の効率的活用が政策課題となると，文部行政は装置産業化した大学施設と組織の直接管理に乗り出す。行政効率は政策対象である大学組織の平準化を必要とした。

大学の国際競争力強化と予算の有効活用が，大学のガヴァナンスを名目にして，求められる。少子化とともに学生数の増加傾向が止まり，施設と予算の効率的運用が課題となるからである。80 年代後半は，大学の序列化・ナンバーリング議論が盛んになった時期である。文部行政は，予算と人員の重点配分政策を名目として，重点へ向けてのピラミッ

66）以下参照。U. リンス（1981）「大学と国家」，栗島智明（2014）「大学改革」。
67）Oppermann, T. (1996), S.1019.

ド形成を大学間競争に委ねた。予算配分の根拠とする定量的基準を定め，達成度をもって大学の自助努力を評価する。予算配分のための差別化を，自助努力を名目にした競争を通じて，大学間での序列形成に委ねた。予算配分のための基準に向けてのピラミッド型差別化は達成されたが，定量的基準を巡って大学の平準化・同質化が進行した。また，大学の概念を広げ，新設・拡張を続けてきた結果，文部行政が管理する高等教育機関は分厚い底辺を持つピラミッドを形成する大学市場を生み出していた。自助努力競争による差別化を通じてピラミッドの先端を細くしていく一方，文部行政は，分厚い底辺部分である限界経営体の維持に腐心する。逆に見ると，限界経営層の存在が分厚ければ分厚いほど，予算配分ピラミッド形成を根幹とする文部行政にとっての制度保障となっているのである。後に触れるゲッティンゲン大学総長ケルンが指摘するように，求められている本来の大学のガヴァナンスは，government by the market を通じての競争である。文部行政が予算配分のために枠をはめた管理市場でのガヴァナンス改革をもって，ドイツの大学に国際競争力に耐える水準にむけて自助努力が求められていることになる。

1998年，ゲッティンゲン大学総長就任にあたり，組織社会学者ケルン（Kern, Horst）は，「学者たちを指揮することは，喜劇役者たちをおとなしくさせておくより難しい」というウィルヘルム・フンボルトの言葉を引用して，大学管理の現状を揶揄する。（大学）自治と（国家）管理，自由と統制の対比であり，文明社会が歴史的に抱えつづけてきた関係である。スメントが1930年に提起した大学制度体危機論が，再び現実性を帯びてきた。ケルンはさらに，文部行政が進める競争原理が疑似カルテル市場における市場原理であることを指摘するとともに，自らが作り出した疑似カルテル市場におい文部行政が競争原理を働かせる手段として用いる補助金は，判定に用いる定量基準の中心点へと大学の平準化をもたらすにすぎない，と断じる[68]。

文部行政にとって，共通基準の設定は，自らが生み出した装置産業における限界経営体の存続を保障するものでなければならない。行政の使命として，機会均等と法の下での平等を掲げている。個別政策の施行に

68）Kern, H. (1998), S.23,34,38.

あたり，限界経営層が厚ければ厚いほど，優良経営体をも同時に拘束する同質的文部行政の政策根拠となるのであるし，行政業務規模と予算規模を確保する根拠となる。ここで，中央政府・ラント政府の文部行政と存続の限界にある経営体との間に利害が一致する。文部行政は，スメントが指摘しているように，立法から所管・監督・執行まで一貫した分野であり，政策の一貫性を継承するのが行政なのか，行政が業務と予算の維持腐心が継続性となっているのかが，改めて問われよう。

設置大学として領邦君主の庇護のもとに育ってきたのがドイツの大学の歴史である。19 世紀後半から 20 世紀前半にかけてドイツの大学が世界の大学理念をリードしてきたのは，ドイツ語圏内での大学間競争が根底にあったからであり，大学自治を活かした大学自由市場が実現していたからである。領邦政府間での大学政策と各大学の独自政策の競合とともに，私的聴講料制度に基づく学生による教員・大学の選抜が機能した。歴史的に大学が果たしてきた社会的役割は，「学問の自由」に対する社会的暗黙の了承と憲法規定によって認証され，大学全体を包括する「制度（体）」としての大学の社会的存在を保障してきた。大学自治を保障してきたのは，学問の自由とともに，大学自治を発揮させた自由市場があったからである。19 世紀末から，プロイセンの，そして，ドイツの大学を世界に冠たる研究機関へと導いたアルトホーフが最も嫌ったのが一律化であった。ナチスの同質化政策は，この二つの意味で大学の生命を奪った。

2　大衆化社会の大学

フェリックス・クラインが構築した「数学界・世界の臍」のゲッティンゲン大学から，数学を基礎においた学問分野が，第一次世界大戦後，その花を咲かせる。ドイツの物理学賞受賞者は，1945 年までに 11 人であるが，――56 年のマックス・ボルンを加えると 12 人――第 1 回のレントゲン（Roentgen, Wilhelm Conrad 1901 年），05 年のレーナルド（Lenard, Philipp），09 年のブラウン（Braun, Karl Ferdinand）までは，ゲッティンゲンと直接の関係を持たない。11年のウィーン以後は，21年のアインシュタインを唯一の例外として，すべての受賞者がゲッティンゲンに在学したか研究者として関わりを持っており，クラインが立ち上げた研究所が集中するブンゼン通りを研究拠点とした。1922年，数学・自然科学部が独立すると数学と物理学関係の研究所が群生し，1929年にはロックフェラー財団の財政支援で数学研究所が建築されている。特に，物理学第一講座主任のポール，第二講座主任・副主任のフランクとボルンは，ブンゼン通りのトロイカと呼ばれ，研究と後進育成に協力し合ったことで知られている。

ブンゼン通り

1911年物理学賞のウィーン（Wien, Wilhelm）は1学期のみであるが数学を学んでおり，その後ハイデルベルク，ベルリンへ移り，1886年，ベルリン大学で学位を取得している。14年受賞のラオエ（Von Laue, Max）は99年から1901年までゲッティンゲンで数学と物理学を学んだ。マックス・プランクの友人であり，終戦の45年，ベルリン大学がソ連管理地区下に置かれたことから，マックス・プランクと共にゲッティンゲンに移る。

18世紀から19世紀前半にかけて活躍した神学部教授ヤコブ・プランクを曾祖父とし，19世紀後半の法学部教授ゴットリーブ・プランクを祖父に持つのが，18年のマックス・プランクである。プランク通りの由来は，法学者プランクを記念している。ミュンヘン大学で学び，1880年に教授資格試験に合格し，85年にキール大学の員外教授に就く。キール時代に，ゲッティンゲン大学のエネルギー論を主題とする懸賞論文に応募して，二位となっている。ベルリン大学正教授時代，1930年にカイザー・ウィルヘルム協会会長に就くが，ナチスの政策に反対して37年に辞任に追い込まれる。既に長男を第一次世界大戦で失っており，次男はヒトラー暗殺計画に加担したとして44年に処刑された。45年に同僚であるラオエと共にゲッティンゲンに移るが，47年10月4日に没する。ゲッティンゲンに本部を移したカイザー・ウィルヘルム協会は，プランクの業績を讃え，マックス・プランク協会と改称するが，その物理学研究所所長に友人ラオエが就任した。

1919年のシュタルク（Stark, Johannes）は，教授資格試験，員外教授までをゲッティンゲンで過ごしている。25年のフランク（Frank, James）は，ハイデルベルクとベルリンで化学と物理を学び，カイザー・ウィルヘルム協会が1911年に新設した化学物理研究所で教授資格を取得した。研究所でフランクの助手に就いたのがヘルツ（Hertz, Gustav）で，共同研究を進めた。マックス・ボルンに乞われて，1920年にゲッティンゲンに移り，正教授として第二物理学研究所長に就く。1925年にヘルツと共同で物理学賞を受賞する。ヘルツは，電磁波を発見した物理学者ハインリヒ・ヘルツの甥で，ベルリンでフランクの助手に就くまではゲッティンゲンの学生であった。1915年に戦線で重傷を負い，戦後は電気会社フィリップスやジーメンスの研究員として勤務した。25年の共同受賞は，ベルリン時代にフランクと一緒に進めた研究成果が評価されたのである。32年のハイゼンベルク（Heisenberg, Werner）は，ビザンチン学で著名なミュンヘン大学教授アウグスト・ハイゼンベルクを父に持ち，24年から26年までゲッティンゲンで私講師，26年に22年度物理学賞のボーアがいるコペンハーゲン大学へ移り，1年後にライプッツィヒ大学正教授に招聘されている。32年の物理学賞はライプツィヒ大学教授として受賞している。41年にベルリン大学へ招聘され，カイザー・ウィルヘルム協会物理学研究所長に就くが，戦後オットー・ハーンなどと共にイギリスの収容所に入れられる[69]。45年のパオリ（Pauli, W.）は，21年から22年にかけてボルンの助手を務めていた。

戦争末期，爆撃から逃れるため，研究所や実験施設の多くが，内陸部の西南ドイツに移されたので，多くの研究者がアメリカ軍に収容され，イギリス管理地区の研究者と共にイギリスの収容所に集められていた。イギリスに収容された科学者の多くは，戦後英国占領地区となったゲッティンゲン大学に移されている。多くの研究者が，マックス・プランク協会の研究所とともに，ゲッティンゲンに残った。

「こんなに遅くなったのは奇妙なこと」ですと，21年受賞の親友アイ

69）ハーン（Hahn, Otto）は，44年化学賞受賞者であり，受賞を知るのは，イギリスの収容所において45年にハイゼンベルクが示したDaily Telegraph紙によってであった。それゆえ，受賞講演は46年12月13日となった。講演の末尾を，「（研究の）成果は，広島と長崎の爆弾であった」で終えた。

ンシュタイン（Einstein, Albert）が祝いの手紙に書いたボルン（Born, Max）の受賞は戦後10年近く経った54年である。ユダヤ系で，著名な解剖学者グスタヴ・ボルンを父に，1882年，シュレージェンのブレスラオに生まれ，ゲッティンゲンではクラインとヒルベルトのもとで数学を学び，博士学位論文はクラインに提出している。私講師を1909年から15年まで勤めた後，ベルリンのプランクのもとに呼ばれる。兵役の後，22年からゲッティンゲン大学正教授に就き，独自の研究とともに多くの若手研究者を育てた。33年のナチス独裁政権とともに追われ，妻とイギリスに渡りケンブリッジ大学教授に招聘され，39年に帰化している。53年にゲッティンゲンに戻り，妻と引退生活を送るが，54年に物理学賞を受賞する[70)]。

第一次世界大戦後，ノーベル賞受賞者としてゲッティンゲン大学の伝統が見られるもう一つの分野は既に見た化学で，20年のネルンスト，25年のツイグモンデイ，28年のウィンダウス，39年のブーテナントらがゲッティンゲンから育っていった。44年のハーンは，戦後ゲッティンゲンに移り，生涯を終えている。

ハーンは，フランクフルトで生まれ，マールブルク大学で化学の勉強を始めるが，学生時代と若手研究者の時代を主としてイギリス，アメリカ，カナダで過ごしている。1904年化学賞の英国人ラムセイ（Ramsay, Wiliam）の推薦で，02年ノーベル化学賞のエミール・フィッシャーに師事して07年に教授資格を得る。この時期に，物理学者であるオーストリア人女性リーゼ・マイトナーを共同研究者とする。12年にカイ

70）　第一次世界大戦後，ゲッティンゲン大学の物理学は多くの外国人留学生と若手研究者を集めており，ここから多数のノーベル賞受賞者を輩出している。共同研究者・助手経験者でみると，物理学賞受賞者では，33年のDirac, P. A. M.（イギリス，Heisenbergの共同研究者），Fermi, E.（イタリア，Born），43年のStern, O.（アメリカ，Born），48年のBlackett, P. M. S.（イギリス，Franck），63年のGoeppert（アメリカ，Franck），63年のWigner, E.（ハンガリー・アメリカ，数学のHilbert）などである。ゲッティンゲン大学留学経験者でみると，Millikan, R. A.（アメリカ，23年物理），Siegbahn, K. M. G.（スウェーデン，25年物理），Langnuir, I.（アメリカ，32年化学），Krebs, H. A.（イギリス，53年医学）などである。研究滞在者でみると，14年化学賞のRichard, T. W. はアメリカ人で，1989年からゲッティンゲンで学び，1901年に化学正教授に推薦されたが，同年ハーバード大学からの招聘をうけたし，36年化学賞のオランダ人Deby, DJ. W. は，1914年から20年まで数学正教授であった。

ザー・ウィルヘルム協会の放射能研究部門の主任に就く。ナチス政権奪取の33年，アメリカで研究滞在中であり，アメリカの同僚は帰化を勧めたが，研究所の同僚を思い帰国する。所属する研究所の所長はユダヤ系のハーバーであり，辞職させられたハーバーの後任に有力視されたが，ナチスへの入党を断ったため，任命されていない。マイトナー（Meitner, Lise）とは，30年間にわたり放射化学と核反応の共同研究を続けていたが，37年，ヒトラーがオーストリアを併合するにおよび，ハーンが手配して非合法にオランダに逃がすことに成功する。マイトナーは，その後スエーデンに逃れていた。

ハーンが1946年受賞講演のためストックホルムへ向かうと，再会したマイトナーはハーンを恨むのであった。受賞の対象とされた核分裂実験は彼女との共同研究であり，実験成果が得られたのは彼女の亡命の数か月後であったからである。研究者としてのマイトナーは，62年，ゲッティンゲン大学ドロテア・シュロッツアー賞を受賞している[71]。

指導者学長

第一次世界大戦後の混乱期とインフレ期に，戦前から学生のシンボルであった学生団体が経済的，精神的支柱を失い忘我の状態に陥っている一方，学生の自助互助組織が立ち上がる。全国組織としてはアメリカからの援助があったが，ゲッティンゲンにおいては幾人かの教授たちが学生と協力して組織を立ち上げた。戦場からの帰還兵，職に就けない若者，進路が定まらない高校生などが大学に殺到した。勤労学生として収入を求める一方，宿泊施設が不足した。3人の教授が中心となって募金活動を行い，21年11月にウィルヘルム広場の家屋を購入し，学生寮へと改築工事にとりかかるとともに，12月28日付けで組合員組織として法人登記をし，全国大学連合に加盟する。一年後の22年10月30日に工事完了引き渡しがあり，学生寮と食堂の営業を開始することができた。社団名はゲッティンゲン学生の家 Studentenhaus Göttingen e.V. とし，

71）ドロテア・シュロッツアー（Schlözer, Dorothea, 1770-1825）は，ゲッティンゲン大学歴史学教授の娘で，幼児から英才教育が与えられた。女子に大学入学資格のない時代であったが，1787年，哲学部教授達が特別に博士学位試験を行い，哲学博士を与えた。ドイツ最初の女性（名誉）博士である。記念して女性研究者を対象とした学術賞が設けられた。

学生寮，仕事仲介，古書仲介，クリーニング，食料品販売などを経常業務としつつ，主として結核患者を対象に治療扶助，短期資金貸付，奨学金，入学相談なども行った。組織は，会費を払う組合員が選挙する執行部が運営するのであるが，ナチスシンパの学生によって「合法的に」乗っ取られてしまう[72]。第二次世界大戦後の学生援護会の前身である。

ナチス学生団がゲッティンゲンにおいて結成されるのは27年であるが，社民党連立政権のプロイセン政府内務省は学生の政治活動を禁止するとともに学生団体解散を命じる。このことが逆に分散した学生をナチス支持者が集約することを助けたと言われている。29年，「学生の家」役員選挙で，20人中2名がナチス学生団員であった。30年に6人となり，年末の創立10周年記念式典では，本部棟の入口両脇にナチスの制服を身に着けた学生が立ち，式典に出席する招待者や教授たちを迎えた。学長の抗議は無視された。31年には11人で，過半数を占める。組合員約4,000人で，ナチスの学生突撃隊の規模が500人程度であったから，一般学生の多くがナチスの組織的選挙運動に巻き込まれたのである。ナチス学生が過半数を占めるのは，エアランゲン大学とグライフスワルド大学で29年，30年はブレスラオ，ベルリン，ギーセン，イエナなどが続いたことからみると，ゲッティンゲンが特に早かったわけではないが市議会選挙でナチスが過半数を制するのと同じペースであった。大恐慌の時期に失業から逃れる目的の大学進学者が増加すると，プロイセン政府は入学制限政策をとる。ユダヤ人が抑制される一方，ナチス信奉者が優遇された。33年にヒトラー独裁政権が発足すると，7月15日付けで社団名が全国組織に倣ってゲッティンゲン学生援護会Studentenwerk Göttingen e.V.と改称され，ナチスの管理下に置かれ，同質化・中央統制化が進められた。事業の殆どが党の下部組織に吸収されたので，41年には責任者1名のみの組織となってしまう。画一化と統制は，組織の生命力を奪い，ナチス支配を自己目的としてしまうのである。

1933年3月，ヒトラーは全権委任法を国会で可決させ，独裁政権を握る。早くも4月13日，ゲッティンゲン大学で，ドイツ民族に敵対的

72）以下の叙述は，下 Studentenwerk Göttingen (1996): 75 Jahre. による。

な出版物を排斥すべし，とのプラカードを手にした学生が行進する。4月19日，ナチスの学生団体本部は，各大学におけるユダヤ人と共産党員，ならびに，ナチスに敵対的な人物のリスト作成の指令を出す。同時に，ナチスに敵対的な書物を，個人の蔵書と公共図書館から廃棄すべしとの指令も出されるが，大学関係者からの抗議は起こっていない[73)]。

5月10日，ゲッペルスは，ベルリンのオペラ座前の広場で有害書物排斥演説を行い，ラジオを通じて全国に流された。その日の夕刻，ウェエンデ通りの大講堂前に学生が集合し，学長，教授代表，学生組合委員長が演説を行った後，4列に隊伍を組んだ学生が松明を手に，82連隊の兵士を先頭にアルバニ教会広場へ行進した。広場では木組みの櫓が赤々と燃え上がり，その脇にはナチス学生団が作成したリストに基づき集められた書物の山があった。ベ−ベル，カウッツキー，ラサール，リープクネヒト，マルクス，エンゲルスなどとともに，トマス・マン，ハインリヒ・マン，シュニツラー，ツワイクなどの著作が火中に投じられた。焚書された書物を全国規模でみると，1938年末までに著者524人，著作数4175点であったとされている。焚書とともに始まるのが国民図書館 Volks-Bücherei 運動である。国民を「正しく」教育するため，地方自治体に公立図書館を設置し，蔵書を選別した。

大学内部のナチス化は，先ずユダヤ系教授を，血統に基づき四分の一,二分の一，完全ユダヤ人としてリストアップし，授業の妨害やボイコット運動から始まる。33年4月7日の職業官吏再建法は，共和国の政党政治で損なわれた職業官僚制の再建を目的とするとしたが，この法律によってユダヤ人公務員，政治的に好ましくないとされた公務員が一掃されていく。公務員である学校教員や大学教授にも適用された。

大学にも指導者原理が導入され，完全なナチス独裁維持の手段として利用される。学長は政府が,「合法的」に評議員会推薦のリストから任命する，としているが，実態的にはナチス党員であるか，ヒトラーへの忠誠度が基準となる。実態的任命者が合法性の陰に隠れるナチスの手法が自治組織を標榜する大学にも持ち込まれるのであり，「指導者学長」

73）以下の叙述は，下記による。Becker, H. (Hg.) (1987): unter dm Nationalsozialismus. Nagel, C. (Hg.) (2000): im Nationalsozialismus. Moeller, B.(1988): Stationen. Schöne, A. (1983): Bücherverbrennung.

Führer-Rektor に，大学運営独裁権を「合法的」に下付し，業務責任は「合法的」に任命された組織運営者（小ヒトラー）に負わせ，「組織を整備したので，業務は現場の努力である」とする。

1933年10月28日の「暫定処置」文化省令は，学長，評議員会，学部長の任命について定めた。特徴的なのは，従来の正教授専断の大学組織のなかで，学長選出母体である評議員会に外部の代表を加えた形式をとっていることである。言うまでもなく，以下で叙述するマールブルク大学の例のように，指名されたナチス・シンパが外部代表となる[74)]。

省令 UI 1296：　大学管理の効率化のための暫定処置（1933年11月—1936年9月）

ベルリン 1933年10月28日

Ⅰ．学長と評議員会

1. 大学の統一的管理を確実にするため，評議員会及び拡大評議員会（全学教授会，全学会議，大評議員会）の権利は学長に移される。学長は，大学のために必要と思われたならば，審議として評議員会を招集する。採決は，なされない。

学長は，施策および報告にあたり，特に大学一般におよぶ施策の場合，教員指導者と学生団体を招致する。特に学生団体は，学生の権利が評議員会での学生参加が予定されている案件について，招致される。

2. 学長は，正教授の中から選出される。評議員会は，適切な人物を3人提案する。任命は，大臣によりなされる。　以下略

3.　略

4.　略

5. 評議員会の構成は以下による。学長と副学長，学部長，学部長が任命した正教授各学部一名，教員団体指導者と指導者が任命した

74）Nagel, C. (2000), S.179. 学部長は，学部推薦の3人のうちから学長が任命する，としている。上記書はマールブルク大学を分析しているが，同大学の学長はいずれもナチス党員であり，しかも，入党時期が1933年以前か以後かも問題とされた。

教員2名，ナチス突撃隊大学部指導者ないし指導者が任命した代行，そして，学生を問題とする案件にあっては学生代表。

II.　学部

1. ～ 5. 略

マールブルク大学では，33年11月，上記省令に基づき評議員会が学長選考を行い，医学部教授バウルを一位とする3名のリストを作成している。これに対して，ナチス公務員部マールブルク支部指導者ビュッヒナーが，ベルリンの文相宛てに異論を報告している。大学評議員会が，バウル教授を一位とするリストを作成したので，地域組織代表と相談の上，我々ナチスにとってバウル教授は大学学長として適切でない，との意見に達したと伝える。理由として挙げられたのは，選出母体である評議員会自体が同質化 Gleichgeschaltet されたと言えない状態にあること，バウル教授がナチスの同士である私講師フリーゲの教授昇格に反対したこと，ヒトラーも立候補した大統領選挙でヒンデンブルクを支援したこと，ナチスに加入したのがヒトラ独裁成立後の1933年3月以降であること，などである。既に小ヒトラーが群生していた。最終的にバウルが学長に任命されるが，副学長にナチスの中核であるワェデキンド教授を任命している[75]。3年後，バウルの再選はなかった。

電話は鳴らなかった

1933年の暫定処置令に基づきゲッティンゲン大学学長に任命されたのは，独文学教授ノイマン（Neumann, Friedrich）で，生粋のナチス党員であった。ユダヤ系や非協力的な大学教職員は，大臣と学長を通じて罷免ないし勇退に追い込まれ，退職年金生活者となった。追われた教授に代わり招聘されたのは，ナチス党員か信奉者であった。大学運営の効率化を名目に，暫定令は，指導者原理を援用することで，大学におけるナチス支配基盤を合法的に強化し，大学教職員のさらなる同質化を進めたのである。

1933年10月の指導者学長制度はゲッティンゲンにおいても直ちに導

75）　Nagel, A. Ch. (2000), S.181f.

入されており，学内人事の同質化を通じて大学は管理された。ゲッティンゲン大学の大学制度史の著者グンドラッハは，評議員会による学長候補選出，教授会における学部長候補選出など形式的には合法的な手続きが確保されているが，実質的には人事操作（同質化）によってナチス支配下にあったことを念頭に，次のように述べている。「仲間同士で組織人事を固めることを繰り返すことで，望ましくない人物を排除することができた。この結果，大学管理の頂点に位置づけられた学長を，教員全体の意思を反映させているとは言えない一定の勢力が決定するということが可能となったのである。」[76)]

35年4月1日の人種法は，「劣等人種」の烙印を押された人々を職場から排除する。戦後大学に復帰し，連邦共和国の憲法裁判所（最高裁判所）判事に選出される公法学教授ライブホルツ（Leibholz, Gerhard）もその一人であった。多数の聴講生を集めていた「20世紀国家論」講義が，ナチス学生の扇動でボイコットされる。学部長もボイコットされるであろうと，直接連絡を入れている。ナチス突撃隊の特徴である，足を広く開けた直立不動姿勢の学生数人が長靴と制服で教室の前に立ち，「ライブホルツは講義すべきではない。彼はユダヤ人である。講義はない」と叫び続けると，学生はおとなしく引き返す。その後，ライブホルツに公務員として配置転換命令があり，図書館での作業が割り当てられた。人種法が発効してからは，大学及び図書館への出入りも禁止された。35年に強制勇退させられ，38年にイギリスに亡命している。

教員の職場移動もナチスの政策手段であった。ベルリン大学公法学正教授スメントは，35年，「合法的に」ゲッティンゲン大学へ移動させられた。ナチスの大学政策の一つとして「ドイツ民族学」講座設置があり，ゲッティンゲンではゲッティンゲン郊外のケルステンローデ教会の村牧師が37年に教授任命された。33年に入党しているが，博士学位も取得していなかった[77)]。

ノーベル物理学賞のフランクは，自ら退職している。33年4月17日付けで，大臣と学長に退職願を提出しており，学長宛て書簡は次のよう

76）Gundlach, E. (1955), S.151.

77）以下の記述は，Schöne, A. (1983), Kamp, N. (1983), Kamp, N. (1989), Moeller, B. (1988), Brockmann, H. (1997), による。

に述べている[78]。

> 我々ユダヤ系ドイツ人は，外国人であり，祖国の敵とみなされている。我々の子供たちは，ドイツ人として育つことが許されていない。……この決定が，私にとって非常につらいものであり，ゲオルギア・アウグスタで一緒に仕事をできることを常に感謝してきました。私は，私の名誉にかけて大学に心から仕えてきました。今日の状況のもとで，国家の下僕として留まることは，私の信念が eine innere Notwendigkeit 許しません。

17 日付けのフランクの退職願は，翌 18 日の地元の新聞で報道され，記事は，フランクにならって他の科学者達を失うことにならないように祈る，と結んでいる。当時 40 歳であった第二物理学研究所秘書のパーキン（Paquin, Grete）は，18 日の様子を次のように回想している[79]。

> フランクの退職願が公表された晩，私は，学部のすべての偉大な科学者たちが同じように職を擲ち，ユダヤ人の同僚のために連帯行動を起こすであろうと確信していた。フランクのような人物が見捨てられるならば，他のひとびとも自発的にこれに続くであろう，と。学問なしでは，ヒトラーも無力なのだから。ポール教授が所長の，第二物理学研究所の私の同僚も同じ考えであった。私たちは約束して，夕方から研究所に詰め，極度に緊迫したこの日は鳴り止むことがないであろう電話を待つことにした。ゲッティンゲンは世界的名声の学者が多数おり，あたかも何事もなかったかのように研究を続けることなどできるわけがない。同僚であり，友人であるフランクが直面している困難を無視できるわけがない。いまこそ世界は，研究者であり，教育者である人々の連帯を巻き起こすであろう。私たち二人は，私の部屋で落ち合い，人気のない建物で電話を待つこ

78） Kamp,N. (1989): Exodus,S.16.

79） Kamp, N. (1989): Exodus, S.18.1989 年 4 月 18 日，フランク退職記念日に，大学は，本部棟の扉に碑銘を設置する。33 年から 45 年までに大学を追われた 53 人の教員名と，「しかし，何事も起こらなかった。電話は鳴らなかった」が刻まれている。

> とにした。しかし，何事も起こらなかった，電話は鳴らなかった。22時頃家路についた。私は，大きな傷を負ったことを感じた。ゲッティンゲンは別物になってしまった。ヒトラーが勝ち，ドイツが没落する姿を始めて眼にした。私は，悲痛感で一杯になっており，翌日，大学監督官のもとを訪れ，退職願を手渡した。全く意味もない小さなジェスチャーである。しかし，私の心は静まった。

フランクの退職願最後の文章とパーキンの「何事も起こらなかった，電話は鳴らなかった」は，ナチスにゲッティンゲン大学を追われた53人の教授名とともに銅板に鋳られ，大学本部の二階に飾られている。

フェリックス・クラインのもとで，ゲッティンゲンを「数学界・世界の臍」に築き上げた一人クーラントも，33年4月25日付けで停職処分を受け，34年に強制的に退職させられるが，33年に自らアメリカに移っていた。36年から58年までニューヨーク大学に勤め，クーラント研究所を残している。

ユダヤ人を妻としている者も追われた。ツィンマーマン（Zimmermann, Bernhardt）は，1896年生まれで，ゲッティンゲン大学でドイツ語，英語，歴史学を学ぶと共に，体育教師養成コースを受けた。第一次世界大戦で志願出征し，1915年にフランスで捕虜となる。戦後，学校教師を続けながら大学での体育教師の職を求め，1921年にゲッティンゲン大学に就職する。学生の体育授業に熱意を燃やし，1924年に大学の講義依頼で「体育運動の歴史と組織」と題して正規講義を行い，1925年のプロイセン文化省指令（30. Sept.1925）に先立ち，大学体育局組織構築に着手していたことから，28年にゲッティンゲン大学体育局が設置されると初代局長に就く[80)]。

妻がユダヤ人であることは，ナチスが奨励する体育専門家として欠かせないことから，不問に付されてきたが，1937年6月の大学200周年行事の一環として全ドイツ大学選手権を開催するにあたり，辞職か離婚の選択に迫られる。翌38年，イギリスに亡命し，名前をCarpenterと改称してスコットランドに住み着く。1948年，体育局が再開され，か

80）　以下の叙述は，Winters, M. (1987): Göttinger JahresbläHer., 1987. による。

つての助手ヘンツエ（Henze, Wilhelm）が所長に就くが，ツィンマーマンは一度ゲッティンゲンを訪問しているにすぎない。

バチカンがアメリカへ移った

1937年は，大学創立200周年記念を祝う年であった。36年に450周年を祝ったハイデルベルクは，ドイツの大学の伝統を主題とした。ナチスの独裁と人種差別への批判は強く，招待を受けた主要国の大学代表は軒並み欠席した。ゲッティンゲンの200年祭は，ナチス国家における研究と教育の現代的意義を主題とすべきであると指示され，ドイツ大学会議を同時開催する企画となったが，主要国の大学はすべて欠席の返事を出し，お祝いの祝電を送るに止めた。バーゼル大学学長は当初出席の返事を出していたが，スイス政府がこれを認可しない。バーゼル大学学長の欠席を伝える文書は次のように結ばれている。「貴国の大学の現状としては，大学の祭典が政治的宣伝となり，大学自体の祭典の枠を越えるであろうことは明白である。ゲッティンゲン大学の過去の名声を知る者にとって，まさに残念なことであるが，次の点を考慮しなければなりません。ゲッティンゲンではこの数年，多数の教授たちが人種と信条の自由のゆえに職場を追われているのです。」結果的には，地元紙Tageblattの記事にあるように，「外国の71大学がお祝いを述べた」にすぎないのであった。国外の批判的声が高くなればなるほど，ナチスの内向き姿勢が強まる。ウィルヘルム広場は，大学栄誉広場，ウェエンデ通りは突撃隊通り，テアター通りはフランツ・セルテ通り，アルバニ教会前はアドルフ・ヒトラー広場と改称される。ユダヤ人研究者からノーベル賞受賞者が輩出することに業を煮やしたヒトラーは，ドイツ国民の受賞を禁じた。39年化学賞ブーテナオの例は，先に見た通りである。

1933年から45年の敗戦までにゲッティンゲンを追われた教員は，53人に上るが学部別でみると，神学部は0人で，最大は数学・自然科学部の24人である。この他に，教員中間層として助手が25人いるが，この内23人が自然科学部である。戦後大学に復帰した数でみると，自然科学部は24人の内5人に過ぎず，助手は0人である。避難・移住先を見ると，自然科学部の教員24人の内アメリカが14人，イギリスが4人であり，23人の助手の内アメリカが13人，イギリスが3人であった[81]。ゲッティンゲン大学に留まらず，他のドイツの大学からも自然科学者が大量にアメリカに流れたのであり，比喩として「本山（バチカン）がアメリカに移った」と言われた。

ドイツ帝国を生み出した1870年の戦争にゲッティンゲン大学から学生が志願し，25人が若き生命を失った。第一次世界大戦では，726人の学生と22人の教員が命を落とした。1939年から45年における戦線での犠牲者は，学生556人，助手43人，職員35人，教員18人，そして，戦争末期市内の爆撃で大学の女性秘書2人であった。特に多くの犠牲者を出したのは，林業アカデミーから学部に昇格した林業学部である。林業アカデミーには，かつて，国王直属の狩猟局が併置されており，狩猟用の射撃が教育内容となっていた。戦場で狙撃兵部隊に配属された人々である。犠牲者のうち，学生113人，職員10人が林業学部に所属していた。大学施設の戦災被害は軽微に留まった。44年11月の空襲は，図書館の一部と心理学研究所を破壊したが，図書館の蔵書の大部分はヴォルピエスハオゼンの工場倉庫に避難されていた。占領前日の4月7日，鉄道の駅と施設を中心に爆撃があり，隣接する解剖学研究所（1828年の解剖堂），考古学研究所，地理学研究所が被害を受けている。

占領下の大学再開

アメリカ軍の進駐が始まった4月8日，軍が最初に自然科学系研究所を差し押さえ，書類と機器を接収した。ゲッティンゲンは，イギリス管理地区に入るが，最初に進軍してきたのがアメリカ軍であった。イギリス軍政部は，接収した教育・研究機器を5月に返還させている。大学当局は，学長ドレクスラーと事務総長ビュクセルが評議員会を招集し，予想される学内人事の問題を議したが，10日に学長自身がナチス信奉者として逮捕された。45年春学期開始の時期であったが，大学は活動できる状態になかった。ナチス時代の大学制度はすべて廃棄されたので，ゲッティンゲンでは大学最高意思決定機関である評議員会を1930年以前の制度で選出した。12日，評議員会は評議員の中から公法学教

81）　Becker, H. (1987), Anhang.

授スメント（Smend, Rudolf）を学長代行に選出するとともに，すべての学部長が辞任したので，新学部長を評議員の中からナチスの過去を持たないとみなされた教授を選出した。13 日に，ウィルヘルム広場の大学本部棟が占領軍本部として接収されたので，学部長室があるテアター通りの事務棟に移る。18 日，占領軍の命令を受けた市長シュミットが，評議員会に新学長候補者のリスト作成を伝えたので，スメントを第一候補とするリストを提出する。大学関係者全員について，ナチスとの関係が審査され，6 月に入ると次々と逮捕と解雇命令が出された。戦後最初の学長として，軍政部がスメントを承認するのが 6 月 18 日である。6 月 24 日，軍政部は大学のすべての活動の休止を決定し，25 日にスメント学長に伝達するが，26 日には自然科学系研究所の活動のみ許可する。7 月 16 日，スメントは，占領下の混乱で停止されている学生の卒業試験について軍政部と協議し，卒業試験候補者の履歴審査委員会設置を決定する。

ドイツの大学，特に，ゲッティンゲン大学の戦後史を決定したのは，45 年夏にイギリス外務省ドイツ部がイギリス管理地区の大学の状態を調査するために派遣した調査団である。初期の占領政策では，ドイツの大学はナチスの温床であったことから最低 2 年間の閉鎖を検討していた。調査団報告は，大学の早期再開を助言するものであった。大学閉鎖の長期化は，学生と進学予定者の不満を大きくし，大学が不穏分子の中心になる危険が大きいと判断したのである。

市は，大学再開を待つ若者で溢れていた。町と大学が大きな戦災を受けなかったことを知り，帰還学生が流れ込み，これに進学希望者が加わったのである。市は移入禁止令を出していたので，大学は市と協議して，大学が一定の基準を満たす入学希望者に仮証明書を発効し，市はこれに基づき移入許可を与えることとした。入学仮証明書発行にあたり優先されたのは，傷痍軍事，戦争未亡人，3 年以上兵役にあった帰還学生である。8 月 1 日の軍政部通達は，大学関係者の経歴調査終了と仮入学証明書発行許可であり，同時に，9 月 1 日を期しての大学再開準備を新たに任命された新学長ライン（Rein, Hermann）のもとで進めることを命じるものであった。9 月 17 日に大学再開の式典が持たれ，図書館は 10 月 1 日をもって開館した。

ゲッティンゲンは，ドイツで戦後最初に再開された大学となるのであり，イギリス管理地区を越えてドイツの大学すべての再開の指針となった。軍政部は，ゲッティンゲンをイギリス管理地区での大学政策の中心として位置づけ，6月26日に管理地区すべての大学学長会議を開催している。学長会議を報道した新聞記事は次のように伝えている。「イギリス管理地区12大学学長は，学生の入学条件，教員の構成，大学制度，大学の一般的位置づけなど大学政策の緊急問題を議論するための会議に出席するためゲッティンゲンに集まった。会議での決定事項は，今後の大学発展にとって重要な基礎となる。この会議には，アメリカ管理地区からカールスルーへとギーセン大学の学長も参加した。また，モンゴメリー将軍の英国軍最高司令部，外務省，軍政部，ハノーファーとデュッセルドルフの県庁から代表も参加した。」

終戦直後のゲッティンゲン大学の規模は，45年5月1日時点で，教授102人，講師・助手172人，管理部門官吏79人，職員・労働者951人で，このうち，ナチスの過去を問われて47年7月末までに最終的に解雇されたのが，教授16人，講師・助手18人，官吏6人，職員・労働者16人であった。軍政部の解雇命令に異議を申立て，訴訟を通じて復権した者は（教授13人，講師・助手20人，官吏11人，職員・労働者5人），最終解雇者に算入されていない。7月末までに新規雇用されたのは，教授26人，講師・助手96人，官吏9人，職員・労働者30人である。新規雇用者の多くは，ソ連領となったケーニヒスベルク大学やソ連管理地区の大学から逃れてきた者達であった。この外に，1933年以降ナチス政権により追われた教授のうち10人が戻ってきている。ドイツ全体で，ナチス政権時代に大学を追われた教員数は1,268人と言われている。45年以降の西側管理地区での非ナチス化政策により解雇された大学関係者は，職員・労働者を含めて，総数4,289人であるが，このうち，約半数が訴訟を経て復帰している。

1944年冬学期の学生数は，男子2,942人，女子1,942人であった。大学再開にあたり軍政部が許可したのは3,500人であるが，45年冬学期に学生証を手にしたのは，男子3,761人，女子1,244人であった。こうした学生の中には，戦時中正規の学校教育未修了のうちに戦線にでた者もおり，補習授業が義務として課せられた。最も学生数が多かったのは医学部の 1,400 人と法学部の 1,317 人である。ナチスは大学進学者数を制限し，学部別配分を管理した。戦争目的をも含めて，医学部が優先されたので，1943 年の全学生数の 52%を占めていた[82]。

1922 年に第 5 番目の学部として数学・自然科学部が生まれており，1939 年の林業学部，そして，農学部（1951 年）と 8 番目の経済社会学部（1962 年）が設置される。5 番目の林業学部の前身は，1867 年にハノーファーシュ・ミュンデンに設立された林業アカデミーで，66 年の戦争で併合したヘッセンとハノーファーの森林管理官養成所として発足している。ワイマール期の 1921 年，林業専門単科大学となり，管理官養成とともに林業研究機能を持つにいたる。1939 年，すべての研究・教育施設を同地に置きながら，大学の学部に昇格させたのはナチスの政策であったが，正確な経緯についての文書は残されていない。既に述べたように，教職員は狙撃兵として徴兵されている。すべての研究・教育施設をゲッティンゲンに移すのは，1970 年である[83]。

農学は化学と似た経緯で独立した学問分野である。ゲッティンゲンで最初に農学を講じたのは，1766 年に法学部に新設された官房学教授として招聘されたベックマン（Beckmann, Johann）で，67 年冬学期の講義題目は「農業の基礎」であった。土壌と肥料を内容とする農業化学の授業を 1824 年に始めたのはシュプレンゲル（Sprenngel, Karl）である。ギーセン大学のリービヒ（Liebig, Justus）の影響で，農学は化学に属する分野として発達してくる。それゆえ，農業経営としては国家学に属し，農業化学としては医学部と哲学部にまたがる化学の一部であった。ゲッティンゲンでは，1851 年，農業化学実験の講座が新設されるが，授業はウェーラーの実験室でなされた。71 年から 74 年にかけて，農業研究所の一部と家畜牧舎が，市壁の外側，ニコラウスベルク通りに建設され，農業化学実験室が独立する。敗戦により領土が割譲され，食料自給が課題となったことから農学研究促進が国家政策となり，法学部国家

82） Prahl, H. W. (1978), 山本訳（1988），305 頁。新入生とともに，この学生が一部残っていたのであろう。

83） 以下の叙述は，Bockemühl, M. (1987), Universität Göttingen: Georgia Augusta, Mai u. November 1987, による。

学と化学の一部が統合されて51年に農学部が生まれ，学生数200人余りを擁した。新設の農学部に移ってきたのは，キール大学で経済学教授スカールワルトに師事し，ケーニヒスベルク大学教授を勤めていたアーベル（Abel, Wilhlm）で，農業政策を担当した。ウィルヘルムスハーフェンの社会学単科大学と法学部の経済学を統合して1962年に経済社会学部が新設されると，ここに移り，社会経済史研究所長に就く。

農業研究所と牧舎が置かれた地域に，60年代に神学部，法学部，経済社会学部の校舎，70年代に入ると，研究室棟，教室棟，学生食堂，新大学図書館も新築された。大学の文科系総合キャンパスとなるのであり，大学創立250周年を記念して，「ゲッティンゲン七教授広場」と命名された。

戦後大学に戻った学生は，戦前からの学生団体復活を試みるが，軍政下の集会禁止令のもとでもあり，初代学長スメントは学生組織の結成を禁じていた。スメントは，学生が希望する団体の性格についてアンケート調査をしているが，42％が一般文化的なもの，30％が趣味や同郷人の集まり，10％が国際交流，専攻分野の仲間と政治的団体がそれぞれ9％であった。しかし，各政党の大学支部が定着し始め，また，古くからの学生団体慣習の復活を求める動きが始まると，49年10月にテュービンゲンで開催された学長会議は，「今後の学生共同体において許されない」ものとして，決闘や学生の馬鹿騒ぎを挙げている。しかし，学生団体の伝統を消滅させることは出来ず，51年6月25日，ハノーファーの内務省は決闘に使用された武器を没収するため学生団の家屋を警察に捜査させている。学生団体結成と決闘を禁じる大学であるが，警察の介入を大学自治の侵害として，2日後，ゲッティンゲン大学学長名で抗議声明を発表している。

発言する大学

1955年4月24日のラント議会選挙後の内閣人事で，第一党のキリスト教民主同盟の首相ヘルウィックは，連立与党自由民主党の会派代表シュリュターを文化相に任命した。シュリュターは，1921年に現役士官の息子としてリンテルンに生まれた。母親が100％ユダヤ人であることから，ナチス時代にドイツ人と同等の愛国者として受け入れられた唯一の途である志願兵に応募し，戦傷を受けて39年に帰郷すると戦時士官養成訓練試験に応募したがユダヤ人であることから拒否される。これに代わるものとして大学進学が許可されたのでゲッティンゲン大学法学部に入学する。学業終了後司法国家試験受験を申請するが，これも上記と同じ理由で許可されなかったので法学博士学位取得を目指す。戦後初代学長に就任する公法学のスメント教授のもとに学位論文を提出するが，44年8月1日の口答試験で「法学知識が不十分」との理由で不合格となる。再度口答試験を申請する制度があるが，これをしていないのは上記の理由であることを本人が知っていたからであろうと思われる[84)]。

シュリュターが軍政下の1945年5月5日付けで市警察刑事警察官に採用されるのは，市長シュミットの推薦を軍政部が許可したからである。軍政部の覚えはよく，47年6月6日付けで警察官としての行き過ぎ行為を理由に検事局が予審を開始するが軍政部の指示で停止される。同年8月4日をもって警察を退職し，一時軍政部の世論調査局に身を置いている。警察官時代から右翼政党との関係が深く，48年9月にドイツ右翼党州支部長に就き，ゲッティンゲン市議会議員に当選する。49年にドイツ連邦共和国が発足し，軍政部の直接統治が終了すると，連邦政府はナチス残党の政治活動を抑えるために極右政党禁止の法律を定めたので，51年9月に自由民主党に移り，55年には会派長となっていた。

シュリュターは1939年の大学入学以来大部分の年月をゲッティンゲンで過ごしているので，市民と大学関係者の多くは，戦前のナチス過去と戦後の右翼活動を知っており，文化相として最も相応しくない人物とみなした。55年5月26日，シュリュターを文化相とするラント政府が発足すると，同日，大学評議員会は対策を協議した。評議員会の立場は，国家に対して受動的，保守的であった従来の立場から大学は脱皮する責任があるとするものであり，学長・評議員会名で抗議の意思表明をすることとした。学内選出役職である学長，評議員，学部長は自己の判断で辞任できるが，教員職は公務員として嘱任されたものであり，研究・教育活動は中断できない，とした。学長は，5月26日付けラント首

84)　以下の叙述は，Marten, H.-G. (1987): Minisgtersturz, による。

相宛書簡で，「大学における現在の事態に鑑み，また，あらゆる状況を考慮した結果，今朝開催された評議員会において，大学自治の名誉職を辞任することを全員一致で決議しました」と伝えるのであった。学生委員会 AStA 委員長も，学長と評議員が辞任するならば，委員会執行部も総辞職することを決定した旨を学長と評議員会に伝えていた。

首相は，翌 27 日の公式声明で以下のように述べる。「学長ならびに評議員会の決定を遺憾に思う。辞任は，ニーダーザクセン・ラント議会がその権限と責任において下した決定に向けられたものである。私は，これを議会民主主義思想に対する大なる危険とみなす。」ゲッティンゲン大学が投げかけた問題は，戦後民主主義社会建設期におけるナチス的なものとの決別を改めて人々の意識に訴えたものとして，内外の論調はシュリュターの解任を求めるものであった。ラントの高等教育機関がすべてゲッティンゲンとの連帯を表明したし，他ラントの大学の著名教授たちも民主主義社会において大学が果たすべき役割との関連で論評するようになる。6 月 4 日首相はシュリュターに休暇を与え，シュリュターは，9 日の声明で自発的辞任を表明した。6 月 11 日に臨時ラント議会は，辞任承認に止まらず，野党第一党である社会民主党の発議で，シュリュター自身の過去を問題とする議会調査委員会設置を決定した。7 月 9 日，ゲッティンゲン大学は辞任したすべての役職者を再選した。1960 年 74 月 3 日，連邦刑事裁判所は，右翼的政治活動と出版活動が国家の平和を乱すものであるとして，シュリュターに有罪判決を下している。

1957 年 4 月 12 日の「核兵器反対ゲッティンゲン声明」は，世界の注目を集めた。西ドイツ再軍備は，幾度か試みられたが，フランスの反対で実現しなかった。冷戦下の東西対立が激化する 49 年に NATO が生まれているが，ヨーロッパ防衛に西ドイツも相応の役割と負担が求められるようになる。西側 15 カ国の外相が調印した 54 年 10 月 23 日のパリ協定は，国境を越えた軍事行動の場合，西ドイツ軍を NATO の指揮下に置くことを条件に再軍備を認めるものであり，同時に，西ドイツ政府は核兵器，細菌兵器，化学兵器の開発と所有を自発的に拒否する声明を発表した。西ドイツの核研究は，占領時代は禁止されており，ノーベル物理学賞のハイゼンベルクにゲッティンゲン大学で核物理学講義の許可が下りるのは 1950 年である。西ドイツ政府は，52 年，連邦経済省に核燃料委員会を置き，55年には原子力研究所 Reaktorforschungs-Institut をカールスルーへに設置すると，10月に原子力省が新設され，翌56年1月に大臣諮問機関として産業界と学会の代表18人からなるドイツ原子力委員会が発足する[85]。

核開発と核軍事利用が科学者の間で議論されるようになる。1955年7月9日のバートランド・ラッセルとアインシュタインの声明は，アインシュタインが没する2日前に署名したこともあって世界の注目を浴びたし，これに続く7月12日，ノーベル賞受賞者18人による声明がボーデン湖畔マイナオで発表された。オットー・ハーンがイニシアチブをとったこの声明には，アメリカ，イギリス，スエーデン，スイスの受賞者たちとともに湯川秀樹も署名している。

1956年に入り，アメリカがNATO同盟国に核兵器を配置するとの方針を打ち出すと，東西両陣営の接点に位置する西ドイツ社会は危惧の念を強く抱く。こうした世論の動向の中で発表されたのが，57年4月12日のゲッティンゲン声明である。ゲッティンゲン大学を中心とする4人のノーベル賞受賞者（ボルン，ハーン，ハイゼンベルク，ラオエ）を含む18人のドイツ人核研究者が連名で，核軍事利用の反対と平和的利用を訴えるのであった。この声明を巡り，政党，教会，知識人の間で激しい論争が生まれ，議会での政治問題ともなるが，18人は声明後一切の発言を拒否した。声明は次の文章をもって終わっている。

> 我々は，我々が大国の政策に具体的な提案を行える能力を持つ者であると考えていない。連邦共和国のような小国に対しては，あらゆる種類の核兵器の所有を明白に，かつ，自主的に拒絶することが，今日において自己を守るのに最適であり，また，世界平和を促進するものであることを信じる。ここに署名する者は，どのような形であれ，核兵器の製造，実験，投入に関与することを拒否する。同時に，核エネルギーの平和利用をあらゆる手段をもって促進することが最も重要であることを強調する。我々は，この目的に従来同様協力するであろう。

85） 以下の叙述は，BdWi (1987): 30 Jahre. による。

マスプロ化

ナチス期の1937年における18歳から26歳人口に占める大学生比率は0.7%であった。戦後の西ドイツにおけるこの比率は，49年の1.8%，57年の2.4%，60年の4.3%と漸増したが，60年代以降急上昇する。70年に9.5%となり，88年には19.1%と5人に一人が大学進学している。大学生の絶対数も，60年の29万人が，高等教育機関が多様化したこともあり，88年には150万人となった。ドイツ大学史の特徴の一つは，19世紀以来，戦争を契機として学生数増がみられることであるが，第二次世界大戦後の学生増はこれに中央政府の政策要因も加わって加速した。西ドイツは，60年代中葉までの「奇跡の経済復興」を経て社会保障制度を充実し，大学生の生活費奨学金制度の充実を実現した。高度経済成長期に謳われたのは，ヒューマン・リソースの育成が経済発展を支えるという思想であった。大学進学も国民の教育権の一つとして位置づけられるようになり，奨学金制度の充実が進学率を高めた。戦後インフレのなかで授業料が溶解してしまったので，学生が負担するのは学生保険等，手数料，学生委員会・学生援護会納付金などの学費のみとなった。

1960年代における学生数増を受けての政府の対応は，大学施設の拡充であった。ラント政府は，当初，既存の大学施設を学生数増に合わせて拡充する方針であったが，学生数増の速度は予想を上回り，既存の施設拡充よりも連邦中央政府からの財政援助を梃として，新キャンパス建設を決定する。既にアルトホーフの時代に，市壁の外のニコラウスベルク通りに哲学部のゼミナール棟が建設されており，隣接する農学部とスポーツ施設が置かれている敷地に神学部，法学部，そして，新設の経済社会学部の3棟を新築することで，市内に分散していた研究所とゼミナールを収容できる文系大学キャンパスとした。市内に大学施設が散在するのがドイツの大学都市の特徴であるが，学生数が増大すると収容と移動が困難となったからであった。70年代には，同じ敷地に大学図書館の新館，研究室棟，学生食堂Mensa，講義室棟などが新築され，1987年この文系キャンパス一帯を七教授広場Platz der Göttinger Siebenと名づけた。さらに，医学部と自然科学部の施設がさらに北東の地域に集約されたので，名実ともにキャンパス大学となった。学生にとって，市壁内の市中心地は居住か余暇の場所となり，学習環境としての意味が薄れたことが，学生運動の際に市内施設破壊が起こった原因の一つであると論議されたほどである。

就業機会を広げ，より高いレベルのキャリアへの途を開くことを求め，大学進学へ踏み切る若者たちであるが，生活費の問題が大きかった。1954年に学生援護会は学生生活に関する独自調査を行っており，その結果によると，学生の平均月間生活必要経費が160マルクであるのに対し，約半数の学生の収入が100マルク以下，さらに，五分の一の学生は75マルク以下であった。この調査結果を受けて，55年から政府が検討を開始し，57年に実現するのが連邦政府奨学金制度である。大学の管理は州政府の文化高権であるが，ドイツの歴史で始めて，連邦政府が学生の生活保障を受け持ったのである。先に触れた，バード・ホーネフ・(奨学金）モデルである。

学生援護会

戦後の大学再開にあたり学生の生活問題があった。学生生活援助を組織化したのは神学部教授ウェーバー（Weber, Otto）で，大学援助会 Akademisches Hilfswerk を結成した。軍政部もその活動の必要性を認め，1945年11月15日の通達は援助を約束している。「ウェーバー教授とその補助者がなしている貴重な仕事は称賛に値する。視察の過程で多数の問題があることが分かった。

a．学生の下着
b．学生の靴の修理
c．夜間勉強できる場所
d．勉強に必要な紙
e．貧困学生の寮の修理
f．重障害学生の施設設置

軍政部は，ｄとｆの点についての処置を既に開始した。ｃに関しては，電力制限のため学生は自室で夜間学習ができない。大学は，夜間利用できる部屋を用意すべきである。もし，これが困難であれば，学校と相談して教室使用を検討すべきである。ａ，ｂ，ｃの点について軍政部は直接責任を持つ立場にない。しかし，保健上の恐れがあるので，下着，靴，学生寮の修理に関して市長と相談する処置を早急にとられたい。」

1945年に学生自治互助組織が大学評議員会監督下の任意団体として出発したが，46年5月1日付けで法人格を取得して大学評議員会の直接監督から自立した。53年の定款改正で執行役員会の構成を教授2人，学生2人，専務役員1人とした。58年に全国組織と同名の学生援護会 Studentenwerk へと改称した[86]。

学生援護会は，学生寮建設にも踏み出す。戦争直後のゲッティンゲンは，未曾有ともいうべき住宅難に襲われていた。ソ連管理地区，後の東ドイツの国境線が東方50キロ近くに引かれたことで，いわば国境の町となったのである。ゲッティンゲンへ東から逃れてきたのは大学教授のみではなかった。ソ連領，ポーランド領となった地域から追われてきた避難民，そして，ソ連管理地区からの逃亡者が辿り着く最初の町の一つでもあったからである。学生は，下宿難を強いられ，高い家賃に悩まされた。学生食堂を開いた8月に最初の学生寮として兵士用のバラックを購入し，氷の草地舎 Villa Eiswiese と名付けた。

援護会が法人化した1946年11月11日付けで自治学生寮建設を目的とした別法人が援護会から独立して発起され，47年5月6日にラント政府が承認した。建築は軍政府の承認を必要とするので，46年6月3日付けで許可を得ていたからである。学生寮は，イギリスのカレッジをモデルとして食住共同学生自治寮をコンセプトとしたことが受け入れられた原因の一つであり，建築許可の条件として労働力の自力確保と煉瓦に代わる砂岩使用であった。物資不足の時代であり，ハインベルクから砂岩を切り出すこととした。費用はすべて寄付で賄い，ゴスラー通りの土地を取得し，学生自身が建築作業労働に参加している。第一期工事である西棟への入居は49年4月で，最後の棟の完成が52年10月であっ

86）　事業の多様化と規模の拡大から従業員数がふえたことと労働者の経営参加が法令化されたことから，1973年の改正定款は次のように定めている。最高決定機関である理事会の構成は，議長としての大学総長，教員3人，学生代表5人，大学事務長，ゲッティンゲン市代表，大学教員連合代表であり，執行委員会の構成は，教員3人，学生3人，従業員2人，専務役員1人である。1990年の従業員総数は，359人であった。以下の叙述は，Studentenwerk Göttingen 発行の下記文書による。65 Jahe Studentenwerk, 75 Jahre Studentenwerk, Jahresbericht 1990.

た。中世の学寮に倣ってブルゼ Akademische Burse と名付け，4 棟が中庭を囲む，修道院型配置としている。当初は食堂を持ったが，61 年から同じゴスラー通りに学生援護会の学生食堂 Mensa ができたことで廃止した。原則 3 学期終了者を入居者資格としたのは，学生生活での自律自治能力を前提としたからである。寮は書かれた生活規則を一切持たない。共同生活のルール形成には二つの考え方があるとした。一つは，多くの場合がそうであるが，互いに顔を見合わせ，話し合いながらルールを合意していく。もう一つは，互いが背中合わせで（話し合わなくても）相手を感じ，距離を保ちながら，人間同士として尊重し合う。ブルゼは，後者の理念を尊しとした[87]。

学生援護会は，大規模な学生寮建設に踏み切る。1959 年 11 月 11 日に礎石が置かれ，61 年 5 月に最初の入居が可能となったクラウスベルクの学生村 Studenten Dorf は，最大収容人数 576 人で，当時としてはドイツ最大の学生寮であった。68 年に，託児所と幼稚園をゴスラー通りの学生食堂向かいに設置し，71 年には夫婦用学生寮をヘルマン＝ライン通りに作った。ドイツ最初の試みである。連邦政府が奨学金制度の全国一律化と充実を図って連邦教育促進法 Bundesbildungsförderungs-Gesetz を 71 年に制定し，現在では学生の 40％以上が何らかの形で恩恵を受けるようになったが，この奨学金審査・管理は，ラント政府の大学職員ではなく，各大学の援護会が代行している。

学生数増と大学規模の拡大とともに学生援護会の事業も多様化し，規模が拡大した。1990 年の決算でみると，年間総事業費は 2 千 9 百億マルクで，収入の構成は，65.4％は事業収入，6.6％は学生納付金，6.5％は委託事業代行収入，21.5％は州政府補助金となっている。

学部解体

ドイツの学生運動は，60 年代のアメリカのベトナム反戦運動やパリの学生蜂起に刺激されて激化するのであるが，学生運動を主導したのは学生自治組織である学生委員会 AStA である。学生援護会が政治的には中立の立場で学生の生活支援に徹したのに対し，全国学生連合の構成員

87） Akademische Burse (1982): Akademische Burse.

である各大学のAStAは，政府の大学政策に対する発言者，大学当局に対する学生の利益代弁者としての機能を強めていく。

ゲッティンゲン大学において，AStAが政治団体としての自己認識を正式に表明するのは1967年5月からである。大学公認文書である大学改革運動クロニクは，5月24日として，次のように記録している。「学生理事会，学生自治団体選挙にリスト方式導入を決定する。従前は個人名名簿であったものを会派名簿としたのであった。変更の目的は，学生活動の活性化と政治化である。AStA委員長デイーター・ミュッツェルブルクによると，学生諸団体の組織は，今後，単なる自助組織団体としてではなく，活動的な利益代弁者として理解されるべきである。」とし，「7月5日の学生委員会理事会選挙で，ドイツ社会主義学生同盟SDSの一員がAStA委員長に選出された」。7月17日の大学政策問題に関する討論会に，800人の学生が参加し，「学長キリー教授，副学長ヘンケル教授，ヘンティヒ教授，AStA委員長エスバッハが議論した[88]。」

ゲッティンゲンでは，1967年11月評議員会で，大学制度と教学課程改革を審議する改革委員会の設置を定めた。委員会は，構成を正教授6人，教授資格試験合格者1人，助手3人，学生3人として審議を開始し，4月28日に多数意見として委員会案を採択するが学生は拒否している。評議員会は，委員会案を審議するため200人からなる全学会議を7月13日に召集した。構成は，正教授80人，その他の教員50人，助手30人，学生40人としたが，AStAは当初から参加を拒否し，助手の大多数も第3回審議で席を立った。最終審議を行った69年5月21日の第4回委員会に参加したのは120人であったが，反対9人，棄権1人をもって採択している。採択した案は，70年12月31日までのゲッティンゲン大学での暫定処置として，大学運営を教学と行政に二分し，教学は学内選挙で選出される学長，行政は政府任命の総務官をそれぞれ責任者とすること，そして，将来課題として学部を解体して専攻群とすること，を定めた。教学運営のための各種会議体の共同決定権配分は，教授：その他の教員：助手：学生について，12：6：6：6と定めたが，学生の不満は残った。

88） Universität Göttingen: Chronik,Georgia Augusta, Mai 1969, S.49.

1970年代に入ると，一部の学生が過激派に走り，社会の支持を失ったことなどから，学生運動は終焉を迎える。1976年の連邦政府大学大綱法を受け，州政府の大学法が改正され，州内のすべての大学に適用されるのは，78年6月1日のラント・ニーダーザクセン改正大学法によってである。任期6年の総長制度が導入され，総務官は大学最高責任者である総長を補佐するものとした。総長および2人の副総長を選出する全学会議の議席配分は，教授 : 学生 : 学術補助者 : 技術・事務職員の比率を7：2：2：2とし，総数130人とした。経常的に大学運営を議する評議員会も同じ議席比率とし，総数13人とした。6月1日のラント大学法は，教員と助手の制度にも変更を加えている。教授給に段階を設け，従来の研究所所長を兼ねる正教授給C2とし，これにC3，C4給を設けて員外教授をすべて教授にした。但し，その後修正されて，教授資格試験合格者を員外教授として採用することができるとすることで私講師は消滅した。助手も，教授資格試験を目指すものと純粋な補助者の区別を導入した。「教授」は官職名であるとともに身分表記でもあるとの立場から幾つかのラントの教授が訴訟を起こしたが，1983年の連邦憲法裁判所判決は，専門単科大学を含めすべての高等教育機関に統一的官職名を与えること，教授職に個別給与体系をもうけることを合憲とした。大学法はまた，ラント学生会議を設定しており，任期1年の議員は各大学が学生500人に一人無記名投票で選出するが，候補者を出し，当選させているのは各政党の学生支持団体ないしその分派である。この学生会議の権限として，AStA委員の選出・承認がある[89]。

ゲッティンゲン大学での学部解体が完了するのは80年で，81年以降は14専攻Fachbereichとして発足している。自然科学部は数学，物理，化学，社会経済学部は経済学，社会科学などの専攻に分かれたが，神学部，医学部，法学部，林業学部，農学部は解体せずにそのままの名称で専攻とし，哲学部は解体せずに名称を歴史・哲学専攻とした。

大学教職員の人員構成は，教学関係者と非教学関係者に分類できる。ゲッティンゲン大学において，1987年の前者は2,174人，後者6,095人，計8,269人となっている。非教学関係者が多いのは，通常の事務・

89）Universitätgöttingen, Georigia Augusta, Nr.46, S.104.

技術職員，労務者の他に医学部と大学病院があるからである。医学専攻と大学病院の教学関係者が901人であるのに対し，非教学関係者は3,982人に上っている。これに対して，経済学専攻では，前者121人に対して後者35人である。教学関係者は大きく分けて，教授，講師，助手，副手に分類できる。このうち，かつての制度で正教授にあたる研究所所長クラスの教授は279人で，助手，副手，秘書を統括する。終身雇用の肩書きを持つ教授を加えた教授総数は，640人である。これに任期制の教授79人，講師392人（うち任期限定者95人）を加えると，教員総数となる。公務員俸給表に基づく雇用関係にある助手は209人で，博士学位所有者ないし候補生であり，学位所有者は教授資格論文準備中の者が多い。副手は任期制雇用で，高学年の学生ないし博士論文準備中の者である。教授が外部から研究資金を調達し，研究プロジェクトを実施するにあたり助手や副手を兼務させることが多いが，この場合，研究所共同研究員の肩書きとなる。

1987年におけるゲッティンゲン大学経常収支歳入予算学は，3億3千5百万マルクで，81%が州政府，19%が外部資金となる。外部資金は，公的・私的研究助成金や研究委託金であり，研究設備・機器など大学の投資的支出の65%がこれによって賄われている。歳出予算の77%を人件費が占めている。大学経常予算額は，ゲッティンゲン市経常予算額の三分の二にあたるが，人員規模においては大学が圧倒的に上回っている。市総人口13万強，就業人口7万1千人，市職員約1,800人に対し，大学教職員総数は8,269人であるし，学生3万人強のうち2万人が市に居住登録をしている。ゲッティンゲンは大学都市，なのではなく，依然として大学がゲッティンゲンなのである。

ドイツ再統一の90年時点で，ニーダーザクセン州の高等教育機関を概観すると，博士学位を授与できる学術大学が11，芸術系大学が2，専門単科大学が8となっており，11の学術大学に在籍する学生数12万2千人のうち，ゲッティンゲン大学は3万人強を占めている。11の学術大学のうち，1965年の連邦政府統計において学術大学として収録されていたのは，総合大学ゲッティンゲン，工科大学ブラウンシュワイク，ハノーファー，クラウスタール，大学と同等の高等教育機関ハノーファーの獣医大学であり，芸術系大学としては，ハノーファー（音楽），ブラウンシュワイク（造形）である。1946年設立のゲッティンゲンとリューネブルクの師範学校は，大学統計に収録されていない。60年代後半になると，大学と同等としてハノーファー医科大学，そして，師範学校7校が収録される。70年代を通じて，師範学校すべてが教育大学に分類されるようになり，さらに，少子化とともに教員過剰状態になると，教員養成課程以外の専攻が設置されて総合大学となった。総合大学群生となるのであるが，その目的は必ずしも教育的，学術的動機に拠るものではなく，社会政策や経済政策の手段とされている。例えば，教育大学から総合大学へ昇格したオルデンブルク大学の大学案内は次のように述べている。「ニーダーザクセン西北部のインフラストラクチャー改善が，1973年のオルデンブルク大学設立の主要目的の一つである。」大学が，政府の政策ミックスの手段として位置づけられていくのであり，政府の政策手段化していったのが70年代のドイツの大学改革の一面であった。大学群生の結果は施設と組織・人員の過剰であり，予算削減を求められる文部行政は大学管理対策を主要政策目標とするとともに行政業務量を確保する。「研究と教育の自由」を「大学自由の」歴史的正統性としてきたドイツの「大学」は，70年代以降強化された国家管理の下で大衆化社会における新たな制度体の正統性を探るべく迫られている。大学進学者数が頭打ちとなる80年代後半以降，大学過剰状態になるのと，過剰施設・組織の維持がラント政府文部行政の政策課題となっていく。

ラント政府の文部行政によって最も影響を受けたのがゲッティンゲン師範学校である。1969年に教育大学に昇格するが，ゲッティンゲンのみは，既に総合大が存在していることから，1978年に教育学専攻としてゲッティンゲン大学に吸収される。90年代末，ラント全体の大学教育機会均等配分を理由に，ゲッティンゲン大学は学生過剰状態にあるとして，経済学・経営学の定員が削減されて各地の元教育大学に教員と学生が振り分けられたし，教育専攻は，一部の課程を除いて，廃止され，教員と学生は他の大学に配分され，46年以来の師範学校の伝統が消滅した。

1998年，総長交代にあたり，法学部教授シュライバー（Schreiber, H. Ludwig）は，6年間の任期を振り返って，最も困難な仕事がラント文部行政が求める予算と人員削減政策への対応であったとして，次のように述べている。上記の教育学専攻の解体に大学として反対したが，学部・専攻の設置・廃止はラント政府の権限であるとされたし，しかも，全面的解体ではなく教授法講座のみは残されて哲学部に編入されたことから，教員の転勤・早期退職の処理が困難を極めた。さらに，学生数と施設・人員比率で過剰負担となっているとの理由から，最大の学生数を抱える経済学部（経済学専攻という名称を学部に改称していた）の学生を，教育学専攻と同じ理由で他大学の経済学部に振り分ける政策が出されたことにより，計画的に新入生受入数を半分以上引き下げることになった。ラント内の大学平均に合わせて学生数と教職員数を調整することが原則とされたので，全学の学生数は就任時の1992年の31,640人から98年には27,300人となった。現在対応が迫られているのが生物学専攻で，学生数はラント平均より25%上回っているが，教員数は50%上回っていることから，人員削減が求められている。そして次のように述べる。「平準化によって多くのものが失われるであろう。……こうした大学間平準化は病的な妄想から生み出された，と言わざるを得ない。」[90]

ドイツ再統一

1989年11月9日のベルリンの壁崩壊によって，東西ドイツの国境が開放された。90年10月3日をもって西ドイツへ併合された旧東ドイツ地域は，西の制度をすべて受容する。東欧諸国の研究・教育体制は，ロシアの伝統を受け継いでおり，18世紀的な意味での大学と学術アカデミーが並存していた。大学を高度職業教育の場とし，専門研究とエリート教育は個別アカデミーが行った。優秀な大学生は，推薦されたアカデミーで教育を受け，国家機関の中枢を占めた。再統一とともにアカデミーは原則廃止され，教員と学生はあらためて資格審査を受けて，新しい研究機関や大学に移された。大学教育では，マルクス・レーニン主義講座がすべての学生に必修科目であったのを廃し，社会主義体制下の政治学，法律学，経済学，社会学などの科目は，教員と教科内容が一新された。東ドイツでの大学進学資格は，社会主義体制の価値観を受け入れ

90） Schreiber, H. L. (1989), S.19.

た者に限られ，さらに，学校の成績よりも親の職業を加味した上での進学指導教員の面接と国家政党の地区支部の推薦によって与えられた。

東ドイツの大学を西のそれと同じ制度のものとするため，1990 年 10 月，連邦政府は専門委員会を設置して実情を調査し，翌 91 年 7 月 11 日，併合された旧東ドイツのラント政府と協定を結んで大学機構改革案を決定した。改革の要点は，大学教職員人事，大学教科の再編，廃止されるアカデミーの研究者の処遇，大学施説の基盤整備である。この改革案を受け入れることを条件に，連邦政府と東の州は共同で 17 億 6 千万マルクを支出するが，連邦政府と東の州との事業費用負担割合は 75：25 とした。東の大学の再出発には先ず人件費が必要であり，老朽化した施設・設備の更新が図られた。旧態依然のままに残しておくならば，学生は大量に西側の大学へ移動するからである。旧体制下の教授 110 人を退職させて年金生活者とする一方，200 人の教授が新たに任命された。

西の大学が危惧した，東からの学生の大量流入は起こらなかった。90 年 10 月から始まる冬学期に東から西へ移った学生は 400 人であり，西からも 250 人が東の大学生となった。再統一によって，奨学金は全国一律であるが，所得水準の低い東の人々にとって生活上の不安が大きかったし，学校教育制度の相違から大学入学資格の問題があった。東の大学入学資格は，12 年間の学校教育であるが，西では 13 年間であるので，補習が必要であった[91)]。

東からのゲッティンゲン大学法学部に入学した学生，マグデブルク出身で 20 歳のマルコは次のように語っているので，要約しよう。「私は，1989 年夏にアビトゥアーを取得し，90 年の夏学期からゲッティンゲンで勉強している。当時，民主共和国で法律学を勉強しようと考えていたが，2 度にわたり大学進学申請が不許可となった。実家で紹介された知人を通じて，西のブラウンシュワイクの弁護士と知り合い，私の問題を話すと，法律学なら連邦共和国で学ぶことができるとの結論に達した。89 年 11 月のベルリンの壁崩壊以来，自国の法律制度が将来的に意味がなくなっているにもかかわらず，民主共和国（東ドイツ）の大学では従来と変わらないシステムで従来の法律が教授されていたからである。知

91）日本からも，12 年間の学校教育ではドイツの大学入学資格を満たさない。

人と弁護士はゲッティンゲン大学を推薦してくれた。二人ともゲッティンゲンで学んだからである。」西ドイツの大学と旧東ドイツの大学を比較して，次のように述べる。「専攻がなんであれ，一定の基礎学修が義務付けられている民主共和国とは異なる。民主共和国では，先ず学修するのが自分の専攻に属しない事柄である。ロシア語とマルクス＝レーニン主義が第一にくるのは言うまでもないし，それから，化学や数学がある。……ここでは直ちに専門に入るのであり，関係のない事柄を巡りまわるよりも良い。法学部は範例となるカリキュラムが作られており，学期が重なるにつれて学修すべき教科が定められている。これが役に立つのかどうか現時点で判断できないが，第一学期用とされている教科を全部履修した。全部で週20時間となったが，現在のところやっていけている。」[92)]

3　緑の学園都市

ドイツ人がゲッティンゲンを語る時，今なお羨望と皮肉を込めて引用されるのがハイネのハルツ紀行からの一文であり，辛辣なハイネの筆を借りるまでもなく，ゲッティンゲンに大学があるのではなく，大学がゲッティンゲンなのであった[93)]。

> ゲッティンゲンは，ソーセージと大学によって名高く，ハノーファー王国の所領であって，999の家屋と幾つかの教会と助産院と天文台と学生拘禁室と図書館とビールが大変うまい市役所地下の食

92）Schwibbe, G. (1991), S.59ff.

93）ハイネは，1797年にデュッセルドルフに生まれ，ゲッティンゲン大学法学部に登録するのが1820年10月4日である。指導教授はフーゴーであったが，主として古典語や美学の勉強に力を注いだ。学生団体が弾圧された時期であるが，ブルシェンシャフトに入り「狐」Fuchsとして学生生活を満喫したが，早くも21年1月23日に禁止されている決闘を行ったとして大学から半年間の除籍処分を受けるが，これを機会にプロイセンのベルリン大学に赴き，ヘーゲルに師事する。ゲッティンゲンに再入学するのが24年1月30日で，25年1月20日にフーゴーの下で博士学位試験に合格した。その後，ハンブルク，ベルリン，ミュンヘンなどの法曹界で過ごすが，30年のパリ七月革命に賛同し活躍するが，ドイツでは不穏分子として追われパリに逃れ，パリを中心に一生を過ごし，1856年に没している。

堂を持っている。町に沿って流れる小川はライネと呼ばれ，夏は水泳場になる。その水は非常に冷たく，数か所では川幅が大変広いので，リューダー（運動選手—著者）も跳び越える時には大変長い距離の助走をしなければならなかった。町そのものは綺麗だ。そして，そこに背を向けて立ち去る時に，最も好ましい町となる。

ローンス

20世紀が始まる1901年，ゲッティンゲン市観光局が発行した「年金・恩給生活者に最適な町ゲッティンゲン」と題する小冊子は，市を次のように紹介する。「市の人口は現在3万と2百人であり，学生1千4百人と軍人1千7百人がこれに含まれている。ルター派2万4千1百50人，改革派1千5百人，カソリック2千3百人，ユダヤ人5百人，およびその他である。市政は参事会制で，市長，副市長3人，参事4人からなり，さらに12人の市民を加えた市議会がある。」緑に囲まれた大学街として，ドイツの諸都市のなかで最も恵まれた生活環境を提供していることを誇示するのであった。既に見た日本人留学生高辻が退職裁判官の経営する下宿に入ったように，退職者の仕事に安定した顧客を約束する学生と駐屯兵の町でもあった[94]。

町の名物は，「ソーセージ，ビール，大学」とハイネが揶揄したように，大学と大学施設を除くと，商人と手工業者がギルド規制を頼りに安穏と過ごす田舎町にすぎなかったゲッティンゲンであったが，街づくりに波乱を起こしたのはローンスである。1787年，テューリンゲンのクエアフルトの石工の二男として生まれたアンドレアス・ローンスは，壁工と石工の職を習う。当時の壁工は，家屋建築において他の職種の職人達を手配する立場にあり，現在の工務店にあたる役割を担っていた。当然ギルドがあり，市民権を獲得し，ギルドに加入して親方資格を得ないと独立して仕事を請負うことができない。ローンスがゲッティンゲンに移る1812年は，ナポレオン支配の時代であり，ウェストファーレン王

94）Stadt Göttingen, Verein für Fremdenverkehr (1901). これに先立つ1898年，地方の小都市であることが新入生募集に不利となっているとして，街と大学を紹介する小冊子を発行し，緑に囲まれた環境，大学設備，丁寧な指導の教授，余暇の文化施設などを紹介している。Stadt Göttingen, Verein zur Hebung（1898）.

国ではギルド規制が撤廃され，営業の自由が導入されていた。ナポレオンは占領地に軍事目的で道路建設を進めたので，道路舗装用の石への需要が高かった。ハルツ山脈の北側ハルバーシュタット近くのアイルスドルフの石切り場を賃貸し，マグデブルクへの道路工事で僅かながら資産をつくることができた。ウェストファーレン王国に組み込まれ，ハルツベルクへ向けての道路工事が始まっていた大学都市ゲッティンゲンに注目する。大学創立の1735年から1800年までの間に，213軒の家屋が新築されているが，ギルド規制を布いていたので，壁工親方が3人と大工親方が2人しかいなかった。市で最も手広く仕事をしていた壁工親方はリンネで，七年戦争後の1764年に取り壊して，盛土をし始めた市壁工事を請け負っている。1802年に着工したが戦争で中断し，1816年に完成するガウスの天文台新築工事では建築石材を供給し，1812年には市の裏山ハインベルクの石切場を買い取っている。ローンスは，手広く事業を展開するリンネの協力者となるのであり，1814年にラオシェンプラット家の娘シャルロッテを娶り，翌年娘を得てゲッティンゲンに定着する。石工・壁工親方の資格を持つ兄ゴットリーブを呼び寄せるなど，ゲッティンゲン建築業界での地盤を確保し，リンネの共同経営者を経て，1840年にリンネが没すると事業を継承した[95)]。

1814年の解放戦争後，市に再び平和が戻ると市民の建築需要も高まり，ここで仕事を伸ばすとともに市役所の公共事業の発注も受けるまでになる。彼自身が申請し，認可されて，1820年に建築されたのが，市の東門にあたるアルバニ塔の外側に作られた浴場である。市壁の外側のハインホルツ通りからシルト通りにかけての地所を購入し，浴場と並んで自分の家も建設した。この地域は，ガウスの墓などがあるアルバニ教会の墓地や「白鳥の池」と呼ばれた大きな溜池があるように湿地帯であり，中世には家畜放牧場として使われていた。池の脇に現在でも小さな小屋が残っているが，グリム童話のヘンゼルとグレーテルに出てくる森の魔法使いが住んだ小屋のモデルであったとされている。浴場が建設されたのは，アルバニ教会の向かいで，現在の市コンサートホールに続く敷地で，建物の一部が現在でも残されている。

95）以下の叙述は，Meinhardt, G. (1975): Rohns, による。

アルバニ教会の高台は，ハインベルクの丘陵がなだらかに西に向かい，ライネ河沿いの豊かな沃土地帯へと続いている。最初の定住者は，背後のハインベルクを自然の要塞とし，丘陵の先端の高台に住み着いたのである。市の発祥地であったが，中世のゲッティンゲンはライネ河沿いの低地に広がったので，どちらかというと貧しい人々の居住地区となっていたのを，ハインベルクに向かっている斜面を住宅地として再開発したのである。浴場建設の申請にあたり，医学部教授のストローマイヤー（Strohmeyer）やランゲンベック（Langenbeck）が主張し始めていた温湯と冷水に交互に入る医療浴場も併設したことが，市の許可を得やすくしたと言われている[96)]。

浴場は一種の奢侈であり，通常の労働者の週給が1ターラーであった時代に，入浴料は，冷水だけで六分の一ターラー，温水なら四分の一ターラーであった。上流市民が集まる社交場でもあり，飲食は提供しなかったが，身体を洗わせるとともに，調髪と髭を剃らせる浴場が市にまだ一軒残っていた。ローンスは，新しい浴場でコーヒーや清涼飲料，ケーキなどを供する許可を求めたが，競争を恐れる既存業者の反対で実現していない。新浴場は近代的設備を備え，一日平均60人の客があったほどの人気を誇った。ローンスの浴場を愛好した客の一人が「ゲーテとの対話」を著したエッカーマンである。1792年生まれで，解放戦争に参加した1814年にリューマチを患い，ゲッティンゲン大学で文学と美学を学んだ1821年から23年にかけて，ローンスの浴場に通って治療に励んでいる。

夏季の客を対象に，1835年，隣接する「白鳥の池」を水泳場とする許可を得，施設を作った。女性用も併置したので，女性用の入口として，かつての市壁でその後盛土した遊歩道の下をくり抜いた。水泳は，体育を兼ねた娯楽として社会的に認知され始めた時期であり，大学は1819年に市の南端のライネ河に沿って大学水泳場を設置していた。こ

96）ヨーロッパにおける浴場の歴史は古く，ローマ時代からの習慣として中世都市は市営浴場を持っていた。温湯の風呂桶を広間に並べ，客たちは入浴とともに音楽や飲食を楽しんだが，湿気と不潔さのゆえに中世末期のペスト流行とともに衰退していった。現在心付けにチップ tip という言葉用いられているが，ドイツではフランス語の pour voire にあたる Trinkgeld が現在用いられており，それ以前は「浴場での心付」Badgeld が使われていた。

の場所は，現在市営野外プールとなっている。

建築業者としてのローンスが本領を発揮するのが，ウィルヘルム広場再開発である。大学創立100周年を記念して大学本部棟が，かつてのフランチスカ修道院跡に建設された。バーフューセ（素足）通りの名前が残っている。敷地の一部には，ペダゴギウム廃校にともない，1734年，現在のブルク通りの角にギムナジウム校舎が建てられており，広場は新市場とされて市の「秤量所」が置かれていた。大学棟建設は，大学建築士 Universitätsbaumeister であるオットー・プレールの仕事であったが，対面に建設される裁判所をローンスが請負った。裁判所建設予定地から背後のローテ通りにかけての家屋が廃屋となっていたことから，これら廃屋を取り壊して敷地を確保して前庭広場を設けるとともに一帯を再開発する提案が承認された。裁判所と並んで劇場が建設される。ダンス・ホール，音楽会，芝居上演，講演会などに用いられる文化施設とされたのであり，大学都市に相応しい学術・文化エリアが作り出された。その広場が現在のウィルヘルム広場であり，創立100周年記念式典にあわせて国王の銅像を設置した。第一次世界大戦後，劇場は学生自治互助組織が買い取り，学生寮と学生食堂 Mensa とした。

ローンスの建築物として残っているものに現在の若者劇場がある。後に詳論するように，1964年にフランス人シャンソン歌手バラバラが公演し，その中庭の一角でパリのヒットソングになる「ゲッティンゲン」を作詞・作曲した。1819年に古典言語学・考古学教授として招聘されたミュラー（Mueller, Carl Ottfried）の授業の人気は高く，後にグリムも用いるアレー通り6番の家を講義室としていた。35年に，ホスピタール通り北側に土地を購入し，ローンスがミュラーの好みに合わせてギリシャ様式の家を建築した。ミュラーは，本部棟建築にも関わっており，本部棟正面に古典様式を取り入れさせている。36年から新築の邸宅で講義を開始しているが，40年に研究旅行途上のギシリャで病没した。

本業の石工の分野では，市の裏山であるハインベルクの石切場を購入して，煉瓦工場と石灰焼場を作る。アルバニ門からハインベルクの北側を通りハルツ山脈の中心都市のひとつハルツベルクへ通じる街道であるヘルツベルガーランド通りの道路舗装延長工事を市から請負うことができたのは，石切場を所有している利点に負うことが大きかった。路線の確定にあたって様々な意見があったが，1820年，ローンスはハインベルクの北側を通る路線を提案しており，この路線案が採用されたならば費用の一部を寄付するとの申し入れをした。この道路工事に集まった市民の寄付は456ターラーであるが，300ターラーがローンスのものであった。石切場の敷地に接して道路を通し，敷地にレストランを開設する計画を持っていたからである。この通りは，現在，ゲッティンゲンを通るメルヘン街道の一部となっている。

この間ビール工場の経営に手を出したリンネのために，石切場の地下にビール貯蔵庫を作り，街道沿いの高台から町を見下ろし，新鮮なビールを提供するレストランは評判となる。1827年に開設したこのレストランの営業許可条件として「賭博，決闘，売春を禁じる」としてあるのは，大学都市であることを窺わせる。広い草地を利用して庭園を設え，市民の夏の散歩の憩いの場として野外庭園レストラン「国民庭園」Volks-Gartenを併設した。家族連れの顧客を想定して，庭園の一角に子供用の滑り台，ブランコ，砂場などを設けるとともに，学生を中心とした若者向けに体操器具を置いたので，ゲッティンゲン最初の遊園地となった。町から坂を登ってくる年寄りの便を考えて，市内から定期馬車便を運行させた。ゲッティンゲン最初の公共交通手段であったが，運賃がローンス・レストランのポット入りコーヒーと同額の2グロッシェンと高かったから，収益を上げるほどの旅客を確保することができなかった。場所は離れているが，ハインベルクに1801年開業のレストランがもう一軒あった。1835年からの経営者家族の名前をとったケアKehrは，現在も営業している。

石切場の敷地に煉瓦工場と石灰焼工場を作ったのは，季節労働者である石工に年間を通じての仕事を確保する目的からである。市内の家屋の地下室に，冬季の安い手間賃で煉瓦を敷くキャンペーンを起こした。当時の家屋は，地面からの湿気を遮断するため地下室を設けていたが，土床であり湿気が強くて利用されることがなかった。大都市で行われているように，煉瓦を敷くことで貯蔵庫として利用することを提案したのである。

建設業者としての地位が定まってくるにつれて，知人や同業者が彼に市民権の取得を勧めた。きっかけはローンスが趣味として飼っている鳩であり，飼育係を一人雇うほどの数であった。農村都市としてゲッティンゲンは，家畜飼育に関する条例があった。農作物を荒すので家畜を飼う者は自ら25アール以上の耕地を所有していることとされていたが，耕地の売買には規制が多く，耕地無所有のローンスは毎年罰金を納めていた。違法行為のある者に市民権を認められないが，経済人としての市への貢献が認められ特例として市民権が与えられた。1848年3月の革命では，フランス革命に倣って古いギルド特権の廃止を求める声が高くなり，ギルドに代わる自由な営業を行う人々の営業者団体結成が提案されるとローンスも団体定款作成に参加している。革命の挫折で団体形成は頓挫するが，後に設立される市商工会議所の母体となった。

ローンスはまた，市の裏山の緑地化に寄与している。ハインベルクの南側一帯を買い取り，その一部に果樹園を作り，そこからの収穫物を町の貧民に売らせることで職を与えたし，残りの土地は山の植林に協力している。ハインベルクは，16・17世紀に流行した風景の銅版画が描いているように禿山であった。山肌の表層は石灰岩であり，柔らかすぎるので建築資材として用いることはできなかったので道路舗装用に使われ，建築用の石材はその下の地層から掘られていた。こうした地層のゆえに大きな樹木が育たず，草地を羊の放牧場として利用したことが，中世の毛織物業を育てた。ハインベルクから流れ出る湧水は飲料水として用いられてきた。湧水は，現在の「シラー草地」公園の西側のラインスブルンネンに集められ，疏水を通り，街に入ると木管を埋めて水道とした。大学創立時に整備された市内の噴水は，この水を利用したものである。山肌が浅いことから，大雨の場合雨水が溜まらずに流落ちたし，冬に表土が凍結すると鉄砲水となり水害を引き起こしていた。1775年に市は計画的な植林に着手するが成功していない。表層土壌の問題もあるが，主として放牧していた羊，山羊，豚が原因であった。放牧権を持っていたのは，市，アルバニ教会，砕骨業者ギルドであった。特に，市の放牧権を利用した市民が，好日には羊1500頭，山羊200頭，豚400頭を放牧したと伝えられている。新芽と若葉が食い荒されたし，放牧権を侵害されたと感じた人たちは密かに根を抜いた。18世紀中葉に植林されたと推定される樹木の内，19世紀末に植林を成功させるメルケル市長の時代まで生き延びたのは30本ほどであり，20世紀末に十数本が健在である[97]。

1851年7月10日，ガイスト通りの大学病院の開院式に国王が出席する。エルンスト・アウグスト病院と命名され，内科，外科，眼科，耳鼻科，病理学の病院と病棟を持つ総合病院である。病院建設は，市壁一帯の再開発をも意味したので，ローンスは建築担当のハノーファー宮廷建築監督官フォーゲルに，病院建物のみでなく，敷地を広く利用して通り門からの前庭，診療病院，入院病棟，内庭と総合的建築計画を提案し，フォーゲルの賛同をえる。開院式に出席した国王は，病院の新しい形式を喜び，また，庭園好きであったことから，翌11日にローンスの「国民庭園」を視察している。

鉄道の時代

鉄道の時代が到来する。ローンスは，線路の敷石を扱い利益を上げていくが，1854年のハノーファー＝ゲッティンゲン鉄道の開通を目にすることなく，1853年2月15日に病没する。ローンスが一代で築き上げた家業は，長男フィリップスが手を出した塩鉱発掘事業の失敗で，没落に向かった。

鉄道の開通は，市の発展に決定的な影響を与えた。鉄道駅開業は，ゲッティンゲンの行政的・産業的中心地機能を高めたのである。ハノーファー政府の路線計画は，ライネ河の右岸と左岸の2路線を検討しており，左岸路線の場合ゲッティンゲンを離れることになる。市長オェスタライ（Oesterley）を始めとする誘致運動が功を奏し，ゲーテ・アレーから市壁を抜けた先の解剖堂の並びに建設されたゲッティンゲン駅は1854年8月1日に開業する[98]。56年にミュンデン経由でカッセルまで延長路線が貫通し，67年にはノルトハウゼン路線が開通したこと

97）ハインベルクについては，Saathoff, A. (1964): Hainberg. による。

98）市長が新聞に発表した説明からみると，駅舎建設費約35万ターラーを市側が負担したと見られる。駅舎に接続して車両基地も建設された。車両の点検と修理基地である。当初60人ほどの従業員であったが，1914年には600人に達する規模となった。1886年からは，職工養成施設を設け4年間の徒弟教育課程を持った。鉄道の時代に増改築されてきた車両基地であるが，1976年3月31日をもって閉鎖された。建物は産業遺跡として価値が高く，保存と別途利用の途が探られ，展示・行事会場として改装することを，1998年，連邦議会が承認した。Burnmeister, K. (2001): Lokohalle, S.17.

などにより，ゲッティンゲンは鉄道交通の要衝となる。単線であるが，ドゥーダーシュタットと結ぶ路線が，1897年に部分開通し，完成するのは1907年であり，ノルトハイムとドゥダーシュタットを結ぶ路線とも接続した[99]。

1850年頃まで1万人前後であった市の人口が増加し始め，60年には1万2千人，70年に1万5千人，80年に2万人，1900年に3万人に達した。ローンスが主として行楽地として開発した市壁の外へと，住宅地と工業用地が広がる。市の家屋数は，1811年の1000軒，1850年の1082軒から，1860年には1173軒となる。1857年に市住所録が初めて刊行されるが，これによると，市壁の外の建築物は，住宅60軒と大学施設・工場・鉄道駅などの事業所が14軒であった。住宅60軒の内，16軒が大学関係者であったことは郊外の一戸建て住宅を好んだ階層を現しているが，1865年以降になると新築家屋は一般市民の集合住宅となっていく。建築許可数を辿ってみると，61年から67年まで18件であった建築許可が，68年から77年は216件，78年から89年に200件，90年から99年に370件，そして，1900年から18年は636件，19年から29年は627件と激増していく。

ゲッティンゲンが，地域を越えた市場を顧客とする産業集積地へと発展するのもこの時期である[100]。日常生活用品を供給する事業所数の変化を見ると，衣服や靴を製造する手工業経営は減少する一方，ソーセージなどの肉屋やパン屋，それに，建築業者の数は人口増と比例して増加している。市の伝統産業である，毛織物を始めとする繊維産業は衰退に向かうのであり，18世紀以来最大の工業家であったグレッツエルは1846年に破産し，レーヴィン（Levin）とベーメ（Böhme）に引き取られる。毛織物職人の親方が形成するギルドも1881年に消滅した。レーヴィンの工場も，世界経済恐慌の1931年に不渡り手形を出して破産し，ゲッティンゲンの毛織物産業の歴史に幕を降ろした。

大学都市としての体裁を整えはじめるとともに，楽器製造・販売，書

99）単線で小規模の鉄道については，地域公共交通手段として，鉄道法とは別途の法律で設置することができた。1892年7月28日のプロイセン小規模鉄道法による。下記参照。Burnmeister, K. (1987): Kleinbahn.

100）以下の叙述は，Haubner, K. (1964): Industriezeitalter, S..57ff, 11ff. による。

店，出版社，印刷・製本業者が定着する。リトミュラー（Ritmüller）のピアノは高い評価を受け，従業員数も1907年の100人から1920年の150人となるが，業界の競争に敗れ，24年には生産を停止している。楽器製造者として特殊な技能を維持したのは教会等のパイプオルガン製造のギーセッケ（Giesecke）とオットー（Otto）である。成長するのは製本・印刷業で，従業員数は1867年の約100人から世紀末には200人を越し，1925年に約700人となっている。第二次世界大戦後の1961年は1019人を記録している。

大学関連産業のうち，手工業から発達した精密機械については既に詳論してあるので，20世紀に入ってから定着する他の分野について概観してみる。1898年，フェリックス・クラインの尽力で地球物理学研究所が設立されるにあたり，物理学研究所の助手ワイヒェルト（Wiechert, Emil）は員外教授に採用され，1904年に正教授になる。市の裏山ハインベルクに地磁気観測所を設置し，当時ドイツ帝国の植民地であった中国の青島にも観測所を置いた。観測機器をSpindler & Hoyer社に作らせており，精巧さから世界の観測所で採用されるようになる。1923年の関東大震災後，日本でも採用するようになったと伝えられている。1920年のノーベル賞受賞者ネルンストは，既に触れたように，ゲーテ・アレーのカフェー・ナツィオナールで光熱灯の実験を1897年から2年間続け，電力消費量の三分の二削減を証明した。変電・蓄電設備を開発したルーシュトラートRuhstratの技術を利用して，市は電力供給を市営とし，街灯をガスから電灯に移行させた。同社は現在も存在するが，1900年の従業員21人，13年の200人，戦後の52年は520人となっている。

メルケル市長

大学都市とは，大学所在地の都市を意味するのではなく，学問の府にふさわしい景観を持った都市であるとするならば，ゲッティンゲンに大学都市の資格を与えたのは四半世紀にわたり市行政の責任を担ったメルケルである。ゲオルグ・メルケル（Merkel, Georg J.）は，1829年5月6日，財務官である法学博士カール・クリストフと妻アグネスの長男としてハノーファーに生まれた。母親は，ゲッティンゲン大学医学部教授ランゲンベックの娘であり，ゲオルグ自身も化学教授ウェーラーの娘ソフィア・フランチスカ・カタリーナを娶っている。ギムナジウムは，父親の勤務地であったオスナーブリュックで過ごすが，この時期に父親の友人である，後にハノーファー政府の内務大臣に就くストユーヴェ（Stueve）市長に可愛がられ，都市行政の一端に触れるとともに，生涯に渡る良き助言者を得た。大学は49年にゲッティンゲンに進み，祖父ランゲンベックの助言で法学部教授リッベントロップ（Ribbenntropp）に師事する。52年に第一次司法試験に合格し，研修生となり，各地の裁判所で研修を受けるが，司法職に興味を持つことができず，1855年の第二次国家試験で行政職を選び，内務省に入る。ハノーファー市に勤務し，56年にソフィアと結婚した。当時の若い知識人層がそうであったように，ドイツ民族の統一国家実現を悲願とし，プロイセンが提案した全ドイツ議会の招集と軍隊の統一を支持する声明に共同署名している。これが時の内務大臣の逆鱗に触れ，冷たい処遇を受けるが，66年の戦争の敗北でハノーファーがプロイセンに併合されると，ベルリンの内務省に迎えられ，統計局に勤務する。68年にゲッティンゲン市法務官に応募して採用され，71年に副市長，85年に市長となり93年まで勤める[101)]。ハノーファー王国時代の1850年と52年，地方行政制度において裁判権と行政権の分離がなされ，さらに，近隣市町村を所轄する上級裁判所が置かれたので，ゲッティンゲン市は司法・行政の中心地機能を強化していた。メルケルの時代は，プロイセンへ併合後の1872年郡法 Kreisordnung，1891年ラントゲマインデ法 Landgemeindeordnung と続き，行政権優位の地方自治制度が作られていった時期である。

本来法務官の職務に属しないが，ハインベルクの水利管理を職務の一部とした。石灰岩の岩山であり，羊の放牧地として利用されていたが，結氷期の大雨は氷面を鉄砲水として街に流れ込み，ライネ河氾濫を引き起こしていた。対策として植林が度々試みられたが成功していない。かつての主要産業である毛織物工業もほぼ姿を消していたので，放牧権利用者と話し合いを進めるとともに，専門家の助言を得て採石場跡地や山の窪地に小さな溜池を多数造ることにした。10年間で80か所の溜池が

101）メルケルについては，Grabenhorst, K. (1964): Merkel. を参照。

作られ，よほどの大雨でなければ雨水が溢れることがなくなった。溜池からの溢れ水の受け皿とするとともに，水を土壌に吸収させる目的で土盛りの低い土手を作った。現在ハインベルクの散歩道は，この土手を利用したものである。成果は明白であり，雨水の流出を抑えるとともに，市の用水源であるラインスブルンネンの水量は著しく増大した。植林も並行して始めた。最初は，木の根が浅い落葉樹である榛の木，アカシア，白樺などを広い間隔で植え，数年経って根がついてから本来の目的であるブナ，カエデ，トネリコなどを落葉樹の間に植樹した。石灰岩と粘土質の土壌を改良するのに落葉樹の落ち葉を利用したのである。かくして，市を包み込むように広がるハインベルクの大きな森が生まれた。

メルケル赴任直後の69年から71年にかけて，市にチブスが度々発生した。調査の結果，飲料水に家庭用排水や汚水が混入していることが判明する。市の飲料水は，ハインベルクからの湧水をラインスブルンネンに引き込み，地中に埋設した木管を通して市内に引き込んでいたが，この木管の腐敗が混入の原因であった。溜池と植林により取水量が増大していたので，この木管を鉄管と取り換え，同時に下水管も整備した。新しい上水を利用したのが市庁舎前の噴水であり，後に街の象徴となるゲンゼリーゼルの噴水となる。

メルケルが次に着手したのが，耕地整理である。中世以来，都市の市壁を囲むように農地が広がっていたが，中世の三圃農業以来の混合耕地制度が残り耕地所有が分散していた。農業経営の効率化のみならず農耕用の畦道を車両が通行できるように拡幅するため，道路網の整備と用水路建設のために耕地整理が必要であった。耕地整理はまた，市壁の外へ住宅地が広がりつつある市にとって土地利用計画の策定を意味したのである。耕地整理の結果，カッセラーランド通り沿いに広大な土地が生み出され，新市営墓地を作り出すことができた。通りは植林され，新しい並木道（アレー）となっていく。同じように，市内の通りも可能な限り植林して並木道とするため，成長の早い樹木と遅い樹木を交互に植えさせている。緑に囲まれた学問の府としての大学都市の景観ができあがっていく。1881年12月15日に除幕式を祝った新墓地には，メルケル自身，メルケルの娘フランチスカが嫁いだ医学部教授ローゼンバッハ一家，ガウスの盟友ウェーバー（ガウスの墓はアルバニ教会下の旧墓地），化学のウェーラー，法学のイエーリング，エーレンベルク，そして，物理学のマックス・ボルンなどが眠っている[102)]。

学校の整理もメルケルの業績である。中世以来，教育は宗教教育と切り離すことができず，また，読み・書き・計算の知識は聖職者が伝えたので，教会学校・修道院学校が市民の子弟の教育機関であった。宗教教育を取り入れ，正しいドイツ語を学ばせる市民学校を提唱したのが宗教改革者ルターである。それゆえ，近世にいたるまで，領邦国家の行政機構においては，教会・学校・文化が一体として扱われてきた。プロイセンにおいても，学校教育に政教分離が確立する1870年代までは，施設と人件費は地方自治体が負担するが，学校の管理と教員人事は教区を管轄する教会の権限であったので，義務教育制度が導入された後も，国民学校は「教会の付帯物」と言われてきた[103)]。

ゲッティンゲン市民の大多数は新教ルター派であったから，ヨハネス，ヤコブ，アルバニ，マリエンの4教区学校が主体で，これに，ニコライ教会に付属する貧民学校，改革派学校，初年度から男女別クラスのカソリック学校が加わり，7学校であった。このうち，児童数が最大のヨハネス学校は，外国語を教える高等科を設置し，最後の2年間は男女別であった。これらの学校は，いずれも6歳入学の8年間教育で，1876年の年間授業料をみると，初等段階で12マルク，中等段階で20マルクから40マルクで，市域のそとからの児童には20マルクを追加した。周辺農村の富裕な農家家庭の児童が通学したのである。市には私立上級（高等科）女子学校が2校存在した。いずれも60年代中葉の生徒数が150人前後で，通常の上級課程以外に英語，フランス語，ラテン語などを教えた。保護者の大分が富裕な市民，中級管理職者，教員で，国民学校で一般市民の子弟と混在することを避けたのである。校長が有利な条件でリューベックの学校に移ったことから，1864年に設立したばかりの1校が経営困難に陥ると，1866年に市が買い取り，8年間教育の市立女子上級学校としている。66年10月18日を創立記念日とするこの学校が，現在のハインベルク・ギムナジウムの前身である。

ドイツ帝国成立の1870年代中葉は，文化闘争の時期であった。プロ

102）Stadt Göttingen, Fremdenverkehrsverein (1994): Stadtfriedhof.

103）以下の叙述は，大西健夫（2009）「大学における女性」による。

イセンが主導し，ドイツ語圏でのカソリックの本山であるオーストリアを排しての「小ドイツ」帝国は，人口的に新教優位であった。帝国内の旧教勢力は結集して宗教政党「中央党」を結成し一つの政治勢力となった。1873年5月，ビスマルクは，市民の日常生活への浸透度が強い旧教を念頭に，教会からの脱退の自由などを含めた4法を制定し，さらに，翌74年3月9日の「市民婚法」で「婚姻は，国家の役人の面前での婚姻当事者による相互の意思表示という形式とする」こととしたので，新旧両教派が「文化闘争」と位置づけて強い抵抗を示した。婚姻の世俗化は，75年に帝国全土に導入された。地方自治体行政との関係で教会の影響が強いのが，教員を手配し，維持する学校運営である。各地の教会は，暗黙の内に連携して，人口増による学童増にともなう教員手配の財源が足りず，学校運営が財政的に困難となっていることを地域の行政に訴えた。市長メルケルは，非効率な教区単位の学校を東西2校に統合し，市壁外のアルバニ広場とビュルガー通りに新築するとともに，市立上級女子学校を拡充し，人件費を含めた学校運営費を市予算に計上するのであった。ルター派教会と改革派教会は，この再編に応じて教区学校を廃校とするが，カソリック教会のみは教派学校を自費で存続させた。婚姻手続や学校運営は，歴史的に培ってきた地域社会における教会の正統性にとって制度保障の根幹をなす事柄であるが，公権力の論理（公共の福祉・利益）によって剥がされていったのである。そして，1919年のワイマール共和国憲法137条の「国の教会は，存在しない」条項へと続く。

1734年の大学授業開始に合わせて，かつてのペダゴギウムが廃されたので，大学予備門としてのギムナジウムがブルク通りに設置されていた。この建物が老朽化したが，新築する費用を市は捻出することができず，1877年，国立（州立）とすることで建築費を得ることができた。新築校舎が，現在のマックス・プランク・ギムナジウムである。

メルケルはまた，大学都市の文化施設の整備にも力を注いだ。1883年にバーゼルから招聘されたドイツ語教授ハイネ（Heyne, Moriz）の「市の文化と歴史を展示する」提案にメルケルは賛同し，協力して1892年にゲッティンゲン市歴史協会を設立している。展示場構想は，予算の制約から郷土博物館建設とならなかったが，1889年にゲーテ・アレー通りの毛織物工場主グレツェル所有の家の1階6室を借りて発足した。すぐに手狭となり，1897年にブルク通り13番地の家の14室へ移転する。かつて郵便馬車の駅であった建物に隣接しており，二つの建物を接続するのが1912年である。以降増改築を繰り返し，現在の市立博物館となった。1887年1月10の夜，ウィルヘルム広場の劇場が火災を起こす。市民の有志が早速立ち上がり，市立劇場の建設を訴える。議論されたなかに，過去10年間でみるとドイツの大学の学生数ランキングで，ゲッティンゲンの地位が低下しているのであり，学生に魅力ある文化施設を市として充実すべきであるとの意見が述べられている。市と大学は，運命共同体になっていたのである。早くも同年の7月18日に市の決定がおり，場所の候補としてアルバニ教会広場か市壁内のギムナジウムの隣が挙げられた。「生徒の教育上好ましくない」との意見もあったが，市の中心部に近いことからメルケルは市壁内を決定した。馬車で来場する人々のため，劇場前に広場が作られ，テアター広場と名付けられる。1890年9月30日の初演には，シラーの「ウィリアム・テル」が演じられた[104]。

中世都市の面影を残す町並みを楽しむ観光客が大学都市であることを改めて感じるのは，家屋の外壁に填められた著名人たちの碑銘である。大学に学び，学生時代を過ごした家屋に碑銘が埋められている。1874年の年頭，大理石の碑銘製作費一口5ターラーを市民が協力して寄付することを呼びかけた。76年には，メルケルの呼びかけで市美化協会が結成され，募金の受け皿となった。1890年，ゲッティンゲン滞在のアメリカ人たちが，日本でも名が知られている同胞著名人の碑銘を設置している。歴史家バンクロフト（Bancrofft, Georg），政治家イヴレット（Everett, Edward），詩人ロングフェロー（Longfellow, Hennry），ビスマルクの親友で外交官のモントリー（Montley, John）である。日本人で

104） Stadt Göttingen, Städtisches Museum (1987): 100 Jahre Göttingen. Bönisch, N. (1992): Theater. 19世紀80年代のドイツは，郷土運動の時期である。経済発展とともに進む社会の近代化への反動は，失われてゆく農村景観へのノスタルジーとなり，郷土愛意識を高めた。各地に郷土美化協会が設立され，民芸品や郷土衣装の保存，郷土の伝統を受け継ぐ祭典，民謡・演歌が盛んになった。Bausinger, H. (1984).

は，東京大学医学部教授で生理学会を創設する永井潜，東北大学教授で金属学の本多光太郎の名前がある。永井は，1903年から2年間フリードレンダー通り51番に居住し，ゲッティンゲンに月沈原という表記を与え，日本人の間で広く受け入れられていった。1907年から11年まで本多が住んだ家は，クロイツベルクリンク15である[105)]。

メルケルが尽力した分野は，上記の他にも市営屠殺場建設，市役所増改築などが挙げられる。1893年9月24日をもって四半世紀にわたるゲッティンゲン勤務に終止符を打ったメルケルの名前は，フリードレンダー通り13番地の居宅の碑銘と，後任市長カルソウの時代に命名されるハインベルクの麓のシラー草地に沿ったメルケル通りに残された。この通りには，第二次世界大戦後，諸国の若者たちの相互理解を理念としてインターナショナル学生寮がノルウエー人夫妻によって建設され，フリードヨフ・ナンセン・ハウスと名付けられた。現在は，外国人へのドイツ語研修団体であるゲーテ・インスティトゥートが使用している。

ゲンゼリーゼル

1883年から86年にかけて市庁舎増改築が進められたが，84年に市美化協会が市庁舎前の広場の改修も提案した。特に，広場には12の流水口を持ち，かつての領主のシンボルであるウェルフェン家の獅子像が，1568年以来噴水池の中央に置かれていた。1837年，大学創立100周年を記念して改修されたが，その後使用されずに鉄柵で囲まれていたからである。メルケルは在任中，獅子像を新しくして噴水を改修することを提案していたが，市民の意見の一致が見られなかった。後任市長カルソウの提案で，懸賞つきの公募とすることを市議会は97年10月26日に決定する。審査委員長に任命されたのは，かつてガウスとウェーバーの銅像を制作したベルリン芸術アカデミー教授ハルツアーである。46の応募があり，98年6月21日の審査委員会で1位になったのは，ギリシャ古代彫刻を模した像であった。大学都市として，ヨーロッパ文化の起源を象徴するモチーフが採用されたのである。委員長のハルツアーが推薦したのは，2位となった，左手に鴨が入った籠とともにもう

105） Nissen, W. (1962): Gedenktafeln.

一羽を胸に抱え，もう一羽の鴨を右手にした少女像であった[106)]。

審査結果が発表されると1位の古代彫刻に対する市民の反応は否定的であった。市長宛てに抗議の手紙が数多く寄せられている。前市長メルケルも投書しており，最初に提案した獅子像こそが町に相応しいと述べている。メルケル市長の時代に近代都市への脱皮を遂げたゲッティンゲンの市民は，借物の飾りではなく，町の伝統と性格をあるがままに伝える少女像を求めたのであり，農村都市の伝統を誇りとさえ感じていたのである。市民は，少女像のために募金を始める。

1900年3月14日の市議会は，少女像を噴水に据えることを決定する。少女像は，2人の彫刻家シュトックハルトとニッセの共同応募であったが，7月に制作依頼を受諾したのはニッセであった。そして，鴨 Gänse を抱えた少女 Liesel 像は，ゲンゼリーゼル Gänseliesel と呼ばれることになる。91年6月初め，作品が到着し，6月8日に晴れがましい儀式もなく設置が完成した。製作費の大部分は，市民の募金でまかなうことができた。

設置時のゲンゼリーゼル

出典）Kuehn, H.-M.: Gaenseliesel, S. 16/17.

106）後に判明するが，ほぼ同じモチーフの少女像が，ライプツィヒの民間邸宅に存在していた。以下の叙述は，Meinhardt, G. (1967): Gänseliesel. Kuehn, H. (o.J.): Gänseliesel, による。

ゲンゼリーゼルは，市民のみならず，学生たちによっても直ちに受け入れられる。この時代に流行となりつつあった絵葉書も早速作られ，ゲッティンゲンのシンボルとして広く知られるようになった。新入生は，町に到着すると先ず少女と対面し，噴水の台座に接吻するのが習慣となる。少女に接吻しようとして水に落ちる学生や，噴水を破損する学生もでたので，1926 年 3 月 31 日の市警察令は，市庁舎前広場の使用規則を定め，噴水に登ることを禁じた。シュレージェン出身貴族の法学部生ドンネルスマルク（Donnersmarck, Graf Henckel von）は，接吻の現場で逮捕され罰金が科せられると，訴訟を起こした。前例があり，25 年 10 月 9 日の判決は，「深夜における噴水へのよじ登りは，学生間の慣習に基づくものであるが，しかし，公共の秩序を乱すことはよろしくない」としながら，被告の釈放を命じていた。ドンネルスマルクの訴訟は，本人が新聞に「接吻は禁止される行為なのか」と市民に呼びかけたこともあり，多くの学生と市民が応援した。最終的に，27 年 3 月 7 日の判決は，10 マルクの罰金ないし 1 日の留置としたが，市はこの判決を執行することがなかった。市・警察と市民・学生の暗黙の了解の基づき，夜間の噴水よじ登りは避け，昼間の接吻は警察が黙認した。

第一次世界大戦以来，出征した現役・卒業のゲッティンゲン大学生は，ゲンゼリーゼルを心の支えとし，戦地から葉書を送った。第二次世界大戦後，進駐したアメリカ軍とイギリス軍の兵隊たちは好んでゲンゼリーゼルの記念品を買ったので，市民の多くが木彫りの像や写真を売ることで収入を得た。バスが市民の足となり，市内に入ってくるようになってから，市庁舎前のゲンゼリーゼルの位置が問題となった。1968 年，バス乗換えの拠点となっていた市庁舎前広場が改装されるのに合わせて，噴水の場所が数メートルであるが南側に動かされ，現在の位置となった。この折，ゲンゼリーゼルの化粧直しもなされた。

名残が，現在も続いている新米博士の接吻である。口頭試験を終えたばかりの新米博士は，仲間や友人たちと大学から市庁舎前まで行進し，噴水の周りでビールの乾杯をする姿を現在でも見ることができる。一人噴水によじ登り，少女に接吻するのが新米博士の義務であり，権利である。ギネスブックは，世界で最も多く接吻された女性として登録した。

ナチスの浸透

ワイマール共和国への移行は，ゲッティンゲン市民にとって与えられた運命として受け止められた。1918年の11月革命直後に急増する労働組合加入者数も，ほどなく熱狂が去る。市の経済において工場労働者が占める割合は小さい。世紀の変り目頃において従業員が最大であったのはレーヴィンの繊維工場の600人と鉄道車両基地の400人で，その他の企業は一部の例外を除くと従業員数人の手工業者であり，当時中産階層と呼ばれた親方や商店主が経営者であった。業種組合で見ると，最も古く組織化したのは1869年の印刷工組合で，組合員数が多かったのは木工組合，壁工・石工（建築業）組合などであった。共和国の政党政治が始まると，社会民主党の影響のもとで労働組合連合会が作られ，事務所としてワッシュミューレン通りの飲食店の建物を購入するのが1921年であり，28年には新築して「国民の家」Volksheimと名付け，事務所，会議室，食堂を自前で持つ。しかし，ナチス党員の攻撃の的とされ，幾度かの暴力的な衝突を繰り返しつつ，33年6月に乗っ取られ，以後「ドイツ労働の家」と改称されてしまう。ちなみに，5月1日のメイデーも，ナチスは「国民労働の日」Tag der nationalen Arbeitと改称している[107]。

憲法制定議会を選出する1919年1月19日の選挙では，ゲッティンゲン選挙区での第1党社会民主党が37.0％を獲得しているが，全国でも37.9％であったから，ドイツ全体でみて平均的結果であった。地域的特徴はドイツ・ハノーファー党であり，プロイセンに併合されたハノーファー王国の伝統を復活させることを訴え，カソリックの中央党と会派を組んで14.5％を獲得している。（但し，全国総計の投票数では0.2％に過ぎなかった）ナチスの前身となる団体がゲッティンゲンで初めて政党登録するのは22年5月15日で，党員14人であった。ユダヤ人の公然たる排斥活動と暴力行為によって，22年11月17日付けでプロイセン内務省の政党禁止命令を受けている。バイエルンでは，ヒトラーが23年11月8日に暴力革命を実行し，逮捕された。24年に出獄するま

107）以下の叙述はHasselhorn, E. (1999): Göttingen. Tollmien, C. (1999)：Nationalsozialismus. Göttinger Arbeitergeschichtsverein (1986): Bohnensuppe. Kühn, H.-M. (1995): im Dritten Reich, による。

での獄舎で執筆したのが，後にナチスのバイブルとなる『わが闘争』である。ワイマールの政党政治において，最大政党は社会民主党であるが，20年代を通じて20％代の得票率であったので連立政権の離合集散を重ね，国会は解散と選挙を繰り返した。1924年だけでも5月4日と12月7日に国政選挙を行っており，この年からヒトラーが関わる政党が国政およびゲッティンゲン市議会でも議席を獲得し始める。特徴は，全国での得票率よりもゲッティンゲンでの得票率が倍以上高いことである。30年9月14日の国政選挙では，全国平均で18.3％の第2党（社会民主党が24.5％）となり，ゲッティンゲンでは37.8％で第1党（社会民主党が23.6％）に躍進している。全国平均よりも高い支持率をゲッティンゲン市民は与えていた。

ナチスの戦略は，戦後のインフレに苦しむ中間市民層の支持獲得を目指し，ドイツ敗戦処理の不当性を訴える一方，暴利を貪るとしてユダヤ人商人の排斥に暴力をもって行った。ゲッティンゲン居住のユダヤ人は，プロイセン領となる1867年に199人であったが，戦前の1905年に640人となり，戦後の25年は235人であった。排斥運動が顕在化する25年には「市民よ，タバコは卸売価格のドイツ人の店で買おう」と張り紙がなされた。32年1月30日にヒトラー＝パーペン内閣が成立すると直接行動に移り，信奉者2,000人の松明行列が市内を盛大に行進する一方，ユダヤ人商店の窓ガラスに投石した。33年3月5日の国政選挙でナチスが単独政権を握り，24日の全権委任法で独裁政権が成立する。市議会においてもナチスが過半数を得票し，4月11日の議会初日に議決したのは，ユダヤ人商店の閉鎖，ヒトラーに名誉市民称号贈呈，共産党学校教員4人の解雇であった[108]。

ゲッティンゲンでは，市議会開催以前の4月1日にユダヤ人商店のボイコットを決定し，既に実力行使に及んでおり，迫害のお墨付きにすぎなかった。3月28日，ナチス突撃隊の制服を身に着けた140人余りが当時42軒あったユダヤ人商店のうち32軒を破壊したのみならず，数人のユダヤ人を家畜車に乗せて市内を引き回した。1938年に市長となるグナーデは，33年当時警察署長であり，破壊された現場の写真撮

108）　以下の叙述は，Wilhelm, P. (1973): Jüdische Gemeinde. Wilhelm, P. (1978): Synagogen, による。

影を禁じたので，商店主は損害保険手続きに困難をきたした。また，現場修復期間を1週間と命じたうえ，建築職人が仕事を引き受けなかったので，殆どの商店が閉店に追い込まれた。ヨハネス教会の裏手，ユーデン通りで紳士服店を経営するヨルダンも同じ運命にあい，店を閉じ最初に町を去る一人となった。身の回りの物だけ持ってパレスチナに向かった。ボイコットから1年が経過した警察記録によると，第一次世界大戦後「町に流れ込んできたユダヤ人はほぼすべて町を立ち去り，店はキリスト教徒に売却された」のであった。

第二次世界大戦は1939年9月のポーランド侵攻に始まるが，その1年前の38年4月28日の法令は，「ドイツの経済生活からユダヤ人を最終的に排除する」ことを命じるものであり，11月9日の夜，シナゴーグを始めとするユダヤ人施設が徹底的に破壊された。当時ナチス運動の立場で報道を繰り返した，地元紙Tageblattは，次のように報道している。「9日から10日にかけてこの町に起こったことを隠す必要はないであろう。オーバーマッシュ通りのユダヤ教の神殿は炎に包まれ，この町に残っているユダヤ人商店のショーウィンドウは，ガラスの破片のみとなった。」町を去るだけの余裕のあるユダヤ人は，オランダ，イギリス，フランス，ノルウエー，アメリカなどへ逃げ出すのであり，残されたのは貧民，老人，病人などであった。こうした人々も，42年3月25日を第一陣として103人がワルシャワに送られ，7月21日の第二陣の47人の行き先はテレージエンシュタットであり，戦後戻ってこられたのは2人だけである。

ゲッティンゲンが最初の空襲を受けるのは44年11月23日と24日である。82広場と大学図書館の屋根が被爆したが大きな被害を出していない。45年に入ると，1月1日の鉄道の貨物駅に続き市内への空爆が断続的にあり，民家の損傷と死傷者が出始める。西部戦線では，ライン＝マイン川防衛線をアメリカ軍が突破すると，次の防衛線としてウェラー＝ウェーザー河に敷かれる。45年のイースター月曜日の4月2日にカッセルがアメリカ軍の手に落ちると，ベルリンに向かう東進軍の次の目標がゲッティンゲンであることは誰の眼にも明らかになる。ベルリンからの命令は，徹底抗戦であり，ライネ河でアメリカ軍を迎え撃つべく軍隊が集結していたが，市と市民を戦場に巻き込むことを避け，戦線をハルツ山脈に移すべく11連隊本部をアーデレプセンの城に置いたのがヒッツフェルト（Hitzfeld）将軍である[109]。

1945年4月1日からのイースターの休日は，空襲もなく穏やかに過ぎた。4月5日，県知事ラオターバッハーは，ベルリンのヒトラーの方針に忠実に従い「奴隷よりも死を」と市民に呼びかけ，以下の文章を発表する。

> ……名誉ある平和を信じ，イギリス人やアメリカ人はスターリンの軍隊とは異なると考える者は，間違っている。我々は既に1918年に騙されている。卑怯にも，誇りなく膝を屈するならば，我々は去勢され暴行される。……14歳から65歳までの男子は収容所に送り込まれ，ユダヤ人と黒人に監視される。我々の女達は，黒人の売春宿に送り込まれる。……我々の現在の戦いは，奴隷よりも死である。

アメリカ軍がライネ河まで迫った7日，学校は休校とされ，婦女子はハインベルクに避難するよう市は指示を出すが，これに従った市民は僅かであった。大学は，市が戦場となり，大学施設に被害が及ぶ事態を避けるべく全力を挙げていた。ヒトラーは，敗戦の気配が濃厚となると，国内の研究施設が敵軍の手に渡らないように破壊するように大学と研究機関に命じていたが，ゲッティンゲン大学はこの処置をとらなくてもよいとの例外的な確約を得ていた。翌日はアメリカ軍の進駐が必至と見られた7日夜，市庁舎で市長グナーデをはじめとする市の責任者と大学を代表するバウムガルテン教授の会合が持たれ，占領後の対策を議していた。先ず，ナチスを代表する郡長を自発的に逮捕し，市民には平和的に占領されることを伝えるチラシを配り，アメリカ軍を訪れて抵抗しない旨を伝えることとした。

1945年4月8日の日曜日の朝早く，市長グナーデはメルケル通りの防空司令部に車を走らせ，郡長を探すが，郡長は昨夜のうちに姿をくらましていた。この建物は，後にフリードヨフ・ナンセン・ハウスとな

109）以下の叙述は，Stadt Göttingen (1985): Kriegsende, による。

る。引き続き訪れたハインベルクの軍司令部で9時までに軍隊を市から撤退させるとの確約をえると，市の明け渡しをアメリカ軍に伝えるべく再び防空司令部を訪れると，ここでナチス党員に銃撃の危険を説得され無為の時間を過ごす事になる。この間，アメリカ軍は市内に向けて進軍しており，抵抗の有無を確かめるため散発的に放った砲弾が市民の間に犠牲者を出している。やっと12時頃，車の窓から白いベットシーツを垂らして市内に戻った市長は，市庁舎前の広場でアメリカ軍に出会う。同行した通訳を通じて，士官を市庁舎に案内し，市が抵抗しない旨を伝えたのは，12時30分頃であった。

占領軍直接統治

戦線は以降，東に移り，エルベ川を渡ったアメリカ軍はベルリンへ向かう。4月30日，包囲されたベルリンでヒトラーは自殺し，5月7日のドイツ軍無条件降伏受諾でヨーロッパ大陸での戦火はついに収まる。

戦線がエルベ川以東に移った4月12日，連合軍総司令官アイゼンハウアーは，ドイツ国民に向けた宣言を発表している。第一次世界大戦の場合と異なり，ドイツの国土に軍隊を進め，軍政部による占領地の直接統治に踏み切った理由が，ドイツ社会と国民の徹底した非ナチス化にあり，ドイツ国民に戦争の理由と敗戦の現実を赤裸々に曝すことであると宣言している。

> 私の指揮下にある連合軍は，今やドイツの地に足を踏み入れた。勝利した軍であり，抑圧者ではない。私の指揮下の軍が占領したドイツ国土において，我々は，ナチズムとドイツ軍国主義を滅ぼし，ナチス労働党の支配を除去し，ナチス党を解散し，残酷で，正義に反する諸規定とナチス党が作り上げた組織を廃棄する。幾度にもわたり世界の平和を乱したドイツの軍国主義を徹底的に除去する。軍とナチス党の指導者，そして，秘密警察と犯罪と残酷な行為を犯した者たちは，裁判にかけられ，有罪の場合には，相応の罰が課せられる。

南西ドイツをアメリカ，ライン川左岸の中部をフランス，エルベ川以西の北ドイツをイギリス，そしてエルベ川以東をソ連が管理した。イギリス軍最高司令官モンゴメリー将軍が，1945年6月10日付けで，独文で発したメッセージは以下のように述べている。語りかけは二人称複数で，尊称を用いていないことが特徴であるし，第一次世界大戦の戦後処理の愚を再び繰り返さないためにも戦争責任という現実に曖昧さを残すまい，とする堅い意思の現れでもある。

> 汝たちは，汝たちが挨拶をしたり，街頭で「今日は」の声をかけても，我が兵士たちが見向きもせず，また，汝たちの子供と戯れたりしないことを異様に感じていることだろう。兵士たちの行動は命令に基づくものである。汝たちは，こうした態度を好ましいものと受け止めていないであろうが，兵士たちも同じである。我々は本来，友好的で心優しい国民である。しかし，命令は必要なのであり，汝たちに理由を説明しよう。
>
> 汝たちの指導者が開始した1914年の大戦で，汝たちの軍隊は戦場で打ち破られた。汝たちの将軍達は降伏し，ヴェルサイユの平和条約で汝たちの指導者はドイツに戦争責任があることを認めた。降伏はしかし，フランスの土地でなされた。ドイツは戦場とならなかった。汝たちの町は，フランスやベルギーの町のように破壊されることがなかった。汝たちの軍隊は，秩序正しく帰国の途についた。そこで，汝たちの指導者は，決して軍隊が敗北したのではないとのメルヘンを広めた。ドイツに責任はないし敗北したのでもないと，汝たちを説得した。汝たちは，戦争を祖国で経験しなかったので，彼らを信じたのだ。汝たちの指導者が再び戦争を引き起こした時，汝たちは賛同した。
>
> 破壊，殺戮，悲惨の年月が続き，汝たちの軍隊は再び敗北した。連合軍は今回，汝たちに最終的な教訓を与えることを決心した。汝たちがついに認識したであろうように，汝たちは敗北したのみならず，汝たち民族が今回の戦争でも再び責任があるからである。このことを，汝たちと汝たちの子供たちにはっきりと分からせないならば，汝たちは再び指導者の甘言に乗り，三度目の戦争に突入するであろうからである。

連合軍の間で，分割直接統治と管理地区区分が確定されていた。連合軍は，敗戦国ドイツの政府機能を廃したのであり，占領軍が現地（日本）政府を通じて間接統治を行った日本の場合との大きな相違である。ゲッティンゲンを占領したアメリカ軍は当初からイギリス軍に引き渡すまでの暫定的占領であることを表明しているが，最初の軍指令は，ナチス時代の市長グナーデの解任と新市長の選出であった。ナチスの過去を持たない法律家であることを条件に候補者を出させ，最終的に，63歳の地方裁判所判事シュミットを任命した。占領軍は，占領政策を細部にいたるまでマニュアル化しており，新市長が果たすべき仕事を指示し，新市長はこの指示を行政機構を通じて実行するのであった。公職者は言うに及ばず，一般市民にもアンケート用紙を配布して過去におけるナチス組織との関係を申告させた。

軍政下の市民生活

ゲッティンゲンの軍政管理がイギリス軍に移されるのは，4月20日である。同じ4月20日を期して，ナチス時代に名称変更した通りや広場の名前を元に戻している。19世紀にパックス・ブリタニカを築き上げ，世界各地の諸民族を対象に植民地経営を経験してきたイギリスの管理行政が，本領を発揮する。公式用語は英語とされ，すべての公式書類は英独2か国語で作成された。様々な登録命令が住民に出され，ナチス組織への関与度，英語を理解し，通訳できる能力，一般家庭の自動車やラジオの所有，家畜・穀物・馬鈴薯・ガソリンの貯蔵量などが記録され，これらに基づき就業機会や食料等の配給量が決定された。13日に開始された家庭用電力配電，16日からのゴミ回収清掃車運行，そして，23日に銀行と生活用品店の営業開始が許されるが，品物は殆どなく，ゲンゼリーゼル周辺でタバコ通貨での闇市が立った。膨大な文書の山を築いたものとして「様式80」がある。軍政部は，かつてのナチスや軍の施設は言うまでもないが，公共施設，大学施設，一般市民の住宅と調度を接収した。接収された市民財産の権利保証のため，9月1日をもって導入されたのが「様式80」である。市民は，この様式に基づいた用紙に接収された資産を申告し，返却される際の記録とした。

市長は，通訳を伴って毎朝10時，軍政部が置かれているウィルヘルム広場の大学本部棟に出頭して必要な報告をする。午後は，当初市のみならず郡全体の責任者とされたので，終戦までナチスの郡本部が置かれていたラインホイザー通りの郡軍政部に向かい，報告義務を果たす。郡部は，当時73市町村からなり，住民数は18万人を数えていた。軍政部への報告のため，市長は，毎朝市庁舎の経済，食料，住宅，保健などの担当者と打ち合わせ，現状を把握しておく必要があった。食料事情については，毎朝報告し，土曜日に主要食料の在庫報告を提出した。毎月26日は保健衛生状態の報告提出日であり，疫病については毎週土曜日に報告した。大学病院があることから，戦時中から戦傷者が集中しており，病院以外にも学校や公共施設に収容されていた。市内の病床は2,000に上がっていた。工場報告は月末で，戦前のラント単位で集計されて，原料・燃料・資材の割り当てが決定された。7月30日から裁判所が開かれ，毎月10日に公判報告，3日と17日に判決報告を提出した。戦前からの習慣で，無意識に「ハイル・ヒトラー」を挨拶代わりに用いた市民が罰せられている。

1945年9月1日の初等教育学校に続き，10月1日に中等教育前期課程，12月中旬に後期課程の授業が再開された。市の学校は，初等教育の基礎学校が5校，上級学校が男女1校ずつ，実家学校が男女1校ずつ，ギムナジウムが1校，それに職業学校，家政学校，商業学校，特殊学校が置かれていた。アルバニ基礎学校と特殊学校を除き，すべての学校に戦傷者や引揚者が収容されていたので，利用できる校舎と教室が限られ，例えば，アルバニ学校の校舎は3つの学校が時間を区切って交代で使用している。教師と教科書が問題もあった。ナチスの過去を持つ教師は追放されたので，定年退職者で補充した。ナチス時代の教科書の殆どが禁止されたので，教科書なしの授業となった。生徒もノートと筆記用具を持たず，飢えに苦しんでいた。当時の生徒総数は11,200人であり，教師1人当たり平均生徒数70人となる。現マックス・プランク・ギムナジウムの例でみると，43年に本部棟と体育館が戦傷者の医療施設として収用されており，授業はアメリカ軍占領の2日前に停止されていた。一部の教師が，上級生のみを対象に自宅での授業を申請するが，軍政部は許可しない。アンケート調査に基づき，教員18人のうち4人が解雇され，1人が教員資格を引き下げられた。下級の3学年の授業の再開が10月22日で，12月10日すべての級で授業再開となるが，教師と教室不足から1日2時間しか授業ができなかった。学年終了予定の翌年イースターまでに授業内容を消化できず，特に，最高学年は大学進学資格であるアビトゥアーを与えることから学力水準の確保のため学年終了時期を延期している。47年10月4日，ノーベル物理学賞のプランクが没すると，この日をもって校名をマックス・プランク・ギムナジウムとした。

イギリス占領地区では，1945年10月10日付けで，地方議会召集が命じられた。組織つくりを進めていた政党各派が候補者を推薦し，市長が候補者リストを作成した。軍政部が許可した戦後最初の市議会議員は12人で，その後の政党所属でまとめると，社民党と自由民主党が4人ずつ，キリスト教民主同盟と共産党が1人ずつ，団体として大学と手工業者が1人ずつとなる。このうち6人が，1933年以前に市政と関わった経験をもっていた。大学からは，アルティウス教授が議員となった。イギリス占領地区での地方議会や州議会で社民党が第一党となることが多かったのは，ナチス時代に迫害されたこと，イギリスの45年7月総選挙で，戦争を勝利に導いたチャーチル首相の保守党が破れ，労働党が勝利したことが影響している。11月23日開催の第一回市議会は，将来の市制を審議する。軍政部が提示した案は，立法府優位で行政を統治するイギリス型の制度で，議会与党の代表が市長に就任する。

占領地区を州に再編する作業が同時並行的に進められた。ハノーファー王国が1866年の戦争でプロイセンに併合されて州となり，行政的にハノーファー県とヒルデスハイム県に分けられていた。占領軍によって，ハノーファー県知事に任命されていた社民党のコップ（Kopf, Heinrich Wilhelm）の提案は，2県とかつての領邦国家ブラウンシュワイクとオルデンブルクの4地域を統合する案であったが，両領邦は独立を主張した。軍政部は，1945年の冬に向けての食料管理の目的で4地域の軍政部食料部を統合しており，46年11月1日の軍政部通達はコップ案に基づく州形成を命じ，ここに現在4県からなるラント・ニーダーザクセンが生まれた。12月9日に召集された議会は，ラント憲法審議を開始する。

学生と年金生活者の町ゲッティンゲンの構造を根本的に変えたのは戦

中・戦後の流入人口である。東西の戦線から遠く離れていたことから，1939年9月には戦場となったザール地方から2,000人，44年末には東部と西部の戦場地域から3,500人が避難民として流入している。45年6月30日，市は許可なき滞在と市への移住停止を決定し，軍政部はドイツ人1人当たり居住面積を3.25平米まで引き下げるとともに，9月26日に郡部を含めた移入禁止令を出すが効果はなかった。

米軍の爆撃による被害は約300住居と全住居の2%にすぎなかったが，占領軍の進駐で1,000住居が接収された。さらに，終戦時のゲッティンゲンには約1万人の外国人がいた。戦時中の強制労働のためドイツ軍が占領した地域から強制的，半強制的に連行された人々である。西ヨーロッパ地域からの人々の大半は1945年6月末までに帰国しているが，東ヨーロッパと東南ヨーロッパでは故国が共産党のソ連の支配下に入ったことから，多くがドイツに留まることを希望した。45年10月時点で，イギリス管理地区内の東および東南ヨーロッパ出身者は約60万人で，そのうち48万人がポーランド人であった。ゲッティンゲンの1万人のうち，やはりポーランド人が大半を占める6,000人であった。外国人の三分の四は収容所で生活していたが，残りは市内の民間住宅に居住していた。ナチス政権時代の被害者を保護する目的で，軍政部は，住まいを用意するか，足りなければ市民の住まいを明け渡すことを市長に命じた。

難民の流入

ゲッティンゲンは，戦時中から疎開人口の東西ドイツを結ぶ主要な通過地になった。西部戦線から東部に避難した人々，東部戦線から西部に避難した人々が，比較的鉄道被害の少なかった路線に集中したのである。ソ連管理地区とアメリカ管理地区を結ぶ鉄道路線の一つが，東のハレと西のカッセルを結んでいた。ソ連管理地区最後の駅ハイリゲンシュタットで出国検査を受けた人々が最初に到着する西側の鉄道駅がフリードランドであり，ここに大学の農業試験場施設があった。流入ないし通過する人々に一時の宿舎と食事を与え，ここから受け入れ能力のある地域に人々を送り出す基地であった。1945年9月17日，イギリス軍政部の収容所設置命令に従い，市長は大学農業試験所を収用し，地域の赤十字の協力を求めた。47年のイギリス管理地区が発行した英字新聞British Zone Reviewの記事は，当時の様子を次のように伝えている。「フリードランド。ゲッティンゲンの南14キロのライネ河沿いの地に設けられた避難民収容所がある地名である。低い丘陵を森が覆った美しい景観の中，三つの管理地区の接点に収容所がある。ここは，インターンナショナル・コーナーとして知られている。収容所は，1945年9月，まだ砂糖大根の取入れが済んでいない農地に建てられたバラックからなっている。」

新設のバラックとともに既存の家畜小屋が宿泊所として利用され，この作業に英軍の捕虜となっていたドイツ兵200人が当たった。地域の赤十字が所有していた簡易ベッド350が供出されている。到着した避難民たちは，母子を除き男女別々の建物に収容され，配布された登録カードに必要事項を記入し，難民ないし引揚者のスタンプが押される。健康診断の結果と登録手続終了印に続き，移住すべき地名が書き込まれる。医療処置を必要とする人々が多数いた。

病人は市内に運び込まれるが，最盛期には1日50人から70人にあがり，市は，ビール会社がレストランとして経営していたローンスの建物を借り上げ，仮設病院とした。収容所建設後最初に収容された16人の子供一人6歳のヨセフは，ケルンに住んでいたが，空襲が激しくなると母親が親類を頼ってテューリンゲンに疎開した。ロシア兵が到来するとの情報で，2人は西に向かうが，栄養失調でほぼ視力を失っていたヨセフは母親とはぐれる。親切な同胞が手を貸してくれたのであろう，ヨセフは西に向かう汽車に乗ることができた。ゲッティンゲンに辿り着くことができたヨセフは，眼科手術を受け，視力を回復した。

東西ドイツ国家の分断が決定的となると，東ドイツ政府は，国境封鎖と逃亡者を抑えるための地雷地帯を敷き，鉄道線路を撤去した。フリードランドに収容され，入国手続きを済ませた人々の多くが，受け入れ先が定まらないと，大きな戦災に遭わなかったゲッティンゲンやその周辺に定着するようになる。ゲッティンゲンの人口は著しく増加し続け，市内の住宅難を深刻にし，市内と周辺地域に建築ブームを引き起こす。フリードランドの施設は，引揚者や東ドイツからの逃亡者の大量流入が終わった後も，様々な理由で西ドイツに辿りついた人々が最初の入国手続きを行うドイツ全体の避難民等第一次収容施設として存続していたが，再び活況を呈するが 1989 年 11 月 7 日のベルリンの壁崩壊によってである。連邦共和国国籍申請者が殺到した。

住宅・食料問題

帝政時代に，住宅難に立ち向かう市民の自助互助組織が生まれている。既に見たように，20 世紀初頭，市の人口は 3 万人に達し，居住空間を市壁外に広がり始めたが，市域そのものは 1964 年の町村大合併まで 18 世紀以来広がっていない。地価と家賃の高騰と居住空間の狭隘化が著しかったが，それだけに定年退職者が家屋を取得し，部屋の賃貸と下宿で老後を安定させることができたのでもあった[110)]。

市の有力者が発議して，1891 年 6 月 8 日の設立総会で住宅協同組合を立ち上げた。既にドイツの他の都市での例もあり，それらに倣って，土地の取得，家屋建築，住宅管理などを目的とする法人組織を作り，出資者の小額資本を集め，賃貸住宅を組合員に提供する組織である。一口あたりの出資額にも及ばない者は，手持ち金を貯蓄目的で預けることもでき，組合はこれも事業目的に使用することができる。監査役会議長にレーゲルスベルガー教授，副議長に弁護士バイヤー博士と出版社のループレヒト博士が就いたように，市民の住宅難解消に向けての自助互助組織を市の有力者達が支援している。

1891 年 6 月 23 日の「ゲッティンゲン貯蓄・住宅協同組合」としての組合登記には，組合員数 209 人，出資金 14,000 マルク，貯蓄 2,000 マルクとなっていた。これに，個人としてペッファ婦人と工場主レーヴィンが 1 万マルクずつ寄付した。早くも 92 年に 16 住宅を建設し，組合員に賃貸した。供給した住宅数は急速に増大していき，人口 5 万人となる 1940 年の 1,160 住宅，人口 8 万人弱となる 1950 年の 1,893 住宅を経て，人口 11 万 2 千人となる 1967 年には 3,627 住宅を供給するまでになった。この間，1964 年にゲッティンゲン公務員住宅協同組合を吸収して，ゲッティンゲン住宅協同組合と名称を変えた。

食料事情も悪く，1945 年 6 月 20 日に市を調査した，ジュネーブに

110)　以下の叙述は，Scholz, H.-D. (1991), Fremdenverkehrsamt(1968): 14Tage Götingen, 1968, Nr.11. による。

本拠を置くドイツ人戦争被害者救済事務所の報告によると，一日平均1,000カロリーは，1937年から38年にかけて見られたマドリッドの飢餓よりも66カロリー下回っていた。近郊の農家は，食料を物々交換用に隠匿したし，放牧すると盗まれる危険があるので牧舎に囲い込まれた家畜も飼料不足で痩せており，ミルクの産出量も減少した。貨幣への信頼が失われたので，物々交換の闇市場が生まれ，タバコ通貨が流通した。

こうした中でも，大きな戦災に遭わなかったことから，英軍軍政部の要請で1945年8月4日に劇場で「フィガロの結婚」が上演され，9月24日には市吹奏楽団が劇場でチャイコフスキーを演奏している。早くも5月14日に再開されるのが市立図書館で，軍政部の方針に基づき，蔵書と職員の非ナチス化を行ったうえで，市民教育に必要として開館された。前身は，34年11月7日に設立された市立国民図書館Volks-Büchereiで，ナチス指導部が市民のナチス化教育に必要な施設として設置を命じた。図書館としての蔵書を揃えるため，従前から市民の間で行われていた読書サークルや移動図書館などの蔵書を市が引き取ることで発足した。手狭となったことから，1941年，学生援護会の読書室を取り上げている。学生援護会読書室は，帝政期の1915年に設置され，学生が新聞や雑誌を手にすることができる機会を作ったのであるが，33年以降はナチス学生団の管理下に置かれ殆んど利用者がいなかった。同じく帝政期に起源を持つのが市民大学である。労働組合が1859年に労働者教育会を作っており，1906年に生まれた「労働者・手工業者・官吏のための国民教育課程学生委員会」がこれに協力していた。ゲッティンゲンでは，これとは別に幾人かの教授が指導するゲッティンゲン市民大学課程が1911年に生まれている。これらがナチスの時代に閉鎖されていたのを統合し，法人団体ゲッティンゲン市民大学Volkshochschuleとして戦後再開するのが48年10月12日である[111]。

仏独和解

ドイツ経済の奇跡の復興は，1948年6月20日の通貨改革から始ま

111）以上の叙述は，Bawnsch, N. (1992), Egdorf, B. (1987), Düwel, K. (1988), Hunger, U. (1985). による。

る。フランクフルト市経済局長エアハルト（Erhard, Ludwig）が策定した方式に基づき英米仏3国の管理地区で新マルクへの切り替えがなされ，例外なく一人あたり60マルクの預金引き出しが認められた。エアハルトの提案で放出された軍と地方自治体の物資が豊富に積み上げられたショーウィンドーを前にして，ナチス統制化に置かれてきた市民は消費者としての選択を行うことができるようになった。ナチスの人的支配に基づく管理経済から解放された市民の消費動向が，市場を通じて生産者を動かす市場経済の途を採ったのである。自由市場経済と市場経済を通じての手厚い社会保障施策であり，社会的市場経済と呼ばれる。新マルクの導入を西との決定的な断絶と見なしたソ連は，新東マルクを導入したが，配給と統制を続け，東からの逃亡を抑えきれなかった。国境封鎖を強化し，61年8月，ベルリンの壁を築く。

「奇跡の経済復興」を西ドイツ市民が享受するのが1950年代後半から60年代である。ミニとビックの時代と言われた60年代は，ミニロックと高層建築物がシンボルである[112)]。19世紀においては,工場の煙突の黒煙と女性の社会進出が経済発展のシンボルであったことと対比されている。経済復興とともに国際社会への復帰が敗戦国ドイツの課題となる。戦勝国の間でも，大戦への反省から市民交流と市民相互理解の必要性が意識され，先ず非公式な青少年交流が始まった。次第に，地方自治体間の公式交流へと発展するのであり，60年代のドイツは姉妹都市協定のブームとなり，80年代まで続く。1985年の統計によると，西ドイツの地方自治体が公式の姉妹都市協定を結んだ件数は2,217で，そのうちヨーロッパの都市間の協定は2,015件であった。国別で見ると，最大はフランスの都市との協定で1,066件，これに続くイギリスとは327件である。2つの世界大戦を経験した国境を接する独仏両国民の意識が強く現れていると言えよう。イギリス管理地区にあったゲッティンゲンは，チェルテンハム市との間で，1951年の青少年交流，55年の公式訪問を経て姉妹都市協定を結んでいる。わが国での姉妹都市協定ブームは，国際化が叫ばれた70年代である。

1967年，パリのシャンソン・ヒットソング7位にバルバラが唄う

112）　Städt. Museum (1992): Maxbauten-Miniröcke

「ゲッティンゲン」が挙がる。1930年生まれのバルバラの本名はミニク・アントレ・セルフといい，ユダヤ系としてドイツ占領時代に迫害の体験を持っていた。バルバラをゲッティンゲンに招く努力をしたのは，若者劇場支配人クラインである。バルバラは当初，ナチスの本国へ赴くことを嫌った。クラインの熱心な説得に応じ講演を承諾したものの，市内案内は拒絶した。若者劇場での初日，バルバラが眼にしたのは舞台に据えられたコンサート用の大きなピアノであった。自分と聴衆を遮るものと感じたし，聴衆の眼を冷たいものと受け止め，舞台の椅子に座りこんだが，最後には，クラインの説得と小さなピアノを提供すると申し出た老婦人の好意を受け入れる。自発的に申し出て，ピアノを老婦人の自宅から運んだのは10人の学生であった。黙々と汗を流しながらピアノを運ぶ学生を眼にして，1時間半の遅れがあったものの，バルバラは唄いはじめる。公演は，聴衆の熱狂的な拍手で終わり，舞台と聴衆が一体となることができた。公演の成功を眼にしたクラインは，バルバラに公演延長を申し出，バルバラはゲッティンゲンに1週間滞在した。昼間は，ピアノを運んだ学生の案内で市街見物と散歩で過ごしつつ，若者劇場の中庭で自ら作詞・作曲したのが，ゲッティンゲンの街を謳い上げ，仏独両国民の和解の印としたのがシャンソン「ゲッティンゲン」である。80年代，連邦政府が連邦功労十字章，ゲッティンゲン市が市栄誉メダルをバルバラに贈った[113)]。

人はパリを飽かずに唄う　ゲッティンゲンを唄う歌はない
だけども此処でも愛が咲く　ゲッティンゲン，ゲッティンゲン

ここにセーヌはない　ヴァンセンヌの森もない
だけど此処で美しいバラを私は見る　ゲッティンゲン，ゲッティンゲン

私が此処で唄うことは　多くの人に許せないものと響く
だけど子供はどこでも同じ　パリでもゲッティンゲンでも

113)　バルバラの歌詞は，Nissen (1972) S.113, を参照。

素晴らしいバラが咲く処だ　ゲッティンゲン，ゲッティンゲン
再び武器が語る時がくれば私の心は破れよう　後には何も残らない
ゲッティンゲン，ゲッティンゲン

10万人都市

中世以来，ゲッティンゲンの市域は変わっていない。人口増とともに住宅難が進行し，産業振興のための工業用用地も欠けていた。市の地理的条件とともに経済的条件が変化するのは，大学キャンパス配置計画の変化と共にであった。大学が，用地と施設を拡充するにあたり，市の町村合併が認可され，1964年，一気に10万人都市となる。

ゲッティンゲンの市域と人口

	市域（ha）	人口
1927年	1874	42400
1940年	1875	50590
1950年	1875	78680
1960年	1926	77785
1964年	6611	109856
1973年	10921	120435

*）ここで表示されている市域面積に，非居住の森林部756haが含まれていない。
出典）Stadt Göttingen: Der Flaechennutzungsplan 1975.

この表から見て取れるように，1964年に市域が3倍強に拡大し，人口も10万人を越えた。ドイツの地方自治制度では，人口10万人以上を大都市とするので，ゲッティンゲンも大都市入りしたのである。逆に見ると，64年までのゲッティンゲンは，戦前と変わらない市域のなかで人口をほぼ倍増させたのである。市政の課題は，限られた居住空間の中で，住宅，公共施設，オフィス，産業，道路のための用地配分にあたり常に二者択一を迫られる状態にあった。当然，市域以外の周辺自治体の領域に住宅や工業用地が求められており，そうした人々も教育・文化・社会施設を地域の中心都市ゲッティンゲンに求めた。航空研究所の飛行場を転用したものの高度化を進める経済構造に合わせて市の産業基盤強化に必要な工業用地が限られた上に，中世以来市の経済基盤を支え

てきたドイツ中部における交通の要衝としての地位が奪われた。住宅難，地価高騰，交通渋滞が市民と学生の不満を高めた。世界の大都市に共通するが，市中心部の機能を高めるためオフィス・商業施設を集中させると地価が上昇するとともに居住環境が悪化するので，余裕のある人々は郊外の住宅地へ，余裕のない人々は市内の廉価住居に集中する。そして，都市の土地利用と住民層の二極化が進む。ゲッティンゲン市にとって，さらなる打撃となったのが東ドイツの国境封鎖に伴う鉄道と自動車道路の封鎖，そして，大学キャンパスの市外移転案であった。

社会主義管理体制を嫌い，奇跡の経済復興で市民が享受する西の豊かさを憧れ，東の市民は西へと流出した。これを阻止するため採られた手段が1961年8月のベルリンの壁であり，国境封鎖であった。1949年から61年までにソ連管理地区・東ドイツから西ドイツへ逃れた人々は274万人にのぼり，殆どがベルリン経由であった。ベルリンの壁が築かれるまで，ベルリン市内は東西自由通行であったが，国境を通る鉄道や道路では検査があったからである。少なからずの人々が，森や耕地を闇夜に紛れて国境を越えるようになる。国境封鎖を徹底させるため，国境に沿って地雷原が設定され，鉄条網が張り巡らされ，限定された鉄道路線と道路を除き交通路が遮断された。中世以来，ゲッティンゲンは中部ドイツにおける東西と南北の交通の要衝であることを経済基盤としてきた。東西交通が遮断され，市の東50キロに国境線が走る辺境の地となったのであるし，地政学的に工業集積地とするには危険な国境隣接地帯に属したのである。市にとって最大の経済要因として残ったのは大学と大学関連産業であった。

1962年8月28日，ラント議会は大学施設の市外移転を決定する。大学は当初，市内の大学施設を拡充し，近代化することで学生増に対応することを市とともに検討していたので，市と共同でアルバニ教会前広場に高層建築を建てて，学生食堂Mensa等の施設と市の公会堂を収容する案が立てられていた[114]。しかし，学生増のスピードは予想を上回ると

114)　市はコンサートホールを兼ねた公会堂を2年間かけて建設した。こけら落しは1964年9月1日からのヨーロッパ大学学長会議であった。会議最終日の8日、キリスト教民主同盟のアデナウアーの後を継いだ二代目首相で，奇跡の戦後経済復興を主導したエアハルトが，大学本部棟で開催された閉会式で次のように述べている。70年代に新設大学を群生さ

して，ラント政府は大学施設のコンセプトを抜本的に転換し，キャンパス大学方式へと転換した。人文・社会科学系学部・新図書館・研究室棟・教室棟・学生食堂を市壁の外で農学部とスポーツ施設の場所に集中するとともに，さらに北東部に医学部と大学病院・自然科学系学部と実験施設を移すとした。学生援護会は，市外のニコラウブベルクに大規模な学生寮建設を計画しており，学生の生活の場も市外に移る可能性が強まった。大学と市の運命共同体が崩れた。大学施設は，写真（476頁）が示すように，市壁に囲まれた旧市街の外へと展開したのである。

教員の住居は以前から市外に移っていた。大学創立以来，教授達が町中に住んでいたのは，聴講料を目的に自宅を私講義の教場としていたからである。旧市街，即ち，市壁以内に居住した教授数は，1826年において82人中77人であり，1864年においても108人中86人であった。教授達の多くは，市壁内で持ち家・借家に住むとともに，市外に夏の別荘を持ち，庭仕事や家庭菜園としていた。ウェエンデやガイスマールに向かう街道筋や市壁に沿ったニコラウスベルク通りやヘルツベルク通りが好まれた。こうした地域が住宅地化していくとともに，教授たちも住み着くようになる。大学はまた，新設の研究所や施設に教授官舎を併設した。市壁の外に作られた解剖学研究所や天文台などであり，天文台に住んだガウスは，市壁の外に官舎を持った最初の教授でもある。教授達が持家を建てるようになると，好まれたのはローンスが開発したアルバニ教会からハインベルクへ向かう高台である。19世紀末のドイツ経済発展期になると教授の持家比率が上昇し，1900年には90%以上が市壁外に住む。ハインホルツ通りの家屋18軒のうち8軒，ウィルヘルム・ウェーバー通りの27軒のうち11軒，ヘルマン・フェーグ通りの5軒のうち4軒が教授宅であった。クオーターという言葉は，四分の一とともに地区を意味する。ドイツの大学用語で，アカデミック・クオーター（アカデミッシェス・フィアテル）は，元来講義の始まる前の15分を意味し，この時間帯に学生が教場を移動するので，教授は公示した時間の

せた大学改革とは対照的な大学政策を端的に表現している。「今日すでに我々の大学が狭隘となっており，大学は今後さらにより多くの若者たちに門戸を開かねばならないことを，我々は知っている。この問題に対しては，現存の大学の拡充によって対処できるのであり，せねばならない。」Nissen, W. (1972), S.115.

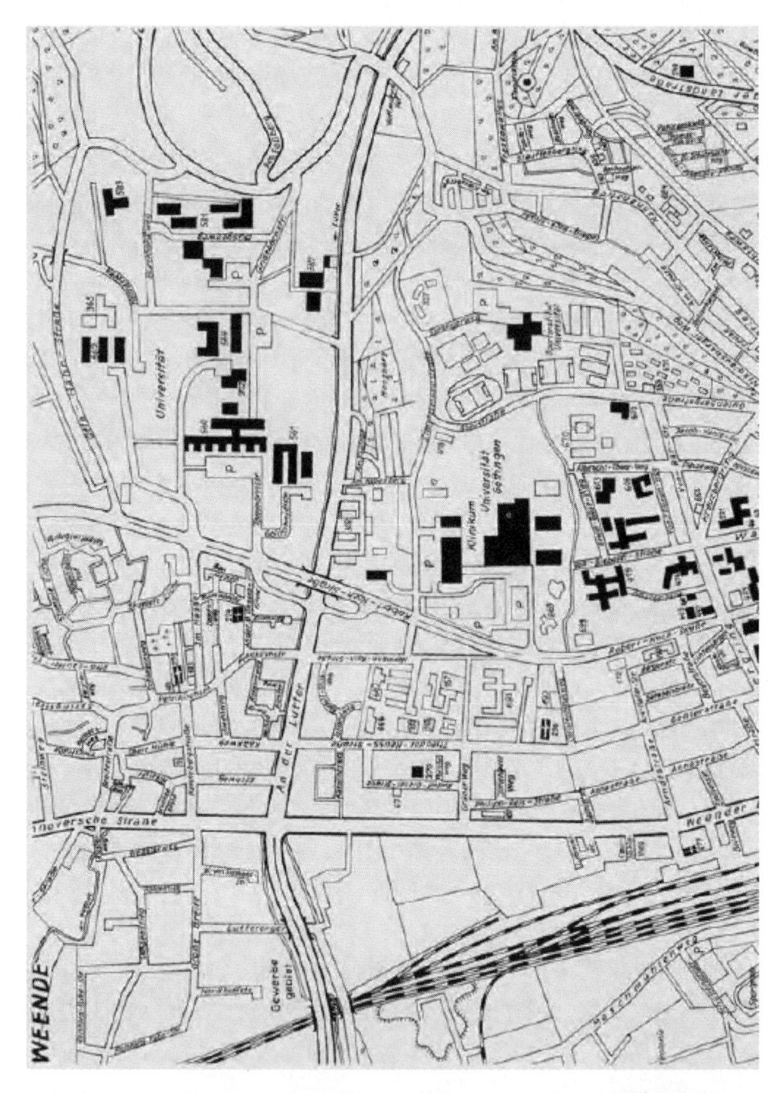

現在のゲッティン
出典）Oberdiek, A.

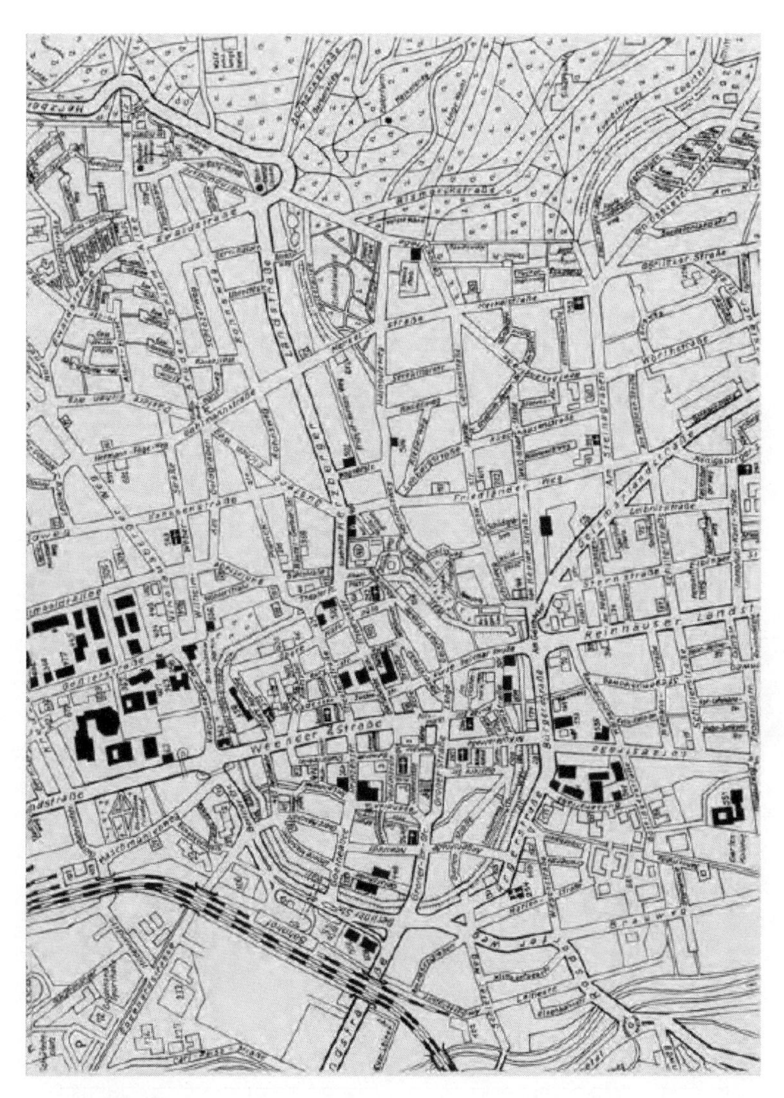

ゲン市と大学施設
(2002), S. 160/161.

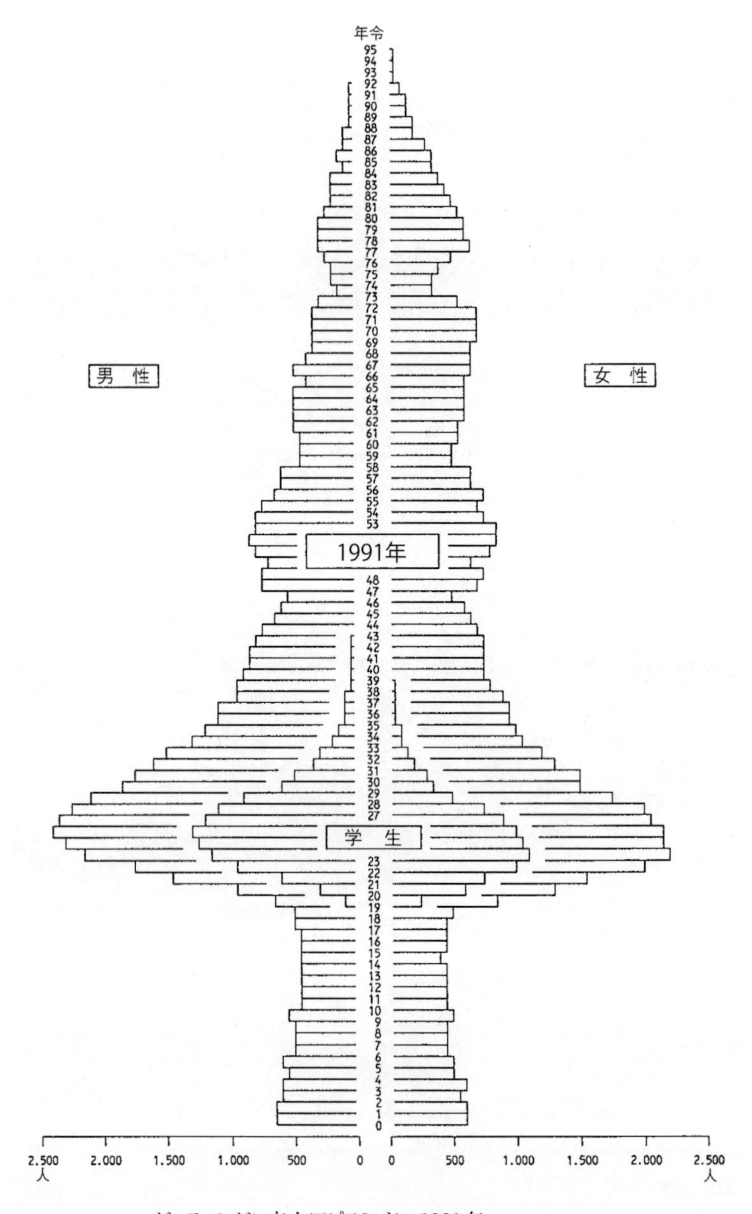

ゲッティンゲン市人口ピラミッド：1991年

出典）Goettinger Statistik, Vierteljahresbericht, 1991-2. S. 13.

15分後に教場に姿を現し，実質授業時は45分となる。この習慣は現在でも残り，講義要綱にもct, cum tempora, が付されている。第二次世界大戦後のゲッティンゲンでは，ハインベルクに連なる高台に教授達の家が集中したことから，この地区をアカデミッシェス・フィアテルと呼んでいる。市壁外への拡延は第一次世界大戦直後から始まり，さらに，市域外への拡散が明白となる。1939年の教員総数203人のうち，市域内居住者は163人で，40人は市域外であった。交通手段の発達から，ハノーファーから通う者もいた。第二次世界大戦後住宅難の時期に，大学施設が散発的に市壁外，それも，北東方面に新設され，官吏宿舎や公共住宅がニコラウスベルク地区に建設されたことから，教職員住宅地となっていった。

街の歩行者ゾーン化

大学施設と学生寮の拡充が市域外の北東部に延び大規模小売店が展開することは，旧市街の中心地機能喪失を意味した。州政府は，62年の大学施設移転計画に続き，64年に町村合併法を決定する。ゲッティンゲンを念頭においた，地域限定の合併法であったことからゲッティンゲン法 Göttinger Gesetz と呼ばれている。先に見た表（472頁）が示すように，市域が最終的に5倍強に広がるのであり，市の土地利用計画に裁量の幅を大きく広げた。同時に土地利用計画のコンセプトに市の将来がかかった。大学と学生をどこまで市と結びつけることができるか，合併した町村の住民に対して市の中心地機能を発揮できるかが問われた。市壁内地域からの人口流出も始まっており，旧市街活性化への抜本的対策が不可避であった。

都市将来像の基本コンセプトは，簡潔なものであった[115)]。単純明快なコンセプトに集約できたことが都市計画を成功させた最大の原因とも言えるのである。

1. 旧市街は，市及び周辺地域の文化的，経済的，社会的中心地としての機能を維持する
2. 旧市街の中心部を，歩行者ゾーンと居住者空間とする

115）　Köppler, D (1992), S.57. を，以下の叙述は，Levi, A (1992), Stadt Göttingen: Fussgängerzone (1997) および Altstadtsanierung, 0J. による

3. 旧市街の通過交通を，市壁外へ迂回させる
4. 旧市街へのアクセスとして公共交通機関の活用と駐車場を整備する

60年代のカルチャーは，経済的繁栄を背景として，伝統的価値観の破壊（ミニ・スカート）と経済効率主義（高速道路と高層建築物）の時代であった。ゲッティンゲンでは，伝統的都市景観を活かして都市機能強化を図った。市壁内の中心部を広く歩行者ゾーンとし，自動車用に道路を拡幅するのに代わって自動車交通を迂回させ，市営駐車場を地下に設けた。歩行者ゾーンは，一つの道路に限定せずに広く平面的にとるとともに，2つの地帯に分け，純然たる車両乗り入れ禁止地帯と公共交通機関たるバスとタクシーの運行を認める地帯を併存させた。他の都市での経験から，歩行者ゾーンの通りの賑わいは営業効果抜群であるが並行した自動車通行道路への弊害が大きいからである[116)]。1974年時点で，両地帯を併せた延べキロ数は2.25キロであり，2キロ以上の歩行者ゾーンを持った都市がドイツ全体で11のみであったなかで，人口13万人都市としては卓越していた[117)]。ゾーン地帯では歩道の高低差を撤去し，広告塔等も除去したので，広くなった道幅を樹木，彫像，子供遊び場などに利用した。歩道撤去で拡幅した道路は，さらに幾つかの地区区分をして，それぞれ固有のテーマのもとに道路を舗装して，遊戯・休養施設の設置，屋台解放，芸人営業などで個性をつけた。大学創立と共に生まれた歩道は，大学都市250年の歴史とともにその使命を果たし終えたとも言えよう。

街づくりであり，建築規制や融資などで住民を誘導したのは当然であるが，特筆すべきは市の1973年6月4日の条例で，歩行者ゾーン地帯内の道路に面した土地所有者に，将来の収益増を前提にして，費用負担を定めたことである。改修費用の負担は，純然たる歩行者ゾーン地帯で40%，バス運行地域は20%である。さらに，街灯等を増やしたので，

116）当然であるが，居住者，営業者の生活があるので，車両通行時間を朝5時から11時まで自由とし，それ以外は特別許可を必要とする。

117）成功を受けてゾーンの拡大がなされ，80年の数字は以下の通りである。ゾーンの延べメートルは，純然たるゾーンで2,370m，バス運行ゾーンで1,490m，計3,860m。総面積は，前者で44,390m^2，後者で17,740m^2，計62,130m^{2}である。

電力会社が50%負担した。効果は大きく，ゾーン内の商店売上が平均して20-40%増加しているし，通り沿いの商店が自発的に建物外装美化投資を始めたことである。到来する車社会に対し，市と住民が一体となって協力した成果であり，公共の福祉（利益）を実現した。

1968年の市庁舎前市場の改修に始まる歩行者ゾーン建設と並行して旧市街再開発が進められた。ウェエンデ門の手前西側に，大学創立とともにミュンヒハウゼンが作った馬術調教場が68年に撤去され，跡地に大規模小売店を取り込んだ。学生・教員・市民の保存運動があり，正面玄関部分のみ現在の七教授広場に移されている。大学施設が撤退した場所や老朽化した建物が密集する地域を順次再開発し，商業と住居が併存する地域を作っていった。後に触れる85年指針によると，大学の伝統ある化学研究所跡は，公共住宅が建設されており，今後の課題として移転が計画された。ハラーが作った医学部植物園の利用計画も検討されている。市有地に関わる建物では，部分的に公共住宅を設置し，民間住宅と混住させ学生の居住空間を作るなどの工夫をこらした。成果として，学生を取り込むなど旧市街の居住人口の大幅な増加を生み出している。夜間人口増は，そのまま街の活性化に結びつくのであった。

徹底した都市改造であり，計画立案から決定まで長い時間がかかった。旧市街地現状調査がなされたのが1965年から67年にかけてであり，68年から70年にかけて計画指針案が作成され，市議会，公示，意見聴取，関係者協議などを経て市議会決議，市民集会がなされたのが75年である。この決定を受けて，市の土地利用計画が決定されたことで，関係住民の土地利用に網をかけることができた。10年後の85年を区切りとして，結果を振り返り，将来指針の作成に取り掛かるのが83年で，85年指針の市議会承認は87年であった[118]。この85年指針に基づいて旧市街の発展を要約すると，次のように言うことができよう。

旧市街の人口を見ると，1940年の1万3千人が戦後1万8千人へと急増した後，徐々に大きく減少し，8千人へと底を打ったのが74年で，その後回復に向かい，85年に9,531人と回復するとともに，買い物人口が激増している[119]。人口減少に歯止めをかけた商業機能復活は，大規

118）　Stadt Göttingen (1987): Entwicklung.

119）　旧市街の人口動態は次の通り。50年18,300人，60年13,195人，74年8,128人，

模歩行者ゾーンと土地利用計画での住宅増の成果であった。土地利用計画で，1階商店，2階オフィス・診療所，3階以上住宅を原則として，地区毎にバリエーションをつけた。都市生活の特徴である買物，文化，学校，余暇を組み合わせ，中世以来の都市建造物等の遺産を市の景観に取り込んだこと，そして，何よりも住民が来客に温かく接するようになったことが，市の居住・商業求心力を高めた。従前は，市の西南50キロの大都市カッセルに買物に行くのを楽しみにしていた人々が市壁内で過ごすようになったばかりか，カッセルから余暇を兼ねて買いものに訪れるようになった。商品の種類や価格が均一化する大規模商業施設の時代において，「買い物」という環境を「マチナカ」に作り出すことに成功したと自賛する。都市生活の活力は，オフィスタイム後の時間が街にとって決定的であるが，この点で旧市内における学生居住者比率の上昇が寄与している。一般市民が買物で過ごす時間が終了した後，学生が大学の授業から解放されて街に出てくるのである。旧市街住民に占める学生比率は，70年16%から80年には28%に上昇している。ちなみに，学生を含めた外国人比率は，14.5%である。

1989年11月9日のベルリンの壁崩壊と国境の開放の影響を，東の国境から50キロのゲッティンゲン市民は直ちに感じ取る。国境封鎖の時代にも，東のノルドハウゼンから西のドゥーダーシュタットを通りゲッティンゲンに続く道路が残されていたが，東の市民の利用は許されていなかった。検問所が開放されると，東の国民車と言われた2気筒のトラバントが週末になるとゲッティンゲンに現れるようになる。国境地帯を対象とする企業優遇措置があったものの企業立地が遅れ，産業発展が阻害されていた地域が，再統一とともに突如として東西ドイツの中心部に位置することになったのである。連邦交通省の再統一プランで，終戦時に難民を運んだハレ＝アイヒェンベルク鉄道路線の復活とハレ＝ライプツィヒ＝ゲッティンゲン間の高速道路が新設されることが発表された[120]。

76年8,400人。Stadt Göttingen (1987): Entwicklung, S.43.

120）　Bundesministerium für Verkehr (1992): Deutsche Einheit.

あとがき

丸5年間ゲッティンゲン大学に留学した。指導してくださったW. Abel教授をはじめ社会経済史研究所の諸氏の温かい励ましに育てていただいた。博士候補生指導を担当されていた当時の助手F. W. Henning氏（私講師を経てケルン大学正教授）には，日本に戻ってからも指導をいただいた。おふた方とも既に鬼籍に入られた。ゲッティンゲンでの学生生活では，多くの日本人同胞にご親交をいただいた。寺尾誠先生，小林孝輔先生，藤瀬浩司先生，望月清司先生，林達先生，渡辺剛さん，田中博之さん，そして，小林義武君，林信一君などである。また，本書執筆中に旧友佐久間美和君の訃報に接した。かねがね大学と大学都市を主題に書くことを願ってきた本書である。先立たれた方々に捧げたい。

本年4月，「大学運営における学長のリーダーシップの確立等のガバナンス改革を促進する」ことを主旨として，改正学校教育法が施行された。93条の教授会の役割では，「教授会は，学長及び学部長等がつかさどる教育研究に関する事項について審議し，学長および学部長等の求めに応じ，意見を述べることができる」とした。

政策目標と政策手段は，ヒトラーが命じた1933年の指導者学長令の文言が字義通り踏襲されていることには驚いた。ナチスの政策効果は，大学自治の抹殺と小ヒトラーの群生であり，「制度を整えたのであり，その成果は現場の努力に懸っている」，と付会して組織を矮小化した。文部行政が装置産業化した高等教育の巨大市場を生み出し，厚い限界経営層を梃に大学を管理・維持する我が国において，政策主体の所在を問いたい。千年に近い歴史を積み重ねてきた大学という「制度（体）」は，自治と管理の間で揺れながら，学生と教員・研究者の共同体として社会の負託に応えてきた。歴史学がその役割を果たす時なのかも知れない。

本書は，ドイツ経済史を専門とする筆者が，ドイツにおける大学と大学都市の史的相互関係をゲッティンゲンに範をとって辿った試論である。法制史，大学史を始め専門外の各分野への言及が多いのは，ゲッティンゲンの大学と街を，著者の力が及ぶ限りにおいてであるが，ドイツ人の歴史と一体として取り扱うことを目指したからである。副題に「月沈原の精神史」と付した所以である。用いた資料は，限られた期間に手元に揃えることができた，刊行された二次文献である。文献の理解・解釈にあたり，留学生時代の経験からのドイツ社会と大学に関わる「土地勘」に頼らざるを得なかった点が幾多あった。誤認，誤用，誤解釈が多々あることと恐れている。専門家諸氏のご指摘をお待ちしたい。

知泉書館の小山光夫氏には，専門を離れた分野に立ち入ることに逡巡する筆者を叱咤激励してくださった。勇気をいただいたことに感謝したい。

平成 27 年 10 月

大西 健夫

資料提供，写真等転載許可など Göttinger Tageblatt 紙社には多くのご好意をいただいた。

本書の刊行にあたり，中京学院大学経営学部出版助成を受けている。

参考文献一覧

欧文文献

Akademische Burse: Akademische Burse, die ersten zehn Jahre, 1982.

Baensch,Norbert: Theater am Wall, 1992.

Bauer, Franz J.: Geschichte des Deutschen Hochschulverbandes,München 2000.

Baumgart, Peter (Hg.): Bildungspolitik in Preussen zur Zeit des Kaiserreichs, 1980.

Baumgarten, Marita: Professoren und Universitäten im 19. Jahrhundert, 1997.

Bausinger, Hermann: Auf dem Weg zu einer neuen, aktiven Heimatverständnis, in: Landeszentrale für politische Bildung Baden-Württemberg (Hg.): Heimat heute, 1984.

Bayer, Gustav: Zwei Versuche zur Hebung der Wohnungsnot in einer Universitätsstadt, in: Zeitschrift für die gesamten Staatswissenschaften, 57 (1901).

Bauer, Helmut: Studentische Lebensgestaltung, in :Das Akademische Deutschland, Bd.3,1930.

BdWi (Hg.): 30 Jahre Göttinger Erklärung, München 1987.

Becker, Heinrich u.a. (Hg.): Die Universität Göttingen unter dem Nationalsozialismus, 1987.

Becker, Th.u.Schäper, U. (Hg.): Die Gründung der Drei Friedrich- Wilhelms-Universitäten, 2013.

Beer, Günther: Nicht nur die Trennung der Platinmetalle, in: Göttinger Jahresblätter, 1982.

Berberich, T.: Die Alexander von Humbolt Stifutung, in: Flämig, Chr.(1996)

Bergmann.Gerhard: Akademische Bewegung, in: Das akademische Deutschland, Bd.2, 1931..

Berlin-Brandenbergische Akademie der Wissenschaft: Acta Borussica, Neue Folge, 2.Reihe, Abt.I, Das preussische Kultusministerium als Staatsbehörde und Gesellschaftliche Agentur, Bd.1-1, 2009.

Bertram, Mijndert: Das Königreich Hannover, 2003.

Beyer, Hans: Heinrich Ewald und die Entwicklung in Deutschland, Jahrbuch der Gesellschaft für niedersächsischen Kirchengeschichte, 56 (1958).

Bienengräber, Alfred: Akademische Karzer, in: Das Akademische Deutschland, Bd.2, 1931.

Biermann, Kurt-R. (Hg.) ; Carl Friedrich Gauss, 1990.

Binder, Leonore: Hermann Schäper und die Neuausstattung des Göttinger Rathauses,

1990.
Blaurock, Uwe: Victor Ehrenberg, in: Loos, F.(Hg.)（1987）
Bockemühl, Michael u. Gizler, Gerhard: Einblick, 1987.
Bode, C.: Der Deutsche Akademische Austauschdienst, in: Flämig, Chr.(1996).
Bons, Joachim u.a.: Bohnensuppe und Klassenkampf, 1986.
Boockmann, Hartmut: Göttingen, 1997.
Brocke, Bernhard: Hochschul-und Wissenschaftspolitik in Preussen und im Deutschen Kaiserreich 1882-1907, das System Althoff in: Baumgart, Peter (Hg.): Bildungspolitik in Preussen zur Zeit des Kaiserreichs, 1980.
Brocke, B.u.Krüger, P. (Hg.): Hochschulpolitik im Föderalismus, Berlin 1994.
Brockhaus, Gudrum (Hg.): Attraktion der NS-Bewegung, 2014.
Bruch, Rüdiger von: Gründungsgeschichte im Vergleich, in: Becker, T.u.Schäper, U. (Hg.): Gründungen (2013).
Brüdermann, Stefan: Göttinger Studenten und akademische Gerichtsbarkeit im 18. Jahrhundert, Göttingen 1990.
Bundesministerium für Verkehr: Verkehrsprojekte Deutsche Einheit, Bonn 1992..
Burmeister, Karl: Göttinger Kleinbahn, 1987.
Burmeister, Karl u. Heinzel, Katthias: Die Göttinger Lokohalle, 2001.
Buss, Wolfgang (Hg.): Von den ritterlichen Excercitien zur mordernen Bewegungskultur, Duderstadt 1988.
Ders.: Der allgemeine Hochschulsport und das Institut für Leibesübungen der Universität Göttingen in der Zeit der Nationalsozialismus, in: Becker, H.u.a. (Hg.).(1987).
Clemens, Gabriele B.: Zensur im Vormärz, 2013.
Costas, Ilse: Die Sozialztruktur der Studenten der Göttinger Universität im 18.Jh. in: Herrlitz, H.-G.u. Kern, H. (Hg.) (1987).
Curtius,Ernst Robert : Frankreich, in : Das akademische Deutschland,Bd.3.,1930.
Dahms, Hans Joachim: Die Universität Göttingen 1918 bis 1989, in: Göttingen, Bd.3, 1999.
Deutsche Bücherei: Deutsche Büchrei in Leipzig,1925.
Denecke, Dietrich: Göttingen Grundzüge des Stadtbildes und der baulichen Entwicklung in der Zeit von 1870 bis 1945, in Göttinger Jahrbuch 1978, 26.Folge.
Ders.: Professoren und Studenten – Zahl und Ort, 1734/37-1987, in: 250 Jahre Georg Augusta Universität Göttingen, 1987.
Dibelius,Wilhelm : England, in: Das akademische Deutschland,Bd.3,1930.
Diekmann, Irene A.: Das Emanzipationsedikt von 1812 in Preussen, 2013.
Diengler,Hugo: Das Privatdozententum,in :Das akademische Deutschland, Bd.3,1930.
Duwe, Konelia u.a.(Hg.): Göttingen ohne Gänseliesel, 2.Aufl.Gudensberg-Gleichen 1989.
Düwel, Klaus u. Bluemel, Günter (Hg,): Volkshochschule Göttingen 1949, 1988.
Ebel, Wilhelm (Hg.): Die Privilegien und Ältesten Statuten der Georg August Universität

zu Göttingen 1961.
Ders.: Catalogus Professorum Gottingensium 1734-1962,1962.
Ders.: Kleine Chronik der Göttinger Talare, in: Georgia Augusta, Mai 1969.
Ders.: Memorabilia Gottingensia, 1969.
Ebersbach, Harry: Hundert Jahre Juristisches Seminar der Georgia Augusta, in: Loos, F. (Hg.)(1987)
Egdorf, Burkhard: Von der Stadtkapelle zum Göttinger Symphonie-Orchester, 1987.
Ehlert-Larsen, K.-S. u.a.: Die Obrigkeit des Bürgers, in: Stadt Göttingen, 1987.
Ellwein, Thomas: Die deutsche Universität, Frankfurt a.M.1992.
Engmann, C. u. Weichert, B.: Zur musikalischen Gestaltung der Universitätsjubilän im 18. und 19. Jh., in: Göttinger Jahrbuch, 39, 1991.
Erichsen, H.-U.: Hochschulrektorenkonferenz, in: Flämig, Chr.(1996).
Espelade, Gregor: Göttinger Kaufleute in 7 Jahrhunderten, 990.
Eulenburg, Franz: Die Frequenz der deutschen Universitäten von ihrer Gründung bis zur Gegenwart, 1904. Nachdruck, Akademie Verlag 1994.
Externbrink, Sven (Hg.): Der Siebenjährige Krieg, 2011.
Fahlbusch, Otto: Göttingen im Wandel der Zeiten, 1952.
Fesefeldt, Wiebke: Der Wiederbeginn des kommunalen Lebens in Göttingen, 1962.
Fischer, Stefan: Geschichte der europäischen Universität, 2015.
Flämig, Chr. U.a.(Hg.): Handbuch des Wissenschaftsrechts, 2 Bde.2. Aufl. 1996.
Fritsche, Chr. u. Paulmann, Johannes (Hg.): Arisierung und Wiedergutmachung in deutschen Städten, 2014.
Futaky,Istvan(Hg.): Selige Tage im Musensitz Göttingen, 1991.
Gabler, Andrea: Sturm im Elfenbeinturm, 1993.
Geheismes Staatsarchiv Preussischer Kulturbesitz: Preussen in der Weimarer Repbulik, 2.Aufl., 1983.
Gerhard, Hans-Jurgen: Geld und Geldwert im 18.Jahrhundert, in: Stadt Göttingen, 1987.
Gierl, Martin: Vom Wühlen der Aufklärung im Gedärme, in: Volkskunde in Niedersachsen, September 1988.
Gierz, Uwe: Eisenbahnen und Museen, 1997.
Göttinger Tageblatt: Zeitreise. 1100 Jahre Leben in Göttingen, o.J.
Gottschalk, Carola: Verweigert und Vergessen, 1992.
Grabenhorst, Karl: Georg J.Merkel und die Göttinger Landschaftspflege, in: Zweckverband (1964).
Gramsc, Robert: Erfurt Die älteste Hochschule Deutschland, 2012.
Graven, Hubert: Gliederung der heutigen Studentenschaft nach statistischen Ergebnissen, in: Das akademische Deutschland, Bd.3, 1930.
Grinkmann, Jens-Uwe: Die öffentliche Bautätigkeit, in: Stadt Göttingen 1987.
Gundelach, Ernst: Verfassung der Göttinger Universität in drei Jahrhunderten, 1955.
Hahne, Gert: Der Karzer der Georgia Augusta, in: Hoffmann, D.u.a. (Hg.) (2001)

Haller, Elfi M.: Karl August Freiherr von Hardenberg, 1987.
Hammerstein, Notker: Die Naturrechtslehre an den deutschen, insbesondere den preussischen Universitäten, in: Birtsch, G. u. Willoweit, D. (Hg.): Reformabsolutismus und ständische Gesellschaft, 1998.
Hans, Wolfgang (Hg.): Wie funktioniert das ? Städte, Kreis und Gemeinde, 1988.
Hasselhorn, Fritz: Wie wählte Göttingen, 1983.
Ders.: Göttingen 1917/18-1933, in: Göttingen Bd.3, 1999.
Haubner, Karl: Die Stadt Göttingen im Eisenbahn-und Indstriezeitalter, 1964.
Haubrich-Gebel, Monika: Kultur und Wirtschaft, 1995.
Hechkhoff,Marco: Vom Acker zum Ofen,2013.
Heither, Dietrich: Verbündete Männer, 2000.
Hening, Hening u.a.: Max-Planck-Gymnasium, Göttingen 1986.
Henze, Wilhelm: Leibesübungen und Körpererziehung in der Gründungszeit der Universität Göttingen, in ; Bus, Wolfgang (Hg.) (1988).
Hermann, Armin (Hg.): Deutsche Nobelepreisträger, Augusburg 1987.
Herold, Wieland u.a.: 125 Jahre Hainberg-Gymnasium, 1991.
Herrlitz, Hans-Georg u. Kern, Horst (Hg.).: Anfänge Göttinger Sozialwissenschaften, 1987.
Herrlitz, H.-G.u.Titze, H.: Die Studiersucht der armen Leute, in: Herrlitz, H.-G.(1987).
Heumann, Georg Daniel: Der Göttinger Ausruff von 1744, 1987.
Heuss,Theodor: Zum 200 Jahre der Akademie der Wissenschaft in Göttingen, Eintragung im Goldenen Buch der Stadt Göttingen, 9./10.Nov.1951.
Hillegeist,H.-H.: Von der Industrieschule zur Gründung der städtischen Gewerbeschule 1853, in : Göttinger Jahrbuch 2013.
Himme, Hans: Stichartige Beiträge zur Geschichte der Georgia Augusta, 1987.
Hoffmann, D.u.a. (Hg.): Die Museen, Sammlungen und Gärten der Universität Göttingen, 2001.
Hoffmann, Lutz: Zwischen Feld und Fabrik, 1986.
Huber, Ernst Rudolf: Deutsche Verfassungsgeschichte, Bd.I-VI, 1957-1981.
Huerkamp, Claudia : Der Aufstieg der Ärzte im 19.Jh.,1985.
Hunger, Ulrich: Geschichte der Göttinger Stadtbibliothek von 1934 bis 1962, 1985.
Imhoof, David: Becoming a Nazi Town, University of Michigan Press, 2013.
Jansen, Christian: Die Hochschule zwischen angefeindeter Demokratie und nationalsozialistischer Politisierung, in: Neue Politische Literatur, Jg.38 (1993).
Jastrow, I.: Kollegiengelder und Gebühren, in: Das akademische Deutschland, Bd.3, 1930.
Jenemann, Hans R.: Präzisionsmechanik und die Fertigung feiner Waagen, in: Göttinger Jahrbuch, 1988.
Kamp, Norbert (Hg.): James Franck und Max Born in Göttingen, Göttinger Universitätsreden 69, 1983.
Ders.: Exodus Professorum, Göttinger Universitätsreden,86, 1989.

Kandler, Udo: Frauen bei der Reichsbahn, 2014.

Kästner, S.: Bauen und Wohnen in der ersten Hälfte des 18.Jahrhundert, in: Stadt Göttingen 1987.

Kandler, Udo: Frauen bei der Reichsbahn, 2014.

Kant, Imanuel: Der Streit der Fakultäten, 1794.

Kautz, Georg: Die Altherrenschaften deutscher Hochschulverbindungen, in: Das akdemische Deutschland, Bd.2, 1931.

Keller, Erhard: Göttingen und die Leine, 1979.

Kern,Horst: Rückgekoppelte Autonomie. Göttinger Universitätsreden,Nr.94,1999.

Kind-Dorne, Christian: Niedersächsische Staats- und Universitätsbibliothek Göttingen, 1986.

Körner, Marianne: Auf die Spur gekommen, 1989.

Kraus, Hans-Christof: Bedeutung und Grenzen der akademischen Freiheit in Preussen 1815-1848, in: Becker, T.u.Schäper, U.(Hg.) (2013).

Ders.: Wissenschaft und Wissenschaftspolitik vor und nach 1945, 2013.

Krueger, H.: Studentische Selbstverwaltung und studentische Vereinigungen, in: Flämig, Chr. (1996)

Kück,Hans : Die Göttinger Sieben, 1934, Nachdruck 1987.

Kühn, Helga-Maria: Studentisches Leben in Göttingen des 18.Jahrhundert, in: Stadt Göttingen, 1987.

Dies.: Von rechtlichen Wirtshäusern und guter Begegnung, 1991.

Dies: Göttingen im Dritten Reich, Göttingen 1995.

Dies.: Vom Löwenbunnen zum Gänseliesel, O. J.

Küssner, Martha: Frühe Darstellung der Göttinger Sternwarte, 1982.

Kuss, Horst: Von der Pädagogischen Hochschule zum Fachbereich Erziehungswissenschaften, in: Universität Göttingen: Georgia Augusta, Nov.1986.

Kutz, Jens Peter: Vom Brüderkrieg zum casus foederis,.2007.

Lehfeld, Werner: Albrecht von Hallers Decouverten, in: Starck, Ch..(Hg.)(2013)

Lehmann, Gustav Adorf: Göttingische Gelehrte Anzeige im 19.Jahrhudert in: Starck, Ch. (Hg.) (2013).

Lenoir, Timothy: Politik im Tempel der Wissenschaft, Dt. Übersetzung von H. Brühmann, 1992.

Letzelter, Franz.: Die Deutsche Forschungsgemeinschaft, in: Flämig, Chir.(1996).

Lösel, Barbara: Anna Vandenhoeck, in: Weber-Reich, T. (1993).

Loos, Fritz (Hg.): Rechtswissenschaft in Göttingen, 1987.

Lubecks, Franz: Bericht über die Einführung der Reformation in Göttingen im Jahre 1529, 1967.

Lüdemann, Gerd. u. Schröder, Martin：Die Religionsgeschichtliche Schule in Göttingen,1987.

Mackensen, W.F.A.: Letzes Wort über Göttingen und seine Lehrer 1791, 1987.

Manegold, Karl-Heinz: Universität, Technische Hochschule und Industrie, 1970.
Manthey, M.u.Tollmien, C.: Juden in Göttingen, in: Göttingen, Bd.3. 1999.
Marten, H.-G.: Der niedersächsische Ministersturz, 1987.
Maus, Christian: Der ordentiche Professor und sein Gehalt, 2013.
Meinel, Christoph u.Scholz, Hartmut（Hg.）: Die Allianz von Wissenschaft und Industrie, Weinheim 1992.
Meinhardt, Günther: Göttinger Originale, 2.Aufl. 1964.
Ders.:Die geschichte des Göttinger Gänseliesel, 1967.
Ders.: Das Finazwesen der Stadt Göttingen unter Oberbürgermeister Merkel, Göttinger Jahrbuch, 20(1972).
Ders.:Bullerjahn. Alt-Göttinger Studenten-Anekdoten, 1974.
Ders.: Christian Friedrich Andreas Rohns 1787-1854, 1975.
Ders.:Die Universität Göttingen, 1977.
Ders.: Garnisonstadt Göttingen, 1982.
Ders.: 600 Jahre Bürger-Schützen-Gesellschaft Göttingen, Gudensberg-Gleichen 1992.
Meumann, Markus: Universität und Sozialfürsorge zwischen Aufklärung und Nationalsozialismus, Göttingen 1997.
Meusel, E.-J.: Max-Planck-Gesellschaft, in: Flämig, Chr.(1996).
Michael, Berthold: Schule und Erziehung im Griff des totalitären Staates, 1994.
Mittler, Elmar: 700 Jahre Pauliner Kirche, Göttingen 1994.
Moehle, S. u. Proeve, R.: Die Göttinger Neubürger von 1700-1755, in ; Stadt Göttingen, 1987.
Moeller, Bernd (Hg.): Stationen der Göttinger Universitätsgeschichte, 1988.
Model-Creifelds: Staatsbürugertaschenbuch, 33. Aufl. 2012.
Mohlen, Robert von: Staatsrecht, Völkerrecht und Politik, 3.Bde, Tübingen,1869. Nachdruck, 1962.
Mohnhaupt, Heinz: Die Göttinger Ratsverfassung vom 16.bis 19. Jahrhundert, 1965.
Mommsen, Wilhelm: Göttingen um 1848, in Niedersächsische Jahrbuch, Neue Folge, Bd.3.
Motel, Heinz: Berühmte Persönlichkeiten und ihre Verbindung zu Göttingen, 1990.
Müllenbrock, H.-J. u. Wolpers, Th.: Englische Literatur in der Göttinger Universitäts-Bibliothek des 18.Jahrhunderts, 1988.
Mutius, A. v.: Studentenwerke, in: Flämig, Chr. (1996).
Nagel, Anne Chr.(Hg.): Die Philipps-Universität Marburg im Nationalsozialismus, Stuttgart 2000.
Nissen, Walter: Göttinger Gedenktafeln, 1962.
Ders.: Das Göttinger Stadtarchiv, 1969.
Ders.: Göttingen gestern und heute, Göttinger Tageblatt, 1972.
Ders.: Otto von Bismarcks Göttinger Studeinjahre 1832-1833, 1982.
Ders.: Feste ganz eigener Art Universitäts-Vergnügen vor 200 Jahre, in: Göttinger

Jahresblätter, 1987.

Ders.: Kurturelle Beziehungen zwischen den Universitätstädten Halle/Wittenberg und Göttingen im Zeitalter der Aufklärung, 1989.

Oberdiek, Alfred: Göttinger Universitätsbauten, Göttinger Tageblatt, 1989.

Ders.: 2.Auflage, 2002.

Özalp, M. u. Sachse, W.: Die säkularen Trends der Bevölkerungsentwicklung Göttingens im 18.Jahrhundert, in: Stadt Göttingen, 1987.

Oppermann, T.: Selbstverwaltung und Staatliche Verwaltung, in: Flämig, Chir.(1996).

Panke-Kochinke, Birgit: Die heimlichen Pflichten. Professorenhaushalte im 18.u.19.Jh. in: Duwe, K.(1989)

Paulsen, Friedrich: Die deutshen Universitäten und das Universitätsstudium, 1902,1966.

Ders.: Das deutsche Bildungswesen in seiner geschichtlichen Entwicklung, 1909.

Pawliczek, Aleksandra: Akademischer Alltag zwischen Ausgrenzung und Erfolg, 2011.

Peiffer, Lorenz und Zimmermann, Moshe: Sport als Element des Kulturtransfers, 2013.

Penssel, Renate: Jüdische Religionsgemeinschaft als Körperschaft des öffentlichen Rechts, 2014.

Pröve,Ralf: Die Stadt als fürstliche Garnison und Festung 1641-1762,in: Göttingen,Bd.2 (2002).

Rath, Erich von: Die Deutsche Universitätsbibliothek, in: Das akdemische Deutschland, Bd.3, 1931.

Rauch,Michael: Japanese in the German Language and Cultural Area,1865-1914, T.M.U.Economic Society Research Series Nr.2,1994.

Reutter, Werner u. Rütters, Peter (Hg.): Verbände und Verbandsystem in Westeuropa, 2001.

Richard, Fester: Der Universitäts-Bereiser Friedrich Gedicke und sein Bericht an Friedrich Wilhelm II., in: 1.Ergänzungsheft des Archives für Kulturgeschichte, 1905.

Richarz, Monika (Hg.): Bürger auf Widerruf Lebenszeugnisse deutscher Juden 1780-1945, München 1986.

Roelleck, G.:Geschichte des deutschen Hochschulwesens, in: Flämig, Chr.(1996).

Roesener, Werner: Das Max-Planck-Institut für Geschichte, 2014.

Rotta, Julius C.: Die Aerodynamische Versuchsanstalt in Göttingen, 1990.

Rueckbrod, Konrad: Universität und Kollegium Baugeschichte und Bautyp, 1977.

Saage-Maass, Mirian: Die Göttinger Sieben und der Hannoversche Verfassungskonflikt, in: Jahrbücher der Brüder Grimm Gesellschaft, XI-XII, 2001/2002.

Dies.: Die Göttinger Sieben – demokratische Vorkämpfer oder nationale Helden ?, 2007.

Saathoff, Albrecht: Göttingens Hainberg, in: Zweckverband (1964).

Sabelleck, Rainer (Hg.)：Kriegs-und Friedenserlebnisse eines hannoverschen Jägers, 1991.

Sachse, Arnold; Friedrich Althof und sein Werk, 1928.

Sachse, Wieland: Göttingen im 18.und 19.Jahrhudert, 1987.
Sante, G. W.: Geschichte der Dt. Länder, 2 Bde., 1971.
Schallmann, Jürgen: Arme und Armut in Göttingen 1860-1914, 2014.
Schäfer, Wolfgang: Das Dorf ernährt die Stadt, in: Duwe, K. （Hg.）(1989)
Scheel, Otto: Die deutschen Universitäten von ihren Anfängen bis zur Gegenwart, in: Das akademische Deutschland, Bd.3, 1930.
Schermaul, Sebastian: Die Umsetzung der Karlsbader Beschlüsse an der Universität Leipzig, 2013.
Schkora, Alois: Die Spruchpraxis an der Juristenfakultät zu Helmstedt, 1973.
Schlink, Wilhelm: Rektorenkonferenz und Verband der Deutschen Hochschule, in: Das akademische Deutschland, Bd.3, 1930.
Schlumbohn, Jürgen:Ledige Mütter als lebendige Phantome, in: Duwe, K.(1989)
Schmeling, H.-G.: Stadt und Universität im Spiegel der ersten Göttinger Wochenblätter, in: Stadt Göttingen, 1987.
Schmidt-Ott, Friedrich: Notgemeinschaft der Deutschen Wissenschaft, in: Das akademische Deutschland, Bd.3, 1930.
Schmoltz, Theresa: Die Leipziger Professorenfamilien im 17. und 18. Jahrhundert, 2012.
Schöne, Albrecht: Göttinger Bücherverbrennung 1933, 1983.
Scholz, Hans-Dore: 100 Jahre Wohnungsgenossenschaft Göttingen, in: Jahresblätter für Göttingen 1991.
Schreiber, H.-L.: Die Universität Göttingen, ein unbeweglicher Tanker ?, Göttinger Universitätsreden 94, 1999.
Schreivogel, Svan: Die Göttinger Strassenbahn, 1992.
Schulze, Winfried: Der Stiftverband für die Deutsche Wissenschaft, 1995.
Schuster, H.J.: Leistungsorganisation, in: Flämig, Chr.(1996).
Schuster-Wald, Dieter: Interzonenverkehr Bebra-Eisenach, 1996.
Schwedt, Georg: Zur Geschichte der Göttinger Universitätsbibliothek, 1983.
Schwibbe, Gudrun(Hg.): Übergänge, 1991.
See, Klaus von: Die Göttinger Sieben. Kritik einer Legend, 3.erweiterte Aufl.2000.
Selle, Götz von: Die Georg August Universität zu Göttingen 1737-1937, 1937.
Ders: Universität Göttingen, 1958.
Siedbuerger, Günther: Die Lokohalle und ihre Eisenbahner, 1995.
Siegmund-Schultze, Friedrich: Sozialstudentische Arbeit, in: Das akademische Deutschland, Bd.3, 1930.
Smend, Rudolf: Das Recht der freien Meinungsäußerung (1918), in: Smend, R. (1994).
Ders.: Hochschule und Parteien (1930), in: Smend, R. (1994).
Ders.: Zum Gedenktage der Göttinger Sieben, in: Zs.für deutsches Recht,4,1937.
Ders.: Die Göttinger Sieben (1951), in: Smend,R. (1994).
Ders.: Die Göttinger Universität und ihre Umwelt (1953), in: Smend, R.：（1994）.
Ders.: Staatrechtliche Abhandlungen, 3.Aufl., 1994.

Sommer, Roswitha: Zur Geschichte der Universitäts- Apotheke in Göttingen, 1987.
Dies.: 250 Jahre Universitätsapotheke Göttingen, Göttinger Jahrbuch 1988.
St.Jacobi-Kantorei (Hg.): 100 Jahre St.Jacobi-Kantorei,1991.
Staa,Wolf Meinhard von : Aufbau und Bedeutung der deutschen Universitätsinstitute und Seminare, in: Das akademiche Deutschland, Bd.3,1930.
Stadt Göttingen: Göttingen Materialien zur historischen Stadtgeographie und zur Stadtplanung, 1979.
Dies.: Die Göttinger Fussgängerzone,1979.
Dies.: Göttingen Altstadtsanierung 1969-1997,o.J.
Dies.: Der Flächennutzungsplan 1975,1978.
Dies.: Göttingen im 18.Jahrhundert, 1987.
Dies.: Die Entwcklung der Göttinger Innenstadt, 1987.
Dies.: Statistisches Handbuch, jedes Jahr.
Dies.: 600 Jahre Göttinger Rathaus.
Dies.: Altes Rathaus Göttingen
Dies.: Museen
Dies.: Karzer
Dies.: Fremdenverkehrsverein: Der Göttinger Stadtfriedhof, 1994.
Dies.: Fremdenverkehrsamt: 14 Tage Göttingen,jede Bände.
Städtisches Museum Göttingen: Die Weender Strasse, 1978.
Dass.: Göttingen 1945, 1985.
Dass.: 100 Jahre Göttingen und sein Museum, 1989.
Dass: Maxibauten- Miniröcke, 1992.
Stadt Duderstadt: Die Grenze im Eichsfeld, 1991.
Starck, Ch. u. Schönhammer, K.(Hg.): Die Geschichte der Akademie der Wissenschaften zu Göttingen, Teil 1, Berlin 2013.
Starck, Christian: Die Akademie und der Staat, in: Starck, Ch.u .Schönhammer, K. (Hg.) (2013)
Steiger, Günter (Hg,): Professoren und Studenten, Ost-Berlin 1981.
Stein, Edith: Mein erstes Göttinger Semester, 2.Aufl.Heroldsberg bei Nürnberg 1979.
Stelzner, Edgar: Ehre und Ehrenschütz, in: Das Akademische Deutschland, Bd.2. 1931.
Stoeckle, Edmund: Die Entwicklung der Leibesübungen an den deutschen Hochschulen, in: Das akademische Deutschland, Bd.3, 1930.
Studentenwerk Göttingen: 75 Jahre Studentenwerk Göttingen, 1996.
Dass.: Jahresbericht 1990.
Sysmank, Paul: Geschichtlicher Überblick über deutsches Hochschulwesen und deutsches Studententum, in: Das akademische Deutschlan, Bd.3, 1930.
Szabo, Anika: Vertreibung, Rückkehr, Wiedergutmachung, 2000.
Thadden, Wiebke von: Die Stadt Göttingen unter britischer Militärverwaltung, in: Göttingen, Bd.3, 1999.

Thieme, Werner: Deutsches Hochschulrecht, 2.Aufl., Köln 1986.
Thier, Andreas von: Preussen in der deutschen Rechtsgeschichte nach 1945. in: Kraus, Hans-Christof (2013): Wissenschaftspolitik.
Timm, Albrecht: Universität Halle-Wittenberg, 1960.
Tollmien, Cordula: Nationalsozialismus in Göttingen, in: Göttingen, Bd.3, 1999.
Dies.: Die Universität Göttingen im Kaiserreich, in: Göttingen, Bd.3, 1999.
Treitschke, Heinrich von: Deutsche Geschichte im 19.Jahrhundert, vierter Teil, 1927.
Trittel, Guenter J.: Göttingens Entwicklung seit 1948, in: Göttingen Bd.3.
Universität Göttingen: 250 Jahre Georg Augusta. Studenntgenzahlen 1734/37-1987, 1987.
Dies.: Georgia Augusta, Nr.46(Mai 1987), Nr.47 (Nov.1987)
Vereeck, Lode: Das deutsche Wissenschaftswunder, 2001.
Verein für Fremdenverkehr: Göttingen als dauernder Wohnort für Rentner und Pensionäre, Göttingen 1901.
Verein zur Hebung des Fremdenverkehrs: Aus einer vergnüglichen Stadt, Göttingen 1898. Erneute Auflage, Göttingen 1978.
Wagener, Silke: Pedelle, Mägde und Lakaien, 1996.
Waeldner, Christian-Alexander: Die Technische Hochschule Hannover und der Entzug akademischer Titel in der NS-Zeit, 2012.
Wallis, Ludwig: Der Göttinger Student, 1813. Neudruck Göttingen 1995.
Weber-Reich, Tiaudel (Hg.): Des Kennenlernens werth, 1995.
Dies.: Pflegen und Heilen in Göttingen, 1999.
Wedemeyer, Bernd: Zur Geschichte der Reinlichkeit im Göttingen des 18.und 19. Jahrhuderts, in: Volkskunde in Niedersachsen, Heft 1, September 1988.
Wehking, Sabine: Ein Jeder darf sich gleichen Rechts erfreuen, 1992.
Weissenborn, Bernhardt: Vereinigte Friedrichs-Universität Halle-Wittenberg, in: Das akademische Deutschland, Bd.1, 1930.
Werner, Wilhelm: Der süsse Traum vom Reichtum, in: Göttinger Jahresblätter, 1987.
Wildt, Michael: Volksgemeinschaft und Führererwartung in der Weimarer Republik, in: Brockhaus, G. (2014).
Wilhelm, Peter: Die jüdishe Gemeinde in der Stadt Göttingen, 1973.
Ders.: Die Synagogengemeinde Göttingen, Rosdorf und Geismar 1850-1942, 1978.
Ders.: Von den "exercitas" zum Sport, in:Buss, Wolfgang (1989).
Wilhelm, Peter u.Hölting, Norbert: Die Sportstätte der Universität, in: Bus, Wolfgang (Hg.) (1989)
Winkler, Günther: Die Rechtspersönlichkeit der Universitäten, Wien 1988.
Winters, Hans: Die Göttinger Stadtverfassung von 1852 bis 1994, 1995.
Winters, Hans-Christian: 100 Jahre Brauerei am Brauweg, in: Göttinger Jahresblätter 1987.
Winters, Mathias: Vom Reithall zum IFSS, in: Göttinger Jahresblätter 1987.
Wolf, Hans-Werner: Eine königliche Stiftung: Zur Geschichte der Göttinger Preismedaille

von 1785, in: Brunnen der Vergangenheit, Nr.2, 1992.

Wolff-Rohe, Stephanie: Der Reichsverband der Deutschen Industrie 1919-1924/25, Berlin 2001.

Zaunstoeck, Holger: Der Milieu des Verdachtes, Berlin 2010.

Zweckverband Wirtschaftsraum Stadt und Landkreis Göttingen: Göttingen Die Universitätsstadt im Grünen, 1964.

Das Akademische Deutschland in 4 Bde, mit Registerband, 1930 -1931.

Bd.1. Die deutschen Hochschulen in ihrer Geschichte, 1930.

Bd.2. Die deutschen Hochschulen und ihre akademischen Bürger, 1931.

Bd.3. Die Deutschen Hochschulen in ihren Beziehungen zur Gegenwartskultur, 1930.

Bd.4. Die Wappen der deutschen Koporationen des In-und Auslandes, 1931.

Regisgterband

Göttingen, Geschichte einer Universität in 3 Bde. Göttingen 1987-2002.

Bd.1 Denecke, D. (Hg.): Von den Anfänge bis zum Ende des Dreissigjährigen Krieges, 1987.

Bd 2 Boehme, E. (Hg.): Vom Dreissigjährigen Krieg bis zum Anschluss an Preussen, 2002.

Bd.3 Boehme, E. (Hg.): Von der preussischen Mittelstadt zur niedersächsischen Großtadt, 1999.

翻訳書

Boehn, Max von: Deutschland im 18. Jahrhundert, 1922.（飯塚信雄他訳『ドイツ 18 世紀の文化と社会』三修社，1984 年）

Bots, H. & Waquet, F.: La republique des Lettres, 1997.（池端・田村訳『学問の共和国』知泉書館，2015 年）

Druchker, Peter F.: The End of Economic Man,1939,1995.（上田惇生訳『経済人の終わり』ダイヤモンド社，1997 年）

Hitler, Adolf: Mein Kampf,6.Aufl.1930.（真鍋良一訳『吾が闘争』上・下，1942 年）

Hofer, Walher: Der Nationalsozialismus, Dokumente 1933-1945.（救仁郷繁訳『ナチス・ドキュメント』新装版，1982 年）

Kleinheyer, G.u. Schröder, J.: Deutsche Juristen aus fünf Jahrhunderten, 1976.（小林孝輔監訳『ドイツ法学者事典』学陽書房，1983 年）

Köbler, G.: Deutsche Rechtsgeschichte, 5.Aufl., 1996.（田山輝明監訳『ドイツ法史」成文堂，1999 年）

MacCelland,Charles E.: The German Experience of Professionalization,1991.（望月幸男監訳『近代ドイツ専門職』晃洋書房，1993 年）

Prahl, Hans W.: Sozialgeschichte des Hochschulwesens, 1978.（山本允訳『大学制度の社会史」法政大学出版局，1988 年）

Strassner, Erich: Zeitung, 2. Aufl.1999.（大友展也訳『ドイツ新聞学事始』三元社，

2002年）
Wieacker, Franz: Privatrechtsgeschichte der Neuzeit, 1952.（鈴木禄弥訳『近世私法史』創文社，1961年）
Wilson, Derel: Rothschild, 1988.（本橋たまき訳『ロスチャイルド』上，下，新潮文庫，1995年）

日本語文献
阿部謹也『物語ドイツの歴史』中公新書，1998年。
荒井　真「啓蒙期ドイツにおける大学改革の目的とその成果」『法律時報』68巻3，4，7，8，9号（1996年）。
石川健治『自由と特権の距離』日本評論社，増補版，2007年。
上山安敏『ドイツ官僚制成立論』有斐閣，1964年。
―――『法社会史』みすず書房，1966年。
潮木守一『ドイツ近代科学を支えた官僚』中公新書，1993年。
大西健夫編著『大学と研究』三修社，1981年。
大西健夫「経済統合からみたドイツ問題」『思想』790，1990年4号。
―――「ドイツの統合」早稲田大学出版部，1999.
―――「大学裁判権と大学自治」，早稲田大学教育総合研究所『早稲田教育評論』2002年3月。
―――「ゲッティンゲン大学7教授事件」，早稲田大学教育総合研究所『早稲田教育評論』2008年2月。
―――「ハノーファー王国1837年憲法紛争」，早稲田大学教育学部『学術研究』2008年2月。
―――「ドイツ初期立憲主義期における大学問題」早稲田大学教育学研究科，2008年3月。
―――「プロイセンのハノーファー王国併合とドイツ統一」，早稲田大学教育学部『学術研究』2009年2月。
―――「近代ドイツの大学における女性」，早稲田大学教育総合研究所『早稲田教育評論』2009年2月。
―――「北ドイツ連邦の連邦構造」『早稲田大学大学院教育学研究科紀要』2009年3月。
―――「近代ドイツにおける大学都市ゲッティンゲンの生成」，早稲田大学教育学部『学術研究』2010年2月。
―――「近代ドイツにおける大学新設と大学制度」『早稲田大学教育学研究科紀要』2010年3月。
―――「近代ドイツにおける大学都市の女性達」，早稲田大学教育総合研究所『早稲田教育評論』2010年3月。
―――「第二帝政期プロイセンの大学政策」，早稲田大学教育学総合研究所『早稲田教育評論』2011年3月。
―――「ドイツ統一国家形成と関税同盟」『早稲田大学教育学研究科紀要』2012年

3月。
小原淳「帝国創設期におけるドイツ・トゥルネン運動」『西洋史学』CCXVII，2005年。
勝田・森・山内編著『概説西洋法制史』ミネルヴァ書房，2004年。
川越　修「社会史の実験」『社会経済史学』vol.59-1，1993年。
栗島智明「独逸における近年の大学改革と学問の自由」，慶応義塾大学大学院法学研究科『法学政治学論究』第103号，2014年冬季号。
小林孝輔『ドイツ憲法小史』1985年。
佐久間弘展・浅野啓子編著『教育の社会史』知泉書館，2006年。
佐久間弘展「グランド・ツアー」，佐久間他編著（2006）所収。
高田敏・初宿正典編訳『ドイツ憲法集』第4版，信山社，2005年。
高橋信行『統合と国家』有斐閣，2012年。
高辻亮一『独逸だより』（高辻正基編），平成6年11月13日発行。私家版。
――――『続　ドイツだより』（高辻正基編），平成7年11月3日発行。私家版。
――――『続　独逸だより―はがき篇』」（高辻正基編），平成8年10月9日発行。私家版。
高辻玲子『ゲッティンゲンの余光』中央公論事業出版，2011年。
丹野義彦「イタリア　アカデミック・ツアー。ボローニャ（1）」，有斐閣『書斎の窓』2013年7・8月号。
出口裕子「リッターアカデミー」，佐久間他編著（2006）所収。
ドイツ連邦共和国外務省『ドイツの実情』2010.
東京大学『東京大学百年史』通史1，1984年，資料3，1986年。
徳重義和『マルティン・ルター』岩波新書，1996年。
西村　稔『知の社会史』木鐸社，1987年。
野中郁次郎監修『組織は人なり』ナカニシヤ出版，2009年。
林健太郎『ドイツ史』山川出版社，1977年。
広渡清吾『統一ドイツの法変動』有信堂，1996年。
別府昭郎『ドイツにおける大学教授の誕生』創文社，1998年。
――――『近代大学の揺籃』知泉書館，2014年。
北海道放送『大志と野望』1981。
前川和也編著『ステイタスと職業』ミネルヴァ書房，1997年
三成美保「大学の貴族化と法学部」，前川和也編著（1997）所収。
宮野安治『政治教育と民主主義』知泉書館，2014年。
村上淳一『ドイツ市民法史』東京大学出版会，1985年。
安酸敏眞『人文学概論』知泉書館，2014年。
山田　晟『ドイツ近代憲法集』東京大学出版会，1963年。
リンス，U.「大学と国家」，大西健夫編（1981）所収。

人名索引

Eine deutsche Universiät
und
Universitätsstadt

—Geistesgeschichte Göttingens—

von

Takeo OHNISHI

Chisenshokan, Tokyo
2016

Inhaltsverzeichnis

Erstes Kapitel: Tadition der Universität und ihre Entwicklung

Zweites Kapitel: Münchhausens Universität

Drittes Kapitel: Univerität der Sieben Professoren

Viertes Kapitel: Universität des Nobelpreises

Fünftes Kapitel: Arma Mater in der Gänseliesel Stadt

Autor Takeo OHNISHI
Prof. f. Wirtschaftsgeschichte
Dr.rer.pol. (Universität Göttingen)
Dr.Econ. (Waseda University)
Stipendien (DAAD, A.v.H.Stiftung)
P.F.von Siebold-Preis des Bundespräsidenten

大西 健夫（おおにし・たけお）

1941年生まれ。早稲田大学名誉教授，経済学博士（ゲッティンゲン大学，早稲田大学），ドイツ学術交流会，フンボルト財団奨学生。ドイツ大統領ジーボルト賞。

〔主要著作〕Zolltarifpolitik Preussens vor der Gründung des Deutschen Zollvereins, 1973. Die wirtschaftliche Entwicklung Japans von der Niederlage 1945 bis zum Ende des Korea Krieges, 1980.『ハルデンベルク租税改革とプロイセン国家財政再建』1979年。『オイレンブルク伯バンコク日記』1990年。その他，編著，論文。

〔ドイツの大学と大学都市〕　ISBN978-4-86285-225-0

2016年2月 5日　第1刷印刷
2016年2月12日　第1刷発行

著 者　大 西 健 夫
発行者　小 山 光 夫
製 版　ジ ャ ッ ト

発行所　〒113-0033 東京都文京区本郷1-13-2
電話03(3814)6161 振替00120-6-117170
http://www.chisen.co.jp
株式会社 知泉書館

Printed in Japan　印刷・製本／藤原印刷